Correspondência
1904-1938

SIGMUND FREUD
ANNA FREUD

Correspondência
1904-1938

Organizada por
Ingeborg Meyer-Palmedo

Tradução de
Kristina Michahelles

L&PM EDITORES

Título original: *Briefwechsel 1904-1938*
Esta obra foi traduzida com apoio financeiro do Goethe-Institut   GOETHE-INSTITUT

Tradução: Kristina Michahelles
Capa: Marco Cena sobre foto de Sigmund Freud Copyrights (Paterson Marsh Ltd.)
Preparação: Jó Saldanha
Revisão: Carlos Machado e Lia Cremonese

Cartas de Sigmund Freud:
Copyright © **A W Freud et al (2006)**

Cartas de Anna Freud:
Copyright © **W Ernest Freud et al (2006)**

Introdução, notas e aparato editorial:
Copyright © **Ingeborg Meyer-Palmedo (2006)**

Tradução publicada mediante acordo com Paterson Marsh Ltd. e Sigmund Freud Copyrights

CIP-Brasil. Catalogação-na-Fonte
Sindicato Nacional dos Editores de Livros, RJ

F942c   Freud, Sigmund, 1856-1939
Correspondência 1904-1938 / Sigmund Freud, Anna Freud; organizada por Ingeborg Meyer-Palmedo ; [tradução de Kristina Michahelles]. – Porto Alegre, RS : L&PM, 2008.
520p.

Tradução de: *Briefwechsel 1904-1938*
Inclui bibliografia
ISBN 978-85-254-1687-2

1. Freud, Sigmund, 1856-1939 - Correspondência. 2. Freud, Anna, 1895-1982 - Correspondência. 3. Psicanalistas - Áustria - Correspondência. 4. Psicanalistas - Grã-Bretanha - Correspondência. I. Freud, Anna, 1895-1982. II. Meyer-Palmedo, Ingeborg. III. Título.

08-1339.   CDD: 150.1952
                            CDU: 159.964.2

Todos os direitos desta edição reservados a L&PM Editores
Rua Comendador Coruja 314, loja 9 – Floresta – 90220-180
Porto Alegre – RS – Brasil / Fone: 51.3225.5777 – Fax: 51.3221-5380
PEDIDOS & DEPTO. COMERCIAL: vendas@lpm.com.br
FALE CONOSCO: info@lpm.com.br
www.lpm.com.br

Impresso no Brasil
Inverno de 2008

Sumário

Introdução 7
Sobre esta edição 25
Agradecimentos 27

1904 31
1905 32
1908 33
1910 36
1911 50
    Bodas de Prata (1911) 54
1912 59
    Férias de verão em 1912 60
1913 68
1914 87
1915 100
1916 128
1917 137
1918 143
1919 157
    Saída dos filhos da Berggasse 19 (Final de 1919) 182
    A morte prematura de Sophie (1920) 182
1920 183
    Após o congresso de Haia (Setembro de 1920) 208
1921 234
1922 260
1923 315
    Freud e Anna em Roma (Setembro de 1923) 331
    No outono de 1923 331
1924 333
1925 334
1926 337
1927 343
1928 374
    Verão – Outono 1928; Berlim / Tegel (1928-1930) 375
1929 377
1930 387
1932 398
1933 404
1935 406
1936 407
    Emigração (1938) 408
1938 410

Final 417

Anexos 419
    Anexo 1 421
    Anexo 2 431
    Apontamentos de Anna depois de voltar de Roma
    Anexo 3 433
    Presente de aniversário para Dorothy Burlingham
    Anexo 4 435
    Atestados de vacinação
    Anexo 5 436

Registros 454
    Registro de abreviações 454
    Registros bibliográficos 457
    Material inédito 499
    Registro das ilustrações e fac-símiles com indicação de fonte 501
    Índice remissivo 503

SIGMUND FREUD

Freiberg (Pribor), Morávia   Londres
6 de maio de 1856   23 de setembro de 1939

ANNA FREUD

Viena   Londres
3 de dezembro de 1895   9 de outubro de 1982

Introdução

Ingeborg Meyer-Palmedo*

Esta correspondência é a primeira troca de cartas publicada entre Freud e um de seus seis filhos: Anna, a filha mais nova. Ambos se tornaram bastante conhecidos através de livros de autoras e autores famosos, o que dispensa a repetição de detalhes biográficos. Várias dessas obras utilizaram ou citaram de maneira mais ou menos abrangente as cartas de Freud e Anna. Mas isso sempre ocorreu de forma pontual, servindo aos objetivos, meios e questionamentos dos respectivos autores. Ler a correspondência em seqüência, agora, descortina novas perspectivas de aspectos que, embora não fossem considerados totalmente perdidos, só ganham dimensão própria no contexto das demais cartas. Para não subtrair ao leitor o prazer da descoberta, focalizaremos apenas alguns desses aspectos.

Assim, por exemplo, aparece a importância da "natureza" – não apenas no cotidiano do próprio Freud, mas também para todos os outros membros da família, os quais, sentindo-se aprisionados no conjunto sombrio de casas da grande cidade, sentiam-se impulsionados pela "sede de ar e luz"[1] a buscar o "delicioso silêncio", a "maravilhosa floresta de pinheiros", "surpreendentes passeios" no campo, a fim de encontrar "o bem-estar composto por todos estes ingredientes".[2] Os locais adequados para passar o verão costumavam ser escolhidos com meses de antecedência[3]: "Tu sabes, ambos precisamos de uma floresta bela e variada em que de vez em quando se possa achar um cogumelo [...]".[4] Até os trajes eram adaptados à sensação de estar de férias. Anna associava à "natureza" a nostalgia de uma "vida simples"[5], uma sensação de liberdade e descontração ao fazer trabalhos físicos no campo[6] – símbolo de exercícios, "forças excedentes", "sentir a vida pulsar"[7]. Sua "fantasia da casa própria" fazia parte desse contexto, incluindo-se aí o jardim e a prática da jardinagem, um sentimento telúrico.[8] Ao mesmo tempo, a natureza era um refúgio, lugar para recuperar as forças em calma e isolamento, com a possibilidade de fazer o trabalho intelectual sem ser perturbado – sinergia do ser físico com o ente cognitivo. Passar as férias na "natureza" significava ainda a oportunidade para que os membros da família se reunissem com amigos e hóspedes.[9]

Martin, o filho mais velho de Freud, refere-se com freqüência a essa vivência da natureza em *Mein Vater Sigmund Freud* (Meu pai, Sigmund Freud), o seu livro de memórias. Nesta correspondência, que acompanha os acontecimentos,

---

* Ingeborg Meyer-Palmedo é antropóloga, com doutorado em antropologia cultural e etnologia européia, filosofia e paleantropologia. Colaborou durante muitos anos com o departamento de obras científicas da editora alemã S. Fischer, tendo participado da edição de vários livros de Sigmund e Anna Freud.

as lembranças se tornam atuais e, mais vivas, viram testemunhos do primeiro instante espontâneo, sem afetação. Como a maioria das cartas foi escrita nos locais de férias ou então se refere a eles, a ligação com a natureza ganha especial dimensão. Freud e Anna repetidamente mencionam suas impressões em suas missivas, seja por extenso, seja em frases subordinadas ou em poucas palavras telegráficas. Ao revisitarmos os locais mencionados com base nos escritos ou nas notas de pé de página[10], ao mergulharmos nós mesmos nas diversas situações, podemos reconstituir a profunda significação do "toque íntimo da natureza[11]" e compreender que – apesar do sentimento da época de "conquistar a paisagem"[12] na condição de turista – isso não era apenas um ingrediente externo no sentido de uma "estetização da natureza", mas parte essencial daquele elemento vital indispensável que alimenta as forças criativas.

Ao longo de toda a correspondência, esbarramos com as relações entre os membros da família, amigos, colegas, alunos e analisandos. Passamos a ter uma idéia das intersecções e dos entrelaçamentos que uniam a todos das mais diversas formas, e que já foram objeto de pesquisa de outras obras em outros contextos.[13] Este tipo de intersecção é característico para toda a vida social em que as esferas profissional, de formação e da vida privada se entrecruzam de maneiras variadas, sempre inseridas no respectivo contexto sociocultural. Vistas a partir da nossa perspectiva atual, e considerando a demanda básica da psicanálise por uma rígida separação entre a esfera profissional e a intimidade pessoal, no mínimo estranhamos essas intersecções, para não dizer que as julgamos imprudentes. Mas é preciso levar em conta que, em seus primórdios, a psicanálise ainda não era tão disseminada como o é hoje, e que, na verdade, até o final da Primeira Guerra Mundial, os pacientes geralmente procuravam tratamento por recomendação de amigos ou conhecidos que haviam ouvido falar dela ou feito alguma terapia. Via de regra, esses grupos eram os mesmos que se freqüentavam também na vida privada.[14] Mais ainda: não seria precisamente o seu próprio método associativo que torna a psicanálise tão especialmente predestinada a associações – não importa de que tipo –, tornando-a extremamente receptiva e perceptiva em seu modo de pensar analítico-compreensivo? Ademais, não esqueçamos que, após a introdução da psicanálise, foi necessário um doloroso processo de experiência e que durou vários anos – décadas, até – antes que se reconhecesse a força da transferência e de suas conseqüências em toda a sua dimensão, conceituando-a teoricamente e levando-a em conta adequadamente como técnica terapêutica.[15]

Neste contexto, é inesperado e surpreendente descobrir o quanto Freud e também Anna aceitavam as características daqueles que os rodeavam, mesmo quando destoavam de seus parâmetros de comportamento. Sabe-se que Freud – muitas vezes, com razão – era criticado pela forma brusca, fria e quase cruel com que podia tratar pessoas que não o interessavam. Ele chegava a se decepcionar com amigos íntimos quando estes não conseguiam acompanhar suas idéias e temia que eles pudessem perder de vista o cerne da psicanálise[16] (às vezes, nem mesmo a própria Anna escapava à acusação de tratar outras pessoas com desprezo). A correspondência entre ambos contém diversos exemplos contrários: tanto Freud quanto Anna estão mais propensos a compreender, reconhecer e até valorizar as particularidades dos outros. As afirmações pejorativas são até menos freqüentes ou soam mais moderadas. Isso ocorre tanto em relação a amigos e conhecidos como a parentes.[17]

Esse traço salta à vista principalmente quando se buscam sinais que ajudem a compreender o relacionamento precário entre Anna e sua mãe, já descrito em outros livros.[18] Anna mantém uma correspondência regular com Martha Freud, passa temporadas de férias com ela, acompanha-a em viagens, cuida dela e faz relatos fiéis do seu estado de saúde para o pai.[19] Não fica claro se, com isso, ela apenas cumpria as regras tácitas de boa educação e convivência que eram usuais na família Freud, ou se de fato respeitou a intocabilidade da comunhão dos pais e apenas pretendeu poupar o pai idolatrado. O fato é que, a julgar apenas por essas cartas, jamais se poderia concluir que o relacionamento entre mãe e filha fosse tão tenso, a não ser em contraposição à ênfase exagerada do amor da filha ao pai.

Anna sempre morou na casa dos pais, estando, portanto, em comunicação verbal direta com o pai. Isto se reflete no estilo das cartas. Em alguns trechos tem-se a impressão de que existia uma espécie de união conspiratória entre ambos, entremeada por um humor bem particular, suave e cuidadoso.[20] Obviamente, há também muita coisa nas entrelinhas, pois um pressupunha que o outro entenderia o que queria dizer, muitas vezes sem precisar fazer alusões. O tom das cartas o evoca – sim, o tom, que é aberto, livre, desembaraçado, sem constrangimentos, de uma honestidade que, nas cartas de Freud, diversas vezes assume traços bruscos. Mas Anna não reage com mágoa, ao contrário: retoma as afirmativas do pai para que sejam esclarecidas, e, nisso, revela uma arte admirável de ser simultaneamente firme e meiga, sem adotar um tom ofensivo.[21]

Quanto à quantidade das cartas trocadas, ela é determinada pelo convívio familiar, ou seja: só existia intercâmbio escrito quando pelo menos um dos protagonistas estava fora de casa – em viagem, de férias, em congressos ou outros motivos. No meio disso, estabelecem-se grandes intervalos. Com tantas lacunas, não se pode esperar nenhum quadro coerente da relação pai-filha. Tanto mais surpreendente é o fato de surgirem tópicos que, apesar de todas as interrupções, adquirem uma característica própria. Três linhas básicas nos chamam a atenção: as veias "Freud" e "Anna" que, junto com o veio da "psicanálise", se unem em uma espécie de "tríplice hélice". Os cordões dessa tríplice hélice se unem, ramificam-se, separam-se, voltam a se encontrar e se entrecruzam de forma cada vez mais indissolúvel. Certa vez, em uma carta de felicitações pelo aniversário de Anna, Freud conceituou essa relação: "Por ti eu vejo agora como estou velho, pois tens a idade da psicanálise. Ambos me trouxeram preocupações, mas no fundo espero mais alegrias de ti do que dela[22]". Com isso, ele se refere a uma única teia de relações cuja evolução e modificações aparecem claramente nas cartas.

Freud tem 48 anos quando se inicia a troca de cartas. O tom mais emocional de sua juventude já é, agora, mais moderado. Tem-se a impressão de que ele se situou no mundo, de que encontrou a forma e a maneira de lidar com as coisas. Profissionalmente, está bastante firme e estabelecido e parece equilibrado e tranqüilo. À primeira vista, a imagem é a de uma pessoa apoiada em bases sólidas, inabaláveis.

O caso de Anna é bastante diferente. Aos oito anos e meio, é uma criança letrada, porém ainda bastante "indômita", uma personalidade em formação. Em sua dinâmica juvenil, ela revela seu desenvolvimento dramático recheado de crises. Ora está infeliz, ora reivindicativa, sempre com demandas, em períodos alternados de dúvidas, buscas, tentativas, numa eterna luta interior. Nas cartas, podemos acompanhar um pedaço dessa trajetória, observando como Anna penetra gradualmente no mundo da psicanálise e como, hesitante e ao mesmo tempo curiosa, vai-se aprofundando através de "caminhos e descaminhos", tateando e depois pisando cada vez mais firme, tomando pé da situação, apoderando-se gradualmente de todas as áreas e, finalmente, transformando-se em uma "analista experiente, paciente e compreensiva[23]".

Inicialmente, o leitor só "ouve" a voz da geração mais velha – papai, mamãe, tia. Embora o pai mencione as cartas de Anna dos anos 1904 a 1909, parece não tê-las guardado – quem sabe, por considerá-las demasiado ingênuas. Mas a primeira carta recebida de Anna (6 AF), em que ela já tem quatorze anos e meio, nos surpreende – nem um pouco ingênua, com uma plêiade de preocupações e problemas que, pelo visto, já a vinham torturando há muito tempo[24] e, como se revelaria mais tarde, ainda a incomodariam durante muitos anos, antes que ela pudesse olhar para trás e sorrir daquela época em auto-alusões irônicas.[25]

Uma operação de apêndice em março de 1908, da qual ela se recupera muito lentamente, pode ser considerada parte orgânica ou expressão de suas queixas.[26] Mas esta operação não está no cerne dos seus escritos. Em primeiro plano – como, aliás, em todas as suas cartas – transparece o imenso afeto pelo pai, as saudades que tem dele e sua prematura preocupação pelo bem-estar paterno, assim como um interesse concreto pelo trabalho dele e pelo grupo de colaboradores. Na mesma carta, Anna não apenas tenta angariar o afeto do pai, mas também luta pelo direito de ser equiparada aos irmãos. Sendo a mais nova dos seis filhos de Freud, inicialmente perdedora nas disputas, ela experimentou a sensação de ser excluída pelos maiores, de ser um fardo, e por isso muitas vezes se sentia entediada ou abandonada.[27] Tentava compensar a falta de atenção por parte dos outros fazendo suas "artes", revelando um temperamento ousado, corajoso, sendo "diferente". Alguns anos depois, durante uma visita à Inglaterra, ela ainda duvidava de sua posição e reputação no seio da família. Não acreditava que a sua presença ou ausência de alguma forma fosse percebida pelos irmãos: "Acho que só mesmo eu perceberia a diferença".[28]

Anna expressou da seguinte maneira o seu desejo de participar daquilo que os outros faziam: "Eu *também adoraria* viajar sozinha contigo, assim como o

Ernst e o Oli"[29], enfatizando pouco depois a intensidade de seu desejo com quatro pontos de exclamação, nos quais está contido todo o seu lamento infantil.[30] Numa carta para Ernest Jones, décadas mais tarde, Anna observou: "Lembro-me de que ele [Freud] me escreveu [em 1904] um cartão-postal de Atenas. A imagem ainda está gravada na minha memória, embora para minha tristeza não mais possa encontrá-lo [parece que este cartão ainda não foi achado]. O cartão mostrava uma menininha de maiô puxando um pequeno barco a vela no mar azul, e como legenda ele escreveu 'Também quero ir para Atenas!', uma alusão a meus numerosos desejos daquela época[31]". Numa carta anterior para Max Eitingon, ela descreveu essa mania de dizer "também quero" como uma demanda indeterminada "por alguma coisa", "querer ter", "querer-ter-alguma-coisa", sentimento que ela classificava como de "dependência".[32]

Ao dizer "também quero", Anna entra sem meias palavras em uma teia de assuntos que ditará o tom das próximas cartas (até carta 32 AF): seus poderosos desejos estão relacionados a sentimentos de infelicidade, insatisfação, à sensação da própria impotência[33]. Neste estado emocional – chamado por Anna de "aquilo" – ela tinha preocupações inexplicáveis, ficava sem desejos, insatisfeita, com fortes dores na coluna, "cansada", "burra", em suma, "pouco ajuizada" – encontrava-se aprisionada em uma rede de relações de causa-efeito. Freud a descreve como "um pouco tolinha"[34], dizendo que o seu "excesso passional" em todas as suas atividades a impede de experimentar a alegria e o prazer, que a sua ambição exagerada a distancia de sua própria natureza.[35] Isso desespera Anna mais ainda, e ela tenta combater o seu "estado de espírito" tentando ser ou se tornar saudável, "sensata". Repetidamente pede ajuda ao pai.[36]

A reação de Freud é ambígua. Por um lado, ele adora a vivacidade intelectual de Anna, a sua rebeldia, o seu "jeito de ser diferente". "Ser bonzinho é muito chato", sentenciou certa vez[37]. O próprio apelido "demônio negro" exprime a simpatia que nutria por Anna.[38] Por outro lado, ele percebia como a filha sofria com essa apatia difusa, perdendo peso e arruinando a saúde. Imaginava que uma temporada na Itália (depois substituída por Merano) lhe fazia bem.[39] Dizia que Anna devia aprender a ser "preguiçosa", a aproveitar mais "o ócio" e ser menos "ambiciosa" com seus planos.[40]

De fato, ela se recuperou "maravilhosamente bem" e seu estado de saúde evoluiu "a contento"[41] depois que pai e filha fizeram uma viagem de alguns dias durante a Páscoa para Verona e Veneza, logo após a temporada em Merano (viagem para a qual Freud abriu mão até mesmo de visitar sua filha Sophie, já casada)[42] e depois que, nas férias de verão seguintes, Anna passou algumas semanas em Marienbad com a mãe e a tia.[43] As cartas do segundo semestre de 1913 já passam mais leveza. Depois de meses de trabalho intenso, Anna, uma jovem com interesses múltiplos, vivaz e inteligente, consegue gozar férias com amigas ou a família. Embora alguns de seus problemas ainda perdurem, tudo entrou nos eixos e ela não se sente mais tão indefesa. A visita à Inglaterra em 1914, o trabalho de Anna em uma creche e no American Joint Distribution Committee[44] e as exigências do ofício de professora contribuem para a sua recuperação. Em 1918, depois de uma temporada de verão no campo que responde a todas as suas expectativas, ela relata: "Meus dias transcorrem de forma sensata, o que é uma sensação bem insólita". No verão de 1919, em Bayerisch Gmain, ela até aprendeu a aproveitar o ócio.[45]

Mas ela ainda pode melhorar. O que Freud esperava da filha depois de sua volta de Merano? "Vamos perceber as modificações quando deixares de te recolher asceticamente, abrindo mão das diversões da tua idade, e começares a fazer o que dá prazer às demais jovens[46]", diz ele. Pela expectativa de Freud, Anna deveria, portanto, corresponder ao papel de jovem ou de mulher que prevalecia na época, assim como faziam suas irmãs[47].

Por essa razão, diz o pai, ela não deveria se preocupar ainda com o futuro profissional, adiando mais um pouco os planos de se tornar professora.[48] Para Freud, teria sido melhor – como certa vez admitiu para Sándor Ferenczi – se ela fosse recusada ("por insuficiência vocal")[49]; e quando Anna, alguns anos mais tarde, resolveu abandonar a profissão de professora, ele a apoiou de bom grado nessa decisão.[50] Enquanto isso não acontecia, Freud acompanhou o seu exame final como professora e mandou um cartão de felicitações[51], admitindo: "Tu és diferente da Math e da Soph, tens mais interesses intelectuais e provavelmente não te contentarás com uma atividade tipicamente feminina. Certamente, as tuas tendências também aparecerão na hora de escolher um companheiro". Logo em seguida, Freud acrescenta, voltando a ser restritivo: "... mas de forma geral haverás de descobrir que tuas irmãs trilharam o caminho correto".[52]

Sobre os esforços de Freud de levar Anna a se casar e formar uma família, a correspondência só informa através de alusões, como, por exemplo, na carta enviada para Hamburgo, onde Anna ajudou por alguns tempos o cunhado Max Halberstadt a administrar o lar depois da morte de sua irmã Sophie, revelando qualidades maternas nos cuidados dispensados aos seus pequenos sobrinhos órfãos de mãe[53]: "Desejo que te encaixes tão bem neste cenário da tua vida quanto no anterior [isto é, a psicanálise, com a qual ela se ocupava mais intensamente]".[54] E, no entanto, ele a alerta contra pretendentes potenciais, como Jones e Lampl.[55] A Lou Andreas-Salomé, sua confidente mais íntima, Freud desabafa o dilema: "Às vezes, eu gostaria que ela encontrasse logo um bom marido, mas em outros momentos recuo diante da perda".[56] Essa hesitação se reflete em um envelope que deveria conter um presente de aniversário, em que ele escreveu: "Uma contribuição para o dote ou para a autonomia".[57]

Enquanto isso, Anna, firme e determinada, busca o seu caminho próprio, "diferente". Primeiro, escolhe mesmo o de professora[58]. Contava com o reconhecimento unânime de suas capacidades e era idolatrada por suas alunas e seus alunos. Essa atividade ia ao encontro de seu talento, de suas habilidades e de sua capacidade de perceber a alma infantil, mas também lhe custava muito esforço físico e às vezes a assustava; apesar dos êxitos impressionantes, a profissão não a satisfazia inteiramente.[59]

Ou deveria ela talvez experimentar o ofício de escritora? Desde pequena, Anna gostava de lápis e caneta; aborda em vários trechos de suas cartas suas tentativas literárias, escreve prosa[60], até poemas, que uma amiga, estudante de artes cênicas, estuda para fazer "belas declamações".[61] Um ano depois, de Berlim, ela conta ter começado a escrever uma nova história que a ocupara durante todo o verão: "Será diferente das anteriores, mais detalhada. Quero terminá-la antes de regressar a Viena".[62] Freud, no entanto, não a estimula, pelo menos não a anima, em suas respostas por escrito jamais toca no assunto. Ao contrário, parece ter reagido de uma maneira negativa. Em uma carta para Lou Andreas-Salomé, Anna escreve: "Pela primeira vez, tive um sonho diurno ou tive na cabeça uma história com um personagem principal feminino (era até mesmo uma história de amor). Meu intuito era anotá-la logo, mas o papai achou que eu deveria deixar aquilo de lado e pensar na minha palestra. E agora o sonho se esvaiu [...]".[63]

Nesse meio tempo, o interesse de Anna pela psicanálise não parou mais de crescer. Se, antes, ela já vinha traduzindo textos do inglês para o alemão sob a supervisão de Freud, fazendo depois revisões das primeiras impressões, assistindo às conferências de Freud e participando do Congresso Internacional de Psicanálise em Budapeste como ouvinte[64], Freud levou-a a se envolver com a estruturação da editora Psicanalítica em seu departamento inglês, conhecido como Press, o que significava que ela faria traduções do alemão para o inglês.[65] Ganhou, assim, uma assistente engajada e, ao mesmo tempo, respondeu a uma demanda da própria Anna: "Sofrerás um pouco no início [...] mas acredito que tudo vai dar certo e será exatamente o que pretendias. [...] Estarás no meio do negócio".[66]

"No meio do negócio" ela já estava, até porque iniciara uma análise com o próprio pai depois do Congresso de Budapeste – mencionada uma única vez por Anna nas cartas[67] – ao longo da qual ela também tentou fazer suas próprias interpretações de sonhos.[68] Quatro anos mais tarde, ela falou sobre esse início: "[...] se eu, naquela época, não estivesse muito mais distante dele, nem poderia ter feito análise com o papai". Alguns anos mais tarde: "[...] não há nenhuma contradição em fazer análise quando só se quer amar. Eu fiz isso e talvez tenha sido por isso mesmo que esses dois movimentos se fundiram em algo indissolúvel".[69] (Como veremos mais adiante, Lou Andreas-Salomé interpretou a "sorte rara" de Anna como sendo um "amálgama" de sua ligação paterna com seu ego ambicioso.)

A partir de então – do momento em que os filhos saem da Berggasse (1919) e da morte prematura de Sophie (1920)[70] –, a quantidade das cartas, seu tamanho e a velocidade com que se sucedem aumentam de forma impressionante. Além das "notícias familiares" corriqueiras, crescem, por parte de ambos, os relatos sobre os trabalhos científicos de Freud e sobre negócios e métodos de organização. De forma geral, as conversas se adensam e se tornam mais intensas, os temas se sucedem: com o maior aprofundamento de Anna no campo da psicanálise, seus problemas referentes ao futuro voltam a pressioná-la. Dividida em várias "partes" – professora, tradutora, escritora e, em quarto lugar, indivíduo – ela sentencia: "Impossível resolver tudo isso".[71] Quando, no verão de 1920, na expectativa de ganhar mais "forças", depois de muita hesitação, finalmente resolve deixar o serviço como professora[72], as dúvidas voltam a assolá-la. Enquanto estava no clima relaxado de férias, em Altaussee, no mês de agosto, Anna ainda estava contente por não se haver arrependido nem um minuto da decisão de deixar de dar aulas[73]. Porém, dois meses mais tarde – na casa do cunhado, em Hamburgo – volta a se sentir fatigada, cansada, com desconforto físico e psíquico e confessa: "Sinto-me agora como se tivesse sido excluída de tudo, sem ter recebido em troca nada que me faça sentir bem".[74]

Anna aprofundou seus estudos psicanalíticos e ampliou seus conhecimentos no intercâmbio intelectual com o pai e seus colaboradores, acompanhando atentamente as sessões do Grupo de Viena, participando diretamente dos trabalhos científicos de Freud e de seu trabalho prático e, não por último, com as suas atividades enquanto secretária, tradutora e redatora de livros e revistas da editora.[75] Ela própria descreveria posteriormente o tipo de formação daquela época em seu *Trajetória de uma analista leiga*: "Eu e os poucos analistas leigos da minha geração temos em comum o fato de a nossa formação ter ocorrido anteriormente à criação dos institutos de formação psicanalítica oficiais. Fomos formados pelos nossos professores-analistas, a partir da prática de leitura independente, experimentos não-supervisionados com os nossos primeiros pacientes, uma troca animada de idéias e a discussão dos problemas com os mais velhos e os colegas da mesma idade".[76] Em setembro de 1920, Anna volta a participar de um congresso psicanalítico, ainda como convidada.[77] Mas volta a ficar hesitante depois das temporadas em Hamburgo e Berlim, que foram um intervalo em seu contato ativo com a psicanálise. Ela ainda se sente insegura com relação às suas aptidões psicanalíticas práticas, ressalta suas deficiências na interpretação[78] e conclui: "Como vês, todos sabem mais do que eu".[79] Freud a consola, dizendo que depois de sua volta ela voltará a ficar "perto da fonte", sendo informada sobre o andamento da editora, as negociações com Jones e tudo o que ela quisesse saber. Ele também lhe abre a perspectiva de novas tarefas de tradução.[80] Meio ano depois, assegura: "Representei com sucesso as tuas reivindicações junto à editora".[81]

Mesmo assim, a evolução de Anna o preocupa. Ele a observa com sentimentos ambivalentes. Parece ainda não acreditar seriamente na profissão de uma analista profissional. Ainda prefere que Anna se case em vez de colaborar com a psicanálise[82]: "[...] Minha Anna", confessa a Lou Andreas-Salomé, "é tão insensata e se agarra ao velho pai. Minha filha me preocupa. Como suportará a vida solitária? Será que conseguirei fazer sua libido sair do nicho em que se escondeu?"[83] Em outro trecho, ele escreve: "No fundo, todo esse movimento me desagrada". Mas seus esforços por uma solução conjunta continuam em vão: "Não consigo fazê-la desprender-se de mim, e ninguém me ajuda".[84] Finalmente, procura diretamente o conselho de Lou e aproxima Anna da amiga[85], na esperança de que Lou se torne, para ela, "uma amizade tão duradoura quanto a grandeza da sua personalidade".[86] O desejo de Freud se realiza. "Não sei como lhe dizer o quanto fico feliz com o seu afeto pela minha filha", agradece ele. "Durante muitos anos ela quis conhecê-la[...]. Se um dia ela vier a ser alguém importante – e acho que ela tem excelentes qualidades – precisará de boas influências e de amizades à altura de seu grau de exigências. Como parece ter sido barrada por mim no que se refere aos homens, também teve pouca sorte em suas amizades femininas. Seu desenvolvimento foi lento, não é só o fato de parecer mais jovem do que sua idade".[87] Em contrapartida, Lou promete: "[...] cada encontro será melhor do que o anterior, e seremos também cada vez mais alegres, quanto mais sombrio o mundo ameaça se tornar".[88]

Essa amizade significa, para Anna, um estímulo nunca antes suspeitado, e que se reflete nas cartas que escreve de Göttingen. Ali, ela se sente tão bem que até sacrificaria um dos anéis que ganhou do pai, como escreve[89], impressionada com a dimensão do envelope, com o qual "começa a perceber tudo o que existe no mundo".[90] Animada com esse novo estímulo, Anna ganha mais autoconfiança. Sob as asas de Lou, prepara seu primeiro discurso, com o qual passa a ser aceita como membro oficial da Sociedade Psicanalítica Vienense[91], relatando depois: "Agora começo a ter coragem para falar de temas analíticos e temo que em breve passarei a participar das discussões".[92] "Desde que a visitei", escreve ela para Lou um ano depois, "tudo voltou a ser tão incomparavelmente mais bonito, leve, agradável e natural para mim, como se as cores tivessem ficado mais vivas".[93] Na mesma carta, ela fala de suas experiências com os primeiros pacientes que começaram a se tratar com ela depois da virada do ano.[94]

Justamente naquele tempo, Anna – estimulada pela notícia da doença que ameaça a vida de Freud[95] – encontra um reforço de seu desejo de continuar na casa paterna, desejo este que expressou em uma carta para Lou: "Deves saber bem o que, entre todas as coisas que me disseste, tornou-se para mim o pensamento mais importante e querido. A cada aniversário lembro que, sem a tua ajuda, jamais teria descoberto isso, teria ficado mais insegura por causa dos que, com medo do futuro, teriam preferido me mandar embora. E, no entanto, mesmo sem esse futuro todo, já tenho tanto quanto outros não conseguem amealhar durante uma vida inteira".[96] Agora, essa decisão existencial lhe é – paradoxalmente? – possibilitada pela "necessidade" imposta pelo destino. Nessa fase, as pacientes tornam-se para ela "o ponto firme que segura todas as outras coisas". "Só as minhas pacientes são imutáveis".[97] Assim, ela se define como psicanalista e, na seqüência, também como principal governanta do pai.[98] Num primeiro momento, Freud resiste. Não quer vê-la prematuramente no triste papel de governanta dos pais velhos e doentes.[99] Embora não possa evitar isso, atendendo a uma promessa anterior[100], ele acaba realizando para ela – e para si próprio – um velho sonho de infância: uma viagem conjunta para Roma.[101]

A correspondência também informa sobre o desenvolvimento das coisas, embora agora principalmente na forma de intervalos entre as cartas, pois, após o episódio marcante da operação de câncer de Freud, durante um bom tempo, Anna não se afasta mais do pai.[102] Em vez disso, nos anos seguintes, além das crescentes tarefas domésticas[103], ela ainda cria uma atividade própria num âmbito novo.

De um lado – adicionalmente aos cursos de especialização nas áreas de psiquiatria, pedagogia, criminalística de jovens e outras afins[104] – ela amplia o seu campo de atuação até atingir posições de liderança em todas as áreas do movimento psicanalítico, mesmo em nível internacional. Assim, alivia Freud tanto de compromissos familiares quanto públicos e formais, dos quais ele se retira progressivamente para, "mal-acostumado por essa ajuda", deixar "essa tortura para outros [...], inclusive Anna".[105] Isso também enriquece a psicanálise: Anna não apenas se torna confidente do pai, mensageira, defensora e disseminadora de sua doutrina, mas também contabiliza realizações psicanalíticas próprias, aperfeiçoando-se na pesquisa, na prática, no ensino, na criação de novas instituições e na publicação de revistas, com feitos equivalentes aos do próprio Freud e que, mesmo depois da morte deste, continuam até o fim da vida de Anna. Freud ainda consegue assistir ao início dessa trajetória.[106]

Por outro lado, Anna cuida mais da sua "sociabilidade", constrói novas amizades[107] que lhe fornecem a energia preciosa para suas múltiplas tarefas, reorganizando, assim, o seu "espaço". Com a amiga Dorothy Burlingham, da mesma idade, ela constrói uma "camaradagem agradável e serena"[108], que acaba se transformando em uma parceria para toda a vida. Na "simbiose"[109] dos ambientes domésticos de Freud e de Dorothy e filhos, Anna encontra o aconchego familiar e fonte de prazer, assim como estreita parceria profissional. Com Dorothy, Anna tira dois períodos de férias para se recuperar (em 1927 e 1930), enquanto sabe que o pai está sendo bem cuidado pela família.

Nessas duas viagens, a correspondência volta a ficar animada, mas a estrutura e o tom mudam. Os telegramas passam a substituir as cartas.[110] O estilo de Anna passa um clima mais ameno, ela parece estar mais relaxada, mais solta, apesar do fardo sobre os seus ombros. Os relatos diários sobre as viagens e as caminhadas – muitas vezes, redigidos em estilo telegráfico –, e até os próprios telegramas, transmitem uma pura alegria de viajar, um puro prazer. Até o ponto em que as cartas permitem essas conclusões, ela refreia as preocupações e tristezas com a doença do pai.[111]

Isso certamente não acontece porque ambos entraram em um acordo.[112] Anna se tornou mais solta e mais livre por dentro, tanto que consegue admitir sem meias palavras a sua fixação pelo pai. Em uma carta para Paul Federn, ela aborda o tema (em outro contexto): "[...] Não é apenas uma 'dependência' de outros, como o senhor talvez tema. Acho que dependente mesmo sou apenas do meu pai (em compensação, tanto que já basta!)".[113] Quando essa relação começa a se inverter mais e mais e Freud, com suas crescentes dificuldades, torna-se cada vez mais dependente de Anna[114], ela lida com objetividade e discrição com a situação, sempre atenta a não cercear a autonomia e a autoridade do pai.

Mas Anna também critica Freud abertamente. Como revelam as cartas, ela aprendeu cedo a transformar sua rebeldia infantil em atividade construtiva. Suas objeções não são feitas com intenção destrutiva. Ela sempre encontra alguma coisa positiva que lhe permite criticar construtivamente, sem ferir ou magoar desnecessariamente. Defende de maneira firme e coerente opiniões ou expectativas diferentes. Não tenta convencer o pai.[115] Argumentando com objetividade, consegue se fazer ouvir e, se necessário, também sabe abrir mão, contentando-se com soluções parciais ou sabendo aguardar o momento certo.[116]

Um exemplo mostra como era cuidadosa a sua maneira de formular essas críticas[117]. Conforme já foi mencionado, Freud nunca incentivou as incursões literárias de Anna, embora soubesse que, para ela, "escrever" era um problema existencial.[118] Ela não o repreende por isso. Mas ao presenteá-lo, no seu octogésimo aniversário, com seu livro *O ego e os mecanismos de defesa,* faz a seguinte dedicatória: "Escrever livros é a maior defesa contra todos os perigos de dentro e de fora". Gerhard Fichtner, que usou essa citação em uma palestra,[119] interpreta ali uma "premonição do porvir". Eu acrescentaria que esse tipo de formulação contém também uma alusão carinhosa e respeitosa ao fato de, antes, Freud ter ignorado os seus esforços literários.

Dessa maneira sutil, ela consegue integrar duas condições aparentemente inconciliáveis[120]: aceitar a autoridade incontestada do pai e, apesar disso, seguindo suas próprias tendências, tomar iniciativas, inovar em termos profissionais, sempre apoiada em bases psicanalíticas, numa área – a terapia infantil – na qual Freud mal penetrou, mas que ela própria conhece muito devido à sua atividade de professora e experiência pessoal com os pequenos sobrinhos e sobrinhas, e que vai ao encontro de seu talento. Assim, aproxima-se do pai, tornando mais fácil para este aceitar uma crítica sua e reconhecer sua autonomia. Anna segue sendo a filha leal sem trair o seu próprio ego, emancipando-se a seu jeito.

Esse traço conciliador torna Anna especialmente apta a funcionar como mediadora nos atritos de Freud com outras pessoas ou em discussões profissionais objetivas e complicadas.[121] Foi da mesma maneira cuidadosa que Anna formulou seus argumentos ao debater as idéias de Melanie Klein, quando esta a atacou violentamente por causa de sua conceituação teórica e metodológica diferente. Com a sua maneira de proceder, objetiva e ao mesmo tempo reticente, Anna conseguiu evitar um rompimento na psicanálise e entre continentes, embora Jones – que apoiava a posição de Melanie Klein, assim como outros analistas ingleses – tenha aproveitado a ocasião para criticar a análise da própria Anna com o pai.[122]

Essa habilidade – é o que nos transmitem as cartas – não é algo que se conquista uma vez e depois se guarda no bolso do paletó para usar apenas em caso de necessidade. É, antes, um processo que dura uma vida inteira, que precisa voltar a ser trabalhado em cada caso individual, de acordo com as circunstâncias.[123] Essa postura coincide com a filosofia de trabalho de Anna, que, a partir de suas observações, utilizava-a como base de seu trabalho prático: cada criança (cada indivíduo) é diferente da outra. No âmbito de sua totalidade única, está sujeita às próprias tendências e ao próprio destino. Por isso, deve ser tratada de maneira especial, individualmente justa, respeitando o próprio ritmo temporal. Não pode haver regras rígidas gerais, elas devem ser sempre "reinventadas" e evoluir continuamente. Por isso, não existe apenas uma maneira, mas sim possibilidades inesgotáveis para usar as exigências da vida ou tentar lidar com elas. Para ilustrar tais possibilidades, "tia Anna" certa vez mostrou ao sobrinho "Ernstl", como ele lembra em suas memórias, que a massinha de modelar pode ser moldada incontáveis vezes. Com o seu "humor moleque" ela lhe transmitiu, dessa forma, a mensagem de que é possível proceder da mesma forma "com pessoas de carne e osso".[124]

Anna conseguiu anular os temores que Freud, certa vez, externou para Lou Andreas-Salomé, de que "o talento extraordinário [de Anna] para ser infeliz" a impediria de "usar esta infelicidade para produzir"[125]. Foram exatamente este talento e as suas experiências[126] que estimularam sua aptidão para compreender a alma infantil e que forjaram seu desempenho exemplar. "Minha filha tornou-se uma pessoa eficiente e autônoma, capaz de compreender coisas que apenas confundem os outros", disse Freud, corrigindo-se a si mesmo.[127] E os êxitos proporcionaram satisfação profissional e pessoal à "filha": "Anna está muito bem no que diz respeito ao humor, ao seu desempenho e a todos os relacionamentos pessoais. É surpreendente constatar o grau de clareza e autonomia que ela atingiu com seu trabalho científico".[128]

Não posso concordar com a acusação muitas vezes dirigida a Freud de que ele teria prejudicado Anna por causa de sua fixação paterna, impedindo-a de forma irreparável de fazer suas experiências – sem falar que, na vida, nunca se pode viver duas experiências contrárias simultaneamente (no máximo, deslocadas no tempo). É bem verdade que nem ele nem Anna conseguiram se separar um do outro por meio do casamento. Mas não é lícito concluir que ele, assim, a tivesse traído, subtraindo-lhe a única possibilidade feminina desejável de uma vida matrimonial (impossível especular o que isso teria significado para ela). O próprio desejo e a própria vontade, que ela perseguiu com uma coerência inflexível, são revelados numa carta para Lou Andreas-Salomé. "Estou feliz por não ter sido eu quem se casou hoje, ainda gosto bastante do jeito que as coisas estão agora".[129] Dois anos mais tarde, ela repete: "[...] não fui feita para o casamento [...] assim como uma mesa ou um sofá ou a minha própria cadeira de balanço".[130]

Lou (cuja relação com o pai também era muito estreita) se refere a esse problema no contexto da análise que Anna faz com o pai em uma carta para Freud de 3 de agosto de 1924: "Às vezes me pergunto, hereticamente, se a análise não acarretaria, para ela, uma perda muito grande, pois aquilo que se pode obter normalmente da libido às vezes também pode abarcar uma felicidade muito, muito rara – como no caso de Anna. Será que, em seu caso, aquilo pode ser mesmo inteiramente substituído dentro da normalidade? No breve espaço de tempo em que uma filha ainda tem o pai, ela pode obter ganhos muito maiores em termos de felicidade do que os que um marido e um filho poderiam lhe proporcionar. Claro que, como o senhor menciona, Anna tem uma tendência a ser infeliz – mas quem sabe isso não decorre do fato de ela não se permitir o que já tem despreocupadamente? [...]"[131] Meio ano mais tarde, Lou escreve: "Com referência ao que o senhor escreve: Anna e sua análise [...]. O senhor diz, um pouco irritado, que ninguém lhe ajuda a descolar Anna da sua pessoa, e sabe que intencionalmente não estou disposta a ajudar. Mas, se fosse possível, gostaria muito de manifestar claramente uma reflexão sobre o seguinte: sempre me pareceu que, além da fixação paterna – que cada um de nós tem como herança em maior ou menor grau –, um outro fenômeno decisivo ocorre no caso de Anna, que é a fusão, de forma fundamental, do ego ambicioso com a fixação paterna. É como se, em seu caso, o prazer libidinoso apenas existisse por causa da interligação dos dois, e, no seu caso, isso foi tão bem-sucedido que, por assim dizer, a libido, a imposição do ego e o superego admirado e identificado do pai se interpenetram de uma maneira raramente harmoniosa. Quando o senhor diz, em sua carta, que a genialidade reprimida de Anna pode acabar por lhe pregar uma peça, devemos nos questionar se a vivência puramente genital, naquela maneira de ser que funde a libido com a admiração e a identificação de valores, não estaria se retraindo. Seria uma maneira nada histérica, talvez um pouco mais inibidora, que geralmente desemboca em mais largura e riqueza do que o caminho mais focado em amor individual necessitado de sexo. [...] Se eu estiver correta [...], seria um crime Anna modificar, ainda que minimamente, a sua vida e a situação especial em que ela nasceu. Se isso significar luta, por ser o caminho menos simples e liso, vale a pena mesmo assim! Pois quem é que hoje em dia ainda tem esta chance?"[132]

As presentes cartas revelam que Freud deve ter trabalhado duro para vencer a sua imagem original da feminilidade. Elas nos mostram como, paralelamente ao desenvolvimento de Anna, operaram-se as transformações no próprio Freud, embora nem sempre identificáveis à primeira vista, por não serem ruidosas, e sim sutis[133]. A primeira suposição de constância na personalidade de Freud, portanto, não se confirma (assim como a evolução de suas teorias também nunca estagnou). Para ele também foram necessários vários anos de lutas internas até conseguir abrir mão, sem perdas, do seu ideal de "vocação feminina" para a filha mais nova, ideal esse que sempre valeu para Mathilde e Sophie. Ao longo das cartas, vemos como ele volta e meia se agarra a essa imagem; como tenta resistir, preocupado, às buscas profissionais da filha, ao seu "fervor de trabalhar".[134] O próprio Freud precisou passar por um longo processo de transformação – graças, entre outras coisas, à influência persistente de Anna – antes de poder aceitar inteiramente o fato de ela ser "diferente" – até que as duas maneiras de ser ficassem lado a lado, equiparadas, e Anna pudesse ser mais do que apenas "a filha do pai".

A partir deste momento, no entanto, ele empregou todos os meios de que dispunha para abrir o caminho escolhido por Anna, promovê-la, apoiá-la e acompanhar atentamente sua trajetória profissional.[135] Assim, permitiu que ela criasse um distanciamento adequado dele. E ao observar como Anna construiu uma família própria, ampliada, com Dorothy e os filhos e o sobrinho Ernstl (incluindo uma instituição de ensino particular e a realização de seu sonho de um "lar"), além de um vasto círculo de amigos – uma comunidade na qual incluiu Freud e a psicanálise como uma espécie de linha condutora superior –, encontrando nisso tudo possibilidades de gozo e fontes de energia, ele não apenas "avalizou" esse plano de vida de Anna como passou a percebê-lo como diferencial, vivaz e palpitante: "Estou muito feliz pela maneira como transcorre a viagem de vocês [...]. Pelo jeito, nada de muito cotidiano [...], e sim uma escolha fruto do gosto individual [...]".[136] Foi precisamente por esta atitude de aceitar o convívio sem "vítima" que ele pôde participar, orgulhoso e satisfeito, da felicidade pessoal da filha e de seus êxitos profissionais: "A sua evolução me parece tão satisfatória que *eu também* fico feliz"[137]. Seis anos mais tarde, ele escreveria para Stefan Zweig como foi "extraordinariamente feliz" no seu lar, "com mulher e filhos e principalmente uma filha que de uma maneira rara satisfaz todas as exigências de um pai".[138] Isso, por sua vez, contribuiu para a realização plena de Anna, numa reciprocidade bem-sucedida.

Com isso, os lados da hélice tríplice se interconectam de forma duradoura até a morte de Freud, possivelmente ainda depois dela. "É curioso", escreveu Anna para Arnold Zweig, "mas não consigo ficar triste [...]. Ficar enlutada pelo fato de ele ter morrido não me parece ser um sentimento adequado. É possível que a minha ligação com ele simplesmente seja mais profunda do que a separação dele. De qualquer maneira, o que recebi dele ainda é muito mais do que o que outras pessoas têm.[139] [...] No que toca meu sentimento, parece que esta separação é algo provisório, algo passageiro, [...] assim como no passado, quando o meu pai estava viajando".[140]

Essas cartas dos "primeiros anos" podem ser lidas de duas maneiras: de um lado, como um documento único que, embora parcialmente, informa sobre o surgimento e o desenvolvimento de uma forma muito especial de relação entre pai e filha, por outro lado, como um presente valioso que (como fica evidente em várias observações) adquire valor pleno quando as cartas são compreendidas como uma pedrinha no mosaico de todos os outros testemunhos escritos pelos dois missivistas, Sigmund Freud e Anna.

Abril de 2005

Notas

1. Mathilde Freud, 11/3/1907; citada em: Gödde 2003, p. 88.
2. Freud 2002b, p. 128.
3. Por exemplo: carta 3 SF, notas 2, 4, 5; carta 6 AF, nota 2; nota 2 da carta 48 SF; 71 AF, nota 7; nota 1 referente a 76 SF; nota 2 referente a 80 SF; 256 SF, nota 3; nota 2 referente a 266 AF; 271 AF, nota 2, nota 6 referente a 277 SF.
4. 55 SF.
5. Ver nota 9 de 6 AF; 14 AF; nota 2 de 173 AF; nota 3 de 270 AF; 69 AF, nota 6.
6. 77 AF, 79 AF, nota 6; 101 AF; 108 AF.
7. 141 AF, nota 2.
8. 36 AF, nota 6, 287 SF, nota 20.
9. 251 SF, nota 3. Ver também Gödde 2003, p. 176f. – Quando as viagens para o campo se tornaram mais difíceis, nos últimos anos de vida de Freud, a família passava os meses de verão na periferia de Viena, perto da natureza. (126 SF, notas 13-15.)
10. Por isso mesmo, as notas são bem detalhadas.
11. Freud/Andreas-Salomé, 27/7/1916, p. 56.
12. Kos (editor) 1992, p. 21, 25.
13. As notas de pé de página sobre os elos específicos apontarão para outra bibliografia.
14. Em vários trechos, a Correspondência revela como era importante o aspecto de sociabilidade para Freud, sua família, bem como para a evolução da psicanálise.
15. Ver, por exemplo, Grubrich-Simitis 1995b, p. 11, 18, 24.; idem 1986, p. 272-274, nota 33; assim como idem 2005, p. 273 *et seq.* Ver as afirmativas de Anna sobre sua análise com o pai, abaixo, p. 19, nota 69.
16. De todos esses casos, as presentes cartas mencionam apenas os rompimentos com Otto Rank e Sándor Ferenczi. (287 SF)
17. Por exemplo: 42 SF, nota 5, 108 AF, 156 AF, 158 AF, 159 AF, 161 SF-169 SF, 185 AF-188 AF (Loe Kann); 108 AF, 156 AF, 162 AF, 163 SF (Herbert Jones); 42 SF-44 SF, 100 SF, 257 SF (Ernest Jones); 174 AF (Max Eitingon); 131 AF (Hanns Sachs); 42 SF, 43 SF, 45 AF (Emanuel Freud); 144 AF, 150 AF, 160 AF, 162 AF (Max Halberstadt); 129 AF, 139 AF, 140 SF, 147 SF, 162 AF (Ernstl Halberstadt). Os exemplos de comentários pejorativos são numericamente menores: 183 AF (milionárias); 187 SF (Paul Federn); 82 AF, 163 SF (Rózsi v. Freund): 159 SF, nota 6, 163 SF-161 SF, 163 SF, 166 SF, 175 SF, 181 SF (Ditha Bernays); 159 SF, 196 SF (Esti Freud).
18. Ver por exemplo Young-Bruehl I, p. 34, 37, 75 *et seq.*
19. "Com certeza cuidarei sempre da mamãe da melhor maneira possível e sempre te manterei informado" (144 AF). Apenas alguns exemplos da grande quantidade de menções: 17 AF-19 AF, 74 AF-79 AF, 180 AF-183 AF, 211 SF (correspondência); 6 AF, 33 AF, nota 5 até 37 AF, 60 AF, 122 AF/MF, 144 AF-147 AF, 170 AF, 174 AF (preocupações com a saúde); 116 AF, 120 AF, 170 AF-177 AF, 183 AF, 185 AF, 188 AF (viagens, férias).
20. Isso não se revela tanto nas citações breves, mas sim mais no contexto geral das afirmações e das respostas; ver também nota 117.
21. 147 AF é um dos muitos exemplos.
22. 137 SF.
23. Freud em carta para Lou Andreas-Salomé, 10/5/1925, citada por Gay, p. 495.
24. Ver 5 MF/SF, notas 1, 10.
25. Por exemplo 132 AF, 135 AF, 158 AF, 221 AF, 225 AF.
26. Nota 1 referente à carta 5 MF/SF; sobre o tema da apendicite, respectivamente operação e pós-operatório, ver Gödde 2003, p. 129-131; ver também 98 AF (dores pélvicas), 127 AF (dores abdominais).

27. Carta de Anna para Muriel Gardiner, p. 64, ver nota 3 referente à carta 295 SF; também Freud, M. 1999, p. 61. Sobre sua vontade de ser mais velha do que era de fato, ver nota 4 da carta 200 SF e 295 SF.
28. 45 AF.
29. 6 AF (o grifo é do organizador).
30. 7 AF, nota 3.
31. 27/2/1954; citação segundo Young-Bruehl I, p. 53.
32. Anna para Max Eitingon, 19/2/1926, LoC AF, Cont. 24. Ver também com Young-Bruehl I, p. 270.
33. Sobre a relação do sentimento de Anna da própria insuficiência com o "ter-querer" ("posse") ver sua carta (66) para Lou Andreas-Salomé (Anna/Lou), 16/12/1922, p.119-121.
34. 25 SF.
35. 28 SF.
36. Por exemplo, 26 AF. Ver também com Young-Bruehl I, p.225 *et seq.*
37. 161 SF.
38. 14 AF. Ver também, 102 SF.
39. 19 AF, nota 1; 22 SF.
40. 20 SF, 22 SF. Exortações semelhantes se repetem volta e meia em épocas posteriores.
41. Nota 4 de 25 SF; em nota 6 de 28 SF.
42. Ver Freud em carta para Oskar Pfister: "Fora isso, anseio muito pelos dias de Páscoa, que pretendo passar com minha filha pequena – agora única – em Veneza". (1963a, 11/3/1913, p. 61.) Ver 28 SF, nota 5, bem como a nota 5 da carta 18 SF/MF.
43. 31 SF, 32 AF; 25 SF, 28 SF, nota 5; nota 2 da carta 33 AF.
44. Nota 6 da carta 47 SF.
45. 84 AF, ver também 244 AF. E 96 AF, 103 AF, por exemplo, 132 AF.
46. 28 SF.
47. 43 SF.
48. 22 SF.
49. Freud/Ferenczi II/1, 542 F, 8/4/1915, p. 117. Sobre os conceitos que Freud tinha em relação à vocação e às tarefas femininas vide, por exemplo, sua carta para a filha Mathilde (26/3/1908, em 1960a); ver também as "cartas de noiva" em *ibid.*, 1882-1886; bem como Jones I, p. 200.
50. 128 SF.
51. 48 SF.
52. 43 SF.
53. Eitingon, visitado por Anna em seguida, teve a impressão de que "o ambiente das crianças em H[amburgo] lhe fez muito bem". (Freud/Eitingon, 189 E, 11/11/1920, p. 220.) Ver também os relatos de Anna de Hamburgo de 1920 (127 AF, 129 AF); bem como em 1922 (156 AF, 158 AF, 160 AF, 162 AF).
54. 157 SF.
55. 42 SF; 151 AF, nota 2. Sobre a "política matrimonial" de Freud com suas três filhas, ver Gödde 2003, p. 155-161.
56. Freud em carta para Lou Andreas-Salomé, 3/7/1922, citado por Gay, p. 492.
57. 154 SF, nota 3.
58. 39 AF, nota 2.
59. 53 AF; nota 7 da carta 84 AF; 86 AF; 96 AF; 101 AF; nota 2 da carta 141 AF.
60. 105 AF; 101 AF, nota 1.
61. 114 AF.

62. 132 AF.
63. Anna/Lou, carta 22, 18/5/1922, p. 47. Mais sobre as continuadas tentativas de Anna na arte de escrever e os estímulos de Lou Andreas-Salomé em Anna/Lou, por exemplo, nas cartas 50, 51, 53 e 161. Ver Molnar 2005.
64. 49 AF, 60 AF, 69 AF, 74 AF, 86 AF, 89 SF, 100 SF, 101 AF, 114 AF, 118 AF.
65. 98 AF, 100 SF, nota 6.
66. 100 SF.
67. 96 AF. Ver também nota 5 da carta 132 AF.
68. 96 AF, 101 AF, 103 AF, 114 AF, 147 AF.
69. Anna/Lou, carta 59, de 24/11/1922, p. 105. Anna/Eva, B 8, de 22/3/1929, p. 122.
70. Texto intermediário depois da carta 106 SF.
71. 101 AF.
72. 141 SF, nota 2.
73. 120 AF.
74. 127 AF.
75. Para citar apenas alguns trechos: 95 SF, 108 AF, nota 8, 112 SF, 125 SF, 126 SF, 157 SF, 159 SF, 181 SF; e um exemplo entre as várias menções de Anna: "Estou lendo o teu novo trabalho com grande alegria. Acho que o ideal do ego me agrada tanto" (132 AF). No entanto, a correspondência não contém discussões teóricas, que eram reservadas ao intercâmbio oral e direto. (Ver por exemplo Anna/Lou, com as cartas 37, 47, 49, 52, 54, 56, 59, 61, 70, 75, 77, 78.)
76. Anna Freud 1967, in: *Escritos VII*, p. 2090.
77. 123 AF/SF.
78. 108 AF.
79. 131 AF.
80. 130 SF.
81. 138 SF.
82. Ver nota 6 de 168 AF.
83. Freud em carta para Lou Andreas-Salomé, de 13/5/1924, citado por Gay, p. 495.
84. *Ibid.*, 10/5/1925, citado por Gay, p. 495. Sobre a ligação afetiva de Freud com suas três filhas, ver Gödde 2003, p. 161-165.
85. 153 AF.
86. 166 SF.
87. Freud/Andreas-Salomé, 3/7/1922, p. 128; a continuação depois das reticências citadas por Gay, p. 491 *et seq.*
88. Freud/Andreas-Salomé, 5/8/1922, p. 129.
89. 174 AF.
90. 169 AF. Esta amizade apenas se revela em toda a sua dimensão na troca de cartas entre Anna e Lou Andreas-Salomé (Anna/Lou).
91. 168 AF, nota 6.
92. Anna/Lou, carta 27, 6/6/1922, p. 55.
93 *Ibid.*, carta 91, 6/4/1923, p. 169.
94. *Ibid.*, cartas 22, 27, 82, 84, 85, 103.
95. Nota 3 de 197 SF.
96. Anna/Lou, carta 204, de 4/12/1924, p. 384 *et seq.*
97. Anna/Lou, carta 93, p. 172 *et seq.*; carta 98, p. 180.
98. Nota 5 de 198 SF; texto intermediário depois de 201 SF/AF.
99. 198 SF.

100. 35 SF.

101. 201 SF/AF com anexos 1 e 2; texto intermediário depois de 201 SF/AF.

102. 203 SF, nota 3.

103. Nesse meio-tempo, Anna "passou a controlar cada vez mais a casa, o que é natural". (Freud/Ferenczi III/1, 899 F, p. 133.) Daí em diante, ela haveria de ampliar cada vez mais esse "poder doméstico".

104. Ver Anna Freud 1967, in: *Escritos VII*, p. 2091-2093. Sobre este tema: nota 8 de 170 AF. Ver Gay, p. 489-491.

105. Freud/Ferenczi III/2, 1001 F, p. 27 (também *ibid.*, III/1, 942 F), 1085 F, p. 123. ver nota 4 de 270 AF; bem como muitas menções, por exemplo, em Freud/Ferenczi III/2, 1140 F, 1148 F, 1160 Fer, 1202 Fer-1205 Fer, 1214 Fer, 1218 Fer, P.S. de 1223 Fer, 1225 F, 1226 Fer.

106. Várias evidências nas cartas a partir de 1923.

107. Entre elas, Eva Rosenfeld, Jeanne Lampl-De Groot, Ruth Mack-Brunswick, Marie Bonaparte, para citar apenas algumas das amigas mencionadas nas cartas.

108. 244 AF.

109. Freud, ver em nota 4 de 212 SF.

110. Após 1930, a correspondência se torna ainda mais rara. De lá até a morte de Freud, apenas doze cartas – todas de Freud – ficaram conservadas.

111. Ver com o "Desfecho", depois de 298 SF.

112. 198 SF.

113. 27/9/1933; LoC, The Papers of Paul Federn, arquivo "Anna Freud".

114. "Anna está se tornando, para mim, cada vez mais imprescindível, [...] extraordinária, como sempre, sem ela eu estaria completamente perdido aqui." (Freud em carta para Alexander Freud, 24/9/1928; neste sentido também *ibid.*, 4/9 e 28/9/1928, LoC SF, Cont. 1. Ver Freud/Andreas-Salomé, 16/5/1935) Ver por exemplo com Gay, p. 495-497; Molnar 1996, p. 455; também nota 4 de 270 AF, nota 22 de 298 SF.

115. 23 AF, 108 AF, 111 AF, 168 AF, 185 AF.

116. 23 AF, 147 AF, 160 AF, 244 AF.

117. De maneira semelhante, advertindo suavemente com humor, por exemplo, também em 49 AF; 62 AF; 108 AF. Geralmente, isso só se revela no contexto geral, em que aparecem as estruturas sintáticas, seqüências, pequenas nuanças de tom e reações que mostram que "é o tom que faz a música". Ver, nota 20.

118. Ver, por exemplo, Anna/Lou, Cartas 50, 51 (p. 88), 53 (p. 91); Molnar 2005, p. 163-166.

119. Fichtner 2003, u.v. Ms., p. 13.

120. Da mesma forma, Anna também exigia dos analistas de crianças que resolvessem a simultaneidade de contrastes específica da condição infantil. Segundo ela, o processo educativo deve ser pensado a partir da simultaneidade da "debilidade do ideal de ego infantil" e da "incapacidade para o controle dos impulsos liberados" pela criança: "O analista reúne, portanto, duas tarefas complexas e, na verdade, contraditórias, isto é: ele precisa, de um só fôlego, permitir e proibir, liberar e voltar a unir [...]" (1927a, in: Escritos I, p. 71 *et seq.*, outro trecho semelhante em *ibid.*, p. 66 *et seq.*)

121. 287 SF, nota 15, 291 SF; nota 2 de 251 SF. Ver também por exemplo Freud/Ferenczi III/1, 986 F (p. 254), III/2, 1175 F (p. 223), 1176 Fer, 1177 F, 1184 Fer, P.S. de 1237 Fer, 1239 Fer; Rundbriefe, Budapeste, 16/5/1925.

122. Freud/Jones, cartas 502, 503, versão alemã de Freud p. 52; ver também com Freud/Eitingon, 422 E, notas 1 e 2. Ver também nota 2 de 209 SF e nota 2 de 216 AF. Uma outra situação que também foi "salva" graças à interferência de Anna é relatada por Jones III, p. 349 (ver em nota 2 de 251 SF).

123. Norbert Elias apresentou convincentemente em suas teorias esses processos de mudança que não se dão em linha reta, mas sim em saltos irregulares para frente e para trás.

124. Freud, W.E., 1987, p. 206.
125. 13/5/1924, citado por Gay, p. 495.
126. Ver com Anna/Lou, carta 305.
127. Carta de Freud para Arnold Zweig, 2/4/1937, in: 1968a, p. 150.
128. Carta de Freud para Ernst Freud, 17/1/1938, in: 1960a, p. 456.
129. Anna/Lou, carta 78, 4/2/1923, p. 148.
130. *Ibid.*, carta 148, 3/1/1924, p. 266.
131. LoC SF, Cont. 16. (Esse trecho foi suprimido em Freud/Andreas-Salomé, p. 151). No ano seguinte, Lou citou Goethe em carta para Anna: "O estado mais feliz é o da dependência voluntária". (Anna/Lou, carta 239, 28/6/1925, p. 456.)
132. LoC SF, Cont. 16. (trecho em Freud/Andreas-Salomé, p. 171, suprimido.) Ver Gay, p. 491-496. Ver acima, p. 19 .
133. É interessante considerar a diferença de idade: quando Freud morreu, Anna não tinha atingido ainda a idade que o pai tinha no início da correspondência.
134. Ver Gödde 2003, p. 233- 237.
135. Ver Gay, p. 496; Freud/Eitingon, 748 F, 4/12/1932.
136. 228 SF.
137. Freud/Ferenczi III/2, 1185 F, 30/3/1930, p. 237 (o grifo é do organizador).
138. 1987c, 18/5/1936, p. 210.
139. 28/10/1939; citado por Molnar 1996, p. 473. (Ver com Lucie Freud no "Desfecho", depois da carta 298 SF.)
140. Anna Freud para Arnold Zweig, 13/2/1940; citado segundo Molnar 1996, p. 473.

Sobre esta edição

A transcrição da troca de cartas foi feita a partir de um maço de fotocópias colocado à minha disposição. Posteriormente, verifiquei trechos duvidosos, comparando-os com os originais arquivados na Biblioteca do Congresso em Washington, D.C. As notas se referem a trechos duvidosos ou incompletos. Essa revisão revelou ainda que algumas peças não estavam classificadas na ordem certa ou simplesmente não existiam. Algumas das cartas assinaladas nas notas de rodapé como "não conservadas" possivelmente estão em arquivos ainda fechados, aos quais não tive acesso.

As cartas, os cartões-postais, telegramas e anotações foram numerados por mim em ordem cronológica e assinaladas com letras, de acordo com a sistemática utilizada na correspondência já publicada. Não foram designados números separados a pós-escritos que pertenciam claramente a uma mesma remessa.

Como os envelopes só ficaram guardados em raros casos, geralmente só existem endereços no caso de postais. O início e o fim de cada carta (local, data, tratamento, saudação final com assinatura) foram mantidos em sua grafia original. Informações ocasionais, adicionadas para fins editoriais, estão marcadas com colchetes. Quando há necessidade de justificá-las, isto é feito nas notas de rodapé. Geralmente, Freud utilizava papel de carta de tamanhos variados, sempre com um cabeçalho pré-impresso, acima do qual escrevia a data à mão. Isto só será assinalado na primeira vez ou em oportunidades especiais, para evitar repetições cansativas. Já Anna costumava escrever o cabeçalho à mão. Os casos divergentes estão sempre assinalados.

No original alemão, a ortografia e a pontuação seguem – cuidadosamente adequadas – as regras anteriores à última reforma ortográfica, com exceção de divergências fonéticas, que ora são mantidas como especificidade lingüística, ora recebem uma nota, quando não está claro se se trata de hábitos lingüísticos ou erros de grafia. Os telegramas são reproduzidos com os eventuais erros de transmissão ou mutilações. As informações ausentes foram acrescentadas entre colchetes. Abreviações (com exceção das usuais, como "i.e.", "p.ex.") geralmente foram grafadas por extenso. As indicações numéricas ou de data (dia, mês, ano), horário, etc. geralmente não foram homogeneizadas, e sim reproduzidas na grafia original. Erros de grafia sempre são assinalados quando os missivistas se referem a eles ou também quando podem ser de interesse, ainda que reduzido. Todos os acréscimos editoriais sempre estão entre colchetes. Palavras sublinhadas são destacadas por meio de grifos. Títulos de livros, revistas, ensaios, etc. são apresentados no corpo das cartas segundo a grafia original e, nas notas correspondentes, como "demais obras". Os nomes dos pacientes aparecem codificados quando não se trata de pacientes já identificados na literatura.

As pessoas, localidades, instituições, etc. geralmente só são comentadas quando aparecem pela primeira vez no texto, exceto alguns poucos casos em que se verificou mais prático e racional proceder de maneira diferente.

Todas as citações, datas e demais informações são documentadas sempre quando aparecem. As formas encurtadas se referem aos quatro índices bibliográficos. "Freud" sem outras iniciais sempre quer dizer "Sigmund Freud"; "para Freud", "para Anna" e formulações parecidas sem outras indicações de fonte se referem ao índice de materiais inéditos. As indicações literárias freqüentemente contêm várias informações de fontes que contextualizam o conteúdo, ressaltam outros aspectos ou interpretam de outra maneira. Às vezes, simplesmente apontam para outra bibliografia. As numerosas referências cruzadas entre as cartas pretendem facilitar a compreensão de determinados contextos, quando estes não ficam evidentes na seqüência direta das cartas.

Para os iniciados, certas explicações biográficas podem parecer excessivamente detalhadas, mas me parecem desejáveis para todos aqueles leitores não muito familiarizados com a psicanálise e seus representantes e sem acesso à respectiva literatura, mas que queiram ter uma impressão suficiente da importância das respectivas pessoas para a psicanálise e para os missivistas, para poderem aprofundar seus conhecimentos nessa área, se assim o desejarem. O mesmo vale para muitas outras informações que servem para se situar nas condições históricas ou geográficas ou demais circunstâncias.

Agradecimentos

Não apenas a psicanálise, como disse Freud certa vez, mas também a sua pesquisa histórica é um empreendimento altamente sociável. Isso ficou mais uma vez evidente para mim quando tentei reconstituir quantas pessoas de fato contribuíram para essa edição. Quero agradecer a todas.

Antes de tudo, o meu "muito obrigado" vai para Ilse Grubrich-Simitis, a primeira que, na condição de editora científica, abriu-me o caminho para a psicanálise enquanto área do conhecimento, ao longo de muitos anos de intensa colaboração, até me encorajar não só a transcrever a troca de correspondência entre o pai da psicanálise e a filha que foi sua seguidora, como também a comentá-la. Desde então, ela me apoiou em todas as fases do trabalho, envolveu-se editorialmente, conseguiu levantar recursos, intermediou contatos com instituições – em suma, impulsionou o empreendimento em todas as direções. Sem ela eu jamais poderia ter assumido esta tarefa.

Gerhard Fichtner permitiu que eu compartilhasse a sua rica experiência, colocando à disposição seus conhecimentos específicos e seu vasto arquivo científico. Além de incansável em sua ajuda e seus esclarecimentos – o que inclui os vários momentos em que foi preciso decifrar a difícil caligrafia de Freud –, foi, durante todo o trabalho de compilação, um interlocutor sempre disponível, um professor paciente e um amigo sensível, em quem pude confiar sempre.

Da mesma forma, Albrecht Hirschmüller me proporcionou todo tipo de ajuda imaginável em assuntos científicos e práticos. Além disso, permitiu que eu consultasse o seu trabalho de edição das cartas entre Freud e Minna Bernays, que freqüentemente tangenciam a correspondência entre Freud e Anna.

Andreas Hamburger foi a primeira pessoa a ler o meu texto, participando criticamente com grande compreensão e conselhos insubstituíveis e me ajudando a vencer várias crises até a versão final.

Uma grande felicidade foi ter conhecido Günter Godde que, ao longo de muitas conversas ricas e extensas, sempre teve ouvidos para mim. Exercendo uma delicada pressão, ele me tirou da reclusão da mesa de trabalho e me conduziu rumo a uma "pequena comunidade", um grupo de outros pesquisadores da História da Psicanálise, onde encontrei eco e estímulo.

Fui recebida de braços abertos por Christfried Tögel toda vez que ia em busca de informações ou ajuda. Além de eliminar vários obstáculos, ele me hospedou e acompanhou carinhosamente em Londres, onde me introduziu também ao Museu Freud.

Ali, no museu, Michael Molnar me franqueou generosamente o acesso a todas as partes do arquivo e ainda me ofereceu a sua competente ajuda.

De Inge Weber e Daria Rothe, editoras da correspondência entre Anna Freud e Lou Andreas-Salomé, recebi os estímulos mais férteis na troca de impressões e resultados. Ao longo de conversas abertas e cordiais, recebi delas impulsos estimulantes e a ratificação das minhas idéias. Dorothee Pfeiffer me autorizou sem hesitação a usar citações de trechos inéditos de cartas de Lou Andreas-Salomé para Sigmund Freud.

Tom Roberts autorizou-me a usar citações de seu manuscrito *Vienna and Manchester. The Correspondence between Sigmund Freud and Sam Freud 1911-1938* com o teor original da correspondência, uma vez que as cartas, sem menção de seu nome como editor, por enquanto só foram publicadas em traduções.

Com Ernst Falzeder, desenvolvi uma profícua parceria durante o trabalho com a correspondência entre Freud e Ferenczi, que beneficiou a minha pesquisa em muitos trechos.

Michael Schröter, editor da recém-publicada correspondência entre Freud e Eitingon, manifestou repetidamente o seu vivaz interesse e, com generosidade e grande confiança, encaminhou-me o texto ainda antes da impressão.

Após o término do livro, Regine Lockot encontrou tempo para complementar os comentários com valiosos detalhes.

Entre o numeroso grupo de pessoas que me auxiliaram com informações gerais, material de cartas, indicações e auxílio, quero mencionar especialmente Peter Lambda (Tibberton, Gloucester, Inglaterra), Ernst Federn (Viena), Victor Ross (Great Chart, Kent, Inglaterra), Gertraud Sperka (Fellbach), Ursula Köhler (Frankfurt), Karin A. Dittrich (Munique), Herbert Will (Munique), Karl Förster (Polling).

Nas numerosas bibliotecas e outras instituições de cujos serviços usufruí, descobri que não são as instituições em si, mas sempre as pessoas que as representam que me auxiliaram com sua ajuda, seu envolvimento e sua competência profissional, fornecendo informações valiosas e muitas dicas boas. Por isso, gostaria de nomeá-los: Herbert Bareuther (Biblioteca do Instituto Sigmund Freud, Frankfurt am Main); Dagmar Möller e Klaus von Bomhardt (Grupo de Trabalho Psicanalítico, Instituto da DPV, Munique); Elfriede Hermann (Secretaria do Instituto de História da Medicina da Universidade de Tübingen); Inge Späth (Biblioteca do Instituto de História da Medicina da Universidade de Tübingen); Angela Glantz, Martina Stuprich (Biblioteca Municipal de Murnau); Matthew von Unwerth (Biblioteca Abraham A. Brill da Biblioteca do Instituto Psicanalítico de Nova York); Patrick T. Lawlor (Biblioteca de Livros Raros e Manuscritos da Universidade de Colúmbia, Nova York); Fred Bauman, Bruce Kirby, Ahmed Johnson, Pat Kerwin, Margaret McAleer (Biblioteca do Congresso, Divisão de Manuscritos, Washington, D.C.); Manfred Skopec (Instituto de História da Medicina da Universidade de Viena); Kurt Mühlberger (arquivos da Universidade de Viena); Herbert Tschulk (Arquivo Municipal e Estadual de Viena, Depto. 8); Ferdinand Gutschi (Arquivo da Academia de Belas-Artes de Viena); Walburga Gáspár-Ruppert (Instituto para Sociologia das Ciências Sociais e Econômicas da

Universidade de Viena); Elisabeth Groschopf (Instituto de Dialetos Austríacos e Léxicos de Nomes da Academia de Ciências da Áustria, Viena); funcionários da Biblioteca Internacional para a Juventude, Munique; Kai Sammet (Instituto de História da Medicina, Hospital Universitário Hamburg-Eppendorf); Ina S. Lorenz (Instituto para a História dos Judeus Alemães, Hamburgo); Christiane Adam (Biblioteca da Associação Médica da Câmara de Médicos de Hamburgo); Dagmar Bickelmann (Arquivo Estadual de Hamburgo); Angelika Voss (Instituto de Pesquisa de História Contemporânea, Hamburgo).

Durante minhas pesquisas, recebi importantes informações locais e apoio in loco. Em Ritten, de Annemarie e Theo Senn (Klobenstein); dos funcionários da administração municipal de Klobenstein – Ruth Ploner, Nikolaus Ramoser (departamento demográfico) e de Siegfried Treibenreif (Secretaria de Obras); de Peter Righi, diretor da Associação de Turismo de Ritten (Klobenstein); dos moradores de Klobenstein, especialmente Marie-Therese von Braitenberg, Rosa Schnitzer, Christoph Pan, e, em Alto Bolzano, especialmente de Gretel Unterhofer, Karl Ramoser e família, Josef Frötscher; bem como Francesco Marchioro, de Bolzano. Em Bad Reichenhall/Thumsee/Bayerisch Gmain, de Johannes Lang (arquivista municipal, Bad Reichenhall). Em Bad Gastein, de Laurenz Krisch (Prof. dr. Mag., Bad Gastein).

Além de todas estas pessoas, há ainda outras, mencionadas nas notas, assim como funcionários de instituições e repartições, que não estão listadas nominalmente.

Mark Paterson, Tom Roberts e, com especial envolvimento, Stephanie Ebdon, da Sigmund Freud Copyrights Inc. (London), estimularam o projeto, entre outras coisas, autorizando-me a pesquisar na Biblioteca do Congresso e no Arquivo Otto Rank a fazer cópias e a citar materiais inéditos.

Na editora, Monika Schoeller e Peter Sillem contribuíram para que fosse possível realizar esta obra volumosa. Wolfgang Kloft, com coleguismo e afeto, colocou-me à disposição sua rica experiência e competência de revisor e editor, e Peter W. Schmidt também me beneficiou com os seus conhecimentos editoriais.

Por fim, mas não menos importante, quero expressar a minha profunda gratidão a Marion Palmedo, de Nova York. Ela conseguiu para mim, no exterior, inúmeros dados, endereços, telefones, alojamento e milhares de outros detalhes. Mais do que isso, do início ao fim do processo de trabalho, dedicou-me o seu amor fraternal e afeto incansável, com o qual eu sempre me senti acolhida e abrigada, aonde quer que eu fosse.

1904

1 SF[1]

Prof. Dr. Freud

4/7/04
[Viena] IX, Berggasse 19[2]

Minha querida Anna

Foi muito gentil da tua parte me teres escrito[3], e por isto eu respondo conscienciosamente. Deves ter te enganado na tua carta, querendo dizer que engordaste um quilo; mas se realmente tiveres emagrecido, então a tia[4] deve te alimentar com *Salvelinus alpinus*[5], até que tenhas recuperado teu peso. Na tua idade ainda se pode ganhar peso sem ter medo de engordar.[6] – a mamãe[7] já está com a passagem de leito para a quinta-feira [7/7] à noite, então vocês estarão completos, só faltando este último, que já está feliz por chegar em breve[8],

teu velho
papai

1. Antes desta primeira carta havia um atestado de vacinação no conjunto de cartas a serem transcritas, reproduzido no apêndice 4 (ver nota 1 de 256 SF).
2. Carta-postal com cabeçalho impresso.
3. A carta de Anna, pelo visto, não ficou guardada. "Nos primeiros anos do século a família passava as suas férias na Baviera; [...] nos anos de 1902, 1903 e 1904 na Villa Sonnenfels, próximo de Berchtesgaden." (Jones II, p. 29. Ver também Freud, M. 1999, cap. IV-VI, VIII-X, XIII-XIX.)
4. A "tia" sem nome geralmente é Minna Bernays (1865-1941), irmã de Martha Freud, que desde novembro de 1895 começou a passar temporadas na casa dos Freud, e, a partir de janeiro de 1896, passou a morar definitivamente com a família. (Introdução de Albrecht Hirschmüller sobre a troca de correspondência entre Freud/Bernays, p. 9.) Ela partiu na frente com as crianças, de férias. "Habitualmente, a família deixava Viena já em junho, quando começava o calor, e Freud ia se juntar a eles em meados de julho, durante um mês ou mais." (Jones II, p. 28.)
5. Peixe de água doce, espécie de truta, família dos salmões (*Salvelinus*); peixe apreciado no Sul da Alemanha; encontrado especialmente na região dos Alpes, por exemplo nas profundezas dos lagos alpinos.
6. Ver adendo de Freud para Anna referente à carta 5 MF/SF, também 6 AF, nota 4, 15 AF, 19 AF, 21 AF, 22 SF, 26 AF, 30 SF. O tema "ganhar peso" reaparecerá mais tarde, quando da alimentação de Ernstl, neto de Freud, ver por exemplo: 129 AF, 140 AF, 141 AF.
7. Martha Freud (1861-1951), filha de Berman e Emmeline Bernays; casada com Freud desde 14 de setembro de 1886. (Árvore genealógica Lange: Bernays Family, Genealogical Tree IIa, p. 6; Freud 1960a, destinatárias Bernays, Martha e Freud, Martha.) Para detalhes da sua família de origem, ver o apêndice de Albrecht Hirschmüller em Freud/Bernays.
8. Em 12/7/1904; as férias em Königssee terminaram para Freud em 28 de agosto. (Tögel 1989, p. 153.) Ele partiu no dia seguinte com seu irmão Alexander para a Grécia, de onde retornaram para Viena em 10/9 (Tögel 2002, p. 175-177; Freud 2002b, p. 178-193.) Freud escreveu um cartão-postal de Atenas para Anna, o qual aparentemente se perdeu (ver nota 3 em 7 AF).

1905

2 SF[1]
Srta. Anna Freud
Alt-Aussee[2]
N 32
Steiermark

[Bolzano,] 4 set 05[3]

A titia e o papai[4], sentados ao sol e olhando o Rosengarten[5], desejam a vocês[6] um pouco de tempo bom.[7]

---

1. Cartão-postal com vista (escrito a lápis): O Rosengarten em Bolzano.
2. Grafia atual: Altaussee; local de veraneio muito apreciado no lago de Altaussee, na região de Salzkammergut/Steier; o Ausseerland é tido como uma das paisagens mais bonitas da Áustria. Ali, aristocratas e dignatários encontravam repouso; intelectuais, literatos, músicos e outros artistas se inspiravam na paisagem. (Schauer; Stephan.) A família Freud já passara várias férias ali. (Freud 1985c, *passim*; Freud, M. 1999, p. 57 *et seq*., p. 66-69; Freud 2002b, 12 e 13/9/1905; Tögel 1989, p. 151, 152, 154.) A casa de Karl Köberl, nº 32, "ainda existe até hoje, uma casa rural, bonita e antiga, na Salzbergstrasse – o nome da casa é Pressl –, era alugada nos meses de verão para hóspedes; os camponeses se mudavam para outras dependências, isto era comum na época". (Agradeço a Johann Linortner pela informação verbal, Altaussee 111, 1º de maio de 2002.) Martin Freud descreve nas suas memórias (1999, p. 57, p. 60 *et seq*.) as relações calorosas entre os habitantes locais e os hóspedes, que freqüentemente se estendiam para além do período de férias, no contato continuado e em relações de trabalho. Ver 125 SF, nota 15, assim como nota 2 de 116 AF.
3. A data está no canto inferior do lado da foto do cartão.
4. Os dois deixaram os demais membros da família em Altaussee em 3/9, seguindo viagem pelo norte da Itália e Suíça, voltando para Viena em 23/9. (Jones II, p. 40 *et seq*.; Tögel 2002, p.195 *et seq*.; Freud 2002b, p. 197-207.) Ver 226 AF, nota 6 em 235 AF.
5. O Rosengarten, um maciço nos Dolomitas Ocidentais (cadeia montanhosa na Áustria), primoroso pela riqueza de formas, é tido como um símbolo da paisagem de Bolzano, e é especialmente famoso pela cor rósea nas paredes íngremes da rocha, durante o pôr do sol. (Delago, p. 121 *et seq*.)
6. Martha com as crianças.
7. Sobre o clima chuvoso de Altaussee, ver 122 AF/MF, nota 1.

1908

3 SF

PROF. Dr. FREUD

7/7/08
VIENA IX, BERGGASSE 19.[1]

Minha querida Anna

Realmente, se eu já não estivesse impaciente para ir até o Dietfeldhof[2], a tua carta[3] teria feito com que eu ficasse ansioso. Eu já gostei bastante de lá na minha primeira visita em abril, quando ainda havia neve entre os arbustos de prímulas amarelas. Morangos e cogumelos são muito bem-vindos, e nós certamente logo iremos descobrir belos passeios.[4] Talvez possamos alugar o laguinho de Aschau[5] inteiro para nós, para que todos tenhamos lugar para nos banhar.

Teu irmão Martin está muito orgulhoso pela boa nota no exame[6] e vai logo ao encontro de vocês, com uma mala nova e chapéu de pelúcia. Lampl[7] chegará com ele, mas os dois partirão logo para a grande viagem de férias, com a qual pretendem começar a sua independência.[8] Então nós vamos alternadamente ler, escrever e caminhar nas florestas; se o bom Deus não fizer chover o verão inteiro, poderá ser muito agradável.

Manda lembranças para todos os teus irmãos[9]; nós estaremos aí no dia 16 de julho cedo, antes que tenhas lido esta carta algumas vezes.

Afetuosamente teu
papai

---

1. Cabeçalho de carta impresso. (Ver Sobre esta edição)
2. "[...] uma casa isolada e bonita", um pouco afastada, a oeste de Berchtesgaden. (Freud/Ferenczi I/1, 10 F, 10/5/1908, p. 61.) Freud a escolhera em abril durante "um meio dia de solidão" antes do congresso de Salzburgo (Freud/Jung, 82 F, p. 52) e mandou imprimir um cabeçalho próprio para a estadia (vide p. ex. Freud/Ferenczi I/1, 17 F). Naquele ano, passou lá as suas férias de 16/7 a 31/8/08; Ferenczi passou algumas temporadas com a família e anos mais tarde ainda se entusiasmava: "Os dias inesquecivelmente belos de Dietfeldhof [...] fazem parte das mais belas recordações da minha vida." (Freud/Ferenczi III/1, 907 Fer, 16/7/1922, p. 138; I/1, 9 Fer-17 F.)
3. Aparentemente não se conservou.
4. Passeios com busca coletiva por morangos e cogumelos faziam parte dos passatempos prediletos de Freud nas férias. "Nossos passeios tinham o calor de uma história maravilhosa, bem construída, e à qual nunca faltava um ponto alto. [... Eles] tinham sempre um propósito definido: fosse a busca por alguma coisa, ou o colecionar algo, ou a exploração de algum lugar específico. [...]" (Freud, M. 1999, p. 63-65.)
5. O lago Aschauer Weiher ficava situado no caminho de Bischofswiesen, nas proximidades de Dietfeldhof. Um lago de banhos, quase um "lago particular", podia ser um valioso atrativo para as férias da família Freud (ver nota 4 em 256 SF e 257 SF, nota 20). Praticamente não se consegue imaginar

naquele lugar idílico o Aschauer Weiher por trás da grande piscina com paredes de concreto que existe lá atualmente.
6. Jean Martin (1889-1967), o mais velho dos três filhos. (Árvore genealógica Lange: Freud Family, Genealogical Tree, p. I.) A carta se refere ao seu exame final do ensino médio, no qual passou "com excelência". (Reifezeugnis, FM Londres; Freud, M. 1999, p. 111, 153.)
7 Hans Lampl (1889-1958), colega de escola de Martin e amigo íntimo da família. Mais tarde, tornou-se médico e analista (vide a troca de correspondência existente, *passim*). (Mühlleitner, p. 199-201.)
8. "Eu amadureci de certa forma e conquistei o direito de ir para onde eu bem entendesse nas férias." (Freud, M. 1999, p. 153.)
9. Mathilde ("Math"; 1887-1978); Oliver ("Oli"; 1891-1969); Ernst L.[udwig] (1892-1970); Sophie ("Soph"; 1893-1920). (Árvore genealógica Lange: *ibid.*, p. I, II.) (Vgl. Abb. 2)

4 SF[1]
Miss Anna Freud
Berchtesgaden
Baiern Germany
Dietfeldhof

[Blackpool,[2]] Sexta-feira, 4 set 08

Querida Anna
Transmita desta vez lembranças para todos, os adultos e as crianças[3] em Dietfeldhof. Talvez eu leve vocês algum dia a uma praia dessas.[4]

papai

[de próprio punho:]
Lembranças para todos do tio Emanuel[5].
Saudações afetuosas da Bertha[6].

1. Seqüência de fotos encadernadas, com o título Blackpool Pictorial Letter, a capa serve ao mesmo tempo de envelope; além de algumas páginas em branco para as descrições, contém seis postais em preto e branco e seis coloridos de Blackpool, lago para banhos muito apreciado no condado de Lancashire, na costa do Mar da Irlanda.
2. "No dia 1º de setembro, terei de viajar diretamente para a Inglaterra, onde a família do meu irmão me aguarda", escreveu Freud para Ferenczi, o qual na verdade gostaria de tê-lo acompanhado para a Holanda. (Freud/Ferenczi I/1, 17 F, 4/8/1908, p. 69; comp. também Freud/Jung, 101 F, p. 179.) Freud menciona no seu *Psicopatologia da vida cotidiana* um ato falho cometido durante esta viagem à Inglaterra como um exemplo "de como se pode satisfazer por meio de um 'engano', um desejo reprimido a contragosto". (1901b, capítulo X, "Equívocos", o exemplo 16 acrescentado em 1910; a citação do exemplo 14.)
3. Martha, sua irmã Minna e as crianças. As demais notícias de Southport, St. Anne's e de Londres eram dirigidas a Mathilde e respectivamente a toda a família. (Freud 2002b, p. 239-261; nas páginas 250-255 do ensaio escrito em Londres Bemerkungen über Gesichter und Männer, National

Portrait Gallery (Observações sobre rostos e homens, National Portrait Gallery) (2002c) com um comentário pormenorizado de Michael Molnar (2002).)

4. Sobre o desejo de Freud de voltar à Inglaterra, ver o texto introdutório de Tögel 2002, p. 237. Freud deixou a Inglaterra em 15/9 e, depois de uma breve estadia na casa de sua irmã Marie (Mizzi) em Berlim, seguiu viagem para Zurique em 17/9, ao encontro de C.G. Jung. (Freud/Jung, 107 J-109 F, nota do editor p. 190.) Ele passou o resto das férias com Minna numa viagem pela Itália do Norte. (Tögel 2002, p. 262 *et seq.*; Freud 2002b, p. 264-271.)

5. Emanuel Freud (1833-1914) (Árvore genealógica Lange: Freud Family, Genealogical Tree, p. I) (ver também 24 SF, nota 3), meio-irmão mais velho de Freud, do primeiro casamento de Jakob Freud; emigrado para Inglaterra com a família em 1859. (Freud, M. 1999, p. 11, 14; Jones I, p. 31.)

6. Bertha Freud (1859-1940), terceira dos sete filhos de Emanuel e Marie Freud (vide 42 SF, nota 12). (Árvore genealógica Lange, *ibid.*)

1910

5 MF/SF
[para Mathilde e Anna[1] em Semmering[2]]
[Viena,] domingo [2 de janeiro de 1910]

Minhas queridas e boas crianças,
Recebemos hoje sua carta e seu cartão[3] e saudamos vocês afetuosamente, ficamos muito felizes que Robert[4] esteja tão bem. No final das contas terá sido bom para todos. Ainda não sei se vou me decidir a subir, pois vai sair tão cara que 200 coroas não serão suficientes para uma semana. Eu creio que fizeste alusão a isso. Preferiria que Robert deixasse a ti e à criança por aí pelo menos até o feriado, isto é quinta-feira[5], para evitar os gastos com duas carroças, mais dinheiro para viagem, mais gorjeta, não concordam? Lembrando: mais um par de galochas e mais um par de polainas! Escreve logo e diz se não tenho razão, filha querida – refiro-me a Mathildchen. Eu deixaria, de coração, a Annerl* andar mais um pouco de trenó por aí, mas nunca imaginaria que fosse tão caro![6] – Passamos os feriados muito calmos e solitários, fomos para cama mais cedo do que de hábito na noite do Ano Novo, e ontem esperamos em vão até uma e meia da madrugada pelo Ernstl[7], que estava em Lilienfeld[8] e simplesmente passou a noite inteira e o dia de hoje fora! Esta foi a minha diversão do feriado.
Lembranças e beijos para todas as minhas três queridas crianças
mamãe

[em papel de carta próprio:]
2 de janeiro de 1910
PROF. Dr. FREUD
VIENA, IX. BERGGASSE 19.

Querida Mathilde:
Quero acrescentar à carta da mamãe que eu não gostaria de limitar a tua estadia aí por motivos de economia. Por mim está bem, desde que queiras ficar. Uma substituição pela mamãe, no entanto, não me parece valer a pena, se levarmos em conta a parafernália, o ócio quando não se anda de trenó, a comida ruim e a sra. W.[9] Portanto, volta com Annerl e me diz como posso te enviar o dinheiro que falta e de quanto necessitas. Podes inclusive dizer que eu pagarei através de recibo postal.

---

* Apelido carinhoso, forma no diminutivo do nome Anna. (N.E.)

Espero que não tenha sido um sacrifício muito grande para ti, especialmente considerando que Robert gostou bastante dos últimos dias. Não sei se ele ainda estará contigo quando esta carta chegar.

Lembranças carinhosas
papai

Querida Anna

Se não exigires andar de trenó pelos quartos aqui[10] quando voltares, terás, em troca, toda a sorte de prazeres. Não precisarás ir para a escola enquanto não tiveres engordado direito. Talvez tenhas algumas aulas particulares enquanto isso.[11] Nós só tivemos dois filhos[12] em casa nesses dias calmos.

Lembranças carinhosas,
papai

---

1. Mathilde e Anna passaram férias de inverno, a partir de 27 de dezembro de 1909, em Semmering, "[...] as duas não vão mal, mas também não vão muito bem." (Freud/Ferenczi I/1, 96 F, 1/1/1910, p. 190.) Mathilde sofria das seqüelas de uma operação de apêndice, à qual quase sucumbiu, em 1905. (Freud executou naquela ocasião um "sacrifício", que ele descreve no seu *Vida cotidiana* [1901b, p. 187].) (Freud/Ferenczi I/1, p.ex. 52 F, 75 F; Freud/Jung, 64 F; Young-Bruehl I, p. 61 *et seq.*, 75.) Anna também emagreceu depois de uma operação de apêndice (em março de 1908), deixando de freqüentar a escola por um longo período. (Freud/Binswanger, 63 F; Young-Bruehl I, p. 75 *et seq.*, 77, 83.) Apesar de recuperada fisicamente, desde então se sentia freqüentemente cansada, e como ela mesma dizia, "tola" e "irracional"; vide p. ex. nota 1 em 19 AF, 23 AF-27 AF, ver também 244 AF, nota 7.
2. Uma passagem montanhosa a 981metros de altitude, na fronteira entre a Baixa Áustria e a região de Steiermark, apreciada estação climática nas montanhas. (Kos, 1984, 1992; Freud/Ferenczi I/1, 93 F.) Freud já conhecia e admirava a região desde estadias anteriores. (Freud 1985c, p.ex. cartas 10, 25-28, 48-50; Tögel 1989, p. 150 *et seq.*; Kos 1984, p. 122.) Posteriormente (1924-1928), passou várias temporadas de férias com a família em Semmerling em uma casa alugada; ver nota 3 de 203 SF, nota 2 de 244 AF, nota 3 de 250 SF.
3. Não contida no conjunto de cartas disponível.
4. Robert Hollitscher (1875-1959), comerciante vienense, com quem Mathilde se casou em 7 de fevereiro de 1909. (Freud/Ferenczi I/1, 20 F, 37 F com anúncio de casamento.) Sobre Robert Hollitscher e sua família de origem, ver Gödde 2003.
5. O dia 6 de janeiro, Dia de Reis, respectivamente Festa da Epifania. Não obstante, Martha ter crescido numa família de judeus ortodoxos e ter sido uma judia ortodoxa, a família Freud respeitava todos os feriados cristãos que se festejavam na Áustria. (Freud, M. 1999, p. 81; Gay, p. 50, 68, 674 *et seq.*)
6. Martin menciona a parcimônia da mãe em suas memórias (1999, p. 51, 101). Ver 149 SF, nota 3.
7. Ernst Freud, o mais novo dos três filhos homens.
8. Localidade a sudoeste de Viena, cerca de trinta quilômetros ao sul de St. Pölten, no rio Traisen. (Kleindel, p. 297.) "Ernst quer estar em todos os bailes [...]", contou Mathilde em 19/1/1910 a uma amiga de juventude. (Gödde 2003, p. 347.)

9. Não pesquisado.
10. Sobre os sonhos de Anna, que freqüentemente não se realizavam, ver 7 AF, nota 3, bem como 10 SF e 13 SF.
11.Ver 11 AF/EF, nota 3. A respeito do período escolar de Anna Freud, ver também Peters, p. 30 *et seq.*, Young-Bruehl I, p. 65-69, 72, 77.
12. Sophie e Ernst. (Freud/Binswanger, 20 F, 31/12/1909, p. 33.)

6 AF

Bistrai[1], 13 de julho de 1910

Querido papai!

    Diante da certeza do triste fato de que não nos veremos antes do dia 1º de agosto[2], pelo menos temos de manter contato por carta. Estou passando bem aqui e gosto muito do dr. Jekels.[3] Estou me esforçando para ficar tão saudável até o outono quando o pouco tempo me permite. Estou ganhando peso, já estou bem gorda e cheia de banhas[4], mas não recebo nada em troca. O dr. Jekels é muito simpático conosco e fala muito de ti. Mas ele não quer me emprestar a Gradiva[5] sem o teu consentimento expresso. O dr. Zweig já te deu alta[6]? E tu não vais voltar a estragar o teu estômago em Haia[7]? Os garotos têm de ficar de olho em ti. Eu também adoraria viajar sozinha contigo[8], assim como o Ernst e o Oli estão fazendo agora. Nós aqui só fazemos passeios com o dr. Jekels, eu me sinto sempre no cavalete, mas sem anzol e usando sapatos.[9] Com certeza, estás feliz por poderes deixar o consultório fechado amanhã. O dr. Jekels nos conta sempre do horror que tem pelos seus pacientes[10], então posso imaginar o quanto isso deve ser mais incômodo para ti, já que tens muitos mais. A maioria das pessoas na clínica é desagradável, ficam sempre nos encarando, já que não conseguem imaginar o que fazemos por aqui; pouca gente fala alemão. A titia está contente por não estarmos na Floresta Negra, pois lá está nevando. Eu não acho bom que a mamãe ainda continue no apartamento, com certeza ela não está comendo direito e vai se arruinar totalmente. Gostaria muito de ir para Hamburgo e ficar com a vovó[11]; achas que faremos isso?[12] Estou ansiosa pela viagem para a Holanda e por tudo o que nos espera. Finalmente, vamos todos nos encontrar.[13]

    Desejo-te boa viagem, e que gostes bastante de Haia.
    Com um beijo, tua Anna.

1. Situada na então Silésia Austríaca, hoje Polônia (perto de Bielitz, na fronteira com a Galícia), onde Jekels (ver nota 3) possuía e dirigia uma clínica para doenças nervosas desde 1897. "Antigamente era bem mais comum passar as férias em clínicas particulares de médicos amigos." (Peters, p. 32; ver também Freud/Bernays, cartas 141-146.)
2. "Enviamos [em 1/7] uma comissão de frente, composta de tia e duas mocinhas [Sophie e Anna] até Bistrai, onde está Jekels, e nós, os velhos, seguiremos depois [em 14/7] para ficar até o dia 1º de agosto, tendo enviado os meninos para aventuras, enquanto isto. Mas soubemos que há pouco

espaço em Bistrai, e nem é muito adequado. Os garotos não conseguiram hospedagem, com exceção de Martin, então eu desmarquei com Jekels, e agora não sei o que fazer [...]." (Freud/Ferenczi I/1, 144 F, 3/7/1910, p. 268; também Freud/Jung, 194 F, 26/5/1910, p. 355, nota 4 (com uma descrição um pouco diferente).) Young-Bruehl relatam no entanto (I, p. 76), que as constantes tensões entre Sophie e Anna teriam sido o motivo pelo qual a família não passou as férias conjuntas naquele ano. Minna permaneceu em Bistrai com as duas meninas até 28/7, seguindo depois com elas até Hamburgo, aonde chegou na sexta-feira, 29/7, substituindo Martha nos cuidados com a mãe doente. (Freud/Bernays, cartas 150-161.) Martha seguiu adiante com as crianças até Noordwijk. Freud passou as duas primeiras semanas de férias com os dois meninos mais novos na Holanda: "Hotel Wittebrug, Haia, é o meu endereço do dia 17 até o fim de julho. Irei com Oli e Ernst, minha esposa permanece aqui [em Viena] e segue depois para Hamburgo. No dia 1º de agosto, grande encontro em Noordwijk." (Freud/Ferenczi I/1, 146 F, 10/7/1910, p. 273.) – Sobre o estado de saúde da mãe de Martha, ver nota 2 de 8 AF; também Freud/Jung, 190 F, 2/5/1910, p. 348.

3. Ludwig Jekels (1867-1954), médico neurologista e psiquiatra. Participou em 1908 como convidado do Congresso de Salzburgo e, a partir de novembro de 1909, de várias sessões da Sociedade Vienense das Quartas-Feiras. Em abril de 1910, ingressou como membro na Sociedade. "A introdução da psicanálise na ciência e na literatura polonesas é em grande parte mérito de L. Jekels." (Freud 1914d, p. 73.) Ele se estabeleceu em Viena, após a Primeira Guerra Mundial, onde desfrutava de grande reconhecimento. A partir de 1923 trabalhou no Instituto de Ensino Psicanalítico; mais tarde, ajudou algum tempo, em Estocolmo, a introduzir a psicanálise na Suécia. Continuou ligado a Freud e à sua família durante toda a vida. "Dr. Jekels certamente merece um tratamento especial – e o que ele fez por mim e pelas crianças não pode ser retribuído com dinheiro [...]." (Minna para Freud, em: Freud/Bernays, carta 154.) Ver também a cópia de uma carta de agradecimento de Freud e Martha, de 1920, para Jekels, "um dos mais antigos alunos de Freud". (Casa Sigmund Freud, p. 44, peça 223.) Anos mais tarde, Jekels foi um dos parceiros de tarô de Freud. (Jones III, p. 209.) Jekels emigrou para os Estados Unidos em 1938, passando pela Austrália, e montou um consultório psicanalítico em Nova York. (Protokolle II, p. XVIII *et seq.*, p. 466, 460 *et seq.*; Sterba, p. 137 *et seq.*; Mühlleitner, p. 170 *et seq.*)

4. "Anna voltou a engordar 80 decagramas [1 decagrama equivale a 10 gramas] na última semana, mas isso não impede que ela siga sendo uma maluquinha. O doutor se entusiasmou bastante com ela, e acha imprescindível que ela não volte para Viena e para a escola, mas também não sabe o que aconselhar." (Minna para Freud, em: Freud/Bernays, carta 147.) Ver com a p. 14 na introdução. Apesar disso, Anna voltou para a escola a partir do outono. (Ver 11 AF/EF e 12 AF.)

5. *Delírios e sonhos na Gradiva de W. Jensen* (Freud 1907a).

6. Walter Zweig (1872-1953), médico, professor de gastroenterologia em Viena; a partir de 1932, professor extraordinário (Fischer, I. 1932/33; Engelhardt 2002.) Freud o classifica, gracejando, como "clínico particular", numa carta para Abraham, de 13/5/1914 (Freud/Abraham, p. 172, nota). Freud freqüentemente padecia de problemas no estômago e no intestino (ver a troca de correspondência disponível). (P.ex. Freud/Ferenczi III/2, 1187 F; Jones III, p. 195.)

7. A versão de Gay, que indica "Harz" em vez de "Haia" (p. 484), não está correta.

8. Este sonho acabaria sendo realizado três anos mais tarde; ver 32 AF. Ver nota 3 na carta seguinte.

9. "O doutor é incansavelmente gentil e atencioso e deixa as crianças muito mal-acostumadas por algum tempo. Annerl alcançou hoje ao menos um dos seus ideais, ela anda descalça, continua sentando na boléia quando andamos de carro e empurra pneus pela estrada – em poucas palavras, é o retorno à natureza!" (Minna para Freud, em: Freud/Bernays, carta 146.) Anna se lembrou mais tarde deste "eu descalço e sem constrangimentos, dos dias de criança" num poema, Sonhos, que Young-Bruehl (I, p. 118, 136) reproduziu parcialmente. Ver nota 2 de 173 AF.

10. "[...] os nervosos [...], que repugnam principalmente o próprio doutor, ele amaldiçoa cada um dos que chegam." (Minna para Freud, *ibid.*)

Página 1 da primeira carta de Anna ao seu pai que foi conservada.

11. Emmeline [Egla] Bernays, nascida Philipp (1830-1910); morreu ainda no mesmo ano, no dia 27 de outubro. (Árvore genealógica Lange: Bernays Family, Genealogical Tree IIa, p. 6.) Ver detalhes no apêndice de Albrecht Hirschmüller em Freud/Bernays.

12. Sim; ver nota 2. "[...] as pequenas [...] estavam tão alegres em Bistrai, mas os dias aqui as deixaram bastante aborrecidas." (Minna para Freud, em Freud/Bernays, carta 153.)

13. "Escrevo-lhe [...] depois de termos nos reunido, os três, aos demais membros da família." (Freud/Ferenczi I/1, 153 F, 2/8/1910, p. 280.) Mais sobre a estadia e acontecimentos na Holanda, em Freud/Ferenczi I/1, 157 F-167 Fer, e Freud 2002b, p. 321-332.

7 AF[1]

[Bistrai, 25/7/1910][2]

Eu também quero[3] andar a cavalo[4]!!!!
E jogar tarô![5]
Anna

1. Nem este escrito, nem o seguinte, estavam no conjunto de cartas. Agradeço a Marion Palmedo, de Nova York por indicar sua existência na LoC SF no baú da correspondência entre Freud e Minna Bernays. Ao editor desta troca de cartas, Albrecht Hirschmüller, agradeço pela cessão das cópias dos textos.

2. Esta não é uma carta de Anna, e sim um acréscimo numa carta de Minna Bernays para Freud. (Freud/Bernays, carta 149.) O texto foi incluído aqui por estar estreitamente relacionado com outros escritos desta correspondência.

3. A expressão "eu quero..." parece ter se tornado uma expressão idiomática familiar (ver em 221 AF). A irmã de Anna, Sophie, a menciona uma vez, com um ponto de exclamação significativo em um bilhete (sem data) para Freud: "Querido papai! Eu também quero andar a cavalo! (e nadar, etc.) Tua filha Sophie." (LoC SF, Cont. 12.) (Sobre isto, ver p. 10 da *Introdução*.) A partir de um exemplo de um caso de seu consultório, Anna narra, no seu livro *O ego e os mecanismos de defesa*, entre outras coisas, os diversos desejos da sua analisada, e acrescenta: "O seu eterno 'Eu quero!' era um tormento para os adultos que a cercavam." (1936, em: *Escritos I*, p. 306.) Ver também final da nota 4 de 25 SF.

4. Sobre cavalgadas, ver 8 AF, 10 SF, 12 AF, bem como 79 AF. Ver a nota 4 da carta de Minna (149) para Freud em Freud/Bernays.

5. Tarô (ou: taroco): jogo de cartas, semelhante ao skat. Freud se reunia regularmente com amigos, aos sábados, para jogar: "[...] nos anos 90, ou talvez até antes disso, ele se tornou um inveterado jogador de tarô. O jogo foi introduzido pelo oftalmologista Prof. Königstein [...], muitos anos depois, os próprios filhos de Freud substituíram os seus amigos no jogo de cartas." (Jones I, p. 384.) Ver por exemplo 11 AF/EF, 15 AF, e também 85 SF, nota 4. "É interessante notar que os parceiros de jogo de tarô de Freud não eram psicanalistas. Pelo visto, essa é uma das áreas onde ele se afasta do 'assunto' para fazer uma pausa e relaxar." (Haynal, p. 28 *et seq.*) Ver novamente nota 4 da carta de Minna (144) para Freud em Freud/Bernays.

8 AF[1]
Hotel-Pensão Noordzee
W. Van Beelen,
Noordwijk aan Zee.[2]

Professor
Dr. Sigmund Freud
Roma[3]

4/IX/1910
[Carimbo postal: "Noord 5/9/10"]
[Carimbo de chegada: "Roma (Centro) 8/9/10"]

Querido papai! A mamãe não vai escrever hoje porque está fazendo as malas.[4] Não aconteceu nada de especial. Já andei a cavalo duas vezes, e gostei muito mais do que de nadar e de brincar com a pá. A Math escreveu e pediu o teu endereço. O Ernst e eu partiremos depois de amanhã à noite. O mar está muito bravo hoje, distante apenas uns poucos metros da duna. Pena que não possas vê-lo. Nem pudemos ficar no terraço hoje. Há uma tempestade horrível. Eu estou relativamente ajuizada agora.

Lembranças para ti e para o dr. Ferenczi[5], da tua

Anna

[Com a caligrafia de Martha Freud:]
10.000 lembranças da mamãe
está bravo! refiro-me ao o mar.

1. Vide nota 1 de 7 AF; cartão-postal com remetente impresso.
2. A família passou uma parte das suas férias de verão aqui, a partir de 1/8 (ver nota 2 de 6 AF): "[...] na pensão Noordzee, aonde chegamos ontem pela manhã." (Freud/Ferenczi I/1, 153 F, 2/8/1910, p. 280.) Originalmente eles pretendiam ir para Klobenstein. (Freud/Ferenczi I/1, 67 F.) Mas em maio a situação mudou: "Devido às condições instáveis da nossa avó em Hamburgo (oitenta anos), vimo-nos obrigados a ficar mais perto dela, então nos decidimos por um balneário holandês, do qual se pode chegar em Hamburgo no mesmo dia." (Freud/Jung, 190 F, 2/5/1910, p. 348; bem como Freud/Ferenczi I/1, 132 F.)
3. Enquanto isto, Freud viajara com Ferenczi para a Itália. Depois de tentar várias vezes conseguir uma passagem barata de navio, eles seguiram de trem até a Sicília, passando por Paris e Roma. Para outros pormenores do roteiro de viagem, ver Freud/Ferenczi I/1, 147 Fer-167 Fer; ver também Jones II, p. 104 *et seq.*; Tögel 2002, p. 333-335; Freud 2002b, p. 336-362.
4. A família retornou para Haia, permanecendo no Hotel Wittebrug até 13/9; Ernst e Anna, no entanto, seguiram para Viena (ver 9 EF/AF, 11 AF/EF; também Jones II, p. 104).

5. Sándor Ferenczi (1873-1933), médico neurologista húngaro, psiquiatra e psicanalista, com consultório de clínica geral e neuropsiquiatra, trabalhava também como perito no tribunal de justiça de Budapeste. Além das suas atividades médicas, Ferenczi tinha os mais diversificados interesses culturais e contatos pessoais entre os intelectuais de Budapeste. Mantinha com Freud uma relação especialmente estreita e amigável e, ao mesmo tempo, extremamente conflituosa, o que se reflete na sua extensa troca de correspondência. O próprio Freud a chamava de "uma relação íntima de vida, idéias e interesses". (Freud/Ferenczi III/2, 1241 F, 11/1/1933, p. 300.) Ferenczi foi co-fundador (e presidente em 1918) da Associação Psicanalítica Internacional e apresentou em 30 e 31/3/1910 a minuta dos seus estatutos no II Congresso Psicanalítico de Nuremberg (Ferenczi 1910, ver Freud/Ferenczi I/1, 114 Fer, 16/2/1910, p. 217; Rank 1910/11, p. 741 *et seq.*, 1911, p. 131; Jones II, p. 90 *et seq.*). Em 1913, deu vida à Associação Psicanalítica da Hungria. (IZ, vol. 1, 1913, p. 617.) Ele também foi um dos iniciadores do comitê secreto. Ver também a saudação de Freud pelos cinqüenta anos de Ferenczi (1923i), seu necrológio (1933c), Federn, p. 1933 e Balint 1970; além disso a presente correspondência, especialmente 287 SF.

9 EF/AF[1]

Professor
Sigmund Freud
Palermo

[Carimbo postal do trem 7/9/10]

[Impresso: Saudações do vagão-restaurante]

onde nós estamos sentados confortavelmente e comendo!

Ernst e Anna

1. Cartão-postal colorido: "Saudações do vagão-restaurante"; acima à direita o retrato de um vagão-restaurante com o título "Deutscher Eisenbahn-Speisewagen-Betrieb G. Kromrey & Söhne", à esquerda o retrato "Wien, Hof-Museum". – Fora a assinatura de Anna, todo o resto com a caligrafia de Ernst Freud (a lápis).

10 SF[1]

Srta. Anna Freud
a/c. Hollitscher[2]
Viena
IX Türkenstrasse 29
Áustria

Palermo 10/9/10

Querida Anna:
Aqui há uma amostra da nossa paisagem. Eu estou procurando um cavalo para ti[3] e te saúdo afetuosamente.

papai

1. Cartão-postal colorido: Palermo – Monte Pellegrino.
2. Ver nota 4 de 5 MF/SF. Anna ficava freqüentemente com Mathilde, como mostram as cartas seguintes, até a volta do resto da família em 16/9: "Annerl está hospedada conosco há dois dias, acho que ela está bem bonita, com boa aparência e com os melhores propósitos – ela é um pobre bichinho e se preocupa terrivelmente com tudo." (Mathilde para Freud, 9/9/1910, LoC SF, Cont. 11.) No início daquele ano, Mathilde contara ao seu amigo de juventude: "[...] Annerl ainda está um pouco anêmica e amuada, mas logo sairá do casulo, transformando-se numa grande moça." (Gödde 2003, p. 347.)
3. Ver 7 AF, nota 4.

11 AF/EF

Viena, 11/IX/1910

Querido papai!
Espero que esta carta te encontre, mas não faço a menor idéia de onde estarás mais tarde, e portanto só posso escrever para Palermo.
Ernst e eu chegamos felizes em Viena. A viagem foi muito agradável, viajamos de leito, estivemos várias vezes no vagão-restaurante e gastamos bastante dinheiro. Ernst teve febre antes da partida e ainda não está muito bem (nenhum de nós está com cólera[1]). Lampl veio nos buscar na estação. Agora, estamos levando uma vida de vagabundos, eu geralmente como na casa da Mathilde, e o Ernst freqüentemente come na casa dos Wintersteins[2]. Eu também já estive na escola; terei de fazer uma pequena prova em outubro, já que não tenho boletim.[3] Depois de amanhã começará de verdade. Acho que estou bastante sensata, pelo menos eu estou me esforçando. O tempo está incrivelmente ruim, chove sem parar desde ontem. Espero que aí não esteja. Passo quase todo o dia com a Mathilde, é muito solitário no apartamento. Ainda não sei quando a mamãe chegará.[4]

A tia Pauli[5] já está em Viena, a vovó[6] ainda não. Rosi[7] continua crescendo bem mais do que eu.

Ontem à noite eu joguei tarô com Ernst e com Robert e só fui para casa depois da hora em que as portas são trancadas. Robert acaba de perder o dinheiro que se paga para abrir as portas[8]. A Math conta muitas coisas engraçadas de Lavarone. Deve ter sido muito bom.[9] Mas neste momento não se acredita, em Viena, que exista sol. – Até que recebas esta carta, papai, já estarei na escola e espero que tudo corra bem.

Com muitas lembranças e um beijo

tua Anna

[no verso da última folha, com caligrafia própria:]

Querido papai!

Cá estou eu novamente em Viena; chove, eu como por aí e vou à escola, onde quase todos os meus velhos professores tiveram ataques cardíacos, o que é bem triste. Também estou me recuperando do verão e já comecei a ficar feliz antecipadamente com o próximo, mais ensolarado.

Lembranças carinhosas, também para o dr. Ferenczi[10].

Ernst.

1. "Foram registrados sete casos de cólera em Viena entre os dias 23 de agosto e 17 de setembro, dos quais dois fatais." (Hebdomadário Médico de Munique, 57º ano, segundo semestre (jul-dez) 1910, p. 2167.) – A pandemia de cólera depois da virada do século (1902-1923) chegou também à Europa, em 1910, vinda da Ásia. O primeiro caso em Viena foi registrado em agosto. "Reina grande apreensão nas repartições vienenses (por sorte não entre a opinião pública) em conseqüência destas ocorrências. Foi realizada uma grande conferência na prefeitura, da qual participaram delegados do Ministério do Interior, do governo, da polícia, da saúde pública, etc., todos os médicos das circunscrições policiais imperiais de Viena foram convocados para serem examinados." (Ibid., p. 1864.) Ver também 12 AF nota 2, 13 SF notas 3 e 4.
2. É pouco provável que se trate da família do barão Alfred Winterstein, aceito como membro na Sociedade Psicanalítica Vienense em 26/10/1910. De qualquer forma, suas memórias não permitem concluir que existisse naquela ocasião um relacionamento familiar tão íntimo com a família de Freud. (Winterstein (sob reserva))
3. Provavelmente por ter faltado às aulas no inverno em 1909-10; ver 5 MF/SF nota 1; também 6 AF, nota 4.
4. Martha permaneceu em Haia com Oliver e Sophie até o dia 13/9 (bilhete de Martha numa carta de Oliver, em 10/9, para Freud em Palermo; LoC SF, Cont. 11.). Eles deveriam voltar no dia 16/9, depois de uma estadia em Berlim (Freud 1960a, p. 296 et seq.)
5. A irmã de Freud, Pauline (Pauli/Paula) Regine (1864-até provavelmente 1942). Depois do falecimento do seu marido Valentin Winternitz (1859-1900), com quem morou em Nova York, ela voltou para a Europa em 1/7/1900 com sua filha Rose, que na época tinha quatro anos e meio. (Freud 1985c, p. 454, 456, 458 et seq., 462; Árvore genealógica Lange: Freud Family, Genealogical Tree, p. IV; sobre o ano da morte ver 1990 e 2004b, p. 42-45 notas 18-24.)

6. Mãe de Freud, Amalie Freud, nascida Nathansohn (1835-1930). (Árvore genealógica Lange: Freud Family, Genealogical Tree, p. II); ela freqüentava muito Bad Ischl no verão (ver a presente Correspondência.) Depois da guerra, às vezes também passava o inverno ali. (Freud/Sam, 27/10, 24/11/1919; 22/7, 15/10/1920.)

7. Rose (Rosi) Beatrice Winternitz (1896-1969), filha da irmã de Freud, Pauline. (Árvore genealógica Lange: Freud Family, Genealogical Tree, p. IV.)

8. Dinheiro que se dava aos porteiros para que estes abrissem as portas depois do horário em que as mesmas eram trancadas. (Agradeço a Ernst Federn, Viena, pela informação.)

9. No verão em Lavarone, no sul do Tirol, Mathilde se recuperou de mais uma operação no abdômen. (Gödde 2003, p. 139 *et seq.* com excertos de cartas até então inéditas de Mathilde para o seu pai, em 15 e 16/7 e 22/9/1910.) Os Freud já haviam passado férias lá anteriormente (1900, 1906, 1907) e se sentiam muito bem naquela região. (Freud 1985c, carta 253; 2002b, p. 126-128, 209; Freud/Jung, 201F.; Freud, M. 1999, p. 120-144.) Ver também nota 4 de 200 SF.

10. Os filhos, especialmente Martin, tinham feito amizade com Ferenczi. (Freud, M. 1999, p. 118 *et seq.*) O sonho de Freud se concretizou desta forma: "De vez em quando, o senhor fará uma refeição conosco, ou escalará uma montanha na companhia dos meus garotos". (Freud/Ferenczi I/1, 10 F (Dietfeldhof), 10/5/1908, p. 61. Ver *ibid.*, 12 F e 13 Fer.)

12 AF

Viena, [terça-feira] 13/IX/1910

Querido papai!

Então a minha escola começou hoje. Apenas preenchemos um formulário[1] e foram distribuídos os horários, e só a partir de amanhã terei novamente quatro aulas. Estou levando uma vida preguiçosa. Normalmente, faço refeições na casa da Mathilde, hoje estive com a tia Pauli, fui convidada amanhã pelos Wintersteins e vou hoje à noite com o Ernst ver o Lampl. De vez em quando, fico em casa, nos intervalos, onde tenho de oito a nove cômodos à minha inteira disposição. Estou me dando muito bem com o Ernst, mas nós só nos vemos raramente. Já recebi várias vezes notícias da mamãe. Todos querem vir no final da semana. Já chegou uma montanha enorme de cartas para ti, nem sei como conseguirás ler tudo. Muitos conhecidos perguntam por ti e todos ficam admirados que, de repente, estejas em Palermo. Já soubeste que a cólera chegou a Nápoles? Estás dando uma volta bem grande em torno dela?[2] – Aqui, parei totalmente com montaria, natação, etc..., e vivo a pé, assim como as outras pessoas normais. Gosto muito de ficar com a Mathilde, ela não sai muito, e lá é extremamente confortável. E também converso tão bem com ela, melhor do que com qualquer outra pessoa.[3] O apartamento vai bem, ele começa lentamente a ficar novamente "em pé". Teremos um banheiro muito bonito, com aquecedor a gás, e a cozinha foi aumentada.[4] Ainda não vi o tio Alexander ou a Sopherl.[5] A vovó ainda está em Ischl[6]. Parece que está passando muito bem. O dr. Ferenczi estará cuidando bem de ti? E não estragaste o teu estômago?[7] Amanhã é o aniversário do teu casamento⁸; não é uma boa desculpa para te mandar muitas lembranças e beijos?⁹ É o que faço agora, e permaneço sempre sendo

tua Anna

E não vais me escrever?

---

1. *Nationale*: formulário austríaco para dados pessoais.
2. "Não temos de nos preocupar com a cólera, nem por aqui, nem em qualquer outro lugar [...]", escreveu Freud de Florença em 4/9 para Martha. Dois dias depois da carta de Anna, o relato de Palermo informava que "[...] só hoje lemos sobre os boatos da cólera em Nápoles. [...] Na Sicília não se notou ainda nada até agora, muito menos em Viena ou Budapeste." (2002b, p. 337, 353.) (Ver também carta de Mathilde para o pai, de 22/9/1910, citada por Gödde 2003, p. 140.) Os jornais especializados vinham noticiando regular e detalhadamente sobre o avanço da doença, desde que ela tinha surgido na Europa. Principalmente a *Münchener Medizinische Wochenschrift* publicava notícias pormenorizadas de todas as regiões, estados e cidades na rubrica "Notas diárias", com números precisos e às vezes até com relatórios detalhados da evolução da doença em alguns casos clínicos.
3. "Mathilde, a mais velha, até hoje comportada e sábia, sempre agradável." Foi assim que Lou Andreas-Salomé caracterizou muitos anos mais tarde a filha mais velha de Freud, recordando uma visita à família (anotação no diário de Lou Andreas-Salomé, citada segundo nota de Ernst Pfeiffer para p. 121 em: Freud/Andreas-Salomé, p. 271). Ver também 26 AF nota 4.
4. "Até 1917, não existia banheiro em 92% dos apartamentos vienenses, e 95% não dispunham de água encanada." (Weissensteiner, p. 121.) Ver 132 AF. O banheiro voltará mais tarde como metáfora: "Descubro, surpresa, que também tenho algo como um narcisismo. [...] Eu não o conhecia anteriormente. Creio que, para existir, ele necessitará de um banheiro próprio [...]." (Anna/Eva, primavera [verão?] 1925, B 1, p. 109.)
5. Alexander [Gotthold Efraim] (1866-1943), irmão de Freud, especialista e primeiro perito judicial da monarquia austríaca para as entidades de frete, transportes e tarifas, professor extraordinário da Academia de Exportação em Viena. Desde 1904, único dono da editora Allgemeiner Tarif-Anzeiger, que editava também a revista de mesmo nome. Gozava de excelente reputação, graças aos sólidos conhecimentos geográficos, de línguas estrangeiras, sobre mercadorias e legislação, e era muito solicitado nos círculos especializados europeus, o que se refletiu nas oportunidades de ensino e nas publicações específicas de sua área (hoje chamada de logística). Recebeu inúmeras honrarias, entre elas o título de "conselheiro imperial" em 1902. Casou-se em 7/2/1909 com Sophie Sabine, nascida Schreiber (1878-1970). O casal teve um filho, Harry. (Árvore genealógica Lange: Freud Family, Genealogical Tree, p. IV; cabeçalho Allgemeiner Tarif-Anzeiger, Viena I, Handelskammer-Palais, Biberstr. 16 (FM London); Leupold-Löwenthal 1988.) Ver também Freud 1985c, carta 195, nota 1. Sobre a cátedra de Alexander, ver Exemplo nº 2 de um erro de leitura na *Psicopatologia da vida cotidiana*, de Freud (1901b, p. 120 *et seq.*)
6. Bad Ischl, centro cultural e geográfico da região de Salzkammergut, na Áustria. O imperador Franz Joseph freqüentava o lugar regularmente desde 1849. A partir de 1875, tornou-se por muitos anos a residência de verão do casal imperial, atraindo "muitas celebridades, nobres, homens de estado e artistas". Ischl foi declarada Estação Medicinal. (Pequenas cidades históricas, Bad Ischl, p. 8.)
7. "Desde Gênova, a comida está deliciosa, meu estômago agradece. Meu intestino não melhora [...]." (Freud, em carta para Martha, 4/9/1910, 2002b, p. 338.)
8. 14/9/1886, Hamburgo.
9. No manuscrito, um ponto em vez de ponto de interrogação.

13 SF

Siracusa 18/9/10

Minha querida Anna:

Agradeço de coração pela tua amável carta, recebida hoje, dos tempos da tua solidão, que agora já passou.

Mal vale a pena responder, já que de lá para cá tudo mudou bastante, mas fico me repreendendo por não ter escrito mais longamente, pelo menos uma vez. Mas a viagem, as muitas novidades e dificuldades vão me desculpar. Talvez eu estivesse com a consciência pesada por ter prometido precipitadamente levar alguma coisa bem bonita para ti e não poder cumprir. Até mesmo tu, com toda a tua capacidade de nos espantar com os teus desejos[1], estarias em apuros aqui, na capital Palermo, para escolher alguma coisa transportável. Os produtos da Sicília que vêm ao caso são enxofre, papiros e antigüidades. Já tenho amostras das três coisas, mas infelizmente, como vês, não podes ter nenhuma delas.[2] Haverá uma indenização em Viena. Como eu próprio já me regalei bastante, acho que vocês também merecem alguma coisa.

A Sicília foi e é maravilhosa, mas o siroco reina aqui há dois dias e está difícil de suportá-lo, diminuindo a capacidade de aproveitar e impedindo que a ilusão da condição excepcional paradisíaca sobrevenha. As notícias sobre a cólera em Nápoles também são contraditórias; não se sabe quais as dificuldades de viagem que poderiam surgir[3] e, portanto, é possível que esta bela viagem chegue ao final mais cedo do que pretendíamos.[4]

Fico muito feliz que consigas conversar com a Mathilde, ela é realmente a companhia certa para ti e gosta muito de ti. Deverias generosamente conviver melhor com a tua outra irmã[5], senão terminarão como duas das tuas tias[6] que nunca se suportaram enquanto crianças e, como castigo, não conseguiram se livrar uma da outra durante muitos anos, já que amor e ódio não são coisas tão diferentes.

Também estou muito curioso sobre as novidades em casa. Diz à mamãe que, se a toalha da minha escrivaninha estiver muito suja, ela mande lavá-la rapidamente ainda antes da minha chegada pelo Spitz[7] e também mande ajeitar um pouco toda a escrivaninha. Também quero que seja providenciado um estoque de Karlsbader[8] para dar seqüência ao tratamento interrompido.

Como vês, meus pensamentos já estão mais em casa do que com Arquimedes, que tem um monumento aqui embaixo da minha janela, junto da Aretusa.[9]

Saúdo a ti e a todos os outros,

carinhosamente teu
papai

1. Ver 5 MF/SF nota 10.
2. "As únicas dificuldades dizem respeito às compras. Não há quase nada que seja diferente de outros lugares e que possa servir de lembrança, gritando para o cliente: me leva! – *pack me now* –", escreveu Freud em 15/9 para Martha. "Só Robert vai ganhar o enxofre que pediu, ele pediu algo prático, adequado à região." (2002b, p. 352 *et seq.*)
3. O Ministério do Interior austríaco expediu uma portaria para todas as instâncias, referente a "procedimentos para evitar que a cólera seja importada da Itália". (Wiener Medizinische Wochenschrift, v. 60 (1910), coluna 2183.)
4. "Voltei ontem depressa de Siracusa–Palermo–Roma, para evitar a cólera em Nápoles [...]." (Freud para Oskar Pfister, 27/9/1910, 1963a, p. 43.)
5. "Entre todos os irmãos, a relação mais difícil para Anna Freud foi com Sophie, que era o alvo do seu ciúme – e vice-versa. [...] As duas filhas mais novas desenvolveram a sua versão sobre a freqüente divisão das irmãs entre beleza e inteligência. [...] Elsa Reiss [...] foi contratada como professora particular [...]. Embora este plano significasse [para Anna] um complemento ao maçante cotidiano escolar, reforçou a rivalidade entre as irmãs, já que Sophie foi incluída nessas aulas particulares. Anna sofria com a lentidão das aulas que a senhorita Reis ministrava para as duas meninas, enquanto Sophie, por seu lado, se dispunha muito a contragosto a dividir a atenção da professora com a irmã." (Young-Bruehl I, p. 62 *et seq.*, 66, outros pormenores p. 57, 58 *et seq.*, 64.) Enquanto Young-Bruehl destaca a rivalidade entre as duas meninas, Peters enfatiza um outro lado da relação. Ver 25 SF, nota 4.
6. Não foi possível averiguar a quais das suas irmãs Freud se refere; Tögel (2002, p. 359, nota 39) supõe que se trate de Anna (Bernays) e Paula Winternitz.
7. Provavelmente o marceneiro de Freud; ver p. ex. Freud para Martha, 23/9/1908; para a família, 24/9/1909. (2002b, p. 267, 315.)
8. Água mineral com alto teor de sulfato de sódio. Freud chegou a tomá-la continuadamente, anos mais tarde, contra o seu mal de estômago e intestino; ver 126 SF, 184 SF. (Também Lampl para Ernst Freud, 18/1/1921, FM Londres, Box 31 B.)
9. Freud e Ferenczi ficaram no centro antigo (na ilha de Ortígia): "Recomenda-se [...] ficar no centro, se possível não muito distante da Fonte de Aretusa, no caminho à beira-mar, com vista para o grande porto [...]"; a "fonte da ninfa Aretusa, situada na costa oeste da cidade, que jorra de um muro em forma de semicírculo, bem próximo ao mar". (Peterich 1963, p. 668.) Ver também carta de Freud para a família, 18/9 (2002b, p. 356). – Arquimedes (c. 285-212), principal matemático e físico, técnico e inventor grego, assassinado na conquista de Siracusa pelos romanos. Ver Tögel 2002, p. 359, nota 41 para a carta em questão.

1911

14 AF

A.F.[1]   [Alto Bolzano?[2],] 15/VII/1911

Querido papai!

Não sei se me reconhecerás quando chegares, pois estou bem bronzeada do sol, e ontem um velho senhor perguntou para a mamãe por que vim para o campo se já estou com uma aparência tão boa. Caminho bastante por aqui, ao contrário do que faço em Viena, e dou grandes passeios, sozinha[3] ou com a mamãe. Aliás, a mamãe e eu, as duas saudáveis, gostamos muitíssimo daqui, titia e Sophie um pouco menos.[4] Ontem, fomos a dois mirantes e pudemos avistar até Gries[5]. Sophie encontrou o primeiro cogumelo, vamos comê-lo hoje no almoço[6]. Acredito que gostarás muito daqui, pois basta caminhar um pouco para chegar a lugares maravilhosos; só em volta da casa é que não tem nada muita bonito[7] e isto não agrada à titia. Já estou feliz agora com a perspectiva da tua chegada e quero te levar a todos os lugares bonitos, pois estou conhecendo um pouco o lugar. Acredito que aqui terás muito mais sossego para escrever do que em Karlsbad (Karlovy Vary)[8], o trem[9] só passa de hora em hora, e não há carruagens nem automóveis.[10] Oli nos telegrafou hoje, avisando que chega amanhã. Recebemos carta e cartão de Ernst[11] e de Martin[12]. Ernst parece ter-se empregado como secretário particular de Willi[13]. Recebemos tua carta de hoje e achamos espantosa a coisa do terno.[14] Ficamos felizes com cada uma das tuas cartas. Imagina só, ontem à noite tive um sonho horrível. Era alguma coisa sobre o primeiro dia de aula no outono. Espero que não se realize tão cedo, pois estou gostando muito, muito mesmo daqui e não quero ir embora tão cedo.

Querido papai, faz muito tempo que ninguém me chama de "demônio negro", e isso me faz muita falta. Estou ansiosa pela tua chegada.

tua Anna.

---

1. Iniciais impressas.
2. Não foi possível determinar com exatidão se esta carta e a próxima ainda foram escritas em Bolzano ou já em Klobenstein. As duas localidades ficam em Ritten, um planalto de rochas porfíricas que fica ao norte de Bolzano, entre mil e 1300 metros de altitude, famoso por ser o local de veraneio com o mais belo panorama dos Alpes. "Inicialmente ficamos no Alto Bolzano, na pousada Hofer (hoje Hotel Post-Viktoria), mas depois tivemos que nos mudar para Klobenstein por falta de vaga." (Freud/Ferenczi I/1, 235 F, 237 F; Freud/Jung, 266 F.) As descrições de Anna, das suas atividades, bem como da situação e localização da casa, levam a supor que o local onde as duas cartas foram escritas seja mais provavelmente Alto Bolzano (ver explicações a este respeito nas notas, também 15 AF); um cartão-

postal de Freud para Sophie, de 18/7/1911, também foi endereçado para a pousada Hofer. (Agradeço aos moradores de Ritten e outras pessoas mencionadas nos Agradecimentos pelas informações.)

3. Ver 15 AF nota 9.

4. Minna Bernays sofria de várias mazelas (ver 28 SF, 42 SF nota 15, 95 SF, nota 5, 294 SF, nota 2, texto explicativo depois de 295 SF, 297 SF, nota 19). (Pormenores sobre as doenças de Minna na introdução de Albrecht Hirschmüller para Freud/Bernays.) Sophie também adoecia freqüentemente, motivo pelo qual passou várias semanas em abril e maio com a mãe na estação termal de Karlovy Vary. (Freud/Ferenczi I/1, 211 F, 221 F; Freud/Jung, 255 F; Peters, p. 46; Young-Bruehl I, p. 57.) (Não procede a informação em Jones II, p. 115, de que Freud teria tido "a companhia da sua filha Sophie" em julho em Karlovy Vary.) (Freud para Sophie, 18/7/1911.)

5. Naquela época, ainda era uma comunidade autônoma, no extremo noroeste de Bolzano. Sem dúvida, um dos mirantes mencionados, do qual se pode avistar Gries (até hoje), é o chamado "Merltennen", que pode ser alcançado em cerca de quinze minutos através de uma trilha confortável a partir da pequena localidade de Maria Himmelfahrt (cerca de um quilômetro e meio a sudoeste de Alto Bolzano). O segundo ponto pode ter sido a igreja Maria Himmelfahrt ou o pequeno pavilhão da família Menz de Bolzano, situado no extremo sul da localidade, talvez também – acima do memorial dos Menzen – a "rampa das tílias [...], da qual se pode avistar, como do cockpit de um avião, o vale de Eisack e as cordilheiras pontiagudas" dos montes Dolomitas. (Hosp, p. 41.)

6. "[...] certa vez colhemos 82 cogumelos; alguns serão comidos, outros serão secados e levados para Viena [...]." (Anna/Lou, carta 37, 12/8/1922, v. I, p. 65.)

7. A fazenda Hofer, vizinha, e na época pertencente à pensão, acabara de ser adquirida em estado precário; seu celeiro, curral e construções adjacentes estavam sendo reformados, o que pode ter comprometido a "beleza" das cercanias. (Agradeço a Karl Ramoser, filho do então proprietário da fazenda, Josef Ramoser, pelo relato pormenorizado, e por me facilitar o acesso às *Crônicas da fazenda Hofer* [cerca de 1946], Alto Bolzano.)

8. "Karlsbad (Karlovy Vary), a maior e mais antiga das três estações termais [as outras duas estações termais de Egerland são Franzensbad e Marienbad] evoluiu para uma estação marcadamente especializada em doenças de vesícula, estômago, intestino e metabolismo. Seus resultados excepcionais são mundialmente conhecidos, e ela alcançou uma posição de destaque." O tratamento com águas medicinais estava em primeiro plano. (Zörkendörfer, p. 162.) (Sobre a evolução das estações termais da Boêmia até os atuais "problemas de planejamento e de conservação", vide Joas.) Freud ficou em Karlovy Vary desde 9/7 (até 30/7) na Casa Columbus para tratamento da sua "colite contraída em Nova York" em 1909. (Freud/Jones, carta 64, 9/8/1911, p. 113; Freud/Jung, 255 F; Freud/Ferenczi I/1, 232 F.) "Dr. van Emden [...] e a sua mulher vão junto para Karlovy Vary, onde lhe dedicarei uma hora durante um passeio à tarde." (Freud/Ferenczi *ibid.*, p. 400.)

9. A estrada de ferro de Ritten (desde 1907) seguia de Bolzano até Maria Himmelfahrt como trem de cremalheira, e, de lá, até o planalto, passando por Alto Bolzano até a estação terminal. (Ritten, p. 21-23; Armbruster, p. 106-110.) Os trilhos correm junto ao muro da pensão em Alto Bolzano e a parada fica uns poucos metros adiante. Em Klobenstein, os trilhos e a estação ficam tão distantes do hotel que não poderiam ter perturbado o silêncio.

10. Uma larga auto-estrada serpenteia a montanha acima desde 1959-71, partindo do vale de Bolzano. O trem de cremalheira entre Bolzano e Alto Bolzano foi substituído em 1966 por um bonde aéreo, mas no planalto ainda funciona o velho trem de bitola estreita, de Maria Himmelfahrt até Klobenstein: "Uma viagem nos vagões revestidos de madeira conduz os passageiros de volta para os velhos e bons tempos, é uma experiência que nenhum turista deveria perder." (Ritten, p. 8 *et seq.*)

11. Ernst fez um tratamento de repouso na clínica Cottage depois de concluir o ensino médio devido a uma úlcera ou a uma fissura gastroduodenal. (Freud/Ferenczi I/1, 216 F, 239 F; Freud/Jung, 255 F.) Em agosto de 1917, ele precisou voltar ao hospital devido a uma úlcera do duodeno. (Freud/Ferenczi II/2, 699 F.) Ver 76 SF, nota 12, também 87 SF, notas 6 e 7.

12. Martin esteve em Millstadt durante o serviço militar; sofreu um acidente de esqui bastante severo no início do ano e estava reconvalescendo desde então. (Freud, M. 1999, p. 185-187; Freud/Ferenczi I/1, 195 F, 199 F, 204 F, 207 F, 239 F; Freud/Jones, carta 49; Freud/Jung, 236 F.)

13. Provavelmente Willy Bardas, filho de uma família amiga, mencionada diversas vezes nas "cartas de viagem" de Freud. (2002b, p. 41, 46-48, 382. Ver também carta de Freud para Martha de 13/7/1911.) Ernst, por sua vez, escreveu de Berlim para o seu pai em 6/12/1924, relatando o seguinte: "Anexo, um artigo sobre Willy Bardas que certamente interessará a vocês. Tenho estado freqüentemente com a sua esposa." (FM Londres, caixa 22; agradeço a Gerhard Fichtner pela verificação do nome.)

14. "Ida mandou o meu terno de seda certo, que fora trocado na lavanderia, e eu, em compensação, mandei o errado para Viena." (Freud para Martha, 13/7/1911.)

15 AF
A.F.[1]   [Alto Bolzano?[2],] 19/VII/1911
Querido papai!

Agradeço o teu cartão[3], recebido hoje. Continuo passando muito bem e anteontem cheguei a fazer um passeio de três horas com Oli. Na ocasião, estivemos também na Mitterstillerwand[4]. De lá, tem-se uma vista maravilhosa sobre os Dolomitas; também precisas ir até lá quando vieres. Sou uma boa caminhadora e a maior comedora do hotel, já que sinto fome durante todas as horas do dia. Ida[5] chegou feliz esta manhã. Não ficou hospedada no nosso hotel, porque não havia quarto disponível e está no albergue para turistas, que fica logo atrás.[6] Ela contou que o Ernst está muito divertido e que está passando bons momentos no sanatório. A sra. Lampl[7], que o visitou, escreveu o mesmo para a mamãe. Estive recentemente com Oli nas pirâmides de terra[8], elas são realmente excepcionais. Infelizmente não se pode chegar perto delas, pois ficam numa encosta muito íngreme e há uma garganta que nos separa delas. Desde que Oli chegou, não preciso mais passear sozinha, e isto é bem mais agradável, apesar de aqui se poder fazê-lo, pois as pessoas são todas boas.[9] Conseguimos um mapa e, com ele, podemos achar todos os passeios possíveis. Mas acho mais bonito ir primeiro e depois conferir o local no mapa. Nós trouxemos o jogo de xadrez e as cartas de tarô de Viena. Este ano voltarás a jogar tarô conosco, não é mesmo? Senão eu vou desaprender, e isto seria perigoso, já que nunca fui muito boa. Agora estou lendo bastante, e de vez em quando tento estudar química; mas no verão isso não dá muito certo.

Se realmente tiveres a intenção, papai, de me trazer alguma coisa de Karlsbad, eu preferiria uma tigelinha para a minha escrivaninha a uma jóia.[10] Isto me deixaria mais feliz, já que tenho muito mais oportunidades de me sentar à minha escrivaninha do que de usar jóias. Além disso, não se consegue ver nada no próprio pescoço, a não ser com muito esforço.

Kennt Kessler[11] já não te conhece muito bem? Para ele, tu provavelmente já és um cliente habitual. A mamãe quis escrever para ele pedindo que ele não te venda mais nada, mas eu fui contra.

Lamento que não estejas passando bem em Karlsbad, e por que isso seria a coisa certa num lugar em que se deveria ficar bem saudável?[12] Tomei a firme decisão de nunca ir a uma estação termal, e vou conseguir graças a uma saúde duradoura. Tomara que termines logo com Karlsbad e que venhas logo ao nosso encontro. Quando achas que isto vai acontecer?[13] Já estou feliz com a perspectiva do reencontro contigo em Ritten, em breve.[14]

Tua Anna.

1. Iniciais impressas.
2. Falta uma indicação de local nesta carta. Enquanto isto, a "pequena mudança" para Klobenstein, que Freud menciona na sua carta de 20/7/1911 para Ferenczi, já poderia ter acontecido. (Freud/Ferenczi I/1, 235 F, p. 402.) Mas é mais provável que a mudança só tenha ocorrido pouco antes da chegada de Freud em Ritten, pois uma carta de Freud, de 25/7/1911 para Martha, ainda foi endereçada para a "pensão Hofer" e não tem nenhuma anotação de reenvio. Também é possível que Anna tenha mencionado a mudança de endereço em uma de suas cartas. Infelizmente, não existem mais documentos antigos disponíveis no hotel que sucedeu à pensão Hofer; e os registros no livro de hóspedes do Klobensteiner Posthotel contêm grandes lacunas naquela época. Entre os amigos e membros da família de Freud, por exemplo, em 1911 só estão registrados Ferenczi (20/8-8/9), Martin (1/9-15/9), Ernst (8/9-15/9) e Mathilde (8/9-15/9). (Agradeço ao casal de hoteleiros Annemarie e Theo Senn pela gentil permissão para verificar minuciosamente o livro de hóspedes, bem como a Francesco Marchioro, Bolzano, que me permitiu o acesso e ajudou a estudar o livro de hóspedes.)
3. Não ficou conservada.
4. Assim no manuscrito. Oficialmente não existe lá tal denominação. Provavelmente trata-se da encosta no lado sul do lago Mitterstiel, cerca de um quilômetro e meio ao sul do lago Wolfsgrubner, com uma excepcional visão panorâmica.
5. Provavelmente se trata de uma empregada; ver nota 14 de 14 AF. (Freud para Martha, 13/7, 23/7/1911.)
6. Não foi possível averiguar a existência de um "albergue para turistas" em Alto Bolzano ou em Klobenstein.
7. Mãe de Hans Lampl.
8. Erosões coluniformes da era glacial tardia com textura porfírica ou granítica em vários pontos do monte Rittner. As mais conhecidas são as do fosso do riacho Finster, entre Lengmoos e Mittelberg, e as de Katzenbachgraben, abaixo de Alto Bolzano. (Ritten, p. 16-18.)
9. "Nunca deixa uma criança andar sozinha na floresta", advertiu Freud em carta para Martha de 13/7.
10. Ver 16 AF/OF.
11. Negociante de antigüidades em Karlsbad. (Informação verbal obtida na prefeitura de Karlovy Vary.)
12. Anna deve estar se referindo a cartas de Freud para Martha nas quais ele se queixa de um "misto de indisposição, cansaço e mal-estar localizado, (...) surgem irritações que eu estranho totalmente, uma incapacidade de suportar pequenas adversidades, uma total inexistência de pensamentos; é insuportável o vazio ligado a uma vida pelo seu intestino cheio." (12/7 e 13/7/1911. Jones cita um teor um pouco diferente no v. II, p. 115, talvez por algum erro ocorrido na tradução de volta.) Freud escreveu para Ferenczi em 20/7: "Sinto aqui, como num tratamento, como se todos os meus males corporais estivessem se evidenciando, e com isto um profundo desgosto com sintomas interessantes, que dão o que pensar, mas que ainda não revelam uma solução." (Freud/Ferenczi I/1, 235 F, p. 402.)

Estes sintomas se repetiram em 1913 (ver nota 1 de 60 AF). Ferenczi, por sua vez, instou Freud repetidamente a abandonar o tratamento em Karlsbad (*Ibid.*, 417 Fer e outros trechos). Freud, no entanto, confiava no parecer do médico, para quem um "Karlsbad era um local muito indicado para o velho catarro do intestino grosso com pontos ativos" visto que "a época do ano, mesmo sem isto, seria a pior de todas". (Freud para Martha, 9/7/1911, FM Londres, e 12/7/1911, LoC SF.) Ele manteve esta opinião durante muitos anos: "Os banhos termais revelam sua eficácia com o despertar das dores contra as quais são utilizados, o que me parece correto." (Freud para Oscar Rie, de Bad Gastein, 4/8/1921, em 1960a, p. 352.)

13. Em 31/7/1911. Antes disso, a família se mudou de Alto Bolzano para o hotel Post em Klobenstein. (Freud/Ferenczi I/1, 237 F; Freud/Jung, 266 F, 268 F.)

14. "Ritten é divinamente bonita e confortável. Descobri-me com uma incansável vontade de não fazer nada, temperada pela leitura de coisas novas, durante duas horas [...]." (Freud/Jung, 270 F, 1/9/1911, p. 488.) Quando fala de "coisas novas", Freud está aludindo às suas reflexões religioso-psicológicas, anteriormente comentadas com Ferenczi: "A floresta de Klobenstein talvez esteja vendo nascer coisas que eu – ou talvez o senhor – poderemos apresentar mais tarde ao mundo." Uma semana depois: "Eu estou todo totem e tabu." (Freud/Ferenczi I/1, 239 F, 4/8/1911, 240 F, 11/8/1911, p. 407.) Veja também a referência editorial a *O sinistro* (*O estranho*, na tradução da Imago) (1919h) na nota 7 da carta 54 F para Ludwig Binswanger de 2/5/1911. (Freud/Binswanger, p. 79.)

Bodas de Prata (1911)

Em 14/9/1911, a família toda se reuniu em Klobenstein, no hotel Post, para comemorar as bodas de prata de Martha e Freud. Uma fotografia mostra todos reunidos em torno da mesa festiva (Martha à esquerda, Anna à direita de Freud). (*Biografia ilustrada de Freud*, p. 193, foto 207.) Uma placa no muro da casa relembra o acontecimento familiar; em 2001 foi colocada outra placa por Francesco Marchioro, diretor do instituto italiano "Imago – Pesquisa para Psicanálise Aplicada", de Bolzano, que realizou em 1993 – em comemoração ao acontecimento científico – o I Congresso Internacional "Totem e tabu", e desde então realizou outros tantos congressos em Klobenstein e em Bolzano, assim como as "Semanas Freud", simpósios realizados em Ritten de dois em dois anos, desde 1996, com o patrocínio da Sociedade Sigmund Freud de Viena. (Informação pessoal.)

A família partiu em 15/9; Freud separou-se dos demais em Innsbruck e seguiu sozinho para Zurique; ver 16 AF/OF nota 2.

16 AF/OF

A.F.[1] [Viena,] 18 de setembro de 1911

Querido papai!

Espero que tenhas passado bem desde que nos separamos em Innsbruck[2] e que agora já estejas bem confortável em Zurique. Nós passamos realmente muito bem. Viajamos de Linz em diante na primeira classe, e tão somente porque o condutor nos achou simpáticos. Desta maneira, foi muito agradável, e a Math pôde ficar quase o tempo todo deitada.[3] O nosso apartamento aqui já está bem aconchegante[4], e as meninas disseram que muitos pacientes já te ligaram. Agora eu sou, por assim dizer, a dona da casa, mas somos somente três à mesa[5], o mísero resto de uma família antes numerosa. O dr. Rie[6] já nos visitou hoje e me levou em seu carro para Cottage[7], onde visitei tia Rosa[8]. O dr. Rie contou que este ano as três crianças estão freqüentando a escola e que todos vão muito bem. Tia Rosa perguntou se não vais visitar o Hermann, já que estás na Suíça; ele escreve que está bem satisfeito e gosta muito de lá.[9] Hoje [segunda-feira] visitei a minha escola; ela vai começar quarta-feira, e quase todos os conhecidos já estão em Viena. Eu também já me acostumei um pouco, e tudo voltou a ficar bem novamente. E a tua tigelinha de ágata já está na minha escrivaninha. Muitas lembranças mais, e um beijo

da tua Anna.

[Escrito por Oliver Freud no verso da última folha:]

Querido papai!

Por aqui realmente ainda não aconteceu muita coisa e Anna já contou quase tudo, não sobrando muita coisa para mim. Só ontem, durante a manifestação contra a inflação[10] é que parece que houve grandes excessos, especialmente em Ottakring[11], onde os militares tiveram que intervir. Por aqui nós não percebemos nada.

Todos estamos contentes que[12] não precises ir para a Inglaterra – por tão poucos dias, a longa viagem não faria sentido.[13] Em todos os casos, já te envio hoje, em bilhete anexo, o único horário de trem para Hannover[14] que encontrei no guia.

Cordiais saudações do teu filho Oliver

---

1. Iniciais impressas.
2. Na volta de Klobenstein, em 15/9, Freud partiu de Innsbruck para Zurique e, em seguida, para Küsnacht, onde se hospedou com Jung, de 16 a 19/9/1911. Em seguida, viajaram até Weimar para o III Congresso Internacional de Psicanálise (21 e 22/9/1911). (Freud/Jung, nota de esclarecimentos do editor, p. 489.) Martha "permaneceu nas montanhas" (provavelmente com Minna e Sophie, ver nota 5). (Jones II, p. 115.)
3. Devido às suas dores freqüentemente reincidentes, depois de uma mal-sucedida operação de apêndice em 1905, ver 5 MS/SF nota 1.
4. Durante a ausência da família Freud no verão, o apartamento costumava passar por uma faxina completa. (Freud para a família, 3/9/1912 (não em 2003e).) Ver 171 AF.
5. Anna, Oliver e provavelmente Ernst, que ao final da sua estadia na clínica primeiro passou alguns dias com Mathilde em Aussee, voltando com ela para Klobenstein, e só depois regressou para casa

junto com todos os outros (ver nota 2 em 15 AF); Martin estava novamente em Millstadt. (Freud/Ferenczi I/1, 239 F, 4/8/1911.)

6. Oscar (também Oskar) Rie (1863-1931), pediatra vienense, médico da família e amigo íntimo de Freud, antigo assistente de Freud no Instituto Kassowitzsch; Freud escreveu com ele o Estudo clínico sobre a paralisia cerebral parcial das crianças (1891a). Rie também era um de seus parceiros de tarô. (Freud 1960a, p. 352.) Foi membro da Sociedade Vienense das Quartas-Feiras desde 7/10/1908. (Protokolle II.) Sua mulher Melanie, nascida Bondy, irmã de Ida Fliess, era pintora e amiga de Martha Freud. (Young-Bruehl I, p. 340, nota 17.) Eles tinham duas filhas que eram amigas de Anna, Margarete e Marianne, e um filho, Norbert. "Há 45 anos, quando, recém-casado (1886), abri a clínica para crianças com doenças nervosas, ele [Oscar Rie] veio ter comigo, primeiro como assistente, tornou-se depois o médico dos nossos filhos e nosso amigo, com quem dividimos tudo ao longo da vida toda. Uma das suas filhas, Marianne, tornou-se analista, como a senhora sabe, a outra desposou um analista chamado Nunberg, com isto a relação tornou-se talvez ainda mais íntima", escreveu Freud em 18/9/1931, um dia após a morte de Ries, para Marie Bonaparte. (Cit. segundo Schur, p. 507 e 659.) Ver p.ex. também Freud para Wilhelm Fliess (7/8/1901, em 1985c, p. 491) e para Rie (4/8/1921, em 1960a, p. 352).

7. Bairro residencial de classe alta (Viena, XVIII), com mansões e extensas áreas verdes, na periferia da cidade, na região dos futuros bairros de Währing e Döbling. Foi assentado na segunda metade do século XIX segundo orientação do arquiteto vienense Heinrich Ferstel, pela Sociedade-Cottage de Viena, para as camadas da burguesia ascendente. (Czeike 1984, ilustração 342 com legenda.) Ver também 126 SF, nota 14.

8. A irmã de Freud, Regina Debora (Rosa) (1860 – provavelmente 1943), viúva Graf, que foi muito ligada a Freud. (Freud 1985c, carta 240; 2003l; Fichtner 2003; Jones I, p. 28, 391; Jones II, p. 231. Sobre o ano de morte, ver Tögel 1990 (em divergência com a Árvore genealógica Lange, Freud Family, p. IV) e Tögel: 2004b, nota 18.) Depois da morte do marido, o advogado Heinrich Graf (1852-1908), Rosa passou a morar com a mãe em Cottage, na Karl-Ludwig-Straße 40. (Árvore genealógica Lange: Freud Family, p. IV; Jones II, p. 70; Freud/Andreas-Salomé, 12/1/1922, p. 122, nota p. 273; cartão-postal da família Freud para Rosa, 14/9/1911, LoC SF, Cont. 11.) Ver também Anna/Lou, carta 56, p. 99 *et seq.*

9. Hermann Graf (1897-1917), filho de Rosa e Heinrich Graf. Sofreu muito com a morte do pai e com a dor da mãe devido àquela perda. Por intercessão de Freud (1977j), no verão de 1911 passou a morar na Suíça com a família de Paul Häberlin, filósofo e pensador, dono de um educandário. (Freud/Abraham, 9/3/1909, p. 83; ver também Tögel 1990, p. 1021.) Hermann é o sobrinho cujo sonho Freud usou como exemplo de certos sonhos infantis, em *A interpretação dos sonhos*. (1900a, S.A., v. 2, p. 148 *et seq.*)

10. A grave seca que assolou toda a Áustria, com quebras de safra, causou um aumento nos preços dos gêneros alimentícios e protestos populares: "17 de setembro – manifestação contra a carestia, em frente à prefeitura de Viena, seguida de incidentes na Bellariastrasse, entre os manifestantes e a polícia e unidades da cavalaria. A paz só pôde ser restabelecida depois da intervenção dos Deutschmeister [N. T.: um regimento tipicamente austríaco de atiradores]. [...] À tarde ocorreram grandes confrontos diante do alojamento de trabalhadores em Ottakring. Um trabalhador foi morto a golpes de baioneta, inúmeros feridos." (Kleindel, p. 302.)

11. Antigamente, um subúrbio, mais tarde o 16º distrito, conhecido como bairro de trabalhadores de Viena. (Ver Czeike 1984, legenda da ilustração 368.)

12. Erro de ortografia no original alemão.

13. Philipp, o mais novo dos meios-irmãos de Freud, nascido em 1834 (sobre dúvidas quanto à data exata do seu nascimento, ver discussões e indicações em Krüll, p. 144, nota 20, p. 313, nota 22), morto em 29/8. Emanuel comunicou o fato a Freud "imaginando que ele gostaria de me encontrar neste outono. Com isto, decidi viajar [...] para a Inglaterra, ou Holanda, Bélgica, ou onde

ele marcar um encontro comigo." (Freud/Binswanger, 59 F, 10/9/1911, p. 85, nota 4.) Emanuel, então, escolheu Hannover como local de encontro depois do Congresso de Weimar, o que resultou "inesperadamente cômodo". (Carta de Freud para a família, datada de 17/9/1911.)

14. Oliver, que desde a infância demonstrava um interesse especial por "caminhos, distâncias, nomes de localidades e de montanhas" e se distinguia pela sua exatidão, era – além do irmão de Freud, Alexander – o especialista da família para conexões de transporte; ver 167 AF. (Freud 1985c, p. 399, também p. 206, 260, 393; Jones II, p. 104, 461; Freud, M. 1999, p. 61 *et seq.*)

17 AF

A.F.[1]   [Viena,] 21 de setembro de 1911

Querido papai!

Preciso voltar a te mandar notícias nossas, embora ainda não tenhamos tido nenhuma notícia tua.[2] Mas provavelmente dispões de menos tempo e estás mais ocupado do que nós. Estou indo direitinho e regularmente para a escola, acostumei-me logo e estou achando bastante bom. Estive ontem com Oli no dr. Teich[3] por causa da minha dispensa e conhecemos a sua esposa; ambos gostamos muito dela! Os garotos estão se comportando muito bem, principalmente Oli é muito solícito quando preciso ser acompanhada[4] ou quando tenho de providenciar alguma coisa. Ele até me convidou para ir ao cinema hoje à noite. Escrevo diariamente para a mamãe e recebo quase diariamente [uma] carta sua; ainda não sei quando a mamãe chegará. Gostaria de receber notícias tuas; saber como correu tudo no congresso, como estás, para onde devemos mandar as cartas que chegam e muitas coisas mais[5]. Cheguei a sonhar contigo hoje à noite, mas não foi nem um pouco agradável. Onde pretendes encontrar o tio Emanuel[6] e quando mais ou menos estarás de regresso?[7] O teu apartamento já está todo em ordem. Estive várias vezes lá recentemente e escolhi e peguei algumas coisas no meio das coisas de Kipling[8]. Mas não encontrei as *Canções de soldados*[9]. Já estou feliz com a perspectiva da tua chegada e mando lembranças para o dr. Ferenczi e o dr. Jung[10]. Deves estar lembrado, o dr. Jung esteve uma vez conosco para jantar[11], quando eu era a única mulher da casa, como agora.

Eu te mando um beijo e muitas, muitas lembranças.

tua Anna.

1. Iniciais impressas.
2. Freud esteve no congresso em Weimar; ver nota 2 para 16 AF/OF. (Jones II, p. 108-110, 114; *Revista central de psicanálise*, II. Jg. 1912 (1911/12), caderno 2 (1911), p. 100-105.)
3. Não identificado.
4. Sobre o tema das convenções para jovens moças no que dizia respeito a sair para passeios e outros quesitos, bem como sobre a educação das filhas de Freud de acordo com modelo feminino

tradicional, ver p.ex. as cartas de Mathilde para o seu amigo Eugen Pachmayr, de 9/10 e 30/10/1903 em Gödde 2003, p. 289, 295, e as discussões editoriais a elas ligadas, *ibid.*, p. 67-70, 73, 230 *et seq.*

5. Erro na caligrafia no original [*Anderes*].

6. Ver nota 13 para 16 AF/OF. Depois do congresso, Freud ainda permaneceu um pouco mais em Weimar, para conversar com Abraham. (Freud/Abraham, edição em inglês 2002, nota do editor 1 na carta 115A.)

7. Freud escreveu em 9/8/1911 para Jones dizendo que antes de 30 de setembro não precisaria estar em Viena. (Freud/Jones, carta 64, p. 113.)

8. Rudyard Kipling (1865-1936), escritor inglês, Prêmio Nobel de Literatura de 1907. Freud indicou *O livro da selva*, de Rudyard Kipling em uma lista de "dez bons livros" que o editor Hugo Heller pedira a personalidades eminentes. (Freud 1906f.) – Young-Bruehl (I, p. 99) menciona que, no verão de 1911, Freud enviou para Anna três títulos de Kipling como "presente de férias de verão". Isso não se depreende desta carta. Ela se refere a uma carta de Anna, de 21/9/1914, que não consegui encontrar até agora; talvez haja uma confusão com a data acima ou com os livros enviados como presente de aniversário em 1912 para Meran (ver 20 SF e 21 AF).

9. O livro de Kipling *Canções de soldados e outros poemas* foi traduzido para o alemão em 1910 por Hanns Sachs. (Freud/Jones, carta 64, 9/8/1911, p. 113.)

10. Carl Gustav Jung (1875-1961), psicólogo e psiquiatra suíço, médico assistente de 1900 a 1909, depois médico-chefe e professor particular de Eugen Bleuler no Burghölzli, a clínica psiquiátrica universitária em Zurique (lá ele se reuniu com Karl Abraham, Max Eitingon, Abraham A. Brill entre outros). Correspondeu-se com Freud a partir 1906; na primavera de 1907 conheceu-o pessoalmente numa visita a Viena junto com Ludwig Binswanger. (Fichtner, 1992, p. XV-XVIII; Freud/Binswanger, p. XXXV-XXXVII.) Ele se tornou aluno e colaborador de Freud; Freud desejava fazer dele seu "sucessor e príncipe herdeiro". (Freud/Jung, 139 F, 16/4/1909, p. 241.) De 1910 a 1914 foi o primeiro presidente da Associação Psicanalítica Internacional (Jb, v. 2, 1910, p. 742; Freud/Jung, nota explicativa do editor p. 336.) Jung começou a se distanciar de Freud a partir de 1912, quando desenvolveu a psicologia analítica. (Freud/Jung; McGuire, p. XIII-XVIII; Jung 1962, p. 118-120 e capítulo "Atividade psiquiátrica".) Ver também 297 F.

11. Provavelmente quando da segunda visita de Jung a Freud, final de março de 1909. (Freud/Jung, nota explicativa do editor, p. 238.)

1912

18 SF/MF[1]

Srta. Anna Freud
Lovrana[2]
a/c Abbazia
Pensão Schattenfroh[3]
Beauregard

[Karlsbad,] Salão da amizade (Freundschaftssaal)[4]
21/7/12

Querida filha única[5]

A bebida, os banhos e as esperas dão tanta fome que é preciso escrever. Essa é a nossa situação agora. O resto do dia, em compensação, quase todo na companhia de Emden[6], é muito divertido.

Pensa a tempo em alguma "lembrança" de Karlsbad.

Cordiais saudações, papai

[Escrito à mão por Martha Freud, no lado do cartão destinado ao endereço:]

Minha querida Annerl, já preciso agradecer por duas queridas cartas e fico sempre infinitamente feliz com as tuas notícias. O banheiro é realmente tão bonito assim? Nós já estamos começando a nos sentir melhor. Nos primeiros dias, estávamos nos sentindo miseráveis. Também já estamos gostando mais dos nossos quartos. Os Emden são muito simpáticos. Mil lembranças para todos[7], tua mamãe

---

1. Cartão-postal.
2. Na Ístria; "área costeira austríaca-ilírica" no Mar Adriático, uma região administrativa do Império Austríaco. Minna passou ali uma temporada de férias com Sophie. (Nota do editor 7 da carta de Freud para Max Halberstadt, 24/7/1912, em: 1960a, p. 305.) Pelo visto Anna também esteve lá com elas.
3. Esta linha foi acrescentada com a caligrafia de Martha Freud.
4. Freud e Martha estiveram em Karlsbad, de 15/7 a 14/8/1912, para um tratamento. "Estamos hospedados no hotel Goldener Schlüssel. 'Salão da amizade' é onde tomamos o café-da-manhã." (Freud/Ferenczi I/2, 313 F, 20/7/1912, p. 112, além disso 311 F (o "Salão da amizade" está retratado neste cartão-postal), 318 F; Freud para Max Halberstadt, 7/7/1912, em: 1960a, p. 304; Jones II, p. 118 *et seq.*)

5. Sophie ficou noiva de Max Halberstadt no início de julho, para surpresa de todos, quando passou algumas semanas em Hamburgo em visita a parentes (ver nota 3 de 23 AF). (Freud em carta para Max Halberstadt, 7/7/1912, *ibid.*) Este procurou os futuros sogros (em 17/7) em Karlsbad. (Freud/Ferenczi I/2, 311 F, 316 F; Freud para Max Halberstadt, 24/7/1912, em: 1960a.) Eles se viram então confrontados com o casamento iminente, o que faria com que Anna fosse a última das três filhas a permanecer na casa dos pais. Ver o uso reiterado da expressão "única"; Freud a utilizou também em outras cartas (p.ex. para Pfister, 11/3/1913, 1963a, p. 61; Freud/Abraham, 27/3/1913, p. 137). Anna só se tornou efetivamente a única filha remanescente na casa depois do casamento de Martin, no final de 1919, quando todos os três irmãos saíram de casa (vide texto explicativo depois de 106 SF). (Freud/Sam, 17/12/1919.) Então, ela já não precisou mais "gastar para três" apenas, (vide 23 AF, nota 5, 24 SF), e sim "com seis irmãos" (vide 58 AF, nota 9).
6. Jan E. G. van Emden (1868-1950), médico, membro da Sociedade Psicanalítica Vienense de 1911 até a fundação do grupo holandês em 1917, no qual atuou como presidente em 1919 e em 1920. (IZ, v. 6, 1920, p. 376.) Os Emden já tinham estado com eles em Karlsbad no ano anterior: "Está aqui um homem muito inteligente de Leiden, o dr. Van Emden, que aprende a ΨA*, para depois praticá-la nos doentes," relatou Freud em 28/5/1911 para Ferenczi. (Freud/Ferenczi I/1, 223 F, p. 390. Ver também Freud/Jung, 255 F, 12/5/1911, p. 466.) Um ano depois, Van Emden passou alguma semanas em Viena, enquanto sua mulher preparava uma casa em Haia, "para onde ele se mudou e onde atuou como psicanalista". (Freud/Jung, 311 F, 21/4/1912, p. 553.) Ele traduziu as conferências americanas de Freud naquele mesmo ano (1910a) para o holandês. O casal logo se tornou amigo pessoal da família Freud. Após o início da guerra, eles intermediaram inúmeras vezes a troca de cartas entre Anna e a família, durante a estadia de Anna na Inglaterra em 1914; ver p.ex. 47 SF, tb. 117 SF, 152 SF. (Ver também Freud/Jones, carta 218, 15/1/1917, p. 321.)
7. Portanto, para Minna e as duas meninas.

Férias de verão em 1912

A continuação das férias de verão começou para a família entre os dias 15 e 30/8 no Hotel Latemar, às margens do lago Kerer, onde Max Halberstadt também passou alguns dias em sua companhia. (Freud para Max Halberstadt, 24/7/1912, em: 1960a.) Ferenczi os acompanhou para uma breve estadia em Bolzano de 31/8 a 1/9. Estava planejado que ele passaria uma semana com todos em San Cristoforo (perto de Trento), até que Freud e ele partissem para uma visita a Jones na Inglaterra. (Freud/Ferenczi I/2, 320 F-323 Fer.)

Em Bolzano, a família recebeu notícia de que Mathilde precisaria ser operada com urgência – desta vez, com o triste resultado da interrupção de uma gravidez, razão pela qual ela não pôde mais ter filhos. (Freud/Jones, carta 87; sobre as diversas doenças de Mathilde: Gödde 2003, p. 46-48, 78-84, 98-100, 129-131, 139-144.) Freud separou-se então dos demais, partindo imediatamente para Viena em 2/9, acompanhado por Ferenczi. (Carta de Freud para a família, 3/9/1912 (reprodução parcial 2003e, p. 141 *et seq.*).) Quatro dias depois, eles se reuniram com a família em San Cristoforo, onde todos permaneceram até 14/9. (Freud/Jones, carta 90, 7/9/1912; cartão-postal de Freud e família, enviado para Mitzi, descobridora do "belo local" de San Cristoforo (2004d).)

---
* ΨA – Símbolo usado como abreviação de *psicanálise* na época de Freud. (N.E.)

Contudo, as preocupações atingiram Freud de tal forma que ele não se sentiu mais em condições de viajar para a Inglaterra, desistindo da viagem. Em vez disso, ele resolveu passar alguns dias em Roma, onde Ferenczi o acompanhou mais uma vez. Eles partiram em 15/9 e iniciaram a viagem de volta no dia 27/9. Nesse ínterim, a família já retornara para Viena. (Freud/Jones, carta 92; Freud para Martha, de Roma, 20 e 25/9, 1912 em 1960a; Freud/Ferenczi I/2, 324 Fer; Jones II, p. 119 *et seq.*)

19 AF

[Merano[1],] 26/XI/1912

Querido papai!

Preciso te escrever, para que não te esqueças totalmente de mim enquanto estou longe. Já posso te anunciar logo o primeiro acontecimento, pois me pesei ontem de novo e já engordei um quilo e meio[2]. Acho que já é bastante para tão pouco tempo. Estou comendo sempre o máximo que posso[3] e estou me portando bem. Penso muito em ti e ficarei muito feliz com uma carta tua, se tiveres tempo para escrever. Ouvi dizer que a tua biblioteca já está toda em ordem[4], e também que o teu último curso[5] no pequeno salão foi especialmente bonito. No mais não sei nada de ti. Ficaste muito cansado com a viagem para Munique[6]? Passei todo o tempo imaginando onde poderias estar. Deverias realmente vir me visitar por alguns dias no Natal. Aqui é maravilhoso, pode-se percorrer os caminhos mais divinos, alguns onde não se encontra ninguém, quando se está sem vontade. Só que, nesta época, infelizmente não há cogumelos. Tenho a sensação de já estar fora de casa há muito tempo[7], mas eu me acostumei bem por aqui. Minha vida corre de forma agradável, e não tenho vontade de fazer nenhuma outra coisa, pois não me entedio nunca. Alguns dias eu passo muito bem, noutros ainda sinto fortes dores nas costas e fico muito cansada.[8] Aqui[9] me acostumam muito mal, muito mais do que em casa. Por sorte já estou bastante crescida para que isso pudesse me prejudicar. Estou me dando otimamente bem com a Edith[10]. Ela imita quase tudo o que faço e eu me acho bastante adulta em comparação com ela. Na verdade, já sou bem velha. Em casa está realmente tão silencioso quanto a mamãe escreve em cada carta?[11] Não consigo nem imaginar isto.

Mando-te muitas lembranças e te deixo um beijo

tua Anna.

---

1. Conhecida estação de tratamento no Tirol, aos pés do Küchelberg; especialmente apreciada pelo seu clima ameno, inclusive durante o inverno. Anna passou os meses de inverno ali, na pensão da sua cunhada Marie Rischawy. O plano original previa uma viagem de oito meses para a Itália, na companhia da tia Minna, para reforçar a sua saúde física e psíquica e para pensar nos seus projetos para o futuro (vide 22 SF, nota 2). Anna se lembrou disto em uma carta para Max Eitingon de 26/11/1925:

"Certa vez eu deveria ter ido passar o inverno em Taormina. Isto já faz quatorze anos". Esses planos tiveram de ser modificados devido ao noivado e ao futuro casamento de Sophie. Minna precisou tomar conta da casa para que Martha pudesse ir com Sophie preparar o seu futuro apartamento em Hamburgo. (Freud/Jones, carta 83; ver também Jones II, p. 118 *et seq.*; Peters, p. 41-44; Young-Bruehl I, p. 77 *et seq.*) (Sobre a situação de moradia dos Halberstadt em Hamburgo, ver Weinke, p. 111 *et seq.*)

2. Ela provavelmente quis dizer "meio quilo", ver 21 AF.

3. Young-Bruehl (I, p. 82) menciona um "distúrbio alimentar moderado", sobre o qual, no entanto, "não existem maiores informações".

4. O escritório de Freud passou por uma faxina rigorosa durante os meses de verão, com exceção dos livros: "Segundo Alex, é impossível limpar a biblioteca com um aspirador de pó, mas ainda nos informaremos a respeito". (Freud para a família, 3/9/1912 (não em 2003e).)

5. Os cursos universitários que Freud ministrou durante a sua atividade de ensino científico na Universidade de Viena a partir do semestre de inverno de 1886/87, com interrupções até o semestre de inverno de 1916/17, foram dedicados inicialmente aos temas da neuropatologia, das grandes neuroses e da psicoterapia; a partir do semestre de inverno de 1909/10 eles versaram principalmente sobre a descrição dos fundamentos e resultados das pesquisas da psicanálise. Nos primeiros anos eles foram ministrados em diversos institutos, e a partir do semestre de inverno de 1903/04, regularmente no auditório da Clínica Psiquiátrica no Hospital Geral Real-Imperial de Viena, aos sábados, das sete às nove da noite. (Gicklhorn, p. 149-156 e 191.) Ver também 27 AF, 72 SF, nota 5.

6. Um encontro reuniu os dirigentes das sociedades psicanalíticas em Munique em 24/11/1912. (Freud/Ferenczi I/2, 349 F; Jones II, p. 169, 178 *et seq.*; Freud/Jung, p. 578 *et seq.*)

7. Não consegui verificar a data exata; Peters (p. 44) fala de uma temporada de cinco meses (ver ilustrações 5 e 6, Freud e Anna na mesma época).

8. Anna descreve o seu estado – que ela descreve também simplesmente com o pronome neutro *es* – com esses sintomas e outros similares, em diversos trechos da troca de cartas. Ver 26 AF; ver também nota 1 para 5 MF/SF e nota 4 para 6 AF. Young-Bruehl (I, p. 63) relaciona as dores nas costas com a postura corporal de Anna (vide nota 1 em 22 SF).

9. Na casa de Marie Rischawy (1874-1936), viúva, irmã de Robert Hollitscher. (Gödde 2003, p. 144; arquivo nacional da região de Steiermark, Graz, departamento 1D, 23/8/2002; sobre a data de falecimento (29/9/1936): Certidão de 22/4/1937, 8 A 966/36 22 T.Z.413/37, Tribunal de Josefstadt-Viena.) Mathilde já estivera anteriormente na mesma casa buscando "recuperação física". (Freud para Mathilde, 26/3/1908, em 1960a, p. 287.) Ali, conheceu seu marido, Robert Hollitscher. (Young-Bruehl I, p. 62 (com a grafia "Rischavy"; nas certidões, como em Perfahl, p. 42: Rischawy).) Não foi possível levantar dados mais precisos sobre a pensão de Merano (arquivo municipal de Merano, 10/6/2002). Marie Rischawy foi dona de uma pensão em Altaussee, o mais tardar a partir de 1916; vide nota 1 para 71 AF, 72 SF, nota 2.

10. Filha de Marie Rischawy. (Nota 17 para 1912 em Freud 1960a, p. 511.) Anna manteve contato constante com ela, até 1931, quando Edith morreu de septicemia. (Anna/Lou, 11/6/1931 e *passim*; ver também Young-Bruehl I, p. 281 *et seq.*; Molnar 1996, p. 171.)

11. No manuscrito: em vez de ponto de interrogação, um ponto final.

20 SF

PROF. Dr. FREUD

28/XI/12
VIENA, IX. BERGGASSE 19.

Minha querida Anna:

Ainda não tive tempo de te escrever, pois desde a tua partida, que já parece ter ocorrido há muito tempo, aqui está um corre-corre, e o domingo em Munique, precedido da viagem noturna e seguido das conferências de nove da manhã até as 23h40 da noite não foi exatamente repousante. Sei também que estás sendo mantida informada[1] de tudo, o que é digno de nota pelas senhoras da casa. Esta carta de hoje serve de parabéns pelo teu aniversário. Sabes que sempre me antecipo nessas ocasiões alegres. Passei a tua encomenda para o Heller[2], espero que ele acerte o que gostas, e que chegue a tempo. A tua mesada já está a caminho da tua nova morada via banco postal.

Não tenho a menor dúvida de que ainda vais engordar mais e que te sentirás melhor tão logo te acostumes com a preguiça[3] e com a luz do sol. Podes parar com o bordado[4] sem problemas até depois do casamento[5], não deve ser muito propício para a tua coluna no momento. No mais, espero que estejas passando bem e aproveitando tudo o que o inverno em Merano e os cuidados da tua cunhada Marie te proporcionam.

Não acredito que viaje no Natal, ao contrário, estou esperando a visita do dr. Abraham[6]. Tu sabes, não disponho muito mais de mim mesmo, mas me sinto bem com isso.

Acho que ainda não viste a minha nova decoração, ou será que já? Ficou muito bonita. Antes da tua volta definitiva mudaremos a tua decoração; escrivaninha e tapetes já estão certos.

Mando lembranças afetuosas, desejo-te tudo o que há de mais bonito pelos teus dezessete anos (mal posso acreditar que também já fui tão jovem um dia!) e peço que mandes lembranças minhas para dona Marie e Edith.

Teu papai

---

1. No manuscrito, erro de ortografia [*Wissenswertem*].
2. Hugo Heller (1870-1923), livreiro e marchand, editor de Freud em Viena até a fundação da editora; membro da Sociedade Psicanalítica Vienense desde 1902 (ver p.ex. Protokolle II, p. 107; Mühlleitner, p. 14 *et seq.*). Socialdemocrata, era amigo de Karl Kautsky e de Victor Adler. Como editor de *Novas páginas para literatura e arte*, organizou um questionário em 1906, da leitura e dos bons livros, para o qual Freud também redigiu uma resposta (1906f). Seus espaços também foram ponto de encontro dos artistas e intelectuais da Viena daquela época: "Na galeria da minha livraria, promovi, durante o inverno, nos últimos anos, alguns saraus de poetas, só para convidados. Rilke, Hofmannsthal, Wassermann, Thomas Mann, Stehr, Ginzkey, Heinrich Mann, Hermann Bang, Hesse, entre outros, me deram a honra de atender ao meu convite e apresentar suas poesias nos meus salões pequenos e íntimos." (Carta de Hugo Heller para Anna Bahr-Mildenburg, 1/8/1910, cit. segundo Worbs 1983,

p. 145.) Sobre a importância de Hugo Heller como "ligação entre a cena literária e psicanalítica em Viena" bem como para a vida cultural vienense como um todo, na virada do século, ver Worbs 1983, p. 143-148. O próprio Freud fez uma palestra para noventa pessoas em 6/12/1907 no salão de Heller: "O poeta e o ato de fantasiar" (1908e). Para Jung, ele relatou: "[...] deve ter sido de difícil digestão para os inúmeros poetas e suas senhoras. [...] De qualquer forma, foi uma invasão em um território praticamente intocado por nós, no qual pudemos nos instalar confortavelmente." (Freud/Jung, 55 F, 8/12/1907, p. 114; também Jones II, p. 406 (com outra data da carta).)

3. Erro de ortografia no original alemão [*Faullanzen*].

4. Nos manuscritos de Freud e de Anna, está desta forma: "sticken" (bordar), e não "stricken" (tricotar), como outras publicações transcreveram erradamente (p.ex. também em Young-Bruehl I, p. 63, 344). Ver 21 AF, 25 SF, 26 AF, 74 AF.

5. Casamento de Sophie, que ficara noiva, às escondidas, de Max Halberstadt, em Hamburgo, no verão: "O noivado de Sophie já se consumou, foi publicado nos jornais de Hamburgo e deve ser divulgado hoje em Viena. Ele é uma pessoa extremamente fina e séria, isso ficou claro em Karlsbad. Penso que ela ficará muito bem com ele." (Freud/Ferenczi I/2, 316 F, 28/7/1912, p. 116. Ver também Freud para Max Halberstadt, 7/7/1912, em 1960a.) O casamento realizou-se no dia 26/1/1913, em Viena, na Berggasse 19. (Árvore genealógica Lange: Freud Family, Genealogical Tree, p. II (Jones II, p. 125, e Peters, p. 44, indicam a data de 14/1 para o casamento).)

6. Karl Abraham (1877-1925), médico neurologista e psiquiatra, com consultório em Berlim desde 1907; primeiro psicanalista na Alemanha; um dos discípulos e colaboradores mais importantes de Freud. Após ter criado um grupo psicanalítico informal já em 1908, ele o transformou em 1910 na Sociedade Psicanalítica Berlinense, cuja presidência ocupou até morrer. Max Eitingon juntou-se a ele em 1909. Abraham foi membro do "comitê secreto". Devido às suas excepcionais características ele fez com que, entre outras coisas, "Berlim se tornasse, sob muitos aspectos, o centro de todo o movimento psicanalítico". (Jones 1926, p. 179.) Além do importante trabalho clínico e teórico, ele montou um sólido aparato de formação através de reuniões, seminários e análise didática, que teve continuidade com a organização em 1920, do Instituto Psicanalítico de Berlim, com policlínica e instituição de ensino. Ao mesmo tempo, ele se dedicou ativamente a tarefas de redação e organização dentro do movimento psicanalítico. Assumiu o cargo de presidente da Sociedade Internacional em 1924 (que ele já exercera interinamente após a renúncia de Jung no final da Primeira Guerra Mundial); e ficou no posto até morrer(Cremerius 1969 (1971); Abraham, Hilda, 1971, 1976; Freud/Abraham; Jones, 1926.) Sobre a visita natalina mencionada ver Freud/Abraham, 13/10, 12/12, 27/12/1912.

21 AF

A.F.[1] [Merano,] 9/XII/1912

Querido papai!

Preciso te escrever hoje novamente para comunicar o meu novo ganho. Eu me pesei hoje e engordei um quilo inteiro nos últimos quatorze dias, ou seja, um quilo e meio desde a minha chegada. Não achas que já é bastante? Pelo menos desta vez pode-se ver a minha boa vontade. Agradeço muito a tua última carta, que me deixou muito contente. Já estás totalmente certo que o dr. Abraham virá? Fiquei extremamente feliz com os livros, era exatamente o que eu queria. Breve eu terei uma grande biblioteca, e não vou ligar muito para o fato de Sophie ter levado tanta coisa para Hamburgo. Meu aniversário foi absolutamente maravilhoso. Infelizmente, ainda não vi a biblioteca junto à tua escrivaninha, mas imagino que deva ser muito bonita. De vez em quando recebo notícias tuas, mas muito raramente, e espero que não estejas sobrecarregado de coisas. Parece que já estou fora de casa há uma eternidade sem te ver. Voltarás a me escrever? Eu ficaria muito feliz. Eu realmente larguei o bordado de vez e estou aproveitando Merano, seguindo o teu conselho na última carta. Estou muito contente com o fato de ganhar um tapete novo e uma escrivaninha.

    Mando muitas lembranças e um beijo da tua brevemente filha única
Anna.

1. Iniciais impressas.

22 SF

PROF. Dr. FREUD

13/XII/12
VIENA, IX. BERGGASSE 19.

Minha querida Aninha
    Vejo que já estás novamente preocupada com o teu futuro próximo. O quilo e meio que engordaste não te modificou muito, portanto. Eu quero então te tranqüilizar quanto a isso, lembrando que o plano inicialmente consistia em te mandar para a Itália por oito meses, até que ficasses totalmente redonda e ao mesmo tempo[1] bem materialista e razoável[2]. Nós não ousamos esperar que umas poucas semanas em Merano fossem capazes de realizar essa transformação e já estávamos preparados, na tua partida, para não te ver no casamento[3] e nem pouco tempo depois em Viena. Penso agora que devas ir te acostumando aos poucos com essa perspectiva horrível. A cerimônia pode muito bem transcorrer sem ti, na verdade sem convidados, sociedade, etc., já que não tens nada a ver com ela[4]. Tuas pretensões na escola[5] podem esperar tranqüilamente até que tenhas aprendido a levá-las menos a ferro e fogo[6]. Não tens nada a perder. Aproveitar um pouco o dia e ficar feliz com o fato de poder gozar um sol tão bonito no inverno só poderá te fazer bem.
    Bem, agora que já estás tranqüilizada, que nenhum transtorno ameaça a tua estadia em Merano, quero te dizer que todos nós gostamos muito das tuas cartas, mas que também não ficaremos preocupados se sentires preguiça de escrever todos os dias. Não ficarás livre da época em que terás de te esforçar e produzir, mas no momento ainda és muito jovem.
    Manda minhas cordiais lembranças para a sra. doutora[7] e para Edith e sente-te tão bem quanto te deseja

teu pai

1. Young-Bruehl associam o problema de coluna de Anna à rivalidade com a sua irmã: "Ela criou o hábito de ficar sempre com uma postura meio encurvada, que piorou com as seguidas horas de tricô [sic], comum em pessoas em fase de crescimento que querem se esconder." (Young-Bruehl I, p. 63.) Ver também 79 AF, nota 5; também Peters, que observa a preocupação de Freud com as "costas sempre um pouco curvadas" de Anna: "As preocupações se revelaram infundadas. Anna Freud sempre foi esbelta, nunca corrigiu a postura [...] e, apesar disso, conservou uma boa saúde até idade avançada." (Peters, p. 43.)
2. Ver nota 1 de 19 AF. Freud enfatizou, numa carta para Jones, a necessidade de Anna obter "some nice sights in young years", ou seja: alguns bons passeios em sua juventude, como compensação pelo esforço do último ano letivo. (Freud/Jones, carta 83, 11/8/1912, p. 151.) Ela prestara seu exame do ensino médio no início do verão de 1912, no Liceu Vienense de Cottage (e não em 1911, como sustenta Peters, p. 39 e 41). Numa observação própria de regressão, no cap. 3, trecho III, do seu livro *Caminhos e descaminhos no desenvolvimento infantil*, Anna Freud constatou que aquele último ano antes do exame, com um horário de aulas sobrecarregado, "no qual se sucediam matérias difíceis sem intervalo suficiente", penalizou as alunas. (1965, em: Escritos VIII, p. 2221.)
3. Ver nota 5 de 20 SF.
4. Ver 28 SF nota 2.
5. Tornar-se professora; vide 23 AF, 39 AF, notas 1 e 2.
6. Ver 28 SF, segundo parágrafo.
7. Marie Rischawy: "A sra. Rischawy era conhecida como [...] senhora doutora, como era hábito na Áustria![...] Sim, eu também sempre a chamei de sra. doutora, como faziam todos." (Agradeço esta informação à sra. Pepi Pucher, Puchen 153, Altaussee/Steiermark, 8/7/2002.) "Um certo dr. Benj. Rischawy, médico, morou em Merano entre 1904 e 1909, na Habsburgerstr. nº 44." Ele pode ter sido o finado marido de Marie Rischawy, mas isto não foi comprovado com certeza. (Arquivo municipal de Merano, província de Bolzano, 10/6/2002.)

23 AF

A.F.[1] [Merano,] 16/XII/1912

Querido papai!

Recebi hoje cedo a tua carta e fiquei muito surpreendida com o conteúdo; também preciso te escrever uma longa carta hoje e espero que tenhas tempo de lê-la, até mesmo porque não vou mais te importunar com cartas. Em primeiro lugar, quero te comunicar que hoje foi novamente dia de subir na balança. Engordei um quilo nesta semana. Isto é realmente bastante, e podes ver que estou me esforçando com a comida e com todo o resto, e que isto aqui está servindo para alguma coisa. Também já fiquei bem mais ajuizada desde que cheguei aqui, tu ficarias surpreso, mas não podes perceber devido à distância. E ficar tão ajuizada, como dizes, é muito difícil, eu não sei se vou conseguir aprendê-lo.[2] Mas não estou me preocupando mais, estou aguardando para ver como as coisas acontecerão. Sabes, gosto muito de estar aqui e gosto bastante da sra. doutora, mas mesmo assim estranhei teres me escrito que eu não deveria voltar para o casamento, somente mais tarde. Não posso te dizer ao certo, por um lado estou bastante satisfeita por poder ficar por aqui sem uma data determinada de partida, mas por outro lado também lamento não ver a Sophie antes de ela nos deixar, assim como o Max[3]. Também tenho a sensação de que não te vi há um tempo terrivelmente longo. Apesar de não teres muito tempo em Viena, é bem diferente, pelo menos eu posso te ver um pouco à noite. E não tens nada contra a escola, em geral, não é mesmo? Se eu esperar agora até poder fazê-lo sem esforço[4], concordarás? Também não vou pensar nisto agora. Estou muito bem e confortável por aqui, e é uma pena muito grande que não possas vir me visitar, já que depois do Natal tão cedo não haverá uma oportunidade. Realmente já sabias antes da minha partida que eu teria de ficar tanto tempo fora? Eu estava certa de que estaria novamente em casa para o Natal. Não sentes a minha falta de vez em quando? Não é uma despesa muito grande para ti, eu ficar tanto tempo fora, justo agora com o casamento de Sophie, e quando todos dizem que os tempos não são bons? Já estou bem melhor nesta última semana, e ficaria muito feliz de estar bem forte e saudável no meu retorno, podendo fazer tudo. Então, terás uma filha saudável; e eu terei que dar conta de três.[5] Agora só posso te mandar muitas lembranças, e prometer ser ajuizada, e talvez tenha notícias em breve. Eu te beijo muito e sou sempre

tua pequena Anna.

1. Iniciais impressas.
2. Ver nota 1 para 5 MF/SF.
3. Max Halberstadt (1882-1940), noivo de Sophie. Era um fotógrafo-retratista renomado nos meios especializados alemães e estrangeiros, diversas vezes premiado pelas suas fotos artísticas. Trabalhou em um ateliê próprio, em Hamburgo, a partir de 1907, que logo passou a fazer parte do ranking dos melhores. Como artista de múltiplos talentos, no final dos anos 1920, ampliou sua especialidade de retratos de crianças para fotomontagens, fotografias de propaganda, fotos de arquitetura e de interiores, bem como de paisagens. Foi co-fundador da Sociedade de Fotógrafos Alemães e fez parte da banca examinadora do Grêmio dos Fotógrafos até a tomada do poder pelos nazistas. Em 1920, a revista *Photofreund* dedicou a ele um caderno especial com muitas ilustrações. (Weinke, p. 110-175 (ilustrações p. 119-175); citação p. 111.)
4. Ver observação de Freud sobre o "excesso de paixão" de Anna em 28 SF (bem como a menção de Anna às "forças excedentes" em 141 AF). Posteriormente, Freud se queixou algumas vezes também do zelo excessivo de Anna, vide p.ex. nota 6 para 209 SF. Ver além disso, Young-Bruehl I, p. 68 *et seq*.
5. Ver final da nota 5 para 18 SF/MF.

1913

24 SF

1/1/13
PROF. Dr. FREUD   VIENA, IX. BERGGASSE 19.

Minha querida Anna

Hoje encontrei tempo de te mandar uma saudação para o ano-novo. Estou muito satisfeito que estejas te fortalecendo e ficando saudável para assumir as tuas sérias obrigações de filha única[1], enquanto a tua antecessora desempenha seus últimos papéis. Que bom que conseguiste te imbuir com tanta facilidade da renúncia necessária. Dificilmente te arrependerás.

Recebemos muitas notícias tuas indiretamente, todas favoráveis, mas resta a impressão de que as semanas mais recentes são sempre melhores do que as anteriores, e portanto não vamos falar de retorno por enquanto.

Os meses desde a tua partida têm sido especialmente cheios para mim. O feriado que termina hoje – ou no dia 6 [de janeiro][2] – foi, portanto, bastante oportuno. Minha constipação não acaba, ou então recomeça sempre. Uma viagem até Merano teria sido muito oportuna, mas eu ficaria me culpando por não ter ido ao aniversário de oitenta anos do tio Emanuel[3] em Southport. Então, foi melhor ficar quieto em casa.

Ontem e anteontem fui à ópera, uma vez no terceiro ato, mas da outra vez só perdi uma cena. Mas foram certamente acontecimentos raros.

Portanto, sou favorável a que continues tendo uma estadia confortável e que nos envies belas cartas sobre os teus progressos.

Minhas recomendações para a sra. doutora e recebe lembranças carinhosas do teu

pai

---

1. Vide 18 SF/MF, nota 5.
2. Dia de Reis; ver nota 5 para 5 MF/SF.
3. Ver nota 5 para 4 SF. (Sobre contradições quanto à data exata de aniversário de Emanuel, vide as discussões e indicações em Krüll, p. 143 *et seq.* como nota 19, 313, nota 21, 184.)

25 SF

PROF. Dr. FREUD

5/1/1913
VIENA, IX. BERGGASSE 19.

Minha querida Anna

 Lamentei saber[1] que novamente não estás passando muito bem. Mas, minha filha, tenho certeza de que não te falta nada fisicamente. Uma antiga suspeita sobre o motivo do teu estado me parece cada vez mais provável, e eu vou contar-te para que não te atormentes à toa.

 Tu sabes bem que és um pouco tolinha. Eu te acompanho há bastante tempo e espero sempre que a tua inteligência supere isto. Não tive dúvidas de que ficaste com dores nas costas ao bordar[2] quando quiseste terminar[3] o presente de casamento de Sophie com os sentimentos divididos. Agora, ficaste mal de repente, e, tanto quanto eu posso imaginar, isto está ligado à presença do Max em Viena e com a prometida (ou recusada?) visita a ti na viagem de núpcias.

 O velho sentimento de ciúmes de Sophie que, como eu sei, não é culpa tua, muito mais dela[4], parece ter se transferido para o Max e estar te atormentando. Estás nos escondendo algo, talvez estejas escondendo até de ti mesma.

 Aceita o conselho, não guarda segredos e não te aborreças, não deves permanecer sendo eternamente uma criança, deves criar coragem para encarar a vida com tudo o que ela traz, de forma corajosa.

 Mando lembranças carinhosas e espero uma palavra franca tua.

Teu pai

---

1. Muito provavelmente através das "notícias indiretas" de Merano, que Freud menciona na carta anterior.
2. Desta forma no manuscrito; não "tricô" (*stricken*), ver nota 4 de 20 SF.
3. Freud acrescentou a posteriori esta palavra entre as linhas.
4. Ver 13 SF, notas 5 e 6. Três meses mais tarde, Freud escreveu numa carta para Sophie: "Não quero realizar o teu outro desejo, de estar com Anna durante a estada em Marienbad. Não mencionei o teu convite para ela, por mais amável que seja. A criança está se recuperando de forma magnífica, e não deve ter o seu equilíbrio abalado. Escolhemos Marienbad em vez de Karlsbad para que pudéssemos ficar junto com ela e com a tia. Já está começando em ti a reação ao ciúme infantil que eu prognostiquei para as duas?" (Freud para Sophie de 31/3/1913.) (Sobre Marienbad, ver nota 2 para 33 AF.) Peters (p. 49 *et seq.*) descreve da seguinte forma o relacionamento entre as duas irmãs: Anna "admirava a sua irmã de forma desmedida devido [...] à sua beleza e feminilidade. [...] Quem conhece os escritos de Anna Freud se lembrará, na relação entre as duas irmãs, do tema da 'renúncia altruísta' que ela descreveu muito tempo depois como uma das formas da defesa do Ego, o que aparentemente teve suas raízes também na auto-observação [...]." (A este respeito, ver Anna Freud 1936, c. 10, em *Escritos I*, p. 305-315.)

26 AF

A.F.[1]

[Merano,] 7/1/1913[2]

Querido papai!

    Recebi hoje a tua carta e já estava te escrevendo para agradecer tua carta anterior, da qual gostei muito. Já estou bem de novo e espero que não ter mais o que tive, e eu também já refleti sobre o que poderia ser, uma vez que não estou exatamente doente. De alguma forma, isso sai de dentro de mim, e então eu fico muito cansada, preocupo-me com todas as coisas possíveis, que normalmente me parecem normais, sobre a minha estadia aqui e o fato de não fazer nada durante o dia todo[3], apesar de não estar doente, e coisas assim. Não estou mais bordando a colcha de Sophie e eu sinto um incômodo quando penso nisto, pois gostaria de ter terminado. Penso freqüentemente no casamento de Sophie, é claro, mas na verdade o Max me é indiferente, pois ele é totalmente estranho para mim. Não gostei muito dele, mas certamente não tenho ciúmes dele. Não é muito bonito dizer isso, mas estou feliz com o fato de Sophie se casar, pois eu tinha horror à nossa eterna briga. Para ela, não fazia diferença, porque ela não sentia nada por mim, mas eu gostava dela e sempre a admirei um pouco. Eu só não consigo entender muito bem por que ela vai se casar com o Max, pois ela o conhece muito pouco. Mas eu não imagino que a sua presença em Viena e tudo isso tenha alguma coisa a ver com a forma como estou passando, e eu realmente não sei por que eu estou tão bem às vezes, e outras vezes nem tanto, e eu gostaria muito de saber o motivo, para que eu possa reagir contra isto. Eu gostaria muito de ser razoável, assim como a Mathilde[4], e eu não sei por que as coisas levam tanto tempo comigo. Estou passando tão bem, eu gosto de estar aqui e, quando voltar para Viena, poderei recomeçar a fazer tudo o que gosto, mas quando eu tenho um dia tão idiota, então tudo me parece errado. Hoje por exemplo, eu não consigo compreender como isto pode ser tão idiota. Eu não quero que isso se repita, pois quero ser ou pelo menos me tornar uma pessoa sensata, mas não consigo me ajudar sempre sozinha; toda vez que eu tive algo assim em Viena, eu conversava com Trude[5] sobre o assunto, e tudo ficava bem.

    Sabes, eu não teria te escrito tudo isto, pois detesto te atormentar, só o fiz por que me escreveste. Agora já estou muito bem e, verás, retornarei completamente saudável e forte para Viena, pois assim eu quero de qualquer maneira, e portanto assim será. Eu me pesei hoje e voltei a engordar meio quilo. Hoje, fiz um passeio bastante grande e não fiquei nem um pouco cansada, como acontecia antes. O tempo e o sol estão cada vez mais bonitos e quentes, e eu já estou feliz com o momento em que as árvores vão começar a florescer, pois aqui não vai demorar muito para acontecer. Passear é muito mais bonito aqui do que em Viena, naturalmente, e isso tudo teria te agradado muito, se tivesses vindo, o que teria sido absolutamente maravilhoso.

Mando muitas, muitas lembranças e um beijo e, se puderes, por favor me escreve logo, pois ficarei sensata se me ajudares um pouquinho.

Tua Anna.

Não escrevi mais, nem eu mesma sei por que, mas certamente não guardo segredos de ti.

1. Iniciais impressas.
2. Por engano no manuscrito: 1912.
3. Dúvidas semelhantes inquietavam Anna de vez em quando. Muitos anos depois; por exemplo, ela perguntou para Lou Andreas-Salomé (em 15/1/1923): "Não achas ruim que eu esteja vivendo aqui em semi-inatividade, sem aprender ou ganhar dinheiro, aceitando tudo simplesmente do jeito que vem?" (Anna/Lou, carta 73, p. 133.) Ver também a sua evidente necessidade "de se tornar um membro útil da sociedade humana" (132 AF), bem como uma formulação quase de mesmo teor, de Mathilde, em uma de suas cartas juvenis em 1907. (Em: Gödde 2003, p. 331.)
4. Ver 12 AF, nota 3.
5. Gertrud Baderle, uma colega de escola, e melhor amiga de Anna; mais tarde se casou com Hollstein. (Young-Bruehl I, p. 70; Peters, p. 31, 47 *et seq.*) Anna encontrou-a novamente em janeiro de 1922, quando foi procurar August Aichhorn no seu Lar para Meninos Abandonados em St. Andrä, "que faz parte do município de Viena e faz as vezes de um reformatório"; Trude trabalhava lá "como governanta e enfermeira". (Anna para Kata, 21/12/1921, 12/1/1922.) Ver 170 AF, nota 9.

27 AF

[Merano,] 31/I/1913

Querido papai!

Já não tenho notícias tuas há um tempo terrivelmente longo e quero voltar a te escrever para contar que passo muito bem. Já faço grandes passeios sem me cansar e voltei a viver como uma pessoa saudável, sem cansaços e outras besteiras. A sra. Gebert, de Berlim[1], está conosco e é muito simpática. Saio sempre para caminhar com ela e ela me agrada bastante. Se a Mathilde ainda viesse para cá, como pretende, seria maravilhoso. Tente convencê-la se puderes, eu ficaria terrivelmente feliz. Então, eu teria uma companhia para a viagem de volta, pois não gosto mesmo de viajar sozinha. Estou feliz que o casamento já tenha acontecido, eu ficava sempre um pouco chateada por não tomar parte, isto é natural. Mas já recebi muitos relatos. Só que ninguém escreve decentemente a teu respeito nas muitas cartas que recebo, se estás passando bem, o que estás fazendo, se tens muita coisa para fazer, e por isso eu ficaria muito feliz se voltasses a me escrever. Às vezes, Lampl me escreve sobre os teus cursos[2], que devem estar muito bons este ano. Li alguns dos teus livros aqui, mas não deves ficar espantado com isso, afinal, já sou crescida, e não é de se admirar que eu me interesse pelo assunto. Poderias nos enviar o último número da revista *Imago*[3], que eu perdi em Viena? Deves achar muito estranho estar em casa totalmente sem filhas, e eu imagino que andes de carro sempre sozinho. Há sempre flores sobre a tua escrivaninha? Mas não precisas mesmo mais de mim para isto, já que outras pessoas devem ter levado algumas, até mais bonitas. Eu espero, no entanto, que não te esqueças de mim até que eu volte, o que não vai demorar muito. Por enquanto, te mando muitas lembranças carinhosas e um beijo da tua

Anna.

1. Helene Gebert, outra irmã de Robert Hollitscher, casada com o dr. Gebert, de Berlim. Na troca de cartas entre Alix e James Strachey, Alix se refere a ela como sua "confidente espontânea" durante uma temporada prolongada em Berlim em 1924-25. (Bloomsbury 1995, p. 131 *et seq.* nota 3, p. 135.) Ver também 28 SF, 29 SF, nota 2.
2. Ver 19 AF, nota 5. O curso no semestre de inverno de 1912-13 teve o tema "Capítulos isolados do ensino da psicanálise". (Gicklhorn, p. 155.) Lampl assistia regularmente aos cursos de Freud desde 1912 e, nos semestres de inverno de 1915-17, assistiu a eles na companhia de Anna. (Gicklhorn, p. 171, Nr. 143, citado erroneamente como "Lampe".) Ver nota 5 para 72 SF.
3. *Imago*, revista para a aplicação da psicanálise nas ciências do espírito. O primeiro número foi publicado em 1912 por Hugo Heller & Cia., em Leipzig e Viena. Continha, entre outras coisas, as passagens de introdução (1912i) e os dois primeiros capítulos de *Totem e tabu* de Freud (1912–13a). O nome *Imago* foi sugerido por Hanns Sachs, inspirado pelo romance (1910) do escritor suíço Carl Spitteler (1845-1924), "no qual as artes e máscaras do inconsciente, suas interferências no reino da consciência, seu estímulo à produção criativa são descritos com total maestria". (Sachs 1950, p. 58 *et seq.*) O nome original da revista era para ser "Eros e psique". (Freud/Jones, carta 64, 9/8/1911, p. 112.) Sobre modificações nos títulos e formatos, ver o índice de abreviaturas.

28 SF

2/2/13

PROF. Dr. FREUD VIENA, IX. BERGGASSE 19.

Minha querida única filha.

Tua carta chegou bem a tempo. Eu pretendia te escrever novamente hoje, no primeiro domingo depois do casamento. Sabes o quanto gostamos de saber que estás passando muito bem. Espero também que continues gostando de ficar aí, mesmo se a Math não for, e que percebas que Helene Gebert está doente.[1] Penso que ainda agüentarás bem um outro mês.

Quando estiveres de volta, a questão é saber se conseguirás evitar o excesso de paixão nas tuas atividades, no que até agora falhaste. Estás, neste momento, reivindicando os direitos de uma moça crescida, os quais te concedo com muito gosto. Ao ler os livros que estás lendo, porém, terás compreendido que te precipitaste e foste inquieta e insatisfeita, porque fugiste como uma criança de algumas coisas que uma moça adulta já não deve mais temer.

Vamos perceber as modificações quando deixares de te recolher asceticamente, abrindo mão das diversões da tua idade, e começares a fazer o que dá prazer às demais jovens.² Sobrará espaço³ suficiente para interesses sérios. Quando se é muito ambicioso, muito sensível, querendo evitar uma parte da própria vida e da própria natureza, fica-se prejudicado também naquilo a que se pretende dedicar. Terás aqui livre acesso a todos os meios de formação, se quiseres utilizá-los para a finalidade certa.

Nós estamos bastante bem. Se os pequenos continuarem assim em busca da sua independência, nos sentiremos tentados a trocar Viena por um lugar mais calmo, onde ainda se possa trabalhar; digamos então, Salzburgo.⁴ Mas isso só será o caso daqui a quatro ou cinco anos, e então já seremos pessoas de uma certa idade.

Estou sendo bem provido com flores e com trabalho. Não precisas te preocupar com os custos da tua estadia. Na verdade, sucedeste este ano à tua tia, que costumava passar esses meses no sul mais agradável. Vai te fazer muito bem, e não fará mal nenhum para nós.

Tua irmã já está na sua própria casa. Esperamos que ela inicie uma vida feliz com com o marido digno de confiança e escolhido por ela. Não sei se irei visitá-la na Páscoa.⁵ Não posso mais adiar a visita ao tio Emanuel, que já tem oitenta anos, e posso voltar por Hamburgo. Senão, a mamãe será a primeira a ir visitá-la.

Se eu encontrar uma edição da *Imago* disponível, ainda envio para ti. Mas não deverias deixá-la em Merano, pois na verdade pertence à Mathilde. Acabo de fazer a revisão do primeiro número do segundo ano.⁶

Eu te mando lembranças carinhosas e espero que estejas num caminho bom e bonito em todos os sentidos.

Teu pai

Manda minhas lembranças para as duas irmãs Robert⁷ e para a malvada⁸ Edith.

---

1. Ver 29 SF, nota 2.
2. A própria Anna chamou os esforços para corresponder a este desejo, de suas "tentativas de sociabilização"; ver 114 AF. Posteriormente, disse numa carta para Lou Andreas-Salomé que tivera uma recaída no seu "velho eremitismo". (Anna/Lou, carta 7, 18/1/1922, p. 18. Vide também Young-Bruehl I, p. 137.)
3. Transcrito erroneamente em Young-Bruehl I, p. 82 como "*kaum* = pouco/mal – em vez de *Raum* = espaço". Esta passagem foi abreviada e reformulada na tradução da carta para o inglês (edição original, p. 59) provavelmente para se esquivar da incoerência resultante do erro de leitura.
4. "Salzburgo está novamente encantadora, adoraria já ter visto alguns apartamentos para nós [...]", escreveu Minna para Freud alguns meses mais tarde. (Freud/Bernays, carta 161, 12/7/1913.) Ver também fim da nota 7 para 71 AF.
5. Em vez disso, Freud foi buscar Anna em Merano; ver 30 SF e 31 SF. Ele adiou a visita a Sophie para o Natal de 1913. (Freud/Ferenczi I/2, 442 F.) Ver nota 9 para 58 AF.
6. A terceira revista daquele ano contém o ensaio de Freud "O motivo da eleição do cofre" em 9/7/1913; para Ferenczi: "A minha próxima interlocutora será a minha filhinha, que está progredindo de forma tão satisfatória (o senhor certamente já adivinhou há muito tempo a subjetividade da eleição do cofre)". (Freud/Ferenczi I/2, 409 F, p. 235.) A idéia já lhe ocorrera em junho de 1912:

"Uma lembrança que vai diverti-lo é que a cena inicial de *Rei Lear* deve necessariamente ter o mesmo significado da cena da eleição em *Mercador de Veneza*. Três cofrinhos equivalem a três mulheres, três irmãs. A terceira é sempre a escolha certa. [...]" (*Ibid.*, 307 F, 23/6/1912, p. 103.) Àquela altura, Anna acabara de passar em seu exame de ensino médio no liceu. Ver nota 2 de 22 SF.
7. Marie Rischawy e Helene Gebert.
8. No sentido de "faceira"; ver p.ex. também 155 SF, nota 10.

29 SF

PROF. Dr. FREUD

16/2/13
VIENA, IX. BERGGASSE 19.

Querida filha,

Há algum tempo vimos percebendo, nas cartas da sra. Marie para a Mathilde, que já não te dás mais tão bem com ela como no começo, ao passo que tu te calaste discretamente sobre isto. Agora tu mesma mencionas[1] que a doença de Helene se torna perceptível[2] e, portanto, está na hora de te perguntares o que está realmente acontecendo entre vocês e por que achaste necessário nos deixar totalmente à mercê de relatos de terceiros. Nós certamente ficamos mais preocupados do que se tivéssemos sabido das divergências através de ti. Se estás te sentindo desconfortável, certamente não vamos te obrigar a ficar por mais tempo, e te deixaremos voltar assim que quiseres. Portanto, passa por cima da discrição e conta-nos tudo, confiando que acreditaremos em tudo o que escreveres. Aguardo a tua breve resposta e te mando lembranças carinhosas, muito satisfeito com as tuas demais boas notícias.

Teu pai

1. Esta carta de Anna não estava na presente correspondência.
2. Helene Gebert deve ser tratada com cuidado, relatou Lou Andreas-Salomé alguns anos depois para Anna, "pois a sua irritabilidade interior é visível". (Anna/Lou, carta 67, 19/12/1922, p. 122.) E Alix Strachey descreveu Helene como "cansativa", uma "personalidade histérica", "ela fala numa torrente contínua, não concorda com nada do que eu falo[,] e espera que se ouça o que diz com extrema atenção [...]". (Bloomsbury, 7/11/1924, 31/1/1925, 1995, p.180, 295.)

30 SF

PROF. Dr. FREUD

19/2/13
VIENA, IX. BERGGASSE 19.

Querida filha

Fiquei muito feliz com a tua carta[1] e estou contente que não seja nada grave. Nestas circunstâncias, proponho o seguinte. Ficas aí até a Páscoa, e eu vou te buscar na segunda-feira, 22 de março. Então, ficamos alguns dias no hotel em Bolzano, já que a terça-feira também é feriado e não precisaremos estar em Viena antes de quarta-feira de manhã. Podes aproveitar este tempo para ganhar mais peso. Só avisa se não estarás impedida de te movimentar livremente e de viajar nestes dias.

Naturalmente, deves me deixar livre para mudar os planos, caso surja algum impedimento, mas até o momento eu não vejo nenhum e acredito que dê para contar com isto.

Mando-te lembranças carinhosas

Teu pai

1. Aparentemente não foi guardada.

31 SF

PROF. Dr. FREUD

10/3/13
VIENA, IX. BERGGASSE 19.

Querida filha

Eis as determinações finais sobre a nossa viagem de Páscoa.

Já que a primavera, mesmo daqui a 12 dias, não será nenhuma maravilha em Bolzano, e uma estadia em Merano não é nenhuma novidade para ti e não me trará repouso, eu combinei o seguinte: partirei na quinta-feira, dia 20, à noite, chegarei na sexta-feira da Paixão, às 11h45, em Bolzano, lá eu te encontro com a sra. doutora ou também com a Edith. Almoçamos comodamente, conversamos sobre tudo o que se passou e partimos às 14h30 para Verona com o Expresso N[orte]-S[ul], aonde chegaremos por volta das 5h. Em Verona, ficamos ainda uma parte do dia de sábado, fazemos ainda naquele mesmo dia o percurso de duas horas até Veneza e lá[1] passamos nossos feriados de Páscoa. Naturalmente já terás despachado a maior parte da tua bagagem para Viena. Mamãe vai te enviar a tempo uma das nossas bolsas de couro para a viagem de cinco dias à Itália. Não precisas aprender italiano até lá.[2] O resto todo vai se ajeitar, e será um belo desfecho de tuas grandes férias.

Manda cordiais saudações para a sra. doutora, convida-a para o passeio para Bolzano e, se estiveres de acordo, escreve logo para o teu, que carinhosamente

te saúda,
papai

1. No Hotel Britannia; vide 247 AF.

2. Ver Young-Bruehl I, p. 71 (sem indicação da fonte): "Durante as viagens da família aos Dolomitas, e durante uma estadia sozinha em Merano, ela aprendeu italiano para pelo menos poder ler jornais e romances simples, mas também constatou que seus conhecimentos não eram suficientes para Dante [...]". Este dado não se encaixa muito bem com uma declaração de Anna para Lou Andreas-Salomé: "Eu teria tido muita vontade de aprender italiano para a minha viagem com papai até Roma". (Anna/Lou, carta 61, 3/12/1922.)

32 AF

[Merano,] 13/III/1913

Querido papai!

Os planos de viagem vão ficando mais bonitos a cada carta tua, e, desta vez, a cada linha que ia lendo eu descia mais uma cidade rumo ao sul. Então, a viagem italiana vai acabar acontecendo de alguma forma[1], e contigo ela será ainda mais bonita. Estou tremendamente feliz com Veneza, papai, realmente não pensei que fosse viajar para lá tão cedo.[2] Tive medo, até o momento, de que alguma coisa pudesse atrapalhar a tua viagem, mas agora que já tens até o leito, tudo está certo.[3] A sra. doutora virá para Bolzano com prazer, e Edith deve vir também, já que ela gostaria de te conhecer, porque eu falei muitas vezes de ti. Naturalmente, cuidarei da bagagem como me aconselhaste. Por sorte, já consigo fazer meu penteado sozinha, aprendi especialmente para a nossa viagem e já estou fazendo direitinho.[4] Afinal, quero estar com uma aparência decente quando estiver contigo. Já estou tremendamente impaciente e mal posso esperar até a sexta-feira. Eu não te vejo faz tanto tempo e estou muito feliz com Veneza, especialmente com as gôndolas e os canais, que sempre imaginei serem tão bonitos.[5] Conheço muitos quadros e retratos de tudo.

Mando-te muitas lembranças, papai, e um beijo, e te agradeço muito por teres tido uma idéia tão bonita e por quereres fazer uma viagem tão bonita comigo. Hoje, já posso dizer "até a vista". Muitas lembranças, tua

Anna.

1. Ver nota 1 para 19 AF, 22 SF nota 2.
2. Ver 247 AF.
3. "Viajo hoje à noite para Bolzano para buscar Anna, e vou passar os feriados com ela em Verona e Veneza." (Freud/Ferenczi I/2, 385 F, 20/3/1913, p. 207.) Eles retornaram a Viena em 26/3. (Freud/Abraham, 27/3/1913.)
4. Ver cartão-postal enviado de Brioni por Freud, 40 SF, nota 3.
5. Freud escreveu sobre isto para a filha Sophie em 26/3/1913: "Nossa viagem nos feriados de Páscoa foi muito bonita. Encontrei-me com Anna em Bolzano, com o tio [Alexander] e a Sophie dele [...]. Sábado à noite fiquei sozinho com Anna em Veneza, deliciando-me com sua surpresa com o inverossímil esplendor desta velha feiticeira." Eles voltaram por Trieste, onde Freud fizera um estágio em pesquisas histológicas numa estação experimental zoológica, em 1875-76, origem de suas primeiras publicações científicas (1877a e b, 1878a). (Jones II, p. 125.)

33 AF

J. BEMELMANS
GRAND HOTEL DES ALPES
SAN MARTINO DI CASTROZZA
Tirol[1]

7/IX/1913

Querido papai!
    Ainda estamos[2] em San Martino, pois Hartungen[3] não quis deixar a mamãe viajar hoje e não conseguimos lugares para amanhã. Esperamos estar finalmente em Klobenstein na terça-feira [9/9]. A mamãe realmente esteve mal nos dois primeiros dias e ontem ainda precisou se deitar após o almoço, ficando na cama até a noite.[4] Recebi minha comida sempre aqui em cima, e nós nos instalamos da maneira mais confortável.[5] Hoje, a mamãe já está de pé, mas ainda não está muito faceira. Acho que Klobenstein fará muito bem a ela. O tempo continua muito bonito, só à tarde é que chove às vezes. Os Hammerschlag estiveram aqui ontem e provavelmente voltarão hoje.[6] Hartungen tratou muito bem da mamãe. Soubemos que Martin ficará até o dia 8 ou 9 em Riva.[7] Ontem chegou mais uma carta de Sophie também, dizendo que está passando muito bem. O resto da nossa correspondência provavelmente está na bela Klobenstein, tomando banho de sol. No mais, estamos passando muito bem aqui e não carecemos de nada. Consegui até mesmo um exemplar do *Neue Freie Presse*. O sr. Graetz[8] continua recebendo o jornal, apesar de já ter ido embora há muito tempo, e todo dia, quando busco a correspondência, pego o jornal como se fosse nosso. Tivemos muita sorte com esta cessão de assinatura. Na sexta-feira, comprei um livro da Tauchnitz[9] no bazar, e no outro sábado, da Reclam; com isso estou bem atendida. O primeiro inclusive foi um Kipling que eu ainda não conhecia. Já comi parte do queijo que ganhaste do dr. Abraham e de Ferenczi[10], estava delicioso. Já consigo manejar o elevador muito bem e paro quase sempre na hora certa, pois já tive muitas oportunidades de treinar, ao pedir comida, ao conversar com o porteiro sobre a partida e outras oportunidades semelhantes – Espero que estejas passando muito bem em Munique[11] e que estejas te cuidando bem. Manda minhas lembranças para todo o congresso. Espero que tenhas entendido meus telegramas[12], a mamãe não deixou que eu me estendesse mais. Por favor, escreve em breve, eu te mando um beijo, tua

                                                      Anna.

---

1. Cabeçalho com vinheta.
2. Desde o dia 11/8; Freud, Martha, Anna e tia Minna (esta última, só a partir de 15/7) estiveram antes em Marienbad, de 13/7 a 10/8 (vide nota 2 de 59 SF) para um tratamento. (Freud/Ferenczi I/2, 409 F;

Freud/Bernays, carta 161; Jones II, p. 126 *et seq.*) Freud viajou de San Martino para Munique no dia 5/9 (Ver notas 10 e 11).

3. Christoph (V) Hartung v. Hartungen (1882-1967), médico (doutorado na Áustria em 1906 e na Itália em 1914), trabalhou em San Martino; depois da Primeira Guerra Mundial, atendia como clínico geral e homeopata internacionalmente solicitado em Viena, Merano, Como e Seis em Schlern, entre 1929 e 1931, foi docente em Psicologia na Universidade de Comércio Mundial em Viena. H. v. Hartungen descendia de uma conhecida família de médicos austríacos. Era um cosmopolita, com formação múltipla e atividades amplamente disseminadas em biologia, etnologia, psicologia, religião e ética, música, literatura e arte, com cujos representantes mantinha estreita amizade e laços familiares. Seu irmão, Erhard Hartung v. Hartungen, também médico (no sanatório paterno em Riva), menciona em suas *Memórias* o encontro com Freud. (Agradeço a Klaus Hartung v. Hartungen, de Klausdorf, perto de Kiel, por todas as informações familiares (também pela nota 4). Ver também Dr. Ch. E. von Hartungen (Riva), colunista de literatura italiana na Revista Central de Psicanálise, v. I/1911, p. 125, e Protokolle III, p. 306, nota 5.)

4. "À noite, o doutorzinho ainda nos mandou um arsenal completo de medicamentos, [...] em suma, ele é o médico certo, como nunca tivemos antes", escreveu Martha para Freud, impressionada, em 6/9/1913. No espólio da família v. Hartungen, encontrou-se um cartão de visitas de Freud, de 5/9/1913 (1995n), no qual ele agradecia "os excelentes préstimos" (não foi possível comprovar se este cartão veio anexado a uma remessa de dinheiro mencionada em 34 AF).

5. "A pequena cuidou fielmente de mim e não se afastou mais de mim." (Martha para Freud, 6/9/1913.)

6. Leontine (nascida Bardach) e Albert Hammerschlag (1863-1935), médico-assistente na Clínica Nothnagel, clínico geral e docente a partir de 1893, era um dos filhos do respeitado professor de religião de Freud, Samuel Hammerschlag (ver necrológio de Freud, 1904e). (Fischer, I. 1932-33. Carta de Martha para Freud, de 6/9/1913, confirma que se trata destes Hammerschlag.)

7. Martin cursava Direito e foi aprovado no final daquele ano; vide nota 2 para 37 AF. (Freud, M. 1999, p. 188.)

8. Não apurado; provavelmente outro hóspede do hotel.

9. Gráfica e editora de Leipzig que se tornou conhecida, entre outras coisas, pela Collection of British and American Authors, existente desde 1841. Desde 1886, editava a Students' Tauchnitz Editions, edição de obras inglesas e americanas com introduções e notas em alemão. (Meyers Grosses Konversations-Lexikon, 6a edição, Leipzig-Wien, Bibliographisches Institut 1909.) A editora existiu até 1970. (Agradeço a Karl H. Pressler, Antiquariat München, pela gentil informação.)

10. Ambos estiveram por algum tempo juntos com eles em San Martino: "Ferenczi juntou-se à família no dia 15 de agosto – Abraham também esteve lá por alguns dias, viajando depois com Freud para o Congresso de Munique". (Jones II, p. 127; Freud/Ferenczi I/2, 409 F, p. 235.)

11. No Quarto Congresso Internacional de Psicanálise, em 7 e 8/9/1913, no hotel Bayrischer Hof, em Munique, ficou evidente a ruptura definitiva com Jung; mas Anna com certeza ainda não sabia da atmosfera carregada entre os suíços e o grupo alemão. (Jones II, p. 128-130, 182 *et seq.*; Freud/Jung, p. 610 *et seq.*, p. 648.) O relatório do congresso foi publicado com atraso e em um formato curto e pragmático (IZ, v. 2, 1914, p. 406 *et seq.*); os motivos oficiais foram explicados por Abraham. (*Ibid.*, p. 297 e p. 405 *et seq.* Ver o relato dos procedimentos neste congresso também em Andreas-Salomé 1958, p. 190 *et seq.*)

12. Não ficou conservado. Martha menciona um telegrama na sua carta para Freud de 6/9/1913.

34 AF

[Klobenstein,] 11/IX/1913

Querido papai!

A mamãe e eu acabamos de nos mudar das dependências fedorentas para um quarto encantador com sacada no prédio novo[1]. Além disso, o tempo está maravilhoso, há neve nas montanhas e um belíssimo sol. A mamãe, que no princípio só com muita dificuldade consegui convencer a não voltar direto para casa, acabou concordando que a manhã de hoje no Eisackeck[2] já valeu a subida.[3] Estamos realmente muito satisfeitas e esperamos o mesmo de ti.[4] Ontem, recebemos uma carta do dr. Hartungen de San Martino endereçada para a mamãe, ele agradece o dinheiro e acabou por aceitá-lo, o que deixou a mamãe muito contente. A mamãe já está completamente refeita, não se nota mais nada nela, e nós estamos fazendo belos passeios. As amoras ainda não amadureceram, apesar de eu ter procurado nos lugares mais garantidos, mas as avelãs, em contrapartida, já estão ótimas. Ontem à tarde nós visitamos a minha 'Adamsfrau'[5], ela nos reconheceu imediatamente e saiu logo perguntando por todos. Ela não tem mais o Adam, mas em compensação tem outra criança encantadora que ainda brinca com o gato de lã que eu dei de presente para o Adam faz dois anos. Existem dois bancos novos no caminho até lá, no mais tudo está igual. Não sei, mas acho que Klobenstein é quase mais bonito do que todos os outros lugares onde estivemos até hoje, até mesmo mais bonito do que San Martino. Só que, como em qualquer lugar, aqui também tem uma coisa horrível: é o sr. Bresch[6]. Se fosse por pouco tempo, até que não seria tão ruim, mas ele sempre fica muito tempo. No primeiro dia nós ainda não sabíamos muito bem disso, mas agora já estamos mais acostumadas e quase sempre sumimos quando ele aparece. No mais, não há ninguém conhecido aqui. Estiveram aqui muitas das pessoas de antigamente, Bolfras[7], Kassowitz[8], etc., mas já foram embora. Devemos ficar até segunda-feira, pois antes disso não se consegue lugares nos carros-leitos para Viena. Foi uma idéia muito boa vir para cá.

Mando muitas lembranças e um beijo da

tua Anna.

Lembranças para a titia.
Muitas lembranças da mamãe[9].

---

1. Posthotel, adquirido por Johann Bemelmans em 1907 e reformado nos anos seguintes (ver nota 15 em 15 AF). As velhas dependências agora são uma vistosa residência e loja (em frente à administração municipal). O "fedor" poderia estar vindo do celeiro ao lado, substituído nos anos seguintes por uma residência, a qual, à época da minha pesquisa (2000 e 2001) estava sendo demolida para dar lugar a uma nova construção. Depois de várias reformas e acréscimos, o hotel se transformou no atual espaçoso complexo Bemelmans Post.

2. Não existe em Ritten um lugar com esta denominação oficial, e sim um mirante que talvez os Freud tenham chamado assim entre si, que é o único local do qual se consegue avistar um pedaço do Eisack: o "mirante de Atzwanger" a leste de Klobenstein. Dali descortina-se uma vista abrangente, não só do vale de Eisack, mas também da imponente cordilheira de Schlern, Rosengarten, Latemar e outras partes dos Dolomitas. (Agradecimentos a Hannsjörg Hager, Informações Alpinas, Bolzano.)

3. Martha gostou tanto do lugar que decidiu "voltar e passar pelo menos uma parte do verão seguinte". (carta para Freud, 12/9/1913)

4. Freud encontrava-se em viagem para Roma na companhia de Minna Bernays. (Freud/Bernays, cartas 164-168.) Eles se encontraram em 9/9 em Bolonha, logo depois do Congresso de Munique; chegaram a Roma em 11/9 e se hospedaram no Hotel Éden, vide 38 SF, nota 1, retornando a Viena em 29/9. (Jones II, p. 130; Freud/Ferenczi I/2, 415 F; Tögel 2002, p. 371 *et seq.*; Freud 2002b, p. 373-376.)

5. Não foi possível identificar esta pessoa nas pesquisas *in loco*.

6. Provavelmente, um outro hóspede; mas o nome não consta no livro de hóspedes, cheio de lacunas, no ano de 1913, e sim no ano anterior: "Hermann Bresch, vive de rendas, Viena, na companhia da sra. Bresch".

7. "Antigamente" diz respeito ao ano de 1911 (vide 14 AF-16 AF/OF. Naquele ano, estão registrados vários membros desta família no livro de hóspedes: Vilma von Schlick, nascida baronesa Bolfras, Viena, com filho e babá (19/8-8/9) – Ecx. [sic] barão Arthur v. Bolfras, k.u.k. G.d.I., etc., Viena, com esposa (22/8-7/9) – barão Egon Bolfras, Agram (23/8-7/9).

8. Não há nenhum registro deste nome no livro de hóspedes, nem em 1911, nem em 1913. Possivelmente se trata de Karl Kassowitz, filho do amigo, professor vienense de puericultura, dr. Max Kassowitz (1842-1913), com quem Freud fizera excursões para as montanhas anteriormente. (Jones I, p. 387.) Como diretor do Primeiro Hospital Infantil Público, Max Kassowitz organizou em 1886 uma divisão neurológica para Freud, que a dirigiu até 1897. (Kris, p. 532, nota 24.) Os filhos das duas famílias tinham contatos durante o período letivo. (Freud 1985c, cartas 199 e 200; Young-Bruehl I, p. 65.) Nas coletâneas editadas por Kassowitz, *Beiträge zur Kinderheilkunde*, Freud publicou escritos importantes (1891a, 1893b) "que fazem dele o fundador da matéria da neuropediatria". (Grubrich-Simitis, 1978, v. 2, p. 547; ver também Freud 1893j.)

9. No dia seguinte Martha escreveu para Freud e Minna; a esta carta Anna acrescentou o seguinte: "Querido papai!

Me dei conta de que Roma é a capital da Itália e, apesar disso, coloquei somente dois selos de 5 na carta para ti [i.e. na carta anterior, 34 AF].

Em breve escrevo mais,

Tua Anna."

(Martha para Freud, 12/9/1913)

35 SF[1]

Srta. Anna Freud
Klobenstein a/Ritten
Posthotel
Áustria, Tirol

[Roma,] 13/9/13[2]

De papai para a sua futura companheira de viagem[3]

1. Cartão-postal colorido com uma pintura de Ernesto Richter, Roma: "Nº 9 – Roma – Castello S. Angelo e Cupola di San Pietro", com carimbo "Eden Hotel – Roma". Na ilustração vê-se ainda a ponte do Tibre e um grande trecho do rio com barcos pesqueiros.
2. A data e o texto foram escritos ao lado da ilustração (dentro d'água, por assim dizer, talvez porque ao lado do endereço esteja impresso o seguinte aviso: "N.B. Sul lato anteriore della presente si scrive soltanto l'indirizzo". [No anverso do presente só se deve escrever o endereço.]).
3. Ver 37 AF, nota 4, 38 SF, nota 2.

36 AF

[Klobenstein,] 14/IX/1913

Querido papai!

Recebemos ontem carta da titia e o teu telegrama[1], mas o teu conselho telegráfico para ficarmos mais tempo chegou tarde demais. Já temos nossos lugares no carro-leito para amanhã e, na verdade, não estamos arrependidas, apesar de aqui ser muito bonito. A mamãe não quer mais deixar os garotos sozinhos e nós queremos ver Hella[2] e Martha[3] por alguns dias. Além disso, a mamãe já está completamente restabelecida, quase melhor do que antes. O tempo não estava muito bom ontem, mas mesmo assim nós fomos passear e fizemos um lanche numa pequena e encantadora pensão chamada Alpenheim, depois de Rappersbichl[4]. Estamos muito bem, levando uma vida bem preguiçosa, levantando tarde, vestindo pouca roupa e dormindo cedo. Ontem eu procurei o nosso velho lugar nas rochas, lá no Föhnhügel[5], está quase mais bonito do que há dois anos. O caminho para lá está quase fechado. Tem uma ponta de charuto debaixo das folhas dos pinheiros, eu acredito que seja tua, pelo menos parece ser. Eu gostaria muito de comprar o Föhnhügel para mim, e construir uma casa na pradaria[6] entre as duas partes da floresta. Não pude ir até os lugares onde procuramos cogumelos, pois a mamãe não gosta de andar nestes caminhos e era muito longe para eu ir sozinha. Além disso, procurar cogumelos não é tão divertido quando não estás aqui. Não temos encontrado muito o sr. Bresch. A mamãe o "adestrou" para nos trazer o seu jornal pontualmente todos os dias, o que ele já aprendeu.[7] Ele passeia sempre na Föhnpromenade, e nós não. Nós faremos as malas amanhã antes do almoço e desceremos às 12h37, porque temos que tomar algumas providências em Bolzano, se o calor nos deixar vivas. Já estou feliz com a volta para Viena, principalmente com a minha escrivaninha. Conheceste mesmo o poeta Rilke[8] em Munique? Como foi isso? E como é ele?

Mando um beijo e muitas lembranças da

Tua Anna.

1. Cartas e telegramas de Freud para Martha, nesta viagem a Roma, não foram guardados. (Tögel 2002, p. 372.)

> Anna Freud.
> Dezember 1913.

Dedicatória e anotação do nome no exemplar de Anna do *Livro das imagens*, de Rainer Maria Rilke, Editora Insel, Leipzig, 1913.
(Agradeço a Christfried Tögel e a Gerhard Fichtner pela referência e pelo original.)

"Fräulein Anna Freud / inscrevo cordialmente em seu livro a data desse primeiro encontro: Rainer Maria Rilke 20 de dezembro de 1915."

2. Hella Felicitas Bernays (1893-1994), quarta filha da irmã de Freud, Anna, e de Eli Bernays, que emigraram para Nova York em 1892. (Árvore genealógica Lange: Freud Family, Genealogical Tree, p. III; Tögel 2004a, p. 207.)

3. Irmã de Hella, Martha Bernays (1894-1979), quinta filha de Anna e Eli Bernays. As irmãs estavam de visita na Europa com a mãe, durante o verão, e naqueles dias estavam sozinhas em Viena; antes disso, passaram uma longa temporada em Goisern (vide 58 AF, nota 1). (Freud-Bernays, p. 149-152.)

4. Hoje: Rappersbühel; a pensão Alpenheim se transformou na Residence Kristall. (Agradeço a Josef Frötscher, Alto Bolzano, pela gentil informação.)

5. Em vez de "Föhn", a grafia mais usada hoje é "Fenn", portanto: Fennhügel, Fennpromenade.

6. Esse local hoje em dia é usado para festas. O "sonho da casa própria" acompanhou Anna durante longos anos antes que ela pudesse realizá-lo: "Este era um velho sonho diurno meu. Nele, eu possuía um castelo grande e antigo, num parque muito bonito, onde se espalhavam inúmeras casas com um ou dois aposentos. Cada um dos meus visitantes ganhava uma dessas casas e, assim, era o senhor do castelo." (Anna/Lou, carta 236, 1/6/1925, p. 450; vide também Freud/Jones, P.S. para carta 220, p. 22.) Ver final de 98 AF, 101 AF, 135 AF. Sobre as casas de fim-de-semana que Anna teve depois, vide 287 SF, nota 20. Os hóspedes tinham, para ela, um papel importante (ver nota 13 para 257 SF; vide também nota 2 para 28 SF).

7. Martha também mencionou esse senhor em sua carta para Freud de 12/9/1913.

8. Rainer Maria Rilke (1875-1926). Lou Andreas-Salomé intermediou a sua apresentação durante o Congresso de Munique: "Gostei de ter apresentado Rainer a Freud, eles simpatizaram um com o outro e nós ficamos juntos à noite, até bem tarde". (Andreas-Salomé, 1958, p. 191.) Anna conheceria Rilke dois anos mais tarde, quando ele visitou os Freud durante o seu serviço militar em Viena e participou do primeiro casamento de Oliver. (Freud/Ferenczi II/1, 585 F.) Naquela oportunidade, escreveu uma dedicatória para Anna no seu *Livro das imagens*, em edição da editora Insel (vide facsímile p. 82, 83. A amizade perdurou por muito tempo. Mais tarde, quando Ernst morou em Munique (vide 96 AF, nota 1), ele se encontrou várias vezes com Rilke. (P.ex. Freud/Andreas-Salomé, 30/3, 1/4/1915 (p. 31), 21/3/1916 (p. 43, 251), 4/8/1916, 15/6/1919; Rilke para Freud, 17/2/1916, LoC SF, Cont. 40.) Ver também 168 AF, nota 9.

37 AF

[Viena,] 16/IX/1913

Querido papai!

Já estamos de volta a Viena. Fizemos boa viagem, tivemos companhia agradável na cabine e chegamos com tempo bom e nem um pouco cansadas. Dormi de Lienz até Gloggnitz. Estou gostando muito de estar em Viena e achei o meu quarto bem grande e bonito. Já desfiz as malas e arrumei tudo, coloquei sobre a escrivaninha tudo que deveria estar lá e arrumei a vitrine de novo. As cobras ficaram bem bonitas.[1] A mamãe ainda não terminou, por isso ainda não pode escrever. Hella e Martha estiveram aqui pela manhã, e por enquanto eu não gostei muito delas. Martin está estudando[2] de novo, quando não está na companhia delas.[3] A Mathilde ficou conosco a manhã toda, foi muito gentil e parece estar ótima. Ela me deu uma miniatura do seu retrato de presente, com uma moldura muito linda, e eu a coloquei imediatamente na mesa. Recebemos as tuas

notícias ainda antes da nossa partida de Klobenstein. Fiquei muito feliz com o cartão, especialmente com o que veio escrito nele.[4] Nós não mudamos mais de idéia, porque o tempo lá estava muito ruim ultimamente. Foi o perfeito fecho do verão. Todos os meus vasos chegaram intactos, e a Math se surpreendeu com o quanto eu "engordei" neste verão (em objetos, naturalmente). As empregadas colocaram flores por toda a parte, e o apartamento está muito bonito. Eu fico muito feliz que estejas gostando e passando tão bem em Roma. Mando minhas lembranças para a titia e te mando um beijo.
Tua

Anna.

1. Esta frase foi incluída posteriormente.
2. "Martin já passou na terceira prova pública, no exame oral, só falta fazer um outro pequeno exame oral e ele já vai se formar no final de outubro-novembro." (Freud/Ferenczi I/2, 409 F, 9/7/1913, p.236, também, 419 F.) Martin ainda morava na Berggasse durante os seus estudos de ciências econômicas e jurídicas. (Freud, M. 1999, p. 165, 170 *et seq*.)
3. "Hella [...] era mais uma irmã do que uma prima [...] e era uma moça muito atraente." (Freud, M. 1999, p. 62 *et seq*.)
4. Vide 35 SF, 201 SF/AF.

38 SF[1]
Áustria
Srta. Anna Freud
Viena
IX Berggasse 19

[Roma,] 22/9/13

Querida Anna
    Confere tu mesma.[2]

Papai

1. Cartão-postal colorido: "Tivoli – Le Cascatelle" – com carimbo "Eden Hotel – Roma".
2. Anna se hospedaria junto com o pai no mesmo hotel dez anos depois; vide texto explicativo depois de 201 SF/AF.

39 AF

[Viena,] 24/IX/1913

Querido papai!
    Eu recebi o teu belo cartão hoje e temo muito que, tendo estas belas vistas diariamente, não mais te acostumarás com a nossa Berggasse, apesar de aqui ser

muito bonito. Já estou muito feliz com o fato de que breve terei algo para fazer. Nos próximos dias, terei uma reunião com a srta. Reiss[1] e duas jovens professoras sobre os preparativos para o exame para professora.[2] Quanto a todo o resto, espero por ti. O tempo está muito ruim, assim as saídas não são muito prazerosas; nós só fizemos um belo passeio dominical ao Hermannskogl[3]. Hella e Martha partem hoje. Martin e Ernst estão bastante deprimidos, mas não por causa da despedida, e sim porque torraram[4] todo o seu dinheiro com elas. Quando deverás estar de volta a Viena?[5] Já estamos contentes com o teu regresso. Estou muito curiosa sobre todas as coisas que tia Minna vai contar. Muitas pessoas já estão perguntando por ti, alguém inclusive já queria um número para uma consulta no dia 1º de outubro. mas eu não dei. Else Leitner[6] teve um filho ontem, isto certamente interessará à tia. Fora isto, a senhora Lustgarten[7] esteve aqui para visitar a mamãe. Fora isso, nada de especial

    Mando muitas lembranças e um beijo

Da tua
Anna.

1. Elsa Reiss, diretora da escola primária que Anna freqüentara, preparou-a para o ingresso no Liceu Cottage, ver nota 5 em 13 SF.
2. "Anna é insaciável quando se trata dos seus planos de formação." (Freud/Ferenczi I/2, 419 F, 1/10/1913, p. 248.) com "exame para professora" ela provavelmente se referia à admissão na formação; vide 22 SF notas 2 e 5, 48 SF nota 3.
3. Ponto mais elevado do município de Viena, com 543 metros de altitude, onde fica a Habsburgwarte, com vista panorâmica. (Baedeker, 1926, p. 144.)
4. No original, Anna usa uma expressão tipicamente vienense para "gastar a rodo". (Ver 37 AF, nota 3.)
5. Freud partiu de Roma em 27/9 e chegou a Viena em 29/9. (Freud/Jones, carta 142; Freud/Ferenczi I/2, 418 F.)
6. Não apurado.
7. Provavelmente, esposa de um colega de estudo de Freud, o químico dr. Sigmund Lustgarten, que Martha também conhecia muito bem; à época, ele era assistente do professor Ludwig no Instituto de Química, e depois do dermatologista Kaposi na Policlínica de Viena, tendo emigrado mais tarde para Nova York. (Ver a múltipla menção em Freud 1960a; também em Jones I, p.ex. p. 82, 98, 199, 391.)

1914

40 SF[1]

Srta. Anna Freud
Viena
IX Berggasse 19

[Brioni,[2]] 12/4/14

Sinto falta de uma macaca muito inteligente[3] na hora da *toilette*.

Pa

1. Cartão-postal; escrito a lápis.
2. Brino é a maior das ilhas Briônicas, no litoral do mar Adriático. Freud passou ali os feriados de Páscoa com Ferenczi e Rank. Originalmente Anna deveria ter ido com eles: "Gostaria de fazer alguma coisa na Páscoa (12 de abril) este ano? [...] Que tal levarmos a pequena? Ela é divertida, o senhor já a conhece desde Pordoijoch." (Freud/Ferenczi I/2, 456 F, 15.2.1914, p. 285 *et seq*.) Porém, Anna teve coqueluche, "e naturalmente não pôde vir, resignou-se, muito obediente, e solicitou ela mesma que eu levasse outra pessoa no seu lugar. Rank aceitou [...]". (*Ibid.*, 468 F, 5/4/1914, p. 295.) Não procede a afirmação de Young-Bruehl (I, p. 92) de que Ferenczi teria ido no lugar de Anna.
3. Assim está no manuscrito. A foto mostra um chimpanzé vestido, num quarto decorado com troncos de árvores, penteando o cabelo em um cenário de chapeleiro, com roupas drapeadas dispendiosas, guarda-chuva e espelho, tendo ao lado um lavatório com bacia e uma vela. Parece se tratar da foto de um animal vivo, tirada especialmente para ser utilizada como cartão-postal. Ver sobre isto 32 AF, em que Anna enfatiza suas habilidades na arte do penteado.

41 AF[1]

Freud
Villa Fasolt
Karlsbad 1[2]

Southampton[3] 16/7/[1914]

Viagem maravilhosa[4]
doutor Jones[5] me recepcionou[6]

[sem assinatura]

1. Telegrama; transcrito à mão.

2. Freud estava lá com Martha desde 13/7/1914 para um tratamento. (Freud/Ferenczi I/2, 483 F; II/1, 487 F, 489 F; Freud/Jones, carta 198.) "No verão, Freud planejara viajar para Karlsbad em 12 de julho a fim de tratar dos seus problemas digestivos, passando depois as férias propriamente ditas em Seis, nos Dolomitas do Sul, seguindo de lá para o congresso psicanalítico que Abraham estava preparando para o dia 20 de setembro em Dresden, e depois para a Holanda, onde faria uma palestra na Universidade de Leiden em 24 de setembro. Sua filha o encontraria lá, na viagem de volta da Inglaterra, voltando com ele para casa." (Jones II, p. 209. Freud/Jones, carta 192; Freud/Ferenczi I/2, 472 F, 475 F, 480 F; Freud/Abraham, 13/5/1914.) Ele só concretizou a primeira parte deste plano, devido ao início da guerra; ele e Martha tiveram de retornar a Viena em 4/8 "com o último trem noturno, que ainda teve permissão de trafegar". (Freud para Sophie e Max Halberstadt, 6/8/1914; Freud/Ferenczi II/1, 496 F.)

3. No início do ano, Anna já fizera planos de viajar à Inglaterra: "[...] minha filhinha quer ir sozinha para a Inglaterra este ano [...]". (Freud/Abraham, 15/2/1914, p. 161.) A afirmação de Young-Bruehl (I, p. 91f.), de que Anna via esta viagem como recompensa pela sua primeira prova para se tornar professora, provavelmente se fundamenta na datação errada desse exame (ver nota 3 para 48 SF). "Minha filha partirá no dia 7 deste mês, fará a travessia para a Inglaterra no dia 15 e, sem dúvida, terá oportunidade de vê-la em agosto ou antes." (Freud/Jones, carta 195, 7/7/1914, p. 289.) Jones acha que Freud se iludiu com a calmaria inicial, após as primeiras agitações em torno do assassinato do casal de herdeiros do trono austríaco em Sarajevo, em 28/6/1914, "caso contrário, dificilmente teria permitido que sua filha mais nova partisse no dia 7 de julho para Hamburgo, e certamente não teria permitido que ela seguisse viagem no dia 18 [sic] de lá para a Inglaterra, onde pretendia passar alguns meses." (Jones II, p. 205.)

4. No original, corrigido por cima de: *Herzliche* (cordial). [*Herrliche*, maravilhosa]

5. Ernest Jones (1879-1958), médico neurologista e psicanalista inglês; foi o primeiro a praticar análise na Inglaterra. Participou em 1908 do Congresso de Salzburgo, e em seguida, como convidado, de uma sessão da Sociedade Vienense das Quartas-Feiras. Lecionou na universidade de Toronto de 1908 a 1912. Em 1911, fundou, com James J. Putnam, a Associação Psicanalítica Americana, em Washington. De volta à Inglaterra, deu vida à London Psycho-Analytic Association, que ele transformou, em 1919, na British Psycho-Analytical Society, cuja presidência ocupou de 1920 até 1940. Ele pertenceu aos iniciadores do "Comitê Secreto", fundou em 1924 a London Psycho-Analytic Clinic e trabalhou de 1920-1924 e de 1929-1949 como presidente da Associação Psicanalítica Internacional, da qual passou a ser presidente de honra vitalício. Sua biografia de Freud, composta de três volumes (Jones I, II, III), continua sendo uma obra indispensável e fundamental. (Jones 1959, p. 140-165; 219 et seq., 225 et seq., 248-254.; Protokolle I, p. 365, 368; Freud 1929a; Freud/Jones, carta 148, nota 2; Brome; Winnicott.)

6. Em 1979, Anna Freud se lembrou da sua chegada à Inglaterra: "Aos dezoito anos, passei minhas primeiras férias na Inglaterra, em parte em casa de amigos, e em parte num pensionato para moças nas proximidades de Arundel, na costa sul. Quando meu navio aportou, vindo do continente, Ernest Jones estava de pé sobre o passadiço, com um buquê de flores para mim nas mãos, para me dar as boas-vindas. Naturalmente, fiquei lisonjeada e impressionada, apesar de suspeitar que o seu interesse era mais pelo meu pai do que por mim – uma circunstância à qual tive de me habituar (...)." (1979, em: *Escritos X*, p. 2926.) Jones acompanhou Anna e sua amiga na maçante viagem até a casa da família Pring em Arundel (vide nota 9 para 42 SF; ver também 45 AF, notas 5 e 6). (Freud/Jones, carta 199.) Sobre a viagem de Anna à Inglaterra, vide também Young-Bruehl I, p. 92-97.

42 SF

PROF. Dr. FREUD

Karlsbad
VIENA, IX. BERGGASSE 19.
16/7/14

Minha querida Anna

Acompanhei com grande expectativa todas as notícias da tua pequena viagem internacional. Acaba de chegar o teu telegrama do desembarque na Inglaterra, e o complemento "recebido pelo dr. Jones" me dá a oportunidade de aludir agora a algo que eu talvez tivesse deixado para depois.

Eu sei através das melhores fontes[1] que o dr. Jones tem sérias intenções de te fazer a corte. Decerto é a primeira vez na tua jovem vida, e eu nem ousaria te roubar a liberdade da qual as tuas irmãs mais velhas puderam usufruir. Mas ocorre que acabaste convivendo mais intimamente conosco do que elas, e eu me embalo na esperança de que terás mais dificuldades em tomar uma decisão sobre a tua vida sem antes estar certa da nossa (neste caso: da minha) concordância.[2]

Como sabes, o dr. Jones é meu amigo e valioso colaborador. Isso poderia ser, para ti, uma tentação adicional. Por isso, não vou deixar de chamar a tua atenção para o fato de que há contra ele dois tipos de motivos, os que só dizem respeito a ti, e os que também nos dizem respeito. No fim das contas, ambos acabam confluindo.

De nossa parte deve ser levado em conta o desejo de que não assumas um compromisso ou te cases tão jovem, antes de teres visto, aprendido e vivenciado mais coisas, e antes que tenhas mais experiências com pessoas. Eu reprimo o pesar de te saber tão longe de nós; isto seria facilmente compensado por outras vantagens. Nós também queremos te poupar de um noivado que dure muitos anos, e falo por experiência própria.[3] Nesse aspecto, o dr. Jones, que deve ter por volta de 35 anos, necessitando logo de uma mulher, também é bastante inadequado.

Provavelmente darás maior valor às outras considerações, que só dizem respeito à tua pessoa e que não são tão perceptíveis quanto as primeiras. Jones é certamente uma pessoa carinhosa e boa, que amará sua esposa e será grato pelo seu amor. De sua primeira mulher[4], que conheces e certamente também estimas, com suas notáveis anormalidades e incríveis qualidades de caráter[5], sei que ele não é o homem certo para um ser feminino refinado. Vindo de uma família pequena, de condições precárias[6], com seus interesses voltados principalmente para assuntos científicos, ele teve de lutar muito, deixando de aprender o tato e as finas considerações que uma moça mimada, e além disso muito jovem e um tanto frágil, esperaria do seu marido. Terias de ter talvez mais uns cinco anos para estimá-lo e poder perdoar-lhe tudo, e então ele já seria muito velho para ti. Foram estes assuntos íntimos que certamente levaram Loe a preveni-la, antes que eu ficasse sabendo da coisa. Eu só posso lhe dar razão.

Além disso, Jones é muito mais dependente e carente de apoio do que se poderia crer a partir da primeira impressão. Ele necessita de uma mulher experiente, talvez até mais velha. Sem se preocupar consigo – e isto é o pior que eu posso dizer dele –, ele demonstra uma tendência a se colocar em situações ousadas[7] e nelas colocar tudo em risco, o que não me garantiria nenhuma segurança para ti.

Talvez consideres desnecessária toda esta advertência e garantas nunca ter pensado seriamente nele. Mesmo assim, deves saber quais são suas intenções para poderes lidar com elas com muito tato e com cuidado gentil. Não estou te aconselhando a evitar o contato com ele, e sim a não ficar a sós em nenhuma circunstância. Ferenczi, que vai passar o mês de agosto em Londres[8], nossos parentes e a própria Miss Pring[9] podem facilmente te dar cobertura, se quiseres te manter firme. E acho que não deves de forma alguma deixar que aconteça uma declaração. Adia as tuas visitas a Londres até que tenhas companhia, e não deixa nunca que ele vá te buscar sozinha. Isto também é uma obrigação em relação ao homem. De qualquer forma me escreve sobre isto.

Sam[10] (61 Bloomst., Manchester) manifestou hoje sua disposição a te prover com dinheiro, e já está de posse da minha primeira remessa.[11] Naturalmente deves também ver o tio Emanuel, Marie e as velhas primas[12], e ser muito amável com eles, mesmo que não possas dedicar tanto tempo a eles quanto eles solicitarão. Da mesma forma eu tive hoje a notícia que os outros Jones[13] viajaram.

Nós estamos muito bem alojados aqui, passamos três dias num calor cinzento[14] e desfrutamos hoje de um dia de chuva. Finalmente nós estamos também em contato direto com todos. A tia parece realmente estar com pleurisia, motivo pelo qual sua estada no hospital irá se prolongar por tempo indeterminado.[15] Mas ela está sem febre.

Mando lembranças carinhosas e te desejo todas as pequenas alegrias, que fazem de uma viagem algo inesquecível. Teu

Pai.

1. Por Loe Kann (vide nota 4).
2. "Annerl telegrafou ontem dizendo que chegou bem a Southampton e que foi aguardada por Ernest Jones. Eu aproveitei a oportunidade para esclarecer minha posição em relação à coisa, pois não quero saber de nada disto, e não quero perder a filha querida num nítido ato de vingança, abstraindo todos os motivos que racionalmente falam contra. Eu imagino que Loe vá tomar conta como um dragão." (Freud/Ferenczi II/1, 488 F, 17/7/1914 p. 52 *et seq.*) Ver 43 SF-45 AF; também 257 SF, nota 11. Sobre a posterior reação de Jones às conjecturas de Freud, vide Young-Bruehl I, p. 96 *et seq.*
3. Freud e Martha haviam sofrido muito com a separação durante o seu longo noivado. Ver as Cartas de noivado 1882 até 1886 em Freud 1960a.
4. Louise ("Loe") Dorothea Kann (?-1945) viveu maritalmente com Jones durante sete anos, adotando o seu nome durante este tempo. Separou-se de Jones no decorrer do verão de 1913, mas eles continuaram a ter uma relação amigável. Loe tornou-se dependente de morfina por causa da medicação para uma grave doença renal e, a pedido de Jones, fez análise com Freud de outubro de 1912 até o verão de 1914. (Brome, p. 211; Jones 1959, p. 129 *et seq.*, 187; Freud/Jones, 1912 *et seq.*, *passim.*) Freud "afeiçoou-se excepcionalmente" a Loe e a descreveu como "uma judia superinteligente, profundamente neurótica", "no fundo, uma jóia". (Freud/Ferenczi I/2, 307 F, 23/6/1912; 409 F, 9/7/1913, p. 235 *et seq.*; 395 F, 13/5/1913, p. 219.)

5. Ver 161 SF-163 SF. Jones menciona em suas cartas para Freud, entre outros assuntos, o seu "exagero neurótico", especialmente a sua marcada capacidade de sofrimento e uma invencível profundidade em todas as coisas, p.ex.: "Quero contar-lhe o último episódio de Loe. Ela substituiu Trottie [o cachorro de Loe] por um símbolo bem mais óbvio, um galo, que sempre dormiu em seu quarto. Houve um momento em que ela teve de viajar, e o galo precisou voltar ao seu lugar com as galinhas no galinheiro. Para que, no entanto, ele não tivesse medo ou se sentisse solitário, ela mandou colocar sua cama ali e dormiu no galinheiro durante as duas primeiras noites para que ele não estranhasse. [...]" (Freud/Jones, carta 328, 30/11/1921, pg. 444 *et seq.*) Ver também Appignanesi e Forrester, p. 308-327.

6. Ver Jones 1959, p. 15 *et seq.*

7. Caligrafia pouco legível no original.

8. Vide Freud/Ferenczi I/2, 482 Fer; II/1, 492 Fer. Ferenczi teve de desistir do seu plano em 27/7 devido ao início da guerra. (Freud/Ferenczi I/2, 493 Fer.) Anna ficara muito amiga de Ferenczi (ver na nota 2 para 40 SF; vide também p.ex. as suas repetidas saudações para ele nas cartas, como também em Freud/Ferenczi, *passim*).

9. Mabel Pring, a amiga na casa de cuja família Anna morou em Arundel. "A família em Arundel é excelente, e ela [Anna] não poderia estar em melhores mãos." (Jones para Freud, 27/7/1914, em: Freud/Jones, carta 201, p. 296.; além disso, carta 210, bem como o P.S. de Anna na carta 220, p. 323.)

10. Soloman (Sam) Freud (1860-1945), filho do meio-irmão de Freud, Emanuel. (Árvore genealógica Lange: Freud Family, Genealogical Tree, p. I (Neste caso, Sam não é a forma curta de Samuel).) Vide também a troca de cartas Freud/Sam.

11. Freud/Sam, 13/7/1914.

12. Marie, nascida Rockach/Rokach, esposa de Emanuel (c. 1835-1923), tiveram sete (talvez até oito) filhos: Johann (John, nascido em 1855 em Freiberg; "desaparecido em Manchester desde 1875"); Pauline (Pauli, 1856-1944); Bertha (1859-1940); Sam; Matilda (1862-1868); Harriet Emily (1865-1868) e Henrietta (1866), que só viveu 19 dias. (Árvore genealógica Lange: Freud Family, Genealogical Tree, p. I. Também Krüll, p. 313 nota 9, 358 nota 23.)

13. Loe Kann Jones e Herbert Jones (apelidado de Davy), americano abastado. (Freud/Jones, carta 115 nota 2.) Ambos se casaram em Budapeste no final de maio. (Freud/Ferenczi I/2, telegrama 476 F, 24/5/1914.) Rank e Freud foram testemunhas: "Voltei ontem à noite de Budapeste, onde nós – Rank e eu e Ferenczi como tradutor-intérprete – ajudamos Loe a se tornar Mrs. Herbert Jones. Creio que deve ser duro para o senhor, e assim está sendo para mim quando me lembro dos acontecimentos desde aquela noite no café em Weimar, quando o senhor me ofereceu tratar dela, até os momentos em que, agora, assisto ao seu casamento com outro. Trata-se de uma admirável cadeia de mudanças entre pessoas e sentimentos e o que me parece mais surpreendente é que nossas relações não sofreram com isso e que eu até aprendi a gostar do outro homem." (Freud/Jones, carta 192, 2/6/1914, p. 285; cartas 191-197.) Ver também Young-Bruehl I, p. 93, mas que indica outra data para o casamento.

14. Assim no manuscrito.

15. Minna estava em tratamento na clínica de Cottage. (Freud/Jones, carta 197.) Vide também 43 SF (quarto parágrafo), 46 SF nota 4.

43 SF

PROF. Dr. FREUD

Karlsbad 22/7/14
VIENA, IX. BERGGASSE 19.

Minha querida Anna

Ao contrário, fiquei muito satisfeito com a tua carta[1] e não teria mais nada para escrever sobre isto, se não quisesse te desaconselhar a te retraíres agora.

Quero dizer: não deves evitá-lo, deves aceitar tranqüilamente a sua liderança e os estímulos, ser bastante desembaraçada, tomar pé na amizade e na igualdade, o que vai muito bem na Inglaterra, e evitar somente ficar a sós com ele, para que ele não possa fazer algo decisivo. Encontrarás a arte, pois és mulher. Se Ferenczi estiver junto, podes participar de tudo. Caso surja uma conversa mais íntima, menciona algo dos teus planos para o futuro, o que servirá de advertência para o dr. Jones, e acima de tudo não te mostres medrosa, mas segura. Não me desagrada de todo, já que estou tranqüilo no que diz respeito à tua forma de pensar, que a tua estadia na Inglaterra te proporcione essa experiência. São coisas que precisam ser aprendidas, e que não se pode evitar. Só como informação, o dr. Jones precisa de uma mulher como proteção contra as tentações às quais um médico fica exposto. Achas que faria sentido dirigir o seu interesse para a irmã da Mabel[2], de quem tanto gostas?

Fico feliz que estejas começando a te sentir confortável no novo ambiente, mas acho que é líquido e certo que contates o titio tão logo quanto possível, no endereço 61 Bloomst., Manchester, e a partir daí ficará a cargo dele dizer quando irá te visitar ou te convidar. O titio é muito sensível, como sabes, muito teimoso e muito esquisito, mas muito gentil. No geral, a tua estadia será muito curta para todas as tuas intenções e exigências. Tu és diferente da Math e da Soph, tens mais interesses intelectuais e provavelmente não te contentarás com uma atividade tipicamente feminina. Certamente, as tuas tendências também aparecerão na hora de escolher um companheiro. Tuas inclinações certamente também se evidenciarão na tua escolha conjugal, mas no final das contas ainda haverás de descobrir que tuas irmãs trilharam o caminho certo.

Segundo as últimas notícias, Loe e Herbert Jones permaneceram algum tempo em Haia. Eu não sei se já atravessaram o canal, e se já contrabandearam a Trottie[3]. Escreve logo para ela em Londres, acredito que ela esteja esperando por isto.

Nós estamos tendo dias maravilhosos aqui, um pouco quentes, e desta vez estamos tentando nos acomodar confortavelmente e nos comportar como gente rica. A mamãe ganhou de aniversário[4] um colar de pérolas, nada que possa ser comparado ao que todas as americanas carregam no pescoço, mas de qualquer maneira uma jóia cuja herança já a preocupa. A tia quer ir para o Semmering até que nos encontremos no Seis[5]. O catarro está em franca melhora, mas ela se sente muito sem forças. Todos os irmãos pedem teu endereço, sinal do teu prestígio na família. Rosi[6] pediu uma colaboração para uma viagem até Munique, e recebeu. Sabes bem, quando a vovó fizer 79 anos.[7]

Aqui eu posso até trabalhar um pouco, já que ninguém me obriga a fazê-lo. Um manuscrito[8] já foi enviado para Rank[9]. Pena que hoje já tenha passado da metade da nossa estadia.

Podes informar ao dr. Jones que os dois franceses, Régis e Hesnard (Bordeaux), publicaram um livro inteiro sobre a psicanálise[10] (na F. Alcan, Paris), um resumo bastante sistemático, com muita compreensão.[11]

Mando-te lembranças carinhosas e vou te escrever novamente em breve. Mantém-me informado de tudo o que se passa contigo e dentro de ti.

Teu
Pai

1. Não contida no maço de cartas disponibilizado para mim. Conforme a carta que Freud escreveu no mesmo dia para Ferenczi: "Anna escreveu da Inglaterra que Jones foi muito gentil com ela e com a família que a está hospedando, que esteve lá no primeiro domingo e que prometeu voltar no seguinte. Não farei nada para atrapalhar a relação. A pequena deve aprender a se impor, mas com certeza será suficientemente habilidosa para evitar uma declaração, que só pode levar a uma decepção. Ela se sente muito segura." (Freud/Ferenczi II/1, 491 F, 22/7/1914, p. 58.)
2. Talvez Connie, que Jones menciona numa carta posterior para Freud. (Freud/Jones, carta 210, 17/6/1915.) Sobre os casamentos de Jones, vide nota 3 para 126 SF.
3. O cachorro de Loe: "Quarta-feira, ela [Loe] volta para a Holanda para buscar Trottie." (Jones para Freud, em: Freud/Jones, carta 201, 27/7/1914, p. 296.)
4. Dia 26 de julho.
5. Vide porém nota 2 para 41 AF.
6. Conforme 45 AF nota 8.
7. Dia 18 de agosto.
8. 1914g; pouco depois veio o terceiro dos trabalhos técnicos nesta série, 1915a. (Freud/Jones, carta 200; Freud/Abraham, 29/7/1914)
9. Otto Rank (anteriormente Rosenfeld) (1884-1939), doutor em Filosofia, de origem humilde, precisou abrir mão dos estudos, mais tarde recuperou-os incentivado e com o apoio financeiro de Freud. Até lá, já amealhara, de forma autodidata, uma grande quantidade de conhecimentos literários, filosóficos e também psicanalíticos. Em 1905, reuniu-se com Freud e seu círculo, tornando-se dentro de pouco tempo o seu "secretário solícito e confiável". (Freud 1914d, p. 63; semelhante em Freud/Jones, carta 248, 28/7/1919, p. 353. Ver também Jones II, p. 195 *et seq*.) Rank foi secretário da Sociedade Psicanalítica Vienense (1906-1915), pertenceu ao grupo dos membros fundadores do "Comitê Secreto" e foi incansável como redator da *Imago* e da *Zeitschrift*. (Mühlleitner, p. 250-253; List; Taft; Lieberman; Zottl.) Em 1924, Freud acenou para ele com a possibilidade de vir a dirigir o Grupo Vienense. (Freud/Jones, carta 421, p. 28; Freud/Ferenczi III/1, 952 F, p. 201.) Mas isto não chegou a acontecer, pois Rank, que começara a trilhar caminhos conceituais teóricos e terapêuticos próprios, separou-se de Freud depois de uma estadia de vários meses nos Estados Unidos. Vide 287 SF nota 11.
10. Emmanuel Régis (1855-1918), médico, professor de psiquiatria em Bordeaux desde 1905, e seu assistente Angelo-Louis-Marie Hesnard, *La psychoanalyse des névroses et des psychoses*, 1914. Os dois autores já tinham feito contatos com Freud um pouco antes. (Freud/Abraham, 2/1/1912, p. 114; Freud/Jones, carta 70; Régis e Hesnard 1913.)
11. Freud já se referira sobre preparações com F. Alcan, para traduções francesas para Jones, em carta de 17/5/1914. (Freud/Jones, P.S. para carta 189, p. 280.) No entanto, isto não se concretizou naquele momento, mas o livro representou um passo a mais para a disseminação da psicanálise na França, iniciada em 1911. (Freud/Jung, 223 F, 255 F; Morichau-Beauchant 1911, 1912; Freud 1914d, p. 72.) Sobre a recepção da psicanálise como um todo na França, vide ainda Scheidhauer, Roudinesco, Goldschmidt (p. 11); e também Bolzinger, que leva em consideração especialmente os trabalhos neuropatológicos de Freud (por esta última indicação, agradeço a Georges-Arthur Goldschmidt, Paris, 6/9 e 6/10/1999). Ver também 125 SF nota 19.

44 SF

PROF. Dr. FREUD

[Karlsbad,] 24/7/14
VIENA, IX. BERGGASSE 19.

Minha querida Anna

Recentemente, tive oportunidade de escrever algumas linhas para o dr. Jones sobre ti, desaconselhando-o a fazer-te a corte, porém evitando suscetibilidades pessoais[1]. Quiçá ele deixe o dito pelo não dito, e não encontres mais dificuldades. Que passes bem em todos os sentidos e não leves nada na ponta da faca. Escreve-me se consideras necessário que o convite para Londres para Mabel seja formal e deva partir de nós.

Saudação cordial
papai

---

1. "Agradeço muito a sua gentileza com minha filhinha. Talvez não a conheça suficientemente bem. Ela é a mais talentosa e completa dos meus filhos, além de ter um caráter excelente, cheia de interesse por aprender, ver e tentar compreender o mundo. Ela não pede para ser tratada como mulher, estando ainda distante de desejos sexuais, e antes recusando homens. Existe um entendimento mútuo e aberto entre nós dois de que ela não deveria considerar a hipótese de se casar ou namorar antes dos próximos dois ou três anos. Não creio que ela venha a romper esse acordo."(Freud/Jones, carta 200, 22/7/1914, p. 294.) Jones respondeu em 27/7/1914: "Eu já tinha percebido o que o senhor escreve sobre ela. Ela tem um belo caráter e se tornará uma mulher notável, caso a sua repressão sexual não a prejudique. Naturalmente, ela tem muito afeto pelo senhor, e é um dos raros casos em que o pai de fato corresponde à imagem do pai. (...) Estou feliz em poder lhe dar boas notícias sobre ela, pois seu estado de saúde é excelente e ela parece estar aproveitando, reagindo bravamente ao seu novo ambiente." (*ibid.*, carta 201, p. 295 *et seq.*)

---

45 AF

[Arundel,[1]] 26/VII/1914

Querido papai!

Agradeço muito pela tua carta e fiquei sobremaneira aliviada que tenha chegado logo, dando-me conselhos tão bons. A carta me tranqüilizou e colocou em ordem tudo aquilo o que a tua primeira carta embaralhou. Ainda naquele mesmo dia, redigi uma carta para o tio Emanuel e a enviei. Caso me mandem para Manchester, cuidarei para ser gentil e amorosa com todos. Já sei fazer isso bem melhor e também é bem mais fácil quando não há ninguém ao lado que sabe como sou normalmente.[2] Hoje também já escrevi para senhora Jones em Londres, pois soube que ela já está lá. Tenho tido muitos sonhos com ela, inclusive na noite passada. Também soube que ela teve uma péssima viagem e que não está se sentindo bem[3]; lamentei muito, pois sabes que eu gosto muito dela.[4]

A minha vida aqui tem sido igual o tempo todo. Dou-me bem com todos da casa e os irmãos[5] brincam muito comigo. Estou muito bem, não me sinto como uma hóspede, e não me entedio mais, como ocorreu nos dois primeiros dias. Estamos sempre ocupados, ainda que seja difícil dizer com quê. Nas férias, isso é exatamente a coisa certa. Fiz uma boa amizade com Mabel, ela mudou muito, positivamente.[6] Combinamos hoje que iremos para St. Leonards[7] no sábado. Infelizmente, ela só poderá ficar uns três ou quatro dias comigo, pois não terá mais tempo. Mas estou certa de que rapidamente vou me sentir bem, decerto é muito bonito por lá. Aliás, estou muito contente[8] pelo fato de Rosi ir para Munique.

Ontem foi um dia pleno de atividades, passei fora de casa das nove da manhã à meia-noite e, por isso, só respondo à tua carta hoje. Junto com o senhor Martin, um amigo que talvez conheças[9] através da sra. Jones, o dr. Jones veio buscar a Mabel e a mim de automóvel, e fizemos um passeio maravilhoso. Primeiro, fomos até Henley, depois descemos o Tâmisa de lancha, voltando para casa por um outro caminho. Dessa forma, vimos muita coisa, nunca imaginei que a Inglaterra fosse tão linda. Viste a quantidade de casas e castelos às margens do Tâmisa? Uma mais linda do que a outra, e difícil de comparar com algo lá em casa. Foi realmente um dia maravilhoso, e principalmente Mabel estava tão absolutamente feliz com tudo, que só isso já era um evento em si. As duas ainda estão bronzeadas por causa do vento e do sol, e a parte branca dos meus olhos parece a dos negros. Eu não teria aceito ir, se não tivesses dito que eu poderia. Quando o dr. Ferenczi chegar, faremos outras excursões. Posso dizer que eu pago a minha parte? Acho que o dr. Ferenczi é bastante razoável nessas coisas. E eu tenho tanto dinheiro. Mas ontem realmente foi muito bonito.[10]

Agora, domingo de manhã, todos foram à igreja, e eu tenho tempo e tranqüilidade para escrever. Estou muito curiosa por saber como foi o aniversário da mamãe. Já a presenteaste com o colar de pérolas antes ou só o deste hoje? Agora tens de cuidar para que ela realmente o use. Tenho certeza de que é muito bonito. Gostei de saber que estás buscando uma vida confortável em Karlsbad e conseguindo escrever, pois acredito que[11] esta, para ti, é a melhor combinação. E deve ser muito bom escrever alguma coisa.[12]

Ontem soube algo através do dr. Jones de que[13] não gostei muito: a notícia de que o dr. Abraham pretende te visitar em Seis.[14] Sei muito bem que gostas dele, mas seria muito melhor que te deixassem ficar totalmente em paz durante todo o verão. Continuas mandando a Wiener Klinische Z.[15] para Lampl? Certamente já sabes que ele está muito infeliz em Reichenau[16] e provavelmente irá embora de lá?[17] Lamento muito por ele. Ainda não tive notícias dos meus irmãos, adoraria receber alguma. Aquilo que escreveste sobre a minha reputação na família soa muito bonito, mas não acredito muito que seja verdade. Não acredito que faria uma diferença muito grande em casa se eu não estivesse mais lá. Acho que só mesmo eu perceberia a diferença.

Agora preciso terminar e descer, e deixarei para a próxima carta tudo o que ainda teria para escrever. Estou muito feliz em saber que me escreverás brevemente. Te saúdo e beijo muitas vezes e espero que continues passando bem.

Tua
Anna.

1. Pequena cidade em Sussex, próximo da costa Sudoeste da Inglaterra.
2. Ver 28 SF nota 2.
3. Provavelmente de Jones. (Freud/Jones, carta 201, 27/7/1914, p. 296.)
4. Ver 108 AF nota 2.
5. Numa carta posterior para Freud, Jones menciona três desses irmãos. (Freud/Jones, carta 210, 17/6/1915, p. 311.)
6. Pelo visto, Anna conhecera Mabel Pring já em Viena. Não foi possível checar nas fontes disponíveis sobre se ela acompanhou Anna na travessia ou apenas foi buscar em Southampton. (Freud/Jones, carta 199, p. 293.)
7. St. Leonard's, pensionato para moças na costa Sudoeste da Inglaterra.
8. No manuscrito, sublinhado duas vezes. A indicação de Young-Bruehl (vol. I, p. 98), de que a prima de Anna, Rosi Winternitz, a teria acompanhado até St. Leonard's, contradiz esta descrição, ver 43 SF, nota 6; Freud tampouco menciona Rosi na sua carta para Sam em que anuncia a visita de Anna. (Freud/Sam, 7/7/1914.)
9. Provavelmente Louis Charles Martin, "professor de Inglês em Liverpool que saiu primeiro para a Sorbonne e depois foi para a Suécia", amigo de Jones dos tempos do Canadá. (Jones 1959, p. 186.) Em 3/10/1914, ele transmitiu uma notícia de Freud para Jones de que Anna regressara para Viena. (Complemento editorial em: Freud/Jones, segundo carta 203, p. 299.) Ver também Martin, L.C. 1920.
10. Ver Freud/Jones, carta 201, p. 296.
11. Erro de ortografia no original alemão.
12. Ver 101 AF nota 1.
13. Erro de ortografia no original alemão.
14. Já em maio, Freud e Abraham haviam se correspondido sobre a possibilidade de "passar juntos o verão" e depois seguirem para o Congresso Psicanalítico (vide nota 2 para 41 AF). (Freud/Abraham, 13/5 e 15/5 e 18/7 (citação da p. 179) 23/7 e 29/7/1914)
15. Pode ser Wiener klinische Wochenschrift ou Wiener klinische Rundschau.
16. Possivelmente Reichenau an der Rax, local turístico no vale do rio Schwarza no Sul da Baixa Áustria, onde os Freud freqüentemente passavam as férias. (Tögel 1989, p. 150 *et seq.*; Freud 1985c; Freud/Bernays, carta 140.)
17. Hans Lampl defendeu tese para doutoramento em 23/1/1914, tendo trabalhado em seguida no Hospital Geral de Viena e depois prestado serviço militar até 15/6. A partir de 11/8/1914, foi médico no hospital Wilhelminen em Viena, onde trabalhou em estreita colaboração com o diretor Karl Landsteiner (descobridor dos grupos sangüíneos) em pesquisas sorológicas "sobre problemas de imunologia". Permaneceu lá como assistente até 1/5/1912, interrompendo as atividades apenas para prestar serviços militares. (Speiser/Smekal, p. 61, p. 111 *et seq.*, 142; Lampl; Landsteiner e Lampl 1915 a 1918; Lampl e Landsteiner; as indicações de Young-Bruehl I, p. 137 são parcialmente errôneas.) O currículo não informa nada sobre o período mencionado entre 15/6 e 11/8/1914 ou sobre uma atividade em Reichenau. Ver nota 12 de 125 SF.

46 SF

PROF. Dr. FREUD

Karlsbad 28/7/14
VIENA, IX. BERGGASSE 19.

Minha querida Anna

Tua carta e os relatos do que tens visto são bem animadores. Tens razão, quando Ferenczi estiver junto, podes insistir em pagar tua parte. Tens dinheiro suficiente, £20 com Sam, e se precisares de mais, ele sempre pode te mandar.[1] Mas agora nós somos o lado mais interessante. Mal podes imaginar como a guerra que eclodiu subitamente[2] modificou tudo. De certo modo, é uma pena que não estejas agora em tua pátria. Perdemos o nosso livre-arbítrio. Hoje à noite, por causa da mobilização, o tráfego ferroviário será interrompido; portanto, estamos presos aqui e esperamos – mas ainda não sabemos – poder partir no dia 3 para Munique.[3] A tia, que pelo visto ainda não entendeu nada, reclama muito da solidão e considera impossível viajar sozinha para o Tirol.[4] Felizmente, o correio funciona, mas quem quiser telegrafar precisa conseguir antes uma autorização. Telegramas não muito urgentes estão chegando depois das cartas. Gostaria de te escrever mais, mas seriam necessárias várias folhas de papel. É um tempo estranho, cheio de acontecimentos, não muito confortável.[5]

Naturalmente, o aniversário da mamãe ficou um pouco prejudicado pelos acontecimentos. A melhor coisa que chegou pelo correio foi a remessa com as tuas fotografias, principalmente aquela em que estás de perfil, feita pelo Max, ficou excelente.[6] Ela já recebeu o colar de pérolas uma semana antes, mas o usa como se tivesse nascido com ele!

O endereço de Martin é: Salzburgo, Makartplatz 6; Oli: Millstatt am See, Forellenheim; o de Ernst já tens, [Munique] Augustenstr. 15.

Ainda não tive notícias de Loe Jones, mas vou saber como ela vai. Tu não escreveste se Trottie ainda vive.[7] Espero que me contes ainda muita coisa, enquanto isso, devo receber uma resposta tua à minha última carta.

Saúdo-te de coração e fico feliz contigo com tudo o que encontras para ser admirado, e que em grande parte não conheço ainda.

Teu
pai

1. Vide Freud/Sam, 7/7/1914.
2. A carta de Freud data do dia da declaração de guerra do Império Austro-Húngaro para a Sérvia. (Ploetz 1980, p. 34.)
3. Vide nota 2 de 41 AF.
4. Ver 42 SF nota 15. "Voltamos em 5/8 de Karlsbad para cá [Viena]; minha cunhada, que finalmente agora se recupera, voltou antes de nós, pois suas clínicas estavam fechadas." (Freud/Abraham, 25/8/1914, p. 185.)

5. Sobre as reações de Freud à declaração de guerra e sua posição mutante em relação à guerra, ver Jones II, p. 207 *et seq.*, 210 *et seq.*; Freud/Ferenczi II/1, 498 *et seq.*
6. Pelo visto, Max fizera fotografias de Anna quando ela visitou os Halberstadt em Hamburgo antes de seguir viagem para a Inglaterra (ver o final da nota 3 de 41 AF).
7. Jones relatou em 3/8: "Loe conseguiu contrabandear Trottie sem problemas, mas às custas de inauditos esforços e dificuldades." (Freud/Jones, carta 202, p. 297 *et seq.*)

47 SF[1]
Miss Anne[2] Freud
c/o Dr Jan van Emden
Haia
Jan van Nassaustr. 84
Holanda[3]

[Viena,] 22/8/14[4]

Querida filha

Feliz em finalmente rever tua letra! E saber que estás bem e corajosa![5] Não tentes viajar sozinha, mas acompanhe os Jones se as relações com a América ocasionarem sua mudança para Haia.[6] Estamos todos aqui juntos e em boa saúde, a tia finalmente se recupera, Martin virou voluntário em Salzburgo. Ainda tens dinheiro com Sam. Não sabemos nada sobre tuas relações com tio Em[anue]l[7] e família. Adeus, quando puderes, escreve sobre os Emden. Teu

papai

1. Cartão-postal.
2. Assim no manuscrito.
3. O endereço foi riscado e substituído com outra letra por "Berggasse 19, Viena, Áustria"; portanto o cartão deve ter sido retornado, com o carimbo postal "Haia, 16/IX/14".
4. "Nossa pequena Annerl já entrou no furacão logo na sua primeira excursão pelo mundo. Desde o dia 29 de julho perdemos totalmente o contato com ela" escreveu Freud em 6/8/1914 para Sophie e Max Halberstadt.
5. Falta uma carta de Anna; Freud relatou em 23/8/1914 para Ferenczi: "Finalmente recebi ontem de Annerl um cartão redirecionado em Haia que revela que ela passou um dia em Londres com Loe e Davy Jones, tendo voltado em seguida para St. Leonards. Ela escreve que Trottie ficou muito feliz em revê-la! [...] Davy Jones acrescentou: Sua filha é muito brava, se o senhor pudesse vê-la, ficaria extremamente orgulhosa de sua atitude". (Freud/Ferenczi II/1, 498 F, p. 66.) Ver também o estudo impressionante de Michael Molnar, 2005.
6. Anna já estava a caminho de casa; Loe e Herbert Jones organizaram a sua volta. (Ver carta de agradecimento para Herbert e Loe Jones (sem data) em 1960a, p. 317; Jones II, p.209.) "A notícia do dia é que Annerl, depois de uma viagem de dez dias e quarenta horas de trem de Gibraltar a Pontebba, passando por Gênova, chegou cedo com o embaixador [austríaco]", escreveu Freud em seguida para Martin em Salzburgo. (Freud, M. 1999, 26/8/1914. p. 190.) Anna, no entanto, tivera de deixar para trás boa parte da sua bagagem. Quando viajou para um encontro com Rank e outros

na Suíça, Jones trouxe uma parte (vide 162 AF, nota 2): "Rank recebeu de Jones uma mala com objetos de Anna e a trouxe para cá. Grande júbilo, acompanhado de chocolate, tangerinas, charutos." (Freud/Ferenczi II/2, 805 F, 12/4/1919, p. 226. Sobre isso, Freud/Jones, cartas 224, 233, 234.) Mais tarde, Anna recebeu o restante: "Para minha grande alegria, minhas jóias e a minha bela bolsa chegaram da Inglaterra." (Anna para Kata, 7/10/1919.) De volta a Viena, Anna dedicou-se novamente à sua formação escolar: "Como sempre, Annerl está trabalhando muito e dando-nos muita alegria." (Freud/Ferenczi II/1, 513 F, 9/11/1914, p. 79.) Enquanto isso, ela também trabalhou numa creche para crianças de famílias de trabalhadores e, perto do fim da guerra, como voluntária para o American Joint Distribution Committee, cuja missão era abrigar crianças que tinham ficado sem pátria por causa da guerra. (Freud/Jones, p. 306; Young-Bruehl I, p. 143 *et seq.*) (Ver experiência acumulada por Anna na Segunda Guerra Mundial em: *Crianças sem pátria*, Anna Freud, 1971.)

7. Poucas semanas depois, em 17/10, Emanuel sofreu um acidente: "Recebi ontem a notícia da morte do meu irmão mais velho. [...] A causa: acidente de trem. Minha opinião é que ele não suportou a guerra [...]." (Freud/Ferenczi II/1, 515 F, 11/11/1914, p. 82.)

1915

48 SF[1]
Srta. Anna Freud
Viena
IX Berggasse 19

[Königssee,][2] 28/6/15

Os melhores votos para o exame[3]
de

papai e
[em caligrafia própria:] tia Minna

1. Cartão-postal: "Hotel Schiffmeister, Königssee".
2. Freud viajara para Berchtesgaden no sábado, 26/6, a fim de checar opções de acomodação para o verão junto com Minna, que durante o mesmo período estava em Bad Reichenhall (ver nota 10 de 174 AF). (Freud/Ferenczi II/1, 548 F.) Sobre a programação final das férias, ver 50 SF, nota 1.
3. O primeiro exame de Anna para professora: "Annerl está estudando [...] para o exame de professora; oxalá seja reprovada por falta de capacidade vocal para cantar. Aliás, ela está evoluindo encantadoramente bem, melhor do que qualquer outro dos seis filhos." (*ibidem*, 542 F, 8/4/1915, p. 117; também 548 F.) Ver nota 1 de 49 AF, 53 AF, nota 6. Young-Bruehl (I, p. 91 *et seq.*) equivocadamente indica o mês de "junho de 1914" para esse primeiro exame para professora (veja nota 3 de 41 AF); o mesmo fez também Peters (p. 53 *et seq.*). Sobre o segundo exame de professora, ver nota 7 de 84 AF. Young-Bruehl (I, p. 103, sem indicação de fonte) diz ainda que Anna resolveu o problema da "falta de voz para canto" com aulas particulares com a cantora profissional Hedwig Schick (esposa do colega de análise Eduard Hitschmann). Peters, na página 70, também menciona isto, referindo-se a uma informação pessoal de Anna. Ver nota 6 de 162 AF.

49 AF

[Bad Ischl[1],] 12/VII/1915

Meu querido papai!

Estou quase pensando que eu deveria voltar para a Inglaterra e viver muitas aventuras estranhas para que voltes a me escrever uma carta longa. No entanto, estou bem sossegada em Ischl com primas[2] e tias[3], mas mesmo assim quero saber notícias tuas – se estás escrevendo bastante, se estás ansioso por ir a Karlsbad, se está tudo calmo por aí, pelo menos isso. Já deves ter sido informado de que estou muito bem aqui; tudo é muito confortável e agradável, dá para se viver bem. E até que Mausi[4] não é tão chata quanto eu imaginava. Ontem, achei um cogumelo de baixa qualidade, mas também busquei marcas de patas de urso, o que certamente terias desdenhado. São estas as grandes aventuras por aqui. A tradução de Putnam[5] também já recomecei[6] e estou muito feliz com a minha mala cheia de livros. Todas as noites sonho com um novo exame, de modo que já me sinto exaustivamente examinada. De qualquer maneira, nunca fui reprovada.

Penso muito em ti e em mamãe, e me pergunto como estão. Por enquanto, só recebi notícias uma vez. O despertador brilha com toda força à noite e funciona às mil maravilhas.

Escreve-me logo e bastante. Mando-te um longo beijo.

Tua
Anna.

1. "Depois de prestar seu exame para professora de escola pública e assinar um contrato como educadora na escola onde estudara (srta. Goldmann), Anna viajou para Ischl para visitar a avó e as tias." (Freud/Ferenczi II/1, 550 F, 10/7/1915, p.127.) (Cf. tb. Nota 7 de 84 AF e nota 5 de 86 AF)
2. Rosi e Mausi (vide nota 4). Sobre o relacionamento parcialmente tenso e em parte próximo das primas, ver Young-Bruehl I, p. 104-106, 134, 138-140.
3. Tia Paula e tia Dolfi; talvez também tia Rosa (ver 67 AF). (Young-Bruehl I, p. 104-106.)
4. Cäcilie (Mausi) Graf (1898-1922), filha da irmã de Freud, Rosa, e de Heinrich Graf. (Freud 1985c, p. 363; Árvore genealógica Lange: Freud Family, Genealogical Tree, p. IV (indica equivocadamente o ano de 1899 como ano de nascimento).) Ver também 53 AF, nota 2.
5. James Jackson Putnam (1846-1918), médico, professor de neurologia da Harvard Medical School, Cambridge/Massachusetts. "Não apenas é um dos melhores neurologistas da América, mas também um homem respeitado por todos por causa de seu caráter irrepreensível e de seu altíssimo nível ético" e, desde 1910, posicionou-se "sem pensar duas vezes na primeira fileira dos defensores da psicanálise". (Freud 1911j, p. 766.) Fundou em 1911, com Ernest Jones, a Associação Americana de Psicanálise, da qual foi o primeiro presidente. Em 1914, criou a Sociedade Psicanalítica de Boston, "que tratou das diferentes áreas de aplicações médicas e culturais da psicanálise". (*Journal of Abnormal Psychology*, IX, 1, abril-maio 1914, p. 71, cit. de acordo com IZ, vol. 2, 1914, p. 404. Necrológios: Freud 1919b, Jones 1920b. Ver também Freud 1971a.)
6. Anna traduziu uma conferência de Putnam na Associação de Médicos Americanos (1913) intitulada "Aspectos gerais sobre o movimento psicanalítico"; vide 60 AF, nota 7 e 69 AF, nota 8. O próprio Freud traduziu (anonimamente) um ensaio de Putnam (1910) para a Revista Central de Psicanálise com uma nota de rodapé adicional (1911j). Em seu prefácio (1921a) para os ensaios de Putnam, elogiou exaustivamente a sua obra.

50 SF

PROF. Dr. FREUD

14/7/15
VIENA, IX. BERGGASSE 19.

Minha querida Anna

Partiremos finalmente no sábado à noite, às 22h15.[1] As noites até lá já estão todas programadas. Ontem, Rank apareceu, de traje civil[2], assim como Ernst, que pediu para fazer algumas tarefas por aqui ainda para poder se despedir confortavelmente[3]. Amanhã virá o professor Loewy[4], que já nos veio nos visitar uma vez para almoçar. Ele deixou Roma uma semana antes da declaração de guerra, que estava sendo esperada diariamente[5]. Sexta será a vez de tio Alex para dividir o jantar de guerra conosco. Durante o dia ocorrem os últimos negócios. Hoje já comecei a arrumar as antigüidades[6]. Só quem resta na minha escrivaninha, solitário, é o príncipe egípcio, abandonado por todos os deuses, acompanhado apenas da cabeça de núbio e da comprida Neit de Sais. Pouca coisa está sendo destruída, só o conteúdo da pequena vitrine precisa ser esvaziado. Se os russos, contrariando as esperanças, chegarem até Viena neste meio-tempo, a lacuna logo chamará a sua atenção.

Ontem à noite estava muito abafado, e era impossível dormir, hoje finalmente está mais fresco. Parece que vocês têm mais chuva do que nós. Estamos muito curiosos – e muito inseguros – por saber como vai transcorrer o verão.

Rank trouxe o livro de gramática grega, mas ele está tão usado e rabiscado que pretendo mesmo comprar um novo.[7] Combinei com tia Pauli que mandarei 100 coroas de dez em dez dias (contando a partir de 7/7), das quais 20 coroas são um adicional para ti e para Rosi para passeios extras, enquanto estás aí. Espero que não lhes falte nada. É muito bom o fato de teus exames repetidos serem isentos de taxa, caso contrário não seria suficiente. Vemos com grande satisfação que até agora conseguiste tornar a tua estadia agradável e espero que continues assim até que nos revejamos.

Saúda todos da minha parte, mas fica com a melhor saudação para ti

do teu pai.

---

1. A primeira parte das férias foi em Karlsbad, onde Freud e Martha ficaram de 18/7 a 12/8. (Freud/Ferenczi II/1, 550 F, 553 F, 560 F.) A segunda parte das férias foi em Berchtesgaden a partir de 13/8, vide 66 SF, nota 1 e 68 SF/MF.
2. Rank tentara evitar ser chamado (Freud/Ferenczi II/1, 521 F), mas acabou sendo convocado em junho de 1915; ficou ainda em Viena, dedicando-se, durante esse período, aos trabalhos de redação. (*ibid.*, 554 F.) Mas não por muito tempo: em janeiro de 1916, foi lotado como redator no órgão oficial do exército austríaco, *Krakauer Zeitung* (ver nota 13 de 74 AF). (*Ibid.*, 573 F, 585 F, 589 F, 594 F; vol. II/2, 780 F.)
3. "Ernst já esteve aqui algumas vezes, proveniente de Wiener Neustadt, está sempre muito bem." (Freud/Ferenczi II/1, 548 F, 21/6/1915, p. 125.)
4. Emanuel Löwy (1857-1938), renomado arqueólogo austríaco, um dos poucos amigos íntimos de Freud, ainda dos tempos de estudante. A partir de 1889, morou em Roma, desde 1918 em Viena: "Meu amigo Emanuel Löwy, professor de arqueologia em Roma, proporcionou-me recentemente uma noite agradável – uma cabeça consciensiosa e honesta, uma boa pessoa, que costuma me visitar uma vez por ano e me mantém acordado até as três da madrugada. Está passando as férias de outono aqui, onde mora sua família." (Freud para Wilhelm Fliess, 5/11/1897, 1985c, p. 300; ver também as cartas de juventude de Freud para Eduard Silberstein, 1989a, p. 83 e nota 4, p. 100, 199.)
5. Depois de um acordo secreto com a Entente, pelo qual a Itália ganharia a parte sul do Tirol até o Brenner, bem como a Ístria e a Dalmácia, a Itália declarou guerra à Áustria no dia 23/5/1915. (Ploetz 1980, p. 839; Kleindel, p. 308.)

6. Colecionar antigüidades era "uma extraordinária fonte de prazer" para Freud. "Os objetos me dão bom humor e falam de épocas e países distantes." (Freud para Wilhelm Fliess, 1985c, cartas 112 (6/12/1896, p. 226), 209 (6/8/1899, p. 402). Vide também Gay, p. 197.)
7. Vide 52 SF nota 3, 58 AF nota 11.

51 SF[1]
Srta. Anna Freud
Bad Ischl
Lärchenwald 12

Karlsbad
18/7/15

Querida Anna
 Escreve-nos para o [hotel] Rudolfshof, onde acabamos de chegar. Não tomes banhos muito longos, muito freqüentes, ou quando está fresco. Dá muita anemia. De resto, fica bem.
 Afetuosamente

papai

1. Cartão-postal.

52 SF

[Rudolfshof,] Karlsbad 18/7/15
PROF. Dr. FREUD   VIENA, IX. BERGGASSE 19.

Minha querida Anna
 Quero que recebas a primeira carta da nova estação [termal]. A mamãe está descansando no quarto ao lado, eu preciso estar às 16h no médico, são 15h30, aliás, o tempo está frio e triste, o que, por enquanto vamos considerar como descanso e variedade. No final, a viagem foi enfadonha, pois a partir de Marienbad[1] o trem rápido foi substituído por um trem parador que levou duas horas em vez de uma só. A Villa Fasolt, onde no ano passado estivemos tão preocupados por ti[2], este ano nem abriu. Assim, demos voltas durante umas duas horas antes de parar nesta bela casa, que já conhecíamos desde os tempos dos Emden. Temos dois cômodos, que funcionam como salão com dormitório. Mas nós os modificamos um pouco, e agora eles estão mais de acordo com os seus novos habitantes do que com suas funções. O quarto da mamãe tem o famoso balcão, e o meu, um maravilhoso canto para a escrivaninha, que inauguro neste momento. Espero poder escrever muito, pois em matéria de livros só trouxe dois para cá, um livro

de exercícios e uma gramática, ambos na mesma língua estrangeira (neutra)[3]. Os quartos têm o pé-direito alto, são arejados, claros, elegantes, e parece que no ano passado custavam o dobro. Tivemos muita fome na hora do almoço e comemos excelentemente bem, talvez até demais. Não foi barato, mas também não tão caro quanto na nossa querida Viena. Há pastéis que são cinza-claros e muito bons. Já em Marienbad encontramos pãezinhos de presunto. A paz aqui é evidente. A guerra ali fora, aqui, se transformou em paz.

No trem, encontramos um conhecido, o senhor Kaufmann, irmão do doutor[4]. Perguntado se era otimista ou pessimista, ele respondeu inteligentemente, dizendo que era sofista. Só podes entender isto se souberes que *Soff* em hebraico significa *fim*. Ele assegurou que a paz com a Rússia está próxima. Que Deus lhe dê razão em sua onipotência.

Esperamos ainda receber alguma coisa por posta-restante de ti. Agora preciso ir espantar o doutor.

Saúdo-te de todo o coração

papai

1. Vide nota 2 de 59 SF.
2. Quando Anna estava na Inglaterra, no momento da eclosão da guerra.
3. Provavelmente, os livros para Anna, que queria aprender grego (ver 50 SF nota 7, 58 AF). *Neutro* pode ser uma alusão à postura neutra da Grécia no início da Primeira Guerra Mundial. (Explicação de Andreas Hamburger, Murnau.) A Grécia só aderiu à Entente em 27/6/1917. Depois de forte pressão dos Aliados, em 2/7 declarou guerra aos países do centro (isto é: Áustria-Hungria, Alemanha, Turquia, Bulgária). (Ploetz 1940, p. 460 *et seq.*, 539 *et seq.*, 542; Ploetz 1980, p. 839, 843; Kleindel, p. 306, 313.)
4. Rudolf Kaufmann (1871-1927), médico vienense, especialista em doenças circulatórias, que Freud estimava como alguém "muito especial, haja vista seus excelentes resultados com Sophie". (Freud/Ferenczi I/2, 409 F, 9/7/1913, p. 235.) Em carta para Wilhelm Fliess de 4/3/1895, Freud usou um sonho deste médico (portanto, de uma pessoa normal, não-psicótica) para destacar a tendência de os sonhos se realizarem. (1985c, carta 55, p. 114 *et seq.* nota 14.)

53 AF

[Bad Ischl,] 19/VII/1915

Querido papai!

Fiquei muito feliz com a tua carta [50 SF], idem com o cartão de hoje, que traz o endereço de vocês. Estou contente porque agora já sei para onde escrever, porque dá uma sensação de exclusão e de guerra quando não se sabe onde está a outra parte. Lamentei não poder assistir ao desmonte dos teus deuses, espero que tenhas feito tudo direitinho, para que, ao desempacotá-los no outono, não tenhamos surpresas desagradáveis. Aqui, pouco ou nada mudou no curto espaço de tempo desde as minhas últimas cartas. Meus sonhos de exames perderam toda a graça desde que reconheceste a isenção de taxas e se recolheram por enquanto. Mas como nunca me falta assunto, e em compensação sonho todas as noites com a senhora Jones[1], e hoje sonhei que fiquei cega. Foi horrível, mas já sonhei isso várias vezes. Não deves acreditar que, só por estar me dando bem com Maus aqui, tenha mudado a minha opinião, sobre a qual já conversamos. Tenho lá minhas razões. Além disso, ela nutre uma espécie de desprezo piedoso por mim, difícil de explicar.[2] Somos muito gratos a ti pelas vinte coroas, pois elas nos permitem uma maior liberdade de movimentação. Com esse dinheiro, hoje fizemos o nosso primeiro lanche na Nockentoni atrás do Pfandl[3]. Com o tempo, nossas excursões estão se alongando, mas preciso me acostumar a ser uma pessoa forte, por isso, por enquanto, só estamos saindo durante metade do dia. Ficar sem fazer nada, só lendo ou aprendendo, também é muito agradável, e principalmente a rede me seduz muito. De qualquer maneira, estou sendo módica com os banhos.

Acho que deverias escrever algumas palavras para a vovó. Nem pudemos contar para ela que escreveste para a tia P.[aula], pois ela fica logo com ciúmes; até quando eu digo que escreveste para mim. Ela certamente ficará muito contente com a chegada de vocês[4] e tu também vais gostar. Este ano está tranqüilo aqui em Ischl, e as florestas estão maravilhosas, bem que vocês poderiam vir por alguns dias.[5]

Aos poucos, estou ficando temerosa de dar aulas no outono[6]; talvez seja muito mais difícil do que acredito. Na verdade, a srta. doutora[7] está sendo muito leviana confiando tanto em mim para me dar um emprego. Que este verão dure bastante! (Quem sabe, ainda aprendo mais.)

Rosi está desenvolvendo uma porção de virtudes, ela te manda muitas lembranças, assim como a tia P.[aula], que provavelmente ainda responderá à tua carta e que aprecia muito o seu papel como dona de pensão.

Desejo boa noite por hoje e ainda farei um passeio noturno com Rosi até o correio. Mando um beijo para ti e para a mamãe. Escreve logo.

Tua
Anna.

---

1. Loe Kann Jones.
2. Talvez falte aqui uma carta de Freud para Anna, de qualquer maneira não há nenhuma prova, nesta troca de correspondência, de que Freud "aproveitou a oportunidade para lhe recomendar [a Anna] que se entendesse melhor com Mausi", conforme esclarece Young-Bruehl (I, p. 105). Sobre outros aspectos da relação entre Anna e sua prima Maus, ver a troca de cartas Anna/Lou (1921-1923 *passim*).
3. O restaurante Nockentoni existe até hoje, assim como um lugar chamado Poststüberl Pfandl. (Wolfgangsee, p. 76.)
4. Ver 68 SF/MF.
5. Ver as cartas seguintes até 68 SF/MF.

6. Era quando deveria começar o primeiro ano letivo de Anna como professora. Ver 48 SF nota 3.
7. Dra. Salka Goldmann, a diretora do Liceu Cottage, estabelecimento de ensino que a própria Anna freqüentara como aluna. (Peters, p. 30 *et seq.*)

54 SF

PROF. Dr. FREUD

Kbd [Karlsbad] Rudolfshof 21/7/15
VIENA, IX. BERGGASSE 19.

Minha querida Anna

Hoje o carteiro trouxe cinco cartas além da tua e, dessa forma, restabeleceu o nosso contato com o mundo exterior. Muita coisa interessante. Assim, por exemplo, Martin escreve, em uma carta datada de 11/7, que, ao topar com uma patrulha inimiga, levou um tiro de raspão no braço direito, que já está sarando. Como ele mesmo escreveu, e com caligrafia inalterada, não pode mesmo ter sido nada de muito grave. De qualquer forma, foi o primeiro caso na nossa família. Ele diz que está muito estressado, porém de bom humor. Sophie relata que Ernstl[1] já está dando alguns passinhos e descobriu que ela é sua mãe, desde então ele está sendo muito afetivo com ela, mas ao mesmo tempo anda estragando todos os móveis que estão ao seu alcance. O dr. Sachs[2] informa que podem desistir de sua participação na guerra européia até o dia 16 de agosto. Ele voltou para Viena.[3]

A tua carta não foi menos estimulante. O fato de que de repente, dar aulas te pareça tão difícil certamente não passa de uma espécie de censura pelo fato de estares tão bem agora, portanto, totalmente sem motivo. Continua como estás agora. Nós também muitas vezes sentimos culpa pelo conforto em que estamos enredados aqui. Eu tento moderá-la[4] ao continuar os escritos já iniciados em Viena[5]. Meu quarto e meu lugar de trabalho são muito elegantes. A vida na casa de repouso vai de vento em popa, a mamãe já está com aspecto bem melhor, está aproveitando muito. Em termos de relações sociais, nada de novo ainda.

Agradeço as lembranças e as boas virtudes de Rosi. Espero que o dinheiro dê para todas as atividades, caso contrário, mando reabastecer.

Esperando que possas tornar tua estadia bem confortável durante o dia, abrindo mão de uma vida noturna, saúdo-te de coração.

Teu
pai

1. Wolfgang Ernst (nascido em 11/3/1914); primeiro filho de Sophie e Max Halberstadt (nesta correspondência geralmente chamado de Ernstl ou Ernsti). (Árvore genealógica Lange: Freud Family, Genealogical Tree, p. II.) Depois da morte de seu pai, ele assumiu o sobrenome da mãe. (Freud, W.E. 1987, p. 200.)

2. Hanns Sachs (1881-1947), jurista, advogado real e imperial do tribunal; trabalhou em Viena até 1918 e se mudou depois provisoriamente para Zurique, onde dirigiu um consultório psicanalítico. De 1910 a 1920, foi membro da Sociedade Psicanalítica Vienense, depois do Grupo de Berlim, de 1912 a 1927, membro do "Comitê Secreto". Em 1912, iniciou, junto com Rank, a publicação da revista Imago. Em 1920 foi para o Instituto Psicanalítico de Berlim como professor de Psicanálise. Em 1932 emigrou para os Estados Unidos e teve um papel importante em Boston como um dos raros analistas leigos. (Mühlleitner, p. 279-281; Sachs 1950, p.ex. p. 58 *et seq.*)

3. Ele foi convocado, mas liberado depois de um curso de formação de doze semanas. (Jones II, p. 218.)

4. Ver também carta de Freud para Lou Andreas-Salomé de 30/7/15 (p. 35): "Escrevo-lhe de um idílio onde nós – minha mulher e eu – nos instalamos teimosamente [...]."

5. Coleção de doze ensaios. A intenção de Freud era escrever um fundamento teórico sólido para a psicanálise que ele pretendia publicar em forma de livro sob o título *Preparativos para uma metapsicologia*. Ver o trecho "Os escritos metapsicológicos de 1915" in: Freud, S.A., v. 3: Psicologia do inconsciente, Frankfurt am Main 1975, principalmente a "Introdução editorial", p. 71-74. Destes ensaios, cinco foram publicados: 1915c, 1915d, 1915e, 1916-17f, 1916-17g; o décimo-segundo ensaio, com o título "Visão geral das neuroses de transferência", foi publicado postumamente (1985a), depois que o texto foi redescoberto em 1983. (Grubrich-Simitis 1985.)

55 SF

PROF. Dr. FREUD

[Karlsbad,] Rudolfshof 22/7/15
VIENA, IX. BERGGASSE 19.

Minha querida Anna

Não temos muitas novidades. Nossos dias se passam de forma muito agradável. A mamãe já nem sabe mais o que é reumatismo. Eu escrevo quando quero. Seria tudo muito bonito se tivéssemos alguma certeza sobre o futuro, o que não é o caso.

Hoje tenho uma missão séria para ti. A mamãe não consegue decidir-se a atravessar a fronteira depois de Karlsbad[1], e eu mesmo, diante das regras cada vez mais severas, comecei a hesitar. Agora, lemos nos jornais alemães a advertência de que não se deve ocultar manuscritos na fronteira, ao mesmo tempo avisando que o exame dos mesmos eventualmente poderá demorar bastante. Isso significa que não posso levar para Berchtesgaden[2] o manuscrito com o qual estou ocupado agora sem me expor a todas as incertezas imagináveis.

Nessas circunstâncias, a mamãe imaginou que as termas de Marie Valerie (Marie Valerie-Bad) – que, na verdade, não passam de um hotel – em Goisern[3] poderiam ser um bom lugar para nós três. A vantagem dessa idéia é que ela pode ser checada. Peço, portanto, que faças uma excursão de trem até Goisern com Rosi na próxima semana para visitar o estabelecimento, ver os quartos, experimentar a comida, investigar os preços e examinar tudo com olhar crítico. Passeios sem muito sobe-e-desce não haverão de faltar, mas tu sabes, ambos precisamos é de uma floresta bela e variada em que de vez em quando se possa achar um cogumelo sem ter de precisar pegar um trem quando se sente falta deles. Naturalmente, tudo depende se haverá lugar, isto é, se nos dias 8 e 9 de agosto pudermos alugar três quartos lá. Assim, estaríamos perto de Ischl, mas não em Ischl propriamente, o que traria certas vantagens. Os custos dessa expedição para duas pessoas deverão ser contabilizados à parte. Se aprovares tudo, poderás fazer a reserva por telefone mesmo depois da nossa réplica.

    Desejo que continues aproveitando uma bela estadia e uma boa vida e te saúdo de coração.

Teu pai

1. Quer dizer, depois do fim do tratamento em Karlsbad.
2. Este era o próximo local de férias programado; ver nota 1 de 50 SF.
3. Nome atual: Bad Goisern, a cerca de dez quilômetros ao sul de Bad Ischl no "amplo e belo vale do Goiserer", situada no caminho da histórica canalização de água salina; chegou a ser considerada "a mais bela aldeia da monarquia". (Associação de Desenvolvimento Regional, p. 4.)

56 AF

[Bad Ischl,] 23/VII/1915

Meu querido papai,

    Nas tuas duas cartas observei com muita satisfação que vocês estão conseguindo levar uma vida sossegada bem longe da guerra e não sentem muita falta das edições extraordinárias dos jornais vienenses. Acho que aí também é fácil se acostumar ao que é bom.[1] O tiro de raspão de Martin me assustou bastante num primeiro momento, mas depois de tudo o que escreves não pode ter sido tão grave. Quem sabe, isto o protege de coisa pior. Gostaria de saber se ele permaneceu na sua unidade ou foi enviado para um hospital militar. Espero ter mais notícias.

    Minha vida noturna, ainda que às vezes seja desconfortável, às vezes pode ser bem interessante. Assim, houve recentemente uma reunião comigo e com o dr. Putnam, em que tratamos da tradução de um único termo inglês.[2] Afinal, coisas como esta não costumam acontecer de dia. Escrevi uma carta para a senhora Jones, mas ainda não enviei. É difícil escrever quando não se encontra a outra pessoa durante tanto tempo e se pensa muito nela. Queres que, quando escrever uma nova carta, mande algum recado teu?

    Nossa excursão bem-sucedida gerou muita vontade de caminhar mais, de forma que para amanhã já programamos um novo passeio enorme. Só não posso escrever mais sobre isso antes, senão vai chover, com certeza. Nosso carteiro daqui já me conhece, assim como, a deduzir depois de cinco cartas, o de vocês também. Mesmo assim, exceto as tuas cartas e as da mamãe, não recebo nada que preste, apenas cartões-postais. Nem mesmo Lampl me escreve este ano, apesar de sempre me ter escrito.[3]

Nem escreveste se as lojas em Karlsbad estão abertas. Aqui existe um comércio de pedras, mas bem abaixo do nível da nefrita[3a]. Rosi e eu apenas damos mesmo atenção às confeitarias quando voltamos da natação. – Os Emden sabem que estás em Karlsbad? Continuo achando que eles conseguirão chegar lá. Escreve-me logo contando tudo o que estás fazendo.

O que achas de irmos visitar o pequeno Ernst no outono? Acho que até lá ele já vai saber falar titia e eu teria muita vontade.[4]

Termino com um beijo de boa-noite para que eu esteja descansada para a excursão de amanhã.

tua
Anna.

1. "Parodiando um anúncio conhecido, gostamos de dizer 'é fácil se acostumar ao que é bom'." (Freud/Abraham, 4/5/1915, p. 212.) Ver ainda 221 AF, 239 AF.
2. Ver 49 AF, nota 6.
3. Ver 27 AF, nota 2.
3a. Nefrita é um mineral resistente verde-acinzentado, freqüentemente usado na fabricação de jóias. (Gentil complemento de Wolfgang Kloft.)
4. A visita aos Halberstadt em Hamburgo de fato ocorreu na segunda metade de setembro, mas Freud viajou sozinho (ver nota 4 de 67 AF); Anna foi para lá no Natal (ver nota 6 de 69 AF).

57 SF

PROF. Dr. FREUD

[Karlsbad,] 26/7/15
VIENA, IX. BERGGASSE 19.

Minha querida Anna:

Estamos aguardando teus relatos sobre a grande missão exploratória para Goisern e aproveitamos para agradecer tuas cartas freqüentes e divertidas. Hoje quero te contar como transcorreu – ou melhor, está transcorrendo, pois ainda são 16h – o aniversário da mamãe. Além da tradicional soma de dinheiro anual, eu a presenteei com um barômetro que já revelou ser eficiente (foi dado já há alguns dias), i.e.: ele teima em voltar e se recusa em ir para frente. Em Karlsbad, geralmente há entre três e cinco mudanças atmosféricas por dia. Mas hoje já contabilizamos sete mudanças atmosféricas entre sol de rachar e chuva triste – portanto, não podemos mais fazer a excursão para Hans Heiling[1], que estava programada para hoje.

Além disso, um belo buquê de rosas já está abrilhantando o quarto, representando todas as flores que não têm como chegar nestes tempos instáveis, e ainda hoje queremos levar ao correio uma doação de cem coroas para duas ações beneficentes que a mamãe escolheu. O presente mais encantador, no entanto, e é uma nova fotografia de Ernstl, em pé, tentando pegar uma salsicha presa na parede. É bem feita, mas não dá para reconhecer muito, porque a foto mostra Ernst – de costas. Ficamos muito contentes com esta fotografia interessante.

Chegaram cartas e telegramas de todos, obviamente com exceção de Martin, que por último deu notícias no dia 15. Com certeza, ele não pode contabilizar as felicitações e está desculpado por isso.

Mandei a segunda prestação para tia Pauli, com a mesma quantia para vocês e um adicional de cinqüenta coroas para a tia Dolfi[2]. O tempo passa rápido, o dinheiro idem. Hoje já se inicia nossa segunda semana em Karlsbad. Espero que logo nos revejamos revigorados e não com preocupações maiores do que aquelas que já são inevitáveis nesses tempos.

Com muitas lembranças,

teu pai

1. Hans Heiling, personagem de uma lenda alemã boêmia, cuja amante escolhe outro noivo. Durante o casamento, um feitiço de Heiling transforma o casal em pedra, junto com todos os convidados (na versão operística deste tema, composta por Heinrich Marschner, Heiling desiste desta vingança). Outra versão da lenda mostra Hans Heiling como um homem fáustico que, graças a uma promessa de fidelidade a uma sereia, alcança o saber máximo, mas, quando rompe sua promessa, ela o transforma em pedra junto com os seus convidados (assim em Karell, p. 141, *et seq.*). Existe uma formação rochosa entre Karlsbad e Ellbogen (hoje: Loket n. O.), às margens do rio Eger, onde se pode reconhecer o grupo petrificado dos convidados das bodas (Hans-Heiling-Felsen), um passeio muito popular.
2. Esther Adolphine (Dolfi) Freud (1862-1942), irmã de Sigmund. Ela era solteira e morava com a mãe, de quem cuidava abnegadamente. Freud expressou várias vezes o reconhecimento da família e lhe mandava uma espécie de "mesada" com "profundo agradecimento pela realização inestimável em todos aqueles anos". (Por exemplo 22/7/1930, em: 1960a, p. 415 *et seq.*) Depois do falecimento da mãe, em 12/9/1930, ele a levou para se recuperar em sua casa de verão no lago Grundlsee. (Freud/Eitingon, 610 F; Freud 1992i, 17/9/1930, p.35.) (Ver nota 4 de 277 SF.)

58 AF

[Bad Ischl,] 27/VII/1915.

Meu querido papai!

Uma notícia muito triste: com exceção de dois quartos, que não nos convêm, está tudo lotado em Goisern, e no próximo mês tampouco haverá vagas. No entanto, tudo é exatamente como queríamos, e o dono do hotel, que naturalmente logo se lembrou de tia Anna[1], é muito gentil. Ele disse que conhece o senhor professor, aquele senhor loiro de barba que sempre se hospedou ali. Naturalmente, ele se referia a Lampl, como logo ficou claro. Mas fora isso não foi nada engraçado, pois fiquei ofendidíssima com o fato[2] de não haver perspectivas para nós, e Rosi também. O homem disse que precisaríamos ter feito as reservas em junho. De tão ofendidas, transformamos a missão fracassada em uma belíssima excursão. Naturalmente, fomos a pé até Goisern para testar a comida e voltar.

Prosseguimos a caminhada até Steeg³, seguimos de barco a remo para Hallstatt⁴ e voltamos.⁵ Acabamos chegando em casa depois de treze horas: caminhamos durante oito horas, remamos outras três e descansamos por duas horas. Felizmente fomos recebidas com um bom jantar, pois como passamos, as três, um dia sem carne, não havíamos comido o suficiente. Não estou nem um pouco cansada, apenas bastante queimada e cheia de calos dos remos. Foi maravilhoso. Mas o que vai acontecer agora com o nosso verão? Não saberia indicar nada aqui das cercanias, pois Strobl⁶ não nos convém. Caso lembres de algum outro lugar, irei lá com prazer. Muitas outras pessoas me confirmaram que existem dificuldades nas fronteiras com a Alemanha, e concordo que não seria uma boa coisa. Se apenas pudéssemos encontrar um lugar agradável!

Agradeço as tuas duas cartas e o relato sobre o aniversário da mamãe. Adorei o barômetro, que aqui também seria bem necessário. Por enquanto, só podemos regular o tempo com as nossas capas de borracha. Hoje, todas carregamos uma na mochila, assim como um casaco de lã. Claro, acabou fazendo um sol de rachar. Mas carregar essa tralha acabou por beneficiar toda a população de Ischl, por isso, fizemos com prazer. Adoraria poder ver a foto de Ernstl.

Fiquei especialmente contente com o elogio ao Martin e a perspectiva de uma condecoração.⁷ Ele honra o nome da nossa família. Recentemente, também sonhei que eu tinha de defender contra inimigos um sítio que havíamos arrendado. Mas a espada estava quebrada e, quando a desembainhei, fiquei com vergonha dos inimigos. Ao acordar, estava deitada em posição de sentido, os braços esticados e as mãos na costura da camisola, segundo o regulamento. Não soube mais se o Oli aceitou o emprego⁸ ou se ainda o verei neste verão. Como poderei representar sozinha seis irmãos no inverno?⁹ Hoje, recebi uma carta muito simpática da Math. Ao que parece, ela está tudo menos bem. Berchtesgaden, pelo visto, não foi a coisa certa para ela.¹⁰ Tenho muita pena dela, porque é tão bom quando dá para fazer muita coisa. Eu li o primeiro discurso de Cícero contra Catilina, em parte sozinha, em parte com Maus. Gostei muito, e nem foi tão difícil assim. Já estou contente por poder aprender grego.¹¹ Terás de desculpar todas as falhas da carta por causa das treze horas de excursão. Agora, na décima-quarta hora, vou levá-la logo ao correio para que tenhas logo notícias de Goisern. É uma lástima.

Escreve-me logo. Beija-te muitas vezes a tua

Anna.

[Escrito de cabeça para baixo no final da última folha:]

Já que não se pode dizer que o passeio foi uma viagem para Goisern, não me sinto à vontade para dizer quanto custou.

1. Anna Bernays, nome de casada da irmã de Freud (1858-1955), passara uma parte de suas férias na Europa em 1913 em Goisern com três filhas e dois netos. No dia 18/8, ela organizara uma grande comemoração de aniversário para sua mãe no refeitório do hotel: "Nossa pequena pensão forneceu trutas frescas, galinhas, tortas [...]." (Freud-Bernays, p. 151 *et seq.*)
2. Erro de ortografia no manuscrito.
3. No lago Hallstätter.
4. Erro de ortografia no manuscrito [*Hallstaat*].
5. Young-Bruehl (I, p. 105 *et seq.*) relata que "o episódio do barco a remo" terminou com um rompimento entre Anna e suas tias, fazendo com que Anna encurtasse sua estadia e fosse passar uma parte das férias com a família Rie. Não está claro se isso foi em 1915 ou em 1916. Mas a presente troca de cartas não esclarece essa mudança de programação das férias. Remar sempre foi um esporte que Anna gostava de praticar nas férias. (p.ex. Anna/Eva, cartas 16, 17.)
6. No lago Wolfgang.
7. Martin recebeu o "elogio" depois de receber um tiro de raspão; a condecoração veio pouco depois: "Na quarta, dia 13, fui acordado de manhã cedo por uma figura escura, [...] meu filho Martin. Ele [...] portava a grande medalha por bravura em seu uniforme sujo." (Freud/Ferenczi II/1, 571 F, 17/10/1915, p. 148; Freud/Abraham, 1/8/1915.)
8. "Oli [...] por enquanto está ajudando no escritório do tio [Alexander], mas está negociando um emprego na construção ferroviária na região de Steiermark com a sua antiga empresa e deverá ir para lá no final deste mês. A sina da idade, a solidão, está nitidamente sendo preparada." (Freud/Ferenczi II/1, 550 F, 10/7/1915, p. 127.) Oliver estudara em Berlim e passara no exame para engenharia no mesmo dia em que Anna passou em seu exame para professora (vide 48 SF). (*ibid.*) Ver também 59 SF, nota 7.
9. Anna já fizera isto uma vez, quando Freud passou o Natal de 1913 em Berlim e Hamburgo: "Vai ficar tudo muito quieto em casa, três mulheres solitárias [Martha, Minna e Anna] [...]." (Freud/Ferenczi I/2, 442 F, 21/12/1913, p. 270.) Ver nota 5 de 18 SF/MF.
10. Ver 68 SF/MF.
11. Ver 50 SF e 52 SF.

59 SF

PROF. Dr. FREUD

[Karlsbad,] 29/7/15.
VIENA, IX BERGGASSE 19.

Minha querida Anna:

Agradeço muito a tua missão exploratória. Lamento que tenha sido assim, pois agora já não sabemos mais nada. A tia desaconselha até mesmo Berchtesgaden[1], todas as outras pessoas desaconselham pensões na região de Salzkammergut depois do tratamento em Karlsbad. Estamos pensando agora em mais um tratamento em Marienbad[2], desde que o tempo seja quente e seco.[3] Teria muitas desvantagens, não me agrada muito, e tu também preferirás ficar em Ischl. Ou então vamos daqui para Salzburgo e procuramos algo nas proximidades onde possas te juntar a nós.

De Martin, recebemos recentemente cartas agradáveis e uma fotografia a cavalo, bem como um esboço a lápis que um oficial fez dele. Ele parece um cossaco, o cavalo parece muito magro. Soubemos hoje que Walter Pick[4] foi ferido, felizmente só levemente; quem sabe, isso lhe dará direito a férias. O tempo esteve ruim e somente ontem melhorou um pouco, eu tive problemas passageiros com o intestino e a mamãe, um início de periostite, espero que também só passageira. Está difícil tornar este verão um puro prazer.

Recebi o cartão-postal que vocês mandaram juntas.[5] Na minha opinião, vocês não deveriam fazer excursões tão forçadamente compridas. Entre quatro e cinco horas são mais do que suficientes, a dona da pensão[6] poderia estar sendo um pouco mais rígida.

O Oli aceitou o emprego, mas a data para começar ainda não foi definida, deverá ser início de setembro, e o contrato ainda não foi assinado.[7]

Mando-te lembranças cordiais e te manterei informado sobre todos os eventos

papai

---

1. Minna Bernays, que estivera antes em Bad Reichenhall, chegou mais cedo do que os Freud na Villa Hofreit em Schönau, perto de Berchtesgaden; vide nota 2 de 48 SF e 66 SF.
2. Marienbad, uma das três grandes estações termais da região de Egerland. (Reininger, p. 201; bem como Zörkendörfer, p. 148-164.) Em 1936, o 14º Congresso Psicanalítico Internacional deveria se realizar em Marienbad. (IZ, vol. 23, 1937, p. 164-203 e 331 *et seq.*)
3. Em 1913, Freud, Martha, Minna e Anna tinham estado juntos lá (nota 2 de 33 AF), mas voltaram com impressões negativas, ver 60 AF, nota 1.
4. Amigo dos filhos de Freud, com quem a família manteve contato até muitos anos depois. (Cartão-postal do Hotel Tauernpasshöhe, Post Radstadt, de 29/12/1931 de Martin e o filho Walter Freud para Ernst Freud, com várias assinaturas, entre elas a de Walter Pick; FM London, Box 31A.) A notícia do ferimento de Pick foi transmitida pela sua mãe, que naquela época também estava em Marienbad. (Freud para Sophie e Max Halberstadt, 29/7/1915.) Ver ainda 166 SF.
5. Não está contida neste conjunto de cartas.
6. Paula Winternitz, ver 53 AF.
7. Em 7/9/1915, Oliver era um "engenheiro com emprego fixo". (Freud/Ferenczi II/1, 566 F, p. 144.)

---

60 AF

[Bad Ischl,] 30/VII/1915

Meu querido papai,

A carta que acabo de receber não é nem de longe tão positiva quanto os relatos que tive de vocês até agora. Não sei se a causa é o estômago ruim, a periostite ou os planos para o verão, mas me desagradam os três. Embora não possa fazer nada contra os primeiros dois, posso emitir uma opinião sobre o terceiro item. Acho Marienbad tudo menos uma boa idéia e, para dizer a verdade, fiquei bem horrorizada. Vocês não gostaram de lá, e eu certamente também não.[1] No entanto, conto firmemente em passar a segunda parte do verão contigo e com a mamãe. Aliás, mesmo que o quisesse, não poderia prolongar muito minha temporada aqui, porque Dora Steiner² já fez reservas e não haverá lugar para todos ao mesmo tempo. E nem quero; por mais agradável que esteja sendo essa temporada, sempre a considerei apenas como uma transição. Em contrapartida, não acho nada ruim a idéia de Salzburgo e também já pensei nisso. Espero que te decidas por isto. Senão, naturalmente eu também iria para Marienbad. A diferença de preço não pode ser tão grande, pois aqui eu também preciso de bastante dinheiro, como já constatei. Mas como ficaria a viagem para o aniversário da vovó?³

Nossas excursões apenas parecem ser muito longas, porém nós nem nos apercebemos muito. Metade de um dia é insuficiente para conhecer a região, principalmente porque, nesta época quente do ano, paramos muito e só caminhamos quando está fresco. Além disso, as refeições ao ar livre são muito divertidas.⁴ Este ano estou caminhando com muita leveza e nem me canso. Agora teremos de interromper um pouco porque o tempo voltou a ficar ruim. Só quero mesmo aproveitar bem o verão e estou feliz por estar caminhando tão bem, o que nunca aconteceu antes. Em compensação, parei com a natação.

Hoje foi um dia triste, porque a arrumadeira quebrou a taça que Sophie me mandou há algum tempo com a mamãe. A única coisa que me consola é que não foi a taça de nefrita. Logo no primeiro dia eu declarei a minha escrivaninha como zona proibida para a limpeza, mas infelizmente a taça estava em outro lugar. Fiquei muito magoada.

De resto, tudo inalterado e em ordem. Agora eu comecei a ler o livro sobre o Egito⁵. Tia Dolfi manda agradecer, diz que ainda não escreveu porque não estava se sentindo bem nestes últimos dias: seu estado de saúde é variável, está ora bem, ora mal, e a voz⁶ muda a cada dia.

No tocante à tradução⁷, não sei muito bem o que significa *Übertragung* [transferência]. Significa a transferência das idéias do médico para o paciente?⁸ Não estou muito segura disso e, por isso, não sei aplicar muito bem esse termo.

Estou muito curiosa por saber se na tua próxima carta já teremos uma decisão. Espero que não seja Marienbad. Mas vocês não se livram de mim! Espero que tu e a mamãe estejam recuperados quando a minha carta chegar. Desejo isso, e muito, e me despeço com um beijo.

Tua
Anna.

Infelizmente, não tenho mais sonhado.

---

1. Anna disse mais tarde a Jones que "aquela foi a primeira vez, que ela se lembrasse, em que viu o pai deprimido." (Jones II, p. 126.) O próprio Freud escreveu para Jones em 10/8/1913 de Marien-

bad: "Não foi muito agradável aqui, estava muito frio e chuvoso. Mal consigo escrever por causa do reumatismo no meu braço direito." (Freud/Jones, carta 134, p. 217.) Numa carta para Ferenczi, de 5/8/1913, ele relatou estar "mal-humorado, irritável, cansado", sentindo-se torturado por "remoer sempre os mesmos pensamentos tristonhos, preocupar-me com quinquilharias e uma aversão à comida [...]". (Freud/Ferenczi I/2, 414, p. 242.) Ver nota 12 de 15 AF.
2. Não foi possível investigar a identidade.
3. O aniversário de oitenta anos no dia 18 de agosto.
4. Muitos anos mais tarde, numa carta, Rosi lembrou Anna destas excursões: "Aquela caminhada a pé até o lago Wolfgang, quando acampamos na margem esquerda na floresta. Tínhamos um fogareiro e preparamos nossa refeição. [...] A outra excursão foi para Hallstatt. Em Steg, pegamos um barco e remamos até Hallstatt, passando por Gosaumühle. Uma tempestade ameaçava desabar e tivemos muito medo de não alcançar a outra margem. Remamos com todas as nossas forças e acabamos chegando." (8/4/1948, cit., ver Young-Bruehl I, p. 105.)
5. Anna escreveu Egypten (em alemão: Ägypten), talvez porque estivesse lendo o livro do egiptólogo americano Breasted *History of Egypt*, de Freud. (Fichtner, inédito, manuscrito, 2003, p. 9.) Mas o próprio Freud usava esta grafia, que pelo visto não era incomum na época. (ver p.ex Freudiana, fac-símile p. 31; também em outros escritos. Agradeço a Gerhard Fichtner por esta indicação.)
6. É possível que seu estado de saúde influísse na voz. Em carta ao seu irmão Alexander, de 18/8/1916, Freud também mencionou: "Dolfi ainda está com a voz boa".
7. Além da conferência de J.J. Putnam (ver 49 AF, nota 6), Anna Freud ainda traduziu um ensaio de Ernest Jones, no verão de 1915, intitulado "Professor Janet sobre a psicanálise. Uma réplica". Ambas as traduções foram publicadas no IZ, vol. 4, 1916/17, p. 1-20, respectivamente p. 34-43, mas não saíram assinadas com o seu nome, e sim com a observação "traduzido por **". Algumas das traduções (ver p. ex. 96 AF, nota 9) indicam o nome de Anna. Ver também nota 7 de 125 SF; nota 6 de 144 AF.
8. Ver a resposta de Freud na próxima carta. A pergunta de Anna muito provavelmente se refere a um trecho na conferência de Putnam que diz: "*Any intelligent, careful person may [...] through prudence and caution, avoid exciting in the patient, in any serious degree, the sense of dependence on the physician* (Übertragung [em alemão mesmo]) *which has so often proved a formidable objection to every kind of mental therapy [...].*" Anna adotou o termo *Übertragung* (transferência) que Putnam usa de forma equivalente com *Abhängigkeit* (dependência), limitando esta equiparação ao usar o adjetivo *espiritual* (p. 5): "Qualquer médico relativamente inteligente e consciencioso pode [...], através de prudência e cuidado, evitar que no paciente se desenvolva um grau mais sério de transferência, aquela dependência espiritual que se critica tão freqüentemente em todo tipo de terapia psíquica". Em seu artigo, Jones apenas usa o conceito inglês para *Übertragung* (p. 406); na tradução para o alemão, a relação ficou assim: "Aliás, o professor Janet confunde [...] a transposição (*Verschiebung/displacement*) com o processo completamente diferente de transferência (*Übertragung/transference*)."

61 SF

PROF. Dr. FREUD

Kbd. [Karlsbad] 1/8/15
VIENA, IX. BERGGASSE 19.

Minha querida Anna:

Quero responder rapidamente à tua carta de hoje dizendo que podes ficar sossegada. Ambos estamos recuperados e desistimos de Marienbad, mas não de ti. Agora, de acordo com o que aconselha o dr. Kolisch[1], pensamos em prorrogar nossa estadia aqui até o dia 15, depois seguir para o hotel em Ischl para o aniversário e passar o restante do verão seja em Ischl ou em Aussee, onde encontrarmos alguma possibilidade. Penso que estarás de acordo com isso.

O teu acidente com a escrivaninha fez escola. Também aqui a nossa brava empregada deixou cair a tua foto no chão nos primeiros dias e tivemos de colocar um novo vidro. Infelizmente, eu não havia sido alertado. Alguns dias mais tarde ela deixou cair um cinzeiro no chão, quebrando-o, ela certamente lamentou que fosse apenas o de pórfiro e não o de nefrita, que eu deixara em casa. Eu já recuperei a minha energia. Depois de algumas brigas, mostrei para ela uma grande faixa de papel presa com tachinhas sobre a escrivaninha onde estava escrito:

Não tocar na escrivaninha!

Sob pena de punição!

Isto, pelo visto, surtiu efeito.

Aqui ainda tive oportunidade para um outro trabalho poético. Na frente da Sala da Amizade, local onde tomamos café, existe uma estátua de um homem segurando uma balança e convidando todos a se pesarem com o seguinte poema tenebroso de quatro versos:

Tão verdadeiro quanto o olhar divino

É que cada hóspede tem o seu peso

Por isso ele não deve deixar

de se pesar na Sala da Amizade.*

Eu finalmente tomei a liberdade de perguntar ao homem sobre a origem deste poema, ao que ele respondeu ser de sua lavra, e que estava consciente de que não estava isento de erros. Comovido com tanta modéstia, resolvi arranjar um substitutivo para esse devaneio e, no dia seguinte, utilizando-me de suas idéias, coloquei-lhe à disposição o seguinte versinho:

Assim como tem coração e rosto,

Cada hóspede tem o seu peso

E para que este não se torne uma tortura

Ele deve se pesar bastante na Sala da Amizade.**

Ele o elogiou muito e prometeu pendurar o novo versinho na parede na próxima temporada.

Que Ernst partiu para o front ontem à noite decerto já te escrevi.[3] De Martin, recebi ontem um cartão contando das suas férias[4] de quinze dias.[5]

Há alguns dias tivemos aqui pela primeira vez uma partida de tarô entre irmãos[6].

Übertragung [transferência] é uma expressão técnica que significa a transferência de sentimentos carinhosos ou hostis latentes no paciente para o médico.

---

* Tradução de: *So wahr dass Gottes Augenlicht / hat jeder Kurgast sein Gewicht / Darum soll er es nicht unterlassen, / im Freundschaftssaal sich wägen lassen.* (N.T.)

** Tradução de: *So wie ein Herz und Angesicht² / Hat jeder Kurgast ein Gewicht. / Damit ihm das nicht werd' zur Qual, / Wäg' er sich oft beim Freundschaftssaal.* (N.T.)

Apesar dos tempos de guerra – a gente se acostuma a tudo[7] –, nós reatamos com a senhora Schapira[8]. Depois de muita insistência, a mamãe mandou fazer uma jóia com as suas pérolas e agora está feliz, para vovó compramos um broche pomposo antigo, para ti uma quinquilharia de opala, e eu estou negociando um pote de nefrita que é belíssimo, mas curiosamente tem uma moeda alemã antiga incrustada. Ainda não chegamos a um acordo sobre este objeto.
Muitas saudações cordiais

do teu
papai

1. O médico da estação termal em Karlsbad. (Nota sobre reprodução desta carta em: Freud 1960a, p. 513.)
2. Erro de ortografia no original.
3. Ernst foi enviado para a Galícia do Leste, para perto do rio Dniestr. (Freud/Ferenczi II/1, 559 F, 560 F.)
4. Erro de ortografia no original [*14-tägigem*].
5. Martin estava fora "desde 20/1". (*Ibid.*, 559 F, 31/7/1915, p. 139.)
6. Os irmãos da Associação Humanitária Israelita B'nai B'rith VII nº 449, fundada em 1895, e da qual Freud fazia parte desde 1897 (e não desde 1895, como indicam Jones I, p. 384 e outras fontes). (Knöpfmacher, W., p. 5; Knoepfmacher, H. 1979, p. 65.) De 1897 a 1917, Freud participou ativamente da associação com discussões, trabalhos de comitê e um total de treze conferências (Knöpfmacher, W., p. 25, 30, 35, 38, 41, 45, 49, 50, 52, 59, 67, 68, 71, ver também *ibid.*, p. 97, 98, 121; Knoepfmacher, H. 1979, p. 63-72.) Ver Freud 1985c, carta 150, fala de Freud aos membros da associação (1926j), bem como 1915i, 1926k, 1935e, 1965g, 1979d.
7. Ver nota 1 de 56 AF.
8. Talvez a dona de uma loja em Karlsbad.

62 AF

[Bad Ischl,] 3/VIII/1915

Querido papai,
Imagina que, de sexta até hoje, terça, eu estava sem nenhum sinal de vida de vocês, provavelmente culpa do correio, que se comporta mais do que mal. Tanto mais alegre fiquei com o cartão da mamãe de hoje[1] e a tua carta, porque eu já estava bem preocupada. Podes imaginar que estou totalmente de acordo com os planos atuais. Com certeza vamos encontrar alguma coisa aqui perto. De qualquer forma, estou satisfeita. Não foi uma boa idéia separar-me totalmente de vocês.
Não havias me escrito sobre a convocação de Ernstl, eu fiquei muito surpresa. Gostaria de saber o seu endereço no front, se ele já virou cadete e como está sendo utilizado. Também gostaria de saber se ele levou seu cachorro. Adoraria que as férias de Martin caíssem de modo a que ele pudesse procurar vocês por aqui. Não gostaria de perder sua visita, pois decerto ele terá muito para contar.

Lamento muito o que aconteceu com o cinzeiro. O meu, de nefrita, encontra-se dentro da gaveta da escrivaninha, onde está bem seguro. Aqui não há terreno para ela. Em compensação, minhas negociações com a senhora Schapira estão de acordo com o meu gosto. Sou a favor de que te decidas por ganhar dinheiro e pela taça, pois gostaria muito de vê-la. É neozelandês ou genuinamente verde?

Vocês não devem se preocupar com as minhas excursões. Elas nem me cansam, porque caminhamos sempre no plano, o que deixa Rosi e Maus bem irritadas.[2] Mas sou muito preguiçosa para subir montanhas. Além disso, a semana passada inteira a indisposição de Rosi nos condenou à inatividade. Isso favoreceu bastante a minha tradução e também o livro sobre o Egito. A este, só falta uma única coisa: uma introdução à leitura de hieróglifos.[3] É muitíssimo interessante e, ao mesmo tempo, fácil de ler. A história do homem da balança que escreveste aconteceu de verdade? O poema é bom e a métrica correta, mas tudo me parece tão irreal. O cartão de Traunkirchen deve ter chegado.[4] Continuo entusiasmada com as adagas e preciso dar uma olhada se as lojas de segunda mão por aqui têm coisas do gênero. A minha coleção de facas até agora não era a coisa certa, e por isso foi desfeita. Agora preciso começar uma nova. – Meus sonhos estão se tornando bastante bobinhos. Recentemente sonhei com um enorme canecão[5] de café com chantilly. É quase uma volta para [aquele sonho sobre morangos] Erdbeer, Hochbeer, etc.[6] Felizmente, a queda do nível espiritual ainda não prejudicou o resto do bem-estar.

Lembranças afetuosas para ti e para a mamãe, com um beijo

tua
Anna.

---

1. Não está neste conjunto de cartas, possivelmente trata-se da notícia do dia 31/7 mencionada na carta 63 SF.
2. Mais de trinta anos depois, Rosi escreveu para Anna: "Aliás, eu sempre ficava irritada contigo por quereres sempre caminhar no plano e nunca subir nas montanhas". (8/4/1948, cit. segundo Young-Bruehl I, p. 105.)
3. Em 1822, o pioneiro da egiptologia Jean-François Champollion conseguira decifrar os hieróglifos. Em uma nota (1993hh), Freud chegou a se comparar com Champollion.
4. Este cartão falta aqui, ver 63 SF.
5. Erro de ortografia no manuscrito original.
6. Referência a um sonho infantil de Anna que Freud usou em *A interpretação dos sonhos*: "Certo dia, a minha filha mais nova, então com dezenove meses de idade, vomitou e, por isso, passou o dia em jejum. Na noite seguinte, ela gritava excitada, ao sonhar: *Anna Freud, Er(d)beer, Hochbeer, Eier(s)peis, Papp.* [...]." (1900a, S.A., vol. 2, p. 148.)

63 SF¹

Srta. Anna Freud
a/c Winternitz
Bad Ischl
Lärchenwald 12

Kbd. 4/8/15

Minha querida Anna
No teu cartão que chegou hoje², datado de 2/8, te queixas da falta de notícias nossas. Nós te escrevemos em 31/7 e em 1/8.³ Espero que essas cartas já estejam nas tuas mãos. Nós estamos muito bem. Já te contamos sobre os nossos planos, não há mudanças à vista.

Saudações cordiais papai

1. Cartão-postal que foi e voltou várias vezes, sempre com carimbos: em Karlsbad no dia 4/VIII (dia em que foi enviado); em Bad Ischl em 5/VIII/15 (com uma observação: "desconhecido"); novamente em Bad Ischl 6/VIII/15 (carimbo de recebimento).
2. Provavelmente o cartão de Traunkirchen mencionado em 62 AF.
3. A notícia de 31/7 falta neste conjunto de cartas, talvez seja o "cartão da mamãe" confirmado por Anna em 62 AF.

64 SF

[Karlsbad,] 5/8/15
PROF. Dr. FREUD
VIENA, IX. BERGGASSE 19.

Minha querida Anna:
Hoje chegou a tua carta longamente esperada. Fica tranqüila, a taça é de nefrita chinesa e está na mesa do tabu ao lado de outro objeto exótico. Hoje já podemos fornecer informações bem precisas.

Na noite do dia 14 partiremos daqui e esperamos chegar no domingo, 15/8, ao meio-dia em Ischl (11h51). A mamãe manda pedir que evites que ela seja buscada por parentes e convidada para almoçar. Ela imagina que não estará passando bem e quer descansar por algumas horas. Melhor seria que estivesses sozinha na estação. Queremos que nos reserves um quarto grande e arejado, pode ser no Kreuz ou no Stern¹, ou onde achares adequado, no qual poderemos ficar até a manhã do dia 19. Por esses dias, já devemos ter encontrado alguma coisa ou cedido à pressão da Math e tia e mudar para Hofreit, no Königssee, o que não gostaríamos muito de fazer por causa do correio.²

Nenhuma notícia ainda de Ernst, portanto ainda nenhum endereço de correio militar. Nos últimos três cartões (até 25/7), Martin não tem mais escrito mais sobre suas férias. Oli provavelmente virá para Ischl no dia 18. Se descobrires alguma coisa sobre a temporada em Salzkammergut, toma as providências.

A história do "homem da balança" é totalmente verídica. Estamos os dois muito bem. Termino por aqui porque está na hora do banho[3], com votos cordiais

papai

P.S. O dinheiro foi hoje.

---

1. As duas casas ainda existem, mas são hoje residências particulares, não são mais pensões. (Agradeço a Elisabeth Riener, diretora da estação termal de Bad Ischl, 24/7/2002.)
2. Ver 66 SF nota 4 e 68 SF/MF.
3. No manuscrito: *Badezeit*.

65 AF

[Bad Ischl,] 6/VIII/1915

Querido papai!

Tia Dolfi se informou em alguns hotéis e descobriu que tudo está totalmente lotado. No Bauer não há mais nenhum quarto livre, e no hotel Elisabeth[1] está difícil. Aliás, um quarto duplo lá custa 24 coroas por noite. Acredito que seria bom se me escrevesses exatamente quando vocês deverão chegar, se já devo fazer alguma reserva e até quanto pode custar. Pelo menos não precisarão ficar caminhando e procurando. O hotel precisa mesmo ser muito elegante? Perto de onde estamos há um bem bonito, só que é tudo muito, muito caro, mas a comida é aceitável, e isso para ti é o mais importante no momento. Para o restante da temporada, talvez encontremos algo entre Ischl e Goisern. Ali existem alguns lugares bonitos, por exemplo, St. Agatha. Pois Ischl ficou horrivelmente lotada nas últimas semanas.

Tivemos agora quatro dias de chuva típica de Ischl, em que até uma pessoa sem reumatismo fica totalmente enregelada e dura. Para compensar, hoje está fazendo um calor tão tórrido que tudo já descongelou. Aqui em Ischl acabou a farinha, tanto é que, hoje, na padaria, nos desaconselharam a comprar o pão, de tão ruim que estava. Mesmo o pão para os doentes está pior. Dizem que isso não vai durar muito.

Ontem, Alma Rosenthal[2] me visitou, e nós a acompanhamos de volta até Mitterweissenbach sob chuva intermitente. Para consolar, acabou de chegar a informação de Varsóvia e Ivangorod, e houve muitas manifestações de entusiasmo com muitas bandeiras.[3] Assim, os vespertinos acabaram tendo razão. Espero que tenhas comemorado o evento comprando a taça de nefrita.

Hoje estou de péssimo humor e não consigo descobrir por quê.[4] Quem sabe a culpa é da chuva.

Escreve-me logo, faz tempo que não ouço mais falar nada de vocês. Com um beijo

tua
Anna.

Outro dia sonhei que tu eras um rei e eu uma princesa, e que tentavam nos separar através de intrigas políticas. Não foi bonito, mas teve muito suspense.

---

1. A "Haus Bauer" não existe mais e o hotel Elisabeth hoje é uma residência. (Ver nota 1 de 64 SF.) Ver nota 2 de 69 AF.
2. Identidade não apurada.
3. As batalhas de Varsóvia e Ivangorod: em outubro de 1914, os russos tomaram essas duas fortalezas no rio Vístula. Em 4/8/1915, Ivangorod foi reconquistada por tropas austro-húngaras, e em 5/8/1915 Varsóvia foi retomada pelo exército do príncipe Leopoldo da Baviera. (Ploetz 1940, p. 497 et seq., 514. Kleindel, p. 309.) Ver 67 AF nota 6.
4. Ver a observação de Freud em *Psicopatologia da vida cotidiana*: "Quando algum membro da minha família se queixava de ter mordido a língua, machucado o dedo, etc., em vez de me condoer, como era de se esperar, eu costumava perguntar: para que fizeste isto?" (1901b, p. 199 (o parágrafo foi acrescentado em 1907); ver ainda o trecho seguinte na p. 200.) Ver 74 AF nota 11 e epílogo de 98 AF.

---

66 SF

PROF. Dr. FREUD

[Karlsbad,] 7/8/15
VIENA, IX. BERGGASSE 19.

Minha querida Anna:

Com certeza, as intrigas que visavam à nossa separação malograram, é possível que sejas uma princesa que, assim como nos contos de fada, precisa cuidar dos gansos, mas é absolutamente certo que eu sou agora um rei sem país. Se Ischl realmente está tão cara e mal-abastecida como escreves, não poderemos abrir nossos salões lá. Sim, estamos realmente na dúvida se ainda devemos viajar para lá e apenas esperamos a tua próxima carta para decidir rapidamente. Se não formos a Ischl, vamos diretamente para Berchtesgaden, para Hofreit, onde estão agora a tia, a Math e o Robert. Vamos telegrafar então, para que possamos nos encontrar contigo em Salzburgo, ou então viajas diretamente até lá. Neste caso, não seríamos obrigados a ficar aqui até o dia 14 e poderíamos partir mais cedo, já na quarta ou quinta.[1] Nos próximos dias tomaremos as decisões sobre tudo isso.

A mamãe, como sabes, é avessa a viagens, e eu agora, depois de Karlsbad, tenho medo de pão estragado.

Aqui também as notícias sobre Varsóvia e Ivangorod nos confortaram muito. Ontem à noite surgiram rumores de que Görz ficou para os italianos[2], mas não parece ser verdade e ainda assim não seria um fato decisivo. Seja como for, prefiro a tomada de Riga.³

Não tivemos mais notícias de Martin desde o dia 25. De Ernst, que partiu há oito dias, não sabemos nada, nem o seu correio militar. Não pode estar muito pior na Alemanha.⁴

O tempo, do qual te queixas tanto, aqui também está inconstante, mas não podemos reclamar. Nenhum dia é totalmente ruim, e, de forma geral, é uma bênção que não esteja tão quente.

Se quiseres te dar o trabalho de procurar um quarto, então considere doze coroas o limite que não deve ser ultrapassado. Se assim quiseres, podes nos dar notícias telegraficamente. Se eu não te enviar mais dinheiro nem pagar o restante da tua pensão daqui, podes tomar dinheiro emprestado, o empréstimo será quitado aqui pelo banco.

Portanto, espero notícias logo e até breve

teu papai

---

1. No final, foi assim que ocorreu: "Partiremos daqui no dia 12/8 [...] Villa Hofreit, Schönau, próximo de Berchtesgaden". E: "Chegamos ontem". (Freud/Ferenczi II/1, 560 F, 9/8/1915, p. 139; 562 F, 14/8/1915, p. 141.) Ver 68 SF/MF.
2. A esta notícia possivelmente se refere o artigo de Freud, Kriegs-Verlesen, que ele acrescentou como um de vários exemplos à quinta edição (1917) de seu *Psicopatologia da vida cotidiana*,1901b, 4, p. 125). Durante os pesados combates de Isonzo em 1915/16, Görz ainda ficou em mãos das tropas austro-húngaras, mas foi ocupada por unidades italianas em 9/8/1916, depois de batalhas sangrentas. (Ploetz 1940, p. 530.)
3. Riga foi atacada por forças de combate marítimas alemãs durante a conquista do cinturão fortificado russo em agosto de 1915, porém apenas tomada pelas tropas alemãs depois de longas lutas de trincheiras em 3/9/1917. (*Ibid.*, p. 516, 526.)
4. O péssimo serviço do correio militar foi uma das principais razões para que a família decidisse passar as férias na Áustria em vez de na Alemanha. Ver 64 SF e 68 SF/MF.

67 AF
Sr. Dr. S. Freud¹
Karlsbad
Rudolfshof
Boêmia

[Bad Ischl,] 7/VIII/1915

Querido papai!

É mesmo muito pouco eficiente o fato de as cartas sempre estarem se cruzando. A tua carta que recebi ontem respondeu todas as perguntas da carta que eu enviei ontem, tornando-a totalmente superada. Fui logo com Rosi ao centro para buscar informações. Depois de não levar mais em conta os hotéis muito elegantes, tudo se tornou bem mais simples.² Vocês terão um belo quarto em Kreuz, Stern ou Post – onde, só saberemos mesmo no dia 12, quando eu puder ver as acomodações. Mas está tudo certo, e podes confiar nisso. Assim, não precisam ter dúvidas neste particular. Estou ansiosa por rever a ti e à mamãe, e acredito que o restante do verão ainda será muito bonito. Tão logo volte a parar de chover (o que, neste momento, ainda parece pouco provável), quero fazer um passeio com Rosi até St. Agatha para vistoriar as possibilidades locais. Fiquei muito contente com o fato de Oli também vir.

Hermann³ voltou para Salzburgo, onde tia Rosa o visitará provavelmente. Ainda não se sabe o que vai ser dele agora. Nunca escreves sobre Sophie.⁴ Não tens tido notícias dela?

Voltei a me pesar, mas o resultado não foi muito emocionante. Por isso, Rosi e eu decidimos literalmente comer as 20 coroas que ainda estão por chegar, já que é impossível fazer passeios com este tempo. Continuamos nos dando excelentemente bem, o que nem sempre é o caso com Maus.⁵

Ontem houve aqui um desfile com lanternas e tochas, nós acompanhamos o desfile e cantamos. Foi muito solene.⁶ Estás recebendo minhas cartas regularmente? Escrevo e ponho no correio todos os dias. As cartas de vocês demoram às vezes um dia, às vezes três. Sou, com um beijo,

tua
Anna.

---

1. Carta dobrada, com folha interior colada.
2. Erro de ortografia no manuscrito.
3. Hermann Graf se alistou em 1914 "como voluntário, aos dezessete anos" e fora enviado para a Itália (ver 69 AF). (Freud-Bernays, p. 173.) No dia 18/6/1917, foi gravemente ferido, morrendo três dias depois no hospital. (Freud para Martin, 26/6/1917; Freud/Abraham, 13/7/1917.)
4. Freud visitou Sophie depois daquele verão na segunda semana de setembro (Tögel 1989, p 156: de 16 a 27/9.; Jones II, p. 219, "por duas semanas" a partir de 13/9): "Em seguida, viajarei para Hamburgo, seguirei para Berlim com minha cunhada e deverei voltar alguns dias antes do final do mês". (Freud/Ferenczi II/1, 566 F, 7/9/1915, p. 144.) Freud aproveitou os últimos dias do mês de setembro para visitar Ferenczi, que estava servindo em Pápa. (*ibid.*, 569 F.)
5. Ver 53 AF nota 2.
6. O jornal *Ischler Wochenblatt* publicou, em 8/8/1915, uma longa matéria intitulada "Alegria da vitória sobre a queda de Varsóvia e Ivangorod", que narra em tons exagerados detalhes sobre o "entusiasmo patriótico" da população e as manifestações de fidelidade pelo "adorado imperador". "Às oito da noite, um solene desfile de tochas cruzou a cidade partindo do parque, à frente a banda imperial das salinas, com numerosa participação do público das estações termais, bem como dos nativos." (Pela informação, agradeço a Wolfgang Degeneve, diretor da associação Ischler Heimatverein.)

68 SF/MF

PROF. Dr. FREUD

Kbd 9/8/15
VIENA, IX. BERGGASSE 19.

Minha querida Anna:

Então está decidido: nós viajaremos na quinta-feira [12/8] de manhã para Munique, onde pernoitaremos, chegando a Berchtesgaden ao meio-dia de sexta-feira.

Estou te enviando 120 coroas pelo correio para que pagues o restante da tua hospedagem e a tua viagem. Cuida para não chegares à Villa Hofreit depois de nós. Se telegrafares comunicando a tua chegada, nós te esperaremos na estação de trem. É claro que podes vir antes. Presumo que isto te agrade mais. Ainda haveria uma outra possibilidade, a de ficares por enquanto em Ischl para voltar comigo no dia 19, pois é muito provável que eu passe o dia[1] em Ischl. Mas eu fico pensando por que deverias passar quase uma semana a menos junto conosco.

O que nos levou a esta decisão foi a falta de vontade da mamãe de viajar novamente e de passar uma semana em condições provisórias. Mas os teus relatos sobre o ajuntamento de gente e a comida ruim em Ischl também contribuíram. E além do mais podemos imaginar os preços. Minha sensibilidade intestinal aumentou tanto em função do tratamento que eu prefiro agir com cautela.[2] Hofreit não pode ser tão ruim, posto que a Math voltou para lá[3] e a titia também. Os preços mais baixos também devem ser levados em conta. O principal argumento que nós tínhamos contra a Alemanha[4] caiu por terra desde que vimos que na terra pátria tampouco podemos contar com o correio militar. De Martin não tivemos mais notícias desde o dia 25/7, e de Ernst ontem finalmente chegou um cartão datado de 2/8, só que de Marmoros Sziget[5], ainda sem número de correio militar.

Portanto, até a vista, muito em breve. A mamãe ainda quer escrever mais. Lembranças carinhosas

papai

[De próprio punho na segunda página da carta:]

Minha quer.[ida] Annerl, deves estar muito espantada com a mudança dos nossos planos, mas o que escreveste não nos animou a ir até aí. E tanto a titia quanto a Math insistiram para irmos a Berchtesgaden. Acho que deves sair na quinta ou na sexta-feira e nos encontrar lá. De Salzburgo para Berchtesgaden[;] só de lá sai um pequeno trem para Königssee.[6] Podes anunciar tua chegada para a Math ou a tia para que alguém vá ao teu encontro em Berchtesgaden, Robert também já está lá. Peço ainda que digas à tia Dolfi que chegará em seu endereço uma caixa de Löhl[7] com camisas limpas para o papai. E que a deixe fechada até a chegada do papai. Adeus minha querida, até um alegre reencontro!

mamãe

1. Dia 18/8, aniversário de Amalie Freud.
2. Freud escrevera, ainda em junho, que "neste aspecto" ele estava "melhor do que já estivera desde 1909". (Freud/Ferenczi II/1, 548 F, 21/6/1915, p. 124.)
3. Ver 58 AF nota 10.
4. As péssimas condições do correio; vide 64 SF e 66 SF.
5. "Ernst partiu no dia 30/7, só recebemos um cartão dele até agora, de Máramaros-Sziget, uma estação no caminho para a Galícia Oriental." (Freud/Ferenczi II/1, 560 F, 9/8/1915, p. 140.)
6. O Königsseebahn, de Berchtesgaden para Königssee, foi fechado por decreto em 16 de agosto de 1909. O funcionamento deste trecho eletrificado começou em 29 de maio de 1909. Voltou a funcionar em 1965/66; atualmente substituído pelo crescente tráfego de automóveis e ônibus por uma nova via expressa. (Königssee, p. 33, 45 *et seq.*)
7. Caligrafia pouco legível, também poderia ser: *Löbl*.

69 AF

[Bad Ischl,] 10/VIII/1915

Querido papai!

Estou na expectativa do teu telegrama de resposta e curiosa por saber a decisão final. O correio é muito lento e eu gostaria muito de saber logo como vai ser. Seria muito bom se vocês viessem; por tão poucos dias certamente não será um incômodo. Eu só não aconselharia uma permanência mais prolongada. A vovó já está bastante feliz com a tua vinda, e o tempo está bom neste momento. Na Zauner[1] consegue-se coisas deliciosas para estômagos acostumados a Karlsbad, e dizem que a comida no Elisabeth[2] é boa. Além disso, já prometi a Rosi que iremos contigo ao Zauner para comer um pouco de tudo. Nós desejamos isso o tempo todo, já que infelizmente somos muito gulosas. De qualquer forma, estou muito curiosa para saber a tua resposta.[3]

Espero que já tenham chegado notícias dos meninos. Escreve-me logo, por favor.[4] Eu temo sempre pelo Ernst, pois ele certamente vai querer fazer alguma coisa diferente. Rosi já voltou de Salzburgo[5], e parece que Hermann está bem. Ele nos falou de Martin, que ele é muito competente e que todos o respeitam muito.

Rosi e eu fizemos muitos planos para o Natal, a Páscoa ou as próximas férias de verão. Faremos uma viagem à Alemanha, com dinheiro ganho por nós duas (que ainda precisa ser ganho). É claro que será uma viagem bem simples, com uma mochila de bagagem, e só. Será ótimo.[6]

Rosi e eu iremos hoje à tarde para Goisern com a sra. Sidonie Schwarz[7], de quem gostamos muito. A chuva já está na esquina, esperando por esta oportunidade.

Recebi uma carta muito amável da Math. Ela escreve que soube de diversos planos de férias de vocês, mas que a única coisa certa é que vocês vêm para Ischl. Gostaria de saber se isto é certo mesmo.

Eu tenho algumas perguntas para te fazer a respeito da tradução[8], mas agora vou esperar pelo nosso encontro[9].

Mando lembranças e te beijo carinhosamente,

tua
Anna.

---

1. A confeitaria Zauner "existe desde 1832, administrada pela família Zauner. Especialidades como o *Zaunerstollen* são despachadas para o mundo todo. A confeitaria é um ponto de atração de visitantes e celebridades internacionais". (Ver nota 1 de 64 SF.)
2. Pelo visto, Anna conseguira um quarto no hotel Elisabeth (vide 65 AF).
3. Em vez de um telegrama chegou o cartão-postal 70 SF.
4. "Boas notícias dos dois guerreiros" só foram dadas por Freud em 1/9/1915. (Freud/Ferenczi II/1, 564 F, p. 142.)
5. Ela provavelmente acompanhou sua tia Rosa até lá; vide 67 AF.
6. Esta viagem não se realizou no Natal: "Annerl se anunciou para as férias em Hamburgo, onde meu genro saiu de casa para ser treinado". (Freud/Ferenczi II/1, 583 F, 17/12/1915, p. 165; também 585 F.) Talvez o plano tenha se concretizado em 1916: "Anna fará uma excursão de Páscoa [...]." (*Ibid.*, 601 F, 12/3/1916, p. 191.) Anos mais tarde, concretizou-se uma (outra) "viagem de mochila"; vide 270 AF até 286 AF.
7. Não foi possível averiguar em Bad Ischl. (Registro do cartório Bad Ischl, 2004.) Não foi possível comprovar se existiu uma "sra. Sidonie Schwarz, de Viena", que se hospedou em 19/7/1919 na Villa Zäzilie em Bad Gastein.(Lista de hóspedes de Bad Gastein, 1919, número 1468. Agradeço a Laurenz Krisch, Bad Gastein, por poder consultar a lista de hóspedes.)
8. Trata-se provavelmente da já mencionada tradução do ensaio de J.J. Putnam (vide 49 AF nota 6). Mas Anna trabalhou, naquele ano, na tradução de um artigo de Ernest Jones (ver 60 AF nota 7).
9. Isso aconteceu em 13/8 em Schönau, no Königssee, onde os Freud passaram o resto das férias, até entre 11 e 13/9, na Villa Hofreit. (Freud/Ferenczi II/1, 560 F, 562 F, 566 F.) Anna partiu antes com Mathilde para Viena: "Eu acompanhei hoje minhas duas filhas até Salzburgo, no retorno para Viena. Fiquei muito surpreso ao perceber pela minha disposição após a despedida, o quanto minha libido se satisfez com elas. A pequena é uma criatura extremamente amável e interessante." (Freud/Ferenczi II/1, 566 F, 7/9/1915, p. 144.)

70 SF

Srta. Anna Freud
a/c Winternitz
Bad Ischl
Lärchenwald 12[1]

Kbd 10/8/15

Minha querida Anna:
    Teu telegrama acaba de chegar.[2] Porém nós já nos decidimos, e esperamos que também fiques satisfeita. Chegou cartão do Martin hoje, dizendo que ele comprou roupas e outras coisas por cem coroas numa "cidade conquistada". O tempo aqui está abafado e chuvoso. Cuida-te.
    Lembranças carinhosas papai

[na margem:]
Martin está na Unidade 9, Correio militar 64

---

1. O lado do endereçamento neste cartão-postal tem um quê de aventura: "Winternitz" e "Bad Ischl" foram riscados e substituídos por "Lerchenwald Strasse 12"; este e uma indicação de busca "Dr. Herber não" foram, por sua vez, novamente riscados; entre eles está a observação "partiu para Königsee Ober-Bayern !!!!!", na qual a localidade e o estado estão fortemente sublinhados, com o mesmo lápis de cor, e enfatizados por cinco enormes pontos de exclamação. O cartão foi carimbado uma vez em Karlsbad, no dia 10/VIII, e três vezes em Bad Ischl, nos dias 12, 13 e 14/VIII/1915.
2. Telegrama não foi guardado.

1916

71 AF

[Altaussee¹,] 23/VIII/1916

Querido papai!

O sol finalmente voltou a brilhar hoje ao meio-dia, após cinco dias de chuva incessante; provavelmente por falta de água. Robert e eu fomos à casa dos Rie² pela manhã, mas só encontramos Marianne³. Nossos casacos tiveram de ser colocados perto do fogão para secar. À tarde, porém, estivemos na Blaa Alm, o tempo estava maravilhoso. Encontramos e comemos um monte de framboesas. Seria muito bom se continuasse a fazer tempo bom. Assim eu poderia aproveitar um pouco mais dos quinze dias.

Perdi a hora, ontem pela manhã, e só acordei, às 9h45, porque a tia Lichtheim⁴ bateu à minha porta. Ela queria me convidar para o lanche, mas não se atreveu a entrar no quarto, porque eu deixei meus sapatos de montanhismo na frente da porta. Eles são tão grandes que ela disse à empregada que achava que naquele quarto havia um homem. À tarde, fui para a casa de Gerti Rie⁵ para um lanche muito simpático. Käthe H.⁶ me convidou para ir à sua casa amanhã à tarde. Todas são muito simpáticas.

Não fiquei nem um pouco satisfeita com as notícias de Gastein. Estava esperando receber hoje uma carta tua ou da mamãe. Gostaria muito de saber se estás satisfeito e se a segunda impressão de Gastein é melhor do que a primeira.⁷ Quais são as notícias de Oli⁸ e dos outros dois?⁹ Os Fürth¹⁰ me contaram que falaram com vocês, e que a tia iria junto para Gastein. A despedida de Bristol¹¹ foi muito difícil?

Estão hospedadas aqui na pensão duas meninas muito simpáticas com as quais eu certamente vou me relacionar em Viena. Além disso, há também pessoas muito esquisitas, é mais fácil descrevê-las verbalmente. Todos comem e riem bastante. Eu não consigo acompanhá-los nessas duas coisas.

Não estou estudando nada aqui, sou pura preguiça. ~~Mas eu~~¹² Isto também é muito bom.

Espero que me escrevas em breve.

Muitas lembranças para ti, para a mamãe e a titia

tua
Anna.

---

1. Anna passou uma parte das suas férias, a partir do dia 14/8, na casa da sua cunhada Marie Rischawy, que transferira sua pensão de Meran para Altaussee; vide 72 SF nota 2. Ernst, que estava de férias, acompanhou Anna na viagem; ver nota 9. (Kalender, 14.8.1916.) Mathilde e Robert

Hollitscher também ficaram algum tempo na pensão, Robert retornou mais cedo, Anna e Mathilde permaneceram até aproximadamente o dia 10 de setembro (vide 74 AF, 75 SF).

2. A família Rie e os demais amigos mencionados nesta carta também estavam passando as férias em Altaussee.

3. Marianne Rie (1900-1980), terceira filha de Oscar e Melanie Rie. Estudou medicina, formou-se em 1925, especializando-se em seguida como psicanalista, desempenhando um papel importante principalmente como analista infantil. Casou-se em 1927 com o analista e historiador de arte Ernst Kris. (Mühlleitner, p. 190 *et seq.*)

4. Madrinha de batismo de Anna, cujo prenome ela recebeu. Anna Lichtheim (1861-1938) era filha do professor de religião de Freud, Samuel Hammerschlag. Era professora, enviuvou em 1885, depois de pouco tempo de casada. (Freud 1992i, p. 63; Jones I, p. 198.) Seu marido, Rudolf Lichtheim, era filho do neurologista de Königsberg, Prof. Ludwig Lichtheim [1845-1928], de cujos ensinamentos sobre afasia Freud divergiu profundamente nos seus estudos *Zur Auffassung der Aphasien*, 1891b. Anna Lichtheim foi "uma das pacientes prediletas de Freud". (Jones I, p. 266, nota 6.) Ela aparece como "Irma" no sonho sobre a "Injeção de Irma". (Hirschmüller 1989, p. 129, nota 7; *A interpretação dos sonhos* (1900a), S.A., vol. 2, p. 126-140.) Ela acompanhou Anna em 7/7/1914 na viagem para Hamburgo (antes da viagem para a Inglaterra, vide 41 AF). (Young-Bruehl I, p. 36 *et seq.*, 64, 92.)

5. Talvez Gertrude Rie (1899-?), uma filha de Alfred Rie.

6. Provavelmente Kata Hammerschlag, filha de Leontine e Albert Hammerschlag, "estudante de química", cuja morte súbita é mencionada por Freud e por Anna em cartas para Ernst Freud. (Freud para Ernst, 26/6/1919; Anna para Ernst, 18/7/1919.)

7. Inicialmente Freud quis ir para o tratamento em Bad Gastein já em 15/7, com Martha (e talvez Anna; vide 73 SF, nota 1); em 16/7 eles se encontraram em Salzburgo com Minna e Anna, que haviam passado alguns dias em Weissenbach no Attersee. (Freud/Ferenczi II/1, 611 F, 614 F.) Freud empreendeu uma viagem exploratória de Salzburgo até Bad Gastein. (Kalender, 18.7.1916.) Em seguida, mudou seus planos: "Afugentados de Gastein após breve visita, hospedamo-nos aqui (os quatro) por um tempo maior no Hotel Bristol, onde aconteceu o primeiro congresso [o primeiro encontro dos psicanalistas em 26-27 de abril de 1908], e onde somos bem tratados e bem vistos. As temporadas no campo estão difíceis por estes dias." (Freud/Ferenczi II/1, 615 F, 22/7/1916, p. 208 *et seq.*) "Os atrativos e comodidades da bela cidade [ver 28 SF, nota 4], a segurança dos correios e da alimentação fizeram com que abríssemos mão do contato íntimo com a natureza." (Freud/Andreas-Salomé, 27/7/1916, p. 56.) Freud, Martha e Minna acabaram finalmente indo para Gastein em 20/8; vide o próximo cartão-postal. Eles voltaram para Viena, passando novamente por Salzburgo em 15/9; vide 75 SF, nota 7.

8. Oliver trabalhou como engenheiro na construção de estradas de ferro, túneis e alojamentos. Inicialmente como civil e, a partir de 1/2/1916, no serviço militar; vide nota 12 para 74 AF. Ele se casou com a estudante de Medicina Ella Heim, em dezembro de 1915, mas o casamento só durou alguns meses. (Freud/Ferenczi II/1, 566 F, 575 F, 581 F, 589 F.) Freud visitou seu filho na Páscoa de 1916, no local de trabalho deste, "para acabar de convencê-lo de que deveria encarar a separação iminente como uma sorte". (*Ibid.*, 605 F, 13/4/1916, p. 196, nota 2.) O casamento foi desfeito oficialmente em 10/9/1916. (Kalender.)

9. Martin e Ernst participaram da "grande ofensiva" das tropas austro-húngaras no Sul doTirol, iniciada em 15/5, tendo sido promovidos a tenente. (Freud/Ferenczi II/1, 611 F, 589 F; Kalender, 1/1 a 1/8/1916.) Ambos chegaram a Viena de férias, respectivamente nos dias 6 e 7/8. (Kalender.) Freud escreveu para Ferenczi em 16/11: "Boas notícias dos meninos", e em 22/12: "Martin está aqui e nos visita amiúde." (Freud/Ferenczi II/1, 629 F, p. 230; 634 F, p. 243. Kalender, 10/12/1916.)

10. Provavelmente a família de Julius Fürth (1859-1923), médico de Viena, de quem Freud ficou amigo desde os primeiros tempos na Medicina, e que também foi ouvinte nos seus cursos universi-

tários. (Gicklhorn, p. 170; ver nota 4 para carta 114 em: Freud/Bernays.) Ele fundou o "Sanatorium Fürth" em 1895. (Thonke; agradeço esta informação ao Instituto de História da Medicina, Viena.) Martin foi tratado lá depois do seu acidente de esqui em 1911. (vide nota 12 para 14 AF). (Freud/ Ferenczi I/1, 195 F.) Mathilde também esteve internada lá para sua operação de 1912 (vide texto explicativo após 18 SF/MF). (Freud para a família, 3/9/1912 (excerto 2003e).)
11. Vide nota 7.
12. Estas duas palavras estão riscadas.

72 SF[1]

Srta. Anna Freud
a/c Sra. Rischawy
Alt-Aussee
Starlvilla [Puchen 52][2]

[Remetente (*escrito à mão*):] V.[Villa Dr.] Wassing[3]

Badgastein[4]
Minha querida Anna   24/8/16
Gastein é maravilhosa, só é um pouco fria, às vezes muito fria. Também chove bastante, mas não tanto como aí. O tempo está seco há dois dias. O ar e a água são de primeira qualidade, assim como a comida. O pão branco, no entanto, corre o risco de acabar. Encontrei belas florestas, com solo promissor, e encontrei, tanto ontem quanto hoje, um grande cogumelo fresco. Espero encontrar mais no dia primeiro de setembro. Estou negociando agora um animal chinês. Os cursos estão emperrados.[5] Lembranças carinhosas papai

1. Cartão-postal.
2. Inicialmente Marie Rischawy alugou esta casa, que existe até hoje, para fazer ali a sua pensão; adquiriu-a em 1918 dos herdeiros do antigo proprietário, Ignaz Starl. Depois da sua morte em 1936, a casa passou para Robert Hollitscher, uma sobrinha de Helene Hollitscher, e os sobrinhos dr. Karl e dr. Fritz Gebert. (Registro de propriedades da comarca de Aussee, edição de 1900 (agradecimentos a Johannes Linortner, Altaussee); registros cadastrais (segundo carta de 23/8/2002; agradecimentos ao arquivo nacional de Steiermark, departamento 1D, Graz); certidão de transmissão T.Z. 413/37 (agradecimentos à vara de Irdning).) Ver também 111 AF nota 5.
3. Dr. Anton Wassing (originalmente Wassertrilling; 1860-1941). (Schnitzler 1985, p. 170; também 1981, p. 841, nota 8.) Wassing era médico e foi diretor do hospital municipal de Bad Gastein, mas a partir de 1904 teve um consultório em Viena durante o inverno, e nos meses de verão chefiou a clínica de tratamento na sua mansão em Gastein, na Kaiserpromenade. Recebeu inúmeras condecorações e títulos pelos serviços prestados à comunidade. Por ser judeu, foi obrigado em 1940 a "vender" a sua propriedade; morreu em 1941 num hospital de Viena. A propriedade foi restituída aos herdeiros em 1949, e "até pouco tempo atrás" era administrada por irmãs religiosas, sob o nome de Kurhaus Goldeck. (Agradeço estas informações a Laurenz Krisch, Bad Gastein.) Quando de minha visita em 2002, a casa estava fechada e abandonada.

Consta que um empresário pretende reabri-la como "Hotel Excelsior" (informação telefônica de Laurenz Krisch, 8/6/2004).

4. Grafia atual: Bad Gastein (entre 990 e 1050 metros de altitude), 75 quilômetros ao sul de Salzburgo, estação termal mundialmente conhecida, freqüentada por hóspedes de altíssimo nível; "situada pitorescamente no despenhadeiro [Hohen Tauern] entre a parte superior e a inferior do vale do rio Ache, que corta o local com duas extraordinárias quedas de água, com 63 e 85 metros de altura [ver final 110 SF]". Sua fama mundial deve-se às fontes termais de teor de radônio. (Baedeker 1923, p. 422.)

5. A terceira parte de *Cursos para introdução à psicanálise* (1916-17a), intitulada *Teoria geral da neurose*, que Freud preparava para o semestre de inverno vindouro, cuja concepção iniciara em Salzburgo: "Eu já escrevi três conferências aqui, o que não foi muito fácil." (Freud/Ferenczi II/1, 618 F, 2/8/1916, p. 211; também Freud/Andreas-Salomé, 27/7/1916.) Até setembro, ele terminou outros seis do total de treze capítulos (ver 75 SF, nota 5). (Jones II, p. 262, indica como fonte uma carta de Freud para Ferenczi de 20/9/1916, a qual aparentemente se perdeu (ela está faltando em Freud/Ferenczi II/1).) No seu "Prefácio" para a *Nova seqüência de cursos (Neue Folge der Vorlesungen)* (1933a), Freud descreve o desenvolvimento: "Os *Cursos para a introdução à psicanálise*" foram dados nos semestres de inverno de 1915-1916 e de 1916-1917, em um auditório da Clínica Psiquiátrica Vienense, diante de uma platéia mista, composta de ouvintes de todas as faculdades. Os cursos da primeira metade foram improvisados e escritos imediatamente depois, os da segunda metade foram esboçados durante uma estadia de verão em Salzburgo, e ministrados textualmente no inverno seguinte." Entre os ouvintes de 1915-1916 estavam também Anna, Mathilde, Ella Haim e Lampl. (Freud/Ferenczi II/1, 573 F; Jones II, p. 261-268; Gay, p. 368.)

73 SF

Badgastein
26/8/16

Minha querida Anna

Obrigado pela tua carta, que cruzou com o meu cartão-postal. Nota-se que o ambiente é mais propício para ti do que a nossa velha companhia.[1] A chuva deve ter sido grandiosa; mas agora estou certo de que o tempo vai clarear, pois aqui o tempo também está bom. Ontem foi um dia singular.

Nós estamos bem. A mamãe e a tia estão encantadas com a mistura de elegância e informalidade, boa comida, ar maravilhoso, água excelente, vistas fantásticas, moradia confortável[2], etc., e portanto não falam nada sobre os incontáveis conhecidos, nem mesmo sobre o fato de o pão branco ter se acabado há dois dias, e de se ter de ir pessoalmente fazer fila de colar de pérolas até o padeiro que atende acertadamente pelo nome de Schurk [patife], para conseguir um pacote de míseros biscoitos. O pão preto é intragável.

Tenho feito buscas nas florestas pela manhã, mas não achei mais nada, e estou esperando ansiosamente pelo dia 1º de setembro, quando os hóspedes partirão e os cogumelos deverão chegar. O trabalho vai melhor, apesar de lento. A pressão do "Sonho" começou com toda a força.[3] Os banhos são maravilhosamente agradáveis, mas cansam efetivamente; provavelmente como todo banho quente que não tem um chuveiro junto. O efeito rejuvenescedor ainda está sendo aguardado.[4] A tia se banha a cada segundo dia, nós descansamos a cada terceiro dia.

O cachorro chinês de porcelana já está me observando enquanto escrevo. Caso gostes dele, ele poderá achar um lugar na tua escrivaninha. Eu comprarei um segundo para o tio [Alexander], que também gosta muito destas feras.

Mando lembranças carinhosas e te incumbo de dá-las para a Math e espero que faças progressos na socialização.[5]

papai

1. Em julho ainda se cogitava sobre se Anna deveria acompanhá-los até Bad Gastein; vide nota 7 de 71 AF. (Freud/Ferenczi II/1, 614 F.) Este desejo de Anna tampouco se realizou em 1921 (vide 139 AF, nota 4); só em 1923 ela conheceu o lugar, que "achou maravilhoso". (Anna/Lou, carta 114, 11/7/1923, p. 202.) Vide nota 3 de 196 SF.
2. Eles se sentiram tão bem na casa do dr. Wassing que passaram a se hospedar sempre lá nas estadias seguintes em Bad Gastein, sentindo-se logo em casa. (Ver p.ex. 93-95 SF, 106 SF, 109 SF, 110 SF, 142 SF.)
3. "O sonho" é o título da segunda parte de *Cursos para introdução à psicanálise* (1916-17a). Devido às condições da guerra, os trabalhos de composição e de impressão se estenderam por vários meses; só em 18/12/1916 é que Freud anunciou para Lou Andreas-Salomé: "Eu lhe enviei hoje a segunda parte dos *Cursos*." (Freud/Andreas-Salomé, p. 61. Ver Freud/Ferenczi II/1, 598 F, 601 F, 609 F, 614 F.)
4. As propriedades "rejuvenescedoras" das termas eram (e são até hoje) elogiadas nas propagandas.
5. Ver 28 SF, nota 2.

74 AF

Alt-Aussee, 28/VIII/1916

Querido papai!

Preciso começar pelo fim da tua carta: eu realmente já fiz grandes progressos na socialização. Depois de ter ido lanchar anteontem na casa de Gerti Rie, tia Lichtheim me buscou hoje para irmos visitar os Karplus[1], os quais queriam muito me ver. Amanhã me convidaram para lanchar na casa de Margaretl Rie[2], e devo ir proximamente visitar os outros Hammerschlag[3]. Acho que a tia Lichtheim resolveu me exibir para todos; estou achando muito estranho. Mas ela é extremamente simpática e adorável, e eu a vejo quase diariamente. Além disso, aqui pelo menos não é preciso se trocar para fazer uma visita.[4]

Robert infelizmente já partiu hoje e soube da declaração de guerra à Romênia ao embarcar no trem.[5] Esse fato causou grande celeuma por aqui, e todos estão bastante chateados por causa disto. Algumas pessoas partiram logo para Viena.

Fiquei muito feliz com a tua carta. Na verdade, não imaginei que fosses gostar tanto de Gastein. Aqui não precisarias te desdobrar por causa de um biscoito; temos pão de leite branco como neve (um pedaço por pessoa) no café da manhã e, além disso, o genuíno pão preto, que também é muito bom, além de uma broa clara, completamente sem milho. Às vezes, comemos milho em forma de espiga, e assim ele fica muito mais gostoso.

Estou muito curiosa a respeito do animal ou da fera de porcelana. Aliás, ouvi dizer que Kessler[6] também está em Gastein. Robert comprou um lindo broche de lápis-lazúli de presente para a Math. No mercado, lá embaixo, também tem uma loja de pedras. Desta vez, o Robert foi muito simpático, bem diferente de quando esteve conosco em Viena[7]; nós nos demos maravilhosamente bem.

Poderias me enviar a revista com as minhas traduções[8]? A Math queria muito dar uma olhada nela. Naturalmente, só se não precisares dela. Não é importante. Eu já estou feliz com a perspectiva de assistir aos teus cursos no inverno. Por acaso tens rascunhos do "Sonho", que eu pudesse ler?[9] Eu disponho de muito tempo por aqui. Aqui há bastantes livros, pois assim como eu, outros também trouxeram muitos, e os trocamos entre nós. Mas curiosamente agora eu não tenho tido vontade de ler; talvez porque não tenha uma boa luminária de leitura na cama. De qualquer forma eu adormeço logo, e quase não tenho sonhado. A Math diz que eu estou me recuperando tão bem porque estou lendo pouco. Em compensação, estou bordando muito[10], e a minha colcha amarela é bastante famosa em Aussee. Isto não é muito difícil por aqui. Hoje eu quis passar por uma janela (isso é praxe por aqui) e por um triz não quebrei o pescoço. Foi uma poltrona ruim que despencou comigo. Fiquei com manchas azuis grandes e provavelmente estarei toda dolorida amanhã. Não sei por que fiz isso.[11]

Rosi e Dora Steiner chegaram ontem de manhã, e ficaram até hoje de tarde. Mas eu não gostei muito da visita delas.

Hoje faz quinze dias que estou aqui e de qualquer forma já é mais do que a metade do tempo.

Espero receber outra carta tua em breve. Nós estamos totalmente sem notícias de Sophie, Martin e Ernst. Só Oli[12] enviou um cartão junto com Rank[13].

Mando-te um beijo

da tua
Anna.

Diz à mamãe que também volte a me escrever logo.

---

1. O casal Valerie e Johann Paul Karplus (1866-1936). Médico, Karplus trabalhou entre 1894 e 1900 como assistente na Clínica Psiquiátrica-Neurológica de Krafft-Ebings, de 1903 a 1917 no Instituto de Fisiologia, e, a partir de 1914, como professor de Psiquiatria em Viena. Em 1917, tornou-se diretor da divisão neurológica da Policlínica. (Fischer, I. 1932-33; agradeço a Albrecht Hirschmüller pela informação do ano de falecimento.) No seu capítulo "Aspectos teóricos" de *Estudos sobre a histeria*, escritos em parceria com Freud (1895d), Josef Breuer menciona o exemplo do caso de Karplus para a sobredeterminação na histeria. (G.W., epílogo, p. 271, nota 2.) Sua esposa Valerie era filha de uma antiga paciente de Freud, Anna von Lieben (1847-1900), que Freud qualificou (sob o pseudônimo de Cäcilie M.) como sua "mestre" para o desenvolvimento da psicanálise. (1985c, carta 120, 8.2.1897, p. 243 e nota do editor para carta 7, p. 12 *et seq.*; 1895d, p. 123 nota, 245-251; Fichtner e Hirschmüller; Winter, p. 80, 103; Tögel 1994, p. 129-132; Swales, p. 11; Appignanesi e

Forrester, p. 129.) Parentes próximos da família Auspitz, os Karplus costumavam ficar na mansão de verão destes últimos em Altaussee (vide 116 AF, notas 2 e 3).
2. Margarete Rie (1899-1986), a mais velha das duas filhas de Melanie e Oscar Rie; tornou-se atriz e se casou, em 1929, com o psicanalista Hermann Nunberg. A família emigrou para os Estados Unidos em 1932. (Agradeço a Henry Nunberg, Nova York, pela informação do ano de falecimento; Mühlleitner, p. 237.) As duas amigas passaram as férias juntas nos anos de 1919 e 1920, em Bayerisch Gmain (vide carta 93 SF e seguintes) e em Altaussee (vide carta 107 SF e seguintes).
3. Ela pode estar se referindo ao diretor da Wiener Credit-Anstalt, o advogado Paul Hammerschlag (1860-1933), irmão de Anna Lichtheim e de Albert Hammerschlag, e sua esposa Bertha, nascida Breuer (1870-1962). (Hirschmüller 1978, p. 48, nota 191; Wiener Heimatrolle (Arquivo nacional e estadual vienense); Freud 1992i, p. 47.) Uma Bertha Hammerschlag comprou em 1927 a casa nº 118 em Altaussee. (Registro cadastral; agradeço a Johannes Linortner, Altaussee, por esta informação.)
4. Ver no entanto 116 AF, terceiro trecho.
5. A Romênia declarou guerra à Áustria-Hungria em 27/8/1916 e invadiu a região de Siebenbürgen. Em seguida, foram derrotados o Primeiro Exército Romeno na Batalha de Hermannstadt, de 26 a 29/9, o Segundo Exército Romeno em Kronstadt, de 7 a 9/10.; e Bucareste foi conquistada pelas tropas aliadas em 6/12/1916. Na Paz de Bucareste, entre a Romênia e as potências centrais, em 7/5/1918, foi negociada, entre outras coisas, uma distribuição do território da Romênia. (Kleindel, p. 306, 310, 315.)
6. Vide 15 AF, nota 11. Não consta no registro de hóspedes de Gastein, em 1916 (vide na nota 7 para 69 SF).
7. "Os humores azedos de Robert eram bem conhecidos na família." (Molnar 1996, p. 291, nota 3; p.ex. Freud/Bernays, carta 162.) Ver porém 84 AF, nota 11.
8. As duas traduções foram publicadas no primeiro número da Revista, do quarto ano (1916/17) da Revista Internacional de Psicanálise, vide nota 7 para 60 AF.
9. No manuscrito: no lugar do ponto de interrogação, um ponto final.
10. Ver além disso 20 SF, nota 4.
11. Vide 65 AF, nota 4. Talvez não seja coincidência Anna ter mencionado o acidente que quase ocorreu logo depois de mencionar o bordado, atividade que lhe causara tanto sofrimento anteriormente em Meran.
12. Aparentemente Oliver se esforçou para mudar de emprego; ele terminou deixando a firma construtora de túneis em novembro: "Oli chegou livre dos túneis" e "Oli chegou a Cracóvia", anotou Freud. (Kalender, 20 e 29/11/1916.) Ele voltou para o "desarmamento militar em Cracóvia" em 2/12. (Freud/Andreas-Salomé, 3/12/1916, p. 60; Kalender, 2/12.) "Os relatos de Oli, vindos de Cracóvia, são muito satisfatórios", escreveu Freud em 22/12/1916. (Freud/Ferenczi II/1, 634 F, p. 243; também *ibid.* 629 F, 631 F.) Oli passou por uma "prova de oficiais" em julho de 1917. (Kalender, 14/7)
13. Rank estava alocado em Cracóvia naquela época (vide nota 2 para 50 SF), onde permaneceu até o final de 1918. (Freud/Ferenczi II/2, 769 F.) Lá, sofreu fortes depressões, no inverno da guerra de 1916/17 e no final de 1917. (P.ex. *ibid.*, 629 F, 651 Fer, 720 F, III/1, 837 F, III/2, 1001 F, 1009 Fer; Freud/Abraham, 26/12/1917.) Em Cracóvia, conheceu sua futura esposa, a estudante de psicologia Beata (Tola) Mincer (1896-1967); casaram-se em 7/11/1918 e em seguida se mudaram para Viena. (Freud/Ferenczi II/2, 780 F, 1/1/19, p. 198.) Beata se tornou analista e, em 1923, tornou-se membro da Sociedade Psicanalítica Vienense. (Mühlleitner, p. 248f.; Lieberman, p. 220 *et seq.*; Freud/Ferenczi II/2, 774 Fer, nota 5, 775 F; Roazen 1993, p. 24.)

75 SF

Badgastein
5/9/16

Minha querida Anna:

Tens razão[1] quando dizes que há muito não te escrevo. Não tem me sobrado muito tempo desde que comecei a jogar cartas todas as tardes com o pai do Rolf[2], e também a ouvir histórias, com ele e diversos professores, autoridades[3], e até uma excelência berlinense (Waldeyer[4]), até as dez da noite, no quarto de Straubinger[5]. Além disso, estou escrevendo, e já concluí feliz a oitava palestra. Acredito que a nova não fique pronta antes do meu retorno.[6] Pretendemos partir no dia 10 ou 11 e chegar em casa no dia 14 ou 15[7], após uma temporada em Salzburgo.

Nenhuma notícia importante de fora. Certamente já sabes do Ernst e do Martin pela mamãe; as coisas parecem estar mais tranqüilas para eles. Sophie ainda não sabe o que vai fazer, posto que o destino do Max ainda é incerto.[8]

Mando dizer à Math que invejo a sua sorte com os cogumelos. Não achei mais nenhum depois dos grandes primeiros dois e desisti de procurar. Também não comprei nada, em parte porque não há coisas tentadoras, e em parte porque não há dinheiro.

Assim no final das contas não ficaste sabendo de nada.

Lembranças carinhosas e até breve

papai

---

1. Provavelmente falta uma carta de Anna.
2. Ele deve estar se referindo a Alfred Francis Pribram, cujo quarto filho (nascido em 1909) se chamava Rolf. (Zouzelka, p. 36.) Pribram hospedou-se a partir do dia 24/8/1916 na Haus Gruber. (Lista de hóspedes de Badgastein, 1916, nº 83, 3480. Agradeço a Laurenz Krisch, Bad Gastein, por poder consultar os livros de hóspedes. Uma carta de Freud para Pribram, do dia 25/8/1927, reforça minha suposição. Nela, Freud agradece a Pribram pelo "cartão-postal de Gastein, lugar em que renovamos nosso velho relacionamento". (LoC SF, Cont. 38.)
3. Nas listas das pessoas que foram fazer tratamento na época correspondente, constam ao lado de outros "professores, autoridades" e "excelências" p.ex. também o registro de "Julius Wagner-Jauregg", "Friedrich Wenckebach", "Josef Halban".
4. Heinrich Wilhelm Gottfried von Waldeyer-Hartz (1836-1921), médico, professor de anatomia patológica, desde 1883 em Berlim. Trabalhou, entre outras coisas, com a histologia do sistema nervoso e a história do desenvolvimento dos órgãos sexuais, áreas com as quais Freud também se ocupou no início da sua trajetória científica; ele o citou por exemplo na sua descrição da estrutura das fibras nervosas (1882a, p. 13; ver também 1877a e b, 1878a, 1881a, 1884b, d e f, 1885d, 1886b e c, 1887f, 1891a, 1893b e d, 1893-94a, 1897a). As denominações "cromossomo" e "neurônio", entre outras, foram criadas por Waldeyer. "Retrospectivamente, [Freud] pode ser considerado como um dos precursores da teoria dos neurônios, desenvolvida em 1891 por Waldeyer." (Anzieu II, p. 541.)
5. Renomado hotel, com localização central, propriedade familiar desde 1603, em cujos quartos foi feita até mesmo um pouco da história prusso-austríaca, quando Bismark negociou as condições

da "Gasteiner Konvention" em 1865. (Zimburg, p. 359; Hinterseer e Krisch, p. 43 *et seq.*; Holzner; Ploetz 1980, p. 753 *et seq.* (agradeço novamente a Laurenz Kirsch por muitas informações sobre a história local).) (Lista de hóspedes de Badgastein, 1916.) Hoje (maio de 2002) o complexo de construções está vazio. Naquela época o proprietário, Karl Straubinger, era prefeito e presidente da comissão de tratamentos de saúde.

6. Ver nota 5 para 72 SF.

7. Registros de Freud no Kalender 1916: 12/9 "em Salzburgo", 15/9 "em Viena".

8. Sophie já pretendia ir a Viena em abril: "[...] Sophie e o filho [Ernstl] chegarão ainda antes da Páscoa, para ficar aqui até o outono". (Freud/Ferenczi II/1, 603 F, 24/3/1916, p. 194.) No entanto, adiou a viagem, quando seu marido voltou para casa depois de ficar internado em um hospital na França por causa de um ferimento. (*Ibid.*, 605 F.) Max trabalhou em seguida como civil, na sua profissão, para a Luftwaffe: "Max Fliegerphotograph Hannover." (Kalender, 28/10/1916.) Sophie só chegou finalmente em 17/11 à casa paterna, ficando até maio de 1917.(Freud/Ferenczi II/1, 631 F, II/2, 668 F, 674 F; Kalender, 14/5/1917.)

1917

76 SF

PROF. Dr. FREUD

Csorbató 22/8/17[1]
VIENA, IX. BERGGASSE 19.

Minha querida Anna:

    A tua primeira carta[2] relatou tantas coisas boas, justificando a esperança de que todo o resto será igualmente bom. Imagina com que interesse aguardamos as tuas cartas. Desapareceste por dois dias, pois o teu telegrama[3] só chegou ontem tarde da noite.

    Aqui está um tempo tão maravilhoso desde a tua saída que nem queremos pensar no dia da partida que se aproxima. Nossa mudança[4] concluiu-se rapidamente com a ajuda de Grete Ilm[5]. O pequeno terraço, onde fica a escrivaninha, de forma a poder ser alcançado pelo lado de fora[6], é ainda mais aconchegante do que o de cima. No começo, tivemos medo dos ladrões, mas eles parecem ser tão desconhecidos por aqui quanto na Suíça nos tempos de Guilherme Tell[7]. E a opinião da mamãe é que várias senhoras formam um agrupamento de guarda e trancafiamento diante da casa.

    Apareceu como novo membro da sociedade (Sociedade-Mory[8]), o anunciado dr. Steiner[9], colega de Martin. Muito feio, porém comportado e esperto, tem ficado na nossa companhia até o momento, mas planeja os maiores passeios pelas montanhas. Os Kolmer[10] também se aproximaram de nós, mas partem no sábado.

    Não recebi resposta ao meu telegrama para Lampl. Decidi telegrafar três dias depois para Urbantschitsch[11], para saber se ele não poderia requisitá-lo[12], mas U. tampouco está em Viena, pois só chegou uma notícia formal e imprestável para nós, vinda do seu assistente. Hoje cedo chegou finalmente uma carta de Ernst, de Graz, com a notícia de que Lampl conseguiu interná-lo no hospital da Stiftkaserne, e que ele espera chegar no dia seguinte (20) em Viena. Quando estivermos em Viena, vamos ver o que mais poderá acontecer.[13]

    Agora nós estamos acordando cedo, e descobrimos que a manhã é realmente a hora mais bonita do dia. Hoje, a mamãe finalmente foi até a cachoeira[14] com Grete I.[lm] e o dr. Steiner e está muito orgulhosa; eu fui às 7h42 para Felsö-Nagyi, mas foi uma decepção. Não encontrei nenhum cogumelo, enquanto aqui eu geralmente encontrava um por dia. O tempo está muito seco, eu preciso de um dia de chuva decente.

    Certo: na segunda-feira à noite chegou um grande cesto com ovos frescos de Eitingon[15]; eles ainda não foram contados[16] tal como os prisioneiros depois de uma batalha. As visitas também ainda não vieram todas; hoje perdemos o dr. Garai[17], que queria nos trazer lembranças de Ernst.

[À margem:]

Passa bem e manda minhas recomendações à tua anfitriã e aos demais Ferenczis.[18]
Carinhosamente
papai

1. Na Villa Theresia, no lago Csorba (Csorbató). Ferenczi – que conhecia bem e gostava muito do Alto-Tátra – alugou com muito esforço dois quartos para veraneio para Freud, Martha e Anna. Lá, todos passaram a primeira parte das férias, de 1/7 a 19/8 (Freud/Ferenczi II/2, 658, 667 Fer – 688 Fer, *passim*.)
2. Não foi conservada.
3. Não foi conservado, mas é mencionado na carta de Freud de 21/8/1917 para Gizella Pálos. (*Ibid.*, 702 F.) A irmã de Ferenczi, Ilona Zoltán, de casada, convidou Anna para uma temporada no campo. (*Ibid.*, 696 Fer, 697 F, 699 F.) No caminho, ela visitou Max Eitingon em Miskolcz (vide nota 15). (Freud/Eitingon, 110 E, 111 F, 112 E.)
4. Foi possível prolongar a estadia até o final de agosto, fazendo uma troca de quartos dentro da pensão. (Freud/Ferenczi II/2, 697 F, 699 F.)
5. Uma amiga de Hanns Sachs que estava hospedada no hotel Mory. Ela participara em junho e depois em dezembro daquele mesmo ano, de uma sessão da Sociedade Psicanalítica Vienense. (*Ibid.*, 683 Fer, 685 Fer, 697 F; Protokolle IV, p. 301 e 306.) Jones escreve: "Uma irmã da minha esposa, Grete Ilm, atriz conhecida, também fazia parte da sociedade. Ela ainda tem belas recordações daqueles tempos interessantes". (Jones II, p. 232.)
6. "Nós [...] nos mudamos para um quarto com varanda no térreo da mesma casa, de onde eu lhe escrevo, em meio a um enxame de insetos, quase no meio da rua. Mesmo assim, é muito bom." (Freud/Ferenczi II/2, 701 F, 20/8/17, p. 100.)
7. Alusão à peça de Schiller, *Guilherme Tell*, I, 4: "Traição e suspeita espreitam em todas as esquinas; / Até o interior das casas penetram / os mensageiros da violência; logo será necessário, / que tenhamos fechaduras e trancas nas portas".
8. Vários outros conhecidos de Ferenczi passaram suas férias de verão no hotel Mory próximo de Csorbató, e ele próprio se hospedou ali. (Freud/Ferenczi II/2, 685 Fer, 690 F; Freud/Abraham, 13/7/1917.)
9. Não averiguado.
10. Não averiguado.
11. Rudolf von Urbantschitsch (1879-1964), médico, membro da Sociedade Psicanalítica Vienense de 1908 a 1914. (Protokolle I, p. 191, nota 3, p. 259.) Descendia de uma família aristocrática da monarquia dos Habsburgos e tinha ligações com círculos influentes em Viena, com cuja ajuda ele montou, entre outras coisas, em 1908, o Hospital Cottage de Viena (vide 219 SF, nota 2). Durante a guerra, uma parte desse hospital ficou reservado para os oficiais. O estabelecimento foi vendido em 1922. Em 1923-24, Urbantschitsch perseguiu o plano de construir um hospital psicanalítico, e para tal solicitou a ajuda de Freud e de Anna. O projeto, no entanto, não vingou. (Freud/Ferenczi III/1, 939 Fer, 958 Fer, 960 F, 961 Fer, 965 Fer; Jones III, p. 129 *et seq.* Mühlleitner, p. 349, descreve o processo de forma diferente; o próprio Urbantschitsch parece ter fornecido informações diferentes sobre este assunto; ver sobre isto também Urban 1958, p. 193-199.) Urbantschitsch emigrou para os Estados Unidos em 1936, onde se naturalizou em 1943 como Dr. Rudolf von Urban. (Mühlleitner, p. 348 *et seq.*; Plänkers e Federn, p. 125 *et seq.*)
12. Ele se refere a Ernst: "Ernst está no hospital em Agram, com diagnóstico de úlcera do duodeno, portanto a caminho do interior com a ajuda do dr. Garai". (Freud/Ferenczi II/2, 699 F, 16/8/1917, p. 98.)

13. Vide 79 AF, nota 7.
14. Ferenczi conseguira um guia de viagem sobre a região de Tátra e recomendara alguns passeios: "Recomendo muito [...] o passeio para os cinco lagos [...]. (De Tátrafüred de bonde aéreo [...] seguindo a pé pelo vale do Kohlbach com uma bela cachoeira.)" (Freud/Ferenczi II/2, 685 Fer, 21/6/1917, p. 84.)
15. Max Eitingon (1881-1943), médico psiquiatra, neurologista e psicanalista em Berlim, procurou Freud em 1907 como "primeiro emissário" de Zurique. "Nos anos seguintes, ele se tornaria um dos amigos mais íntimos de Freud." (Jones II, p. 48.) Em várias ocasiões, apoiou financeiramente Freud e a psicanálise em momentos difíceis. (p.ex. Freud/Eitingon, 154 F.) Vide também 100 SF, notas 9 e 11, final da nota 7 para 117 SF. Eitingon esteve em Miskolcz a partir de 1916. (Freud/Eitingon, 89 E-131 E, *passim*, com inúmeras notas do editor; Schröter 2004.)
16. "A última foi um cesto com uns quarenta a cinqüenta ovos, mandado por Eitingon." (Freud/Ferenczi II/2, 701 F, 20/8/1917, p. 100. Freud/Eitingon, 110 E, 112 E, nota 2.) Ver também 78 SF, nota 4.
17. Talvez o marido da dentista dra. Garai, "a senhora, que se apresentava como a pessoa-chave para todas essas reservas de quartos". (Freud/Ferenczi II/2, 690 F, 6/7/1917, p. 89, 691 Fer.)
18. Outros parentes de Ferenczi estavam de visita em Kótaj; vide 77 AF.

77 AF [para Martha Freud]

Kótaj[1], 24.VIII.1917

Querida mamãe!

Já parti faz seis dias e ainda não recebi notícias de vocês, apesar de caminhar diariamente até o nosso russo do correio, um dos poucos por aqui que sabem falar alemão. Na carta que reenviaste para mim, Rosi pergunta se estaremos em Viena no final de agosto[2] e se ela pode ficar conosco. Ela pediu ao tio uma prorrogação das férias, mas ainda não sabe quando terá de estar em Viena. Poderias escrever um cartão para ela a respeito da hospedagem? Creio que seria bastante viável.

Ontem fiz um passeio até Sósto com a velha sra. Ferenczi[3], mas não conduzi o coche porque ela já está velha demais para ser derrubada por mim. Em compensação, voltei hoje ao rio e tomei banho, peguei sol e depois fui buscar Berti Zoltan[4] no trem. Na oportunidade, aprendi a segurar as rédeas com a esquerda e o chicote com a direita; nosso velho cocheiro está muito satisfeito comigo. Já consigo trocar algumas impressões em húngaro com ele sobre o tempo e o banho. Está fazendo muito calor, o que torna o banho no rio morno bastante refrescante. Eu mal vi nuvens por aqui, e o céu totalmente estrelado à noite é uma das coisas mais belas que se pode ver.

A filha da sra. Zóltan[5] deveria chegar aqui com seu filho pequeno, mas por enquanto está sendo aguardada em vão. – Eu me esqueci até agora de avisá-los de que um telegrama leva sempre mais do que um dia para chegar até aqui; portanto terás que me comunicar a partida de vocês com antecedência.

Soube que alguns campos já estão sendo arados. Talvez eu possa tentar, assim como fez o imperador José[6], e fazê-lo amanhã também.[7] Eu assisti à ordenha, e o administrador me ofereceu uma vaca para tentar, mas eu não quis fazer isto com a vaca. Temos 17 vacas e muitos bezerros. Ontem eu também encontrei uma vara com cerca de cem porcos; é preciso abrir espaço respeitosamente para eles.

Escrevi para os Eitingons depois da minha chegada aqui, e também para Robert, Rosi e srta. dra.[8]

Muitas lembranças para todos

tua
Anna.

---

1. Vilarejo situado a cerca de 75 quilômetros a oeste de Miskolcz, província natal de Ferenczi.
2. A família Freud só viajou em 1/9 "de Csorbató para Viena". (Kalender, 1917)
3. Rosa, mãe de Sándor Ferenczi, nascida Eibenschütz (1840-1921), que vivia em Miskolcz e que pelo visto estava visitando a filha. (Freud/Ferenczi I/1, nota 1 para 45 Fer; também 184 Fer, p. 333.)
4. Bertalan Zóltan, um dos dois filhos de Ilona e Joseph Zóltan. (Freud/Ferenczi II/2, 747 Fer, nota 2.)
5. Margit; chegou no dia seguinte (vide 79 AF).
6. Imperador José II (1741-1790), filho mais velho de Maria Theresa e do imperador Francisco I, governou dentro do espírito do absolutismo esclarecido, entre outras coisas, aboliu a servidão, fundou diversas instituições de bem-estar social (como p.ex. o Primeiro Instituto Público para Crianças Doentes em Viena em 1787, instituição na qual cem anos mais tarde inaugura-se um departamento para doenças nervosas, dirigido até 1897 por Freud); ele também decretou que todos os judeus na Áustria deveriam ter um sobrenome. (Aron, p. 291; mas também ver a descrição da sua posição contraditória em relação aos judeus em: Krüll, p. 122 *et seq*.) Por sua postura de cunho social, Joseph II seguiu vivo em muitas anedotas verdadeiras e inventadas, como o bem-amado do povo austro-alemão. O monumento erguido em sua homenagem no palácio da corte de Viena traz a inscrição "*Saluti publicae vixit/non diu sed totus*" [Ele não viveu muito, mas totalmente para o bem do seu povo], que desempenha um papel no sonho de Freud "*non vixit*" (in 1900a). Nos seus dois trabalhos, *Caminhos da terapia psicanalítica* (1919a) e *Sobre a introdução do tratamento* (1913c), Freud menciona José II e a "lenda local" em relação com o problema da terapia gratuita.
7. A "lenda" à qual Anna se refere diz que, em 1769, o imperador José II teria percorrido com seu séquito a estrada imperial de Brünn-Olmütz. "Durante a viagem, ele viu [...] um lavrador arando com dois cavalos. Como o imperador se preocupava com a triste sina dos camponeses (a servidão), mandou parar. Foi até o lavrador e o interrogou pessoalmente sobre os problemas e necessidades do mesmo. Então, o imperador teria conduzido ele mesmo o arado por um trecho para se convencer do peso do trabalho dos camponeses." (Legner, p. 9 *et seq*. Agradeço a Gertraud Sperka, e a Anton Schuster, Loket, Rep. Tcheca, pela informação.) Este acontecimento foi documentado numa pintura de Emil Perchan que se encontra no Museu Técnico de Viena e antigamente era impressa nos calendários dos camponeses, e portanto amplamente conhecida.
8. Dra. Salka Goldman, diretora do liceu de Cottage, no qual Anna lecionou.

78 SF[1]

Csorbató 25/8/17

Minha querida Anna

Naturalmente, nenhuma notícia tua hoje, novamente. Não deve ser culpa tua. Não vou mais esperar e te envio as cartas que chegaram para ti. Tem feito continuamente tempo bom, nenhuma chuva.[2] Decidimos ficar até o sábado, dia 1º.[3] Receberás instruções mais detalhadas, eventualmente por telegrama. Eu vou muito às florestas, os cogumelos estão aparecendo. As provisões de ovos, queijo, manteiga, etc., estão chegando ao final, conforme o programado.[4]

Mando-te lembranças carinhosas
papai.

1. Cartão com envelope.
2. No início das férias, fez muito frio: "Estou sentado aqui no Tatra, congelando. Se houvesse um paraíso gelado, ele poderia ser aqui". "[...] seria ideal se [...] pudéssemos aquecer o Tatra, como diz a Anna." (Freud/Andreas-Salomé, 13/7/1917, p. 69; Freud/Ferenczi II/2, 6/7/1917, 690 F, p. 88.)
3. Numa carta para Ferenczi, de 20/8, ainda constava: "Queremos viajar no dia 30 ou 31, provavelmente passando por Pressburg, e com Grete Ilm, com quem estamos nos relacionando muito bem." (*Ibid.*, 701 F, p. 100.) O desvio por Budapeste assinalado em Tögel 1989, p. 157, aparentemente foi cancelado (vide o registro no calendário citado na nota 2 para 77 AF). Na viagem de volta, Freud escreveu no trem seu ensaio "Uma recordação de infância da poesia e verdade" (1917b). (Nota editorial preliminar sobre este trabalho em S.A., v. 10, p. 256.)
4. Em carta para Abraham, Freud descreve a generosidade dos amigos e discípulos: "[...] e assim, com essa demonstração de sentimentos, pudemos nos regalar com um excesso de pão, manteiga, salsicha, ovos, charutos; um pouco como o chefe de uma tribo primitiva." (Freud/Abraham, 21/8/1917, p. 242. Ver também p.ex. Freud/Ferenczi II/2, 667 Fer, 670 Fer, 674 F, 675 Fer, 677 Fer, 681 Fer.) Ver nota 6 para 84 AF; 162 AF, nota 1.

79 AF

Kótaj, 26/VIII/1917

Querida mamãe e querido papai!

O dr. Ferenczi telegrafou-me ontem[1] dizendo que está contando como certa a minha ida por dois ou três dias a Budapeste. A estadia já foi providenciada. Eu enviei um telegrama para vocês; talvez vá mesmo, chegando três dias mais tarde em Viena. Mas eu gostaria de saber quando vocês finalmente partirão. Lamento ainda não ter recebido nenhuma linha de vocês, apesar de já estar aqui há quase uma semana. Se vocês responderem ao meu telegrama de hoje concordando,[2] não me encontrarei com vocês em Pressburg, já que não quero encurtar minha estadia aqui. Assim que eu receber a resposta telegráfica, telegrafo de volta a minha decisão, para que o dr. Sachs não espere em vão por mim em Pressburg.

Margit, filha da sra. Zoltán, chegou ontem com sua filhinha de dois anos. Margit é muito bonita e simpática e fácil de conviver. Assim, ficou ainda melhor aqui, e, portanto, eu não gostaria de ir embora.

Tive hoje a minha primeira aula de montaria.[3] Foi maravilhoso e eu nem senti medo, apesar de ter ido bem mais rápido no final. Meu cavalo era castanho, jovem e muito alto e se comportou extraordinariamente bem. Usei bata e calças pretas, tudo correu bem, além disto ainda usei botas altas de montaria.[4] Consegui me manter ereta.[5]

À tarde, tive menos sorte com a ordenha. Não saía leite, apesar de eu apertar e puxar. Tive de me contentar em tomar o leite fresco ordenhado por outrem. O gosto é tão bom que eu vou repetir diariamente. Arar é muito mais fácil; recentemente eu fiz um sulco bem longo.[6]

Gostaria muito de saber se Ernst[7] já está em Viena e se Martin[8] ainda está em Linz. E também como vocês passaram os últimos tempos em Csorbató.

Eu não vou escrever mais nenhuma carta, porque não acredito que ainda vá alcançar vocês. De qualquer maneira me telegrafem avisando a partida de vocês!

Muitas lembranças e beijos

da sua
Anna

1. "Eu telegrafei para a srta. Anna, dizendo que ela deveria ficar pelo menos dois a três dias em Budapeste. Já foi providenciada a estadia. Soube que ela está se sentindo muito bem em Kòtaj." (Freud/Ferenczi II/2, 703 Fer, 27/8/1917, p. 102.)
2. Nem o telegrama de Anna, nem o de resposta foram conservados.
3. Ver 7 AF, nota 4.
4. Portanto, não foi como escreveu Young-Bruehl I, p. 113: "Ela [...] cavalgou usando bata e meias pretas – já que não tinha roupas de montaria." A afirmação (sem fonte de referência), de que Anna teria ido para a Hungria antes dos seus pais tampouco se confirma aqui.
5. Vide 22 SF, nota 1.
6. A vida no campo sempre deu a Anna "uma sensação de força, saúde e liberdade", e ela desejava ter "estudado agricultura [...]". (Anna/Lou, carta 118, 5/8/1923, p. 211.) Ver sobre isto 141 AF, nota 2.
7. Vide 76 SF, nota 12 do registro de Freud no calendário, consta ao lado das datas de 23 a 29/8/1917 (escrito transversalmente, de cima para baixo, sobre todas as linhas): "Ernst seguiu para Viena doente". (Kalender.) Freud escreveu em10/9: "Ernst está internado aqui no hospital com diagnóstico de úlcera do duodeno, tem vindo freqüentemente para casa. Ele não parece estar bem e anseia por uma folga mais longa." (Freud/Ferenczi II/2, 704 F, p. 102.) Ele obteve esta folga, que passou em casa. (Ibid., 708 F.) Foi transferido para Viena no final do ano: "Ele está bem confortável aqui e vive como se tivesse feito um acordo de paz em separado." (Ibid., 717 F, 16/12/1917, p. 119.)
8. "Martin [está] atualmente como observador em Isonzo (Wippach), ele é a criança-problema." (Ibid., 708 F, 24/9/1917, p. 107; também já 704, 10/9.) A partir de 23/9, ele participou da ofensiva de Isonzo, que durou até o início de dezembro. Foi promovido a primeiro-tenente em 1º de março do ano seguinte. (Ibid., 713 F, 715 F, 733.)

1918

80 SF[1]

Csorbató[2] [2/8/1918, 9h][3]

Anna Fried a/c
freund[4] bürg.brau bp X

viagem interessante[5] Willi[6] viajando[7]
bom tempo[8] na chegada mamãe
descansada[9] e satisfeita[10] bagagem
acaba de chegar[11] lembranças e obrigado
todos amigos[12] papai

---

1. Este telegrama não estava nem no maço de cartas, nem no LoC. O original me foi cedido gentilmente por Peter Lambda (vide nota 6), Tibberton, Gloucester (Inglaterra). Ele agora pertence ao Arquivo sobre a História da Psicanálise, Berlim.
2. Freud já se ocupara com o planejamento das férias de verão no início do ano: "Ferenczi faz força para que consigamos ir novamente [como em 1917] para Tatra, onde ele poderá passar a temporada de férias conosco". (Freud/Abraham, 29/5/1918, p. 260. Vide também Freud/Ferenczi II/2, p. 129-164 *passim*.) Mas como os quartos em Csorbató só estavam disponíveis a partir de 1/8, os Freud aceitaram, depois de alguma relutância, o convite do dr. Anton von Freund (vide nota 4), para passar a primeira parte das suas férias na sua casa em Steinbruch (Köbánya, X. Distrito de Budapeste). (Freud/Ferenczi II/2, 743 Fer, 744 F, 750 Fer, 751 F, 753 F.) "Viajo dentro de poucos dias com minha filha mais nova (22 anos) para Budapeste, onde um amigo e recente promotor da ΨA ofereceu abrigo na sua mansão, até que possa seguir, em 1º de agosto, para a Tatra, em companhia de Ferenczi." (Freud/Andreas-Salomé, 1/7/1918, p. 92.) Anna e Freud fizeram a viagem para Budapeste em 8/7 de navio. (Kalender, 8/7/1918: "para Köbanya"; vide também Freud 1960a, p. 338 *et seq.* (o mês que consta ali, "agosto", deve ser um erro de grafia ou de impressão; da mesma forma a data "6/7" mencionada em Jones II, p. 237).) (Nas férias de 1917, Von Freund já oferecera a sua mansão em Balatonföldvár, no Plattensee, para a família Freud. (Freud/Ferenczi II/2, 675 Fer.) Na ocasião, Freud recusou o convite; ele permaneceu em Csorbató trocando de quarto; vide 76 SF, notas 1 e 4.)
3. Carimbo de recebimento: Budapeste 3 ago 1918, 10h. (Agradeço a Bence Laszló Thorday, Budapeste/Murnau, pela amável ajuda na tradução dos termos húngaros no formulário do telegrama).
4. Anton (Antál) von Freund (1880-1920), filósofo, proprietário e diretor da cervejaria Steinbrucher Bürgerliche Brauerei AG, Budapeste. (Anton v. Freund para Freud, cabeçalho de carta de 4/1/1918, FM London.) "Foi o mais forte promotor" da psicanálise, "provido de todos os dons com os quais é possível encantar e conquistar o amor das pessoas." (Freud 1920c, p. 435.) "[...] O homem [...] não é somente rico, mas também sinceramente engajado, de alto padrão intelectual, fortemente interessado na psicanálise, alguém portanto, que precisaria ser inventado se já não existisse." (Freud/Abraham, 27/8/1918, p. 262.) Von Freund assistiu às sessões da Sociedade Psicanalítica Vienense nos dias 5 e 12/6/1918 como convidado, tornando-se membro em 19/11 (Protokolle IV, p. 313-315.) Ver também nota 1 para 89 SF.

5. Anna ainda permaneceu em Steinbruch enquanto Freud partiu com Ferenczi em 1/8 para Csorbató; ela só seguiu para lá em 11/8. (Kalender.)
6. Willi (Vili; 1911-1995), filho de Kata e Lajos Lévy. Ele conhecera Freud no ano anterior, junto com a sua mãe, em Tatra. (Freud/Ferenczi II/2, 697 F; Lévy, p. 2 *et seq.*) Freud e Ferenczi levaram o menino de sete anos de idade, acompanhado da sua babá Annie, de Budapeste até a sua tia (sra. Regine Vidor), que passava o verão com a família em Lomnicz, perto de Csorbató, num bangalô próprio. (*Ibid.*, p. 7f.) Quando adulto, Willi Lévy mudou o seu nome para Peter Lambda (como a letra grega L, com a qual seu pai costumava assinar seus artigos nas revistas). Inicialmente, estudou Medicina em Viena, interrompeu os estudos em 1934, voltou para Budapeste e tornou-se escultor e escritor. Emigrou para a Inglaterra em 1938. Lá, fez um busto de Freud, cujas três cópias se encontram no Museu Freud em Londres, na Clínica Infantil de Anna Freud, fundada mais tarde em Hampstead, e no Menninger Institut em Topeka, Estados Unidos. (Informação pessoal de Peter Lambda; Lambda, Recordações; vide também "Freud para Willi".)
7. Erro de transmissão no telegrama no original alemão [*reizend*].
8. Erro no telegrama no original alemão [*wetter*].
9. Erro no telegrama no original alemão [*frisch*].
10. Martha Freud passara as férias até então na casa de Sophie. "Eu vou com Anna [...] para Steinbruch como hóspede de Freund e da sua irmã Levy; enquanto isso, minha mulher viaja para Schwerin, onde Sophie requer urgentemente a sua presença". (Freud/Ferenczi II/2, 751 F, 18/6/1918, p. 161, também p. 164.) Os Halberstadt já haviam morado temporariamente em Schwerin no ano anterior: "Depois de uma semana sofrida, Sophie viajou com o seu marido para Schwerin. Oxalá fiquem juntos ali e consigam se alimentar." (*Ibid.*, 674 F, 22/5/1917, p. 68.) Eles voltaram para Hamburgo no final de 1918. (*Ibid.*, 780 F.)
11. Erro no telegrama no original alemão [*ausgefolgt*].
12. Decerto ele se refere especialmente aos casais dr. von Freund e dr. Lévy junto com suas famílias, além de Ferenczi e família, que os visitavam freqüentemente. (Lévy, p. 5 *et seq.*; Ferenczi para Von Freund, 26/7/1918.)

81 SF

PROF. Dr. FREUD

Csorbató 2/8/18
VIENA, IX. BERGGASSE 19.
Uma hora da tarde

Minha querida Anna:

Esta é a primeira carta daqui. Os outros estão no almoço, do qual abri mão por causa de circunstâncias já conhecidas, surgidas ontem[1]. Espero já estar em condições amanhã e decidi creditar os acidentes à minha incrível suscetibilidade à manteiga rançosa, o que certamente procede, mas que deve ser mantido rigorosamente em segredo para a sra. Kata[2].

Nós nos encontramos com a mamãe em Csorba, onde ela esperou nosso trem por duas horas, surpreendentemente bem e descansada. Ajeitamo-nos um pouco hoje e manhã. O canto da minha escrivaninha é o mais gracioso que jamais tive. Agora é certo que poderás ocupar sozinha o quarto menor, não vou abrir mão deste lugar aqui. Aliás, devolvemos o teu quarto por uns oito a dez dias, economizando bastante, sob a condição de que ele será arrumado imediatamente após a tua chegada.

O dia hoje está fantástico, não consigo evitar os superlativos. Um ano estranhamente rico em cogumelos; terei muito o que fazer. A casa de café já está pronta, todo o serviço parece estar mais decente e cuidadoso.³

Os relatos que a mamãe faz de Berlim e Hamburgo não são nada animadores.

O Max e a Soph vão ficar em Schwerin, vão devolver o seu apartamento em Hamburgo e alugaram um apartamento de quatro quartos muito bonito em Schwerin. Minha viagem para lá em setembro, portanto, tornou-se pouco provável.⁴ Eu ainda poderia te contar muito mais, mas o tempo urge, e está muito bonito para ficar escrevendo; há muitos negócios à minha espera. Por isto eu vou me calar também sobre tudo o que está te cercando em Budapeste, e espero que continues confortável por aí, até que nos encontremos.

Manda lembranças a todos, minhas e da mamãe, em especial aos irmãos Kata e Antál, e escreve-nos antes de saltar do trem aqui.

papai

---

1. Provavelmente uma "revolta estomacal", como já ocorrera no ano anterior em Csorbató. (Freud/Ferenczi II/2, 697 F, 8/8/1917, p. 95.)
2. Kata F. Lévy (1883-1969), uma irmã de Anton von Freund, casada com o dr. Lajos Lévy. Ela administrava a casa do casal Von Freund em Steinbruch na sua ausência. Freud já a conhecera no ano anterior em Csorbató. Ela se formou como professora primária, mais tarde foi psicanalista, membro primeiro da Sociedade Húngara, depois da Sociedade Britânica de Psicanálise. O casal emigrou em 1954 para a Inglaterra, onde manteve estreito contato com Anna Freud. (Lévy, Introdução e p. 3-7; Anna para Kata e Freud para Kata, *passim*.)
3. Do que no ano anterior; vide 76 SF.
4. Freud já quisera ir visitar Sophie em Schwerin na primavera: "Se não fosse proibido viajar, com todas as ameaças e penalidades, neste momento gostaria de rever minha filha e genro na Páscoa [...]. Mas isto é inexeqüível." (Freud/Abraham, 22/3/1918, p. 257.) Mas desta vez o adiamento teve outros motivos; vide nota 2 de 82 AF.

---

82 AF

Budapeste, 5/VIII/1918.
22 h.

Meu querido papai!

Acabam de me entregar a tua carta enquanto me preparava para ir para a cama, e eu fiquei tão contente que me animei a respondê-la logo. Eu me penitencio por causa da manteiga; sempre achei que não deverias comê-la. Espero que já estejas melhor; a mamãe precisa cuidar melhor de ti do que eu. Não me disseste o que mamãe acha da minha ausência¹; a solução para o quarto me deixou contente; aliás, ambas as soluções. Mas em que mudaria a tua viagem para ver Sophie, se ela vai ficar em Schwerin?² Decerto será muito difícil para ela devolver o apartamento. Também recebi aqui duas cartas da mamãe, de Schwerin.

Agora saberás o que se passa por aqui. Mudamo-nos[3] hoje para a Szalay utca[4] 3 e estamos muito confortavelmente instalados. Estou ocupando o quarto de Willi, escrevo agora em sua mesa e estou sendo tratada como uma espécie de substituta de Willi, ou seja, muito bem. O dr. Levy[5] começa a se tornar incrivelmente simpático; ele escolhe sempre as melhores coisas para comer, oferece-me todos os seus livros e hoje me presenteou até com uma encantadora fotografia de Willi. Eu me dou muito bem com a sra. Kata.[6] Ela sentiu muito a tua falta no primeiro dia[7], mas foi muito solicitada em seguida, e isto ajudou a superar. Acredito que ficar aqui foi ótimo para a nossa amizade, que está iniciando. Os últimos dias em Steinbruch foram menos confortáveis mas, em compensação, mais interessantes. Sabes que eu raramente me utilizo de ditados judaicos, mas desta vez isto não me saiu da cabeça: "Quando se diz *meschugge* [maluca], deves acreditar". Estou me referindo à sra. Ro[z]si, que tem os humores mais terríveis e que arruína totalmente a própria vida e a de seu marido. Provavelmente sabes melhor ainda, o quanto.[8] Eu não imaginei nem de longe que fosse tão ruim. Tenho pena da filha[9]. Fiz uma boa amizade com Vera. Não consigo entender como os dois bebês[10] se tornaram tão encantadores, apesar de tudo. A srta. Kokoschka[11] não está se saindo muito bem. Na antiga mansão, tivemos uma noite de despedida muito agradável, mas a nossa bonita sala de jantar na nova mansão perdeu a graça para mim e para a sra. Kata.

Infelizmente, nossa viagem[12] conjunta não vai dar em nada. A velha senhora[13] não está passando bem, e as duas noras impedem a sra. Kata de viajar. Ela não vai gostar de ficar, mas, caso contrário, acredito que ela causaria muitos transtornos na família. De qualquer forma, ela virá em seguida. Talvez eu viaje no sábado com o dr. Freund e a Vera. Passarei por Csorba e telegrafarei antes, mas, se coincidir com o jantar, não será necessário que ninguém venha ao meu encontro.

Não é muito difícil ser simpática por aqui, e estou feliz por poder viver como uma pessoa decente, apesar de todas as anormalidades das quais agora soubeste. Eu também tive um sonho, mas eu prefiro guardá-lo e contá-lo depois. Eu já estou feliz com a perspectiva do reencontro contigo e com a mamãe, mas ainda permaneço estes dias por aqui com prazer.

Muitos beijos para ti e a mamãe.

Tua Anna.

[De próprio punho:]
Infelizmente não será possível seguir o seu conselho – mas eu creio que o senhor me daria razão. Meu irmão viajará no meu lugar. Estou contente por saber que está tão bem.
[Inclinado na margem:]
Muitas lembranças; também para a *sra. Professora*.[14]   Kata[15]

1. Vide nota 5 para 80 SF.

2. "Minha viagem a Schwerin, que eu pretendia fazer em meados de setembro, foi cancelada, pois nessa época Sophie estará em Hamburgo para desmontar seu apartamento." (Freud para Martin, 5/8/1918.)

3. Da casa do dr. von Freund, em Steinbruch, para a do casal Kata e dr. Lajos Lévy, em Budapeste (vide 83 SF). Nem no telegrama 80 SF, nem nas cartas subseqüentes existe uma confirmação de que Anna tenha trabalhado naquela época "durante algumas semanas" como professora numa escola nas proximidades de Budapeste, onde ela teria experimentado os métodos do projeto depois aplicados na escola particular de Hietzing. (Desta forma em Young-Bruehl I, p. 113 *et seq.* (sem fonte de informação).) Ross, que também menciona esta "missão de ensino na Hungria", alega que ele só conhece esta história por intermédio de terceiros. (Ross 1994, p. 42. Pela informação verbal (6/6/2004), agradeço a Victor Ross.)

4. Erro gramatical no manuscrito original.

5. Lajos [Luís] Lévy (1875-1961), médico e amigo de Ferenczi. (Freud/Ferenczi, *passim*.) Entre outras coisas, foi editor da revista *Gyógyászat* [*Medicina*], membro-fundador da Sociedade Psicanalítica da Hungria (1913). Em 1918, tornou-se diretor do Hospital Judaico, em Budapeste. Visitou Freud várias vezes em Viena entre 1923 e 1928 (mais tarde também, intermitentemente), aconselhando-o então também como médico. (Freud/Ferenczi I/1, p. 183, nota 2; Freud para Lajos Lévy, LoC SF, Cont. 36; Schur, p. 425, nota 4; Young-Bruehl I, p. 113; Molnar 1996, p. 109; ver também Protokolle IV, p. 297, nota 3 (mas a identidade ali presumida é duvidosa).)

6. Ver Anna para Kata, entre 1917 e 1968.

7. Ela havia começado a fazer análise com Freud em Budapeste. (Lévy, p. 2, 4.) Vide 87 SF.

8. Rózsi von Freund, nascida Bródy (1887-?), segunda esposa de Anton von Freund. Fez análise com Freud em 1916, cujos resultados estão no ensaio "O tabu da virgindade" (1918a). (Freud/Ferenczi II/1, 608 Fer, 611 F, 627 Fer; II/2, 676 F, 708 F; Lévy, p. 5; Freud para Kata, *passim*; Anton von Freund para Freud, 4/1, 26/4, 27/6/1916 (FM London). Ver também p.ex. Freud/Ferenczi III/1, 834 Fer.)

9. Vera (1912-1991), filha do primeiro casamento de von Freund. (Freud/Ferenczi II/2, nota 3 para 730 Fer.)

10. Provavelmente os dois filhos do segundo casamento: Erzsébet (Elisabeth Berki, de casada; 1916-1989) e Antal (nascido em 6/2/1918, mais tarde dr. Anthony Toszeghi em Londres). (Freud/Ferenczi II/1, nota 1 para 627 Fer; II/2, nota 2 para 730 Fer.)

11. Talvez a cozinheira na casa dos von Freund: "Minha cunhada deixou para trás a sua cozinheira e a sua criada, e por mais que a empregada Mariska tenha se mostrado indispensável, a cozinheira, que era uma aquisição nova e não testada, foi uma decepção". (Lévy, p. 4 *et seq.*) Ela seguiu de navio com Freud e Anna, de Viena até Budapeste. (Anton v. Freund para Freud, 1/7/1918, FM London.)

12. Freud convidara Kata a viajar com eles até o Tatra. (Freud para Kata, 5/8/1918.)

13. Sogra de Kata Lévy. (Lévy, p. 8.)

14. As últimas quatro palavras foram inseridas posteriormente.

15. Somente alguns dias depois, quando a mãe do dr. Lévy morreu, é que Kata Lévy pôde viajar até o Tatra e passar algumas semanas com os Freud, inicialmente em Csorbató, onde dividiu um quarto com Anna, e depois em Lomnicz. (Freud para Kata, 12/8/1918; Anna para Kata, 10/9/1918.)

83 SF[1]

Srta. Anna Freud
a/c Dr. Levy
Budapeste V
Szálay ut 3

                                                                   Csorbató
                                                                   5/8/18

Querida Anna
    Vamos bem, só um pouco demais de chuva. Ontem visita dos Vidor[2] com Willi, muito divertidos. Pede ao dr. Schachter[3] uma prescrição de Mag. Bismuthi[4], me fez muito bem. Muitos cogumelos, muita troca de roupa[5]. Naturalmente aguardamos notícias tuas. Lembranças para os Fr[eund] e os L.[evy] do
Teu
                                                                                                papai

1. Cartão-postal.
2. O casal Emil e Regine Vidor, uma irmã de Anton von Freund e Kata Lévy.
3. A última letra do nome, corrigida, não está legível, poderia também ser um l ou um t. Trata-se provavelmente do "jovem Schächter", que Ferenczi menciona numa carta para Freud de 18/7/1920, filho do seu amigo já falecido dr. Miksa (Max) Schächter. (Freud/Ferenczi III/1, 849 Fer, p. 78, 273; I/1, 111 Fer, nota 2; II/2, 651 Fer, nota 1.)
4. Leite de magnésia. (Hunnius, 1998.)
5. "Recordo-me de uma manhã com muita chuva, que cessou após o almoço [...]. No meio do caminho recomeçou a chover, minha mochila ficou pesada não só de cogumelos, mas também da chuva. [...] Quando finalmente chegamos em casa, num estado indescritível, para horror da Sra. professora, a água escorria das nossas roupas." (Lévy, p. 8 *et seq.*) Ver 95 SF, nota 10.

84 AF
                                          [Viena,][1] sexta-feira, 13/IX/1918
Querido papai!
    Recomendei fortemente ao dr. Sachs, portador desta carta[2], que me telegrafem impreterivelmente amanhã, com urgência. Nem sei ao menos se devo aguardar vocês ou não.[3] Eu fiquei muito espantada com o adiamento do congresso,[4] o que considero uma lástima, pois a representação internacional certamente ficará restrita a um mínimo de pessoas. No mais, eu não posso avaliar nada daqui. Estou curiosa por saber se vocês permaneceram ainda alguns dias a mais em Lomnitz[5]; certamente seria melhor. Não voltes correndo de Budapeste, aqui vocês não encontrarão nada decente para comer. Ainda estou sobrevivendo de carne, pão, ovos e doces de Budapeste, apesar de já ter chamado várias vezes

pessoas para comer. Por favor, diz mais uma vez ao dr. Lévy como esses alimentos que ele me deu estão rendendo⁶. Eu estou muito bem, todos acham que estou ótima. Estou levando uma vida agradável e não me martirizo muito com a escola. As aulas só recomeçam dentro de uma semana.⁷

Acabo de receber um convite do dr. von Freund para o congresso, com a observação de que minha estadia já foi providenciada. Mas provavelmente não poderei ir. Teria de faltar à escola no sábado e na segunda-feira, e agora, no começo, não é possível. Tampouco aprovarias. Caso contrário, eu iria com prazer.

A Math chega hoje. Eu já estou contente com a sua chegada. O Martin partiu ontem muito triste. No que concerne a Esti D.⁸, ela se comportou muito bem e foi bastante amável.⁹

Mando-te muitas lembranças, e para a mamãe também. Meus dias transcorrem de forma sensata, o que é uma sensação bem insólita.

tua
Anna.

Teus pacientes telefonam incessantemente.

[De próprio punho:]

Certifico por meio desta, que a srta. Anna Freud está em excelentes condições, que ela é bem bonita e está comendo bem bonitinho e, em conseqüência disto, está radiante. A supracitada também fez¹⁰ por merecer minha satisfação de tal forma, com o seu jeito agradável e amável, que eu posso recomendá-la muito bem a todo e qualquer um.

Robert Hollitscher[11]

---

1. Anna foi obrigada a interromper suas férias mais cedo devido ao reinício das aulas (vide nota 7). (Lévy, p. 8.) Ela interrompeu a viagem de volta em Budapeste para passar alguns dias no apartamento do dr. Lévy. (Anna para Kata, 10/9/1918.)
2. Hanns Sachs pretendia partir para Budapeste a fim de ajudar nas preparações do V Congresso Internacional de Psicanálise; Ferenczi aguardava-o no dia seguinte. (Freud/Ferenczi II/2, 757 Fer.)
3. Na verdade, os Freud ainda pretendiam passar em casa antes do início do congresso, mas, como mostram as cartas seguintes, eles mudaram este plano, com o que Anna concordou plenamente: "Convença o papai e a mamãe, [...] a ficarem até o congresso, [...] eu estou muito bem". (Anna para Kata, 13/9/1918.)
4. Originalmente o congresso deveria se realizar em 21 e 22/9/1918 em Breslau (Freud/Abraham, p. 261, 262.), mas o Ministério da Guerra criou dificuldades, colocando em dúvida a própria realização do congresso, como relata Ferenczi: "Quando eu sugeri que fosse realizado em Budapeste, verificou-se que eu havia verbalizado o desejo secreto de Ranke e de dr. Freund. [...] Nós telegrafamos para a srta. Annerl enviando notícias sobre esta mudança." (Freud/Ferenczi II/2, 754 Fer, 10/9/1918, p. 165; também 756 Fer.)
5. De fato; o casal adiou a partida repetidamente. (Freud/Ferenczi II/2, 755 F, 756 Fer, 758 F.)

6. Antes destas palavras, está riscada a palavra "provisões". Freud já escrevera anteriormente para Abraham sobre este fenômeno: "Um peculiar sinal destes tempos, já há um ano, que eu ainda não mencionei, é que os pacientes e discípulos amigos nos abastecem de alimentos. Estamos vivendo de humildes doações, como uma família de médico de tempos remotos. Charutos, farinha, banha, toucinho, etc., tudo isto nós ganhamos de presente, ou então a preços módicos nunca vistos, dos nossos húngaros, Ferenczi e Eitingon acima, e de algumas famílias de Budapeste, adeptas da psicanálise. Mas até aqui [em Viena] eu encontrei tais discípulos que nos abastecem de víveres." E Abraham afirmou: "O que o senhor escreve sobre a economia natural no exercício da profissão também ocorre comigo. São tempos espantosos." (Freud/Abraham, 29/5 e 21/6/1918, p. 260, 261.) Ver 78 SF, nota 4.

7. Anna já se tornara professora de classe no liceu de Cottage em 1917, depois dos dois anos de experiência (1915/16 e 1916/17): "Anna [está] trabalhando com sofreguidão, ela ganha contratualmente duas mil coroas por ano". (Freud/Ferenczi II/2, 708 F, 24/9/1917, p. 107.) Em 15/4/1918 (portanto, não em 1917, conforme diz Peters, p. 54) ela prestou a sua segunda prova para o magistério, "com sucesso". (Freud/Ferenczi II/2, 740 F, 21/4/1918, p. 149; também 737 F; idem Freud/ Lou Andreas-Salomé, 21/4/1918.) Cf. nota 1 de 49 AF, nota 5 de 86 AF.

8. Ernestine ("Esti") Drucker. Eles ficaram noivos um ano depois (em 28/9/1919, logo após o regresso de Martin da prisão de guerra, casando-se em 7/12/1919; vide nota 2 para 104 SF).

9. "Dessa vez, ele conviveu mais fraternalmente comigo do que de hábito." (Anna para Kata, 13/9/1918.) Martin passara anteriormente uma parte de suas férias também no Tatra. (Lévy, p. 9.)

10. Palavra novamente riscada no manuscrito.

11. "Costumo convidar Robert para o lanche e para a ceia, e nós convivemos muito bem, como sempre, quando estamos a sós." (Anna para Kata, 10/9/1918.) Ver 74 AF, nota 7.

85 SF

PROF. Dr. FREUD

Lomnicz[1] 13/9/18
VIENA, IX. BERGGASSE 19.

Querida Anna:

Como sabes, de repente tudo mudou. Além disso: Willi foi mandado de volta para casa hoje de manhã, junto com a senhorita[2]. Grande suspense para saber se o carinhoso pai, que precisamente não queria isto, ainda virá para L.[omnicz].[3] Kata está transformando isso num teste. Ela está muito satisfeita, mas de resto é cheia de rapapés; um caso perdido em termos de talento, sem a menor condição de te substituir[4]. O convívio com Emil[5][,] Géza Mendel[6], e Hedi D.[7], de Palota[8], é muito bom, sem contratempos. O tempo está muito frio e úmido, não compensando o péssimo mês de agosto.

Nós prolongaremos nossa estadia por mais uma semana e estaremos em Budapeste entre os dias 18 e 20; ainda telegrafaremos. Espero que não estejas muito solitária, e que não fiques magoada conosco. Tentamos manter nossa data de partida, mas houve uma reação indignada. Na verdade, poderias vir participar do congresso em Budapeste, nos dias 28 e 29. Aguardo notícias e cartas tuas e te mando lembranças carinhosas.

papai

1. Como os quartos em Csorbató só estavam reservados até o final de agosto, a irmã de Kata, a senhora Vidor, ofereceu aos Freud sua pequena casinha na localidade de Lomnicz, em altitude um pouco menos elevada, já que ela pretendia voltar com sua família para casa no dia 1º de setembro. Um pequeno trem ligava as duas localidades, passando por Tátrafüred. (Lévy, p. 10, p. 7.)
2. Senhorita Anni (também: Annie ou Anny), a babá de Willi Lévy.
3. Ele chegou em 15/9, vide 87 SF. (Freud/Ferenczi II/2, 757 F.)
4. Isto poderia estar relacionado com a seguinte recordação de Kata: "O professor jogava cartas com sua filha Anna depois do almoço. Depois que ela partiu, eu assumi o lugar dela, mas não tinha nenhum talento para o jogo de cartas e fazia os erros mais crassos, colocando a paciência do professor duramente à prova. Envergonho-me disso até hoje." (Lévy, p. 9.)
5. Talvez Emil von Freund, irmão de Kata Lévy e de Anton von Freund. Ele dirigia a cervejaria em Steinbruch juntamente com Anton von Freund e morava lá na "velha mansão" paterna. Também costumava passear pela Tatra durante o verão; vide p.ex. 87 SF. Ou também o cunhado de Kata, Emil Vidor. (Lévy, Introdução e p. 2.)
6. Não averiguado; talvez "parentes em Palota" (87 SF).
7. Não averiguado, como nota 6.
8. Pode se tratar de duas "Palota": uma em Kom. Maros-Torda, situada na região norte de Siebenbürgen, pertencente à Hungria naquela época, a cerca de cinqüenta quilômetros a sudeste de Bistritz (Besztercze) (Atlas, 136 E 3); e outra, Csanád-Palota, situada a uns bons duzentos quilômetros ao sul de Miskolcz, aproximadamente no meio do caminho entre Szegedin e Arad. (Atlas, 79/80 G 5.)

86 AF

[Viena,] 17/IX/1918

Querido papai!

Obrigada pela tua carta de Lomnic[1], que acabo de receber. O tempo aqui está tão maravilhoso que obrigatoriamente deve estar bom aí também. Agora estou na dúvida se realmente devo enviar a carta para Budapeste e se vocês não vão ficar um pouco mais em Lomnic.

É claro que eu gostaria de participar do congresso[2]. Amanhã vou perguntar na escola se poderei ser substituída no sábado. Mas eu precisaria estar na segunda-feira, tendo, portanto, de partir no domingo à noite.[3] Mas nós poderemos tratar disto pessoalmente.

Agora há muito o que fazer na escola.[4] Tudo está correndo de forma excelente, e a diretora[5] acha que a senhorita Dellisch[6] e eu já estamos trabalhando muito bem, mas é muito cansativo. Além disso, as condições alimentares são decepcionantemente ruins. Sou obrigada a comer vagens e batatas no almoço e à noite. Já estou com horror de ambos. Nem dá para sentir fome. Às vezes, bebo cerveja de Steinbruch na ceia, imagina só. Vocês também terão dificuldades para se acostumar, mas todos estão fazendo isto.

Fiz um belo passeio com Math e Robert no domingo. Edith[7] chegou ontem à sua casa.

Aproveita e passa bem aí na Hungria, e traz bastante coisa para comer. Eu não vou te escrever mais porque nos falaremos em breve. Ou será que ficarás em Budapeste até o congresso? Só não venhas na sexta-feira, porque eu tenho reunião à noite.

Muitas lembranças

tua
Anna.

1. Assim no manuscrito.
2. Vide nota 1 em 89 SF.
3. O plano acabou dando certo, já que Freud também queria voltar no domingo, dia 29/9; vide 89 SF.
4. "Este ano o trabalho todo foi feito só pela diretora dra. G., senhorita Dellisch e eu. Foi muita coisa, mas correu tudo bem, e nós nos divertimos muito." (Anna para Kata, 22/9/1918.)
5. "Dr. Salka Goldman [sic] cobriu de elogios o seu desempenho como candidata a professora, com alunos da terceira, quarta e quinta séries, nos anos letivos de 1915-16 e de 1916-17, e a sua primeira atuação como professora de classe da segunda série no ano letivo de 1917-18" (vide nota 7 para 84 AF), principalmente seu "grande zelo", a "preparação conscienciosa" e a sua aptidão para o ensino. "A sra. dra. Goldman também contratou Anna Freud como sua secretária e assistente, em meio expediente." Anna criou para seus alunos e alunas "um oásis de calor e empolgação" e, ao mesmo tempo, conseguiu que se criasse de forma natural nas suas turmas uma "excelente disciplina". (Young-Bruehl I, p. 108-110.) Sobre a disposição e a intuição pedagógica de Anna Freud, vide também Peters, p. 54-56.
6. Josephine Dellisch. "Ela é professora do liceu na matéria francês-alemão, alguns anos mais velha do que eu, muito inteligente e culta, uma verdadeira dama, e tem uma influência pedagógica muito forte sobre adolescentes." (Anna para Ernst Freud, 11/2/1920, FM London.) Posteriormente, ela trabalhou alguns anos como professora no estabelecimento de ensino rural Wickersdorf em Saalfeld/Thüringen (Bloomsbury 1995, p. 55 *et seq.*, 142, nota 7, 158 *et seq.*, 162; lá também maiores detalhes sobre a sua relação com Alix e James Strachey; também foto de cerca de 1930 com legenda.) Depois da guerra, viveu e trabalhou na Odenwaldschule, na Bergstraße. (Josephine Dellisch para Anna, 26/10/1946, LoC AF, Cont. 17.) Vide também 127 SF, nota 1.
7. Edith Rischawy, sobrinha de Robert.

87 SF

PROF. Dr. FREUD

T.[átra] Lomnic[1]
VIENA, IX. BERGGASSE 19.
17/9/18

Minha querida Anna:

O correio está péssimo. Espero que estejas a par do essencial sobre Budapeste. Aqui está terminando. O tempo ficou maravilhoso. O dr. Lévy chegou no domingo ao meio-dia. Decidimos estar em casa na noite de domingo, dia 22 do corrente. Espero que possas ir nos buscar. A partida daqui para Budapeste e a duração da estadia lá ainda não estão determinadas, pois os esforços para conseguir pousada lá não foram bem-sucedidos. Antes de terminar esta carta, já devo estar em condições de acrescentar as informações definitivas. Nós partiremos antes dos Lévy.

Presumo que tenha chegado a Viena uma correção de Prochaska[2], e que a tenhas enviado com urgência para cá. Talvez ela chegue ainda hoje ao meio-dia. Não consigo reprimir uma certa saudade de relações organizadas com o ambiente, apesar da vida preguiçosa que estou levando. A vontade de trabalho se apresenta de uma forma inconfundível.

O tratamento de Kata[3] passou a ser ambulatorial, mas agora empacou. Continuará em Viena. Parece que o comitê em Budapeste pretende que o Congresso seja muito pomposo e genuinamente húngaro. Eu vou fazer carga contra, daqui, na medida do possível.[4]

Ernst voltou de Kassa[5], segundo ele, com um atestado oficial[6]; fica aqui até o dia 24 [7], depois segue também via Budapeste.[8] Viajará com Emil Fr.[eund] para Kesmark[9]. Fizemos uma excursão até lá no sábado, parcialmente a pé. A convivência com os parentes em Palota, Emil, Géza e srta. Heddy[10], é muito agradável.

De noite: eu ainda não sei dizer quando partiremos daqui. Mas tenha como certo de que chegaremos no domingo à noite; faz, a tempo, contato telefônico com o sr. Weiss da cervejaria para nos buscar. Carinhosamente,

papai

---

1. Assim no manuscrito.
2. A editora (à época ainda da "corte imperial") Karl Prochaska em Teschen/Nordmähren. Freud estava preparando naquela época o quarto volume de seu *Coletânea de pequenos escritos sobre o estudo da neurose* (Viena: Heller 1918) e aguardava as correções do texto *Novos conselhos sobre a técnica da psicanálise* (1913c, 1914g, 1915a), *O motivo da eleição do cofre* (1913f) e *O tabu da virgindade* (1918a). (Lévy, p. 14; Kalender, 17/4 e 5/12/1918.)
3. A análise iniciada em Steinbruch; vide nota 7 para 82 AF.
4. "Não vejo com simpatia os indícios de que o senhor pretende conduzir o congresso para o lado festivo-oficial. [...] Eu lhe peço também que influencie o dr. Freund a restringir suas inclinações para a hospitalidade generosa." (Freud/Ferenczi II/2, 758 F, 17/9/1918, p. 168.)
5. *Kaschau* em alemão (*Kassa* em húngaro, *Kosice* em eslovaco); situada cerca de cinqüenta quilômetros ao norte-noroeste de Miskolcz, hoje pertencente à Eslováquia.
6. No mês de março, Ernst conseguiu "impor-se uma paz preliminar; ele recebeu um diagnóstico C em um novo exame, e espera ficar no mínimo com um resultado B na arbitragem superior agora aguardada". (Freud/Ferenczi II/2, 735 F, 17/3/1918, p. 142; também 737 F.)
7. "Dois dos meus filhos [Martin e Ernst] estão próximos de nós aqui no Tatra [...]." (Freud/Abraham, 27/8/1918, p. 262.) Ferenczi relata ter-se encontrado com Ernst em Széplak no dia 10/9. (Freud/Ferenczi II/2, 754 F, p. 165.) E Kata Lévy lembrou-se: "Ernst Freud chegou um dia, de folga do exército. Foi enviado para uma casa de repouso militar que ficava bem perto de Csorbató no Tatra." (Lévy, p. 6.) Desde agosto de 1917, Ernst passara por vários períodos de doença com internações, por último devido à tuberculose. (Freud/Ferenczi II/2, 699 F, 704 F, 708 F, 709 F, 713 F, 715 F, 717 F, 733 F, 737 F, 740 F, 742 F, 751 F; ver também Jones II, p. 245 *et seq*.) Por causa disso, permaneceu depois em Arosa; vide 133 SF, nota 12.

8. Lá, ele participou do congresso como convidado; vide nota 1 para 90 AF.
9. Késmark, uma pequena localidade próxima e abaixo do pico Lomnicz. Lá se podia comprar gêneros alimentícios, entre outros. (Lévy, p. 10.)
10. Vide 85 SF, notas 6 e 7.

88 SF

PROF. Dr. FREUD

Lomnic[1] 19/9/18
VIENA, IX. BERGGASSE 19.

Minha querida Anna:
Eles conseguiram fazer com que nós fiquemos até o congresso: todas as influências possíveis e o bom tempo encantador. A mamãe cedeu antes de mim; eu me submeti. Procura te virar na medida do possível e não deixa passar nada.

O dr. Lévy estará em Viena na terça-feira, ele vai te procurar e levar o meu terno preto. Manda dizer aos pacientes que chego no dia 30/9 e começo no dia 01/10.

A lauda revisada de Prochaska está me fazendo uma falta terrível, espero que já a tenhas enviado para Budapeste, caso contrário manda rapidamente para cá ou para os Freund.[2] Partiremos para Budapeste na quarta-feira, dia 25. Se vires Sachs, lembra-o de me trazer as canetas-tinteiro. A minha boa se quebrou; eu mal consigo escrever.

Dinheiro deves conseguir arranjar. Fica bem. Eu mesmo estou surpreso com a mudança.

papai

1. Assim no manuscrito.
2. Mais tarde, Freud deu as páginas revisadas, que tanta falta lhe fizeram, de presente para Kata Lévy como lembrança do tempo que passaram juntos no Tatra. (Lévy, p. 14.)

89 SF

PROF. Dr. FREUD

T.[átra] L.[omnicz,] 21/9/18
VIENA, IX. BERGGASSE 19.

Minha querida Anna:
Aproveito a oportunidade para te enviar algumas linhas pelo dr. Lévy. Espero que tenhas recebido as nossas cartas e já saibas de tudo, inclusive o que diz respeito ao correio e às laudas de Prochaska que faltam.

Tivemos a melhor semana da temporada; mas agora já estou de posse do bilhete de uma meia cabine, quarta-feira cedo, para Budapeste[1].

Se puderes vir para o congresso², serás bem-vinda. Nós retornaremos para Viena no domingo à noite.

Muitas lembranças carinhosas
papai

1. Para o V Congresso Psicanalítico Internacional, realizado nos dias 28 e 29/9/1918, na Academia Húngara de Ciências, sob a presidência de Karl Abraham. Freud fez a leitura da sua conferência sobre os "Caminhos da terapia psicanalítica" (1919a), que escrevera durante sua estadia em Steinbruch na casa de Anton von Freund. Ferenczi foi eleito presidente da Sociedade Psicanalítica Internacional, e Anton von Freund, secretário-geral. (IZ, v. 5, 1919, p. 52-57. Ver também Jones II, p. 237-239, e Freud/Andreas-Salomé, 4/10/1918, p. 93; Freud 1923i.) Pouco depois do fim da guerra, no dia 7/11/1918, Ferenczi enviou o relatório do congresso para Freud com o seguinte comentário: "Foram feitas algumas modificações, para neutralizar o caráter bélico, agora anacrônico, do nosso congresso". (Freud/Ferenczi II/2, 770 Fer, p. 184.)
2. Durante o congresso também foi anunciada a doação generosa feita por um "membro anônimo" da Sociedade Psicanalítica de Budapeste (foi Anton von Freund). O objetivo da doação era possibilitar a Freud, entre outras aplicações, criar uma editora própria, dedicada exclusivamente à literatura psicanalítica, "para o fomento de publicações científicas, em especial para o aperfeiçoamento eficaz dos periódicos da sociedade", que não fosse "um empreendimento com fins lucrativos", e que pudesse, portanto, resguardar melhor os interesses dos autores "do que o que acontecia geralmente no caso dos livreiros-editores". (Freud 1919c, p. 333, 335; IZ, v. 5, 1919, p. 55 *et seq.*; Circulares 1, p. 40-44.) Esta Editora Psicanalítica Internacional foi fundada então em Viena, em janeiro de 1919, depois de extensas negociações. Era uma sociedade limitada, com os sócios Von Freund, Freud, Ferenczi e Rank, que assumiu também a direção do negócio. Como ajudantes estavam sua mulher Beata, bem como Anna Freud e Theodor Reik. Mais tarde, Jones substituiu Von Freund, quando estava no estágio terminal de sua doença (ver nota 14 de 95 SF, nota 6 de 96 AF). A.J. Storfer assumiu em fevereiro de 1921 o cargo de assistente no lugar de Reik, quando este se mudou provisoriamente para Berlim. No mesmo ano, Eitingon ingressou extra-oficialmente na direção da editora, trazendo considerável aporte financeiro. A própria Anna também se tornou membro da sociedade em 1925. (Freud 1919c, 1920c, p. 436; Freud/Ferenczi II/2, de 737 F (7/4/1918) até 782 F (6/1/1919) *passim*, III/2, 1027 Fer; Freud/Jones, carta 275, 13/5/1920, bem como 1918-1920 *passim*; Circulares 3, p. 13; Marinelli; Katalog; Huppke; ver Também Jones II, p. 236 *et seq.*, e Jones III, p. 21, 46-55, 63 *et seq.*, 65 *et seq.*; vide principalmente também os demais comentários sobre o tema "editora" em Freud/Eitingon. Além disso, os relatórios de atividades, emitidos regularmente, nos *Comunicados da Editora Psicanalítica Internacional*, em: IZ, a partir do v. 7, 1921, p. 533 *et seq*. Ver também o catálogo Zerfass e Huppke com muitas ilustrações e descrições bibliográficas pormenorizadas.) Vide também notas 4 e 5 de 100 SF.

90 AF

[Viena,] 23/IX/1918

Querido papai!

Estou entregando ao dr. Sachs a parte mais importante da tua correspondência. Aqui está tudo em ordem e sem novidades. Feliz por rever-te em breve.¹
Muitas lembranças.

Tua
Anna.

1. Anna reencontrou o pai em Budapeste, foi o primeiro congresso psicanalítico do qual ela participou pessoalmente (Gay erra quando diz, na p. 489, que Anna não pôde tomar parte neste congresso). Martha e Ernst Freud também foram como convidados, "a única vez em que alguém da família de Freud (naturalmente com exceção de Anna, que participava profissionalmente) participou de um congresso psicanalítico". (Jones II, p. 238.) Os Freud "hospedaram-se no belo Gellért Hotel, situado na margem esquerda do Danúbio, que eles atravessavam a bordo do pequeno barco local, o chamado *Propeller*. Anna Freud, que também veio de Viena para o congresso, foi minha hóspede." (Lévy, p. 14.)

91 SF[1]

Para ser gasto quando se puder
receber algo em troca novamente.

papai
Parabéns
p/ 3 dez 1918[2]

1. Esta saudação de aniversário, escrita na frente de um envelope que, pelo visto, continha dinheiro, foi escrita com letras latinas (letras de forma), ao contrário dos demais textos das cartas de Freud.
2. No mesmo dia chegou para a família "a primeira notícia do filho desaparecido", Martin, de quem não se ouvira falar nada desde outubro e "cujo paradeiro e destino não podíamos imaginar". (Freud/Andreas-Salomé, 3/12/1918, p. 96; Freud/Ferenczi II/2, 771 F, 9/11/1918, p. 185; também Freud/Jones, carta 222, 10/11/1918, ed. alemã p. 23.) "Num cartão escrito na mesma ocasião para a jovem dama a quem ele fazia a corte na ocasião, ele diz ter passado por muitas coisas e ter corrido risco de vida." (Freud/Ferenczi II/2, 776 F, 3/12/1918, p. 193.) A esse respeito, Martin disse nas suas memórias (1999, p. 198): "Na condição de uma das vítimas da queda de um velho império, tive de passar semanas e meses por aventuras de arrepiar os cabelos, até voltar à tona, como uma moeda falsa, num pequeno campo de prisioneiros para oficiais na Riviera Italiana [...]". "Basta, ele está vivo e consegue escrever." (Freud/Ferenczi, *ibid.*) Ele voltou para casa em agosto de 1919; vide 104 SF, nota 2.

1919

92 SF[1]
Srta. Anna Freud
Viena
Berggasse 19[2]

[Carimbo postal: Salzburgo 15 VII 19, 9 [9h]]

5 h[3]

Não foi tão ruim, as duas senhoras[4] sentaram-se no corredor. A mamãe acaba de ser despachada.

Cordialmente

papai

---

1. Cartão-postal com foto "Salzburgo: vista para a fortaleza Hohen Göll e Untersberg".
2. O endereço está riscado e substituído por "Bayrisch Gmain bei Reichenhall, Gasthof zur Post". Anna seguira para lá nesse meio tempo; vide 93 SF, nota 2.
3. A letra trêmida sinaliza que o cartão foi escrito sem uma base estável. Freud estava a caminho de Bad Gastein, onde pretendia ficar até o dia 12/8 (vide 106 SF). "Minna segue junto para Gastein, por exigência direta, a meu ver discutível, do seu médico, professor Braun [...]." (Freud/Ferenczi II/2, 817 F, 10/7/1919, p. 247; Freud/Jones, carta 248; Freud e Minna Bernays para Ernst, 19/7/1919.)
4. Martha Freud e Minna Bernays: Martha adoeceu em maio (não em março, conforme indicado erroneamente em Jones III, p. 21) com uma forte gripe seguida de pneumonia, cujas conseqüências ainda não tinham sido superadas. Ela só se curou depois, no hospital Parsch. (Ver 99F, nota 1.) (Freud/Ferenczi, II/2, 813 F; Freud/Jones, cartas 241, 244, 246, 248.)

93 SF[1]
Srta. Anna Freud
Bair. Gmain
Reichenhall
Posthotel[2]

[Remetente (à mão):] Villa Wassing[3]

Badgastein
15/7/19

Minha querida Anna:

Que aventura! Fiquei horas em pé, as coisas correram um pouco melhor para a mamãe e a titia, elas conseguiram sentar-se; uma parte do tempo no famoso banquinho no corredor, e outra parte na cabine. Deixei a mamãe na confusão em Salzburgo, cheguei às 8h45 em G.[astein] e às 9h30 em frente à casa, onde fui muito bem recebido. Amanhã será dia de muito descanso. O dr. Brecher[4] já estava no trem.

Espero que recebas logo este cartão e que tenhas tido uma viagem tranqüila.

Dá minhas lembranças para Marg.[arete] e manda notícias em breve, muito em breve para cá.

Para o teu bom

papai

1. Cartão-postal.
2. Anna passou suas férias lá com Margarete Rie, a partir do dia 17/7 (vide nota 2 para 94 SF). Sobre Bayerisch-Gmain ver entre outros 98 AF, nota 2.
3. Ver nota 2 de 73 SF.
4. Guido Brecher (1877-?), começou a trabalhar em 1903 como médico assistente no hospital geral de Viena, depois na policlínica geral e na Rudolfinerhaus. Membro da Sociedade Vienense das Quartas-Feiras desde 1907. (Lista de hóspedes de Badgastein, 1907, prefácio; Protokolle I, p. 3, 138; Mühlleitner, p. 53.) No inverno, trabalhava como médico na estação termal em Merano (ver 181 SF, nota 10) e nos meses de verão, de 1906 até 1937, em Bad Gastein; lá, trabalhava alternadamente em diversas estações termais ou em hotéis. (Listas de hóspedes de Badgastein, 1907, 1912, 1919-1922, 1933; prefácio.) Brecher foi proibido de permanecer lá, em outubro de 1938, devido à perseguição aos judeus; um pouco antes disso já havia deixado o seu apartamento e cargo em St. Johann im Pongau; não parece haver mais informações sobre o seu destino. (Fellner, p. 436 (agradeço a Laurenz Krisch, Bad Gastein, por esta fonte de informação); Krisch 2002, 2003.)

94 SF[1]
Anna Freud
Posthotel
B[ayerisch] Gmain

Bad Gastein 20/7 [1919]

Estamos bastante confortáveis aqui, e sem notícias de vocês[2]

papai

1. Este telegrama não estava no conjunto de cartas; foi-me gentilmente copiado por Gerhard Fichtner, que o descobriu no LoC SF (na época em E 1, 16). Foi realocado no lugar certo, no Cont. 2, durante a minha estadia de pesquisas lá (2002).
2. Entretempos, Freud fora informado por Martha, por telefone, que "Anna passou com Margaretl Rie por Salzburgo no dia 17, a caminho de Bair. Gmain". (Freud e Minna Bernays para Ernst, 19/7/1919.)

95 SF

PROF. Dr. FREUD

BGastein 21/7/19
VIENA, IX. BERGGASSE 19.

Minha querida Anna:
Depois de três dias e meio maravilhosos, chegou aqui o clima adequado para escrever cartas. Ontem, tarde da noite, chegou também a tua carta expressa, que me deu muita alegria.[1] Se a nossa estadia passar pela prova da chuva, tudo estará certo até que nos encontremos para a estadia em Badersee[2]. Chegou hoje o primeiro cartão da mamãe, depois de três conversas telef.[ônicas]. Estou com a impressão de que ela não está no país das maravilhas.[3] O médico[4] tem todos os meus livros em sua biblioteca, mas isso ela também tinha em casa, e nem por isso aproveitou. Mas ficar aqui seria ainda menos indicado para ela.

Mas nós estamos passando muito bem. Voltamos a comer carne, que deve mesmo conter algum suco especial, e estamos nos acostumando ao verdadeiro valor da coroa. No frigir dos ovos, não estamos gastando mais do que em Viena. Como a titia está mantendo seu estilo de vida[5] de uma forma bem mais conseqüente do que se a tua mãe estivesse aqui, sigo sozinho por todas as partes e passeios, o que me agrada bastante. Enquanto isto, ela desfruta do meu belo quarto, que é contíguo ao dela. Nós nos encontramos durante as duas grandes refeições. Nosso senhorio fica a quatro minutos de distância da casa. Estive uma vez em Prossau[6] durante o dia e encontrei um irmão de Riesz[7] e a esposa por lá, ambos ótimas pessoas, que moraram quinze[8] a[nos] na Itália e conhecem muito bem tudo por lá, e gostam tanto quanto eu. Hoje eu não deixei que a chuva me impedisse de colher num certo lugar as maravilhosas orquídeas brancas (Platanthera bif[olia][9]), que exalam um perfume incomparável. Definitivamente, a mamãe saiu perdendo com a troca subseqüente[10].

O tempo que sobra dos passeios eu dedico ao manuscrito que trouxe comigo, "Além do princípio do prazer", que está evoluindo bem.[11] Contém muita coisa sobre a morte, mas infelizmente não se pode dizer nada de decisivo sem literatura[12] e experiência prática.

Rank já escreveu do quartel-general[13]; pela primeira vez vieram más notícias sobre a aparência e estado de espírito de Toni. Parece que está muito decadente, irreconhecível.[14] Portanto, é duvidoso que venha para Gastein, talvez nem seja desejável.[15]

Há aqui um belo salão de leitura, onde podemos nos sentar quando não conseguimos conter a curiosidade acerca dos acontecimentos mundiais. A cada dois dias chegam jornais novos.

No final das contas, vive-se bem por aqui. Os morangos ainda estão florindo. Os cogumelos ainda não apareceram, talvez ainda chegue o outro sr. Riesz[16] e com ele uma partida de tarô.

Estou curioso por saber se vais gostar de Reichenhall, onde há tanta coisa para se ver e comprar. Caso encontres a lápide de Rothbart[17] em S. Zeno, poderás contar para as crianças da quarta série.[18]

Certamente mandaste minhas lembranças para o dr. Ortenau[19]. Sabes que ele teve despesas para tomar as providências.

Escreve-me bastante sobre a tua vida e como está sendo com Marger.[etl][20], que certamente vai ficar entre ti e a srta. Neff[21]. Agradece muito a ela pela saudação que ela me mandou. Mas não escreve tanto a ponto de não aproveitar teus dias.

Muito carinhosamente

papai

1. Não foi guardada.
2. Um pequeno lago, antigamente um distrito de Baixo-Grainau, hoje pertencente à região de Grainau, próximo de Garmisch-Partenkirchen; vide nota 3 de 105 AF. A estadia conjunta lá estava planejada para o dia 13/8 em diante (depois do tratamento de Martha). (Freud/Jones, carta 246.) Sobre a definitiva realização da segunda metade das férias, vide 106 SF.
3. Ela "quis ir embora de Parsch no início, mas aparentemente pôde ser convencida a ficar". (Freud e Minna Bernays para Ernst, 19/7/1919.)
4. Um tio de Siegfried Bernfeld; vide 99 SF.
5. "Minha cunhada está comigo [...]. Como está enferma, levará uma vida sedentária lá." (Freud/Jones, carta 246, 8/7/1919, p. 351.) Ver 14 AF, nota 4.
6. Prossaualp (1271/1295 metros), situada no vale de Kötschach, vale secundário do rio Ache de Gastein, que dá acesso a várias cabanas e trilhas nas montanhas; pode ser alcançada em duas horas e meia de caminhada a partir de Bad Gastein. (Baedeker 1923, p. 424; Freytag-Berndt, mapa de passeios para turistas, sem data, com texto anexo.)
7. Provavelmente Ludwig Riesz, industrial de Viena, e Josefine Riesz, de Viena; ambos se hospedaram no Hotel Áustria no dia 1/7 (Lista de hóspedes de Badgastein, 1919, hóspedes 590, 591.) Ver abaixo e 102 SF, nota 4.
8. Não está muito legível; poderia ser também "25".
9. Flor silvestre com duas pétalas; outros nomes locais são: *Weisses Breitkölbchen, Stendelwurz, Weisse Waldhyazinthe, Kuckucksstendel*. Ver 142 SF.
10. A troca de roupas; ver 83 SF, nota 5.
11. "Está surgindo um [trabalho] com o misterioso título: *Além do princípio do prazer* [*Jenseits des Lustprinzips*]." "Lá eu deixo muita coisa por definir, que deve ser deduzida pelo leitor. Às vezes, não pode ser diferente." (Freud/Ferenczi II/2, 794 F, 17/3/1919, p. 214; 800 F, 31/3/1919, p. 221.) *O além* (1920g) é a "obra metapsicológica de Freud, com os contornos do modelo estrutural da psique, da introdução da nova dualidade de pulsão (pulsão da morte e pulsão da vida), que surgia [...]", que "iria causar sensação no mundo psicanalítico". (Grubrich-Simitis 1993, p. 236; Jones III, p. 21.) Ver 112 SF, nota 7.
12. Talvez tenha sido enviada mais tarde por Rank (vide 100 SF, nota 12).
13. Depois de voltar de Cracóvia, ele voltara a "mergulhar no trabalho com o velho entusiasmo". (Freud/Ferenczi II/2, 780 F, 1/1/19, p. 198; 769 F.)
14. Anton von Freund foi operado no início de 1918 de um sarcoma nos testículos. Em seguida, teve sintomas neuróticos, que Freud tratou várias vezes em análise. (Freud/Ferenczi II/2, 723 Fer, 730 Fer, 733 F e *passim*; Circulares 2, p. 274, nota 4.) Surgiram metástases do tumor em princípios de 1919; vide nota 6 de 96 AF.

15. Além disso, Anton von Freund não recebeu permissão das autoridades húngaras para viajar até Gastein, tampouco Ferenczi e sua mulher Gizella (casada desde 1/3/1919, vide 287 SF, nota 5), que pretendiam visitar Freud. (Freud/Ferenczi II/2, 791 Fer, 818 Fer, 819 Fer, 820 F; Freud/Jones, carta 246.) Ver nota 6 para 106 SF.

16. Isto é, Julius Riesz, vide 102 SF, nota 4.

17. Desta forma no manuscrito. Naturalmente não existe nenhuma lápide de Rotbart em St. Zeno, em Bad Reichenhall; só um alto-relevo (que vale a pena ser visto) no claustro. Ele supostamente representa o imperador Frederico I (Barbarossa), que subvencionou em grande parte a construção do mosteiro em 1170 por intermédio de uma doação. (Schnell, p. 30 (com ilustração); pesquisas mais recentes, entretanto, questionam a dedicatória do relevo (agradeço a Johannes Lang, Arquivo Municipal de Bad Reichenhall, por esta última informação).) Freud pode ter se lembrado disto, ou de uma das lendas dos imperadores, segundo a qual os monarcas falecidos "dormem ocultos nas montanhas" até voltarem. Nessas lendas, o imperador Barbarossa quase sempre é transposto para o maciço de Kyffhäuser, enquanto se supõe que no Untersberg (o maciço em questão, entre Salzburgo e Berchtesgaden) esteja Carlos Magno; mas os personagens são freqüentemente trocados nas diferentes versões das lendas. (Huber, p. 27-29, 30-42; *Reader's Encyclopedia*, p. 97.)

18. Anna aguardava 42 crianças para o início das aulas após as férias, "uma grande quarta série, que provavelmente vai me dar muito trabalho. Mas são as mesmas crianças de dois anos atrás; eu as acompanho desde a segunda série e estou muito contente." (Anna para Kata, 7/10/1919.)

19. Gustav Ortenau (1864-1951), médico pneumologista, conselheiro de saúde, de 1890 a 1938 médico da estação termal em Bad Reichenhall. (Agradeço novamente a Johannes Lang pela informação.) Ele prestou grandes serviços para a estação termal e gozava de muito prestígio junto aos concidadãos; apesar disso, por ser judeu, teve sua licença cassada e teve de fugir para a Suíça. Hoje, parte da sua mobília encontra-se em Jerusalém, no departamento etnográfico do Museu de Israel, na sala chamada "Ortenau Room". Entre os móveis está a escrivaninha de Heinrich Heine, que chegou a suas mãos por relações familiares. (Leonhardt, p. 210, 216-220, 223-226, 231 *et seq.*)

20. Desta forma no manuscrito.

21. Gretl Neff; vide 96 AF. Ela poderia estar relacionada com o estudo de artes dramáticas de Margarete Rie. O "Oberbayrische Bauerntheater Direktion Josef Meth" apresentou-se em Bad Reichenhall, a partir do dia 16/6/1912, no teatro do Hotel Deutsches Haus. O mesmo "continuaria se apresentando nas décadas seguintes [até os anos 20]". (Ammann, p. 79 *et seq.*) Provavelmente apresentou-se lá como convidada uma certa Marg. Neff, registrada em diversos anuários de teatro (1918 (ano 29) no Herzogl. Hoftheater em Meiningen; 1919 (com endereço; ano 30, p. 224) como "atriz real" na Schauspielhaus na Schillerplatz, em Berlim; 1920 (ano 31) no mesmo lugar.) Arthur Schnitzler também menciona, numa carta para sua mulher Olga, uma (jovem) "srta. [Margarethe] Neff" fazendo o papel de "Erna" na sua tragicomédia *Das weite Land*. (Schnitzler 1981 (Praga, 31/10/1911), p. 678 *et seq.*, 973.) Nos arquivos teatrais do Salzburger daquela época não consta o nome Neff por volta de 1919, o que não exclui a possibilidade de ela ter se apresentado ali. (Agradeço a Alma Scope, do Salzburger Museum Carolino Augusteum, pelas informações sobre Salzburgo, 17/9/2002.)

96 AF

Bayr. Gmain, 24/VII/1919

Meu querido papai!

Acabo de acordar de um longo sono. Antes de me sentar à mesa, subi o morro atrás da casa e colhi um grande ramo de rosas dos alpes e dois Türkenbunde [lírio com forma de turbante], e depois me senti merecedora de uma longa sesta. As flores se destinam a viajar para Salzburgo para o aniversário da mamãe, e o portador que as entregará é... Ernst. Ele anunciou por telegrama a sua passagem aqui, amanhã ao meio-dia, a caminho de Salzburgo. Margaretl e eu pretendemos recepcioná-lo com nossas melhores roupas folclóricas, segurando-o pelo menos durante a tarde.[1]

A vida aqui continua tão boa quanto nos primeiros dias. O tempo todavia não segue bom, mas o nosso bom humor, em contrapartida, perdura. Eu já nem consigo compreender mais como estive sempre tão infeliz e sem alegria nos últimos tempos em Viena. Aqui eu me sinto tão bem e calma, e descobri que não há nenhuma coisa desagradável na qual eu possa pensar. Eu tampouco tenho medo quando penso na escola, como senti nos últimos anos. Dessa vez, está sendo um verdadeiro descanso. Costumamos tomar o café da manhã sempre na cama, dormimos muito, principalmente quando o tempo está ruim, descansamos após as refeições e dormimos cedo. Soma-se a isso a comida abundante, que é realmente uma recuperação. Agora só precisamos de um pouco mais de sol.

Margaretl é uma companhia muito agradável; nós nos tornamos amigas impressionantemente rápido. Ela é atenciosa e amável, além disso é bonita e graciosa em todas as situações, o que faz com que dividir o quarto só traga vantagens. Ela nem está "oscilando" tanto, pelo menos por enquanto. Eu creio que o trabalho conjunto com Gretl Neff só vai começar na semana que vem[2]. Os pais de Gretl Neff são difíceis de aturar, ela os evita bastante. Ela tem algo incrivelmente gracioso em todo o seu ser, eu gostaria de ser assim. Só que ela é muito pouco eficiente, e quase sempre tem dor de cabeça e palpitações. Acreditas que isso possa passar? Contei-lhe que estou fazendo análise contigo[3], pois freqüentemente ela fala do seu tratamento e eu não quis deixá-la em desvantagem por saber dela e ela não saber nada sobre a minha pessoa.

Aqui eu penso muito que, na verdade, não é necessário ter muita coisa para se ter uma vida agradável. Por que será que isto não acontece habitualmente?

Em Reichenhall há lojas muito bonitas, mas por enquanto Margaretl ainda não me deixou gastar dinheiro decentemente. Ela afirma que eu sou perdulária, mas eu já vejo que vou terminar me rebelando. Em Viena não se consegue muita coisa com dinheiro, e aqui não tem só chantilly, toucinho e pão de presunto – tem livros, objetos de pedra, vasos, etc., também. Mas por enquanto só estão me tentando – na verdade eu me envergonho disto – principalmente os comestíveis.

Na noite anterior à tua partida de Viena eu tive um sonho horrível. Sonhei que a noiva do dr. Tausk[4] havia alugado o apartamento na Berggasse 20, em frente ao nosso, para atirar em ti. Toda vez que tu te aproximavas da janela, ela aparecia do outro lado com a pistola. Eu sentia muito medo e corria junto para a janela. Então eu fiquei muito feliz, porque tu irias partir cedo na manhã seguinte, livrando-se dela. Será que foi esta a função do sonho, transformar o sentimento desagradável em relação à tua partida em outro, agradável?

Li mais um livro de Bennet[5] aqui: "Anna of the Five Towns". Mas agora eu vou parar com a leitura. Margaretl trouxe muitos livros, assim como Martin, eu não consigo "resistir".

Fico feliz que possas fazer passeios tão bonitos e calmos, e tenho uma sensação muito agradável, pois apesar disto não estás só. Espero que o jogo de cartas ainda aconteça; na verdade, ele faz parte de um verão que promete ser tão chuvoso quanto este.

Todas as tuas cartas e os teus cartões e todas as notícias me deixam sempre muito felizes. Só o relato sobre Toni F. é que me assustou. Prefiro acreditar que se trata de um engano e não consigo imaginar que seja outra coisa.[6] Vou escrever para a Katá[7], mandando a carta por intermédio do Rank.[8] Mas quando eu penso naquilo, tenho sempre medo dela e por ela.

Mando-te muitas lembranças e um beijo da

tua
Anna.

Margarete te manda lembranças carinhosas.

Jones não mandou nenhum texto que eu pudesse traduzir aqui?[9]

---

1. Em outubro de 1918, Ernst fora "para Munique, terminar seus estudos na área técnica". Obteve lá o seu diploma [de engenheiro e arquiteto] com distinção, em abril de 1919, "em meio ao tumulto da revolução [da República Soviética da Baviera (Bayrische Räterepublik) – também conhecida como República Soviética de Munique (Münchner Räterepublik, de 7 de abril até início de maio), um governo revolucionário de vida curta no estado alemão da Baviera em 1919 que pretendia suplantar a República de Weimar em seus primórdios]" e desde então estava trabalhando em Munique sem remuneração. (Freud/Jones, carta 222, 10/11/1918, alemão p. 23, carta 248; Freud/Ferenczi II/2, 768 F, 808 F, 20/4/1919, p. 229, 811 F; Freud/Andreas-Salomé, 2/4/1919, PS.) Ver nota 4 para 103 AF.
2. Vide 101 AF.
3. Ela começara em 1918 – "a análise de Annerl está ótima" (Freud/Ferenczi II/2, 765 F, 20/10/1918, p. 176. Ver também Peters, p. 68 *et seq.*; Young-Bruehl I, p. 114, 147, 163-168; Gay, p. 4, 489, 493 *et seq.*) – e durou "quase quatro anos". (Young-Bruehl I, p. 153.) No final de 1923, Freud lhe acenou com a possibilidade de fazer análises de controle em seus primeiros pacientes. (Anna para Eitingon, 27/5/1923.) Ela ainda começou em 1924 "com um pouco de continuação de análise", com interrupções até meados de 1925. "Isto também deve ser útil para o meu próprio trabalho com analista." (Anna/Lou, carta 170, 5/5/1924, p. 303 *et seq.*, e cartas 171-174, 176, 178, 179, 182-

185, 193, 211, 218, 224, 232; Young-Bruehl I, p. 176 *et seq.*, 179.) Mesmo tempos mais tarde, Anna solicitou novamente algumas horas de "pós-análise" com o seu pai; vide p.ex. nota 2 para 261 SF. Ver na introdução, p. 13, 18.

4. Viktor Tausk (1879-1919), jurista e médico. Trabalhou como jurista até 1905 e depois como crítico literário e jornalista. Estudou medicina em Viena a partir de 1908 e estabeleceu-se como neurologista. Em 1909, tornou-se membro da Sociedade Psicanalítica Vienense. Durante a guerra, serviu desde o início como médico de campo. No dia 3/7/1919 (portanto três semanas antes da carta de Anna), suicidou-se com um tiro, pouco antes da data em que se casaria com sua noiva, a pianista Hilde Loewi. (Freud/Andreas-Salomé, 1/8. (tb. 25/8.) 1919; Freud/Ferenczi II/2, 817 F (data de morte errada); Freud 1919f; Mühlleitner, p. 343-345; Protokolle II, p. XX.)

5. Desta forma no manuscrito. E.[noch] Arnold Bennett (1867-1931), contista e dramaturgo. "As *Five Towns stories*, todas elas, [...] estão no topo do ranking dos contos ingleses." (*Twentieth Century Authors*, p. 119.) O romance *Anna of the Five Towns* (1902) foi reeditado várias vezes nos anos 50 e 60, mas aparentemente não foi traduzido para o alemão. Talvez o próprio Freud tenha indicado este escritor inglês para Anna (ver a trigésima palestra de Freud em *Nova seqüência das preleções sobre a introdução à psicanálise*, 1933a, S.A., v. 1, p. 488); Jones diz que Freud "sempre gostou de ler Arnold Bennett [...]". (Jones III, p. 495.)

6. Vide nota 14 para 95 SF. Após meses de evolução desigual da doença, o estado de Anton von Freund piorou de tal forma que ele foi internado em setembro de 1919 no hospital Cottage, em Viena. Seus familiares seguiam acreditando num desfecho favorável. (P.ex. Freud/Ferenczi II/2, 820 F; 1918 e 1919 *passim*; Freud/Jones, principalmente as cartas 237, 256, 257, 261; Freud/Abraham, 1/12/1919, 15/12/1919; Kata para Freud, 27/10/1919.) Freud também confessou para Ludwig Binswanger "que precisamente o desenvolvimento da sua moléstia fez com que eu mantivesse esperanças em relação a ele durante um ano e meio. Ele fez a mesma operação que o senhor havia feito, mas não escapou da recidiva." (Freud/Binswanger, 122 F, 14/3/1920, p.169.) Freud visitou Toni regularmente no hospital, até este sucumbir em 20/1/1920 ao seu sofrimento. "Nós o enterramos no dia 22/1." (*Ibid.*; Freud/Ferenczi III/1, 830 F; Freud/Eitingon, 162 F; Freud 1920c.) Seu corpo foi transferido para Budapeste em 6/11/1921 e enterrado ao lado da sua primeira esposa. (Freud/Ferenczi III/1, 893 Fer.)

7. Desta forma no manuscrito.

8. Vide o P.S. de 103 AF.

9. Anna traduzira, no início do ano de 1919, o ensaio de Ernest Jones, de 1918, "Anal-erotic character traits", desta vez tendo o seu nome mencionado como tradutora (ver nota 7 para 60 AF). (IZ, v. 5, 1919, p. 69-92; Freud/Ferenczi II/2, 787 F; Freud/Jones, cartas 229, 232.) Em 1921, foi publicada a tradução feita por ela de Jones 1920a, e em 1923 a de Jones 1922b.

97 AF[1]

Ao sr.
Prof. Dr. S Freud
Bad Gastein
Villa Wassing

[Bayerisch Gmain,] 25/VII/1919[2]

Querido papai! Chegou a visita aguardada.
    Lembranças carinhosas

Anna, [de próprio punho:] Margarete
Ernst.

1. Cartão-postal com paisagem, escrito a lápis: "Bayr. Gmain bei Bad Reichenhall", nele está reproduzido também o Posthotel. Uma cruz identifica a porta e a janela da mansarda, cuja sacada está ornada com flores; acima a indicação de Anna: "nosso quarto". Ver 105 AF, nota 2.
2. Carimbo postal "Grossgmain", 25/7/1919; sobre o velho selo do Correio Real-Imperial Austríaco foi impresso: "Áustria-Alemã [Deutschösterreich]".

98 AF

[Bayerisch] Gmain, 28.VII.1919

Meu querido papai!

Em primeiro lugar: deves voltar a me escrever para Grossgmain sem falta[1] via posta restante. A tua última carta levou cinco dias, e isso é desnecessário, quando se pode tê-la em um só. Agora já está tudo bem acertado, e a senhorita do correio está de acordo. Além disso, eu nem vou mais pessoalmente buscar a correspondência. A simpática família de um médico de Salzburg (o dr. von Hueber, que te admira muito) mudou-se daqui para Gr. G. e vem para cá duas vezes por dia para as refeições. Os dois meninos sempre pegam a nossa correspondência e a trazem. Portanto, está tudo na mais perfeita ordem, e eu fico feliz que as cartas cheguem tão rápido. Tudo o que mandas para cá passa por Munique.[2]

Depois de Ernstl, recebemos outra visita: Norbert Rie, que chegou aqui de forma totalmente inesperada.[3] Estava procurando moradia para sua família e alugou alguma coisa em Grossgmain, a uns vinte minutos de distância de nós. Eu não acho isto muito razoável. Margaretl ficou feliz, embora um pouco dividida. Depois da despedida, ela adoraria – imagino – manter a sua recém-adquirida independência[4]. Assim, bem ou mal ela terá de viajar de lá para cá todos os dias. Aliás, eles só devem chegar no final da semana.

Tenho tanta coisa para escrever hoje que nem sei onde começar. Fico feliz que o gatuno húngaro[5] tenha sido apanhado; Rank mostrou-se novamente muito enérgico. A titia me escreveu que[6] tio Eli[7] anunciou uma nova remessa; isso chega a ser quase inquietante. Ao voltarmos da estação, na manhã em que vocês partiram, o tio Alexander me contou muitas coisas sobre os primórdios de tio Eli, além de longas histórias do passado da família. Agora compreendo por que não demoveste a mamãe de aceitar a remessa dele.[8]

Eu também estou recebendo muita correspondência e preciso te contar algumas coisas mais detalhadamente. Eu recebi uma carta da pequena Vera Freund, na qual ela escreve que virá para Viena no outono, e pergunta se estou contente com a vinda dela, se vou ajudá-la nos estudos, etc.[9] Eu respondi logo tudo afirmativamente, mas não estou entendendo isso muito bem. Será que partiu de Toni, no caso de uma piora de seu estado de saúde? Será que ela quer vir ficar conosco?[10] Já ouviste falar desse plano ou será que é somente uma idéia dela?[11]

Depois recebi uma carta muito interessante de Jones, de conteúdo bastante comercial[12]. Para simplificar, enviá-la-ei para ti. Ele presume que eu também possa traduzir do alemão para o inglês. Achas que isto é possível? Primeiro eu achei que não, mas depois eu experimentei um pouco nos teus cursos, que Margaretl trouxe consigo, e creio que não seria tão difícil. Eu poderia pegar o jeito com o tempo e Jones teria de fazer a revisão. Eu não gostaria de te deixar em má situação, e a mim naturalmente também não. Mas eu ficaria muito feliz se pudesse fazê-lo. Que trabalhos são esses, a que ele se refere? Será que eu poderia pedir a Rank para trazê-los[13]? Com isto[14] eu certamente teria mais possibilidades do que com a limitação do inglês para o alemão (achas que me ofereci muito para Jones?)

Ontem estive no lago Thum e fiquei empolgada com a beleza do lugar.[15] É claro que eu remei e não quis mais parar. Eu iria sempre, se fosse possível, ficar por lá. Eu não tinha muitas recordações. Só o lugar onde costumávamos pescar, e que desmoronou quando o córrego transbordou, é que eu encontrei logo.[16] Gostaria muito que Margaretl fosse até lá. Ela não consegue andar até tão longe, mas Regine Pachmayr, que procurei em Kirchberg, nos levará de carro em breve.[17] Infelizmente, as longas caminhadas também me cansam muito, eu fico com dores nas pernas que podem ser causadas pela magreza. Então, por enquanto, prefiro o modo de vida mais sossegado.

Meus planos de comprar uma pequena casinha se confirmaram novamente aqui.[18]

Escreva-me em breve novamente, eu[19] te mando enquanto isso muitas lembranças e um beijo.

Tua
Anna.

Não sei por que estou errando tanto hoje.[20]

---

1. Duas vezes sublinhado.
2. Sobre as variadas disputas entre as duas comarcas de Gmain – o Gmain Bávaro, alemão, e o Grossgmain, austríaco (para diferenciar do Pequeno Gmain, perto de Salzburgo) – vide Lang e Schneider, p. 6, 243 *et seq.*, 365 *et seq.*, 467-471.
3. Norbert Rie (1897-?), irmão de Margarete. (Freud 1985c, p. 297, nota 2.) A mencionada estadia em Grossgmain acabou não acontecendo; vide 103 AF.
4. Depois desta palavra está riscado: começar.
5. Não averiguado.
6. Depois desta palavra está riscado: Rank.
7. Eli Bernays (1860-1923), irmão de Martha Freud, casado com a irmã de Freud, Anna. (Árvore genealógica Lange: Freud Family, Genealogical Tree, p. III.)
8. Jones discorre detalhadamente, na sua biografia de Freud, sobre a estreita relação de Martha com o seu irmão, sobre a relação de Freud com seu cunhado, que se alternava entre amizade e tempos

de crise, bem como os contatos de amizade entre as famílias Freud e Bernays anteriormente à ligação de Freud com Martha. Alexandre, irmão de Freud, deve ter contado, entre outras coisas, sobre uma séria briga em torno do dote de Martha, que era administrado em parte por Eli, e não foi disponibilizado por ele da forma como Freud teria desejado na época. (Vide detalhes no apêndice de Albrecht Hirschmüller para Freud/Bernays.) Freud, no entanto, ajudou a família Bernays financeiramente na emigração para a América e levou Leah, uma das duas filhas mais velhas, para a sua casa até que ela e a irmã Judith pudessem ser apanhadas para irem para Nova York. Por outro lado, Eli ajudou Freud e sua família durante os anos de guerra e pós-guerra com repetidas remessas de dinheiro. (Jones I, p. 128, 130, 144-149, 167-169; II, p. 240; III, p. 17. Freud 1985c, carta 18, 31/10/1892. Bernays 1967, p. 22. Young-Bruehl I, p. 41f. Ver também Freud-Bernays 2004.)

9. Não há nenhum indício, na presente troca de cartas, para a informação de Young-Bruehl (I, p. 113, sem mencionar fonte) de que "Anna Freud teria atuado como uma espécie de professora particular informal da sua irmã mais nova, Vera" já em 1917. Harmat, p. 63, menciona que a filha dos Von Freund era "doente mental". Mais tarde, ela morou algum tempo na casa de Eva Rosenfeld, em Viena, como filha adotiva. (Bittner, p. 23; Heller, p. 76; Anna/Eva, carta 4.)

10. Frase adicionada posteriormente entre as linhas.

11. Ver 100 SF, nota 3.

12. Isso se refere ao incipiente trabalho de Anna na nova editora (vide nota 6 de 100 SF), ao qual deveria ser adicionado um departamento inglês (vide nota 4 de 100 SF). (Freud/Jones, carta 229 e 1919/20 *passim*; Marinelli; List, p. 39, 40 *et seq.*; ver também Jones III, p. 46-49, 51-55, 63 *et seq.*, 65 *et seq.*)

13. Erro de grafia no original.

14. Palavra "eu" (*ich*) riscada no original.

15. O lago fica a cerca de uma hora e meia de Bad Reichenhall. É "um lago característico das montanhas: as paredes íngremes do Gerberberg e do Heuberg chegam praticamente até a floresta na borda do lago, o que explica a coloração verde-escura da água". (Bühler, p. 85.) A propriedade com o lago pertence hoje aos descendentes de Eugen Pachmayr; vide notas 16, 17.

16. A família já passara férias no Lago Thum no verão de 1901, quando Anna tinha cinco anos e meio. Eles alugaram a casa do falecido proprietário. Na ocasião, os filhos das duas famílias ficaram amigos. (Freud 1985c, cartas 269, 270.) Entre eles, estava o sobrinho do proprietário do Lago Thum, Eugen Pachmayr (1886-1963); entre ele e Mathilde Freud desenvolveu-se uma relação estreita, que foi além da amizade de infância. (Gödde 2003.)

17. Regine Pachmayr, nascida Steinhaus (1887-1945), casou-se em 1913 com Eugen Pachmayr. Médico de Pasing, em Munique, ele era um dos herdeiros de Kirchberg, uma localidade de Reichenhall. (Gödde 2003.) O tio do seu marido, Eugen Pachmayr (1834-1895), à época médico da estação em Bad Reichenhall e, ao mesmo tempo, proprietário de Bad Kirchberg, trouxera ao lugar grande prestígio e florescimento comercial. (Biographisches Lexikon, p. 35; agradeço a Johannes Lang, arquivista municipal de Bad Reichenhall, por esta informação.)

18. Ver 36 AF, nota 6.

19. Escrito por cima da palavra "e", que estava riscada.

20. Vide notas 4, 6, 10, 13, 14, 19. Ver também nota 4 de 65 AF.

99 SF

PROF. Dr. FREUD

Bgastein 29/7/19
VIENA, IX. BERGGASSE 19.

Minha querida Anna:

Nem pretendo empreender a tentativa de querer te surpreender. Provavelmente já sabes há muito tempo que fui encontrar a mamãe em Parsch[1] na sexta-feira, que encontrei Ernst lá no sábado e que o trouxe para cá, de onde ele partiu ontem, segunda-feira, de manhã. Decerto compreendeste a interrupção da nossa troca de cartas em função disto. Além disto, nos dias mencionados chegou uma verdadeira avalanche de correspondência, contendo as notícias mais notáveis, que eu tive de ler e responder durante muitas horas.[2]

Encontrei a mamãe com boa saúde, bem disposta e muito satisfeita. O doutor é muito bom, considera-se um analista e é tio do dr. Bernfeld, que também está sendo aguardado por lá.[3] Na única noite que passei em Parsch tive de ir com um grupo de hóspedes (a mamãe e o doutor foram junto) para um recital de Wildgans[4] no Mozarteum[5], protagonizado por uma certa srta. Willner. Não foi em nenhum momento entediante, e isso quer dizer muito. Ela falou muito bem; entre outras coisas declamou o horrível "In memoriam".[6] Eu fiquei com a mesma impressão de Wildgans que já tive numa leitura ocasional. Uma vida rica e leve, mas ele é prolixo e muitas vezes tangencia o trivial, tocando em temas que ele não esgota.

Entre as notícias e novidades quero mencionar uma nova remessa de dinheiro de tio Eli, cujo esclarecimento deve ser aguardado numa carta que está para chegar; um telegrama de Edward[7] pedindo autorização para a sua tradução[8] dos cursos (desta vez também concedida!); congratulações por uma pretensa promoção acadêmica, que desconheço e que certamente não é importante[9]; a chegada da *Vida cotidiana* como volume 3 da nossa biblioteca[10]; inúmeras solicitações urgentes dos holandeses[11], para conseguir o visto de entrada para a Holanda a fim de fazer uma palestra em Leiden[12], Utrecht e Amsterdã, que não vai acontecer devido aos compromissos de outubro[13]; o envio do meu casaco esquecido em Viena, etc, etc.

Fiquei muito satisfeito com todas as tuas notícias. Vou parar hoje para não atrasar o correio. Basta dizer que nós estamos bem, chove um pouco demais, infelizmente já se passaram duas semanas, e alguns milhares já foram gastos[14]. O sr. Jul. Riesz deve chegar no dia 2 de agosto.[15]

Brevemente conto mais, passa bem, manda lembranças para Margaretel, escreve logo de novo para o teu

papai

1. O sanatório Parsch, uma "estação de águas medicinais; dirigida pelo dr. Bernh. Schwarzwald", situada um pouco acima da localidade de Parsch (no trecho da estrada de ferro entre Salzburgo e Hallein, a cinco quilômetros de Salzburgo), podia ser alcançado a pé em dez minutos. De Parsch, seguia-se por trem de cremalheira até o Gaisberg, "o melhor mirante nas proximidades de Salzburgo". (Baedeker 1923, p. 384.) Freud subiu até lá no aniversário da sua esposa, no dia 26/7.

2. "Devido à difícil comunicação com a atual direção central em Budapeste [portanto com Ferenczi e Anton von Freund], a filial de Viena, na pessoa do seu presidente, Prof. Dr. Freud, e do seu secretário, Dr. Otto Rank, assume provisoriamente a direção dos assuntos da Sociedade Psicanalítica Internacional e retomará oportunamente a comunicação com a direção central (...)." (IZ, v. 5, 1919, p. 230 (julho de 1919); Freud/Ferenczi II/2, 805 F, 817 F.) Isso pode ter ajudado a provocar a "avalanche de correspondência". Ver também 101 AF, nota 9.

3. Siegfried Bernfeld (1892-1953), formado em filosofia, psicologia e pedagogia, atuou desde o início da Primeira Guerra Mundial como pioneiro da pedagogia reformista e líder carismático dentro do movimento juvenil de orientação socialista, pacifista e feminista. Em maio de 1918, organizou o grande Encontro Juvenil Sionista em Viena. Participou da Sociedade Psicanalítica Vienense como ouvinte convidado desde 1915, tornando-se membro em janeiro de 1919. Estabeleceu-se em Viena em 1922 como analista praticante e lecionou em 1923 no Instituto de Ensino Psicanalítico de Viena (a partir de 1925, na mesma instituição, em Berlim). Seu interesse pela psicanálise devia-se principalmente ao seu aspecto de crítica social. Além disso, ele se tornou um "historiador abalizado da psicanálise" e o "primeiro biógrafo científico de Freud". Bernfeld emigrou em 1937 para os Estados Unidos, onde trabalhou com psicanálise até morrer. (Grubrich-Simitis 1981 (as citações p. 37 *et seq.*, 46); Protokolle IV, p. XIX; Fallend e Reichmayr; Mühlleitner, p. 36-38.) Anna conheceu Bernfeld quando dos preparativos para a construção do Lar para Crianças Baumgarten, que ele inaugurou no dia 15/10/1919; e no início dos anos 1920 ele fez parte de um grupo informal de trabalho organizado por Anna na Berggasse 19. "Muitos de nós já se inspiraram há anos nas palestras de Siegfried Bernfeld para professores e líderes juvenis [...]." (Anna Freud, 1974, in: *Escritos I*, p. 4. Young-Bruehl I, p. 142-144.)

4. Anton Wildgans (1881-1932), poeta lírico e dramaturgo austríaco; dirigiu o Burgtheater de Viena entre 1921 e 1923 e em 1930/31. Sua tragédia *Dies irae* estreou ali meio ano antes da data da presente carta, no dia 8/2/1919.

5. Nome resumido da Fundação Internacional Mozarteum de Salzburgo, e da Academia de Música e Artes Plásticas.

6. Poesia de 1917, publicada primeiramente com o título "In memoriam", só recebendo o título "De profundis! In memoriam F.P. A voz de um espírito" em 1929. (Wildgans, p. 139-148.) A poesia é parte de um "grande acerto de contas com o problema sexual [...]. Essa horrível seqüência de poesias sobre o tormento da servidão da alma ao desejo culmina com o terrível necrológio sobre o suicídio do seu colega de escola, Friedrich Parkos, que se tornara vítima dela." (Rommel, p. 400.)

7. Edward Louis Bernays (1891-1995), terceiro filho de Anna e Eli Bernays. Ele criou o "trabalho de relações públicas" juntamente com a sua mulher Doris Fleischmann em Nova York. Este trabalho continuou sendo desenvolvido por eles até ser reconhecido como ramo profissional nas universidades dos Estados Unidos. Ficou conhecido internacionalmente como "o pai das relações públicas" e lecionou em diversas faculdades. (Árvore genealógica Lange: Freud Family, Genealogical Tree, p. III, e Bernays Family, Table IIa, p. II6, trecho de texto para IIa: p. 47, 47a, 48, 49, 49a. Bernays, 1967, p. 7-18. Ver também Freud-Bernays 2004.)

8. No manuscrito: "Ubersetzung", sem trema no "u". Edward Bernays narra detalhadamente nas suas memórias, num capítulo específico, entre outras coisas, os procedimentos em torno desta tradução, para – segundo ele – esclarecer os fatos diante da "descrição deturpada e confusa" na biografia de Freud escrita por Jones. (Bernays 1967, p. 178; também Jones III, p. 22 *et seq.*; Freud/Jones, cartas 266, 269, 278, 280, 281, 283.) Ver 107 SF, notas 8, 11, 12.

9. Em 16/7/1919, o colegiado de professores da Faculdade de Medicina de Viena sugeriu agraciar Freud com o título de professor universitário catedrático. A condecoração se deu em 23/12/1919, através do presidente da Assembléia Nacional, a confirmação oficial para a diretoria aconteceu em 7/1/1920. (Gicklhorn, p. 46 *et seq.* com documentos D 37 e D 39, p. 127 *et seq.*, 130.) Vide também 106 SF.

10. Da coleção Biblioteca Psicanalítica Internacional, da recém-fundada editora. O volume 3 continha a sexta edição ampliada de *Psicopatologia da vida cotidiana* (1901b).

11. Do grupo local Nederlandsche Vereeniging voor Psycho-Analyse, que existia desde 31/3/1917. (IZ, v. 4, 1916/17, p. 217.) No ano seguinte, o congresso psicanalítico iria acontecer na Holanda; vide 123 AF/SF, nota 1.

12. Em Leiden, em 1914, teve lugar o "primeiro reconhecimento oficial [isto é, universitário]" de *A interpretação dos sonhos* e da Psicanálise: Gerbrandus Jelgersma, reitor da Universidade de Leiden e "o mais renomado psiquiatra na Holanda", fez elogios à psicanálise em seu discurso pelo 339º aniversário de fundação, em 9 de fevereiro de 1914, e convidou Freud para dar cursos. (Freud 1914d, p. 72; Freud/Abraham, 11/2/1914; Jelgersma 1914; Freud/Ferenczi I/2, 456 F; Freud/Jones, cartas 177, 192; IZ, v. 2, 1914, p. 203; Jones II, p. 132.)

13. As conferências deveriam acontecer na segunda semana de outubro, quando Freud já estaria de volta ao seu trabalho em Viena. (Freud/Jones, carta 248.) Ele retornou em 24/9. (Freud/Ferenczi II/2, 820 F.; também Freud/Eitingon, 145 E.)

14. "A parcimônia não faz parte do nosso programa esse ano, não nos ajudaria em nada." (Freud/Jones, carta 246, 8/7/1919, p. 351. Sobre as difíceis condições financeiras no pós-guerra, ver p.ex. também Jones III, p. 15-18.)

15. Vide 102 SF, nota 4.

100 SF

PROF. Dr. FREUD

B Gastein 30/7/19
VIENA, IX. BERGGASSE 19.

Minha querida Anna:

Confirmo o recebimento da tua carta expressa [98 AF] e te dou razão. Muitas vezes, ser correto traz desvantagens. Neste momento, há uma carta minha [99 SF] a caminho com toda a sorte de notícias e que chegará depois desta. Mas não vou repetir nada do seu conteúdo.

Toni me escreveu apenas que Vera te enviou uma carta saudosa e acrescentou: ela terá de esperar muito tempo pela resposta. Ele a deixou com os Dubowitz[1], em Ofen[2]. É tudo o que pode fazer por ela atualmente, diz ele.[3] Talvez saibas que incentivei a sra. Margit D.[ubowitz] a cuidar da pequena. Ela me pareceu ser a pessoa indicada.

Pelo visto, a carta de Jones te deixou confusa. Acho a oferta muito honrosa e esperançosa. Sofrerás um pouco no início e ele terá que revisar algumas coisas, mas acredito que tudo vai dar certo e será exatamente o que pretendias. Sem dúvida, podes solicitar a Rank os trabalhos mencionados.

Rank está inclinado a assumir a participação mais ativa no empreendimento inglês (refiro-me à revista[4]), quer aplicar o nosso dinheiro lá, caso o tenhamos[5], e eu estou lhe dando carta branca. Então, estarias no meio do negócio.[6]

A carta de Jones sem dúvida é muito boa e séria; talvez ele tenha razão em relação a Loe.[7]

Os Eitingon escreveram hoje dizendo que alugaram uma casa no período de 24 agosto a 5 setembro, no Eibsee, não muito distante de nós, e que já adoraram a vizinhança.[8] O Grupo de Berlim decidiu abrir uma policlínica[9], que Eitingon dirigirá com Simmel[10]. Muito sensato. Daquele lado só chegam coisas boas e amigáveis[11].

Eu mencionei a Rank uma necessidade de Schopenhauer[12]; ele descobriu no Sachs a pequena e bonita edição em papel fino e a enviou para mim. A leitura está me ajudando a continuar com o trabalho que trouxe comigo[13].

Apesar da chuva e do frio, estamos muito satisfeitos aqui, a titia reclama um pouco, mas está bem-humorada.

Na casa nº 20, bem em frente à nossa, mora uma "amiga". Deves acrescentar o ciúme à interpretação do teu sonho.

Eu te mando lembranças e te desejo somente notícias boas e interessantes.

papai

P.S. Anexo, segue carta de E.[rnest] J.[ones]. Podes mandar algum brinquedo da Rehll[14] para Ernstl?

---

1. O casal dr. Hugo Dubowitz e sra. Margit, nascida Garami. Margit Dubowitz, irmã do socialdemocrata húngaro, Ernö Garami (1876-1935), trabalhou como analista infantil e dirigiu, em 1930/31, um posto de aconselhamento psicanalítico em Budapeste. (Freud/Ferenczi II/2, nota 3 para 770 Fer.) Era amiga de Toni e, no final do ano, cuidou dele até a sua morte. (*Ibid.*, 824 F, 825 F.) Foi Hugo Dubowitz quem chamou a atenção de Ferenczi para um texto de Ludwig Börnes, cujo conhecimento prévio e próprio Freud contextualizou com a técnica da "livre associação". (Sobre os primórdios da técnica psicanalítica, 1920b, S.A., Erg., p. 254 *et seq.*)

2. *Buda* em húngaro, antigamente capital da Hungria, situada à margem direita do Danúbio; unificada desde 1872 com a cidade irmã "Pest", situada em frente. Formou-se assim a cidade de Budapeste, desde então capital da Hungria.

3. Anton von Freund pediu a Ferenczi, no início do ano de 1918, para cuidar de Vera caso ele morresse, "para que a pequena tivesse sempre acesso a mim, como tivera com o pai". (Freud/Ferenczi II/2, 730 Fer, 17/2/1918, p.134.)

4. Jones já sugerira, em dezembro de 1918, que se publicasse um periódico anglo-americano ou uma edição em língua inglesa da IZ. Ela deveria ser anexada a um ramo da editora que ainda seria fundado: The International Psycho-Analytical Press, abreviadamente Press. A idéia foi tomando corpo ao longo do ano de 1919, em longas discussões e encontros na Suíça e em Viena: o primeiro número desse *Journal* foi publicado em julho de 1920; ver 113 AF, nota 2. (Freud/Ferenczi II/2, 787 F; Freud/Jones, cartas 223-259 *passim*, carta 281; Jones III, p. 25-31, 52-55, 63 *et seq.*, 65-68. Sobre as posteriores dificuldades financeiras com a Press, ver p.ex. Freud/Jones, cartas 292-295; Circulares 1, 5/10/1920/W com detalhada nota do editor 8, p. 56 *et seq.*)

5. Dos recursos doados por Von Freund (vide nota 2 para 89 SF), até então só uma pequena parte chegara a Viena. Jones levou consigo a metade para a Inglaterra, quando da sua visita a Viena em setembro (vide final da nota 6 em 106 SF). Houve, em vão, uma queda de braço durante meses pela

transferência do restante do dinheiro, com a cidade de Budapeste, que reclamou a doação para si e a confiscou. Somente anos mais tarde (1926) é que foi liberada uma pequena soma de dez mil francos suíços. (Freud/Ferenczi II/2, 762 F-828 Fer, *passim*, III/1, p. ex. 829 F e seguintes, III/2, 1083 F; Freud/Abraham, 3/10/1919; Circulares 1, p.ex. p. 41-43, 48-51; Jones III, p. 48-50, 157.)

6. Isto acabou acontecendo. Anna ficou cada vez mais envolvida em sua "segunda" área de trabalho, com revisões, traduções, trabalhos redatoriais e de secretariado (ver 108 AF, nota 8): "Além disso (na verdade ainda é um meio segredo), estou em vias de iniciar uma nova profissão, um trabalho na Editora Psicanalítica. Vai começar provavelmente no final de outubro, ou no início de novembro [...]. No momento, já tenho muita coisa para fazer, e também fiz, junto com um dos dois ingleses que estiveram aqui [Jones e Hiller, vide nota 6 para 106 SF], uma tradução (para o inglês) de um texto do papai." (Anna para Kata, 7/10/1919. Mühlleitner cita nas p. 147 e 148 uma carta de agradecimento, sem data, de Freud para Eric Hiller, que poderia ser desta época ou dos dois anos seguintes.) (No entanto, esta tradução de Anna parece não ter sido publicada; ela não é mencionada nem no Grinstein nem nas referências sobre tradutores na Standard Edition.) Anna se cansava muito "com as suas duas profissões". (Freud/Ferenczi II/2, 824 F, 3/12/1919, p. 256.) A partir de maio de 1920 ela passou a ser remunerada pela sua colaboração, por sugestão de Eitingon. (Freud/Eitingon, 176 E. Ver também Jones III, p. 65 *et seq*.; Freud/Abraham, 2/11/1919.) Ver 130 SF.

7. Possivelmente uma alusão à suscetibilidade de Loe (ver Freud/ Jones, p.ex. cartas 231-257, *passim*, especialmente 234); vide na presente troca de cartas 107 SF-111 AF, 155 SF-159 SF, 161 SF-163 SF, 185 AF-187 SF, também nota 5 para 42 SF. Ver também Appignanesi e Forrester, p. 324-327.

8. O lago Eib, um lago montanhês pitoresco, na base noroeste da Zugspitze, situado a apenas oito quilômetros de distância do local de veraneio Badersee em Garmisch-Partenkirchen. Os Eitingon vieram de lá ao encontro dos Freud. (Freud/Eitingon, 142 E; Freud/Ferenczi II/2, 820 F.)

9. Eitingon disponibilizava anualmente dezesseis mil marcos do Reich (RM) do seu patrimônio particular para a Policlínica e Instituição de Ensino Psicanalítico de Berlim – "a primeira do gênero". (Schultz e Hermanns, p. 61.) Ela foi inaugurada em 14/2/1920 na Potsdamer Str. 29. Ernst Freud (como arquiteto consultor) e Mathilde, com Robert Hollitscher (representando Freud), participaram da inauguração. (Freud/Eitingon, 154 F (p. 177), 161 E, 164 E, 166 F.) Além da terapia, a clínica era conceituada pela formação sistemática na teoria e na prática, que acabou se tornando gradualmente um ramo independente da psicanálise, sobretudo devido à dedicação altruísta de Eitingon e de Abraham (ver parágrafo 2 na nota 2 para 203 SF). (Freud/Abraham, 3/10, 7/12, 29/12/1919, 13/3/1920; Freud/Ferenczi III/1, 837 F; Eitingon 1920, 1922; IZ, v. 8, 1922, p. 106; Jones III, p. 35; Bannach, p. 32 *et seq*.; Berliner Psychoanalytisches Institut; Freud 1923g, 1930b; Schröter 2004, p. 7-10.) Sobre os institutos vienenses correspondentes, vide 151 AF, nota 4, e na nota 6 para 166 SF. Um "grande instituto de ensino e tratamento" húngaro já tinha sido solicitado em 1918 através de uma outra doação de Von Freund para a cidade de Budapeste. (Freud 1920c, p. 435 *et seq*.; Freud/Ferenczi II/2, 761 Fer, 827 F.) Mas a entidade só foi fundada em 1931. (Freud/Ferenczi III/2, 1206 Fer com anexo 1; IZ, v. 17, 1931, p. 434; v. 18, 1932, p. 141.)

10. Ernst Simmel (1882-1947), médico, desde 1913 com consultório próprio em um bairro operário de Berlim. Em 1908, citou na sua dissertação trabalhos de Abraham, Breuer, Freud e Jung. Engajado politicamente desde jovem nas questões sociais e de saúde pública, fundou, em 1913, junto com Karl Kollwitz e Ignaz Zadek, a Associação de Médicos Socialistas em Berlim. Trabalhou na Primeira Guerra Mundial como médico militar, por último como diretor de um hospital para neuróticos de guerra, em cujo tratamento introduziu princípios psicanalíticos, relatando sobre isso em conferência no Congresso de Budapeste. Desde então, ocupou-se com planos para fundar uma clínica psicanalítica para internação e tratamento de doentes que não podem ser tratados ambulatorialmente, mas só conseguiu transformar essa idéia em realidade em 1927 (vide texto explicativo após 255 SF). Simmel emigrou em 1933 para os Estados Unidos, passando pela Suíça. Em Los Angeles e São Francisco, ajudou na construção de instituições psicanalíticas e trabalhou até 1947, quando morreu. (Simmel, 1919; Schultz e Hermanns; Freud/Ferenczi III/2, 1244 F; Jones III, p. 214.)

11. "O senhor foi o primeiro mensageiro que veio ter com o solitário, e caso eu seja novamente abandonado, certamente estará entre os últimos a me agüentarem." (Freud/Eitingon, 39 F, 7/1/1913, p. 81.)

12. Nos anos anteriores, Ranke se ocupara "intensamente com a vida e a obra de Arthur Schopenhauer". (Lieberman, p. 56 *et seq.*) Naquele momento, Freud o lia "pela primeira vez". (Freud/Andreas-Salomé, 1/8/1919, p. 109.) Sobre Freud e Schopenhauer ver Gödde 1999, p. 331 *et seq.* (com indicação a Freud 1925d, p. 86).

13. *Além do princípio do prazer* (1920g); Freud menciona Schopenhauer no capítulo VI, concebido posteriormente.

14. Não foi possível descobrir uma loja de brinquedos com este nome (que no entanto é comum em Bad Reichenhall), mas existe o registro, naquela época, de uma firma do comerciante Johann Riehll, na Ludwigstr. 26. (Agradeço esta informação a Johannes Lang, arquivista municipal em Bad Reichenhall.)

101 AF

[Bayerisch Gmain,] 2 de agosto de 1919.

Meu querido papai!

Em breve terei de providenciar um papel de carta maior e uma caneta-tinteiro mais gorda, pois continuo ganhando novas facetas. Uma já é professora, a segunda quer se tornar tradutora, a terceira tem a ver com história[1], e a quarta sou eu mesma. Cada uma delas teria diversas coisas para dizer em toda carta que escrevo, e isto é quase impossível de ser feito. Mas eu decidi que hoje a quarta será a primeira.

Acabo de passar um dia e meio maravilhoso com a Margaretl no König[s]see[2]. Fez um tempo esplêndido, uma raridade este ano. Só ontem à noite, quando já estávamos deitadas nos nossos leitos de Gmain, é que recomeçou a chover – um alívio depois do longo esforço. Levei a Margaretl, sem remador, para Bartholomä e para a Saletalpe, ida e volta, remando eu mesma. Hoje meus braços nem estão duros, só estou com algumas bolhas na mão. Almoçamos no Obersee, e colhemos morangos em Bartholomä[3], tudo como nos velhos tempos[4]. Os donos do nosso hotel nos deram comida para levar. Tinha tanta carne e salsicha que parecia que o tigre Shir Khan e a pantera negra Baghira[5] tinham saído numa excursão que duraria o dia inteiro. Mesmo assim, demos conta de tudo. Os Drexl, nossos hoteleiros, são pessoas muito legais. Recentemente nós duas – que nos tornamos grandes comilonas aqui – pedimos panquecas depois do almoço, que era somente um creme leve e não nos satisfez completamente. Eles não aceitaram que pagássemos; "ficaram muito envergonhados porque ainda estávamos sentindo fome". Os hoteleiros austríacos deveriam ser um pouco menos suscetíveis!

Margaretl já começou a trabalhar[6], e enquanto isso eu costumo sair para passear. Nem consigo imaginar que terei de voltar para Viena. Cheguei a sonhar (ontem), que o primeiro dia de aula será no outono, e que as crianças não conseguiriam me obedecer. Isto certamente sinaliza muitas coisas. Por que será que eu fico sempre tão feliz quando não tenho nada para fazer? Será que gosto mesmo de trabalhar, ou será só aparência? Se a revista inglesa se tornar grande e as minhas traduções derem certo e eu ganhar bastante dinheiro, comprarei uma pequena casa de campo para trabalhar somente lá; e somente pessoas simpáticas poderão vir me visitar.[7] Eis um dos planos que estou fazendo aqui. Ou então: no próximo verão, irei para a casa de um camponês de Königssee, para ajudar na lavoura. Ou então: eu vou para a fazenda Stanger[8] durante o verão para aprender a fazer manteiga e queijo. Ou então: vou aprender a fazer pão com os Fischer. Será que é impressão minha ou a velha rejeição à escola estaria voltando?

Já escrevi para Rank e solicitei que me mande ambos os trabalhos. Aparentemente ele quer tentar o oeste, agora que o leste fracassou.[9] Minhas inclinações também vão cada vez mais nessa direção. Estou bastante curiosa por saber se o jornal inglês vai dar certo.

Eu sempre fico feliz com as tuas notícias, que são muitas e boas. Acho realmente uma pena teres de recusar a solicitação holandesa[10]. Teria sido muito bom, só um mês antes, e eu teria gostado de ir junto. Também gostei muito do telegrama sobre a tradução[11] e da notícia sobre Berlim. O que importa é que tudo esteja caminhando novamente.

Hoje, sonhei que estava no nosso prédio na Berggasse e que não conseguia achar o nosso apartamento; foi muito assustador. Acho que tens razão quanto à tua última interpretação de sonho. A única vez que falei com a "amiga" da Berggasse 20 foi quando do tiroteio na Hörlgasse. Naquela ocasião, a titia disse que eu não devia falar com ela.

Estou tentando familiarizar a Margaretl com os escritos de Rilke. Seguimos nos dando muito bem. Recebo muitas cartas. É quase mais fácil se relacionar por escrito do que verbalmente.

Tenho de deixar todo o resto para a próxima carta. Anni Rosenberg[12], que chegou ontem, quer ser minha portadora de cartas para a Áustria, e essas oportunidades devem ser utilizadas.

Também já gastei algum dinheiro nestas duas semanas, se não foram alguns mil, foram bem algumas centenas. Mas pelo menos estou passando uma temporada boa.

Com um beijo, sou a

tua
Anna.

---

1. Ver 105 AF, 132 AF (também 45 AF, nota 12). Peters, que ressalta a precoce "aptidão lingüística e para a escrita" de Anna Freud, relata que foi naquela época que ela começou "a escrever uma história sem fim [...]. A história trata de uma grande família, com muitas, muitas crianças; sem dúvida, um produto da sua fantasia, mas descrito de forma bastante realista." (Peters, p. 3l, 47.)

Young-Bruehl examina nos ensaios literários de Anna especialmente a relação entre as poesias e a sua análise; ver 114 AF, nota 1. (Young-Bruehl I, p. 116-129, 134-136, 140, 149-155; também Peters, p. 56.) A própria Anna menciona para Kata Lévy ter "escrito sobre todo tipo de coisas", que muitas histórias já estariam concluídas, e que queria mostrá-las para ela (só para ela). (Anna para Kata, 31/10/1918, 29/5, 7/10/1919, 21/2/1920.) As "belas histórias" – ligadas aos "sonhos diurnos" de Anna – eram um assunto de conversação recorrente entre ela e Lou Andreas-Salomé. (Anna/Lou, p. ex. 1922-1925 *passim*.)

2. O Königssee (a 600 metros), ao sul de Berchtesgaden, é tido como um dos mais belos lagos alpinos. É famoso pelas encostas rochosas íngremes que muitas vezes irrompem verticalmente das águas, marcando a singularidade do lago e de toda a paisagem. (Köhler, p. 30.)

3. St. Bartholomä, região verdejante na margem oeste do Königssee, aos pés da Watzman-Ostwand que se ergue a 1800 metros de altitude, com uma capela de romaria barroca e um antigo palacete de caça; ponto de partida para os passeios mais diversos. (Ver 257 SF, nota 3.) O Saletalpe (tb. Salletalm) forma o ponto sul do Königssee. Dali chega-se em quinze minutos de caminhada até o isolado Obersee, separado do Königssee por rochas trazidas por uma avalanche da era glacial. (*Ibid.*; Bühler, p. 145-147.) Sobre a atividade de remar, vide 102 SF, nota 2.

4. Freud mencionou para Wilhelm Fliess o primeiro encontro de Anna com este impressionante lago alpino: "Você deveria ter visto Annerl no Königssee". (1985c, carta 208, 1/8/1899, p. 399.) Os Freud passaram várias férias no Königssee, respectivamente em Berchtesgaden, em 1902-1904, 1908 (vide 3 SF, 4 SF) e por último em 1915 (vide nota 1 para 66 SF, 68 SF/MF, nota 6). (Tögel 1989, p. 152-154; Gödde 2003, p. 62-64; Jones II, p. 218 *et seq.*)

5. Ilustrações dos livros de Kipling sobre a selva; vide 17 AF, nota 8.

6 Vide 96 AF.

7. Ver 36 AF, nota 6.

8. Provavelmente uma fazenda em Gmain. De um mapa antigo, ainda consta um sítio *Stangerer*. (Bühler, mapa dos arredores.) Hoje, não pode mais ser localizada ali.

9. Freud já manifestara uma vez o desejo de "se voltar para o oeste", naquela ocasião para Zurique, por estar insatisfeito com o Grupo de Viena.(Freud/Jung, 270 F, 1/9/1911, p. 488.) Devido ao sucesso do congresso de Budapeste, em 1918, Freud e seus colaboradores esperavam que a cidade se tornasse futuramente o principal centro da psicanálise. Rank inclusive já decidira se mudar para lá com a sua esposa. (Jones III, p. 20; Freud/Abraham, 27/8/1918; Freud/Jones, carta 222, em alemão p. 23; Freud/Ferenczi II/2, 774 Fer; List, p. 37.) Mas a situação se alterou depois que a Hungria teve toda e qualquer relação com os demais países cortada depois da guerra. (Freud/Jones, carta 237; Jones III, p. 20, 31.) Em março/abril de 1919, durante uma reunião destinada a reavivar as atividades psicanalíticas e a constituir a editora, Rank, Sachs e Jones concordaram em deslocar o "foco para oeste". (Freud/Abraham, 18/5/1919, 3/10/1919, p. 273, 2/11/1919, p. 275; Freud/Ferenczi II/2, 805 F, 12/4/1919, p. 226; Freud/Jones, carta 229; Jones III, p. 25-27, 29-32.) Isso acabou ocorrendo, e levou Ferenczi a entregar informalmente a presidência para Jones, durante o encontro seguinte, em Viena, no final de setembro de 1919 (vide final da nota 6 para 106 SF; ver 287 SF, nota 13). (IZ, v. 5, 1919, p. 328-331; Freud/Abraham, 3/10/1919; Jones III, p. 31.) Ver nota 2 para 99 SF. A alteração foi ratificada oficialmente no ano seguinte, no Congresso de Haia; vide nota 1 para 123 AF/SF.

10. Vide 99 SF, nota 11.

11. De Edward Bernays, vide 99 SF, nota 8.

12. Anny Rosenberg (1898-1992), amiga de infância de Anna, filha de Judith e Ludwig Rosenberg (vide 105 AF, nota 4). Estudou Medicina em Viena, formou-se em 1923, tornou-se psicanalista e especializou-se em análise infantil. Foi membro da Sociedade Psicanalítica Vienense a partir de 1925. Engajou-se durante algum tempo como membro do partido comunista e num posto de aconselhamento sexual em Viena. Foi para a Holanda em 1936, onde desposou, em 1937, o psi-

quiatra Maurits (Moritz) Katan (o primeiro casamento, de 1926, com Otto Angel, foi desfeito em 1928). Anny Katan emigrou com a família para os Estados Unidos em 1946 e trabalhou como médica até 1965 em Cleveland, Ohio, onde se dedicou à construção de vários institutos de pesquisa de análise infantil. Foi catedrática em análise infantil de 1955 até 1964. Em 1966, fundou, junto com outros, o Cleveland Center for Research in Child Development. "[...] Ela foi a última daquela segunda geração de analistas que foi do grupo de Anna Freud em Viena e ajudou a estabelecer os fundamentos da análise infantil." (Necrológio em: IJ, v. 74, 1993, p. 834. Além disto: DBA N.F.; Mühlleitner, p. 27 *et seq.*; Fallend 1995, p. 302; ver também Freud 1985c, carta 29, nota 1, e carta 107; Young-Bruehl I, p. 55, 72; Jones I, p. 384, nota 4.)

102 SF

PROF. Dr. FREUD

Bgastein 3/8/19
VIENA, IX. BERGGASSE 19.

Minha querida Anna

Recebi o telegrama[1] e a carta que vieram por Königssee. Fico muito feliz que tenhas sido tão brava e que tenhas tido tanta sorte.[2] Mas não terá sido um exagero atravessar o lago a remo?

As tuas várias personalidades estão podendo emergir agora sucessivamente, penso. Deves estar compreendendo que aquelas que foram preteridas ao longo dos anos de vez em quando dão sinal de vida.

Daqui, há pouco o que contar. A correspondência, que esteve tão interessante durante algum tempo, está minguando. O dia foi dominado pela notícia de que a loucura em Budapeste terminou.[3] Rank certamente vai vivenciar muitas coisas interessantes. Ele tem estado mudo nos últimos dias.

Ontem chegou o sr. Jul Riesz[4]. Hoje, ajudados pelo tempo, jogamos a primeira e longa partida de tarô. Chove diariamente – tempestades, pancadas de chuva, rajadas de névoa, chuva e mais chuva. Ao mesmo tempo, é espantoso como o tempo passa rápido, já mais da metade das férias! As refeições estão se tornando sensivelmente mais caras, mas continuam boas.

Foi muito gentil teres enviado brinquedos para as crianças. Aqui não há o que comprar. O preço unitário, quando aparece alguma coisa interessante, é de 650 coroas.

Adeus, lembranças, para Margar.[ete] também
do

papai

1. Não foi conservado.
2. O Königssee era tido geralmente como "tranqüilo" por sua posição protegida pelas montanhas. Muitos "visitantes vinham praticar o remo" no lago, "cujas belezas só se revelam durante a navegação". Mas fortes tempestades inesperadas podiam colocar em risco a vida até mesmo de remadores

profissionais, ameaçando até barcos com motor, permitidos desde 1909. (Königssee, p. 40, 41, 50; Hinterbrandner, c. III e IV sobre tempestades e tipos de ventos e experiências com tempestades.) Anna vivenciou tais tempestades por lá; certa vez seu tio Alexandre quase se afogou. (Freud, M. 1999, p. 89.) "O Königssee não é nada divertido nestas ocasiões." (Anna/Eva, carta 13, 7/7/1929, p. 131.) Martin descreve nas suas memórias o quão ousada e destemida Anna sempre foi, desde criança, em aventuras nos lagos, sentenciando: "Nós, os filhos da família Freud, herdamos um dom precioso dos nossos pais: éramos destemidos. Anna recebeu uma boa dose disso." (Freud, M. 1999, p. 150.)

3. O Conselho de Governo Revolucionário, sob a liderança de Béla Kun, dissolveu em 21/3/1919 o Conselho Nacional Húngaro do conde Károlyi, que governava o país desde o final da guerra. Com isso, transformou a República Húngara do pós-guerra em uma ditadura comunista-socialista que, no entanto, durou apenas 133 dias, depois dos quais foi derrubada, por sua vez, pela invasão das tropas romenas nos primeiros dias de agosto de 1919. Freud não podia imaginar, que a "loucura" não terminara: "Depois do insuportável terror vermelho, que parecia um pesadelo, agora temos o terror branco" que, entre outros aspectos, também era anti-semita. (Freud/Ferenczi II/2, 819 Fer, 28/8/1919, p. 249, nota 1; 821 Fer, 20/11/1919, p. 253; Lendvai, p. 407 *et seq*., 413-415, 425 *et seq*.) Formou-se um novo governo em 24/11/1919 e, em março do ano seguinte, Miklós Horthy foi eleito chefe de estado e regente. Ele declarou a Hungria uma "monarquia com trono vago" e instaurou uma ditadura que duraria 25 anos, marchando rumo ao declínio "passo a passo com Hitler". (Lendvai, p.399-433, 452; Ploetz, 1980, p. 997; Freud/Ferenczi II/2, 774 Fer, 823 Fer.)

4. "Julius Riesz, industrial, com o seu filho, Viena, Hotel Áustria", consta do livro de hóspedes. Segue no próximo número: "Sra. Mathilde Riesz, esposa de industrial, com a senhorita sua filha, Viena", também residente no Hotel Áustria. (*Lista de hóspedes de Badgastein*, 1919, 2/8, números 2076, 2077.) Ver 95 SF, nota 7 e 16; 99 SF, nota 15.

103 AF

Bayr. Gmain, 5/VIII/1919

Querido papai!

Desta vez também não há muito o que contar daqui. Nós estamos quase sempre curtindo o ócio, colhemos um pouco de rosas dos Alpes e nos deitamos sobre a erva da charneca, sentindo o tempo passar. Isso é algo com que ainda não me acostumei completamente.[1] Fiquei muito contente hoje com a tua carta do dia 3. Nós aqui estamos sofrendo um pouco menos com as artes das chuvas deste verão; no entanto, todos os dias temos tido algumas horas bonitas. Para minha satisfação, a remada no König[s]see não teve maiores conseqüências. Mas eu não consigo engordar, apesar de comer tanto e de levar uma vida tão calma. Temo que toda esta recuperação se perca logo, tal qual no ano passado.

Os Rie não poderão vir; a licença para viagem foi-lhes negada, e, por isso, alugaram alguma coisa em Grundlsee[2]. Por enquanto, continuam em Viena.[3]

Por favor, diz na próxima carta como pretendes fazer a viagem para Badersee. Gostaria muito de passar uns dois ou três dias em Munique e Margaretl também desejaria muito ir junto, seguindo depois para Grundlsee. Não queres ir? Ernst poderia nos ciceronear um pouco.[4]

Minhas diversas personalidades voltaram a me deixar em paz. Mas eu sonho todas as noites, notável e nitidamente. Por exemplo, ontem: "Matei alguém ou coisa parecida. Como punição, fui levada para um grande cômodo onde havia um monte de pessoas que poderiam fazer comigo o que quisessem. As pessoas queriam me rasgar e me atirar pela janela. Eu senti medo, mas não muito. Havia um senhor mais velho no meio das pessoas; de repente, ele pegou um objeto da parede e me deu a metade para me defender; com isto eu pude fazer com que as pessoas recuassem. Depois, fui vigiada por dois soldados com os rifles prontos para disparar contra mim. Então veio a parte mais notável: de repente, contaram-me a verdadeira causa da morte de Napoleão. Ele também fora vigiado naquele cômodo, assim como eu. Ele, assim como eu, ficou em pé, junto à janela aberta e quis sair para ir ao banheiro. Os soldados acharam que era uma tentativa de fuga e o derrubaram a tiros. Alertaram-me para não fazer o mesmo." Creio que eu posso pensar muitas coisas a respeito. Quase sempre acontece alguma coisa ruim nos meus sonhos: assassinatos, tiros ou morte.

Escreve-me logo uma carta bem longa. Margaretl pede para te mandar lembranças.

Fico, com um beijo,

tua
Anna.

Escrevi para Kata e enviei a carta para Rank.[5]

---

1. Anna escreveu (pouco depois da primeira operação de câncer do seu pai) numa carta para Lou Andreas-Salomé: "Desde bem pequena [...] eu sempre desejei a imobilidade e a eternidade de tudo, como se só assim houvesse espaço e calma para me expandir". (Anna/Lou, carta 101, 12/5/1923, também cartas 102, 103.) Pelo visto, ela já falara disso com Freud anteriormente; vide carta de Anna em 122 AF/MF. (Ver também Freud 1916a.) Durante o verão de 1920, ela procurou repetidamente explicar a questão da transitoriedade em textos que Young-Bruehl relaciona ao seu trabalho analítico. (Young-Bruehl I, p. 135 *et seq.*; o mesmo tema em trechos de textos, que Anna enviou ao irmão Ernst, p.ex. 11/1/1920.)

2. Depois, a família Freud também passou longas férias de verão em Grundlsee, vide 271 AF, nota 2.

3. A informação de Young-Bruehl de que "Anna Freud passou a maior parte do verão [1919] com a família Rie" e com Margarete "passeando e velejando no lago Königssee" não está em conformidade com as presentes cartas (vide também 96 AF, 98 AF). (Young-Bruehl I, p. 123, sem fonte de referência.) Anna só foi hóspede dos Rie no verão seguinte, 1920, mas não em Königssee, e sim em Altaussee; vide 107 SF-122 AF/OF.

4. Ernst continuou morando em Munique após a sua formatura, mudando-se em 8/12/1919 para Berlim, onde se estabeleceu definitivamente como arquiteto (vide cabeçalho da carta 165 AF). (Anna para Kata, 29/5/1919; Freud/Sam, 27/10/1919; Freud/Abraham, 1/12/1919; Freud/Ferenczi II/2, 825 F.)

5. Entre as cartas de Anna para Kata que me foram cedidas, não há nenhuma carta dessa época.

104 SF[1]

Srta. Anna Freud
Grossgmain
região de Salzburgo
via posta-restante

B Gastein
Querida Anna: 8/8/19
Martin está livre e deveria ter chegado em Viena anteontem à noite![2] Nossas disposições de viagem ainda são duvidosas, pois temos de esperar pelos passaportes, que talvez determinem o dia 15/8 para a passagem da fronteira, enquanto a titia está presa ao dia 13/8. Nesse caso, eu passaria os dois dias com a mamãe em Salzburgo. Se Munique der certo, Marg.[arete] certamente será bem-vinda.[3]
Carinhosamente

papai

1. Cartão-postal.
2. "A chegada de Martin em ótimas condições foi um grande alívio." (Freud/Ferenczi II/2, 820 F, 5/9/1919, p. 252.) Ver nota 2 para 91 SF. Martin casou-se ainda no mesmo ano, no dia em que fez trinta anos (7/12), com Ernestine Drucker (1896-1980), filha do advogado vienense dr. Leopold Drucker. (Árvore genealógica Lange: Freud Family, Genealogical Tree, p. I; Freud/Ferenczi II/2, 824 F, 825 F.) Ernestine era logopedista, professora da Escola de Tratamento Pedagógico de Viena, lecionou na Universidade de Viena e trabalhou com grande êxito "a vida toda nessa área, em três idiomas [...], tanto em Viena e Paris quanto em Nova York", relata sua filha Sophie Freud. Aos 59 anos, em Nova York, concluiu mais um doutorado. "Ela suplantou largamente o sucesso profissional do meu pai." (Freud, Sophie, p. 359 *et seq*.) O sogro de Martin conseguira um cargo para ele em um banco. Ele próprio escreve sobre isto nas suas memórias: "Dei as costas para os tribunais e encontrei ocupação num banco recém-fundado [...]. Nenhum durou muito tempo. Por conseguinte, tive de trocar algumas vezes de empregador [...]. Por fim, consegui sobreviver escrevendo artigos econômicos para jornais na Áustria e na Alemanha [...]." (Freud, M., 1999, p. 216. Ver também Mühlleitner, p. 104 *et seq*.; Freud/Ferenczi III/2, 1092 F.)
3. Sobre o trajeto definitivo da viagem, vide 106 SF.

105 AF

[Bayerisch Gmain,] 9/8/1919
Querido papai!
Recebi hoje o teu cartão do dia 8, e ainda tenho muitas perguntas a te fazer. Por isto estou enviando a carta por via expressa.
A mamãe já me informou sobre a chegada de Martin. Telegrafei imediatamente para ele em Viena e naturalmente gostaria de vê-lo o quanto antes. Vocês estão pensando num encontro em Salzburg?[1] Fiquei surpresa que a tua passagem

pela fronteira esteja vinculada a um dia determinado. A minha não foi assim, segundo me assegurou expressamente a senhorita no consulado. Tive vários dias de margem. Gostaria muito de ficar aqui dois dias com a titia, caso ela tenha realmente de partir no dia 13, e tu no dia 15.

Posso embarcar aqui, bem em frente à minha janela, no trem noturno para Munique[2], e poderia encontrá-los no meio do caminho. Só precisas me informar por telegrama quando tiveres alguma informação segura.

Devo sacar o meu crédito bancário todo até o montante de mil marcos? Não seria necessário para as minhas necessidades pessoais, mas talvez precises de marcos. O banco cobra uma taxa de 2,45 coroas.

Poderias me enviar ao nosso endereço completo de Badersee?[3]

Já estou em contato com Rank. Ele não concorda com a escolha que Jones fez na tradução e quer que o informe cuidadosamente por carta, dando outras sugestões.

Eu não passei bem desde a última carta, fiquei inclusive um dia de cama. Foi uma indisposição intestinal que ainda não sarou. O dr. Rosenberg[4] veio me ver e trouxe leite de magnésia. Creio que emagreci tudo de novo e naturalmente não estou mais com boa aparência.

Apesar disso, estou bem. Finalmente escrevi a grande história infantil.[5]

O tempo hoje está maravilhoso.

Espero notícias tuas detalhadas em breve e te mando um beijo.

Tua
Anna.

1. Sim: "Eu já vi Martin em Salzburgo, ele parece estar bem, não está alquebrado [...]". (Freud para Max Halberstadt, 19/8/1919.) Martin encontrou sua família em seguida no Badersee, de onde empreendeu viagens às montanhas, p. ex. para a Zugspitze. (Freud para Paul Federn, 25/8/1919, LoC, The Papers of Paul Federn.)
2. O Posthotel fica bem em frente à estação ferroviária de Bayerisch Gmain, e a janela assinalada no cartão-postal (97 AF) naquela época realmente dava para os trilhos. Nesse meio-tempo, o hotel já foi várias vezes vendido e passou por reformas e ampliações. O quarto com mansarda, no qual Anna e Margarete se hospedaram, não existe mais.
3. O então ainda independente "Badersee" era constituído meramente pelo pequeno lago e por um hotel nas suas margens, sem endereço exato, que mantinha uma conexão postal própria com um coche até Garmisch-Partenkirchen. Este existe até hoje como atração turística, mas o velho prédio foi substituído por um amplo complexo hoteleiro, anunciado como "uma das ilhas cada vez mais raras de relaxamento e recuperação" com "sossego para reuniões de trabalho e uma atmosfera especial para ocasiões sociais". (Prospecto do hotel Am Badersee, edição 2000.)
4. Ludwig Rosenberg (1861-1928), médico pediatra; foi um dos assistentes de Freud no Instituto Kassowitz e era um dos seus parceiros de tarô. (Jones I, p. 384; Jones III, p. 169.) Sua esposa Judith ("Ditha" [1870-1952]) era irmã de Oscar Rie. (DBA N.F.) Participou, em 1912, como convidado, de uma reunião da Sociedade Psicanalítica Vienense. (Protokolle IV, p. 94.) Ele apareceu no famoso sonho de Freud sobre a "injeção de Irma" como "amigo Leopold". (Freud 1900a, S.A., volume 2, p. 132.)
5. Vide 101 AF.

PROF. Dr. FREUD
BGastein
VIENA, IX. BERGGASSE 19.
10/8/19

Minha querida Anna:

Esta é a última carta antes do encontro. Os passaportes chegaram e permitem cruzar a fronteira do dia 10 em diante. Nós pretendemos viajar na quarta-feira, dia 13, pegar a mamãe em Salzburgo, a titia então partirá mais cedo[1], e nós viajaremos das 6h às 9h para Munique, onde Ernst já foi avisado. Como é que pretendes fazer? Irás nos encontrar em Freilassing ou seguirás sozinha para M.[unique]? Creio que Freilassing deve ser viável.

Os últimos tempos aqui foram bem diferentes dos anteriores, tiveram um cunho de socialização. Muitos colegas passando, até mesmo uma visita do prof. Wenckebach[2] (que informou algo sobre uma promoção[3]). Partidas diárias de tarô com o sr. Riesz, seguidas inclusive de adesão da família. Sessões com a srta. Wassing[4], que é pintora e ofereceu seus préstimos, e há três dias o mais adorável clima de verão. Encantadoramente belo.

O principal acontecimento foi o retorno de Martin, de quem ainda não recebi notícias de Viena, somente uma menção à sua chegada e aos seus próximos planos numa carta de Oli, bem como a notícia, numa carta do pai de Margar.[ete], de que ele os visitou. Provavelmente não tornarei a vê-lo antes do final de setembro.[5]

Adorarei se Marg.[arete] puder ficar conosco até Munique. Talvez fiquemos mais um dia lá. Ernst decidirá.

Agora, portanto, final do primeiro ato de verão. Espero que o segundo[6] também seja bom.

Lembranças carinhosas

papai

---

1. Para Bad Reichenhall. (P.S. de Minna Bernays na carta de Freud para Ernst, 19/7/1919.)
2. Karel Frederik Wenckebach (1864-1940), médico holando-alemão, professor em Viena de 1914 a 1929, conhecido especialista em doenças cardíacas e circulatórias, pesquisador em anatomia e fisiologia do coração (arritmia, Wenckebachsche Perioden). (Fischer, I., 1932-33.)
3. Vide 99 SF, nota 9.
4. Dr. Wassing tinha uma filha, Anna, falecida em 1927 (1896-1926, Internet 8/9/2005: Anton Wassertrilling Charlotte Jallowetz, http://www.geocities.com/okouneff/Anton-Charlotte.htm, indicação de Wolfgang Kloft. Não foi possível averiguar se era ela a pintora a que se refere a carta. (Agradeço a gentil informação a Laurenz Krisch.)
5. Vide nota 1 para 105 AF.
6. O de Badersee, onde se encontraram, entre outros, com os Eitingon (vide 100 SF, nota 8). Ernst também visitou sua família mais uma vez em Badersee; Ferenczi e Jones, que também queriam vir, não receberam permissões para deixar o país (vide nota 15 para 95 SF). (Freud/Jones, cartas 245, 247; Jones III, p. 25 *et seq.*, 29-32.) Freud partiu no dia 9/9 com a família e com os Eitingon para

Berlim, passando por Munique. (Freud/Ferenczi II/2, 820 F.) Saindo de lá, eles pretendiam chegar a Hamburgo no dia 13, para ficar com Sophie, Max e as crianças. (Freud para Martin, 7/9/1919.) Na viagem de volta, Freud se encontrou, novamente em Berlim, com Eitingon e Abraham. A fronteira em Salzburgo deveria ser cruzada o mais tardar no dia 24/9, e assim o retorno para Viena se deu em 26/9. (Freud/Jones, carta 250, ed. alemã p. 24; Jones III, p. 23.) Em seguida, Freud reviu Jones pela primeira vez em cinco anos, quando este o visitou juntamente com Hiller (vide nota 6 para 100 SF); na ocasião foram discutidas principalmente as questões organizacionais acumuladas, em reunião com Rank, Ferenczi e Von Freund (ver nota 9 em 101 AF). (Jones III, p. 29-31.)

Saída dos filhos da Berggasse 19
(Final de 1919)

Martin, Oliver e Ernst estiveram mais uma vez juntos na casa paterna no final do ano: "Tenho, por pouco tempo, todos os três filhos reunidos. Martin se casa no dia 7 deste mês, alguns dias depois Ernst parte para Berlim [...]" [vide nota 4 para 103 AF]. (Freud/Abraham, 1/12/1919, p. 278.) Oliver, que conseguira um trabalho temporário no verão, estava procurando emprego. Depois de infrutíferas tentativas para se empregar no serviço colonial holandês na Índia Ocidental, ele foi para Hamburgo e Berlim, para seguir procurando, a partir dali, pela Alemanha. (Vide 115 SF, nota 4.) Minna, que estava doente e não agüentava o inverno de Viena sem calefação, passou os meses em Bad Reichenhall, e não era aguardada num futuro próximo: "Estamos, portanto, só em três, e muito solitários". (Freud/Ferenczi II/2, 825 F, 2/12/1919, p. 258; Freud/Jones, carta 248; Freud/Eitingon, 154 F; Freud/Sam, 27/10 e 24/11/1919.)

A morte prematura de Sophie
(1920)

O triste ânimo de despedida que reinou na família no final do ano ainda foi suplantado por um golpe marcante do destino no início do ano seguinte. Poucos dias depois da morte de Anton von Freund (vide nota 6 para 96 AF), Sophie sucumbiu em Hamburgo, no dia 25 de janeiro, à epidemia de gripe que grassava então na Alemanha, "arrancada em quatro ou cinco dias de uma atividade plena como mãe zelosa e mulher afetuosa com uma saúde florescente, como se nunca tivesse estado aqui". (Freud para Oskar Pfister, 27/1/1920, 1963a, p. 77.) "De lá para cá, todos sentimos um peso enorme." "Como, no fundo, não possuo fé, não tenho ninguém para culpar e sei que não há nenhum lugar para onde se possa encaminhar uma reclamação. [...] Minha mulher e Annerl estão profundamente abaladas." (Freud/Binswanger, 14/3/1920, p. 169; Freud/Ferenczi III/1, 833 F, 4/2/1920, p. 51, 837 F.) O grande sofrimento de Max Halberstadt fica evidente na presente troca de cartas.

1920

107 SF

PROF. Dr. FREUD

22/7/20
VIENA, IX. BERGGASSE 19.

Minha querida Anna:

Fico feliz que possas desfrutar bastante do "campo".¹ Aqui faz um calor horrível, acabo de conseguir uma hora livre e tenho de passá-la posando para Königsberger, que trabalha muito bem.²

Duas novidades para ti! O anexo te dirá a primeira³. Certamente a interpretarás também como uma recusa de sua visita em Haia⁴. Não pode ser levada a sério; pois, 1) nos falta tempo entre Gastein e Haia⁵, 2) não receberemos passaportes, ou então somente depois de gastar muito tempo e esforços, o que eu não posso fazer. Eu naturalmente não responderei antes que chegue a anunciada carta de Davy⁶. Aliás⁷, vejo ainda um outro significado. Será que o intrigante *pofpler* significa *together*?

Em segundo lugar, Edward enviou o livro⁸ e anunciou que remeteria # 275 para Amsterdã⁹, eu já me informei sobre o recebimento disto. A apresentação é mediana, a tradução¹⁰, como observou corretamente Jones, carece de cuidados¹¹, mas no conjunto o tom foi acertado. Alguns equívocos grosseiros isolados; o pior é o tratamento dado aos exemplos de atos falhos e sonhos, que não foram substituídos por novos, próprios, mas traduzidos e modificados artificialmente, o que lhes rouba toda a força.¹² Jones, que pretende fazer a edição inglesa junto com Allen & Unwin, certamente acertará melhor. O prefácio de St.[anley] Hall, de maneira geral, é lisonjeiro.

Voltando à primeira história de Jones: *returning together* significa que eles deverão vir junto conosco ou que somente nós dois devemos ir em seguida para a Holanda?

No mais, como já disse, está mais do que na hora de tirar férias.¹³ Martin e Esti voltaram muito contentes.¹⁴ Kata finalmente está se destacando¹⁵, é muito gentil, e vai nos conseguir um carro até a estação. Nosso temor é que Lajos não consiga permissão para apanhá-la em Viena. Os Ferenczi tiveram de desistir de Aussee, provavelmente irão para o Plattensee.¹⁶ Para festejar o aniversário da mamãe¹⁷ estamos planejando um almoço elegante, com sorvete. Voltarei a Tulln¹⁸ no domingo.

Manda lembranças minhas para a sra. Mela e para Margaretl¹⁹ e recebe meus melhores votos para a tua estadia em Aussee. Não faz longas caminhadas desacompanhada. Assim que chover escreve-me sem delongas.

papai

1. Parece estar faltando uma carta de Anna, escrita em Altaussee. Ela passou as férias de verão ali (e não em Gmain, conforme consta em Young-Bruehl, I, p.129) a partir do dia 17/7, com a família de Oscar Rie, que alugara a casa Puchen 39 para domicílio de férias; vide 109 SF, nota 5 para 111 AF. (Freud/Ferenczi III/1, 848 F, 850 F.) Originalmente, os Freud pretendiam passar férias em algum lugar da Baviera com os filhos de Sophie e Max Halberstadt, que tinham ficado órfãos de mãe, (vide texto depois de 106 SF), mas "a Baviera não está permitindo a entrada de estrangeiros". (Freud/Andreas-Salomé, 9/5/1920, p. 111; decreto [de 20/3/1920] sobre imigração e permanência, Jornal Oficial Bávaro e Diário Oficial Bávaro nº 76 (2. fl.), ano 8, Munique, quarta-feira, 31/3/1920, parte oficial; cit. seg. Murken 982, nota 12 [p. 14].)

2. Paul Königsberger (1890-[depois de 1941]), escultor e amigo de Ernst Freud, nascido em Viena, em 1912/13, aprendiz do professor Bitterlich. (Arquivo da Academia de Artes Plásticas, Viena, 25/10/1999; Freud para Martin, 22/7/1920; ver também Circulares 2, p. 154, nota 2.) A pedido de Eitingon, confeccionou um busto de Freud. Freud presumiu que se destinasse ao próprio Eitingon, mas o busto lhe foi entregue no ano seguinte pelos membros do comitê, por ocasião dos seus 65 anos. Posteriormente, Jones doou uma cópia (em 4/2/1955) à Universidade de Viena, que a instalou no Pátio dos Arcos; Eitingon mandou confeccionar outra cópia para si mesmo. (Freud/Eitingon, 209 E; Jones II, p. 28, Jones III, p. 40, 269; Freud/Ferenczi III/1, 850 F, 870 F; Freud/Jones, carta 308; Freud/Abraham, 2/5/1921; retrato em: Freudiana, p. VIII (18), entre p. 8 e 9.)

3. Não contida na correspondência; presumivelmente um convite de Loe Jones para Anna ir à Inglaterra antes do congresso em Haia. Ver Appignanesi e Forrester, p. 326, nota 200; Young-Bruehl I, p. 207-209.

4. Loe quis visitar os Freud no congresso em Haia. Vide a este respeito Jones para Freud: "Loe teve uma conversa neurótica ditatorial comigo sobre a sua ida para a Holanda. Ela sempre quer organizar tudo do jeito que ela acha que deva ser. Espero que a viagem dela à Holanda para vê-lo não exclua a possibilidade da sua vinda para a Inglaterra [...]." (Freud/Jones, carta 271, 24/4/1920, p. 375.) Ver também nota 7 de 100 SF.

5. "Sigo em 30 de julho com Minna para Gastein e, no final de agosto [30/8], com Anna para a Holanda, passando por Berlim e Hamburgo [vide 121 SF]." (Freud/Ferenczi III/1, 848 F, 17/6/1920, p. 76.)

6. Herbert Jones; vide nota 1 de 108 AF.

7. Falta um trema em uma palavra no original [*Ubrigens*].

8. A tradução das *Conferências* (1916-17a) de Freud, sob o título *A General Introduction to Psychoanalysis*, Nova York: Boni & Liveright 1920. Na folha de rosto há a seguinte nota: "Authorized Translation. With Preface By Stanley Hall." A tradutora era "uma doutora em psicologia da Universidade de Columbia, uma certa srta. Hoch"; Cora Senner de Nova York, pretensamente formada por Freud, revisou a tradução. (Bernays 1967, p. 179.) Ver 99 SF, nota 8.

9. Freud utilizava freqüentemente este símbolo para indicar dólares. Freud conseguira abrir contas bancárias em moedas estrangeiras na Holanda com a ajuda de Jones. (Freud/Jones, p.ex. cartas 286, nota 1, 288-291, 297-302, 310, 335-337, 340, 392-395) Ele já abrira "uma conta em Londres" no ano anterior. (Freud/Binswanger, 120 F, 25/12/1919, p. 164.) Vide também 153 AF, 187 SF.

10. Falta um trema no original. [*Ubersetzg.*]

11. "A tradução é frouxa e feita às pressas, cheia de americanismos vulgares. [...] O tradutor [...] comete erros como o uso da palavra *suppression* para *Verdrängung*, apesar de nossos esforços de tornar *repression* um termo técnico distinto de *suppression*." (Freud/Jones, carta 280, 9/7/1920, p. 385. Ver também Jones III, p. 22 *et seq*.) Vide também sobre "glossário" na nota 3 de 157 SF.

12. Freud também censurou isto na sua resposta para Edward Bernays: "Você pode dizer ao tradutor não-mencionado que eu respeito as dificuldades na reprodução de atos falhos e sonhos [...], mas que não acho correta a saída que ele encontrou de inventar exemplos similares. Estas invenções não fazem jus ao autor e roubam a força da explanação. O único caminho correto teria sido substituir os intraduzíveis exemplos de promessas, jogos de palavras em sonhos, etc. por outros

da própria experiência analítica [...]. Mas, para isso, claro, o tradutor teria de ser um analista." (Bernays, 1967, p. 184. Ver também Bernays 1980, p. 218, nota 4.) Posteriormente, Jones mandou fazer uma nova tradução para o inglês (vide 163 SF, nota 5). Ilse Grubrich-Simitis, 1993, p. 34 *et seq.*, nota 1, descreve a preocupação de Freud com a tradução das suas obras em geral. Jones, no entanto, lamenta um certo descaso de Freud neste sentido, o que ele teria seguidamente combatido. (Jones III, p. 67 *et seq.*, 160 *et seq.*)

13. Naquele ano, as férias começaram bastante tarde, entre outras coisas por motivos financeiros. (Freud/Eitingon, 178 F, ponto 6, p. 206.)

14. Da sua viagem de núpcias; vide texto depois de 106 SF.

15. Kata Lévy voltou a fazer análise com Freud a partir do final de abril-início de maio de 1920, durante algumas semanas. (Freud para Kata, 8/4 e 16/8/1920; Freud/Ferenczi III/1, 841 F, 850 F.)

16. Isto também não foi possível; eles passaram o verão "numa pequena pensão, não muito elegante, porém tranqüila e com comida farta, nas cercanias de Budapeste". (*Ibid.*, 851 Fer, 15/8/1920, p. 80; 846 Fer, 849 Fer.)

17. O aniversário foi no dia 26 de julho; em seguida, Martha ficou até o dia 25/8 com Mathilde e Robert Hollitscher em Goisern; depois se encontrou com Anna em Altaussee. (*Ibid.*, 850 F: Jones III, p. 40.) Ver 109 SF nota 6, 122 AF/MF.

18. Talvez para visitar um paciente naquela localidade, a 31 quilômetros a noroeste de Viena. (Freud/Jones, carta 287, 4/10/1920.) Um amigo de Freud, o dr. Bonvicini, dirigia ali uma clínica especializada em depressão que Freud indicou, p. ex., em 1922 para a internação da sua irmã Rosa, para que ela pudesse se recuperar do choque sofrido com o suicídio da sua filha "Mausi". (Freud para Victor Heller, 23/8/1922, LoC SF, Cont. 12.)

19. A sra. Melanie Rie e sua filha Margarete partiram primeiro, o dr. Rie e a segunda filha, Marianne, seguiram no dia 27/7; vide 108 AF.

108 AF

Alt-Aussee, 27/VII/1920

Querido papai!

Apesar de me aconselhares a esperar e só te escrever quando da próxima chuva, hoje eu tenho muito para contar. Acabo de receber ao mesmo tempo as tuas duas missivas[1], e portanto vou ter de me desatrelar do clima. Mal posso esperar que também venhas para o campo; já deves estar muito cansado, e da tua carta também se depreende o quão quente e horrível está em Viena.

Espero que tenhas lido logo a carta de Herbert Jones antes de reenviá-la. Provavelmente podes imaginar o quanto fiquei satisfeita e como a minha velha afeição por Loe[2], que parece ficar mais forte em tempos de repouso, reagiu a ela. Nem preciso mais dizer que gostaria muito de ir para a Inglaterra. Antes do congresso me parece impossível, mas o próprio Herbert sugere que nos encontremos primeiro com Loe na Holanda e depois sigamos com ela para a Inglaterra. Teríamos, então, de uma a duas semanas (e talvez eles me convençam a ficar um pouco mais). De qualquer forma, a Inglaterra consta dos nossos passaportes, e Rank poderia certamente conseguir os vistos, eventualmente com ajuda de um despachante ou talvez através da miss Muret (ou Murray)[3]. Ficaria muito feliz se pudesses decidir-te a fazê-lo. Além disso, fico muito feliz que Loe não tenha desistido do plano de nos ver na Holanda. E o seu silêncio me parece justificado pela sua enfermidade, assim como a de Kobus[4]. Não quero falar mais sobre esse plano inglês, ele me entusiasma tanto que eu seria capaz de continuar escrevendo sem parar.

Fico feliz que finalmente estejas com a tradução inglesa, mas esta deveria ser a última vez em que se deixa isso completamente na mão de outros. É bom que Jones faça a revisão para a Inglaterra; mas como teria sido melhor se ele tivesse feito uma boa tradução sob sua supervisão na Inglaterra e a nossa editora a tivesse publicado para a América. As primas americanas-francesas de Ries contam como as tuas coisas são tremendamente divulgadas e conhecidas na América; então todos terão a impressão de que Edward fará um negócio fabuloso. Os 275 dólares vêm a calhar com o plano inglês, como se estivessem se oferecendo para a travessia até a Inglaterra.

Eu jamais teria adivinhado que *pofpler* pode ser *together*, assim percebo (eu li *congress*) o quanto eu ainda sou deficiente em interpretações.

Por favor, dá o meu endereço em Aussee para o Königsberger, para que ele possa me mostrar a tua cabeça quando vier com ela para cá[5], e pergunta por favor a Kata para onde devo escrever-lhe depois de 1º de agosto.[6]

Agora, o relato daqui: meu bem-estar dos primeiros dias continua e está inclusive aumentando, sinto-me tão melhor e mais feliz que nos últimos meses que não posso nem enfatizar suficientemente a diferença. A convivência com Margaretel está sendo tão boa quanto no ano passado, só que cada uma de nós está dormindo sozinha[7], o que não deixa de ser bastante agradável. A sra. Rie é extremamente gentil e encantadora comigo, o que me faz sentir completamente em casa. Às vezes, faço compras, para satisfação da casa, e logo saberei diferenciar a carne bovina dianteira e traseira. Nós comemos bastante e bem. Hoje o dr. Rie vai chegar com Marianne.

Às vezes, ajudo no campo, e ainda ganho leite dos camponeses. Eu nunca vou desacompanhada em longas caminhadas, aliás, quase não ando muito. Eu também não me decido por tomar banho no lago, embora a maioria das pessoas o faça.

As revisões já estão fluindo regularmente entre Rank e eu.[8]

Todo o resto eu escreverei para Gastein, onde espero que estejas dentro de quatro dias, e espero que tenhas tanta vontade de ir para a Inglaterra quanto eu.

Com um beijo e muitas lembranças carinhosas

tua
Anna.

[De próprio punho:]

Minhas lembranças mais cordiais, prezado sr. professor. Quem dera que o senhor já estivesse liberado de Viena e do trabalho! Estou desfrutando ainda mais da convivência com Annerl do que no verão passado, se é que isso é possível, e sou-lhe muito grata por me ceder essa criança amada não só por mim, eu nem consigo dizer o quanto. Deseja-lhe de coração o melhor descanso a sua

Margarete

1. Provavelmente, 107 SF e a carta de Herbert Jones, mencionada tanto naquela carta quanto nesta, com detalhes sobre o convite para a Inglaterra. Ernest Jones também queria receber Freud na Inglaterra: "Queria que soubéssemos se há alguma esperança em vê-lo aqui depois do congresso, seria um prazer imenso". (Freud/Jones, carta 284, 20/8/1920, p. 389; também já nas cartas 271, 278.)
2. Ver 45 AF. Young-Bruehl fala de Loe Kann Jones como a "terceira amiga maternal de Anna Freud". (Young-Bruehl I, p. 123, onde, no entanto, os anos de 1919 e 1920 são trocados várias vezes.)
3. Talvez o dr. Jessie Murray, que Jones menciona na sua circular de 2/11/1920 como "falecido nesse meio-tempo". (Circulares 1, p. 141, nota 8; ver também Schröter 1996, p. 1162.)
4. Jacobus Kann (1872-1945), irmão de Loe que vivia na Holanda; vide 110 SF. (Freud/Eitingon, nota 6 para 174 F.) Abasteceu os Freud durante a guerra com gêneros alimentícios e charutos, e colaborou para que a correspondência entre Anna e Jones na Inglaterra se mantivesse de pé. No final de 1919, Loe ofereceu a Freud emigrar da Áustria e ficar com a casa do seu irmão em Haia. (Freud/Jones, cartas 255, 257; Young-Bruehl I, p. 98, 111.)
5. Ver carta de Anna em 122 AF/MF, nota 11.
6. Entre as cartas de Anna para Kata que me foram cedidas, só há em 1920 uma carta do dia 21/2 e um fragmento de uma carta da Holanda (sem data).
7. Vide nota 1 de 97 AF.
8. Sobre as revisões para os periódicos na editora e para o novo *Journal* na Press; vide notas 6 e 4 em 100 SF. "Foi um ganho inestimável o ingresso de Anna Freud para ajudar no departamento inglês em Viena; este trabalho a colocou em contato mais estreito com a psicanálise do que ela jamais tivera, e acabou sendo o princípio da sua futura trajetória." (Jones III, p. 65 *et seq.*)

109 SF[1]

Srta. Anna Freud
a/c Dr. O. Rie
Alt-Aussee
Steiermark
Puchen 39
[Remetente (à mão):] V.[illa Dr.] Wassing

B Gastein 31/7/20

Cheguei ontem inteiro.[2] Ocupado em instalar-me nos velhos cômodos[3]. Tempo nublado, mas o silêncio delicioso. A semana passada foi muito exaustiva. Além disso Ferenczi e Lajos.[4] Escreve logo como o dr. chegou e como ele está passando.[5] Agradece a Marg.[arete] e lembranças a todos do

papai

A mamãe[6] viaja com Hitschmann[7] e Königsberger.

1. Cartão-postal.
2. Jones (III, p. 40) indica equivocadamente o dia "20 de julho de 1920". O dia 31/7 está registrado na lista de hóspedes como data de chegada de Freud e de Minna Bernays. (Lista de hóspedes de Badgastein, 1920, números 590, 591.)
3. Como no ano anterior, na mesma casa; ver nota 2 para 73 SF.
4. Vide 110 SF. Ferenczi ainda escreveu no dia 18/7/1920: "Infelizmente, não consegui receber o passaporte húngaro. Mas a proibição de sair em viagem só vale para a Áustria [...]." (Freud/Ferenczi III/1, 849 Fer, p. 78.) Talvez Lajos Lévy estivesse em Viena para uma "análise breve", quando foi buscar sua esposa Kata. (Freud para Kata, 18/10/1920, poderia ser interpretada desta forma.)
5. O dr. Rie tivera disenteria e estava sendo aguardado em Altaussee. Vide as cartas seguintes.
6. Para Goisern, vide 107 AF, nota 17, também 112 SF, nota 10.
7. Eduard Hitschmann (1871-1957). Durante algum tempo, foi o médico de família dos Freud. Membro da Sociedade Psicanalítica Vienense desde 1905, desempenhou um papel fundamental no movimento psicanalítico; também dirigiu o ambulatório psicanalítico em Viena até este ser fechado pelos nazistas em 1938. Depois, emigrou para a Inglaterra e, em 1940, para Boston, Mass. (Protokolle I, p. 36 (com ano de falecimento errado); Necrológio em: IJ, v. 34, 1958, p. 614 et seq.; Mühlleitner, p. 149-151.)

110 SF

PROF. Dr. FREUD

BGastein
VIENA, IX. BERGGASSE 19.
1/8/20

Minha querida Anna:

Agradeço muito as tuas cartas expressas de quinta e sexta-feira, as quais recebi hoje, domingo.[1] É grande a minha preocupação, tentei energicamente impedi-lo de viajar[2] mas ele não quis me dar ouvidos, então pedi a Mariandl para chamar Zweig[3] ainda de manhã cedo, mas não sei se ela conseguiu. Agora eu espero que tudo funcione, com os cuidados da sra. Mela e o tratamento do dr. Jung[4], mas deverão ser tempos difíceis para vocês. Naturalmente acho certo que não partas agora e que compartilhes tudo com eles.

Pareces considerar a viagem para a Inglaterra como certa, mas eu não acredito nisso. Tanto quanto eu pude compreender, Loe somente poderá nos receber antes do congresso na Inglaterra e não depois, quando pretende passar algum tempo com o irmão doente, em estágio terminal. Além disso, provavelmente teríamos as maiores dificuldades com os vistos. Rank teve de esperar uma semana inteira em Rotterdã por um visto[5]. Apesar disso, parece certo que tornaremos a ver Loe. Responde a carta de Herbert, asseverando que o tempo entre Gastein e o congresso não será suficientemente longo para irmos para a Inglaterra, especialmente porque me será impossível evitar visitar Marie e Sam[6] em Manchester ou onde estiverem. Não funcionará nem mesmo se adiarmos Berlim e Hamburgo para depois do congresso. A Inglaterra, portanto, me parece muito improvável.[7] De uma maneira geral, tenho uma sensação de insegurança em relação ao futuro próximo, como se não fosse mais possível fazer nenhum plano de longo prazo.

Estamos nos nossos velhos quartos em Gastein, com o habitual aconchego caseiro. Já tomei dois banhos e hoje fiz o primeiro passeio mais longo. Estou bastante cansado, certamente dos banhos, mas também devido a todo esse ano difícil.[8] Acabo de dar uma olhada nas anotações trazidas para o trabalho[9], mas ainda não estou me sentindo impelido para elas. Os últimos dias em Viena foram complicados com as visitas de Lajos e Ferenczi. Kata partiu bem[10], vai te escrever primeiro e comunicar um endereço para a resposta. Estamos comendo bem aqui e só agora nos demos conta de como estávamos nos alimentando mal em Viena. Os preços são elevados, mas ainda são mais baixos do que em Viena [;] foi-nos permitido trazer no máximo trezentas coroas por pessoa, i.e. nós precisamos diariamente de uma libra esterlina, e eu trouxe 55 libras para um contrabando eventual.

Aqui abundam as pessoas conhecidas, até o "governo"[11] parece estar aqui, pelo menos cumprimentei Tandler[12] e reconheci Fritz Adler[13] ainda no trem.

O silêncio é delicioso, nem um único tocador de realejo. Amo o barulho da cachoeira[14]. Mas está frio, nublado e chuvoso.

Aguardo tuas outras cartas. Recebe lembranças carinhosas do

papai

---

1. Nenhuma das duas foi conservada.
2. Falta um trema em uma palavra no original [*zuruckzuhalten*].
3. O gastroenterologista dr. Walter Zweig.
4. Provavelmente o conselheiro médico Rudolf Jungh, que trabalhou no instituto radiológico do Salinenspital em Bad Aussee. (Perfahl, p. 28.) Do anuário de 1916 para assuntos comunitários de Aussee consta um dr. Rudolf Jungh como "conselheiro imperial". (Agradeço ao Arquivo Municipal de Steiermark, depto. 1D, Graz, 23/8/1920, pela gentil informação.)
5. Isso ocorreu em novembro de 1919, quando ele viajou para a Inglaterra por motivos institucionais, passando pela Holanda. (Freud/Ferenczi II/2, 823 Fer, nota 3, 824 F, 825 F, 827 F, III/1, 829 F; Jones III, p. 32.) Jones opinou, no entanto, que foi em grande parte culpa do próprio Rank o fato de ter tido que esperar tanto tempo na Holanda. Ele teria perdido o contato com o resto do mundo exterior devido ao seu contínuo contato com o ambiente político de Viena. (Freud/Jones, carta 255.) Nessa observação já se prenunciavam futuros conflitos, mais profundos, nos quais se mesclavam animosidades pessoais dos colegas da editora e dos membros do comitê com problemas objetivos e institucionais; ver p.ex. 163 SF, 181 SF, nota 5.
6. Ver 42 SF, notas 10 e 12.
7. O plano de visitar a Inglaterra e os parentes em Manchester realmente teve de ser abandonada. Vide texto explicativo depois de 123 AF/SF.
8. Alusão aos dois casos de falecimento em janeiro de 1920, vide nota 6 para 96 AF e texto explicativo depois de 106 SF.
9. *A psicologia das massas e a análise do eu* (1921c), trabalho que Freud mencionou pela primeira vez em maio de 1919 numa carta para Ferenczi: "Eu ensaiei [...] uma fundamentação da psicologia

das massas com uma idéia simples. Agora isto precisa descansar [...]." (Freud/Ferenczi II/2, 813 F, 12/5/1919, p. 236.) "Em Gastein, quero desenvolver o meu propósito sobre psicologia das massas num livro pequeno." (Freud/Abraham, 14/5/1920, p. 288; Freud/Jones, carta 283; Freud/Ferenczi III/1, 852 F; Jones III, p. 59 *et seq.*)

10. Vide 107 SF, nota 15.

11. Da lista de hóspedes de Badgastein de 1920, no dia 26/7, constam, entre outros "Karl Seitz, presidente da Assembléia Nacional, com esposa" e "Dr. Otto Bauer, secretário de Estado aposentado, com esposa" (o irmão de Ida Bauer, paciente de Freud que se tornou conhecida como "Dora"[1905e]); ele era tido como uma das personalidades mais influentes da Primeira República; ver nota 3 para 246 SF. (Weissensteiner, p. 185-190; Braunthal; Appignanesi, p. 203.)

12. Julius Tandler (1869-1936), médico, professor de anatomia em Viena, na época subsecretário de Estado para Saúde Pública (1919-20), depois diretor do Departamento de Saúde e Previdência. Implantou programas de reforma social que vislumbravam o futuro, entre 1920 e 1934, o que "logo causou sensação internacional e encontrou reconhecimento". (Czeike, 1984, p. 211 *et seq.* e ilustração 408, 409; também Czeike, 1999, p. 54; Weissensteiner, p. 123-126; Sablik 1983.) Tandler e Freud tinham diversas coisas em comum, entre outras, faziam parte do comitê de fiscalização de um fundo para um lar de repouso infantil, doado por médicos americanos e pela irmã de Freud, Anna, e Eli Bernays. (Freud/Ferenczi III/1, 841 F; Jones III, p. 17; Molnar 1996, p. 200f.) Não foi possível comprovar a informação em Sablik (1985, p. 12) de que Tandler e Freud teriam sido, em 1918-19, editores conjuntos da *Revista de ciências sexuais*; a fonte apresentada por Sablik (p. 176) menciona somente Tandler como co-editor, tampouco em outros trechos dos anuários foi possível encontrar indícios de que Freud teria sido co-editor. Em 1924, Tandler entregou a Freud, pelos seus 68 anos, a nomeação como "cidadão vienense" e, pelos setenta anos, em 1926, o diploma do título (IZ, v. 10, 1924, p. 210/v. 13, 1927, p. 80; Freud/Abraham, 4/5/1924, p. 335 *et seq.*; Anna/Lou, 15/5/1924; Jones III, p. 127, 151.) Ver também as cartas de Freud para Tandler em 1925 (em 1960a) e em 1931g. Tandler foi preso depois da violenta dissolução da socialdemocracia austríaca em 1934, e em 1936 foi convocado para Moscou onde morreu pouco tempo depois.

13. Friedrich Adler (1879-1960), socialista austríaco. Na Primeira Guerra Mundial, combateu a política de guerra da socialdemocracia austríaca. No dia 21/10/1916, atirou contra o primeiro-ministro Karl Graf Stürgkh como "sinal de luta", no entanto, foi indultado depois da condenação. "Nosso desequilíbrio moral talvez não tenha sido exposto tão amplamente por nenhum outro incidente, quanto o notável processo de Friedrich Adler. Por coincidência, ele nasceu exatamente nos cômodos que habitamos [na Berggasse 19]." (Freud/Abraham, 20/5/1917, p. 239. Ver também Freud 1960a, p. 392 *et seq.*) Posteriormente, tornou-se secretário-geral da Internacional do Partido Socialista dos Trabalhadores em Zurique. Freud esteve às voltas com o seu pai, o dirigente socialista Victor Adler (1852-1918), na época em que era estudante, num incidente em que desempenhou um papel pouco honroso; esse evento entrou em um sonho que Freud analisou posteriormente em *A interpretação dos sonhos* (1900a, S.A., v. 2, p. 219 *et seq.*, 222, 223).

14. Vide nota 3 para 72 SF, 152 SF.

111 AF

[Altaussee,] 4 de agosto de 1920.

Querido papai!

Hoje eu te escrevo pela primeiríssima vez com uma verdadeira sensação de grande alívio. A melhora, inicialmente percebida só pelo médico, seguida por alguns dias e noites ruins, finalmente chegou até o paciente. O dr. Rie recomeça lentamente a voltar a si, a ter apetite, a falar e finalmente voltou a parecer quem era antes. A hemorragia parou, e ele consegue descansar longamente por causa do ópio que é obrigado a tomar, apesar de sua grande resistência. Depois de vários dias, hoje estive pela primeira vez no seu quarto. O perigo já passou, e podes imaginar como a casa toda voltou a respirar e recomeça a ficar alegre.

Querido papai, fiquei muito aborrecida com o fato de o dr. Rie já ter estado doente em Viena e ninguém ter sabido nada por aqui. Acho isso tremendamente injusto. Promete que, caso adoeças algum dia e eu não esteja contigo, escreverás imediatamente para que eu possa ir te ver? Senão não se poderia mais estar sossegada em lugar nenhum. Eu já quis te pedir isso em Viena, antes de partir, mas tive vergonha.

Suspeito que o correio local espera juntar algumas cartas para que valha a pena despachá-las. Escrevi-te quase diariamente, só uma vez é que o Rank enviou uma revisão tão interminavelmente longa que eu não consegui mais escrever nenhuma carta. O teu telegrama e a carta expressa chegaram concomitantemente, hoje.[1] É verdade que é preciso pagar aqui novamente pela postagem expressa, mas faz uma diferença de quase 24 horas[2] no envio mais rápido; portanto eu ficarei muito feliz se o fizeres.

Fico feliz de saber que estás finalmente em Gastein, comendo bem. Espero que o cansaço acabe logo, e com isto a "sensação estranha" também. Pois não há nenhum motivo real para isto, não é verdade?

Não quero falar muito mais sobre a Inglaterra. Provavelmente Herbert escreverá que espera que façamos a travessia com Loe, eles parecem estar contando com isto. Mas não quero tentar te convencer a fazer algo que não estás com vontade de fazer. E, além disso, prometi a alguém – não me lembro exatamente quem – não me importar muito caso a Inglaterra não dê certo, desde que pelo menos o dr. Rie se recupere e não morra. E ainda que isso seja uma besteira, eu vou manter a minha promessa, pelo menos até que ele volte a passar bem. Eu também não seria favorável à Inglaterra antes do congresso.

Tive em mãos, junto com as últimas revisões, um artigo de Pierce Clark sobre neuroses compulsivas e obsessivas. Seria mesmo uma tremenda besteira ou eu é que não consigo compreender?[3]

Provavelmente chegarás a Ischl por volta do dia 18 de agosto.[4] Não gostarias de nos visitar aqui por um dia? Seria muito bom, e aqui sempre há camas disponíveis para o pernoite. Creio que os Rie ficariam contentíssimos. Até lá, Rie já deve estar de novo em pé. E Aussee é tão maravilhosa que eu nem preciso mais ir para nenhum outro lugar.

Marie[5] é muito amável e nos provê com tudo o que não conseguiríamos de outra forma para o dr. Rie. Com isto eu estou levando a fama, não merecida, de habilidade comercial.

Escreve-me novamente em breve; espero que agora só tenha coisas boas para me contar.

Com um beijo

tua
Anna.

1. O telegrama (talvez endereçado à família Rie) não foi conservado.
2. Riscado antes dessa palavra: "dias" (*Tage*)
3. Leon Pierce Clark (1870-1933), médico neurologista e psiquiatra americano. Anna se refere ao artigo "A Study of Primary Somatic Factors in Compulsive and Obsessive Neuroses" (1920), que Jones enviara à editora para ser publicado no *Journal*. Freud já lhe respondera no dia 16/7: "No que se refere ao trabalho de Pierce Clark, eu não arriscaria aconselhar que seja repudiado, mas trata-se de um "adlerismo" muito ruim, sem valor, baseado em uma análise que nem chega à primeira infância e, por isso, é rasa e superficial". (Freud/Jones, carta 281, p. 386; também já 278.)
4. Para o aniversário da mãe de Freud; ver as cartas seguintes até 117 SF, 120 AF.
5. Marie Rischawy. A Starlvilla, Puchen 52, na qual funcionava a pensão, fica na periferia de Altaussee, enquanto Puchen 39, o chamado "Wirthskasperlgut", dos Rie, onde Anna se hospedou, fica a cerca de quinze minutos de caminhada de distância, nas pradarias fora da cidade. (Agradeço a Johannes Linortner, Altaussee, e ao Arquivo Municipal de Steiermark, depto. 1D, Graz, 23/8/2002, pelas informações.) Ver nota 2 para 72 SF; vide também 122 AF/MF.

112 SF

[Bad Gastein,] V. Wassing
PROF. Dr. FREUD   VIENA, IX. BERGGASSE 19.
7/8/20

Minha querida filha:
Acabo de receber a tua carta expressa do dia 4. Desde o teu telegrama[1] eu já não duvidava mais do desfecho e fiquei aliviado. Por sorte, a carta triste de Margaretl do dia 2 chegou no dia 6, depois do teu telegrama. Sê gentil e entrega o cartão anexo ao doutor.

Para que saibas da profunda impressão que a tua advertência me causou[2], vou te contar – caso ainda não o tenha feito –, que desperdicei uma parte da primeira semana em Gastein com o estômago num estado tal que, apesar de não ser tão ruim quanto o do doutor Ruhr, já passou e deu lugar a um apetite voraz. Foi alguma coisa endêmica aqui³ – a sra. Blau⁴ se queixou de algo semelhante e Wassing diz que teve vários destes casos – ou então uma simples expressão do sofrimento normal após a parada do trabalho. Mal passou, a vida aqui se configura extremamente agradável, aos poucos recupero a capacidade de aproveitar. Pela manhã uma longa caminhada, solitário; retorno com alguns cogumelos, nunca com muitos. Depois a reflexão do meio-dia, sobre onde gastar as duzentas coroas previstas para o almoço, nas horas da tarde, enquanto a "acompanhante"⁵ dorme, trabalho no novo tratado⁶ ou revisão do antigo⁷, e depois, a partir das seis da tarde, manso passeio pela localidade, até a estação de trem, para saborear o sofrimento dos que chegam; então para o salão de leitura, e finalmente para a saleta. Depois da ceia, novamente escrever, mas não mais do que até 0h30, pois às 5h30 o empregado dos banhos vem nos acordar. Das 6h às 8h da manhã pode-se dormir um pouco mais.

O tempo é alternadamente maravilhoso e – interessante. Dos convivas, diz-se aqui que são misturados, 50% judeus e 50% judias.

O mais delicioso é o silêncio. Relacionamento só com Jul. Riesz e esposa, amáveis como sempre, e que dividiram todo o interesse sobre o caso de doença em Aussee conosco, nenhuma partida de tarô. Estou satisfeito que o novo trabalho esteja indo bem, pois só disponho destas poucas semanas para ele. Desisti da visita a Ischl no dia 18. Ela nos custaria três dias inteiros, por conta das comunicações miseráveis, e anularia o tratamento e a recuperação. Partirei um dia mais cedo de Gastein e irei de Salzburgo para Ischl, o que será mais fácil.⁸

Tens razão a respeito de Pierce Clark, é um trabalho muito tolo. Chegou aqui por engano um livro de um discípulo⁹ de Los Angeles, Califórnia, a quem de qualquer forma invejo pelo clima.

Hoje chegou a primeira carta da mamãe, escrita em Goisern, que conta os horrores da sua viagem, mas que se mostra razoavelmente satisfeita com a estadia.¹⁰

Adeus, lembranças a todos, agradece a Margar.[ete] pela sua carta amável e escreva logo de novo

Para o teu velho papai.

---

1. Não se conservou.
2. Ver também 277 SF, nota 9.
3. Ver 184 SF.
4. Não averiguado.
5. Minna Bernays; "com acompanhante" (no lugar do nome) é como são freqüentemente feitos os registros nas listas de hóspedes para tratamento.
6. *A psicologia das massas e a análise do eu* (1921c).
7. *Além do princípio do prazer* (1920g). Freud já havia relatado a Ferenczi no dia 12/5/1919 que "terminou [...] o rascunho", mas como se depreende da observação acima (e de 95 SF), continuou

a trabalhar no manuscrito depois disto; ele também trocou idéias sobre isto com Ferenczi, verbalmente, quando da sua visita a Viena, no final de setembro de 1919. (Freud/Ferenczi II/2, 813 F, 817; III/1, 848 F, 850 F; Também Freud/Jones, carta 248; Freud/Andreas-Salomé, 1/8/1919.) Sobre esse "processo de modificação, em muitos turnos e várias fases", com a "recombinação de um capítulo inteiro, constitutivo para a estrutura da obra" vide a detalhada explanação de Ilse Grubrich-Simitis. (1993, p. 234-244; as citações p. 238; ver também Jones III, p. 57-59.) O livro foi publicado no início de dezembro de 1920. (Freud/Abraham, 28/11/1920, p. 297.) Sobre a segunda edição de *Além*, vide 142 SF, nota 8.
8. Ver 117 SF, 121 SF.
9. Não averiguado.
10. Vide nota 17 de 107 SF.

113 AF[1]

Ao sr.
Prof. Dr. S. Freud
Bad Gastein
Villa Wassing

[Altaussee,] 7/VIII/1920

Querido papai!
    A melhora aqui é lenta e sempre interrompida por dor e sofrimento, o que, no entanto, o dr. Jung[h] considera bastante normal. Albert Hammerschlag também está aqui e tem vindo com freqüência.
    Recebi hoje o primeiro relato da mamãe e estou muito contente que seja tão positivo. Como vai a titia? Não escreveste nada a respeito.
    Gostaste do nosso primeiro caderno inglês[2]? Rank instou-me hoje a começar com a tradução do Review[3], o que fiz ontem. Mas chega a dar pena fazer qualquer coisa aqui, pois a convivência com todos é tão agradável que o "recolhimento" não me atrai nem um pouco.
    Muitas lembranças para ti e titia.

Tua
Anna.

Enviaste alguma resposta telegráfica para Loe? Eu gostaria de saber antes de mandar a minha resposta.

1. Cartão-postal.
2. "O primeiro número do nosso *Journal* deveria ter saído hoje. Talvez tenha saído mesmo. Parece-me que será bem rico e digno [...]." (Freud/Jones, carta 281, 16/7/1920, p. 386.) Esse primeiro número continha o texto de Freud "Uma dificuldade da psicanálise" (1917a), traduzido para o inglês.

A introdução do caderno é constituída por uma carta aberta, na qual Ferenczi, ainda como o então presidente responsável da Sociedade Psicanalítica Internacional, explana os motivos que levaram à criação da revista, bem como a relação entre as edições alemã e inglesa, e menciona a transmissão dos seus cargos para Jones (ver final da nota 9 para 101 AF). Em editorial, Jones esclarece as circunstâncias e modalidades especiais do novo periódico.

3. *The Psychoanalytic Review* (Ed. White und Jelliffe), primeiro periódico psicanalítico em idioma inglês, existe desde novembro de 1913 (1958-1969: editor honorário Theodor Reik). (Freud/Jones, P.S. na carta 152.) O subtítulo do periódico mudou algumas vezes até 1962; do v. 50 (1963) em diante, adotou de novo o título antigo (vide índice de abreviaturas). Ao lado de artigos originais, continha também traduções dos outros órgãos psicanalíticos, bem como artigos do *Journal*. No início, White pediu uma colaboração de Freud, mas este se recusou, por achar que o empreendimento concorria com a *Zeitschrift*. Anos mais tarde, chegou a uma interpretação diferente. (Freud 1976l; Jelliffe, 1983, parte I, p. 61 *et seq.*, parte II, p. 194-196, 229, 230 *et seq.* e *passim*.) Ver 236 SF.

114 AF

Aussee, 9/VIII/1920

Querido papai!

Gostei especialmente da tua carta expressa de hoje, e também do fato de teres admitido a indisposição estomacal e aparentemente estares te sentindo tão bem agora. Mas infelizmente tive de vetar a carta anexada para o dr. Rie, com a concordância de toda a família. Pois apesar de todos os médicos reconhecerem a melhora, o seu estado subjetivo voltou a ficar sofrível. Assim, por enquanto, só se lamenta, e não se pode felicitá-lo por isto*. Ele está desesperado, ainda sente fortes dores, ouve-se como ele geme horas a fio (a última noite foi especialmente ruim) e, além disso, ele chora com freqüência. Não fosse isso, ele estaria, creio eu, bastante receptivo a uma carta tua (como a qualquer manifestação de piedade, estranhamente). Os médicos asseguram que o perigo passou; mas a melhora bem que podia ser mais rápida!

Hoje tentei interpretar um sonho de Margaretl junto com ela. Não fomos tão longe quanto eu teria gostado, mas foi um pedacinho. Ela ficou muito orgulhosa de ter conseguido te escrever, e este ano ela parece estar visivelmente mais capaz do que antigamente. Tenta aprender a andar de bicicleta, carrega mochilas cheias de pães, e hoje até foi nadar. Pelo menos ela voltou a experimentar algumas coisas. Agora ela está fazendo algo estranho. Eu lhe mostrei algumas das coisas que escrevi nas últimas semanas[1], e ela as está estudando para poder apresentá-las bem[2]. Não faz muito sentido, mas pelo menos ela pode fazer uma apresentação para mim, na qual eu serei autora e única "platéia"[3] ao mesmo tempo.

Diariamente, traduzo, durante um bom tempo, a não muito divertida Review, que é composta principalmente por "palavrório vago", tal como o que Reik[4], por exemplo, faz facilmente.

---

* Por estar se sentindo tão mal, ele se irrita quando alguém acha que ele já está bem. (Nota da autora da carta.)

Sobre o que versa o teu tratado?[5]

Continuo passando bem por aqui, com uma exceção: não consigo ter iniciativa alguma. Quando não estou providenciando alguma coisa, ou caminhando por algum motivo parecido, fico na relva, deitada na rede ou numa espreguiçadeira, e não sinto a menor necessidade de sair de lá. Fiz uma expedição para colher cogumelos junto com o Alfred Rie[6] (só porcarias, nem irias prestar atenção nelas, mas os cogumelos mais nobres, como Herrenpilze, estão extintos aqui) andei com dificuldade e logo fiquei cansada. Depois disso, não consegui me decidir a aceitar participar de um passeio até o Loser, para o qual fui convidada.[7] Achas que eu deveria me obrigar a fazê-lo, para voltar a ficar em forma? Mas eu sinto as conseqüências deste inverno[8] sempre como cansaço, dor nas costas e preguiça em geral. Eu também não me decidi a tomar banhos, apesar de quase todos aqui o fazerem. E as minhas tentativas de socialização[9] não estão sendo diferentes das dos outros lugares. Quando há muita gente, fico tremendamente entediada. Na verdade, os convidados dos filhos dos Rie[10] são bem mais novos do que eu, e isso faz muita diferença.

Fora isso, tudo bem.

Fico feliz que tenhas levado minha advertência a sério (se é que não estás fazendo graça) e eu agora saiba exatamente o que fazes durante o dia. Decerto não podes imaginar o quanto estou sempre pensando em ti. Estou ansiando pela nossa viagem conjunta.[11]

Compreendo que tenhas desistido da viagem para Ischl no dia 18 e já imaginei como serão teus planos. Mas não poderias partir dois dias mais cedo de Gastein, ficar aqui um dia, visitar-nos e me buscar?[12] Até lá, o dr. Rie já deverá estar de pé. Os médicos acham que ele ainda vai necessitar de três semanas para se recuperar da fraqueza e ficar bom.[13]

Agora preciso terminar, está incrivelmente tarde e escuro, preciso de duas velas, mas conseguiria continuar escrevendo sem parar.

Escreve-me logo de novo!

Com um beijo

tua
Anna.

---

1. Contendo também poesias. (Young-Bruehl I, p. 116-129, 136.) Ver 101 AF, nota 1.
2. Margarete Rie estava estudando para ser atriz. (Young-Bruehl I, p. 72.) Ver 161 SF, nota 11.
3. Alusão a uma expressão do dramaturgo Nestroy; ver cartas de Freud para Wilhelm Fliess, 19/9/1901, 11.3.1902. (1985c, p. 495, 501.)
4. Theodor Reik (1888-1969), formado em filosofia em 1912 com um ensaio psicanalítico sobre Flaubert, foi membro da Sociedade Psicanalítica Vienense desde 1911, tornando-se o seu segundo

secretário e bibliotecário em 1918. Em 1919 (e não em 1915, como o próprio Reik informa erroneamente), Freud o indicou para ser um dos premiados pelos seus "trabalhos excepcionalmente bons, um na área da psicanálise médica e o outro na área da psicanálise aplicada". (Freud 1919c, p. 335 *et seq.*; Reik, p. 26.) Reik foi, por pouco tempo, assistente de Rank na editora. Exerceu a profissão até 1928 em Viena e depois em Berlim, onde também lecionou no Instituto de Ensino Psicanalítico. Emigrou para a Holanda em 1933 e, de lá, para os Estados Unidos em 1938, onde ficou numa situação difícil por ser analista leigo. Apesar disso, manteve-se ativo analiticamente e continuou publicando seus ensaios. Em 1958, tornou-se editor honorário vitalício da Review. (Títulos da Review; Marinelli, p. 16; Mühlleitner, p. 260-263; Protokolle III, p. 14 *et seq.*)

5. *Psicologia das massas e análise do eu*; vide 112 SF, nota 6.

6. A família de Alfred Rie (1862-1932), irmão mais velho de Oscar Rie, e sua esposa Johanna Karplus (1879-1931). (Molnar 1996, p. 174.)

7. Ver 141 AF. O Loser (1.838 metros), uma das montanhas de Altaussee, com uma vista famosa. Hoje há uma estrada, a "Salzkammergut-Panoramastrasse", que leva até um restaurante nas montanhas, situado a 1.600 metros de altitude, passando pela cabana Loser.

8. Inverno no qual Sophie faleceu (vide texto explicativo depois de 106 SF). Mas as queixas de Anna poderiam também ter alguma relação com o seu abalado estado geral, já desde o inverno com guerra, de 1917. (Young-Bruehl I, p. 111 *et seq.*, 131; Freud/Ferenczi II/2, 642 F, 646 F, 648 F, 649 F, 686 F, 690 F, 762 F, 824 F, III/1, 837 F; Freud/Eitingon, 178 F.) Vide também 127 AF.

9. Ver 28 SF, nota 2.

10. Faziam parte do grupo, com certeza, também as "primas franco-americanas de Rie"; vide 108 AF.

11. Até Haia para o congresso e talvez até a Inglaterra; vide 123 AF/SF, nota 1 e texto explicativo após 123 AF/SF.

12. Ver 117 SF até 121 SF, esp. 119 SF, ponto 2.

13. O cartão de Freud para Oscar Rie dizia o seguinte:

"BGastein, 7/8/20

Querido Oscar:

Eu o felicito pela recuperação e o solicito que se comprometa em abrir mão oportunamente de nos pregar peças temerárias como a viagem ao mais belo sofrimento no país da disenteria, no interesse de todos. Mela certamente acha o mesmo.

Cordiais saudações para vocês dois.   Freud"

(Loc SF, Cont. 39.)

115 SF[1]

[Bad Gastein,] 10/8/20.
PROF. Dr. FREUD   VIENA, IX. BERGGASSE 19.

Minha querida Anna:

Não te aborreças por estares recebendo apenas um cartão. Tenho tanto para escrever, corresponder, corrigir e conceber que nem posso prestigiar à altura o lindo dia.

Hoje também um editor de Madri, que já se anunciou em 1918[2]; relação intensa com Rank referente a assuntos de passaporte e congresso[3]!

Nós vamos bem demais, plenamente satisfeitos, na verdade estou sendo bastante aplicado. Pena que tudo acabe tão rápido. A titia está se locomovendo bem e se sente bem. Oli[4] tem mandado notícias freqüentemente; recebi hoje notícias dele, do Ernst[5] e da mamãe, e tudo está bem. Lucie e seu marido[6] estão em Berlim. O dr. Drucker[7] adoeceu subitamente por aqui, e ainda não se conhece a causa. Parece que vai sair o novo emprego de Martin.[8] Sabes que eu não vou a Ischl no dia 18. Lembranças para ti e para toda a família Rie. Tomem conta do dr.!

Carinhosamente papai

1. Cartão-postal com cabeçalho impresso.
2. A editora Biblioteca Nueva, de Madri, que iria publicar em 1922-1934 a edição espanhola de *Obras completas del profesor S. Freud*; vide 133 SF, 166 SF, notas 3 e 4.
3. Refere-se aos preparativos para o congresso em Haia; vide 123 AF/SF.
4. Após procurar em vão em Viena, Oliver encontrou uma colocação em Berlim, por intermédio de Eitingon: "Nós ficamos muito satisfeitos, e ele está totalmente mudado". (Freud/Eitingon, 180 F, 10/7/1920, p. 209, 178 F, ponto 4; Freud/Ferenczi III/1, 833 F, 837 F.) Vide também o P.S. em 125 SF, nota 21. Oliver morou por uma temporada em Berlim com os Eitingon no apartamento de Ernst; vide 131 AF. (Freud/Eitingon, 161 E.)
5. Ernst ficou noivo de Lucie ("Lux") Brasch (1896-1989) na primavera; ela era estudante de filologia, "uma garota judia de boa família, descrita como sendo altamente culta e inteligente". (Freud/Sam, 22/4/1920; Zohlen, p. 80.) Martha veio de Hamburgo para o casamento em Berlim no dia 18/5, e Anna veio de Viena como "representante da família". (Freud/Sam, 27/5/1920; Freud/Ferenczi III/1, 844 F.) O jovem casal visitou a casa paterna em Viena um mês depois: "Ernst esteve aqui com a sua esposa Lux, que cativou todos os corações". (Freud/Ferenczi III/1, 848 F, 17/6/1920, p. 76; Freud/Sam, 16/6/1920.)
6. Esta "Lucie" é a segunda filha de Anna e de Eli Bernays, Leah ("Lucy") (1886-1980; ver nota 8 em 98 AF), casada desde 1904 com Felix Wiener (1873-1930), representante comercial. O casal teve dois filhos (vide 150 SF, nota 3). (Árvore genealógica Lange: Freud Family, Genealogical Tree, p. II. Ver também Freud-Bernays, A.)
7. Sogro de Martin Freud; hospedou-se a partir do dia 18/7 "com a sua esposa e [duas] filhas" no Haus Germania. (Lista de hóspedes de Badgastein, 1920, número 2855.) Ver também 117 SF.
8. Na "Treuga", uma sociedade comercial holando-austríaca; vide 117 SF, também nota 2 de 104 SF.

116 AF

[Altaussee,] 12/8/1920.

Querido papai!

Só agora é que eu me dei conta das dificuldades que os pobres correspondentes enfrentaram durante a guerra, eles que foram tão criticados. Não é possível acompanhar passo a passo os acontecimentos, e assim tudo está sempre defasado. Assim que eu transmiti a notícia da melhora do dr. Rie, ele voltou a piorar; e mal a notícia da piora dele chegou para ti, ele já está quase ótimo. Sentou-se hoje pela primeira vez conosco na varanda numa espreguiçadeira, recomeçando assim uma vida mais humana; fala, come e se queixa somente do fato de não conseguir dormir. Estima-se que tenha emagrecido de 15 a 18 quilos, e ele parece mais envelhecido do que antes. As dores cessaram ontem.

As duas meninas ficaram muito felizes com a tua carta.

Usei hoje pela primeira vez o meu vestido azul novo[1], pois fomos convidados para um chá na Auspi[t]zvilla[2] dos Winters[3]. Eu me deixei seduzir pela promessa de um bom lanche.

Viajo no dia 17 ao encontro da mamãe[4] e, no dia 18, sigo para Ischl. Já tirei minhas férias por aqui. Disseram, no entanto, que a "pensão" não gosta muito quando se passa tanto tempo fora. Estamos recuperando agora tudo que perdemos em termos de boa disposição.

Manda minhas lembranças para a titia, amanhã ela receberá uma carta.

tua
Anna.

---

1. Ver sobre isto 74 AF, final do primeiro trecho.
2. A extensa propriedade rural do economista, industrial e banqueiro vienense, dr. Rudolf Auspitz (1837-1906), às margens do Altaussee. Uma propriedade suntuosamente decorada, "verdadeiramente feudal", "só para dois a três meses por ano", chamada "até hoje somente de Auspitz-Villa". (Beiträge, lá dentro: 50. Comunicado da Associação Municipal de Pflindsberg, Altaussee, dez. 1993, p. 2 e 3.) A família e parentes passavam as férias lá, juntamente com a governanta, a criadagem e os preceptores das crianças. (Ver nota 1 para 74 AF.) Além dos próprios empregados, ainda eram contratados localmente jardineiros e operários; várias famílias intermunicipais foram o resultado de casamentos entre a criadagem. (Ver sobre isto nota 2 de 2 SF, 125 SF, nota 15.) A propriedade foi desapropriada com a anexação da Áustria em 1938, com base nas leis contra os judeus, e passou a ser utilizada por organizações relacionadas à guerra. Depois da devolução, o município comprou a propriedade. A Villa sofreu várias reformas, e agora abriga repartições de tratamentos de saúde e municipais. (Beiträge, *ibid.*, p. 2-5 (com ilustração).) A arquitetura original está irreconhecível.
3. A "multimilionária" Josefine Winter (nascida 1873/74), filha de Rudolf Auspitz e prima de Valerie Karplus (vide nota 1 para 74 AF). (Schnitzler 1985, p. 120.), era viúva do cirurgião vienense dr. Joseph [ou Josef v.] Winter (1857-1916). (*Ibid.*, p. 119 *et seq.*; Winter, p. 42, 91-93, 100 e *passim.*) Como Anna escreve "os Winter", é de se supor que um ou mais dos seus filhos também estivessem em Altaussee. Oscar Rie (que não pôde aceitar o convite), era ligado à casa Auspitz como médico; tratou de Josefine, bem como de seus filhos. (Winter, p. 68, 75.)
4. Para Goisern; vide 107 AF, nota 17.

117 SF

PROF. Dr. FREUD

BG. [Bad Gastein,] 15/8/20.
VIENA, IX. BERGGASSE 19.

Minha querida Anna:

Confirmo, agradecendo, o recebimento de duas cartas, a última com a notícia de que finalmente o doutor está passando bem de novo. Com isto o ambiente ficará mais alegre. Depois da tua primeira carta, escrevi para ele de uma forma diferente e espero não ter causado nenhum mal.

O teu cansaço me preocupa, mas parece compreensível enquanto conseqüência do esforço do ano inteiro. Desta forma, estás corroborando o teu propósito de deixar a escola.[1] Não te obrigues a nada, descansa.

Aqui, já passou metade da nossa estadia, bem como da tranqüilidade. Os convivas começam a se intrometer e eu tremo achando que não conseguirei terminar o esboço da Psicologia das Massas.[2] Tivemos a visita de um jornalista americano[3] que revelou ser íntimo da família Bernays, amigo de Felix[4] e Edward há dezessete anos. Antes de uma catástrofe financeira, ele chegou a ser advogado e conselheiro municipal liberal em Viena. Tivemos um convívio maior com Drucker devido à sua enfermidade[5]. Ele se recuperou após alguns dias de febre sem explicação e viaja amanhã com todos para Millstatt. Assim como nós, eles estão muito contentes com a nova colocação de Martin na Treuga, uma nova sociedade comercial holando-austríaca, onde ele deve entrar como secretário da direção, com um salário bem mais alto e boas chances de progredir no futuro.[6] Ophuijsen[7] me informou de que dispomos de 3.600 florins na Holanda

($= \underline{65} \times 36 = K \underline{234{,}000}$),
195
$\underline{390}$
2340
11

os quais gastaremos honestamente.

Emden informa que Kati[8] ficou noiva de um jovem ginecologista em Haia. Teremos de sacar umas mil coroas e levar alguma coisa bonita para ela. Titio e Sophie[9] chegam no dia 20 a Gastein, todas as pessoas das relações deles já estão aqui (o diretor Stern, etc.[10]).

Estou pensando em partir daqui no sábado, dia 28, para Salzburgo e Ischl, e ir te apanhar no dia 30 em Salzburgo. Obviamente ainda seguirá uma confirmação telegráfica.[11] Não posso ainda determinar outros detalhes da viagem. O comitê exige que cheguemos em Haia no dia 5/9 à noite.[12] Será que vamos conseguir?[13]

Eitingon nos fará companhia a partir de Hamburgo, e Abraham a partir de Bremen. Espero que seja interessante.

Manda minhas lembranças para todos os Rie e recupera agora com folga, nas próximas semanas, o que ainda não conseguiste. Eu vou escrever hoje para Ischl a respeito do dia 18.

Com os votos mais carinhosos

papai

---

1. De fato, Anna entregou o seu cargo de professora ao final do ano letivo de 1920. Ver 120 AF, 127 AF.
2. Ver, no entanto, 119 SF.
3. Não averiguado.
4. Felix Wiener, cunhado de Edward Bernays.
5. Ver 115 SF, nota 7.
6. Ver 115 SF, nota 8.
7. Johan H.W. van Ophuijsen (1882-1950), psiquiatra holandês, co-fundador da Associação Psicanalítica Holandesa, a qual presidiu durante muitos anos. Viveu e trabalhou em Nova York a partir de 1935. (*IZ*, v. 5, 1919, p. 146, e v. 6, 1920, p. 376; *Circulares 1*, p. 9, nota 7.) Na condição de tesoureiro do grupo holandês, ele foi um dos organizadores do congresso de Haia. As despesas de viagem dos participantes vindos de Budapeste, Viena, e Berlim, até Haia puderam ser pagas parcialmente com uma doação de cinco mil dólares para a psicanálise, feita por um parente nova-iorquino de Eitingon. (Freud/Ferenczi III/1, 844 F; Freud/Eitingon, 174 F.)
8. Presumivelmente a filha dos Emden; consta da lista de convidados do congresso de Haia, uma certa "srta. K. van Emden, Haia" em seguida a "sra. A. van Emden, Haia". (*IZ*, v. 6, 1920, p. 378.)
9. Alexander Freud com esposa; vide 119 SF, nota 4.
10. Não averiguado; apesar de a lista de Badgastein conter, naquele período, vários hóspedes para tratamento com este nome, os registros não permitem uma identificação segura. Provavelmente, eram conhecidos de Alexander, membros da Associação dos Tarifadores de Viena, que ele promovia bastante através de conferências e artigos especializados no seu periódico. (Kursidem, p. 6.) Os senhores da mesa cativa de Alexander "poeticamente chamada de mesa redonda", enviaram flores e um telegrama de congratulações para Freud pelos seus setenta anos. (Freud para Alexander, 14/5/1926.)
11. Ver 121 SF.
12. Jones escrevera para Freud: "Rank, Sachs e eu chegaremos em Haia no dia 5, e eu espero que possa chegar no mesmo dia, já que temos muito para discutir[...]". (Freud/Jones, carta 284, 20/8/1920, p. 390.)
13. Anna e Sigmund Freud chegaram somente na manhã do dia 7/9/1920 a Haia. Antes, visitaram, em Hamburgo, o viúvo de Sophie, Max Halberstadt, e os dois sobrinhos órfãos, Ernstl e Heinerle*. Lá, encontraram Eitingon, com quem seguiram viagem até a Holanda. (Freud/Eitingon, 181 E; Jones III, p. 40.) Sobre a viagem de volta, ver texto explicativo após 123 AF/SF.

---

* Ernstl e Heinerle são apelidos carinhosos, formas no diminutivo dos nomes Ernst e Heinz, respectivamente. (N.E.)

118 AF

[Altaussee, entre os dias 15 e 19/8/1920][1]

Questionário

Querido papai!
1) Quando deverás partir de Gastein?
2) Poderias te decidir a vir me buscar? Seria uma bela compensação para os Rie, que tiveram de me agüentar durante todo o verão.
3) Tens o primeiro número do jornal inglês?
4) Neste caso, concordarias que eu te pedisse algumas informações sobre a tradução? Nem sempre consigo entender os americanos.[2]
5) Respondeste de alguma forma a Loe?
Com um beijo.

Tua
Anna.

1. Classificada de acordo com a resposta de Freud na carta seguinte.
2. Nem as traduções da *Review* nem as do *Journal*, feitas para a *Zeitschrift*, estão assinadas. Podem ter sido tanto trabalhos originais quanto trechos revistos pelo redator.

119 SF[1]
Srta. Anna Freud
a/c Dr. O. Rie
Alt-Aussee
Steiermark
Puchen 39

B Gastein
20/8/20
[Carimbo postal: 21/VIII/20]

Minha querida Anna:
Respostas
1) Assim que eu tiver os passaportes, serás informada. Partida provável no dia 30 deste mês.
(Daqui no dia 28)[2]
2) Viagem para Aussee impossível, por mais que eu quisesse ir. Temos de estar em Haia na noite do dia 5/9.
3) Não é possível conseguir o Int. J. of ΨA em Gastein[;]

4) Sempre à disposição para informações.

5) Não pude responder à Loe, posto que ela não me escreveu

Novidades: a) Psicologia das Massas pronta [;][3]

b) Titio, Sophie, Harry[4] chegaram hoje, debaixo de chuva e neblina[5].

Carinhosamente

papai

---

1. Cartão-postal.
2. Escrito posteriormente entre as linhas.
3. 1921c (ver 117 SF). Freud revisou novamente o texto no início de1921, mas afirmou a respeito: "[...] os acréscimos não foram bem-feitos". (Freud/Ferenczi III/1, 876 F, 19/7/21, p. 112.) O trabalho foi publicado em meados de julho de 1921; vide 142 SF.
4. Sophie e o filho de Alexander Freud, Otto Heinrich (1909-1968), que depois se tornaria advogado. (Árvore genealógica Lange: Freud Family, Genealogical Tree, p. IV; Molnar 1996, p. 252.)
5. Ver 117 SF, nota 9. Eles se hospedaram na "Villa Glück". O registro na lista de hóspedes foi feito (um pouco atrasado) no dia 23/8: "Sr. Alexander Freud, redator, com esposa e filho". (Lista de hóspedes de Badgastein, 1920, número 5116.) Não é possível determinar a localidade de procedência. Young-Bruehl indicam que Anna teria encontrado seu primo Edward no verão de 1920, na casa do seu tio Alexander em Salzburgo, e que teria feito caminhadas com ele. (Young-Bruehl I, p. 136 *et seq.* (sem fonte de referência).) No entanto, Anna não menciona nada disso na presente troca de cartas (a não ser que estejam faltando justamente estas cartas). O próprio Edward Bernays não escreve nada sobre uma tal visita nas suas memórias (1967); tampouco há menção em Freud-Bernays, A.

120 AF

Aussee, 21/VIII/1920.

Querido papai!

O índice de enfermidades em nossa casa continua alto. Depois que o doutor finalmente passou a se locomover e já se sentir melhor, circula pela casa uma pequena gripe estomacal e intestinal. A esposa do dr. curou-se dela em um dia, depois, foi a vez da cozinheira, e quando da minha volta de Ischl, encontrei Margaretl com febre alta e no mesmo estado. Ela não melhorou até agora. Parece que um pequeno deus do destino se encarregou de tomar conta das férias dos Rie. Por enquanto, ele está me ignorando, por não fazer parte da família.

Encontrei a mamãe razoavelmente bem em Goisern[1], ela está com um ar descansado e instalada com conforto. A comida e os convivas são razoáveis. Em compensação, havia muito tempo que eu não via a Mathilde num estado tão deplorável, muito maldisposta, muito insatisfeita e fisicamente bastante mal. Apesar disso, o dia foi bastante agradável. Eu pernoitei com a mamãe e, no dia 18, fiz um encantador passeio de carro até Ischl com a mamãe e a Math[2]. Grande lanche familiar, agitado mas muito farto. Mausi, que parece sentir a nossa falta[3], muito carinhosa; de Rosi boas notícias[4]. Depois de ter de beijar diversas tias, voltei e, para minha alegria, encontrei a tua longa carta.

Estou totalmente de acordo com todas as notícias, alegro-me em especial com a nova colocação de Martin, a qual espero que o alivie um pouco do ambiente D.[5] Estou sempre disposta a gastar dinheiro na Holanda, nunca tentaria dissuadi-lo. Ainda não me arrependi nem por um minuto de ter deixado a escola.[6]

Como tenho de passar de qualquer maneira por Ischl, talvez pudesse te encontrar por lá. Soubeste de algum plano da sra. Eitingon de ir à Itália[7]? Ainda não estou nem um pouco enfastiada com o verão, na verdade gostaria que ainda fosse o dia 15 de julho, para que estivesse começando.

Hoje, escrevo rodeada por familiares, por isso está um pouco confuso. Muitas lembranças da tua

Anna.

1. Vide 116 AF.
2. Para o aniversário da "vovó".
3. Cäcilie Graf passou uma temporada com a família Freud em Viena. (Carta de Anna para Sam, em: Freud/Sam, 7/3 e 20/4/1920.)
4. Ver 125 SF, 128 SF. Rosi Winternitz já tivera um "surto esquizofrênico" em 1913, sofrendo das suas conseqüências por muito tempo. (Young-Bruehl I, p. 104, 282.) Ela viajou para Nova York no final de setembro de 1919, a convite do seu tio Eli Bernays, para ficar com a sua família. Pouco depois de chegar, sofreu novo surto e teve de ser tratada em um hospital local. (Freud/Sam, 24/11/1919; Freud para Eli Bernays, 20/10/1919, LoC SF, Cont. 1; Anna/Lou, carta 346.) Depois, ela voltou para Viena, e lá se casou em 1923 com o poeta e filósofo Ernst Waldinger (1896-1970). (Anna/Lou, carta 78; Árvore genealógica Lange: Freud Family, Genealogical Tree, p. IV.)
5. Talvez o "ambiente Drucker".
6 Ver, no entanto, 127 AF.
7. Mirra Jacovleina Eitingon, nascida Raigorodsky (1877-1947), atriz russa com quem Eitingon se casou em 1913. (Schröter 2004, p. 5 *et seq.*; Neiser, p. 9; Lockot, p. 324.) Sobre um convite para Anna ir a Meran, ver 137 SF, nota 3.

121 SF[1]

Anna Freud
a/c Rie
Puchen 39

B Gastein 24 [agosto de 1920][2]
Chego Ischl sábado [28/8] à noite aguardo a ti e a mamãe lá domingo parto[3] segunda cedo

papai

1. Telegrama.
2. O telegrama estava catalogado no LoC no ano de 1922 mas, de acordo com o conteúdo, não há dúvida de que deveria estar aqui.
3. Passando por Berlim-Hamburgo até a Holanda. (Freud/Ferenczi III/1, 848 F.)

122 AF/MF

[Altaussee,] 25/VIII/1920.

A mamãe é quem está ditando, pois está impedida de usar o dedo devido a uma picada de vespa:

Meu amado velho!
Chegamos aqui sãos e salvos hoje ao meio-dia, debaixo de uma chuva torrencial e da velha conhecida lama de Alt-Aussee[1]. A Marie reservou para mim um quarto muito simpático[2], a calefação foi logo ligada para que o quarto recém-limpo secasse até a noite. Só se vê vultos encobertos do Loser, da Trisselwand e da Tressenstein.[3] Levei uma tremenda picada de vespa no momento da partida e tive de ir ao médico com uma dor lancinante. Ele colocou uma atadura e aproveitou para dizer que solicitará seu ingresso na Sociedade p.a.[psicanalítica] A despedida de Goisern foi uma comoção geral; eu acabei amando o lugar. Pretendo estar no domingo ao meio-dia em Ischl com Annerl, espero te encontrar com saúde e bem-disposto, mando minhas lembranças apertadas para vocês dois e já estou ansiosa pela prometida carta da titia.
Com mil beijos e lembranças.

Tua fiel
velha.

Querido papai!
Vês, até no verão vez por outra surgem oportunidades para exercitar a profissão de secretária[4]; só que sem Erika[5] fica meio difícil, especialmente porque a mamãe não me confia sua caneta tinteiro[6].

Margaretl está a meio caminho da recuperação e foi hoje a Salzburgo assistir a uma apresentação do Jedermann[7]. Desfiz as malas da mamãe e a instalei por aqui. Conforme o telegrama, chegarei a Ischl no domingo. Estou muito contente com a expectativa de te encontrar, e também com a viagem[8]. Apesar disso – sabes que eu não gosto das transitoriedades[9] –, lamento muito ter de partir daqui; eu me acostumei aos Rie e me sinto bem.

Ontem, ganhei um presente muito bonito da sra. Mela[10]: uma encantadora garrafa estilo Biedermeier, antiga, com um copinho. Sem nenhum motivo especial, bem como eu gosto.

No mais, deixei tudo para a próxima semana. Ontem, olhei o busto feito por Königsberger para me acostumar novamente com as tuas feições.[11] Ele continua muito bom.

Com um beijo

Tua velha
Anna.

---

1. Altaussee é conhecida pelo seu clima sombrio e úmido, com chuva, trombas d'água e até enchentes torrenciais. (Freud, M. 1999, p. 58, 66-68; Winter, p. 51, 66, 79; Freud/Bernays, carta 143; Schauer; Stephan.)
2. Marie Rischawy em sua pensão.
3. Sobre o pico Loser, ver nota 7 de 114 AF; Trisselwand (altura de 1.755 metros), na saída leste de Altaussee; Tressenstein (1.201 metros), defronte ao Loser, na margem sul, acima do cume que dá para o lago vizinho de Grundlsee.
4. Ver 100 SF, nota 6.
5. Máquina de escrever da marca "Erika". (Jones II, p. 125.)
6. A carta foi escrita com lápis de cor roxa.
7. Jedermann, peça de Hugo von Hofmannsthal (1903-1911), estreou em 1911, em Berlim. A peça foi encenada em frente à catedral, em 22/8/1920, por ocasião do primeiro Festival de Salzburgo. A apresentação inaugural foi beneficente, os atores só receberam presentes (Werner Krauss fazendo o papel da Morte, p. ex., ganhou calças de couro). Jedermann: Alexander Moissi; direção: Max Reinhardt; figurinos: Alfred Roller; direção musical: Bernhard Paumgartner. (Kleindel, p. 325; Kaut; Weissensteiner, p. 157, 162.)
8. Passando por Hamburgo, a caminho do congresso de Haia; ver 117 SF, nota 13, 123 AF/SF.
9. Ver 103 AF, nota 1.
10. Melanie Rie.
11. Provavelmente em Goisern, quando foi buscar sua mãe, que tinha ido para lá acompanhada de Königsberger; vide P.S. de 109 SF.

---

123 AF/SF
[Haia[1], 10 de setembro de 1920[2]]

[Caligrafia de Anna:][3]

Querido papai! Espero que comas pouco e não tomes vinho. Farei o mesmo em relação à bebida.

Lembranças

[Caligrafia de Freud:]

Só abrirei uma exceção para o champanhe, que não é vinho, e recusarei todos os pratos do menu. Sê cuidadosa e fica bem

papai

[1. Cartão com o nome para indicar o lugar à mesa, impresso no anverso:][4]

"Senhorita Anna Freud"

[No verso, Anna:] Comes abacaxi?
[Abaixo, Freud:] Sim

[2. Cartão com o nome para indicar o lugar à mesa, impresso no anverso:]

"Prof. Dr. S. Freud".

[No verso, Freud:] Acabo de recusar um prato. Seguem mais notícias.[5]

---

1. Freud e Anna chegaram em Haia na manhã do dia 7/9. Ali se realizou, do dia 8 ao dia 11/9/1920, no prédio da Associação Artística Pulchri Studio, o 6º Congresso Internacional Psicanalítico, "sob a presidência do último presidente eleito da associação, dr. S. Ferenczi". (IZ, v. 6, 1920, p. 377.) Ele introduziu "em mais de um aspecto, uma nova era do movimento psicanalítico". (Sachs, p. 141.) Foi o primeiro congresso realmente "internacional" depois da Primeira Guerra Mundial, confirmando oficialmente a presidência de Jones, que já assumira provisoriamente no final de 1919 (vide 101 AF com o final da nota 9). Os estatutos, que tinham sido alterados, foram formalmente aprovados. (IZ, v. 5, 1919, p. 142-145, 328-331; *ibid.*, v. 6, 1920, p. 376-402; Jones III, p. 40-44. Sobre as morosas preparações ver, entre outros, correspondência de Freud, especialmente Freud/Abraham, 13/4/1919-10/6/1920; Freud/Jones, cartas 243, 254, 257, 259, 282, 283; Freud/Ferenczi III/1, 849 Fer-851 Fer.) Sobre o transcorrer do congresso, vide as impressionantes anotações no diário de Ludwig Binswanger, publicadas na nota editorial em: Freud/Binswanger, p. 170. (Ver também nota 11.)
2. A data foi retirada do cardápio do "Restaurant de Deux Villes, La Haye" (vide nota 3); está na mesma pasta que as outras partes. (LoC SF, Cont. 2, "Miscellaneous related material", 1891-1920.)
3. Esse bilhete, assim como o próximo, ambos escritos a lápis, estão em seqüência, sobre um pedaço de papel rasgado, mal dobrado, em cujo verso está o nome "Prof. Freud" na caligrafia de Anna; a palavra "Prof." está riscada, e substituída por "srta." com a caligrafia de Freud. Trata-se portanto de uma troca de mensagens, sem dúvida durante uma festividade especial: "O grupo britânico dos participantes do congresso ofereceu um jantar para Freud e sua filha, no qual Anna agraciou seu pai e a nós com um pequeno e charmoso discurso em um excelente inglês (...)". (Jones III, p. 43.) A cópia do bilhete não estava no maço de cartas transcritas por mim; ela me foi gentilmente colocada à disposição por Gerhard Fichtner, que encontrou o papel no LoC em Washington/EUA.
4. Posteriormente, nas minhas próprias pesquisas no LoC, encontrei os cartões seguintes, que aparentemente fazem parte da seqüência e em cujos versos estão anotados os demais recados escritos a lápis. No cartão de Anna, o nome está riscado, e por cima está escrito "Prof. Freud", na caligrafia de Anna. Ver um jogo parecido de perguntas e repostas no papel com o programa do congresso de Budapeste, em 1918. (ilustrações 11/12 em: Freud/Ferenczi II/2, p. 144 e 145.)
5. Estas, caso tenham sido escritas, não foram conservadas.

Após o congresso de Haia
(Setembro de 1920)

Depois do congresso, Freud e Anna pretendiam visitar a Inglaterra (ver 107 SF-111 AF). "Eu fiz o que pude para conseguir [...] o visto para eles", relata Jones. "Freud recebeu um, mas a permissão para a sua filha demorou tanto [...] que eles tiveram de abrir mão do plano. Em vez disto, acompanharam van Emden e van Ophuijsen em um circuito pela Holanda [...]. Ambos deixaram a Holanda no dia 28 de setembro e se separaram em Osnabrück. Anna foi para Hamburgo para encontrar seus pequenos sobrinhos órfãos de mãe, com os quais queria passar algumas semanas [vide 124 SF-130 SF], enquanto Freud retornou a Viena passando por Berlim, chegando em casa no dia 30 de setembro." (Jones III, p. 43; Freud/Jones, cartas 285, 287.) Com a malograda visita à Inglaterra, caiu por terra também o reencontro com o sobrinho de Freud, Sam, e a sua família (ver 110 SF, nota 6). (Freud/Sam, 22/7, 18/9, 20/9, 2/10, 15/10/1920.)

124 SF[1]
Srta. Anna Freud
a/c Halberstadt[2]
Hansastrasse 71
Hamburgo
Alemanha

Viena 2 out 20
[carimbo postal: 3/X/20]

Queridos filhos:
    Lembranças da primeira noite em família, no sábado, com Robert e Math (em vez de ir a uma partida de tarô)[,] disputando os restos do farnel eitingoniano[3].

papai

[com as respectivas caligrafias próprias:]

Lembranças, por que sem carta? Robert

Muitas, muitas lembranças, e que a Annerl faça um relato decente sobre tudo.

Carinhosamente Math.

Minha amada Annerl, milhões de lembranças, espero saber de ti detalhadamente. Papai, graças a Deus muito bem-disposto, já tem seis horários marcadas para a segunda-feira. Math e Rob.[ert] conosco hoje à noite. Escrevo em breve. Muitas lembranças para o Max, bem como para a srta. Jakob[4].

Tua mamãe

1. Cartão-postal; o remetente "Freud, IX Berggasse 19" foi acrescentado com a letra de Martha.
2. Após a morte de Sophie, Anna dedicou-se a Max e seus dois meninos (vide nota explicativa depois de 123 AF/SF). Em 7/11, Oliver a acompanhou de Hamburgo a Berlim, onde ela permaneceu alternadamente com os Eitingon e os Wertheim (vide 129 AF-137 AF). Ela retornou para Viena entre os dias 10 e 13/12. (Freud/Eitingon, 190 E, 191 F.)
3. Freud também visitou os Eitingon na viagem de volta da Holanda para Viena. (Freud/Eitingon, 187 E.)
4. Em outras passagens também "Jacob", a moça que Max contratou, após a morte de Sophie, para as crianças e a casa: "Meu cunhado não quer de forma alguma separar-se dos filhos e quer ficar com a casa o tempo que for possível. Já contratou uma governanta e lhe deu algum tempo para ela se acostumar com a casa e com as crianças. [...] Meu cunhado parece totalmente desesperado e alquebrado". (Anna para Kata, 21/2/1920; também Freud/Sam, 15/2/1920.) Logo depois da morte de Sophie, ela foi sucedida pela cunhada de Max, que ficara viúva do seu irmão, o pediatra dr. Rudolf Halberstadt, morto na guerra. (Freud/Ferenczi III/1, 832 F.)

125 SF

PROF. Dr. FREUD

5 out 20
VIENA, IX. BERGGASSE 19.

Minha querida Anna

Esta não será uma carta longa. Depois de dois dias de trabalho, estou tão cansado como se hoje fosse o dia 15 de julho. Estou com os horários totalmente tomados, já recusei alguns pacientes; durante quatro horas por dia, escuto – como se fosse para compensar nosso malogrado passeio à Inglaterra[1] – os belos e, infelizmente, muitas vezes ininteligíveis sons do idioma inglês[2], e só consegui desfazer a metade da montanha de cartas sobre a minha escrivaninha. Na Holanda, ela seria uma montanha respeitável, e talvez se chamasse Lange Brievenberg.

A tua carta[3] me deixou muito feliz, imaginei exatamente assim a tua eficiência na casa dos pequenos órfãos. Segue tornando os dias agradáveis para ti e eles.

Ontem estivemos na casa dos Rie, certamente haverás de querer saber disso primeiro. Margaretl, que já nos visitou antes, está com boa aparência e sabe quando as incríveis dificuldades com passaportes, certificados, faturas, etc. estarão contornadas[4]: sexta-feira cedo. De despedida, dei-lhe uma pequena cabeça de menina com trança que achei adequada para ela. Logo depois, assaltou-me a dúvida se a boneca não era tua. Se for o caso, vou te indenizar. O doutor está bem. Pena que logo depois de nós chegaram os Leisching[5].

Em uma reunião com Rank e Sachs, ficou decidido que o compêndio de Jones deverá ser traduzido[6] por ti.[7] Além disso, Rank trouxe novamente à baila o livro com os ditos infantis, e foi informado que ele será redigido pela Hug[8], por ti e por ele próprio. A Hug deverá fornecer as observações do espaço das crianças da Imago[9], tu coletarás material novo e deverás começar a fazê-lo logo.[10] Além disso, estou anexando o comprovante dos teus juros atuais[11], uns sete florins holandeses. Lampl[12] trouxe o teu estojo. A mamãe, que está muito bem, prometeu que vai realmente gastar duzentos florins com compras.[13] Ainda não vi a Maus. Parece que a Rosi perdeu seu emprego em N[ova]York ou pediu demissão.[14]

Temos uma nova Marianne, de Aussee, muito inteligente, mas que provavelmente não vai ficar. Será feito tudo para segurá-la. Ela receberá um salário de 600 coroas.[15] Meu primeiro dia de trabalho, ontem, rendeu dez mil coroas. Como as coroas perdem valor continuamente, logo ficarei milionário.[16] É assim que até mesmo os sonhos mais ousados se realizam durante o dia.[17]

O editor francês pagou ontem 1.500 francos pela tradução[18] das conferências[19], e a minha parte perfaz umas 15 mil coroas, etc. etc.

Manda lembranças minhas para o Max e os pequenos e recebe também os melhores votos enviados pelo

papai

P.S. Ernst e Lux estarão até o dia 10 deste mês em S. Vigilio.[20] Oli espera chegar à Romênia em aproximadamente seis semanas.[21] Os Eitingon contam com a tua visita.[22]

---

1. Ver texto explicativo após 123 AF/SF.
2. "[...] os sujeitos todos sussurram ou murmuram [...]." (Freud/Ferenczi III/1, 855 F, 31/10/1920, p. 86.) Muitas vezes, Freud se queixava de cansaço e de uma "total ineficiência", nas análises que fazia em língua estrangeira: "O tempo de análise de nove horas sofreu um agravamento pela mudança para o inglês (cinco horas); percebo com espanto quanta energia livre é consumida pelo esforço de ouvir e traduzir internamente." (Freud/Abraham, 28/11/1920, p. 297, 31/10/1920, p. 295; assim como em: Freud/Jones, cartas 269, 288; Freud/Ferenczi III/1, 857 F; Freud/Sam, 28/1/1920, 25/7/1921.) Por outro lado, Freud precisava dos clientes estrangeiros, os honorários eram realmente necessários para a subsistência de toda a família naquela ocasião. (Jones III, p. 16; Freud/Jones, carta 269; Freud/Ferenczi III/1, 862 F.) Ver também 126 SF, 128 SF, nota 4.
3. Pelo visto, não foi conservada.
4. Margarete Rie devia estar partindo para a continuação da sua formação como atriz, ver 161 SF, nota 11.
5. Eduard Leisching (1858-1938), doutor em filosofia, historiador de arte, e sua esposa Hedwig, viúva Singer, nascida Bunzel (1871-1944). Leisching foi diretor do Museu Austríaco de Artes e da Indústria de 1909 até 1925 (a partir de 1911, conselheiro da corte), e, em seguida, até 1934, conselheiro permanente do município de Viena, para assuntos artísticos. Incentivou especialmente o artesanato local, e lecionou história das artes e estética na Escola de Artes Aplicadas. Colecionou méritos especiais como fundador e organizador de todo o sistema de ensino público em Viena. Em 1887, fundou a Associação Vienense de Ensino Público. Além disso iniciou conferências universitárias populares com estudiosos de renome, também geriu a organização de bibliotecas populares, do Wiener Volksheim e da Casa de Formação Popular (*Volksbildungshaus*). (Leisching.)

6. Falta um trema na palavra *ubersetzt*, no original.
7. A tradução de Anna (1920 a) foi publicada em 1921 com o título *Terapia das neuroses*. Não há indicação do nome do tradutor na primeira página; vide nota 6 de 144 AF; ver também nota 7 de 60 AF.
8. Hermine Hug-Hellmuth (pseudônimo), nascida Hug von Hugenstein (1871-1924), doutora em filosofia, professora, a partir de 1913 membro da Sociedade Psicanalítica Vienense. Foi a primeira psicanalista infantil desde 1919 no departamento de Pedagogia Clínica na Clínica Infantil Vienense e fez uma conferência, em Haia, sobre "a técnica da psicanálise infantil". Em 1919, foi publicado anonimamente na editora o *Diário de uma menina adolescente*, escrito por ela, mas cuja autenticidade foi questionada posteriormente. Até a sua morte (foi assassinada por um sobrinho), ela fez conferências e deu cursos para membros de profissões sociais e pedagógicas, além de dirigir o Posto de Aconselhamento de Educação do ambulatório psicanalítico de Viena, fundado em 1923. (Mühlleitner, p. 163 *et seq.*; Protokolle IV, p. XXI.)
9. Hug-Hellmuth era redatora da coluna "Sobre a verdadeira essência da alma infantil" na *Imago*. (Trecho introdutório em: *Imago*, v. 1, 1912, p. 285 *et seq.*; além disso, suas demais contribuições sobre este tema nas edições dos anos 1912-1914, 1917, 1921.)
10. Trata-se do projeto de uma "coleção de testemunhos sobre o conhecimento sexual prematuro das crianças", que Lou Andreas-Salomé menciona em carta para Freud, e no qual Anna tomou parte: "[...] mais uma vez, a sua filha Anna acertou em cheio [...]". (Freud/Andreas-Salomé, 26/6/1922, p. 127.) Ferenczi narra um exemplo de um desses testemunhos da vida cotidiana infantil e faz a seguinte observação: "Essa pequena contribuição é parte imprescindível da coletânea infantil". (Circulares 2, 11/4/1921, p. 139 *et seq.*) A intenção, no entanto, não se concretizou: "[...] parece que não foi possível realizar alguma coisa [...]", escreveu Lou em 5/8/1922. (Freud/Andreas-Salomé, p. 129.)
11. Não foi conservado. Algumas folhas com extratos financeiros de anos posteriores são reproduzidos como anexos em 154 SF.
12. Hans Lampl participou como convidado do congresso de Haia. (IZ, v. 6, 1920, p. 378.) Como, no ano seguinte, ele não "conseguiu um emprego como bacteriologista", iniciou, em 1921, uma formação psicanalítica na policlínica de Berlim, onde também lecionou a partir de 1922. (Anna para Eitingon, 20/4/1921; Eitingon, 1922, p. 508.) Ver 151 AF, nota 1.
13. Ver 149 SF, nota 3.
14. Ver nota 4 para 120 AF.
15. Ver nota 2 para 2 SF. De fato, ela não ficou mais do que um ano: "O segundo evento foi a partida da nossa Marianne, que falava muito bem ao telefone, e portanto era inteligente demais para ser uma empregada doméstica. Ela está aprendendo a costurar para se tornar autônoma." (Anna para Kata, 21/12/1921.)
16. Vide nota 1 de 130 SF.
17. Alusão à teoria de Freud sobre a tendência do sonho (noturno) de realizar desejos.
18. Falta trema no original [*Ubersetzung*].
19. Conferências de Freud na Clark University, nos Estados Unidos, em 1909, *Sobre a psicanálise* (1910a). A tradução de Yves Le Lay sob o título *Origine et développement de la psychanalyse* foi publicado em três partes na *Revue de Genève* em dezembro de 1920, janeiro e fevereiro de 1921, acompanhada de uma longa introdução de Édouard Claparède, professor da Universidade de Genebra. (IZ, v. 7, 1921, p. 109.) Após receber a primeira parte, em carta a Claparède de 25/12/1920, Freud mencionou (1921e) algumas imprecisões. (Cifali-Lecoultre, p. 298 *et seq.*, 304.) A suposição em IZ e em Cifali-Lecoultre (p. 291) de que esta seria a primeira tradução de uma obra de Freud para o francês baseia-se em um equívoco, porém o próprio Freud também usa diversas vezes a formulação enganosa "primeira tradução francesa" (vide p.ex. 149 SF, nota 4; também em Freud/Ferenczi III/1, 882 F). Mas já em 1913, seu texto *O interesse pela psicanálise* (1913j) fora publicado simultaneamente em francês junto com o texto alemão. (*Scientia. periódico internacional sobre sín-*

tese científica, v. XIV, ano VII, 1913, nº XXXI, suplemento, p. 157-167, 236-251, tradução de M.W. Horn, Nifflheim-Großharthau-Dresden.) Ver também 43 SF, nota 11.

20. Provavelmente, trata-se da aldeia de San Vigilio, situada a cerca de três quilômetros a oeste de Garda, de onde Freud escreveu para a família em 1908: "[...] o local é um dos pontos mais bonitos do lago de Garda, ou seja, é um dos mais bonitos de todos". (2002b, p. 270.) Ver também 128 SF, nota 7.

21. A serviço do seu emprego berlinense, que Eitingon conseguiu para ele (vide 115 SF, nota 4). (P.ex. Freud/Eitingon, 189 E, 207 E.) A partida foi adiada até o dia 13/3/1921. (Freud/Ferenczi III/1, 870 F.) Durante o percurso da viagem, Oliver visitou novamente a família paterna em Viena. (Freud/Eitingon, 201 F, 202 E, 207 E.) Vide também 138 SF, nota 1.

22. Vide 129 AF, nota 5.

126 SF

PROF. Dr. FREUD

12 out 20.
VIENA, IX. BERGGASSE 19.

Minha querida Anna:

Recebi as tuas duas cartas.[1] Sobre a tua carta secreta, faço a observação de que a situação não me preocupa. Só pode fazer bem para o Max vislumbrar a possibilidade de um novo afeto[2], e ele só estaria sujeito a uma nova perda se tu te comportasses de forma descuidada, o que não me parece ser o caso. Portanto, não te deixes incomodar por uma amizade inofensiva.

Escreverei sobre dinheiro diretamente para ele, não te restrinjas nas tuas despesas.

Dias mais calmos por aqui. Reduzi presentemente a quantidade de horas para seis, estou realmente reservando alguma coisa para pacientes estrangeiros que estão sendo aguardados.

A tempestade se acalmou, meu estômago está novamente em ordem depois de duas garrafas de Karlsbader, com as quais, porém, eu como salmão e peras.

Novidades: Jones[3] teve uma filhinha[4], ele confiou esta notícia à circular do comitê[5]. Tudo vai bem[6], escreve algumas linhas.

As negociações sobre a venda da editora para Kola[7] parecem estar se encaminhando rumo a um final favorável. Para nós, será uma grande vantagem, despreocupação e expansão da nossa liberdade de ação.[8] O teu posto naturalmente não foi tocado, só se prometeu aumento de salário.

Pribram[9], que esteve aqui hoje, conta que minha visita a Cambridge no dia 27 de setembro estava sendo tida com certa. Por que, então, eles não escreveram? O interesse, esp[ecialmente] por *Totem e tabu* [1912-13a], parece ser extraordinariamente grande. Pribram assumiu a redação de todos os artigos referentes à Áustria para os próximos volumes adicionais da Enciclopédia Britânica, e vai mencionar devidamente a mim e a ΨA.[10]

Esteve comigo, nos últimos dias, o Rothschild londrino, o patriarca, por indicação da irmã da srta. Schiff[11]. Ele é bastante maluco e provavelmente está fora do alcance de qualquer ajuda, e rejeitou o tratamento.[12] Estou curioso por saber se receberei os dez guinés que cobrei.

Estou tendo dificuldades com a colocação do papel de parede no teu quarto. A mamãe não quer de jeito nenhum, provavelmente por não querer colocar mais nada no apartamento que ela adoraria trocar – se fosse possível, ainda hoje – por outro em Döbling[13] ou em Cottage[14]. Ela se esquece que é impossível conseguir qualquer coisa.[15] Mas eu não posso obrigá-la, sempre cedi à sua vontade quando se trata de assuntos domésticos. O único jeito é escreveres e pedires a ela com insistência.[16]

Lembranças carinhosas para ti, para o Max e as crianças!

papai

1. Ambas as cartas faltam no conjunto de cartas transcritas.
2. Max só voltou a se casar três anos mais tarde; vide nota 7 para 162 AF.
3. Jones casou-se em 1917 com a cantora e compositora Morfydd Owen, que ele perdeu já em 1918 por morte trágica. (Freud/Jones, cartas 219, 221, 520; Jones 1959, p. 254-256.) Em 9/10/1919 casou-se em Zurique, em segundas núpcias, com Katherine Jokl, ex-colega de escola de Sophie. (Freud/Jones, cartas 253, 265.)
4. Gwenith Jones (1920-1928). (*Circulares 1*, 7/10/1920/L, p. 72; também Freud/Jones, carta 288.) Ela morreu aos sete anos de idade, vítima de uma broncopneumonia dupla. (Freud/Jones, carta 520.)
5. Em 1912, os discípulos mais íntimos de Freud – Ferenczi, Jones, Rank, Sachs e Abraham – decidiram, em reação aos processos de desligamento de Adler e de Jung, reunir-se num grupo, chamado de "Comitê secreto", para defender os conceitos básicos da psicanálise. Eitingon ingressou no círculo no outono de 1919, a pedido de Freud. (Sobre a qualidade de Anna como membro, vide 156 AF, nota 1.) (Freud/Jones, cartas 80, 94; Freud/Ferenczi I/2, 320 F, 395 F, 397 Fer, 398 F; Freud/Abraham, 13/5/1913; Sachs, p. 140 *et seq.*; Jones II, p. 186-203, Jones III, p. 32 *et seq.*, 125 *et seq.*, 165, 221. Sobre a história e o processo grupal do comitê, vide Wittenberger 1992, 1995, parte C; Fallend 1995, p. 41-50.) Inicialmente, os membros do comitê se correspondiam entre si sem regras determinadas; depois do Congresso de Haia, em 1920, passaram a fazê-lo através das chamadas, "cartas circulares". (*Circulares 1*, p. 7; Jones III, p. 44.) Sobre o símbolo unificante de uma "Aliança", vide nota 5 para 129 AF, nota 5 para 174 F.
6. Assim no manuscrito.
7. Richard Kola (1872-1939), um dos banqueiros mais ricos e influentes em Viena. Seguindo uma "idéia que lhe era cara", ele queria ampliar o seu poderoso império financeiro com fábricas de papel, estabelecimentos gráficos e editoriais e criar "uma editora vienense em grande estilo", através da aquisição de editoras já existentes. (Kola, p. 188 *et seq.*; as citações p. 269, 270.) Esta editora, Rikola Verlag AG, foi constituída no dia 2/12/1920. (Hall, v. II, p. 310-347.)
8. Os sócios da editora esperavam que, com esta coligação, as permanentes dificuldades financeiras pudessem ser contornadas: "A venda da editora para Kola deveria [...] assegurar o futuro próximo de Rank, retornar meio milhão em dinheiro, e permitir a maior expansão possível para a nossa atividade, fazendo com que pudéssemos publicar o que nós gostássemos e o que nos parecesse digno de ser publicado". (Freud/Ferenczi III/1, 853 F, 11/10/1920, p. 83; também Freud/Jones, cartas

288, 293-295; *Circulares, passim.*) Porém, as negociações malograram. (*Circulares 2*, 11/3/1921, p.104.) No final das contas, foi melhor, pois a editora Rikola não obteve sucesso devido à falta de habilidade editorial: "A Rikola foi criada na bolsa de valores e não num escritório editorial". (Hall, v. II, p. 326, 336-346.)

9. Alfred Francis Pribram (1859-1942), doutor em filosofia, professor de história da Universidade de Viena, membro do Instituto de Pesquisa Histórica Austríaca (*Institut für österreichische Geschichtsforschung*), conhecido pela sua acurada pesquisa de fontes de referência. Ele era tido internacionalmente como "o principal historiador austríaco" e fazia parte da "elite intelectual da Áustria". (Zouzelka, p. 15-17, 133, 190 *et seq.*; as citações p. 49, 191.) Em 1918 foram publicados, entre outros, o seu *Documentos e autos sobre a história dos judeus em Viena*. Freud e ele se conheceram na casa de Josef Breuer, e desde então se tornaram amigos (ver nota 2 para 75 SF). (*Ibid.*, p. 48.) No verão, passou várias semanas como convidado no St. John's College, em Cambridge. (Freud/Jones, cartas 288, 289.) A informação em Fallend de que Pribram teria estado em 30/1/1921 como convidado na reunião da Sociedade Psicanalítica Vienense, não pôde ser comprovada no protocolo da IZ, v. 7, 1921, p. 531 (talvez esteja baseada numa lista de presença escrita à mão). (Fallend, 1995, p. 344, 216, notas 53 e 54.)

10. A 11ª edição da *Enciclopédia britânica* (1910/11) ainda não continha nenhum registro sobre a psicanálise. Freud escreveu que num volume adicional (1913) podia-se encontrar o seu nome. (Freud/Sam, 28/11/1920.) A "12ª edição" (1922) foi composta de uma reimpressão inalterada da 11ª edição, com três volumes adicionais, nos quais a "psicanálise foi contemplada pormenorizadamente em quatro lugares" : 1. numa pequena biografia de Freud, pouco confiável, 2. no verbete "medicine", 3. no verbete "psychical research", 4. no verbete "psychotherapy". Assim, "foi registrado um marco relevante na história da psicanálise, no que se refere, por assim dizer, à canonização da psicanálise". (*Circulares*, 18/2/1923/Viena. Ver também Zouzelka, p. 133.) (A suposição de Strachey, na *Standard Edition*, v. 20, p. 261, de que a psicanálise ainda não fora mencionada na nova edição, é incorreta.) Freud foi instado a fornecer um artigo para a 13ª edição, de 1926, o que ele fez (1926f). Jones escreveu (1929) um artigo sobre Freud para a 14ª edição. (Freud/Jones, cartas 530, 531 (p. 64).)

11. Helene Schiff, irmã do médico Arthur Schiff (1871-1953), genro de Josef Breuer e tradutor do trabalho francês de Freud, 1895c. (Hirschmüller 1978, p. 48 (com data de morte diferente); Stangl, p. 121-127.) Freud lhe cedera um exemplar de *A interpretação dos sonhos* com a dedicatória "Senhorita Helene Schiff com amizade, o escr.". (Sigmund Freud Museum, p. 58, ilustração 143. Agradeço a Gerhard Fichtner pela informação.)

12. Na carta de Freud para Ferenczi, do dia anterior, também se percebe que não foi iniciado um tratamento; não foi averiguado de qual membro do ramo inglês da família de banqueiros se trata. (Freud/Ferenczi III/1, 853 F.)

13. Döbling, à margem da floresta de Viena, situada abaixo do Hermannskogel; antigamente era um subúrbio, mais tarde tornou-se o 19º distrito, com "algumas espetaculares mansões" do início do século XIX. (Czeike, 1984, p. 112.)

14. Ver 16 AF/OF, nota 7. A mãe de Freud também morou lá. (Freud/Andreas-Salomé, 12/1/1922, p. 122, nota p. 273.)

15. Alguns anos antes, Freud dissera para a mulher, brincando: "Meus planos para a velhice já estão determinados; não será em Cottage, mas em Roma. Tanto você quanto Minna gostarão." (Carta de Roma, 20/9/1912, em: 1960a, p. 307.) O desejo de Martha Freud de ter um apartamento fora da parte central da cidade realizou-se mais tarde: a família passou os meses de verão, nos anos de 1931 e 1932, em Pötzleinsdorf (vide 287 SF, nota 2), no ano de 1933 em Döbling (4/5 a 30/9) e nos anos de 1934-37 em Grinzing (28/4 a 13/10/34; 18/4 a 18/10/35; 18/4 a 17/10/36; 24/4 a 16/10/37). (Molnar 1996, p. 260, 277, 295, 298, 310, 321, 340, 354, 368, 385, 396.)

16. Vide 128 SF-130 SF, 138 SF.

127 AF

Hamburgo, 22 out 1920

Querido papai!

Fiquei muito contente em saber pela mamãe que a srta. Dellisch conseguiu realmente um horário como paciente tua. Talvez esse mérito, e com ele uma vida melhor, seja a melhor cura para ela.[1] Fiquei muito feliz com a tua última carta e com todas as boas notícias, e já teria respondido há muito tempo, não estivesse me sentindo tão mal. Estou sofrendo novamente – assim como no inverno passado – com toda a sorte de indisposições no baixo ventre, com a correspondente fraqueza para andar e coisas parecidas. Eu já sei pelo Fleischmann[2] do que se trata, mas estou muito infeliz por isto ter voltado depois de ter me sentido tão bem o tempo todo. Não sobrou muita coisa da recuperação holandesa. Hoje estou deitada no sofá, para ficar boa, e espero que melhore logo.

Heinzi[3] caiu de cabeça do seu berço hoje de manhã, em um momento em que ficou só, mas felizmente não se machucou nem danificou o assoalho. Com sua força indomável, é quase impossível tomar conta dele ou governá-lo. Em compensação, a cada dia que passa fica mais doce e carinhoso. Ele já está falando muita coisa. Ontem comprei um par de sapatos para cada uma das crianças, e para Ernsti[4] comprei um cachecol novo; tudo sob a supervisão da mamãe Halberstadt[5]. Então eu pedi ao Max hoje para me dar mais dinheiro. Agora que não estou mais vendo os preços holandeses, acho que aqui tudo é tremendamente caro (um par de sapatos para o Ernst, 125 marcos). Os casacos das crianças serão feitos por uma costureira que vem em casa. Espero que até a minha partida todo o guarda-roupa das crianças esteja em ordem.

Já falei com Eitingon duas vezes nas noites de domingo, e ontem recebi uma adorável carta da sra. Wertheim[6], convidando-me a passar uma semana hospedada com ela. Os Eitingons também já me mandaram chocolate. Aliás, ela está acamada há quatorze dias e não está passando nem um pouco bem.[7]

Ainda não recebi nenhuma notícia do liceu Cottage. Sinto-me agora como se tivesse sido excluída de tudo, sem ter recebido em troca nada que me faça sentir bem.[8] Recebi algumas vezes revisões da editora, mas fora isso não fiquei sabendo de muita coisa. Escrevi daqui para Loe e Herbert[9].

Escreve-me logo novamente. Com lembranças carinhosas

tua
Anna.

---

1. Antiga colega de Anna, professora (ver 86 AF, nota 6) que vivia em Viena "em condições financeiras precárias" e que tentara, em vão, conseguir um trabalho de educadora (em Berlim, através de Eitingon). (Anna para Ernst, 11/2/1920.) Anna continuou tentando ajudá-la, mais tarde, várias vezes. (P.ex. Anna para Eitingon, 16/3/1925; troca de cartas entre Anna Freud e Josephine Dellisch, 1946 *et seq.*, LoC AF, Cont. 17.)

2. Carl Fleischmann (1859-1941), médico vienense, obstetra e ginecologista, trabalhou de 1902-29 como médico da divisão ginecológica do Hospital Rothschild em Viena, sendo seu diretor de 1910 até 1924. (Fischer, I. 1932/33; DBA, NF.) Ele assistiu Martha Freud no nascimento de Anna e operou Mathilde em 1912 (vide texto explicativo depois de 18 SF/MF). (Freud 1985c, carta 83; Freud para a família, 3/9/1912 (excerto 2003e). Ver Também Gödde 2003, p. 233.) Faleceu no exílio londrino. (Schnitzler, 1981, p. 840, nota 6 na p. 352.)

3. Heinz Rudolf Halberstadt (1918-1923), chamado de Heinele (tb. Heinerle), segundo filho de Sophie e Max Halberstadt. Sobre a sua morte prematura, vide 195 SF. (Árvore genealógica Lange: Freud Family, Genealogical Tree, p. II.)

4. Vide 54 SF, nota 1.

5. Mathilde Halberstadt, nascida Wolff. (Weinke, p. 111.)

6. Martha Wertheim, nascida Meschelsohn (1870-1953), casada com Wilhelm Wertheim (1859-1934), co-proprietário do conhecido grupo de lojas de departamento Wertheim em Berlim. (Ladwig-Winters, p. 407, quadro de descendentes p. 489.) Foi muito amiga de Minna Bernays (vide p.ex. P.S. de 132 AF), e teve que emigrar em 1938. "Viveu seus últimos anos na Inglaterra, em condições precárias, com uma doença crônica" (ver nota 5 para 135 AF). (Ladwig-Winters, p. 420.) Anna aceitou o convite, vide 129 AF, 131 AF, 132 AF, 135 AF.

7. Mirra Eitingon adoecera, acometida de uma forte infecção de fígado e vesícula. (Freud/Eitingon, 189 E *et seq.*)

8. Ver porém 120 AF.

9. Loe e Herbert Jones, vide 107 SF, 108 AF.

128 SF

PROF. Dr. FREUD

26 out 20.
VIENA, IX. BERGGASSE 19.

Minha querida Anna:

Recebi hoje a tua triste carta expressa. Lamento que o mal-estar tenha voltado a aparecer. Aparentemente só mesmo muito repouso vai ajudar, talvez – mais radical – Franzensbad[1]. De qualquer forma, verás Fleischmann logo depois da tua chegada.

O fato de estares te lamentando por causa da escola e da falta de substituto para ela não passa de uma decorrência transitória do teu desgosto por estares doente. Aceito bem a tua acusação. Alegra-te por poderes descansar um pouco. O Max escreveu, está muito grato pela tua ajuda em Hamburgo. Provavelmente estarás trocando Hamburgo por Berlim pouco tempo depois de receberes esta carta.[2] Desta vez será bem calmo na casa de Eitingon, e no mais não te estresses muito.

No que se refere ao teu quarto, que nem ao menos mencionaste, deves resignar-te com serenidade, ou então esforçar-te seriamente junto à mamãe. Não falar nada agora para depois ficar infeliz um ano inteiro seria muito inconveniente.

Depois de fazer esta preleção, falarei de coisas mais amenas. Lamentei muito por Heinzi e já ia ficando muito preocupado com ele depois da tua partida. Mas essas aventuras acontecem freqüentemente na presença da mãe, e é preciso confiar no anjo da guarda e no crânio elástico dos pequeninos. Pena que ele seja um burrico tão selvagem.

Aqui há muitos negócios e projetos inacabados. Talvez Kola assuma[3] o teu lugar na editora. Rank, como sempre, é primoroso, os outros eu quase não vejo. Estou muito ocupado, e agora posso me considerar levemente rico. Mas os meus ingleses, à exceção de um, partem antes do Natal. Talvez venham novos. Não sei.[4]

O bem-estar trazido da Holanda também no meu caso está aos poucos se dissipando, e com isto volta a vontade de trabalhar.

As perspectivas da família do tio Eli não são boas. A maioria, Mausi também, está em má situação.[5] Parece que de Rosi tem vindo novas notícias catastróficas bobas.[6] Ernst telegrafou hoje de Anacapri[7], minha resposta custou 74 coroas, mas isso não chega a ser um florim.

Recebe minhas lembranças e meu consolo. Não se pode ficar totalmente despreocupado. Escreve logo de novo, diz ao Max que recebi a carta dele e que desejo tudo de bom aos três homens para o Natal.

papai

---

1. Estação termal no Oeste da Boêmia, hoje: Frantiskovy Lázne; a 450 metros de altitude, na margem norte do Egerer Becken, situada no meio de uma região pantanosa. Franzensbad era largamente conhecida por seus tratamentos de banhos de lama, especialmente para problemas femininos e doenças reumáticas; também era tida como "a estação termal cardíaca mais excepcional da Áustria". (Zörkendörfer, p. 161; Reinl.)
2. Vide nota 2 de 124 SF.
3. Falta trema no original [*ubernimmt*].
4. Ver 125 SF, nota 2. Os "ingleses não eram apenas pacientes, mas principalmente alunos que vinham fazer formação com Freud. Estrangeiros de outras nações – França, Suíça, Índia, América – iam para Viena para estudar psicanálise (ver 156 AF, 157 SF, 163 SF). Faziam cursos especialmente organizados para eles "sobre capítulos específicos da psicanálise", ministrados, entre outros, por Rank, Ferenczi, Abraham e Sachs. (IZ, vol. 7, 1921, p. 398; também IZ, v. 8, 1922, p. 106. Kardiner, p. 98-104; Oberndorf, p. 138-151; Bloomsbury 1995, p. 53-55; Freud/Jones, *passim*; ver também p.ex. Freud/Ferenczi III/1, 876 F, 892 F; Freud/Abraham, 9 e 25/12/1921; Gay, p. 436-438.) Sem levar em conta o recebimento em moedas estáveis, Freud objetivava a divulgação do ideário da psicanálise pelos alunos nos seus respectivos países através da transmissão direta ou através das traduções da literatura psicanalítica. Freud pediu aos Strachey, por exemplo, logo depois do início da sua análise, que traduzissem alguns dos seus trabalhos. (Ver nota 3 para 157 SF e 196 SF, nota 9.)
5. Não é possível comprovar se isto se refere a uma ajuda financeira. Depois de emigrar para Nova York, Eli abriu um comércio, conseguindo gradativamente "uma bela ascensão" e amealhando por fim uma fortuna considerável na bolsa de cereais. Seus rendimentos dependiam sempre, por conseguinte, das crises bancárias e oscilações da bolsa. (Freud-Bernays, A., p.ex. p. 66, 118, 125, 165, 166, 169, a citação p. 71.) No ano anterior, Freud elogiara: "Eli [...] está gentilmente sustentando os membros femininos passivos da família [...]". (Freud/Sam, 24/11/1919.) No entanto, talvez ele tivesse de ser convencido de vez em quando a fazer remessas de dinheiro, vide p.ex. 130 SF.
6. Durante muitos anos, Rosi continuaria sendo a "criança-problema" de Anna, conforme ela escreveu onze anos depois para Lou Andreas-Salomé, depois de uma nova recaída. (Anna/Lou, carta 346.) Ver 120 AF, nota 4.

7. Localidade em Capri. Ernst e Lucie se encontravam na Itália "sem endereço permanente". (Rank em 21/10/1920 em: *Circulares 1*, p. 101.) Eles pretendiam ficar até o final de novembro. (Freud/Sam, 15/10/1920.) Ver tb. o P.S. de 125 SF.

129 AF[1]

Hamburgo, 1º de novembro de 1920.

Querido papai,

Eu agora já tenho uma carta tua e outra da mamãe para responder; já estou querendo escrever há dois dias e nunca consigo. Hoje estou no ateliê do Max, usando a sua máquina de escrever.

Percebi, pela tua "carta de consolação", que escrevi uma verdadeira carta de lamúrias, à la Edith[2], o que na verdade não era realmente minha intenção. Ao contrário, eu até me dispus a não fazê-lo. Mas tens toda razão no teu diagnóstico de que a minha má disposição era decorrente do meu mal-estar e, portanto, foi-se embora com ele. Estou me sentindo muito bem novamente, só estou morrendo de frio. Está fazendo um frio horrível aqui, com vento leste, pelo qual não tenho a menor predileção. Nossa calefação no apartamento está funcionando muito bem, mas na rua está tão frio que eu sempre acho que estou completamente nua.

Estou muito magoada por teres chamado Ernstl de "burrico". Não fazes a menor idéia do quão inteligente e espirituoso ele é. A sua selvageria é uma reação natural ao longo tempo que fica sentado e preso, do que ainda não pode ser poupado devido às suas perninhas tortas. Aliás, o Max vai levá-lo ainda esta semana a um ortopedista para se inteirar novamente do que pode ser feito para melhorar isto. O Heinz está começando a falar muito, e de forma estranha, diz frases inteiras, como p. ex. "O que foi isto?", quando um ruído o assusta, ou "Onde ela está", quando procura alguém, ou "Papi, veja, olha!", quando algo deve ser admirado. Além disso, mexe com todo mundo de uma forma tão encantadora, e está ficando cada vez mais bonito. Anteontem, o Max o fotografou no ateliê; vocês receberão as fotos em breve. Não foi fácil fotografá-lo, pois ele estava muito agitado.[3] Numa das fotos, a mamãe poderá ver o casaco de inverno novo dele, azul com pele preta.

O Ernst também está numa fase extraordinariamente boa. Acho mesmo uma injustiça com ele dizer simplesmente que é irascível e difícil de lidar. Talvez a nova escola faça bem a ele; de qualquer forma, está muito acessível e é mesmo encantador. Ele me contou longas histórias que fica imaginando à tarde, quando tem de dormir; ele imagina muitas coisas, tem muita imaginação. Toda noite, antes de dormir, quando o quarto já está escuro, pede que eu conte histórias para ele. Recentemente, deixei-o impressionado com o pequeno Roland, que derrota o gigante.[4] Talvez até um pouco demais, pois percebi que ele acredita em tudo, fica agitado com facilidade e também tem medo. Ele não é um herói. Depois da história de Roland, primeiramente ele disse: "Eu não teria conseguido derrotá-lo, não sou suficientemente forte"; e quando eu expliquei para ele que comendo bastante se fica forte, ele disse: "Eu até seria suficientemente forte, mas para isso é preciso ter os troços". Os "troços" são o escudo, a lança, a espada, etc. Além disso, ele está se dando muito bem com o Heinz, há semanas que não bate nele nem o empurra. Ele até gosta bastante de ficar com o irmão, fala coisas para ele repetir, às vezes lhe dá comida e o leva pela mão, para que o pequenino não se machuque. Recentemente, disse-lhe pela manhã: "Heinzl, és o queridinho do Papi?" Aí eu perguntei a ele: "És o queridinho de quem, Ernst?" Ao que ele respondeu prontamente: "Da tia Anna, da mamãe e do papai". Parece, portanto, que ele não tem nada contra o pequeno, desde que haja alguém que o prefira tanto quanto preferem ao outro. Ele é muito popular na escola, e o tratam com gentileza. Ontem, durante o jantar, estávamos brincando de fazer rimas divertidas, e ele participou com muita graça e jeito. Sua rima mais simpática foi: "Quando Ernst veste as meias – a srta. Jacob fica cheias". Ele quis dizer que o outro reclama tanto, que ninguém consegue agüentar. Mas eu não o levo a mal, pois ele herdou isto de mim. Ele já está lendo direitinho. Recentemente, para meu espanto, ele leu o título de um livro que estava ao seu alcance: T-o-t-e-m e T-a-b-u. Em seguida, soletrou o nome do autor. Mas quando eu quis saber dele, de quem se tratava, ele disse sorridente: "tia Anna". Adorei o elogio.

Tenho estado muito com o Max nos últimos dias, inclusive no ateliê. Sinto muita pena dele, porque mais uma vez ele vai ficar totalmente sozinho. Ele anda tão mal-humorado, que eu freqüentemente me deixo contagiar e preciso fazer um esforço para me lembrar de que não tenho nenhum motivo para estar tão deprimida quanto ele. Mas ele realmente é um pobre coitado, e não há nada que possa interessá-lo ou distraí-lo um pouco.

Oli me telefonou ontem e provavelmente virá me buscar. Portanto, no próximo domingo [7/11] eu vou para a casa dos Eitingon[5], e vou ficar depois uns dias com os Wertheim[6]. Não te escrevi mais nada sobre o meu quarto porque na verdade não sei bem o que devo fazer. Motivos a favor da reforma são o fato de que o papel de parede está lá há doze anos e está imundo, e o dado subjetivo é que há anos desejo colocar um outro. Se a mamãe não se deixar convencer com tudo isto, só posso me resignar, ou então, quando estiver aí, mandar trocá-lo às minhas expensas e sob meus cuidados. Mas isto provavelmente eu não vou fazer, preferindo empurrar com a barriga, à moda austríaca. Mas é realmente uma pena.[7]

Pretendo estar em Viena o mais tardar em novembro.[8] Não posso deixar que comemorem o meu aniversário sem a minha presença. Espero que até lá estejam sentindo muitas saudades minhas[9], mando lembranças da

tua
Anna.

1. Esta carta foi escrita à máquina, somente a assinatura "Anna" foi escrita à mão. Erros de datilografia foram corrigidos na transcrição.

2. Provavelmente Edith Rischawy.

3. Max "era especialista em fotografias de crianças, e como tal era extremamente benquisto e solicitado nos círculos da burguesia hamburguesa". (Herbert Pardo em: Weinke, p. 112.)

4. Em seu poema *Roland Schildträger*, Ludwig Uhland (1787-1862) conta um episódio inventado da infância de Roland que, segundo uma lenda arcaica francesa, era sobrinho de Karl e acabou se tornando o mais heróico dos seus doze paladinos. Nela, o menino mata um gigante com as armas do seu pai adormecido, retirando do escudo deste a jóia que lhe dava sua força, para entregá-la ao seu tio. (Uhland, v. I, p. 185-191; tb. *Klein-Roland, ibid.*, p. 152-156, *Roland Schildträger, ibid.*, p. 185-191, e *A viagem marítima do rei Karl, ibid.*, p. 201 *et seq.*; além disso, Schleussinger.) Anna também gostara na infância de sentir-se uma heroína com grandes feitos. (Young-Bruehl I, p. 70.)

5. Os Eitingon já aguardavam Anna para o Natal de 1919, mas uma greve ferroviária impedira a viagem. (Freud/Eitingon, 157 F.) Anna só conseguiu fazer a visita em maio de 1920, quando foi ao casamento de Ernst, entregando, na ocasião, a Eitingon o "anel" do comitê, acompanhado das palavras de Freud (vide nota 5 para 174 AF): "Anna entrega ao senhor finalmente o anel ao qual o senhor tem direito há muito tempo. Eu o retirei do meu dedo [...]. Ele lhe é devido, mais do que a qualquer outro; use-o mesmo que seja somente como uma lembrança minha a um precioso amigo e caro filho." (Freud/Eitingon, 174 F-176 E, a citação (16/5/1920), p. 200.)

6. No dia 15/11; vide 132 AF.

7. Depois de voltar para Berlim, Anna "dispôs dois quartos dos meninos". (Freud/Ferenczi III/1, 860 F, 25/12/1920, p. 93; também Freud/Sam, 24/12/1920.) Ver 130 SF. "[...] Os dois cômodos ficaram maravilhosos, muito melhores do que jamais pude imaginar [...]. Todos que entram ficam surpresos", escreveu Anna para seu irmão Ernst, com um relato preciso da nova decoração, da sua vida e do seu trabalho neles. (26/1/1921.)

8. A volta, no entanto, foi adiada para fins de dezembro; vide 137 SF, nota 12.

9. Ver 132 AF, 264 SF.

130 SF

5/XI/20
PROF. Dr. FREUD   VIENA, IX. BERGGASSE 19.

Minha querida Anna

Saúdo-te em Berlim e agradeço-te pela carta simpática, pela qual fiquei sabendo algo decente e agradável sobre as crianças. É triste o que está havendo com o Max, não se pode ajudá-lo, e as minhas remessas de marcos também não são suficientes para que ele possa proceder a uma mudança radical do seu modo de vida, tal como uma emigração ou uma troca de profissão. Nesses casos, espera-se tudo do famoso "tempo" que cura.

A contínua queda da nossa coroa me tornou muito rico.[1] Eu já possuo 1.600 mil, mais de um milhão e meio, portanto, mas infelizmente é só – digamos confete[2], se é que ainda sabes o que são. Tua fortuna também cresceu: da remessa de Felix-Edward, duas mil coroas foram destinadas a ti, tão pouco que seria indelicado recusar. Aliás[3], Felix escreveu que recebeu uma remessa de 250 mil coroas do tio Eli.[4] Ela está sendo aguardada.

Acaba de chegar um telegrama da titia anunciando sua chegada para a manhã de terça-feira (9 deste mês).[5] Ela está disposta a ficar com o teu quarto, e com isto, creio eu, o teu desejo inicial de ter dois quartos contíguos se realizaria. E além disso o papel de parede sujo não seria mais problema teu. Escreve logo, se estou me lembrando corretamente, e se concordarias com isso.

Hoje chegaram também seis pacotes do Sam[6], cheios de coisas boas e úteis, com as quais também poderás contar. Estou cuidando para que não se faça economia com a alimentação.

Agora, estarás na fonte e ficarás sabendo tudo que for necessário sobre a situação da editora, das negociações com Jones e Kola, e o que mais quiseres saber. Creio que também não faltarão tarefas de tradução[7]. Não terás facilidade para acompanhar o meu inglês, pois estou tendo diariamente cinco horas de treino.[8] Mas não passo de um determinado patamar.

A popularidade na Inglaterra e na América ainda parece estar aumentando. Ainda não recebi resposta de Edward acerca da minha sugestão[9]. Portanto eu ainda não escrevi nenhuma linha do "Popular Scraps".

Mando-te lembranças e peço que fales bem de mim para todos os berlinenses, sobretudo para os teus anfitriões.

papai

---

1. Ver 125 SF. O desmoronamento da nação austríaca arruinou os fundamentos da economia. A coroa se desvalorizou demais e ainda iria continuar perdendo valor (cem francos suíços valiam, em 1919, 567 coroas; em 1920, o equivalente a 2.702 coroas; em 1921, 12.200 coroas; e em 1922, 360 mil coroas), causando enormes aumentos de preços, deixando a Áustria à beira do caos. (Ver

179 AF, nota 5.) Só em 1922 é que o "empréstimo externo da Liga das Nações" ("Protocolos de Genebra", 4/10/1922) propiciou uma trégua: o câmbio foi sanado, mas a economia não: os bancos estrangeiros ganharam muito, enquanto grande parte da população levava uma vida miserável. (Weissensteiner, p. 114, 116-118, 128 *et seq*; Kleindel, p. 326, 327; Braunthal, p. 31, 55, 62.)

2. Bolinhas de açúcar confeitadas, coloridas, do tamanho de ervilhas, que costumavam conter uma semente de anis, funcho ou coriandro; até o início da Primeira Guerra Mundial, era um costume vienense antigo utilizá-las para serem jogados nos noivos pelos convidados nas festas de casamento (semelhante ao atual costume de jogar confete – do italiano *confetti*, que originalmente eram confeitos). (Pela gentil informação, com exaustivas comprovações literárias e de costumes, agradeço a Elisabeth Groschopf, Instituto dos Dialetos e Palavras Austríacos da Academia Austríaca de Ciências, Viena, 19/10/1999.)

3. No original, falta trema [*ubrigens*].

4. Ver nota 5 para 128 SF.

5. Minna Bernays passara uma temporada em Merano. (Freud/Sam, 15/10/1920.)

6. *Ibid.*, 5/11/1920. Numa carta de 27/10/1919, Freud descreveu para seu sobrinho a escassez na situação do pós-guerra na Áustria; desde então, Sam enviou repetidamente pacotes com gêneros alimentícios para a família Freud, muitas vezes às custas de muita dificuldade, até que a situação melhorasse paulatinamente em 1921. (*Ibid.*, cartas até 1921, *passim*.)

7. Ver nota 6 em 100 SF.

8. Ver 125 SF, nota 2.

9. No início de outubro, Freud escreveu para Edward: "[...] Agora que tomei gosto pela coisa, vou te sugerir a seguinte combinação [...]. Eu poderia, por exemplo, escrever quatro artigos de vulgarização científica por ano para uma determinada revista escolhida por você. Caso estes artigos demonstrem ser bem sucedidos, eles poderiam ser reunidos mais tarde na forma de um pequeno livro. O título poderia ser 'Psicanálise popular', ou algo semelhante. Eles deverão ser escritos de forma a serem facilmente compreendidos, mas têm de ser originais. Do primeiro que eu gostaria de escrever já posso dizer-te o nome: 'Não se deve utilizar a psicanálise em polêmicas' [...]." (Bernays, 1967, p. 185 *et seq*.) A idéia não foi posta em prática porque Freud não se conformou com a "maneira totalmente diferente como um redator americano e um europeu abordam a mesma questão". (*Ibid.*, p. 186-190.)

131 AF

Berlim, 12 nov. 1920.

Querido papai!

Fiquei muito contente com a tua carta do dia 5 e com o cartão da mamãe que a Sopherl[1] trouxe hoje. Já deves ter sido informado pela própria Tom sobre o seu noivado; ela não quis que eu lhes escrevesse sobre esse assunto antes que ela própria escrevesse.[2] Parece que o noivo[3] está extremamente feliz com Tom. Gostaria que Mausi também estivesse nessa situação, mas não com o Lampl.[4] O aniversário da Tom é na próxima semana, e eu quero lhe dar um bom presente para as duas ocasiões.[5]

Ontem estive na reunião ps.a. [psicanalítica] e assisti a uma palestra do dr. Müller[6]. Apesar de haver apenas três velas acesas por causa da greve, foi muito agradável e interessante. Só o Sachs é que está se gabando muito, bancando o judeu todo-poderoso, que elogia e critica, fazendo gracinhas em plena sessão, coisa que não se atrevia a fazer em Viena.⁷ Mas ele se sente muito feliz ao fazê-lo, talvez seja isso o que importa. Até a pequena srta. Schott⁸, a aluna da Hug, já está fazendo análise infantil. Como vês, todos sabem bem mais do que eu.

A esposa do dr. Eitingon está um pouco melhor. Ontem ela saiu pela primeira vez, mas ainda passa a maior parte do dia deitada.⁹ Na segunda-feira, eu vou me mudar por uns dias para a casa dos Wertheim, depois voltarei para cá. Vejo Oli quase todos os dias. Parece que, no momento, ele está muito bem.¹⁰ Mas a vida no apartamento vazio do Ernst¹¹ não é muito confortável para ele.

Estou satisfeita com a troca de quartos e pretendo arrumá-lo o mais bonito possível. Também estou bastante satisfeita com a rápida chegada da minha mala. A chave está comigo, portanto, só poderei arrumá-la depois de chegar.

Os Eitingon já têm em vista um novo apartamento, bem maior¹². Estou muito satisfeita por eles, apesar de achar que os hóspedes já estão sendo suficientemente mimados no apartamento antigo e pequeno.

Escreve-me sem falta para cá. Com um beijo.

Tua
Anna.

[Ao longo da margem:]

Já engordei muito e estou pesando mais do que nunca.

1. A esposa de Alexander viajou para Berlim, ao encontro da sua cunhada Marie (Mitzi) Freud, que enviuvara ainda jovem; ver 134 SF, nota 1. (Freud/Sam, 5/11/1920.)
2. Martha Gertrude Freud (1892-1930), apelidada de "Tom", terceira filha da irmã de Freud, Marie. Casou-se em 21/6/1921, em Berlim. (Murken 1982, p. [5]; 2004, p. 80; Stammbaum Lange, *Freud Family Tree*, p. IV.) Era "uma ilustradora de livros infantis que beirava a genialidade, e em parte também os editava", uma talentosíssima artista com atividades criativas múltiplas. (Murken 2004, p. 85, 94 *et seq.*, 92.) Ainda assim, teve um final infeliz: "[...] apesar de seus enormes dons, Tom Seidmann foi uma pessoa profundamente infeliz [...]", escreveu Anna muitos anos mais tarde. (*Ibid*, p. 95.) Depois da morte do marido, pôs fim à sua vida em 7/2/1930. "Ela sucumbiu muito prematuramente diante da realidade e deixa uma obra [...] que teria merecido a mesma divulgação do *Struwwelpeter* [famoso livro infantil ilustrado]". (Necrológio in: *Vossische Zeitung*, Berlim, nr. 36 de 11/2/1930, cit. segundo Murken 1982, p. [12]; homenagem detalhada da vida e obra de Tom: Murken 2004.)
3. Jankef (ou: Jankew; Jakob) Seidmann (1892-1929), de Wisnitz, Bukowina. (Murken 2004, p. 87, nota 23.) Publicou traduções de filósofos da religião judaica, relacionava-se, em Berlim, com Gershom Scholem, Chaim Nachmann Bialik e outros autores judaicos emigrados da Rússia soviética. "Era um mestre do hebraico e introduziu Tom nesse idioma." Pela editora Peregrin, fundada por ele, saíram também alguns dos livros infantis de Tom, "sinal da cooperação harmônica e intensa do casal". (Murken 1982, p. [9]; 2004, p. 87-89.) No entanto, Jankew não foi bem-sucedido nos negócios. Faliu e, em estado de choque, suicidou-se em 19/10/29. (Murken 2004, p. 91, 95; correspondência Anna/Eva, carta 21.)

4. Young-Bruehl conclui, a partir desta observação de Anna, que Mausi não foi feliz com Lampl. (Young-Bruehl I, p. 138 *et seq.*) De fato, o restante da sua trajetória de vida foi infeliz. Enredada em um caso amoroso, suicidou-se em Viena em 18/8/1922 (Freud/Jones, cartas 376, 378; Anna/Lou, cartas 13, 39-73, *passim*; Young-Bruehl I, p. 139 *et seq.*, notas 61 e 62.)

5. Oliver e Anna deram, juntos, um presente para Tom pelo seu aniversário (vide 135 AF) – um casaco de lã, dádiva preciosa diante das difíceis condições econômicas em Berlim então. (Freud/Abraham, 6/12/1920.)

6. O doutor em filosofia K. Müller fez uma conferência, naquele encontro, sobre *Psicanálise e moral*. (Müller, K. 1920.) Em 24/9/1920, já fizera uma palestra sobre o tema *Da análise de um pintor*; em 21/12/1920 foi aceito como membro extraordinário no Grupo de Berlim. (*IZ*, v. 7, 1921, p. 118 (o título aqui reproduzido *Da análise de um pintor* é questionável, pois no mesmo local está indicada uma palestra de Simmel com o mesmo título e não foi possível verificar se existe uma publicação correspondente).) K. Müller é Carl Müller-Braunschweig (1881-1958), cientista e intelectual que, em 20 de março de 1938, deveria ser o avalista no processo de dissolução da Sociedade Psicanalítica Vienense e da editora. Voltou-se para a psicanálise em 1908 e procurou Freud pela primeira vez em Viena em 1910. A partir do momento em que se tornou membro, engajou-se ativamente na associação, também como professor no Instituto de Berlim a partir de 1923. Foi parte do grupo que, na época do nazismo, manteve vivo o ideário da psicanálise. Depois do final da guerra, dedicou-se à reconstrução do Instituto de Berlim e da Sociedade Psicanalítica Alemã, a qual presidiu até 1956. (Bannach, p. 37; Dräger, p. 41, 48 *et seq.*; Maetze, p. 54 *et seq.*, 57-63, 67; Lockot, p. 118-126, c. 6.7 e outros; *Protokolle IV*, p. 321-323.)

7. Hanns Sachs se mudou em 1920 para Berlim, onde Abraham conseguiu que fizesse palestras psicanalíticas e análises de estudo. (Freud/Abraham, 10/6, 21/6, 27/6, 28/11, 6/12/1920 e.o.) Sobre as observações de Anna, ver Jones: "Evidentemente, Sachs está tendo alguma regressão infantil e tem-se comportado em Berlim, como tenho escutado falar, como um adolescente que visita a cidade grande pela primeira vez. [...] Eu interpreto isso como sendo uma reação de anos de exílio, doença e dependência; sua volta para uma vida plena, um posto social importante e uma posição financeira inesperadamente forte o deixaram um pouco de salto alto." (Freud/Jones, carta 326, 11/10/1921, p. 441; ver também Freud/Ferenczi III/2, 1045 Fer, p. 74.)

8. Ada Schott (?–1959) começou a trabalhar na policlínica como analista infantil em 1922. Em 1925, casou-se com Carl Müller-Braunschweig. (Lockot, p. 121, 342, nota 9 (agradeço a indicação oral do ano de nascimento); Eitingon 1922, p. 508; *IZ*, v. 8, 1922, p. 528; Bannach, p. 38; Maetze, p. 66.)

9. Vide 127 AF, nota 7; ver tb. 167 AF, nota 8.

10. Vide 125 SF, nota 21. Ver também Freud/Eitingon, p. ex. 187 E–189 E; Anna/Lou, carta 172, p. 310.

11. Ernst e sua mulher Lucie passaram então uma longa temporada na Itália (ver o P.S. da carta 125 SF, bem como 128 SF, nota 7 e 137 SF).

12. Na Rauchstr. 4. Ver 167 AF, nota 7.

132 AF

Grunewald, 16/XI/20.

Querido papai!

Ontem teve início, portanto, um novo capítulo feliz em minha existência de andarilha que me apraz cada vez mais. Neste momento, estou morando na casa dos Wertheim[1], no quarto em que titia já ficou algumas vezes, com banheiro próprio e outras instalações que normalmente são divididas com outras pessoas.[2]

A temperatura está tão amena que se pode passear no parque sem sobretudo, e eu não acho Grunewald melancólica, muito pelo contrário. Hoje fiz compras de carro e descobri que é mais confortável do que o bonde mais vazio. Diante do excesso de espaço aqui em casa, penso muito naquele apartamento apertado do Max e dos meninos e oscilo entre o sonho de virar bolchevique ou milionária. Como não preciso me decidir logo, aproveito tudo o que há de bom para fazer.

Domingo fui ver *Tannhäuser* com o Oli.[3] Foi a primeira vez que assisti a essa ópera, e fiquei entusiasmada. Pelo preço das entradas que Eitingon arrumou, seria possível comprar uma casinha na Áustria alemã. Mas, apesar da nossa insistência, ele não nos deixou pagar.

A senhora Eitingon já está bem melhor, e passamos a semana passada inteira muito confortavelmente juntos. Sinto-me totalmente em casa com eles e aqui tive toda a tranqüilidade com a qual sonho desde o verão. Infelizmente, o doutor está muito estressado, corre da manhã até a noite e se esfalfa no mínimo tanto quanto tu.[4] Leio o teu novo texto com grande alegria.[5] Acho que simpatizo muito com o ideal do ego.[6]

Aqui em Berlim, finalmente comecei a escrever a nova história[7] que me preocupou durante todo o verão. Será um pouco diferente de todas as anteriores, bem como mais extensa. Gostaria de terminá-la antes de chegar a Viena.

Estou especialmente contente porque ontem eu não estava bem-disposta[8] mas, pelo visto, agüentei bem. Portanto, o ócio e o fato de ser mimada têm efeitos positivos. Aqui até tomo café na cama e ainda não sinto a menor necessidade de voltar a ser um membro útil da sociedade humana. Quem sabe essa necessidade volte a se apresentar dentro de algum tempo.

Volta e meia, o senhor Wertheim me pergunta como foi realmente o episódio da Sérvia, sem que eu possa lhe dar informações precisas.[9] Mas converso bastante com a senhora Wertheim e me dou muito bem com ela. Também estou curtindo a miríade de flores aqui. Até as orquídeas estão florindo na estufa.

No sábado, os Eitingon pretendem me buscar de volta[10], já que os Wertheim me tiraram da Güntzelstrasse. Eles temem que eu possa me acostumar aos cômodos grandes e ao espaço abundante.

Depois desses tantos modos de viver, aos quais me acostumei desde a minha partida de Viena, parece-me como se no próximo mês eu já completasse cem anos e não apenas o primeiro quarto de século. Mas como atualmente estou tão bem, sinto-me pronta para enfrentar os próximos 75.

Mando-te um beijo e espero sempre que um de vocês me escreva quanta saudade tem da minha pessoa.[11] Antes disso, não volto mais para casa.

Carinhosamente

tua
Anna.

Anexo, carta para a tia da senhora W.[ertheim].

1. Na Max-Eyth-Strasse no bairro berlinense de Dahlem. (Ladwig-Winters, p. 189, 380, nota 145.) Ver nota 5 de 135 AF. Os bairros e as regiões administrativas se confundem. Naquela época, o terreno fazia parte do bairro de Dahlem, mas os habitantes preferiam indicar Grunewald como nome da localidade, por causa do conjunto de mansões na vizinhança, também designado por "colônia dos milionários". (Por esta informação agradeço a Karl-Heinz Metzger, diretor da assessoria de imprensa da região administrativa Charlottenburg-Wilmersdorf.)

2. Ver 12 AF, nota 4.

3. *Tannhäuser und der Sängerkrieg auf der Wartburg*, ópera romântica em três atos (Dresden 1845; versão parisiense de 1861) de Richard Wagner (1813-1883).

4. Além de seu consultório particular, Eitingon investia toda a sua energia gratuitamente nas atividades de aconselhamento, terapia e ensino da Policlínica de Berlim. (Eitingon 1922. Ver p.ex. também Freud/Eitingon, 190 E.)

5. *Psicologia das massas e análise do eu* (1921c). Alguns anos depois, Anna haveria de recomendar este texto à sua amiga Eva Rosenfeld: "[...] pois nele eu fiz [...] um pedaço enorme da minha própria análise. Havia tudo ali, meus velhos sonhos diurnos e tudo o que eu queria." (Anna/Eva, carta 4, por volta de setembro de 1927, p. 113.) (Ver também Einleitung, p. 19, nota 67.)

6. Em *Psicologia das massas*, Freud indica que já introduziu mais cedo o conceito do "ideal do Ego" (1914c, 1916-17g): enquanto diferenciação do eu, enquanto instância psíquica "que pode se separar do outro eu e entrar em conflito com ele [...], de forma a que a pessoa que não consegue se satisfazer com o seu próprio Eu ainda possa encontrar sua satisfação no ideal do eu diferenciado do eu." (1921c, *S.A.*, v. 9, p. 102.) Na seqüência deste raciocínio, ele completa: "O ideal do eu abrange, porém, a soma de todas as limitações às quais o eu se deve submeter [...]." (*Ibid.*, p. 122.) No posterior desenvolvimento de seu modelo estrutural da psique em *O Ego e o Id* (1923b), este ideal do eu se tornaria o "superego". (Ver Nota editorial preliminar de 1916-17g em *S.A.*, v. 3, p. 195, terceiro parágrafo.)

7. Ver tb. 101 AF, nota 1.

8. Expressão coloquial comum da época para designar a menstruação. Ver 135 AF, tb 127 AF a 129 AF.

9. Questão ambígua. Talvez a pergunta do senhor Wertheim se referisse às lutas políticas recém-terminadas pela região de Kärnten nos anos 1918-1920: logo depois da guerra, o governo da Iugoslávia, em nova formação, tentou trazer partes das regiões lingüísticas mistas do Sul de Kärnten e da Steiermark para o seu domínio e, para esse fim, mandou suas tropas invadirem o sul da Áustria alemã. Depois de dois anos de ferrenhas lutas de resistência, a população de Kärnten acabou conseguindo, com ajuda americana, a garantia no Acordo de Paz de St. Germain-en-Laye (2 a 10/9/1919), o qual poderia autodeterminar a manutenção de sua integridade territorial, ou ficando com a Áustria, ou incorporando-se ao estado sérvio-croata-esloveno. O plebiscito conquistado a duras penas realizou-se em 10/10/1920, com a decisão de permanência com a Áustria. "Esta guerra de libertação representou um dos atos mais importantes e decisivos da formação do estado da República [da Áustria] em 1920." (Wutte 1985, p. 18, além disso, *passim*, p.ex. p. XX, 55, 59, 74, 76, 147, 159 *et seq.*, 320). Tb. Weissensteiner, p. 54-59; Kleindel, p. 325; Braunthal, p. 38; Ploetz 1980, p. 855, 949.) Durante aquele verão, Freud estava em Bad Gastein, e Anna em Altaussee, mas os acontecimentos referidos não são mencionados nas cartas (embora faltem cartas do período de outubro, ver 126 SF, nota 1).

10. Anna ficou mais alguns dias, vide 135 AF.

11. Vide 129 AF.

133 SF

PROF. Dr. FREUD

18 Nov 20.
VIENA, IX. BERGGASSE 19.

Minha querida Anna:

Esta deve ser a última carta, já que o teu aniversário é daqui a quinze dias e nós te aguardamos mais cedo aqui, enquanto o trânsito pelo correio continua tão lento. Espero que continues bem e animada em Berlim e que voltes com algum peso adicional. Aqui te esperam um aumento salarial e um trabalho de tradução[1], ainda em favor de Jones. Quando o primeiro balanço da editora estiver disponível, deveremos nos decidir por novos passos, sem considerar a possível fusão com Kola. Contrataremos o dr. Radó, de Budapeste[2], a fim de aliviar a carga de Rank. A senhora Fischer, assistente de contabilidade, que antes trabalhava com Heller, já está cumprindo período de experiência, e Hiller deverá se mudar para Viena a fim de representar os negócios ingleses.[3] Reik sairá, eu deverei encontrar outro emprego, independente da editora.[4] Rank diz que eu posso esperar um balanço com resultado muito bom.

Graças à nossa desvalorização monetária, já ultrapassei o segundo milhão.[5] Ontem comemorei o reencontro com o dólar[6], que já não via desde 1909[7]. Edward não apóia as minhas intenções de enriquecer, ele não respondeu à minha solicitação. Em compensação, as negociações com o editor espanhol foram concluídas, e ele deverá pagar pela minha parte 350 pesetas, cerca de 24 mil coroas[8]. Max também em breve voltará a receber dinheiro da editora.[9]

Como vês, só consigo lembrar de notícias comerciais. Em termos científicos há pouco, e no que se refere ao noticiário familiar, tens mais para contar do que nós. Mandei logo minhas felicitações para a Tom e espero que seja a coisa certa. A pobre e burra Gretel[10] então será mesmo reprovada. Boas notícias de Ernst e Lux de Anacapri, ele já ganhou peso, reconhece a necessidade de se prevenir contra o seu catarro, mas espera resolvê-lo com esta temporada italiana, o que dificilmente acontecerá. Não esqueças de pedir a Sachs que te forneça – ou para mim – *informações precisas sobre os preços do sanatório em Davos*.[11] Ernst precisa disso para tomar sua decisão.[12] Não deves escrever para ele (Ernst) diretamente.

Naturalmente adoraríamos te ver aqui em casa. Um monte de gente idosa, isso deprime. Talvez possas viajar com a tia Sophie[13], evitando a selvagem Tchecoslováquia.

Saúdo a ti, aos Eitingon e a todos os amigos e parentes de coração

papai

---

1. Ver carta 125, nota 7.
2. Sándor Radó (1890-1972), "jovem jurista muito talentoso que recentemente se tornou médico para aprender a psicanálise [...]". (Ferenczi para Freud, 27/5/1911, in: Freud/Ferenczi I/1, 222 Fer,

p. 387.) Em 1913, foi um dos membros fundadores da Sociedade Psicanalítica Húngara, tornando-se seu principal expoente. (*Ibid.*, I/2, 394 Fer, 12/5/1913, nota 1.) Durante o período da República Soviética, em 1919, ele gozou temporariamente de influência em círculos universitários, utilizando-se disso para conseguir para Ferenczi um cargo de professor de psicanálise. No entanto, com o novo governo, foi obrigado a deixar a Hungria. (*Ibid.*, II/2, 802 Fer, 810 Fer, 812 Fer, 814 Fer; *IZ*, v. 5, 1919, p. 228; Harmat, p. 77; Freud/Ferenczi III/1, 855 F.) No outono de 1922, mudou-se para Berlim, onde até 1931 foi bastante engajado, entre outras coisas como professor no Instituto e, posteriormente, como membro da comissão de ensino. Em 1924, assumiu temporariamente os negócios de Rank na editora, depois do rompimento do mesmo com Freud (ver nota 9 de 43 SF). (Freud/Jones, carta 441.) Simultaneamente, tornou-se redator-chefe do *IZ* e, em 1927, também da revista *Imago*, até emigrar para Nova York em 1931. Ali, criou um instituto psicanalítico de acordo com o modelo de Berlim. Tornou-se, em 1944, professor de psiquiatria e diretor do primeiro instituto universitário de psicanálise na Columbia University; continuou praticando análise mesmo depois de sua aposentadoria (Alexander 1966.) Ver também cartas de Freud para Radó (1995c).

3. Eric Hiller (1893-?), assistente de escritório de Jones, já se ocupara de assuntos da editora em Viena no outono de 1919 (ver fim da nota 6 de 106 SF), tendo participado, em setembro de 1920, do Congresso de Haia como membro-fundador (não-praticante) da British Psycho-Analytical Society. (*IZ*, v. 6, 1920, p. 377.) Mudou-se para Viena em dezembro de 1920 e, em 1921, "passou do grupo londrino para o de Viena". (*IZ*, v. 7, 1921, p. 400; Freud/Jones, cartas 293, 294; Jones III, p. 46, 48, 53, 65.) Mas a cooperação com Hiller revelou não ser muito profícua (ver 160 AF, nota 5, também nota 5 de 181 SF), fazendo com que retornasse à Inglaterra em março de 1923, onde voltou a fazer parte do grupo londrino de 1924 até aproximadamente 1928. (Mühlleitner, p. 147 *et seq.*)

4. Freud já se queixara algumas vezes da incompetência de Reik e de sua falta de confiabilidade. (Freud/Jones, carta 183; Freud/Ferenczi II/2, 824 F.) Por isso, ele o incumbiu da "função de diretor literário, responsável por palestras e relatórios anuais" e tentou (em vão) arranjar uma colocação para ele em Berlim. (Freud/Abraham, 28/11/1920, 6/12/1920.) Em 1/1/1921, Reik criou uma entidade central para literatura psicanalítica como centro de informações científicas. (Reik 1976, p. 105; *IZ*, v. 7, 1921, p. 110; *Circulares 2*, p. 18.)

5. Vide 130 SF, nota 1.

6. Moeda em que Freud recebia dos discípulos americanos (ver nota 4 de 128 SF).

7. Ano em que Freud fez cinco conferências sobre psicanálise por ocasião dos vinte anos da fundação da Clark University em Worcester, Mass./EUA (1910a).

8. Em 1922, foram publicadas as primeiras traduções de Luis Lopez-Ballesteros y de Torres; vide 115 SF, nota 2, 166 SF, notas 3 e 4.

9. Para trabalhos de fotografia que ele fazia para a editora. (Freud para Max, p.ex. 27/7/1919 e outras.) Ver tb. nota 4 de 138 SF.

10. Freud usava a expressão *dumme Gredl* no sentido de *boboquinha*; vide p.ex. Freud/Bernays, carta 118; ver tb. 181 SF.

11. Sachs passou uma longa temporada em 1918 em um sanatório em Davos por causa de uma tuberculose de pulmão, felizmente curável. (Freud/Ferenczi II/2, 759 F; Jones II, p. 239; Freud/Binswanger, 117 F; Harmat, p. 65.)

12. Ernst acabou decidindo fazer sua recuperação em Arosa. (Freud para Ernst, p.ex. 7/10, 7/11, 15/11/1920; Freud/Sam, 21/1.1921) Ver nota 7 de 87 SF.

13. Vide 134 SF.

134 SF

PROF. Dr. FREUD

21/XI/20.
VIENA, IX. BERGGASSE 19.

Minha querida Anna:

Hoje chegou uma carta expressa da Tom em que ela se queixa do estado de saúde da tia[1] e pede aconselhamento rápido sobre o que deva ser feito com ela. Podes bem imaginar como é fácil dar um tal conselho à distância. Infelizmente, são todos tão desamparados e desajeitados. Mas a situação na casa deve estar mesmo confusa, pois tia Sophie, em vez de ajudar, o que condiz mais com a sua natureza, manda incessantemente telegramas para ser chamada de volta. Parece não agüentar mais a situação, e nós não sabemos por que (mas tudo isso é confidencial, devendo ser tratado com discrição!).

Portanto, peço que perguntes no nosso grupo, de preferência para o nosso experimentado curador de família Eitingon, que médico devemos procurar para avaliar e tomar decisões em um caso desses de doença cardíaca (ou será apenas uma enxaqueca?), e avisa a Tom que esse médico então precisa mesmo ser chamado. Mas procura fazer tudo isso de maneira tal que o pobre homem sofrido[2] não se sinta obrigado a assumir mais uma tarefa. Não se pode sacrificar tudo e todos pela família. E, afinal, essa não é a especialidade dele.

É provável que a tua intervenção não seja bem-sucedida, pois quem é tão pouco razoável a ponto de não saber se aconselhar, geralmente também não aceita conselhos de fora. Mas, para o meu desencargo, faz isso de qualquer maneira. Daqui, não tenho outra saída. Ao que me parece, uma vinda da tia para Viena atualmente está fora de questão.

Não há muita novidade desde a minha última carta. A melhor coisa foi a tua carta com as boas notícias sobre a temporada berlinense, que, aliás, agora será seguida de uma temporada vienense.

Mando-te lembranças carinhosas

papai

---

1. Nesse caso, Freud se refere à sua irmã Marie ("Mitzi/Mizi/Mietzi"; 1861-1942). Mais detalhes sobre a sua vida em: Tögel 2004b. Seu marido, Moritz (Morris/Maurice) Freud (1857-1920), um parente distante, morreu em 7/9 de um ataque cardíaco enquanto Freud estava na Holanda. (Murken 2004, p. 86.) Na volta da Holanda, Freud visitou-a e relatou em seguida para Sam: "As condições em Berlim, depois da morte de Morris, são tão intrincadas que ninguém sabe dizer exatamente se eles são ricos ou pobres". (Freud/Sam, 15/10/1920; também já em 27/5/1920, 2/10/1920; Freud/Jones, carta 287.) Vide ainda 135 AF. Freud se referiu a essa irmã em carta para Wilhelm Fliess em 1898: "Nenhum de nós tem qualquer relação com ela, ela sempre viveu isolada e tem um jeito estranho que, na meia-idade, se transformou em uma parcimônia patológica, enquanto todos nós somos esbanjadores". (1985c, carta 165, 27/4/1898, p. 340.) Vide cartas de Freud para ela, 2004d.
2. Eitingon.

135 AF

Dahlem, 21 de nov. [1920]

Querida mamãe e querido papai!

Esta é uma carta minha (Anna) e não de Oliver, como pode parecer à primeira vista, manuseando-a.[1] Mas o papai sabe que, desde o momento em que virei secretária, é preciso que outras pessoas escrevam as cartas para mim, dessa maneira espero continuar suportando bem a profissão. Oli almoça aqui hoje, pois é domingo, e no momento estou descansando.

Gostei muito da carta da mamãe e da tia do dia 15. Não gostaria de mandar as chaves da mala, eventualmente a revisão vai ter de esperar a minha volta. As coisinhas de bebê para Esti[2] também estão dentro dela.

Ainda não tenho certeza se vou manter a minha data original de partida (dia 1º).[3] Estou me sentindo tão bem que talvez ainda acrescente alguns dias. Desta vez, recuperei-me totalmente depois de quatro dias[4], não sinto mais dor ao caminhar e me sinto melhor do que há muito tempo.

Ainda estou morando com os Wertheim, não consegui me separar do "castelo com parque"[5] no qual, normalmente vivo apenas na minha imaginação[6], do meu banheiro e de outras coisas agradáveis aqui. Mas, baseados em seu direito adquirido de sucursal da família, os Eitingon começaram a reivindicar energicamente a minha volta. Na quarta-feira (feriado local[7]) tivemos aqui uma pequena reunião em que Oliver e eu também conversamos muito bem. Depois, Oliver ainda foi à festa de aniversário da Tom. Ambos estamos desenvolvendo talentos de sociabilidade.[8]

Demos de presente à Tom pelo seu noivado e aniversário uma linda malha de lã, a qual ela adorou. Sobre as circunstâncias na Bambergerstr.[9], a Soferl fornecerá mais detalhes. Excetuando o noivado da Tom, estão bem tristes, e a tia Mietzi também está em um estado de saúde bastante deplorável. Mas a Tom está realmente feliz, e o Oliver e eu só enxergamos coisas positivas em Jankew. Uma remessa generosa de Nova York[10] os deixou momentaneamente despreocupados.

Outro dia almocei na casa dos Abraham, foram bem simpáticos e eu estava muito gentil. Ultimamente tenho estado assim.[11]

O Ernsti me mandou por esses dias a primeira carta escrita de próprio punho, tão encantadora que não consigo me separar dela, mandando-a para vocês; a ortografia ainda deixa a desejar.

Minhas diferentes roupas estão sendo no mínimo tão admiradas aqui em Grunewald como eu própria admiro as da sra. Eitingon na Güntzelstrasse. Assim sendo, ainda não tenho certeza se eu virei uma dondoca na moda ou se, no fundo, continuarei sendo uma professora primária medianamente bem trajada. Tudo é mesmo relativo. Fiquei muito amiga da Elschen[12] e ensinei a ela várias maldades, uma vez que, no momento, acho-a bem-educada demais.

Aqui, estamos nos afogando em begônias, violetas dos alpes, crisântemos e até orquídeas. Mando-lhes um pouco de cada.
Com muitas lembranças carinhosas

sua
[letra de Anna:] Anna.

PS. Favor lembrar a Mathilde que eu vou precisar de qualquer maneira de volta a capa do meu sofá ainda este ano. Ela pretendia mandar tingir a dela.

---

1. Com exceção da assinatura de Anna, toda a carta, com *post-scriptum*, foi escrita com a letra de Oliver.
2. A mulher de Martin estava esperando seu primeiro filho: Anton Walter Freud nasceu em 3/4/1921. (Freud/Sam, 15/10, 5/11/1920)
3. Anna acabou não fazendo isso, vide 136 SF, 137 SF.
4. Vide 132 AF, nota 8.
5. Wilhelm Wertheim era dono de vários terrenos em Dahlem (vide nota 1 de 132 AF) um deles com "17.291 m², o que para a época era uma área imensa. Ali ficava a mansão projetada por Messel com anexos, como casa do cozinheiro, casa do jardineiro e estufas. [...] Era chamado também de castelo". Com a perseguição aos judeus pelos nazistas, a propriedade inteira foi confiscada. A fundação cultural para teatro e dança criada por Goebbels – *Stiftung für Bühnenschaffende, Deutsche Tanzschule und Deutsche Tanzbühne* – "adquiriu" a mansão Messel-Villa em 1938/39 para fins "culturais". Hoje, a casa já não existe mais. (Ladwig-Winters, p. 410 *et seq.*, 417-419 e informação oral.)
6. Vide nota 6 de 36 AF.
7. Feriado religioso da igreja evangélica.
8. Ver nota 2 de 28 SF.
9. O apartamento da irmã de Freud, Marie, ficava na Bamberger Strasse 5, Berlim-W. (Cartão-postal de Freud de 14/9/1912 de San Cristoforo para Marie Freud, LoC SF, Cont. 1 (agora Freud 2004d).)
10. Ver nota 5 de 128 SF.
11. Alusão a um dito infantil de Anna referente a um aniversário de tia Minna: "Costuma ser um pouco boazinha em aniversários". (Freud, 1985c, carta 202, 27/6/1899, p. 391.)
12. Elsa Harmening, nascida Barckmann, casada "Z." (1911-1993), filha adotiva do casal Wertheim, que não teve filhos. (Ladwig-Winters, p. 407 *et seq.*; outros detalhes sobre Elsa (contendo uma fotografia "Wilhelm e Martha Wertheim com Elsa e outros diante da estufa", p. 409) em *ibid.*, p. 189, 292, notas 613 e 614, p. 295, 408-416, 420.)

136 SF[1]

[3/12/1920]

Para o aniversário 1920
papai

---

1. A inscrição em letras latinas está num envelope que deve ter sido preparado para o caso de Anna já estar de volta à casa no dia do seu aniversário. Ver 137 SF.

137 SF

PROF. Dr. FREUD

6 dez 20.
VIENA, IX. BERGGASSE 19.

Minha querida Anna:

    Então preciso te escrever mesmo mais uma vez! Naturalmente entendeste que a falta de cartas nossas pelo teu aniversário deveu-se à nossa incerteza sobre a data da tua volta.

    Tens razão, não se pode adiar um aniversário. Os presentes o permitem, as afeições não. Por ti eu vejo agora como estou velho, pois tens a idade da psicanálise. Ambos me trouxeram preocupações, mas no fundo espero mais alegrias de ti do que dela. Decerto me prometerás não me torturar nove horas por dia.

    É claro que ainda não entendi algumas das tuas insinuações.[1] O fato de teres podido manter e aprofundar todas as relações é bom e te dignifica. Certamente não tiveste dificuldades com isso.

    Agora, algumas novidades. A mamãe e a Käthe Brasch[2] foram encantadoras e rapidamente conquistaram um lugar na platéia na reunião dos parentes. Käthe assumiu a tarefa de te mandar dizer que não nos opomos, caso queiras passar mais algumas semanas com a senhora Mirra em Merano. Ganharás tanto dinheiro de aniversário que será fácil custear isso.[3] A condição seria que ela não tivesse outra companhia lá. Espero que tenhas tempo de decidir e que, então, possas viajar com ela diretamente.[4] Hoje cedo recebi um telegrama[5] anunciando a chegada do Ernst e da Lux para amanhã, cedo ou à noite. Os Brasch ficaram desolados, porque já compraram os bilhetes. O quarto do Ernst já foi arrumado.

    Pelo que depreendo da carta circular[6], o Eitingon deve ter te contado que eu recusei um convite para passar seis meses em Nova York.[7] A única tentação era viajar com ele (?) e passar a metade do tempo com ele.[8] Fora isso, eu me irritei com a mesquinharia da proposta, que veio de Edward, naturalmente com o melhor dos propósitos. #[9] dez mil de garantia, dos quais, porém, gastarei cinco mil com a viagem, mas tenho também a liberdade de ganhar mais com mais sofrimento, se eu agüentar. Não venhas me dizer que os cinco mil que estou trazendo são 2,5 milhões de coroas. Os impostos aqui e aí ainda vão tirar tanto que não sobrará mais do que eu poderia ganhar em Viena com tranqüilidade. Um milhão de coroas, na verdade, não é nada. Em realidade, são apenas # dois mil. Em outros tempos, nenhum americano teria ousado me propor algo assim.[10] Eles já estão contando com o nosso Dalles[11] e querem nos comprar bem barato.

    Receba lembranças bem carinhosas e escreve sobre as chances de um reencontro[12]!

papai

1. Parece estar faltando uma carta de Anna.
2. A sogra de Ernst, Elise Brasch, nascida Belgard, e sua filha Käthe. (Envelope, FM Londres; correspondência Ernst e Lucie Freud, Exeter, Box X 503.) Os Brasch haviam interrompido a viagem de volta de Roma para Berlim a fim de visitar os Freud em Viena. (Freud para Max Halberstadt, 5/12/1920.)
3. Vide 136 SF.
4. Acabou não acontecendo, pois o próprio Eitingon acompanhou sua mulher. O seu plano original era visitar parentes em Nova York enquanto ela estivesse em tratamento, mas não recebeu o visto. (Freud/Eitingon, 190 E, 191 F.)
5. Erro de ortografia no original.
6. *Circulares 1*, 5/12/1920/W, p. 198.
7. "Não aceita", telegrafou Freud ao seu sobrinho Eward, justificando sua recusa, em detalhes, em uma carta posterior. O convite havia sido formulado pelo redator-chefe e editor do *Dial*, Scofield Thayer – talvez com segundas intenções, pois no ano seguinte o próprio Thayer (intermediado por Edward) veio como paciente para Viena. (Bernays, 1967, p. 186-191, 193.)
8. Ver Freud/Eitingon, 190 E.
9. Vide nota 9 de 107 SF.
10. "A proposta americana mostrou, pela sua mesquinhez, como são ocas todas as reiterações de popularidade, estima e coisas do gênero", foi o comentário de Freud para Ferenczi sobre o episódio. (Freud/Ferenczi III/1, 860 F, 25/12/1920, p. 92.)
11. Em iídiche: pobreza, miséria.
12. Em 13/12 Anna voltou para casa, vide nota 2 de 124 SF.

1921

138 SF

                                                            29/6/21

PROF. Dr. FREUD   VIENA, IX. BERGGASSE 19.

Minha querida Anna:

    Mando-te a última carta do Oli[1], que chegou no dia 25, e pretendo escrever-lhe ainda hoje.

    Teus relatos, cartas e telegramas[2] naturalmente nos interessaram muitíssimo. Continuamos esperando boas notícias, também do teu querido Heu.[3] Seria ótimo se essas duas pobres criaturas pudessem se sentir bem em Aussee. Manda lembranças cordiais para o Max, dizendo-lhe que em breve poderei mandar charutos, também que, no início de agosto, estarão esperando por ele nove mil marcos da editora e 1.300 de Frankfurt.[4]

    Naturalmente queres notícias daqui. Bem, os pacientes estão firmes e fortes até a noite de 14 de julho.[5] Representei com sucesso as tuas reivindicações junto à editora.[6] Receberás uma edição do *Journal* (IV) em Aussee, se quiseres. Prometeram-me mandar a *Psicologia das massas* antes da minha partida.[7] Heller parece estar se rendendo e quer nos vender tudo o que se relaciona com análise.[8] Rank tem novidades inglesas[8a], ainda terei duas reuniões com ele.

    Em casa está tudo sendo bravamente demolido, desde ontem o teu antigo quarto está sendo revestido com novo papel de parede.[9] Desde que Marianne saiu, a dinastia Fanny, avó e neta, administrou tudo bravamente, mas ontem chegou um telegrama de M., que não sabe se pode voltar. Lucie, hóspede querida, esteve aqui diversas vezes, hoje mais uma vez para se despedir.[10] Domingo fizemos até um passeio da Beethovengang, subindo a Kahlenbergstrasse e, na descida, encontramos Martin, com quem fomos tomar alguma coisa. Só vimos a estátua de Strauss à noite; bronze não é um bom tecido para calças.[11] Um sorvete custa cinqüenta coroas. O Ernst escreve que já está construindo duas casas, considera-se um arquiteto muito ocupado[12], entregou sua correspondência à mulher, que a resolve como se fosse a sua própria.

    Os primeiros duzentos charutos de Lampl chegaram via legação, parece que o resto seguirá nas próximas semanas, Figdor[13] tem sido um fiel fornecedor.

    Hoje chegou a notícia sobre o triste fim dos nossos parentes em Odessa[14]. Jascha[15] morreu há um ano e meio de tifo, Anna Deiches (a irmã mais velha[16]) conseguiu chegar a Cracóvia com uma neta de nove anos. O conde russo, genro dele[17], também faleceu. Como vês, uma seqüência de novidades.

    Mamãe exige que não comemoremos seu aniversário e que eu não vá para Aussee no dia 26.[18] Lamento por causa do Ernsti, mas como preciso de três dias para esta excursão, dos quais apenas passaria metade de um dia de vocês, deverei ceder a ela. Festejaremos o aniversário aqui e já adquirimos um sobretudo de lã, realmente é muito bonito (dez mil coroas). Ainda estamos à procura de uma poltrona confortável.

Às vezes, o tempo fica abafado, e até mesmo aquele joguinho de adivinhação inglês[19] enquanto se bate nos tapetes para tirar a poeira ("a carpet is being beaten"[20]) se torna uma árdua missão. Mas até isso vai passar.

Agora desejo a ti e aos teus dois homens uma bela temporada e te mando lembranças carinhosas

papai

---

1. "Do Oli, recebo cartas insatisfeitas. Parece que ele não consegue se acostumar à falta de confiabilidade na Romênia." (Freud/Eitingon, 212 F, 3/7/1921, p. 257; ver tb. 211 E, 217 E.) Ver P.S. de 125 SF, nota 21; tb. 141 AF. Pouco depois, Oliver voltou e, "a partir de agosto, já estava novamente em Berlim". (Freud/Eitingon, nota 4 de 210 F; 216 F.)
2. Não se conservaram nem cartas nem telegramas. Anna estava passando as férias de verão com Max e seu filho mais velho, Ernstl, em Altaussee na pensão da sua cunhada Marie Rischawy (ver 139 F, 143 SF), para onde Martha seguiu em 17 de julho (ver 144 AF). (Sobre os planos para o verão daquele ano, ver, entre outros, Freud/Ferenczi III/1, 868 F, 876 F; bem como Freud/Jones, cartas 318-325.)
3. Alergia a pólen de Anna (vide 140 AF).
4. Freud sempre intermediava pedidos da editora para Max (vide nota 9 de 133 SF) e, fora isso, também lhe ajudava com remessas regulares de dinheiro, nesse caso com os honorários recebidos de um paciente de Frankfurt. (Freud para Max, 15/2/1920, e *ibid.*, *passim.*)
5. No dia seguinte, Freud partiu para Bad Gastein com Minna Bernays (vide 142 SF).
6. Sobre a vontade de Anna de traduzir, Freud escreveu o seguinte para Jones: "Acho que seria ótimo se você pudesse reservar algum trabalho nessa linha para Anna, que agora está com saúde excelente e ameaça voltar para a sua escola se não lhe dermos tarefas". (Freud/Jones, carta 327, 6/11/1921, p. 443.)
7. A promessa foi cumprida (vide 142 SF); a editora fez uma primeira edição de cinco mil exemplares. (Marinelli, p. 19; também p. 19-22, 27, outras indicações quantitativas sobre publicações e tiragens.)
8. Até a criação da editora, Heller ainda detinha direitos de publicação para literatura psicanalítica que caducavam à medida que eram feitas reedições. Além de livros, isso dizia respeito também aos ensaios publicados em *IZ* e *Imago*. A comercialização dos impressos também ainda era feita pela livraria Heller. (Marinelli, p. 12 *et seq.*, 16, 19; Zerfass e Huppke, p. 17 *et seq.* (nº 46).)
8a. Três colaboradoras leigas da *Brunswick Square Clinic*, London. (Schröter 1996, p. 1166; detalhes sobre essa policlínica *ibid.*, p. 1162-1167. Por esta indicação agradeço a Michael Schröter.)
9. Ver 126 SF, nota 16; 130 SF.
10. Lucy Wiener, que preparava a sua mudança para Berlim. (Freud/Sam, 25/7/1921; também Bernays 1967, p. 191.) Ver também 149 SF, 150 SF, 167 AF.
11. Memorial para Johann Strauss filho (1825-1899), que conquistou seu lugar na história da música como um famoso compositor de operetas e "rei da valsa"; feito em 1921 por Edmund Hellmer, no parque da cidade de Viena (*Wiener Stadtpark*) e mostra o compositor em bronze dourado com o violino diante de um arco de mármore com folhagens e casais flutuantes. (Czeike, 1999, p 197.)
12. Vide 164 AF, nota 4 e cabeçalho de 165 AF.

13. M. Figdor, membro da sociedade B'nai B'rith. Um cartão de felicitações de Martha e Sigmund Freud de 5/8/1938 para o casal M. e Melanie Figdor pelo casamento de seu filho Figdor leva a crer que as famílias mantinham relações de amizade já havia algum tempo. (LoC, SF, Cont. 25. Agradeço a Ernst Falzeder pela informação.)

14. Dois irmãos da mãe de Freud (com parentes) moravam em Odessa: "O tio predileto de Freud", Hermann (Herz) Nathansohn (1822-1895), e Nathan Nathansohn (ca. 1825-?). (Krüll, tabela 4, p. 312, nota 37.)

15. Pode ser Jakob [Jascha], um dos filhos de Hermann Nathansohn. (Krüll, *ibid.*) Fora o nome Jakob, não há ali outras informações. Ver no entanto uma menção a ele nas cartas de juventude de Mathilde Freud. (Gödde 2003, p. 64, 73, 282, 292, 301, 365.)

16. Anna Deiches, "irmã mais velha" de Jascha, era possivelmente uma entre "várias filhas" de Hermann Nathansohn; em Cracóvia vivia um primo dessas filhas (portanto, também de Freud), Heinrich Nathansohn (1858-?), advogado, era filho de outro irmão da mãe de Freud, Adolf Nathansohn (ca. 1830-1862), e que morreu em Viena. (Krüll, p. 312, nota 37.)

17. Não averiguado.

18. Dia 26 de julho foi o aniversário de sessenta anos de Martha, que ela passou em Altaussee; ver 142 SF, nota 6.

19. As horas de análise em língua inglesa.

20. Ver 170 AF, nota 6, 177 AF, nota 7.

139 AF

[Altaussee,] 4/VII/21.

Querido papai!

De uma hora para a outra, o Max decidiu ir visitar vocês por um dia, e eu, em vez de demovê-lo, incentivei-o nesse propósito, apesar do esforço da viagem. Acho que, neste momento, é mais importante para ele ter motivos de alegria e se divertir. Mas não fiquem com ele por muito tempo, para que ele possa continuar ganhando peso aqui.[1]

Já é possível afirmar com certeza que foi bom o plano de mandar os dois para cá. Acho que não será fácil nos separarmos de Ernstl no meio do verão e que ele deve ficar até setembro.[2] Talvez possas falar sobre isso com o Max.

Todas as noites, converso com o Ernstl e acho que ele está bem mais acessível do que eu esperava. Ele voltou a me contar suas histórias fantasiosas e, além disso, fala muito e com muito carinho da Sophie. Pelo que pude perceber, suas investigações o levaram a se perguntar o que o pai tem a ver com o nascimento do filho. No meio disso, há todas as incertezas sobre morrer e estar morto. Quanto se pode falar para ele nesta idade?

Ontem ele me contou um traço simpático da sua "história": Heinerle, que na vida real lhe parece pequeno demais, no entanto já está nessa sua vida há três anos e meio.

Agradeço a tua longa carta com todas as notícias boas e ruins. Gostaria de receber a revista, bem como a *Psicologia das massas*, depois de ela ser publicada. Hoje recebi duas mil coroas dos Hausmann[3] pelas aulas particulares.

Caso o Max não desista da ida a Gastein, será que te oporias a que eu fosse com ele?[4] Acho que a Edith[5] poderia me substituir por dois dias junto a Ernstl e a mamãe naturalmente já estaria aqui[6].

Espero que teus pacientes não estejam te torturando muito e que te divirtas com Max. Saúdo-te com carinho.

tua
Anna.

Das dez mil coroas dei quatro mil coroas para o Max, uma vez que ele queria comprar várias coisas aqui, para a viagem e despesas conjuntas gastei por enquanto cerca de quatro mil coroas, mas ainda tenho bastante dinheiro de reserva.

1. Depois de uma temporada de uma semana em Viena, Max voltou em 11/7 para Altaussee; ver 140 AF.
2. Vide 146 SF, nota 5.
3. Não foi averiguado.
4. Freud desaconselhou Anna da companhia de Max, o qual acabou desistindo dessa visita; vide 142 SF, 144 AF, nota de rodapé de Anna, ver tb. nota 1 de 73 SF.
5. Edith Rischawy.
6. Martha chegou em 17/7; vide 144 AF.

140 AF

Aussee, 10/VII/1921.

Querido papai!

Se, por acaso, tiveres um dispositivo que vai "comendo" as horas ou os dias, a estas alturas deve estar bem pequeno e esperançoso. Acredito ser essa a última carta que te escrevo daqui [para Viena] e espero que me anuncies tua boa chegada em Gastein. Caso ainda tenhas tempo em Viena para uma ida ao centro, o Ernstl e eu gostaríamos de te pedir algo: poderias nos mandar o [livro] *Hirzepinzchen*? Creio que ele se divertirá muito, embora ele mesmo já tenha deixado de ser um príncipe.[1]

O Max anunciou telegraficamente sua chegada para amanhã à noite, e eu estou curiosa por ouvir seus relatos. Esta semana de reclusão não foi nada ruim para Ernstl e para mim. Convivemos muito bem e de forma absolutamente harmoniosa, não entramos em conflito, e estou orgulhosa pelo fato de ele nunca ter chorado. Acho que temos sido injustos em muitos aspectos na sua avaliação. Seu caráter ainda não está formado, ele ainda não é independente nem inacessível. Apenas acho estranho quando, às vezes, ele é acometido por estranhos ataques de bobeira que se manifestam na forma de muitos trocadilhos e bobagens. O Oli, quando criança, também tinha isso às vezes.

Hoje, durante o passeio, ele me perguntou o que significa "partir" [*scheiden*, em alemão], daquela canção *Winter ade, Scheiden tut weh* [Adeus inverno, partir dói]. Eu explico e acrescento que partir nem sempre precisa ser doloroso, e pergunto se ele ficou triste ao partir de Hamburgo. Ao que ele ri e diz: "Oh, não." Pergunto, então, se ele ficará triste quando partir de Aussee. Ao que ele diz, preocupado: "Oh, sim", perguntando quanto tempo ainda ficará, começando a fazer contas e descobrindo, consternado, que agosto vem logo depois de julho. Tive de acalmá-lo e assegurar que a data de sua partida ainda não está definida. Seu apetite melhora, e ele desenvolveu até mesmo um certo gosto por creme chantilly e suflês à base de farinha de trigo. Ele briga pelo menos duas vezes por dia com Mariechen Blitz, o que significa no mínimo o mesmo número de reconciliações. Eles se tornaram inseparáveis, e eu estou ficando amiga da mãe.[2]

Hoje chegou Helene com os meninos[3], e eles representarão, espero, uma contribuição agradável para esta nossa temporada, que padece um pouco de solidão. O tempo está bonito, e a minha alergia a pólen, por ora, suportável.

Estou ansiosa por notícias.

Tua
Anna.

---

1. *Hirzepinzchen*, conto de fadas (em versos, com rimas irregulares) de Marie von Ebner-Eschenbach (1830-1916). O pequeno príncipe, que se comporta de forma vaidosa e arrogante como um grande senhor, passa por várias provas de vida até mudar de caráter e conseguir reconquistar o amor e a admiração da família e dos amigos.
2. Possivelmente, hóspedes da pensão de Marie Rischawy; ver "senhora Blitz" na carta 141 AF.
3. Helene Gebert com seus dois filhos Karl e Fritz (ver nota 2 de 72 SF).

141 AF

Aussee, 14/VII/1921

Querido papai!

Tudo de bom para a viagem de amanhã e boa chegada a Gastein! Tomara que o tempo se mantenha bom, fazendo com que te sintas tão bem quanto eu aqui.

Hoje, o Max e eu fomos até o Loser com a senhora Blitz e voltamos vivos e nem tão exaustos assim com flores típicas dos Alpes (Alpenrosen e Enzian). Fiquei muito feliz, pois faz anos que não subo uma montanha e descobri que não sou mais tão ruim para escalar quanto antigamente[1]. Isso se deve às "forças excedentes".[2] Deixei o Ernstl durante o dia com a Helene e a Edith, pois o Max queria muito fazer essa escalada, e nos últimos dias esteve de tão mau humor que eu não quis impedi-lo. O pequeno se comportou de maneira tão impecável que todos ficaram entusiasmados e se dispuseram a cuidar dele, caso fosse necessário.

Ele até fez a cama de manhã sem que ninguém lhe tivesse pedido. Aliás, ele está se tornando mais amoroso, vigoroso e animado a cada dia que passa, mudando visivelmente. Come pelo menos duas vezes o que comia no início da temporada. Anteontem, depois do jantar, continuou sentado à mesa depois de uma farta refeição e disse: "Acho que vai ter mais!" Só quem o viu comendo em Hamburgo compreende o valor disso. Gostaria de vê-lo engordando, mas naturalmente isso demora um pouco assim.

Helene Gebert sente-se bem aqui e é uma agradável companhia para mim.

Estamos felizes na expectativa da chegada da mamãe.[3] Recebi a carta muito interessante do Oli[4] hoje e te agradeço. Ele parece ter superado as conseqüências dos acontecimentos de Berlim[5].

Espero notícias tuas brevemente. Saúdo a ti e à tia cordialmente.

Tua
Anna.

1. Vide 114 AF, nota 7.
2. Alusão ao conto de Maurice de Guérin, *O centauro* (1840). Ernst presenteara Anna com o livrinho (traduzido por Rilke) e ela lhe escrevera: "Vês, se eu realmente sair da escola [...], eu o farei para também ter forças excedentes como o centauro. Sua mobilidade e sua liberdade e o fato de querer sempre sentir a vida são muito simpáticos. Às vezes, tenho medo de que a minha vida se passe inteira sem que eu perceba as coisas." (12/3/1920, FM Londres.) Ver Anna/Lou, carta 44, p. 74; carta 58, p. 101. Ver também nota 4 da carta 23 AF, nota 6 de 79 AF.
3. Vide 144 AF.
4. Ver 138 SF, nota 1.
5. A resistência de Henny Fuchs. Ela, no entanto, viria a se casar com ele dois anos depois; ver 192 SF, nota 8. (Anna/Lou, cartas 70, 91.)

142 SF

PROF. Dr. FREUD

Gastein 16/7/21
VIENA, IX. BERGGASSE 19.

Minha querida Anna:

Trata-se de uma mudança inacreditável de vida. Desde anteontem não proferi mais nem uma única palavra em inglês e hoje não fiz nada além de colher três ramos de orquídeas brancas[1] – a grama já está cortada –, e nem ganhei dinheiro algum. Supostamente, deveríamos ter feito a viagem com todo o conforto possível, mas o calor foi tão grande que nós dois ainda não vencemos aquela sensação física de termos sido cozinhados. Gastein estava maravilhosamente bonita ontem à noite e hoje, até as duas e meia, nossos quartos estavam prontos para nos receber, no final da tarde já estávamos em casa[2]. Há pouco caiu um temporal prolongado, já são cinco da tarde e continua trovejando e chovendo, provavelmente continuará chovendo durante toda a próxima semana. Mas isso também é bonito.

Escrevo-te hoje principalmente por duas razões. A primeira é a mamãe, que está bem mal, não pôde ser convencida a procurar um médico e não tem noção clara da gravidade de seu estado.[3] Espero muito que a tranqüilidade e a assistência na pensão R.[ischawy] lhe façam bem, mas peço que, na próxima oportunidade, mandes o dr. Jung[h] examiná-la e consigas fazer com que outra pessoa mais neutra, como Marie R.[ischawy], a senhora Zinner[4] ou até mesmo Max, a coloquem na posição de paciente. Nós não temos a menor influência sobre ela. Acredito que não seja outra coisa do que o seu velho problema intestinal, e medidas como massagem, banhos, etc., poderiam lhe fazer bem, além de uma dieta.

O segundo ponto é convencer-te a não acompanhar o Max até aqui.[5] A viagem de Aussee para Gastein leva um dia inteiro (na melhor das hipóteses) e, logo, mais um dia para voltar. Esse dia de viagem é uma tortura extraordinária, como pudemos notar observando todas as pessoas que não vieram de Viena com lugares marcados. Além disso, Gastein está superlotada (na nossa pensão, por exemplo, não sobra nem um quartinho sequer), e a perspectiva de mau tempo faz de cada visita uma insanidade. O Max precisa correr o risco, pode ser que não se dê bem, mas pelo menos ele não precisa voltar para Aussee. Como sabes, considerando o esforço da viagem, a mamãe abriu mão de que eu vá visitá-la no seu aniversário como eu teria gostado de fazer.[6] Espero que sejas compensada à altura por esta renúncia. Gastein também não vai fugir.[7]

No último dia ainda chegaram a *Psicologia das massas* [1921c], o *Além*[8], o seu Jones[9] e o Stärcke[10]. Aqui encontrei cartas de Varendonck[11] e sua tese francesa sobre a evolução da consciência[12]. Ele agora se tornou doutor pela Sorbonne, mas eu vou lhe escrever dizendo que seja menos irrequieto e menos curioso por novas descobertas.[13]

Não tenho trabalho nenhum e trouxe apenas dois livros (didáticos). Quero experimentar se é possível relaxar fazendo absolutamente nada, gozando um ócio manso. O ano que passou realmente não foi fácil e o próximo tampouco o será. Cartas, correções, etc., não contam como trabalho.[14]

A mamãe estará levando cem mil coroas, talvez um pouco menos. Não será suficiente para vocês. Por favor, informa-me *em tempo* quando estiverem enxergando o fundo do poço para que eu possa pedir a Martin que o reabasteça.

Naturalmente, a vida em Gastein não é barata, mas considerando a desvalorização da coroa, isso não surpreende. Uma refeição para uma pessoa custa 750 coroas, a tia diz que, na Alemanha, pagou quarenta[15] marcos. Fizemos nossa primeira refeição ainda com tempo lindo, embaixo de árvores com uma vista maravilhosa, próximo da pensão. Pagamos pelo carrinho de bagagem na estação ontem apenas trezentas coroas, a capacidade de locomoção da tia ainda é bastante modesta.

Agradeço muito por todas as notícias, principalmente sobre o menino, espero que continues "florescendo".

Manda lembranças minhas para o Max e que ele venha, se as condições não forem muito tristes.[16]

Carinhosamente
papai

1. Ver 95 SF e nota 9.
2. Quer dizer, eles voltaram a se instalar na Villa Wassing (ver 109 SF, nota 3) ficando ali até 14/8. (vide 150 SF).
3. "Os filhos gostavam de contar o episódio de como a mãe reagiu quando uma governanta propôs chamar o médico para ver um dos filhos dos Freud com febre alta. Ela gritava com a governanta: 'Como posso chamar o doutor se sequer sei ainda o que falta a esta criança?'." (Young-Bruehl I, p. 52.)
4. A senhora que, entre outras atribuições, administrava os empregados. Ela morava na casa vizinha, "em que também morava o irmão da senhora Rischawy, dr. Hollitscher". "Para todos e para nós, ela era Sra. Resi." (Por estas informações, agradeço à senhora Pepi Pucher, dona da casa vizinha, Puchen 173, 24/6 e 8/7/2002.)
5. Ver 139 AF, nota 4.
6. Ver 138 SF, nota 18.
7. Ver nota 1 da carta 73 SF.
8. 1920g, segunda edição.
9. Tradução de Jones feita por Anna 1920a; ver nota 7 de 125 SF.
10. August Stärcke (1880-1954), médico psiquiatra e neurologista holandês, médico do hospital da Fundação Willem-Arntz em Den Holder, perto de Utrecht. Ele não praticava análise, mas trabalhava cientificamente com esta técnica e a introduziu entre os médicos holandeses. Entre outros, traduziu em 1916 o livro *Psicopatologia da vida cotidiana* (1901b), de Freud, para o holandês. De 1911 a 1917 foi membro da Sociedade Psicanalítica Vienense, em seguida da Associação Psicanalítica Holandesa, que ajudou a criar. Em relação ao ensaio mencionado por Freud, *Psicanálise e psiquiatria* (1921), recebeu um prêmio para trabalhos psicanalíticos especialmente valiosos (Freud, 1921d). (*Protokolle III*, p. XVI; Spanjaard.)
11. Julien (ou: Julian/Juliaan) Honoré Marie Varendonck (1879-1924), professor primário, depois filósofo com três doutorados, pioneiro da psicanálise na Bélgica, onde, entre outros, fundou um "Cabinet de Psychanalyse" para o tratamento de crianças anormais e adultos neuróticos. Ele era membro extraordinário da Nederlandsche Vereeniging voor Psycho-Analyse. Em 1922, participou como palestrante do VII Congresso Psicanalítico Internacional em Berlim. Morreu durante uma operação banal. (*IZ*, v. 8, 1922, p. 112, e ata do congresso *ibid.*, p. 488-491 com palestra detalhada; *IZ*, v. 10, 1924, p. 429; Federn, p. 1924; *The National Union Catalog*, v. 630, p. 95.)
12. *L'Évolution des Facultés Conscientes* (1921a). O livro tem como epígrafe uma citação de Henri Bergson dizendo que a descoberta do inconsciente seria a principal tarefa do século que se iniciava. (Agradeço esta informação a Stéphane Michaud, Paris.)
13. Eduard Hitschmann apresentara um ensaio anterior de Varendonck (1908) já em 1909 no Grupo de Viena (*Atas II*, p. 134, nota 13.) Em 1920, Freud apresentara a pesquisa ainda inédita de Varendonck *The Psychology of Day-Dreams* (1921b) no seu ensaio "Ergänzungen zur Traumlehre" (Freud 1920*f*) no Congresso de Haia. Mais tarde, Anna traduziu o livro – com a indicação "tradução autorizada de Anna Freud" – sob o título de *Über das vorbewusste phantasierende Denken*

(1922) (Ver 161 SF). Para a edição original, Freud escrevera uma introdução em inglês (1921b), cuja primeira parte Anna utilizou como introdução na versão alemã (provavelmente, em tradução feita pelo próprio Freud).

14. Portanto, Freud também não computou como "trabalho" a redação de uma palestra sobre o tema "Psicanálise e telepatia" que ele fez em setembro para os membros do comitê durante uma viagem à região do Harz, na Alemanha central (ver nota 2 de 153 AF). A data do texto (publicado postumamente e de forma abreviada) e uma breve menção (1941d, p. 26 e 41) revelam que ele foi gestado naquela temporada em Gastein. (Também Freud/Eitingon, 212 F). (Para confirmar a época em que surgiu este texto, como também uma comparação detalhada da versão publicada com a manuscrita, ver Grubrich-Simitis, 1993, p. 259-275; como também Strachey, 1955.)

15. O zero (numeral no original) não é totalmente legível; poderia ser um nove.

16. Ver nota 4 de 139 AF.

143 SF[1]
Srta. Anna Freud
Alt-Aussee
Steiermark
Pensão Rischawy

Gastein
18/7/21.
[Carimbo postal: 19/VII]

Minha querida Anna:

Não te esqueças de mandar por Max a minha mochila pequena e uma outra de tamanho médio, a encomenda deve ser paga pelo destinatário. A mamãe não colocou nenhuma mochila na minha bagagem, e aqui não encontro para comprar.

Telegrama recebido com alegria.[2]

Tempo bonito, calor, temporal.

Calorosamente papai

1. Cartão-postal.
2. Este telegrama não se conservou, provavelmente trazia a informação da chegada de Martha em Altaussee (ver 144 AF).

144 AF

Altaussee, 18 de julho 21

Meu querido papai! Vejo que a mamãe te escreveu uma carta de oito páginas e que estás bem informado sobre todos os detalhes de sua partida, viagem e chegada. Ela chegou com uma grave enxaqueca e seu aspecto era ruim, mas hoje já está muito melhor do que eu esperava depois daquilo. A senhora Zinner prometeu cuidar com especial atenção da dieta da mamãe e de fazê-la engordar, e parece entender bem daquilo. Decidimos informar o dr. Jung[h] caso as coisas se repitam mesmo assim. Em todos os casos, por enquanto mamãe ficará repousando na poltrona; ela parece ter feito esforços desmedidos durante os últimos dias em Viena[1]. Por falar nisso, o dr. Maxim. Steiner[2] está aqui no Seehotel. Deveríamos pedir a ele eventualmente que olhe a mamãe, ou será que ele não entende nada disso?

Max resolveu hoje não mais viajar para Gastein.* Depois da última viagem de Semmering para cá, ele teme os sofrimentos austríacos de viagem e tem medo de perder o pouco de repouso que ele adquiriu aqui. Além disso, conta em ver-te em Hamburgo, e teme que em Gastein, principalmente com mau tempo, a convivência não seja relaxante.[3] Assim sendo, partirá daqui para Frankfurt na quinta-feira [21/7]. Não acredito que ele tenha repousado como eu o desejaria, e seu ânimo é ruim e deprimido, talvez mais do que foi possível notar em Viena[4]. Isso também me deprimiu, pois o meu próprio ânimo mal basta para uma pessoa, raramente para duas. Durante apenas dois dias tivemos a visita do dr. Rosenthal[5] de Hamburgo, que numa excursão para Dachstein passou por Aussee, e isso reanimou Max visivelmente, mas apenas pela duração da sua estadia.

Agradeço a tua bela e detalhada carta do dia 16. O temporal durante o qual ela foi escrita não pode ter sido pior do que aquele que acompanhou a chegada dela aqui. Só com muito esforço foi possível pôr a todos e aos pertences a salvo das massas de água que inundaram o meu balcão. Mas o refresco foi mais do que necessário para nós, estava ficando difícil respirar nesses últimos dias.

Também te agradeço pelo meu exemplar da *Psicologia das massas*, que eu recebi com alegria. Por outro lado, nem com toda a boa vontade consigo ter sentimentos carinhosos pelo livro de Jones.[6] Recebi notícias diretamente do dr. Varendonck e fiquei contente com os seus êxitos.

Os dois assuntos da tua carta já estão resolvidos. Cuidarei da melhor forma que puder da mamãe e te manterei sempre informado. Mas agora eu também tenho uma "questão" a resolver contigo, um assunto que anda me preocupando muito ultimamente. Trata-se do Ernstl. A proximidade da partida de Max obviamente levou ao assunto da volta do Ernstl. Ele quer muito saber quando e como ela vai acontecer. Nós ainda não definimos nada, mas eu conversei detalhadamente com ele, sei como ele se sente e nada do que eu te escrevo hoje contraria os seus desejos.

Já terás adivinhado que mal consigo imaginar me separar do Ernstl dentro de tão pouco tempo, meados de agosto, e sinto o grande desejo de mantê-lo junto de mim o máximo que for possível. Depois de pouco tempo aqui ele ficou tão mais alegre e livre em seu ser e se sente tão visivelmente bem que seria uma lásti-

---

* eu já tinha há muito tempo abandonado a idéia de acompanhá-lo eventualmente. (Nota da autora da carta.)

ma mandá-lo de volta para os velhos padrões. Estamos nos acostumando muito um ao outro, e isso, a longo prazo, só pode ser bom. Ele mesmo está bastante preocupado com a idéia de que precisará partir daqui. Hoje, antes de adormecer, sem que eu lhe tivesse dito qualquer coisa nos últimos dias, ele falou: "Quando escreveres ao vovô, deixa a carta aberta, quero escrever-lhe e pedir para ficar mais aqui". Não sei se ele realizará essa intenção, mas ela existe. Anteontem alguém me perguntou quanto tempo ficaremos em Aussee e eu disse, sem atentar para ele, "até meados de agosto". No que ele puxa a minha roupa, dizendo: "Tu não ias escrever para a senhorita Lehmann[7] para perguntar se ela autoriza que eu fique mais tempo aqui?" E não é apenas a alegria das férias, pois ontem ele disse: "Aqui é tão lindo, e se a escola fosse aqui e as crianças e senhorita Jacob e Heinerle, poderíamos ficar aqui para sempre". Estou pensando se não seria possível levá-lo para ficar conosco em Viena por meio ano, talvez até a Páscoa, e também quero te dizer o que me leva a pensar isso. Aqui tive muitas oportunidades de observar a relação entre o Max e o Ernstl. O Max se esforça para ser muito gentil[8] com ele e volta e meia acerta. De forma geral, no entanto, ele não o suporta[9] mais do que dez minutos, ficando tão impaciente que ambos perdem as estribeiras. Obviamente, nesses momentos o Ernst se torna chato. Tive de me esforçar muito para separar os dois, pois o Max só pode se recuperar um pouco se o menino não estiver em sua volta, e Ernstl só pode viver um pouco mais se Max não estiver por perto. Não imaginei que fosse tão grave, mas a tia pode confirmar que não estou exagerando. No entanto, o Max está se esforçando ao máximo, e não se pode repreendê-lo, ele está muito infeliz e não consegue ser diferente. Mas tudo isso apenas mostra que, em Hamburgo, o Ernst está nas mãos da senhorita Jacob, cujas limitações enquanto educadora nós já conhecemos. Acresce que ele não é uma criança qualquer, é extraordinariamente sensível e carente e, pelo menos agora, muito manso para um menino, sempre pronto a se sentir relegado. Acho que muitas de suas qualidades – como sempre disseste – podem ser explicadas pela sua trajetória de vida específica, e a morte de Sophie tem um importante papel nisso.

Escrevo tudo isso hoje porque entendi, através da mamãe, que vocês pretendem mandá-lo de volta com Helene[10] a Gebert[11]. A única vantagem seria que outra pessoa – não nós – assumiria os esforços da viagem de volta, mas para Helene – mesmo que ela o fizesse de bom grado – significaria um esforço e tanto. No entanto, isso não anula as muitas desvantagens para o Ernst. Acho que deveríamos ficar com ele durante o verão, depois disso ou a mamãe ou eu poderíamos levá-lo para Hamburgo em tua companhia[12] ou, melhor ainda, levá-lo para Viena, de onde então eu o levaria para a Alemanha no decorrer do ano. Alguns meses não fariam diferença para ele. Naturalmente, eu me responsabilizaria por tudo para que a mamãe não tenha trabalho. Aqui, afora eu, ninguém mais tem alguma coisa a ver com ele, e, se ele freqüentasse a escola, eu poderia continuar trabalhando como profissional autônoma e sair à noite. Não escrevo isso num momento emocional, e sim depois de muita reflexão. Eventuais diferenças entre o currículo escolar de Hamburgo e de Viena eu poderia resolver facilmente. Ele não geraria custos adicionais na casa, além disso, eu poderia elevá-lo à condição de co-proprietário das minhas cem libras.

Estou muito aliviada, porque agora sabes exatamente como penso sobre o assunto e espero que me escrevas logo a tua opinião a respeito. Sei que não tens tanta simpatia pelo Ernst quanto, por exemplo, pelo Heinzl, mas creio que o problema é que o conheces apenas superficialmente e que só se aprende a gostar mesmo dele depois de conhecê-lo mais. No fundo, é um pobre garoto que experimentou muita falta e a quem se pode ajudar para o futuro.

Continuo "florescendo" e aos poucos vou assumindo as cores de um negro do Congo. Minha alergia[13] aos poucos vai deixando o ringue, exausta, e o meu consumo de lenços voltou a níveis reduzidos. Peço desculpas pelas várias pequenas correções nesta carta. Ficou tarde desde que o Ernstl foi se deitar e acho que, dessa vez, realmente foram "a escuridão e a insegurança que me roubaram o relógio"[14].

Mando saudar a tia e devo escrever-lhe proximamente.

Com um beijo

tua
Anna

---

1. Escrito sobre uma palavra riscada.
2. Maximilian Steiner (1874-1942), médico dermatologista e urologista; desde 1907, membro da Sociedade Vienense das Quartas-Feiras; praticou e ensinou como psicanalista em Viena até emigrar para a Inglaterra em 1938, onde continuou sua atividade como analista. (Freud/Jones, carta 660, p.104.) Freud escrevera um prefácio (1913e) para o livro de Steiner, *Os distúrbios psíquicos da potência masculina*. Quando Freud, em 1923, adoeceu de câncer do palato, consultou-se, entre outros, com Steiner, que recomendou uma cirurgia. (*Protokolle I*, p. XXXVIII; Schur, p. 416f.; Mühlleitner, p. 318.)
3. Ver 139 AF, nota 4. Sobre o encontro em Hamburgo, ver nota 2 de 153 AF.
4. Quando Max esteve lá brevemente; ver 139 AF, nota 1.
5. Provavelmente o médico Felix Rosenthal (1885-1939/1952?), que discursou durante o enterro de Sophie. (Freud/Eitingon, 163 F.) Em 1930, tornou-se médico-chefe para medicina interior no Hospital Israelita (e, temporariamente, diretor médico de toda a instituição em Hamburgo), até sua emigração para Londres em 1938, onde morreu no ano seguinte. (Lindemann 1981, p. 65, 94, e 1997, p. 68, 71, 74. Agradeço pela informação a Angelika Voss, do Instituto de Pesquisas de História Contemporânea de Hamburgo; assim como a Christiane Adam, da biblioteca da Associação Médica de Hamburgo. Ver também Fischer, 1962.) Segundo uma lenda na galeria de quadros do Hospital Israelita de Hamburgo, o dr. Rosenthal teria morrido em 1952 (Informação de H. Jepsen (*Israelitisches Krankenhaus*, Hamburg).)
6. Anna parece ter sofrido muito com essa tradução, ver a este respeito duas cartas de Freud para Jones: "Dessa vez, Anna não é responsável, ela ainda não encontrou um bom estilo para certos

assuntos áridos, como ela possivelmente desenvolverá mais tarde". E algumas semanas mais tarde (com uma certa justificativa): "Sua tradução terminou, não ficou mal, embora pudesse estar melhor, não está igual aos cuidados que você despende com os meus ensaios. Se o assunto fosse mais fascinante, poderia ter desafiado o tradutor habilidoso a se esforçar mais." (Freud/Jones, cartas 299, 7/2/1921, p. 409; 304, 18/3/1921, p. 416.) Talvez seja esse o motivo pelo qual o nome de Anna não consta da folha de rosto (diferentemente do que ocorreu com Varendonck)? Ver nota 7 de 125 SF. No entanto, uma observação de Freud em sua carta para Jones de 2/10/1921 – "A minha filha ficou muito lisonjeada e agradecida com o seu presente" – poderia se referir a um presente de Jones em agradecimento pelos esforços de Anna (Freud/Jones, carta 325, p. 440.)

7. Não foi possível averiguar, provavelmente a professora de Ernstl.
8. Palavra riscada e corrigida no original.
9. Palavra riscada no original.
10. Palavra riscada no original.
11. Ela estava em Altaussee desde 10/7, ver 140 AF, nota 3.
12. Palavra riscada no original.
13. Palavra corrigida no original.
14. Alusão a uma parábola de Freud para confirmar sua tese de que condições físicas podem favorecer atos falhos, mas não os geram: "Vamos supor que eu estivesse caminhando no escuro, à noite, num local solitário, sendo assaltado por um vagabundo que me rouba o relógio e a carteira e, por não ter visto o rosto do ladrão, fosse dar queixa na próxima delegacia de polícia nos seguintes termos: a solidão e a escuridão acabam de me roubar as minhas preciosidades [...]". (Palestras (1916-17*a*), *S.A.*, v. I, p. 67 *et seq.*; a mesma parábola, em outros termos, já em 1907 (como acréscimo) de *Vida cotidiana* (1901b), *G.W.*, v. IV, p. 27 *et seq.*)

145 AF

[Altaussee,] 20/VII/21

Querido papai!

Amanhã, ao meio-dia, quando Max partir para Ischl, eu o acompanharei, farei uma visita à vovó e voltarei à noite. Ernst tem tanta companhia infantil que nem sentirá a minha falta durante o dia. A mamãe se recuperou surpreendentemente bem neste curto espaço de tempo, está com aspecto bem melhor e, por enquanto, seu intestino lhe deu uma trégua. Ontem, o dr. Steiner nos visitou inesperadamente e se interessou bastante pelo seu estado de saúde. A senhora Zinner está cuidando muito bem de sua dieta.

Afora isso, nenhuma novidade, exceto uma carta da Mathilde, que já se recuperou.

Com cordiais saudações.

A tua
Anna.

146 SF

PROF. Dr. FREUD

BG. [Bad Gastein,] 22/7/21.
VIENA, IX. BERGGASSE 19.

Minha querida Anna:
    Logo depois de ler a carta em que defendes tão bravamente as tuas idéias, tive a certeza de que elas não podem se realizar. Os primeiros motivos contrários que me ocorrem são, em termos afetivos, os mais óbvios, embora não os mais fortes. Estes surgiram mais tarde, em conversa com a tia, mas com certeza estiveram presentes desde o início.
    Sabes muito bem que nutro um especial afeto pelo Heinele. A primeira coisa que me ocorreu foi que não se deve fazer isto com ele, ou seja, separar as crianças durante meio ano, o que é um tempo longo para os dois, para evitar que sejam criados como dois filhos únicos. A convivência é a única coisa que lhes resta.[1] Logo em seguida, fui mais justo com o Ernsti, ao imaginar que ele não terá nenhum proveito convivendo com três pessoas mais velhas, com exceção de ti[2], que esta interrupção apenas o arrancaria de suas condições atuais, e que ele será muito mais infeliz quando voltar. E, a partir daí, encontrei o argumento decisivo: a consideração com a mamãe, que vai fazer sessenta anos, que trabalhou tanto durante a vida e agora deveria ser poupada. Tu sabes como ela resiste quase que instintivamente a qualquer pessoa nova à mesa, ainda que seja um hóspede apenas por um dia, e essa é apenas a expressão do seu cansaço e da sua fragilidade. Uma criança de sete anos seria uma nova missão difícil para ela; ainda que tu pretendas dedicar-te exclusivamente a ele, é impensável que a presença, a educação, talvez as doenças dele não acabassem envolvendo também a mamãe. Se fosse absolutamente imprescindível, ela com certeza aceitaria. É triste pensar sobre isso, mas enquanto não se tratar de uma necessidade para a criança, e sim de uma benesse duvidosa, a consideração pela avó continua um obstáculo que não pode ser vencido.[3] Acho que devemos abandonar a idéia.[4] Trazê-lo conosco para Seefeld[5] e depois levá-lo de volta obviamente não é nenhum problema.[6] Apenas terias de escrever em tempo para a pensão, a fim de fazer uma reserva para ele.
    Eu teria te respondido dois dias antes, mas estava – literalmente – muito preguiçoso com o calor abafado desses dias. Somente hoje à tarde o nosso bom ar de Gastein voltou a ficar respirável. Fora isso estamos muito bem, como podem depreender das cartas da tia. Há pouco chegaram as duas mochilas[7], pelas quais te agradeço de coração. Da editora ou de Rank, nenhuma notícia, nenhuma remessa.
    Lembranças carinhosas

papai

1. No ano seguinte, as crianças acabaram, no entanto, sendo separadas. Como Heinerle era uma criança especialmente frágil, Mathilde e Robert o levaram para sua casa em setembro "para passar pelo menos um ano" (ver nota 7 de 188 AF, 189, nota 4). (Freud, 1985d, 14/11/1922, p. 290; Freud para Kata e Lajos Lévy, 11/6/1923, in: 1960a, p. 361 *et seq.*; Martha e Minna para Freud, in: Freud/Bernays, carta 181.) Em Viena, ele se recuperou e em pouco tempo "já engordou três quilos". (Anna/Lou, carta 61, 3/12/1922, p. 110, bem como cartas 46, 71 e outras.; Freud/Ferenczi III/1, 917 F.) A felicidade não durou muito, pois menos de um ano depois, Heinerle sucumbiu a uma meningite; ver 195 SF, nota 2. (Ver Gödde 2003, p. 173-175.)
2. Erro de declinação no original alemão.
3. Para Max, Freud escreveu sobre isso em 6/8/1921: "Adoraria poder concordar com o plano de vocês de virem até Viena [...] Mas a consideração por você, Heinz e principalmente a vovó, que precisa ser poupada, são argumentos contrários a essa decisão. Acho que, mesmo que ainda suportes com dificuldade as crianças, a sua ausência – e Ernsti está em primeiro lugar – seria ainda mais difícil para você."
4. Só depois de mudanças radicais no status doméstico de Max (vide nota 7 de 162 AF) – essa idéia voltou à tona. Foi então que Anna conseguiu realizar o seu sonho e o de Ernstl: em 1928, ele foi morar na casa de Eva Rosenfeld passou a freqüentar a escola de Hietzing. Os Burlingham significaram, para ele, "irmãos" novos, uma "segunda família", à qual ele se ligou. Ver 211 SF, nota 4 (Freud, W.E. 1987, p. 200 *et seq.*, 208-210; Freud para Max, 23/8/1927-1/9/1929; Freud/Sam, 6/12/1928; Anna/Eva, B 6, nota 5; Heller, p. 76; Young-Bruehl I, p. 196.) Em 1931, ele passou para a escola rural de vanguarda Insel Scharfenberg (no lago de Tegel). Depois da ascensão dos nazistas ao poder, em 1933, voltou para Viena, onde prestou exame final da escola em 1935. (Freud, W.E. 1988, p. 14-6; Freud/Ferenczi III/2, 1244 F, 2/4/1933; Molnar 1996, p. 166 *et seq.*, 181, 254, 330; Freud-Vorlesungen, p. 232.) Sobre sua emigração para a Inglaterra, vide texto intermediário depois de 295 SF e Freud, W.E. 1988, p. 14-16.
5. Seefeld foi a segunda opção para as férias conjuntas; ver nota 1 de 153 AF.
6. O próprio Freud levou Ernstl de volta para Hamburgo, vide nota 8 de 153 AF.
7. Vide 143 SF.

147 AF

Altaussee, 4/VIII/1921.

Meu querido papai!

Só mesmo o grande calor e alguns dias de indisposição são os culpados pelo fato de eu não ter te escrito durante tanto tempo. Eu me senti como se estivesse derretendo, ficava sempre deitada como um peixe fora d'água, sem conseguir fazer absolutamente nada. Hoje, depois que finalmente voltou a chover e refrescar, descobri, surpresa, que ainda sobrou alguma coisa de mim – aliás, bastante.

Não sei muito bem como responder à tua carta. Não vou negar que os motivos expostos por ti são corretos e sérios, eu tampouco os ignoraria. Trata-se de um caso que, mais do que outros, claramente tem dois lados. Temos opiniões divergentes porque tu levas mais em consideração as desvantagens da vinda do Ernstl para Viena e eu, as da sua casa em Hamburgo. Mas quando escrevi a minha primeira carta, eu já tinha decidido não tentar te convencer depois de ouvir a tua opinião. O que me consola é que, em Seefeld, pelo menos terás a oportunidade de conhecer melhor o Ernstl – e de gostar mais dele. Não quer dizer nada se a primeira impressão não for boa. Ele sempre fica tímido e deprimido e não causa uma impressão muito positiva, principalmente quando se sente observado por pessoas novas. Na verdade, no entanto, é tão encantador e correto que, se eu tivesse um filho, não poderia desejá-lo diferente ou melhor.[1] A Mathilde, que já não o via mais desde Hamburgo, também acha que ele mudou muito para melhor e está encantada com ele. Principalmente, desde que o Max partiu[2], ele deu um grande passo à frente.[3]

Até agora, as minhas conversas com ele tiveram bons resultados e esclareceram um traço inexplicável e pouco simpático dele. Certamente haverás de lembrar que a tia e eu sempre falávamos de seu enorme medo físico[4] e dos seus cuidados; de que, por exemplo, ele vive tendo medo de se resfriar, de ter dor de barriga, e de que o melhor jeito de impedir que ele faça arte é adverti-lo de que poderá ter problemas de saúde. Às vezes, isso parece até engraçado, em se tratando de uma criança, e alguém disse que ele se parece com algum parente de Hamburgo, acho que Julius Philipp[5]. Quando eu tentei descobrir por que ele tem medo de escuro, ele me contou, em outro contexto, que Sophie lhe disse que adoeceria gravemente caso brincasse com o seu membro. Pelo visto, isso já aconteceu há algum tempo. Achas que é uma explicação correta? Segundo ele, o medo começou em Schwerin durante um sonho, do qual eu ainda não entendi muita coisa.[6] Antes de adormecer, ele tenta se distrair com uma história recorrente, como acontecia comigo (e, aliás, também com Sophie), e insiste agora em contá-la em voz alta para mim, em vez de apenas imaginá-la. Dessa forma, aprendo muita coisa sobre ele, mas ainda não consegui descobrir o seu verdadeiro sentido, ou seja, quais são os seus pontos altos. Mas eu vejo pelo exemplo do Ernst como deve ser difícil saber mais sobre uma criança com a qual a gente não convive de manhã cedo até a noite.

Estou anexando uma carta do Max que recebi há dois dias. Ele parece estar novamente de péssimo humor e num clima muito ruim, e eu me culpo por tê-lo incentivado para essa viagem a Aussee, da qual ele levou tão pouca coisa positiva para casa.[7]

A mamãe, que andava se sentindo muito bem, está indisposta há dois dias. Outro dia, à tarde, estava com temperatura de 37,2 graus, sentindo-se mal, e no dia seguinte estava bem, mas sua aparência não é mais tão boa e a comida já não lhe apraz.

Agora, estou ocupada em analisar, pela primeira vez, um sonho por escrito, e está indo bem melhor do que eu imaginava. Hoje quero terminá-lo (sonhei e comecei ontem) e estou curiosa para saber o resultado.[8] O único problema é que é difícil encontrar um momento e um local em que se pode estar mais ou menos só e tranqüila nessa casa agitada.

Estou ansiosa por te rever e espero que também tenhas usufruído de temperaturas mais baixas e recuperação.

Com um beijo

tua
Anna.

1. Sobre a constante preocupação de Anna com Ernstl, ver p.ex. as correspondências Anna/Eva, Anna/Lou (como a carta 120, 17/8/1923 e outras).
2. Em 21/7; vide 144 AF.
3. Os julgamentos de Freud em Seefeld eram: "Escrevo principalmente sobre Ernstl, que me traz grande alegria, estou disposto a retirar as minhas preocupações anteriores [...], ele é um rapaz tão correto e razoável, e estamos nos dando muito bem. De maneira geral [...] ele se comporta de forma correta e gentil, é alegre, às vezes eufórico, obediente e não causa dificuldades. [...] Vês, portanto, que Ernstl não precisa se esconder atrás de Heinerle [...]". (Freud para Max, 20/8, 31/8/1921.)
4. Anna usa a palavra *Angstlichkeit*, um neologismo para designar "medo" (*Angst*). "Acho que é um objetivo lindo fazer uma criança ficar sem medo e sentindo-se bem com tudo", escreveu Anna, alguns anos mais tarde, para Lou Andreas-Salomé. (Anna/Lou, carta 305, 11/12/1927, p. 551.)
5. Provavelmente, um primo de Martha e Minna de Wandsbeck o qual, junto com seu irmão mais novo, Oscar (filhos de Elias Philipp, irmão da mãe de Martha e Minna, Emmeline), fundou uma firma Philipp na Inglaterra. (Molnar 1996, p. 289 *et seq*. Ver anexo de Albrecht Hirschmüller em Freud/Bernays e nota 11 de carta 115, *ibid.*) Ver também 158 AF, notas 3 e 4.
6. Vide 150 SF.
7. No início, Freud chegara a dizer: "Estamos felizes por termos conseguido te incentivar para essa viagem". (Freud para Max, 16/6/1921.)
8. Vide 151 AF, nota 3.

148 AF

[Altaussee,] 4/VIII/21.

Querido Papai!

Pouco antes de terminar esta carta de hoje, a mamãe me chamou para me mostrar a notícia recém-chegada do Ernst sobre o nascimento do pequeno Gabriel[1]. Assim, esqueci de anexar a carta do Max. Faço-o agora e aproveito para mandar outra, que chegou hoje, também endereçada para ti. É incompreensível que ele ainda esteja sem notícias nossas, obviamente eu já lhe escrevi para a sua chegada.

Cordialmente
Anna.

1. Stephan Gabriel, primeiro filho de Lucie e Ernst Freud, nascido em 31/7/1921 em Berlim. (Freud/Sam, 6/8/1921.) Depois de três netos, Freud queria muito uma neta. (Freud/Jones, cartas 306, 322.)

149 SF

PROF. Dr. FREUD

Gastein, 4 ago 21
VIENA, IX. BERGGASSE 19.

Minha querida Anna –

Por puro medo de não receber hoje nenhuma carta tua, tomo a iniciativa de te escrever primeiro. Ontem fez trinta graus dentro de casa e hoje, sete graus. Diante de mim se eleva um bolo com açúcar de confeiteiro[1] que, na minha memória, era verde. A primeira conseqüência dessa queda de temperatura apenas comparável com a coroa é um estado de não-adaptação. Tivemos dezoito dias maravilhosos, geralmente até quentes demais. Mal se realiza o desejo tórrido, já começa a saudade do passado. Espero que o tempo ainda mude uma vez até nos encontrarmos no dia 14 em Schwarzach-St. Veit.[2]

A tia escreve sobre todos os detalhes da nossa vida. Portanto, apenas quero te pedir que consigas da mamãe *o mais rápido possível* uma informação sobre as finanças de vocês[3]. Todo o resto será fácil de resolver.

Chegou a primeira tradução francesa[4] (das cinco conferências), Rank está escrevendo bravamente, a editora manda as correções. A desvalorização da moeda aumentou nossa fortuna em alguns milhões. Amanhã finalmente voltarei à floresta para investigar se Deus já fez nascer cogumelos; até agora, era impossível subir no mato.

O que me dizes sobre a criança berlinense? Sabem mais dela do que nós? Continuo temendo que ele possa se chamar Kurt Rolf Waldemar, um nome hebraico não me soaria tão terrível.[5]

Socialmente, Lucie[6], que é muito querida, domina a cena aqui. Decerto, vocês já tiveram notícias dos Emden[7], de Mr. Snyder[8], da Selma Kurz[9].

E agora, finalmente, quero notícias tuas. Lembranças carinhosas a todos e aproveita bastante

teu
papai

---

1. No original, *Kugelhopf*. Não existe uma montanha com este nome na região de Gastein. Mas a partir da Wassing vê-se a silhueta arredondada do Stubnerkogel, cuja parte superior, coberta apenas de grama com neve, pode lembrar um bolo com cobertura de açúcar de confeiteiro. (Agradeço a Laurenz Krisch, de Bad Gastein, por esta informação.)
2. A fim de seguirem juntos de Innsbruck para Seefeld. (Freud para Oscar Rie, 4/8/1921, in: 1960a, p. 352.) Vide também 150 SF, 153 AF, nota 1.
3. "Minha mãe era [...] bastante parcimoniosa com tudo o que não dizia respeito ao pai – um resquício dos tempos de juventude, quando passou necessidades. Sua postura em relação ao dinheiro tornou-se uma segunda natureza para ela [...]." (Freud, M. 1999, p 101, também p. 51.) Vide p. ex. 5 MF/SF, nota 6, 125 SF; ver também 151 AF (segundo parágrafo.), 177 AF, nota 5.
4. Freud usou a mesma formulação em uma carta do mesmo dia para Oscar Rie. (1960a, p. 352.) Ver nota 19 de 125 SF.

5. Freud deu a notícia do nascimento de Gabriel à sua mãe, Amalie, como felicitação pelo seu aniversário: "À querida mãe em nome do bisneto mais jovem, Gabriel Freud, nascido em 31/7/21, em Berlim, Sigm, 18 de agosto de 1921." (LoC SF, Cont. 2.)
6. "Lucy" Wiener, que antes passara uma temporada em Davos e agora estava morando em Berlim. (Freud/Sam, 21/1, 25/7/1921; Freud-Bernays, p. 174.) Ver 138 SF, nota 10.
7. "Van Emden também esteve aqui três vezes nos visitando, chegando de Salzburg, a última vez por dois dias com sua esposa. Assim, pudemos minimamente retribuir a hospitalidade do ano passado [no Congresso de Haia]." (Freud/Eitingon, 214 F, 12/8/1921, p. 259.)
8. Carl Snyder (1869-1946), economista americano e estatístico do Federal Reserve Bank. Adquirira sua erudição em grande parte como autodidata e também se ocupou com temas científicos (p. ex. Snyder 1907, 1917). (Pesquisas de Gerhard Fichtner, a quem agradeço por estes dados.) Ele pode ter visitado Freud em Gastein (Veja "oito pessoas" em 152 SF).
9. A soprano Selma Kurz (1874-1933), uma festejada cantora de ópera de Viena, que trabalhou de 1899 a 1929 na Ópera. Era casada com o prof. Josef Halban (que depois tratou de Marie Bonaparte; ver 238 SF, nota 3). Por razões de saúde, ela interrompeu uma turnê pelos Estados Unidos na primavera de 1921, seguindo para Bad Gastein para "um exame detalhado e tratamento antes do início da nova temporada". (Halban, p. 174 *et seq.*) A partir de 20/7, ficou hospedada com o seu marido no Hotel Áustria. (Lista de hóspedes de Badgastein, 1921, Nr. 89, registro 4848.)

150 SF

PROF. Dr. FREUD

Gastein 6/8/21.
VIENA, IX. BERGGASSE 19.

Minha querida Anna:

Enviei ontem a carta de Ernst por via expressa, hoje anexo a do Oli, seguindo o seu desejo[1], favor guardá-la, etc.!

Muito me alegrei com a tua carta, tanto por ti como também pelo Ernst (todavia, optaste por não incluir o Max). Acredito que achaste a razão correta, continua seguindo essa pista. O sonho com o qual ele deixa começar o seu medo, poderia ser um dos que Sophie registrou quando ele tinha três anos e cinco meses. Ele acordou muito transtornado e perguntou: "hoje à noite, o Papi estava com a sua cabeça sobre uma bacia. Por que a cabeça do Papi estava na bacia?" Sophie demorou muito para acalmá-lo. Um típico sonho de castração, transferido para o pai.[2] Faz uso disso.

É muito triste que o Heinele tenha tido o acidente, mas não vai haver conseqüências. Tu sabes que ele sofreu uma queda e quebrou a clavícula?

A tua carta não fala nada sobre o teu novo sobrinho.

Aqui continua tudo inacreditavelmente lindo, mas quente demais para mim e os cogumelos. Lucie domina a cena por aqui, suas crianças[3] chegam amanhã. A tia vai organizar tudo referente à viagem por carta. Penso em chegar em Innsbruck antes de vocês, no dia 14, e espero vocês na estação, depois de ter visitado os quartos. Desconheço os planos da Maus.[4]

Afetuosamente,

papai

1. Ver nota 1 de 138 SF.
2. Freud incluiu este sonho em 1919 na quinta edição de *A interpretação dos sonhos* (1900a, c. VI, E, exemplo 5 a) (*S.A.*, v. 2, p. 360, com a observação editorial, *ibid.*, p. 345.)
3. Frederick Bernays Wiener (1906-1996) e Walter Wiener (1907-2000). (Árvore genealógica Lange: *Freud Family, Genealogical Tree*, p. II; Tögel 2004a, p. 206.) "Minha segunda filha [Lucy] foi [em 1919] com o marido e filhos para a Alemanha, os rapazes foram enviados para a Suíça e lá aprenderam francês. O neto mais velho voltou novamente para a América em junho de 1920, pois queria cursar uma universidade americana", relata a irmã de Freud, Anna. (Freud-Bernays, A, p. 174.)
4. Ela também passou uns dias em Seefeld. (Freud para Max, 31/8/1921; Freud/Ferenczi III/1, 882 F, 887 Fer.) Vide também 153 AF.

151 AF

Altaussee, 7/VIII/21.

Meu querido papai!

Em anexo volto a te enviar uma carta de Max, infelizmente também desta vez não muito agradável. Dizem que uma clavícula fraturada (lê a carta de Max anterior à minha), tal como o Max relata sobre o Heinerle, não é algo muito perigoso ou doloroso e que sara rapidamente, mas eu desejaria ao pequeno uma recuperação sem problemas e acho que o Max não precisava ter mais essa preocupação. Por isso, fico contente que esteja tudo bem com o Ernst, mas fico com mais medo ainda quando ouço isso. Por mais que eu queira, não posso estar sempre junto dele, e é muito difícil evitar uma queda de uma criança.

Agradeço muito pela tua carta, que me trouxe grande alegria ontem. Ela se cruzou com a minha, pois as duas foram escritas no único dia frio. Há algum tempo venho pedindo à mamãe que se manifeste sobre a nossa situação patrimonial e, segundo ela, com resultado. Ela me presenteou com um belo avental folclórico e alguns xales antigos, a fim de melhorar minha aparência, o que provavelmente não foi inútil. Espero que tu também o admires, pois gostei muito dele.

Como um dia chuvoso é insuficiente para recuperar tudo o que perdemos em quinze dias ensolarados, acabei esquecendo de contar várias coisas na minha última carta. Primeiramente, sobre uma divertida fala do Ernst: ele insistiu em escrever, num cartão para a srta. Jacob (que ele chama de *Tante* – tia – Martha), *Tannte* com dois "n" e – como de hábito nessas questões – não acreditou que isso fosse errado. Finalmente, eu escandi as sílabas: *Tan-te*. Ao que ele disse, com jeito de entendido: "Certo, *Tante* tem somente um 'n', só Anna tem dois". Isto não é lisonjeiro para mim? Outro dia mamãe queria dar banho nele na minha ausência, para me fazer uma surpresa, mas ele não aceitou e depois me disse: "Sabe, eu pensei que seria muito esforço para uma senhora tão velhinha". A Math está surpresa como ele já caminha e sobe nas coisas e passa bastante tempo com ele.

Também esqueci de te contar que o Lampl já está aqui há alguns dias. Ele está bastante envolvido e feliz com o trabalho psicanalítico e elogia bastante o

Sachs.¹ Estou seguidamente com ele e estamos muito amigos, sendo que tenho tido oportunidade diariamente de confirmar nosso diagnóstico do ano passado sobre ele e ficar satisfeita por o termos julgado corretamente.²

Andei quebrando a cabeça com o sonho que te contei³. Consegui juntar mais de doze páginas de idéias e acho que já consegui entendê-lo um pouco mais. Se não me engano, ele retrocede até aquela cena original que me relataste. Agora, finalmente, também acredito em ti, que só se pode analisar sonhos sozinhos se o fizermos por escrito.

Ontem tive a primeira enxaqueca da minha vida, espero que também a última.

A Vera, que mora com os Vidor no mercado, às vezes passa por aqui durante o dia. Ela mudou muito pouco.

Lampl me contou, para minha surpresa, de uma policlínica vienense, da qual ainda não me tinhas falado.⁴ Infelizmente, as correções no Varendonck⁵ ainda não começaram. E quem é Mr. Snyder?

Fiquei feliz com a notícia do bebê de Berlim. Mas exige muito esforço acreditar em nascimentos e mortes quando não os vemos com os próprios olhos e sentimos suas conseqüências. Assim temos de aceitá-las à distância, sem poder contribuir com mais do que uma carta.

Para minha surpresa, recebi até uma carta da Margaretl; ela também se queixa do calor, mas afora isso elogia muito Seefeld.⁶ A hospedagem para Ernstl já foi confirmada pela clínica de tratamento.⁷

Daqui a uma semana já iremos nos encontrar. Com um beijo e lembranças à tia.

Tua
Anna.

---

1. Durante sua formação, ele morava em Berlim como analisando de Hanns Sachs, que trabalhou no Instituto de Psicanálise de 1920 até sua mudança para Boston em 1932 (vide nota 7 de 131 AF). (Sachs, p. 143; Mühlleitner, p. 199; 280.)

2. Lampl cortejava Anna, que o rejeitava como admirador, mas manteve com ele uma relação de amizade. Em 1925, casou-se com Jeanne De Groot. (Anna/Lou, cartas 148, 208, 209, 224-226, 228; Young-Bruehl I, p. 137 *et seq.*)

3. Em 147 AF (nota 8).

4. Já no verão de 1920 surgiu, no grupo vienense, o desejo de também fundar uma policlínica psicanalítica nos moldes da de Berlim. Freud era contra; ele acreditava que Viena "não se prestava para ser um centro". (Freud/Ferenczi III/1, 855 F, 31/10/1920, p. 86; antes já em Freud/Abraham, 4/7/1920, p. 294.) Entretanto, outros analistas vienenses (em especial Hitschmann, Federn, bem como Helene e Felix Deutsch) prosseguiram persistentemente com o plano, apesar da forte oposição da classe médica vienense. Em 22/5/1922 a clínica iniciou "discretamente" suas atividades (no prédio da emergência do setor de cardiologia, Pelikangasse, 18), sob direção de Eduard Hitschmann. (*IZ*, v. 8, 1922, p. 234; Deutsch, H. 1925, p. 522 *et seq.*; Hitschmann 1925, p. 521 *et seq.*, 1932; Jones III, p. 108 *et seq.*) Descrição detalhada (com base em cuidadoso estudo das fontes) com reprodução dos estatutos, regulamentos e instruções em Fallend 1995, p. 107-130.

Sobre o papel que os ambulatórios desempenharam no decorrer da apropriação da psicanálise pela medicina, vide Kage.
5. Ver nota 6 de 144 AF.
6. Os Rie já estavam lá passando férias (Freud para Oscar Rie, 4/8/1921, in: 1960*a*, p. 352.).
7. Vide 146 SF, nota 6.

152 SF[1]

Srta. Anna Freud
Alt-Aussee
Steiermark
Pensão Rischawy (*Express*)[2]

Querida Anna   Gastein 10/8/21
Max telegrafou ontem: o Heinzl está de volta, felicíssimo.
No dia 5, às 8h50m, fiz um depósito para vocês no Banco ObÖst[3]. Telegrafa *imediatamente para saber se ainda não receberam* nenhum aviso, mas pergunta antes no banco (em Aussee).
Os Emden chegaram ontem[4], agora somos oito pessoas às refeições.[5] O tempo continua bom[,] ontem mudou através de um temporal, depois a água da cascata ficou marrom como *chocolate*.
                                                        Saudações cordiais
                                                        papai

1. Cartão-postal.
2. Em vermelho, enviesado, sobre a frente do envelope.
3. Bank für Oberösterreich.
4. Ver 149 SF, nota 7.
5. Freud, Minna Bernays, Lucy Wiener com os dois meninos, o casal van Emden. Não foi possível averiguar na lista de hóspedes de Badgastein, 1921, se esse Mr. Snyder (vide 149 SF) foi a oitava pessoa.

153 AF
                                                        Seefeld[1], 20/IX/1921.
Querido papai! Ontem chegaram duas cartas para ti, as quais, como sei, estavas esperando. Não queremos reenviá-las, pois não é certo que elas te encontrarão[2]. Por isso, informo agora resumidamente o seu conteúdo.
1) Edward escreve em 29 de agosto: "Há alguns dias, remeti para Amsterdã, para serem creditados na conta de E.[rnest] J.[ones][3], 3.205,81 florins. Esses

255

são os direitos do livro até e inclusive 30 de junho. Isto totaliza, em dólares, $ 997,65. Atualizando, a venda de cópias no ano passado somou 5803. Espero mandar outro relatório sobre direitos no final do ano."[4]

2) Henry S. King & Co, Londres S.W. 1, 9, Pall Mall, escreve em 15 de setembro: "Recebemos sua carta do dia 7 do corrente. Ficou entendido que devemos enviar um cheque de sessenta libras, emitido *em favor* da sra. Zoe Jones[5], para o endereço indicado? O senhor simplesmente solicita que enviemos sessenta libras para o endereço da sra. Zoe Jones, mas não nos diz em favor de quem o cheque deve ser emitido."

Além disso, também chegou uma carta encantadora de Lou Salomé[6], na qual ela, em princípio, aceita o convite.[7] Viajaremos na sexta [23/9] para Innsbruck e, sábado, de trem rápido (como Maus) para Viena.

De Hamburgo ainda não recebemos nenhuma linha, embora Ernstl já tenha partido há uma semana.[8]

Com muitas lembranças carinhosas

Tua
Anna.

---

1. Um planalto no Tirol, a oeste da serra Karwendel: a "sela Seefelder", conhecido frescor de verão, estação de cura (a 1.180 metros) e estação de esportes de inverno. (Baedeker 1923, p. 34; Freud/Jones, carta 322.) Aqui Freud, desde 15/8, passou o resto das férias de verão na pensão Kurheim, com Martha, Anna e Ernstl (temporariamente também Maus, vide nota 4 de 150 SF). (Freud/Jones, carta 320; Freud/Ferenczi III/1, 876 F, 882 F.)

2. Freud viajara em 14/9 de Seefeld para Berlim e Hamburgo para ficar com seus filhos e netos. Como naquele ano não houve congresso, os membros dos comitês se encontraram em Berlim em 20/9 para, então, seguir para um "congresso particular" (Freud/Eitingon, 212 F-218 F, nota 1 em 221 E, a citação 214 F; *Circulares 2*, 8/9/1921, p. 239; Freud/Abraham, 2/5, 8/5, 21/7, 8/8/1921; Freud/Ferenczi III/1, 870 F, 876 F, 880 Fer, 888 Fer, 889 Fer; Freud/Jones, cartas 297, 298, 317, 320-325.) Sobre isso, Jones escreveu: "Havíamos planejado fazer uma viagem de dez dias pelo Harz [...], fazíamos caminhadas diárias e ficamos todos impressionados com a rapidez e a resistência de Freud. [...] Freud também nos leu dois de seus artigos, escritos especialmente para esta ocasião [1941d (vide nota 14 de 142 SF) e 1922b (vide nota 1 de 175 SF)] [...]." (Jones III, p. 103 *et seq.*, 466-468.) Em 30/9 Freud estava novamente em Viena. (Freud/Ferenczi III/1, 891 F.)

3. Vide 107 SF, nota 9.

4. Edward Bernays se preocupara em esclarecer as irregularidades da editora Boni & Liveright no que se referia ao cálculo das vendas da tradução americana das *Conferências* de Freud (1916-17a). (Freud/Jones, carta 310.)

5. Interpretado pelo banco como para "Loe" Jones.

6. Lou[ise] Andreas-Salomé (1861-1937), escritora, analista. Estudou filosofia, história da arte e teologia em Zurique. Em 1887, casou-se com o orientalista F.C. Andreas, com quem se mudou em 1903 de Berlim para Göttingen (vide 167 AF, notas 10 e 11). Manteve amizade com vários intelectuais famosos de sua época – entre eles Nietzsche e Rilke – e foi uma das mulheres mais importantes na história das idéias na Europa daquele tempo (Mühlleitner, p. 24). Em 1911, participou como

1. Freud, por volta de 1906 – portanto, no começo da correspondência

2. Os seis irmãos – Oliver, Sophie, Mathilde, Anna, Martin, Ernst – com suas duas "mães", Minna Bernays e Martha Freud

3. Robert Hollitscher, casado com Mathilde Freud

4. Mathilde Hollitscher na maturidade

5. Freud, na época em que Anna estava em Merano

6. Anna, na mesma época

7. Sophie Freud (nome de casada: Halberstadt)

8. Max Halberstadt com o filho Ernstl, por volta de 1916/17

9. Anna com Heinerle e Ernstl, os dois filhos de Sophie e Max, em Hamburgo, 1922

10. Freud com Evchen, filha de Henny e Oliver Freud, Semmering, 1927

11. Anna e Freud no 6º Congresso Psicanalítico Internacional, Haia, 1920

Dois tipos diferentes de "escola":

12. Anna na sua classe de escola convencional, 1919

13. Anna com seu cachorro Wolf e alguns alunos da escola de Hietzing (entre eles, Tinky Burlingham, de cabelos curtos, loiros)

14. Dorothy Burlingham, Schneewinkl, 1929

15. Lou Andreas-Salomé, por volta de 1903

16. Marie Bonaparte com seu
    chow-chow Topsy

17. Anna, por volta de 1931

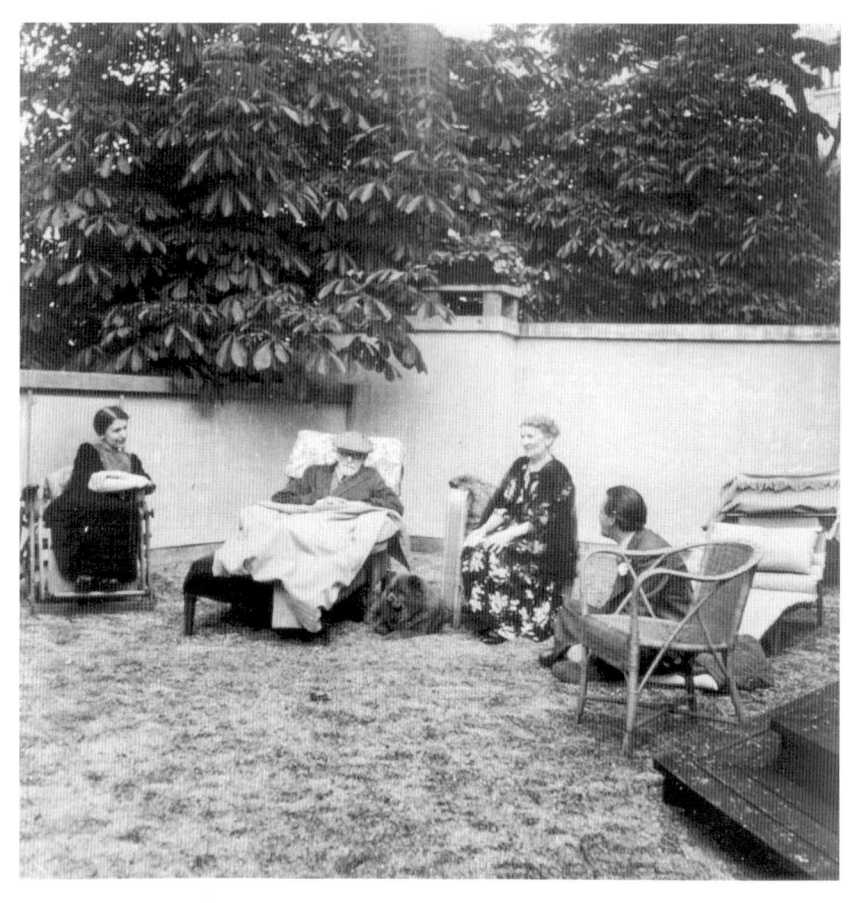

18. Anna, Sigmund, Martha e Ernst Freud na viagem para o exílio em Londres, na cobertura de Marie Bonaparte em Paris, 1938

convidada do 3º Congresso Psicanalítico em Weimar e, no semestre de inverno de 1912-13, durante sua formação analítica com Freud, assistiu a seu curso na Universidade de Viena, bem como às discussões das quartas-feiras da Sociedade Psicanalítica de Viena. A partir de 1913 ela praticou e lecionou Psicanálise paralelamente à sua atividade de escritora. Até o fim de sua vida, manteve laços de uma afetuosa amizade com Freud e sua família. (Andreas-Salomé 1951, 1958; *Protokolle IV*, p. XIX, 103, 104, nota 1, e Gicklhorn, p. 155 (em *Lista dos ouvintes*, p. 169, todavia falta o nome de Lou); Freud 1937*a*; Michaud.)

7. "Tento imaginar todos os dias, como uma adolescente, como vai ser quando eu realmente, realmente estiver aí consigo", (Freud/Andreas-Salomé, 13/9/1921, p. 119.), escreveu Lou Andreas-Salomé em 13/9/1921 em sua carta-resposta ao convite de Freud. Ambos ansiavam por um encontro desde o final da guerra, principalmente Lou, com uma saudação à "sua filha Anna, que eu há muito já quero conhecer" (*ibid.*, 6/9/1921, p. 119). Isso aconteceu em 9/11 (o salão na Berggasse foi preparado como quarto de hóspede), e as duas se tornaram amigas. (Freud/Ferenczi III/1, 895 F; Freud/Eitingon, 223 F.) "Ela foi uma hóspede encantadora, além de uma mulher extraordinária. Anna trabalhou analiticamente com ela, visitou várias personalidades interessantes e aproveitou bastante sua companhia", escreveu Freud para Ernst no dia de sua partida, em 20/1/1921. Logo em seguida Anna retribuiu a visita; vide 167 AF-169 AF. Compare também a troca de correspondência Anna/Lou.

8. O próprio Freud levou Ernstl de volta para o seu pai, na sua viagem a Berlim e Hamburgo. Martha queria tê-lo acompanhado nessa viagem, mas ainda estava muito "necessitada de cuidados" (vide 146, nota 3, 142 SF, 147 AF), sendo que Freud viajou sozinho com Ernstl. (Freud para Max, 6/8, 31/8, 5/9, 10/9/1921; Freud/Eitingon, 214 F, 216 F, 218 F.)

154 SF[1]

[3 de dezembro 1921 ?][2]

Contribuição para o dote
ou para a autonomia[3]

1. Envelope com texto, sem data, em letras latinas na frente. A cópia e duas outras folhas – repetidas como anexo para 154 SF – estavam no maço com as transcrições escritas à mão de Freud no fim do ano de 1920 (os originais agora em LoC SF, Cont. 2, pasta "Anna Freud, miscelânea de material relacionado").

2. Provavelmente o envelope está relacionado à listagem abaixo impressa iniciada no aniversário de Anna, "fortuna de Anna e dote". Uma outra folha com nada mais do que a nota "1[.] metade do dote de quinhentas libras" pode também fazer parte disso. (Compare também 125 SF, nota 11.)

3. Que Freud costumava pensar acerca da independência de Anna pode ser depreendido de outras cartas, por exemplo, para Eitingon: "Anna está muito bem, sempre alegre, aplicada e motivada. Gostaria muito de mantê-la tanto em casa como no próprio conhecimento, *caso para ela seja indiferente*. E um pouco depois novamente: "Para minha alegria, Anna [...] está viçosa e feliz; só que eu desejaria que ela encontrasse logo uma base, trocar a ligação com esse velho pai por um afeto mais duradouro". (Freud/Eitingon, 208 F, 24/4/1921, p. 252 (*meu grifo*); 223 F, 11/11/1921, p. 267. Similar também para Freud/Sam, 7/3/1922, 19/12/1925.) Ou para Lou Andreas-Salomé: "Lamento que ela ainda tenha de estar aqui em casa com os velhos [...], mas por outro lado, se ela realmente fosse embora, eu me sentiria tão abandonado como por exemplo agora [...]". (13/3/1922, p. 124.) Mais sobre a ambivalência de Freud em relação a isso e com o "complexo paterno" de Anna em Gay, p. 491-498, ver também a introdução.

154 SF – 1º anexo

[Folha sem cabeçalho. Tudo escrito em letras de forma, com exceção da palavra "por" na coluna da direita]

Fortuna e dote de Anna

3 dez 21
  £ 556 + lira 1000 + # 20 + fl 10 + 2 soberanos
 – £ 500 Martin – #20
  £ 56   0
4/1 22 – 3 2
19/2 £ 51
  +£ 200   1 out 22
  £ 251   £ 27, fl 10. lira 1000.
24/2 – 7 3/X – 2
  £ 244   25
8/3 – £ 2 p/mim – £ por fr 1000
  £ 242 3/XII – 100
8/5 – £ 2   900
  £ 240 25/XII – 100
31/5 – 205   800
   35 14/X – 200
13/6 –   3   600
   32   – 25
29/6 –   5 17/X 575
  £ 27 13/2 –300
       275
    21/2 –250
       25
    17/4 – 20
       5
    13/5 – fr 5[?][1]
     – fl 10

---

1. O número cinco não está bem legível.

154 SF – 2º anexo

[Folha dupla dobrada, inscrições só na primeira página, letras latinas:]

Depósitos

4/X	Asch[1]	# 125		[a linha inteira apagada com lápis vermelho]
5/X	Blumg[2]	# 350	# 20.	[até "350" com lápis vermelho, o restante apagado com lápis preto]

1. Joseph Jefferson Asch (1880-1935), médico urologista americano, pioneiro na área da citoscopia, diretor clínico do Lenox Hill Hospital, Nova York. Foi um dos primeiros a reconhecer a importância da relação entre medicina clínica e psicanálise e se tornou membro da Sociedade Psicanalítica Nova-Iorquina. Em 1921-22, foi discípulo de Freud; naquele período, ajudou Freud, entre outras coisas, cuidando de Frink, o qual adoeceu durante sua própria análise (vide nota 10 de 156 AF). (Freud/Jones, cartas 330, 434. Compare também Schnitzler 1984, p. 306, 912 nota 10. Necrológio: Asch.)
2. Leonard Blumgart (1881-1959), psiquiatra americano, desde 1914 membro da Sociedade Psicanalítica Nova-Iorquina, a qual presidiu de 1942 a 1946. Esteve em Viena entre outubro de 1921 e meados de fevereiro de 1922: "Até o ponto em que parou, a sua análise foi bem (...)". (Freud/Jones, carta 342, 5/2/1922, p. 458, carta 306, 12/4/1921, p. 418; carta de Freud para L. Blumgart, 1962a; Lorand 1960.)

1922

155 SF

PROF. Dr. FREUD

Terça-feira, 7/3/22.
VIENA, IX. BERGGASSE 19.

Minha querida Anna:

Recebi notícias[1] tuas tão agradáveis, creio que não esperas tanto que eu reaja às tuas cartas, e sim que queres notícias daqui que te permitam seguir compartilhando da nossa vida.

Confirmo, antes de mais nada, portanto, que sentimos muito a tua falta. A casa fica muito solitária sem ti, e nada te substitui plenamente. Não aconteceram muitas coisas, todavia devem ser relatadas conscienciosamente.

Primeiramente, a carta de H.J.[2], vulgo Davy, a qual anexo e sobre quem ainda falarei no final desta. Também uma carta afetiva da outra Lou, na qual ela confirma o recebimento da tua carta. Minha M[...] foi mesmo recebida para tratamento[3]. Ainda soubeste aqui que os Jones tiveram um filho[4]. Por outro lado, comecei a usar hoje os meus sapatos ingleses[5], atraso devido à mudança na editora.[6] Ontem à noite fui jantar com Urbantschitsch e caminhei feliz de volta para casa entre meia-noite e uma da manhã. Domingo a primavera chegou aqui. Na mesma tarde, Rank apareceu para o trabalho, mas pela manhã a sra. XYZ apareceu com o marido e médico, sendo que parece que finalmente sua melancolia está melhorando. Acho que foi tudo.

Tomei a liberdade de abrir a carta de H.J. para ti, pois a terias me mostrado logo mesmo. Penso que é preciso responder. Apesar de toda a gentileza[7], está muito formal, a transferência das relações da esfera privada[8] para a literária é muito explícita. Vou escrever-lhe e anexarei a carta a esta. Se estiveres de acordo, podes enviá-la daí mesmo. Não quero agir sozinho, pois também são teus amigos. A observação de que *ele* não pode escrever para Rank também se refere à convivência conosco[9].

Lembranças carinhosas para Max, os dois meninos malvados[10] e mamãe Halberstadt

papai

1. Faltam alguns escritos de Anna. Após uma curta estadia em Berlim, ela estava em Hamburgo desde 4/3, com a família de seu cunhado Max Halberstadt, para substituir a governanta, srta. Jacob, que sofria uma crise de ciático. (Freud/Andreas-Salomé, 13/3/1922; Anna/Lou, Cartas 9, 11.) Ela permaneceu lá até 18/4; vide 164 AF; ver também 160 AF, nota 7.
2. Herbert Jones.
3. Freud/Andreas-Salomé, 2/3/1922, p. 124, 122 *et seq.* Vide também Anna/Lou, carta 23 e outras.
4. Mervyn Ioan Gower, nascido em 27/2/1922. (Freud/Jones, cartas 321, 347, 350.)

5. Devido à baixa qualidade dos produtos austríacos no pós-guerra, Freud havia pedido ao seu sobrinho Sam para conseguir-lhe um par de bons sapatos de origem inglesa. (Freud/Sam, 5/2 e 15/5/1922.)

6. Quando da fundação da editora, a casa de Otto Rank na I Grünangergasse 3-5 serviu de sede da firma e local de trabalho. (Marinelli, p. 16; List, p. 37.) Depois de várias mudanças encontrou-se, finalmente, "um bonito e definitivo lar" em Viena VII (não III), na Andreasgasse 3. (Freud/Andreas-Salomé, 13/3/1922, p. 125; *Circulares 2*, p. 50, 58, 72, 235, 250, 261, 278, 300. Remetente no envelope 28/7/1922, ORC; Freud/Ferenczi III/1, 891 F, III/2, nota A de 1063 Fer.) Entretanto, a instalação definitiva só aconteceu em meados de maio. (*Circulares 3*, p. 30, 40, 58, 80, 129.) A editora permaneceu na Andreasgasse até 1928, mudando-se de lá para a Casa da Bolsa (I Börsengasse 11) e em 1936 para a Berggasse 7, onde foi liquidada em 15 de março de 1938 pelas forças de ocupação nacional-socialistas. (Freud/Ferenczi III/2, 1124 F; Marinelli; Mühlleitner, p. 383.)

7. No original, falta um trema na palavra *Liebenswurdigkeit*.

8. No original, falta um trema na palavra *Personlichen*.

9. Compare 100 SF, nota 7 e demais indicações.

10. Compare 28 SF, nota 8.

156 AF

[Hamburgo,] domingo, 12/3/1922

Meu querido papai,

Agradeço muito pela tua carta que acaba de chegar com as diversas notícias. Naturalmente, antes de tudo quero ter notícias de vocês, pois não saberei de nada quando voltar. Aqui quase esquecemos que existe uma psicanálise com tudo o que está relacionado a ela. Adoraria pelo menos receber uma carta do Comitê[1] para poder ficar "por dentro".

Concordo totalmente com a tua resposta a Loe, já pus o endereço na carta e a mandei. Sua carta se esquiva de qualquer dado de realidade – assim como, aliás, já a carta do ano anterior –, tornando sem sentido continuar a relação *nessas bases*. Naquela época, quando se decidiu na Holanda que não viajaríamos mais para a Inglaterra[2], tive logo a intuição de que não iríamos mais ouvir ou ver muito dela. Inclusive não creio que ela responderá; ficaria tanto mais contente se, mesmo assim, o fizesse.[3] De Rank, ela já me falou na Holanda da mesma maneira, mas não queria que tu soubesses alguma coisa. Naquela oportunidade, ela assegurou por diversas vezes que a sua relação conosco é bem diferente da sua relação com Rank, e que ambas não se misturam. Acho, aliás, que já te contei isto.

Da outra Lou recebi anteontem uma carta especialmente simpática, uma remessa grande de livros seus e o manuscrito prometido das *Elegias*, de Rilke.[4] Adorei tudo e quero escrever-lhe hoje, agradecendo.[5]

Todas as novidades domésticas, relatei para a mamãe, com todos os detalhes econômicos que só interessam mesmo a ela. Agora estou com o Heinerle, que está com catapora, bem infeliz.

Em Berlim encontrei tudo em ordem. O Oliver me dá uma impressão relativamente boa, está totalmente fascinado pela sua análise[6] e atualmente vem adiando todas as demais atividades e planos.⁷ Ainda está mancando muito, e seu pequeno acidente parece ter sido mais desagradável do que ele admitiu por escrito. Também conversei com Eitingon, conforme eu previra, sobre a questão de sua análise. Ele afirma que sabia que eu pensaria assim sobre o assunto e ainda me escreveu uma carta especialmente gentil a respeito disso que recebi aqui em Hamburgo. Ele é sempre o mesmo, e isso me deixa muito contente.

[continuação 13/3/1922]

Desde a primeira linha do parágrafo anterior já virou segunda-feira, escrever cartas aqui não é uma coisa muito fácil. Há pouco, esteve aqui o dr. Lippmann⁸ para ver o Heinerle e prometeu que logo ele ficará bom; ele acha que eu devo ficar contente pelo fato de as crianças terem tido essa doença e nenhuma outra, pior, enquanto estou aqui com elas. Só que elas estão mesmo caprichando: o Heinerle ontem teve febre de 39,9 graus e hoje chegou aos quarenta graus, mas agora tudo já está bem. Quando, há pouco, perguntei alguma coisa, ele puxou a camisola para cima e disse: "Pergunta à catapora!" Agora, durmo à noite na cama do Ernstl e ele na minha, pois o Heinerle volta e meia está precisando de alguma coisa, e o Ernstl acaba tendo o seu sono interrompido.

A economia doméstica vai muito bem, só que hoje um suflê desmoronou, o que me aborrece. Eu acho que a farinha daqui não é muito boa.

O Max está muito feliz por se ver livre da srta. Jacob por enquanto.

Aliás, ele fechou um ótimo negócio, o que o deixou muito contente. Anteontem ele recebeu a notícia de que, para as quinze fotos assinadas por ti, receberá por enquanto dez mil marcos! Ele me deu uma grande caixa de línguas de gato. Mas ele acha que não pode ficar com o dinheiro só para ele e pretende te escrever sobre isso.

Uma carta da Ditha⁹ diz que tu chamaste o dr. Frink¹⁰ para o dia 1º de maio. É isso mesmo? Ou será que li errado?

Como vão os Strachey¹¹, e como vai a minha máquina de escrever?

Escreve-me,

com muitas lembranças

tua
Anna

---

1. Vide nota 5 de 126 SF. No final de 1924, Anna foi admitida no Comitê (no lugar de Rank). "O novo membro, a minha filha e secretária, sabe estimar a honra", escreveu Freud em seu texto para a *Circular* de 15/12/1924. (*Circulares 1*, p. 25 *et seq.*) Sobre o seu "Anel dos Nibelungos" vide nota 5 de 174 AF.
2. Vide 107 SF-111 AF, texto intermediário depois de 123 AF/SF.
3. Vide 161 SF.
4. No aniversário dos 26 anos de Anna, no qual Lou esteve presente durante a sua visita em Viena, ela a presenteou com uma cópia feita por ela das recém-terminadas *Elegias de Duíno*. (Anna/Lou, cartas 6-11, nota editorial p. 684, 686, 688.) Pfeiffer considera a Terceira Elegia (1912) e a imagi-

nária *Carta do jovem operário* (1922) como "os testemunhos mais vigorosos [...] para a profunda perplexidade" de Rilke com as teorias de Freud. (Pfeiffer 1980, p. 255, terceira nota de p. 57.) Compare também 168 AF, nota 9.

5. Anna/Lou, carta 11.

6. Com Franz Alexander; vide 163 SF. (Freud/Eitingon, 225 E.)

7. "O início, cheio de energia, ainda está durando", relatara Eitingon em 16/2 a Freud. (Freud/Eitingon, 230 E, p. 276; Anna/Lou, carta 172, p. 310; Gay, nota** da p. 483.)

8. Arthur Siegfried Lippmann (1884-1950), médico e cirurgião, desde 1908 no Hospital de S. Georg, de Hamburgo, de onde, em 1933, foi demitido por ser judeu. Além disso, tinha um consultório particular, onde antes Sophie Halberstadt foi uma de suas pacientes. (Freud 1997e.) Ganhou renome com seus trabalhos de pesquisa, principalmente sobre doenças infantis. Em 1938, emigrou com sua mulher para a Austrália, onde trabalhou até sua morte como médico e pesquisador. (Andrae, p. 32-66, 110; *Hamburger Ärzteblatt* 5/98, p. 172 *et seq.*; *Reichsmedizinalkalender für Deutschland*, parte II, Leipzig 1926/27; Fischer, I. 1962. Pelas demais informações valiosas, agradeço aos cientistas de Hamburgo mencionados nos agradecimentos (no final do parágrafo sobre as instituições).)

9. Judith Bernays (1885-1977), nome de casada: Heller, a filha mais velha da irmã de Freud, Anna e Eli Bernays. Chegou a trabalhar durante algum tempo na editora e traduziu alguns dos textos de Freud para o inglês (p.ex. 1893f, 1898a, 1904a, 1905a). (Freud/Jones, carta 353; ver também notas editoriais preliminares de Strachey sobre as traduções de Freud nos volumes 3 e 9 da *Standard Edition*.) Ver nota 6 de 159 SF.

10. Horace Westlake Frink (1883-1936), médico e psiquiatra americano, membro fundador da Sociedade Psicanalítica Nova-Iorquina, que presidiu já em 1913 e 1914. Freud o considerava extremamente talentoso e o estimava como um dos pioneiros destacados da psicanálise nos Estados Unidos. De março a junho de 1921, Frink fizera análise com Freud e pretendia voltar. Essa segunda fase terminou em julho, e já em novembro ele voltou por algumas semanas (até 23/12/1922) e também no início de 1923. Depois, voltou a ser presidente do grupo de Nova York. Mas a sua carreira terminou tragicamente por causa de um caso infeliz de paixão e divórcio, no qual Freud também esteve envolvido (ver 181 SF, nota 15, 184 SF), bem como por causa de surtos recorrentes de uma doença psicótica anterior (ver o segundo anexo de 154 SF, nota 1). (*IZ*, v. 7, 1921, p. 398; v. 9, 1923, p. 249; v. 23, 1937, p. 331; *IJ*, v. 18, 1937, p. 109, 119; Freud/Ferenczi III/1, 860 F, 913 F, III/2, 1088 Fer, 1094 Fer; Dupont, p. 19; Freud/Jones, *passim*, p. ex. cartas 194, 327, 353, 356, 359, 376, 433-435, 443; *Circulares*: p.ex. v.1, p. 102 *et seq.*, v. 3, p. 167, 181 e 15/2/25; Oberndorf 1936; Jones II, p. 112; Jones III, p. 54, 107 *et seq.* (com ano errado da primeira análise), p. 131 (informações discrepantes da presente correspondência); Edmunds; Gay, p. 635 *et seq.* com nota; Roazen, 1976, p. 366-368. Sobre literatura mais recente vide nota 5 de carta 175 in: Freud/Bernays.)

11. James Strachey (1887-1967) e Alix Strachey, nascida Sargant-Florence (1892-1973), ambos ligados ao Grupo de Bloomsbury, um círculo influente de intelectuais escritores e artistas ingleses do primeiro terço do século XX. Recém-casados, ambos fizeram sessões didáticas de análise com Freud, iniciadas em outubro, respectivamente novembro, de 1920, até o final de junho de 1922. (Freud/Jones, cartas 353, 364, 367, 370.) Alix adoeceu gravemente de uma "gripe forte com pleurisia infecciosa", chegando a correr risco de vida. (Anna/Lou, carta 9, 26/2/1922, p. 22; cartas 10, 13; *Bloomsbury*, 1995, p. 89 *et seq.*; Freud/Jones, cartas 342, 347.) (Vide também P.S. de 157 SF.) Já em 1920, os Strachey começaram a traduzir trabalhos de Freud. Depois de sua volta para a Inglaterra, no outono de 1922, tornaram-se membros da Sociedade Psicanalítica Britânica. (*IZ*, v. 8, 1922, p. 531; Freud/Jones, cartas 274-342, *passim*; De Clerck, p. 22-28; *Bloomsbury*, 1995, p.ex. p. 54-59, 84-90; Strachey 1966, p. xxi.) Depois, James se tornou o principal tradutor de Freud e editor da primeira obra comentada de seus trabalhos psicanalíticos, *The Standard Edition of the Complete Psychological Works of Sigmund Freud*.

157 SF

PROF. Dr. FREUD

19 de março de 1922
VIENA, IX. BERGGASSE 19.

Minha querida Anna

Estou muito contente que tenhas aprovado e expedido minha carta. Tampouco creio que virá resposta[1]. Mas isso será uma prova de que era tempo de romper. Também temos de saber nos libertar de vez em quando, sem carregar nada conosco que manifestamente sobreviveu.

Fazes questão de notícias daqui. O que há de trivial, a titia deve ter te contado. De minha parte, pouco tenho a acrescentar. É uma época notoriamente silenciosa e vazia, pouca correspondência, poucos sinais de interesse pelo mundo afora, nada de livros, nada de manuscritos. Assim, bem à parte fui consultado se eu não gostaria de dar palestras na universidade de Dublin durante uma semana[2]. Também tenho a impressão de que a editora não está fazendo nada, a não ser aproveitando suas novas e bonitas instalações[3]; os lançamentos prometidos ainda não chegaram, não tive notícias das traduções de *Princípio do prazer* e *Psicologia das massas*[4]. Os outros livros ingleses parecem não fazer nenhum progresso; não sei o que devo dizer a respeito disto, melhor é: nada. Provavelmente estejam, a seu modo, participando da greve que ainda mantém fechadas todas a livrarias e editoras[5].

Na clínica, algumas modificações[6]. A entrada da sra. Riviere[7] ainda é da tua época, ela nem tem sido muito severa. No fim do mês, saem Meyer[8] e Kardiner[9], os substitutos são o dr. Blum de Zurique[10], que já está aqui, e Tansle[11], para quem o incansável Rickman[12] providenciou moradia. Ele ocupará os cômodos do falecido e renomado botânico Wiesner[13] e utilizará sua biblioteca. Frink efetivamente quer estar aqui no dia 1º de maio; pelo visto, ele não agüenta mais.

Nosso contador, dr. Young, não deu o ar da sua graça, o que não é muito elegante, ele deveria ter me procurado[14].

Tua máquina de escrever não segura mais as folhas, está na manutenção, que naturalmente pagaremos.

Tu sabes que eu queria ir com a mamãe para Karlsbad. Ambas as autoridades, tanto Edelmann[15] quanto Steiner, foram contra, e assim a titia alugou algo em Wassing para julho[16]. Os outros planos de verão ainda estão em gestação.

No geral, o que tu escreves sobre os meninos é muito mais interessante do que tudo o que acontece por aqui. O Heinele é mesmo um moleque divertido, mas certamente se deixará domar com facilidade. Para o Ernstl, o verão em Seefeld[17] parece ter significado uma virada.

Eu desejo que te encaixes tão bem neste cenário da tua vida quanto no anterior, e te abraço cordialmente,

papai

P.S. Estou surpreso em saber que esta noite eu vou à Redoutensaal para assistir às *Bodas de Fígaro*[18].

[Ao longo da margem:]
Os Strachey ainda estão no sanatório. Ela vai bem, mandei-lhe uma *corbeille* de flores "em nome de Lou A."[19].

1. Vide porém 161 SF.
2. Vide 159 SF.
3. A lentidão da editora, respectivamente da Press, devia-se parcialmente aos trabalhos de tradução. Esse tema acaba ocupando um espaço considerável na correspondência entre Freud e Jones. (Freud/Jones, entre outras, cartas 280, 289-335, 342, 351-364, 382, 433, 494-499, 515, 550; das *Cartas circulares* citemos, como exemplo, apenas uma colaboração de Freud de 26/11/1922, v. 3, p. 231-235.) Ainda em 1927, Jones se queixava: "Ao longo dos anos, reunimos três ou quatro pessoas em Londres [...], excetuando-os, nenhum sinal de tradução adequada apareceu por enquanto". (Freud/Jones, carta 494, 27/1/1927, p. 609.) Entre esses três ou quatro tradutores confiáveis estavam, além dele próprio e Joan Riviere, Alix e James Strachey. Ambos já haviam começado a fazer um glossário para termos técnicos ao longo de suas primeiras traduções, glossário esse que Jones (1924) continuou com eles, Joan Riviere e Anna Freud (ver nota 11 de 107 SF). (Freud/Jones, cartas 321, 340, 342; *Circulares 2*, 11/12/1921, p. 311; Hughes, p. 265. Sobre uma revisão coordenada por Jones, vide *IZ*, Bd. 21, 1935, p. 143, 308.)
4. Ambos os escritos saíram naquele mesmo ano: *Além do princípio do prazer* (1920g) traduzido por C.J.M. Hubback, com prefácio de Jones (1922a); *Psicologia de massas e análise do eu* (1921c) traduzido por James Strachey. Freud já empreendera antes várias tentativas para promover a tradução desses trabalhos para o inglês. (Freud/Jones, cartas 310, 316, 318-320, 324.)
5. Compare nota 4 de 170 AF; 179 SF, nota 5.
6. Falta trema no original.
7. Joan Riviere (1883-1962), analista leiga inglesa, membro-fundador da Sociedade Psicanalítica Britânica desde 1919. (*Circulares 1*, p. 25; Freud/Jones, carta 339.) Fez análise de 1916 a 1921 (com interrupção de um ano) com Jones. Em 1920, participou do Congresso de Haia. (*IZ*, v. 6, 1920, p. 377.) Já naquela época, traduzia textos de Freud, tornando-se uma de suas tradutoras mais envolvidas e mais confiáveis. (Freud/Jones, cartas 301, 316, 339-383 *passim*; Freud/1992l; Freud para Edward Bernays, 14/9/1923, cit. in Grubrich-Simitis, 1993, p. 34, nota 1.) Começou a fazer análise com Freud em 27/2/1922. (Freud 1992l, 5/2/1922; Freud/Jones, cartas 321 *et seq.*, 339, 342 ("25/2" pode ser aqui um erro de ortografia ou de datilografia).) Depois do Congresso de Salzburgo, em 1924, ela voltou a fazer mais seis semanas de análise com Freud. (Freud 1992l, 24/3/1924.) Embora, depois de 1924, ela se tornasse, na Inglaterra, uma importante representante das idéias de Melanie Klein, sempre manteve o contato pessoal com Freud. (Hughes, p. 268; tb. Freud/Jones, cartas 511, 512, al. p. 57 *et seq.* Ver tb. Gast 1996.)
8. Monroe A. Meyer (1892-1939), médico-psiquiatra americano, membro da Sociedade Psicanalítica Nova-Iorquina, que administrou de 1932 até a sua morte. No outono de 1920, veio a Viena para fazer formação. (*IZ*, v. 7, 1921, p. 398; lista de membros da Sociedade Psicanalítica Nova-Iorquina; Freud/Jones, carta 306 (na nota 2, equivocadamente 1919); Kardiner, p. 16, 18, 82, 111; necrológio in: *IJ*, v. 21, 1940, p. 114 *et seq.*)
9. Abram Kardiner (1891-1981), médico neurologista e psiquiatra americano, depois de sua volta para Nova York, em 1922, psicanalista praticante. Sua análise com Freud começou em outubro de 1921 e terminou em 1/4/1922. (Kardiner, p. 79, 80 e *passim*; Freud/Jones, cartas 306, 342.)

10. Na caligrafia: *Zurich* (sem trema). Ernst Blum (1892-1981), médico neurologista, primeiro em Berna, depois em Zurique, membro da Sociedade Suíça de Psicanálise, na qual ele fazia parte do "comitê de especialistas". (*IZ*, v. 7, 1921, p. 521; v. 9, 1923, p. 132F.; Anuário Médico Suíço 1973; *Historisches Lexikon* 1998.) Freud conseguiu alojá-lo no apartamento de seu amigo Pribram. (Blum 1956.)

11. (*Sir*) Arthur George Tansley (1871-1955), biólogo e ecologista inglês que, em 1935, introduziu o conceito de ecossistema; professor da Cambridge University. Por também pertencer ao Grupo de Bloomsbury, era amigo de James Strachey. Tinha simpatia pela psicanálise e fez, entre outras coisas, uma conferência em 1920 na Sociedade Britânica para Estudos de Psicologia do Sexo sobre "Pontos de vista biológicos sobre a teoria da sexualidade de Freud". Em 1925, tornou-se membro da Sociedade Psicanalítica Britânica. Jones anunciara sua chegada para Freud em março de 1922; Tansley começou a sua análise em 1º de abril. (Freud/Jones, cartas 307, 310, 353; Jones III, p. 139; *Circulares 1*, p. 94.)

12. John Rickman (1891-1951), médico psiquiatra inglês, membro da Sociedade Psicanalítica Britânica, na qual passou a desempenhar um papel importante. Fez análise com Freud da Páscoa de 1920 até o final de 1922. Na época, colaborou temporariamente na editora e traduziu, junto com Anna, textos de seu pai para as *Collected Papers*. (Freud/Jones, p. ex. cartas 262, 266, 269, 275, 316, 327, 330-334, 342, 352, 353, 370, 386; *IZ*, v. 7, 1921, p. 119, v. 8, 1922, p. 531.) Posteriormente, retomou a análise com Ferenczi, no decurso da qual se revelaram algumas facetas do estranhamento entre Freud e Ferenczi (vide 287 SF). (Freud/Jones, carta 546; Freud/Ferenczi III/2, 1132 Fer; 1172 F.)

13. Julius Ritter von Wiesner (1838-1916), professor da Academia de Ciências Florestais de Mariabrunn a partir de 1873, em Viena. Trabalhou na área da ecologia e fisiologia botânica, bem como das ciências das matérias-primas, e publicou várias obras botânicas importantes. (Molisch.)

14. George M. Young (1882-1959), diplomata inglês que, a partir de 1920, permaneceu temporariamente em Viena na Legação Britânica, a fim de supervisionar um empréstimo concedido pela Inglaterra à Áustria. Depois de começar a fazer análise com Jones, chegou, por recomendação deste último, até Freud. Jones o recomendou como sendo um "inglês típico", altamente inteligente e extraordinariamente culto, a pessoa mais capaz e mais interessante que ele havia analisado. Young interrompeu sua análise com Freud depois de poucos meses porque foi mandado para uma missão em Innsbruck, retornando de lá para Viena, porém não para Freud. (Freud/Jones, cartas 288; 289; 297-299; 301; 347; 353.)

15. Adolf Edelmann (1885-1939), médico em Viena. Em 1930, tornou-se diretor (vitalício) da clínica infantil S.-Canning, de Viena, porém perdeu este cargo depois da invasão dos alemães em 1938. Como era polonês, foi para Varsóvia, onde morreu pouco tempo depois. (Fischer, I. 1962, 2002.)

16. Em Bad Gastein.

17. No ano anterior; vide nota 1 de 153 AF.

18. Ópera de W. A. Mozart, libreto de Lorenzo da Ponte. Uma ária desta ópera teve papel importante para um sonho de Freud, o qual ele analisou em *A interpretação dos sonhos*. (1900a, *S.A.*, v. 2, p. 218-226, 418-420.)

19. Lou Andreas-Salomé, que conhecera os Strachey durante a sua estadia em Viena no final de 1921 e ficara especialmente encantada com Alix, tendo pedido informações sobre o seu estado de saúde. (Freud/Andreas-Salomé, 2/3/1922, p. 124 com nota p. 274; 13/3/1922, p. 125; Anna/Lou, carta 10.)

158 AF

Hamburgo, 23/III/1922

Meu querido papai,

Agradeço-te muito pela tua carta com as diversas notícias. Noto, surpresa, que os acontecimentos em Viena realmente cessam durante a minha ausência, como quando somos chamados ao telefone quando estamos à mesa e pedimos, antes de sair: "Não contem nada de interessante até eu voltar". Que nem mesmo a editora consiga realizar algo de novo é surpreendente. Acho que ela usa todo o seu tempo enviando-me textos em inglês para revisão, mas se ela própria não for um pouco mais zelosa, também não preciso me apressar com isso.

A notícia do estrago da minha máquina de escrever não me assustou tanto. Ela já apresentara essa tendência, e eu já havia preparado o dr. Rickman para isso. Que ele apenas apresse a rapidez do conserto (sem, obviamente, pagá-lo!) e não use o tempo para um intervalo no trabalho, afinal, consigo ler muito bem a sua caligrafia.

No íntimo, ainda espero que a Loe se manifeste. Simplesmente não consigo entender que essas coisas consigam sobreviver. Se nós continuamos iguais neste meio-tempo, por que ela não? Ou será que, desde a guerra, nós éramos, para ela, apenas uma exceção artificial do seu ódio aos alemães, que não sobreviveu a longo prazo? Se ela não escrever, então naquela época – 1918, ou quando foi? – talvez eu tivesse razão na minha reticência em aceitar sua ajuda.[1]

Da outra Lou eu recebi mais uma carta especialmente encantadora, rápida e pessoal, em resposta à minha, que me deixou muito contente. Não quero abrir mão da visita a Göttingen, mesmo que isso signifique restringir Berlim a uma temporada bem curtinha. O dr. Eitingon diz que quando se conta algo à Lou, ela compreende essa informação melhor do que a pessoa que contou. Nesse sentido, ela escreveu alguma coisa imaginando como devo estar me sentindo na minha atual estadia, em relação à qual eu lhe escrevera muito brevemente. E ela acertou em cheio, só que nem eu mesma teria conseguido formular dessa forma.[2]

Daqui não há muita novidade para contar. O tempo está mortal, sempre por volta de zero grau, com um vento forte. Anteontem estivemos jantando com Helene[3], e Julius Philip[p][4], foi bastante simpático, mas o caminho de volta foi tão terrível que não consegui me esquentar até a manhã seguinte. Ontem, o dr. Obermann[5] veio jantar conosco, e também temos visto freqüentemente[6] os Rosenthal. Aqui, tenho sido bem tolerante com todos, com a agradável sensação de que eles, na verdade, não me importam tanto e que, dentro de pouco tempo, não mais os verei.[7]

O humor do Max é sempre o mesmo, desanimado, sem coragem, deprimido, e eu fico involuntariamente contagiada, como no ano passado. Infelizmente, ele também não tem alegrias no campo profissional e, à noite, muito pouca força e energia para ainda ter um verdadeiro interesse por assuntos que não são profissionais.

Nenhuma novidade das crianças. Não é difícil "domar" o Heinerle, por enquanto, ele é mais um revolucionário internamente. Quando se proíbe alguma coisa a ele, sua primeira reação é: "Mas eu quero tanto", a segunda, quando ainda se faz cara feia para ele, o pedido passional e carinhoso: "Tu gostas de mim?" Portanto, ele ainda não se tornou totalmente independente dos que o rodeiam. É extraordinariamente inteligente e passa horas brincando com muita imaginação, assumindo todos os papéis possíveis, aparecendo ora como entregador de leite, vendedor de manteiga ou de ovos, como "jovem aristocrata", como menina pequena ou os mais diferentes personagens de Hohegeiss[8]. Cada um é anunciado em alto e bom som, enquanto ele fala tão incessantemente que não se entende como suas cordas vocais agüentam. Por enquanto, ele só conhece duas categorias temporais: "ontem" cobre todo o passado (por exemplo "mas ontem tu deixaste", quando alguém lhe proíbe alguma coisa); e "segunda-feira", significando o futuro inteiro, consolando-o sobre toda renúncia (por exemplo "mas segunda-feira eu posso de novo").

Escreve-me logo. Enquanto isso, muitas lembranças muito carinhosas da
tua
Anna

Quando deveremos [*sic*] estar em Dublin?

1. Vide 161 SF, 162 AF, notas 1 e 2; vide também nota 7 de 100 SF.
2. Vide carta de Lou para Anna em 18/3/1922 e a resposta de Anna em 26/3 (Anna/Lou, cartas 12, 13.) A primeira visita em Göttingen ocorreu de 25/4 a 4/5/1922 (vide 167 AF).
3. Possivelmente "Mrs. Philipp, a esposa do primo da sua mulher aqui [em Londres]", mencionada na correspondência Freud/Jones, que talvez tenha passado uma temporada em Hamburgo com o seu marido. (cartas 326-328, p. 442-444.)
4. Vide 147 AF, nota 5.
5. Julian [N.] Obermann (1888-1956), doutor em filosofia, professor particular de idiomas semitas e culturas, história da religião e história do oriente na faculdade de filosofia de Hamburgo, em 1923, cátedra na Jewish Institute of Religion de Nova York. (Por esta última informação agradeço a Dagmar Bickelmann, do arquivo estadual de Hamburgo.) Em 1928-29, ele ensinou em Nova York na Columbia University e, em 1931, no Jewish Institute of Religion como "professor especial para línguas semitas". (Heller, p. 83; *Kürschner*, 1928/29.) Em 4/12/1920 (in *Circulares 1*, p. 206, nota 7, equivocadamente "20/12") ele fez palestra na Sociedade Psicanalítica de Berlim sobre "problemas da religião e da psicanálise". (*IZ*, v. 7, 1921, p. 118.) Ele também pode ter sido um dos hóspedes em Bad Gastein mencionados por Freud na carta 152 SF: "Dois de teus amigos já foram nossos convidados. Hoje, esperamos o dr. Obermann para jantar," escreveu Freud em 6/8/1921 para Max Halberstadt. Em 19/2/1922, ele relatou: "Há pouco, vi um livro novo do dr. Reik, *Der eigene und der fremde Gott*, do qual [...] o dr. Obermann poderia retirar a solução de muitos enigmas que o torturam. Entre 1913 e 1929, Obermann teve um caso de "amizade passional, de amor turbulento e romântico, poeticamente e espiritualmente inspirado" com Eva Rosenfeld. Mas Anna só soube disso em 1929. (Heller, p. 82 *et seq.*; Bittner, p. 21, 31; Anna/Eva, B 11-13, nota 5, B 9, nota 2, nota 1 de B 11.)

6. Falta trema no original [*ofter*].
7. Veja também nota 2 de 28 SF.
8. Hohegeiss, na região do Harz, onde as crianças deveriam passar suas férias de verão com Martha e a srta. Jacob. Vide nota 3 de 172 MF/AF.

159 SF

PROF. Dr. FREUD

27/3/22
VIENA, IX. BERGGASSE 19.

Minha querida Anna:

Respondo logo, uma vez que demora até a carta chegar com a resposta.

O desfecho da primeira Loe não é tão incompreensível assim. Mesmo que nós não tenhamos mudado, ela está cada vez mais sob a influência do marido, que foi suficientemente sábio para não obrigá-la a uma mudança súbita[1] mas que tinha muitas razões para afastá-la de todas as suas relações anteriores, porque ele não quer lembranças do seu "passado". Uma manifestação[2] muito compreensível do ciúme, na verdade, nada do que precisasse se envergonhar.[3]

Decerto não deverias renunciar à visita à outra Lou, sem levar em consideração a data da tua volta.

Novidades ainda há poucas. Nesta semana, Meyer e Kardiner serão substituídos por Blum (Zurique) e Tansley (Cambridge). Essa troca da guarda será rápida como no pátio do castelo. Há pouco tempo eu reclamei com Jones e lhe sugeri que inserisse uma lesma ao lado da esfinge no brasão da Press. Ele deve ter ficado muito ofendido.[4] A Riviere, que é bem esperta, conta como ele administra mal e avalia mal as pessoas.

Não houve definição de data para Dublin. Afora isso, apenas recusas sem importância; artigos, palestras, outros foros, congressos.

Eitingon perguntou na última carta se deve vir para Viena no dia 6 de maio. Eu confirmei, sem muita convicção, por achar que qualquer motivo que o faça vir é bom.[5] Podes tentar demovê-lo, se achares que isso não vai magoá-lo, mas com cuidado!

Em casa, tampouco há novidades. Ditha é muito gentil e incompetente.[6] Esti saiu correndo ontem num acesso de raiva sem motivo, sem se despedir, mas hoje já esteve aqui para pedir desculpas, ela é uma destemperada[7]. Martin não tem ilusões, sabe que não tirou a sorte grande, está se comportando de forma muito correta. O garoto[8] já se recuperou, intelectualmente não é prematuro para um ano de idade (3 de abril). Hoje paguei, para um milhão, 661 mil[9] coroas de impostos.

É encantador o que escreves do Heinele. Onde há tanto afeto, a moral também chegará. Sobre o Max, é uma lástima. Difícil de ajudar! Aliás[10], ele mandou as duas fotos para Nova York e Calcutá[11]?

O tempo está gelado, embora provavelmente não tanto como aí. Há alguns dias ainda havia uma linda neve. As pessoas estão morrendo às pencas. Os planos para o verão ainda estão obscuros. Escrevemos pedindo informações sobre o sul do Tirol[12], por exemplo Madonna di Campiglio, de 1º de agosto a 8 de setembro. Como seria se vocês viessem passar o mês de julho em Seefeld com Ernstl?[13] De qualquer forma, ele teria que ser levado e buscado. As altas montanhas ainda não são uma diversão para ele, e tu também terias que ter algumas semanas de férias.[14]

Saúdo carinhosamente a ti, ao Max e aos pequenos.

papai

1. Falta trema no original [Anderung].
2. Falta trema no original [Außerung].
3. O próprio Freud era muito ciumento durante o seu noivado. (Cartas para a sua então noiva Martha Bernays in 1960a.)
4. Jones não ficou ofendido (vide 163 SF, nota 7); em sua resposta, ele esclarece as dificuldades com seus colaboradores, principalmente Hiller, e os atrasos das gráficas e dos fornecedores. (Freud/Jones, cartas 351, 352, e mais intensamente em 354.) Sobre os crescentes conflitos na editora e na Press, vide nota 5 de 181 SF.
5. Freud/Eitingon, 231 E, 232 F.
6. Judith Bernays (vide nota 9 de 156 AF). Sobre a "competência" de seu trabalho, ver Freud/Jones, cartas 354, 356, 364; vide também 160 AF.
7. A filha de Esti, Miriam Sophie Freud (nascida em 6/8/1924) lembra: "A minha primeira mãe foi (tornou-se, no seu casamento horroroso) uma mulher infeliz e amargurada". ("Minhas três mães", em 1992, p. 13.) Vide também o seu necrológio "Mãe e filha", ibid., p. 354-367. Ver também Anna/Lou, carta 75; Molnar 1996, p. 91 (6/1/1930).
8. Anton ("Toni/Tonerl") Walter (1921-2004), primeiro filho de Esti e Martin Freud. (Freud/Jones, carta 306, 12/4/1921, p. 419.) Recebeu seu nome em homenagem ao "inesquecível Toni Freund". (Ferenczi in: Circulares 2, p. 139; Freud para Kata, 28/3, 4/4/1921.)
9. Os dois números antes de "1000" não são legíveis, foram corrigidos e rasurados. Sobre a desvalorização monetária, ver 179 SF, nota 5.
10. Falta trema no original [ubrigens].
11. A sociedade Psicanalítica Indiana foi fundada em Calcutá em 22/1/1922. (IZ, v. 8, 1922, p. 500; Freud/Jones, carta 344.) Compare também cartas de Freud (1956i) para Girindrarsekhar Bose, fundador deste grupo.
12. Falta trema [Sudtirol].
13. Na caligrafia: ponto em vez de ponto de interrogação.
14. Os planos para o verão ainda sofreram várias alterações, ver 160 AF, 161 SF, 166 SF, 187 SF. Sobre os prazos e locais definitivos, ver notas 2 e 5 de 170 AF, nota 3 de 172 MF/AF, nota 10 de 174 AF, nota 7 de 188 AF.

160 AF

[Hamburgo,] domingo, 2/IV/1922

Meu querido papai,

Agradeço-te muito pela tua carta e vou responder logo, pelo menos na primeira hora folgada e mais tranqüila, domingo depois do almoço, enquanto os outros dormem. Ontem e anteontem foram dias um pouco agitados, o Ernsti voltou a ter férias, tive de ir à polícia para prorrogar a minha permanência, depois foi dia de lavar e passar roupa e, finalmente, ontem à noite convidados, uma tarde também fui convidada para lanchar com o Ernsti na casa da srta. Lehmann.

Anexa, mando uma carta de Jones que recebi hoje através da editora, Ditha ficará feliz com o elogio à sua tradução.[1] Não conheço o estilo de Jones suficientemente bem para descobrir se a intenção da carta é ser gentil ou se está ofendido; provavelmente a última hipótese. Acho que o seu temor de *duplication* não se justifica, porque, numa carta para ti, ele descreveu o primeiro volume da coleção expressamente como sendo ainda livre.[2] Acho inacreditável a idéia de mandar Bryan traduzir alguma coisa tua. Bryan nem sabe alemão e, como todos sabem, depois de suas traduções de Abraham, é um tradutor notoriamente ruim.[3] O dr. Rickman poderá confirmar isto. Já respondi a Jones, referi-me à carta para ti e prometi que a própria Ditha indicará o título de suas traduções. Podes dizer isso a ela? E talvez o dr. Rickman possa fazer o mesmo. Estou bastante desapontada com o fato de o dr. Rickman não estar trabalhando na minha ausência, desde a minha saída não recebi mais do que cinco páginas traduzidas por ele. Isso teria algum motivo? Tu não poderias acelerá-lo?[4] Se ele trabalhasse, o volume inteiro poderia estar pronto até o verão. No entanto, a editora inglesa, no maior relaxamento e falta de inteligência, está me mandando os mesmos ensaios sempre na segunda, terceira e quarta revisão, em vez de me limitar aos bonecos e entregar todo o resto – conforme o combinado – a Ditha, o que economizaria muito tempo e selos. Mas Hiller ainda parece estar no mundo da lua.[5] Divertiu-me a idéia das lesmas no brasão. Ninguém aqui fala essas coisas engraçadas.

Ainda quero te escrever também sobre os planos para o verão. O Ernstl está contando firmemente com uma estadia conosco, e o Max poderia ser convencido a autorizar isso; impossível fazer planos definitivos com ele. Mas eu acho que, se o Max voltar a passar algum tempo conosco, não deve ser quando tu não estás aqui. Já percebi isso no ano passado, que isso não é correto, e aqui tenho ainda mais forte a sensação de que não faz muito sentido ele depender de mim, sem falar que para mim também nem sempre é fácil – se tu estiveres aqui, naturalmente é outra coisa. E quem, afora o Max, poderia trazer e buscar o Ernsti? Por que, aliás, estás escrevendo de Seefeld, afinal, a mamãe não deveria ir a Karlsbad no dia 1º de julho?[6] Voltei a receber uma carta muito querida de Lou, de Göttingen, em que ela me propõe passar todo o mês de julho em Göttingen com ela, já que nossa atual convivência será muito breve e insuficiente para trabalhar.[7]

Eu adoraria fazer isso. E no dia 1º de agosto poderíamos todos nos encontrar em algum lugar, eventualmente com o Max e o Ernsti. Achas isso possível?

Hoje estou aqui há quatro semanas, mas ainda não posso definir uma data para a partida. Deverei ficar mais umas duas ou três semanas, depois alguns dias em Berlim e alguns dias em Göttingen. Não posso de jeito nenhum perder o teu aniversário, por isso também não sou tão rígida com o dr. Eitingon, principalmente se ele – conforme prometeu – vier a se encontrar comigo para a viagem.

Começo a ficar preocupada com o Heinerle, que ainda faz xixi na cama; ele se agarra muito energicamente a isso e se consola muito rapidamente quando os outros o rejeitam. Hoje, quando lhe perguntei por que ele faz isso, explicou: "Porque me dá prazer". Acho que isso vai longe demais e vou tentar com mais energia, provavelmente não vai adiantar nada.[8]

As diferenças entre os dois meninos são muito interessantes. O Ernst vive perguntando à mesa: "A Minna já comeu?" Ontem, enquanto comia com a mão direita, Heinz pegou o resto do pudim com a esquerda e disse, radiante: "Me dá isso, assim não sobra nada para a Minna!" O Max disse à mesa, outro dia: "Não consigo mais comer". Então, o Ernstl disse, piedoso: "Não obriga o Papi", e o Heinz grita: "O Papi *precisa* comer tudo!" Heinz afirma sempre que todas as coisas são suas, principalmente quando o verdadeiro dono está longe. Meu prognóstico é: na vida, mais tarde, é ele quem falsificará as promissórias, e o Ernst vai pagar.

O Max mandou as fotos. (Calcutá, NY.)

Escreve-me logo.

Tua
Anna.

---

1. Vide nota 6 de 159 SF.
2. Freud/Jones, carta 336, veja também carta 328. Ela se refere aos *Collected Papers*, primeira coleção de textos de Freud em tradução inglesa. (Freud/Jones, cartas 327, 334.)
3. Clement A. Douglas Bryan (1878-1955), médico de Leicester. Foi secretário da Sociedade Psicomédica de Londres, em 1913 foi co-fundador e vice-presidente da Sociedade Psicanalítica Londrina como um dos poucos psicanalistas ingleses que realmente praticavam, de 1919 a 1937 secretário e tesoureiro da Sociedade Psicanalítica Britânica. (Ano de sua morte, segundo ata de uma sessão científica (FSD/92); agradeço a Polly Rossdale, arquivos da Sociedade Psicanalítica Britânica, 17/11/2004.) Jones estimava a confiabilidade de Bryan e o descreveu como um dos dois "principais analistas da Inglaterra". Freud achava que, como tradutor, ele era extraordinariamente laborioso, embora fraco em estilo e gramática, tendo melhorado constantemente com o tempo. (Jones II, p. 130; Jones III, p. 53; Freud/Jones, cartas 141, 331, 354 (citaçao p. 470 *et seq.*).) Bryan traduziu dos escritos de Freud: 1908a, 1908c, 1909a, 1916-17c, 1919g. (Notas editoriais preliminares de James Strachey sobre esses trabalhos em v. 9, 14, 18 da *Standard Edition*.) De Abraham: partes em *Selected Papers of Karl Abraham* (1927-1950) e Abraham e Harnik. (Grinstein, v. 1, p. 265 *et seq.*)
4. "Ele tem uma percepção oriental do tempo", sentenciou Jones em uma carta para Freud. (Freud/Jones, carta 395, 5/4/1923, p. 518.)

5. Vide 133 SF, nota 3. Sobre o envolvimento de Hiller nos conflitos entre a *Press* e a editora, veja também 163 SF, 184 SF, 185 AF. (Freud/Jones, cartas 352, 379, 380, 382, 383; *Circulares 1*, p. 56, notas 7 e 8.)
6. Os médicos haviam desaconselhado esta viagem, vide 157 SF.
7. Anna ainda parou em Berlim antes da visita a Lou (25/4-4/5); vide 164 AF, 167 AF. (Anna/Lou, cartas 13-19.)
8. Em seus trabalhos posteriores, Anna se ocupou diversas vezes com o problema de urinar na cama no âmbito da educação para a higiene, principalmente relacionando isso com a perda prematura da mãe; vide p. ex. 1927d (*Escritos I*, p. 61f.), 1930 (*Escritos I*, p. 101-103), 1953 (*Escritos V*, p. 1486-1488), 1965 (*Escritos VIII*, p. 2238), 1971 (*Escritos II*, p. 550 *et seq.*).

161 SF

4/4/1922

PROF. Dr. FREUD VIENA, IX. BERGGASSE 19.

Minha querida Anna,

Desta vez também respondo logo à tua carta. Amanhã chega o Rank, e pelo menos teremos algumas novidades dele. O que importa: teu Varendonck chegou, está bem interessante[1], espero que te mandem logo uma cópia. Além disso, o que é mais interessante: chegou a resposta da Lou[2]. Não muito gentil, um pouco maluca e totalmente como suspeitávamos. Mas de qualquer maneira, simpática. Não se pode julgá-la como se faria com qualquer pessoa fria e racional, sua força reside em sua passionalidade[3], e esta serve agora ao seu Davy, cristão e hostil aos alemães. Estou me esforçando agora, portanto, a redigir uma resposta cordial e digna, que pretendo mandar para ti junto com a carta dela. Não pude fazê-lo nestes últimos dias, voltei a sofrer com o catarro, ao qual só a sessão de hoje fez bem, domingo de manhã estive de carro no sanatório Purkersdorf[4] (cem mil[5] coroas) e à tarde na Schiff[6].

Tonerl fez aniversário ontem, mas estava dormindo durante a minha visita de parabéns. Foi ricamente presenteado. Seu desenvolvimento intelectual parece estar sofrendo a influência da babá. Felizmente, ele ainda tem tempo. Esti alugou algo em Spital aS. [am Semmering].

Os charutos vão bem. Figdor[7] trouxe mais da Holanda, e Schmideberg[8] está à espreita do telegrama de Emden que anunciará a partida do próximo – e último – trem de crianças[9]. Marianne[10] terminou suas provas com sucesso. Margarethl foi contratada para a temporada de outono no Raimundtheater[11], portanto, finalmente boas perspectivas para os nossos amigos.

A Ditha enrubesceu de felicidade como uma aluna de colégio interno com o elogio de Jones. Ela lhe escreverá diretamente. Não tenho idéia de por que o preguiçoso do Rickmann não está trabalhando, amanhã pretendo chamá-lo às falas. Antes da Páscoa, ele ainda quer tirar uma semana de férias para buscar a mulher e o filho[12] na Antuérpia. Para Rank lerei amanhã a tua crítica justa em relação à atividade da *Press*.

Os colaboradores novos estão se revelando bons. A Riviere é perspicaz e atilada, e o Tansley, um tipo de intelectual muito gentil.

O tempo está horroroso, só estamos falando de *Frierjahr* [ano do frio] em vez de *Frühjahr* [primavera], os planos para o verão não avançaram desde a última carta. Teus planos de passar o mês de julho em Göttingen me agradam muito, mas o que a mamãe fará enquanto isso[13] e, principal pergunta, *onde* vamos nos encontrar em 1º de agosto com o Max e o Ernstl?[14] Sobre o futuro do Heinele, penso de forma mais positiva, ele ainda vai ganhar mais moral, sua enorme gentileza o indica. Sua maldade está muito ligada à sua vivacidade intelectual. Ser bonzinho é muito chato, desde pequeno. Naturalmente seria bom se ele deixasse de fazer xixi na cama. Por que não tentas despertar a sua ambição e energia? Claro, se lhe disseres que no verão não vamos levá-lo se ainda estiver fazendo xixi na cama, talvez ele se esforce!

Desejo-te mais sucesso em tua difícil posição e te mando lembranças carinhosas, bem como para o Max e os meninos

papai

1. Tradução que Anna fez de Varendonck (1921b); vide 142 SF, nota 13. Ferenczi ficou "encantado com a excelente tradução do [...] livro". (Freud/Ferenczi III/1, 902 Fer, 15/5/1922, p. 135.)
2. De Loe Jones; vide 155 SF-157 AF. Ver também nota 7 de 100 SF.
3. Vide nota 5 de 42 SF. Ver também 163 SF, nota 7 de 100 SF.
4. Freud pode ter ido visitar lá um paciente. O Sanatorium Purkersdorf, do dr. Victor Zuckerkandl, era freqüentado por muitas personalidades ilustres, mas servia também para o tratamento de doentes dos nervos. A senhora Berta Zuckerkandl conhecia pessoalmente o professor Freud, [...] mas os ensinamentos da psicanálise não eram aplicados nas terapias do sanatório, embora boa parte dos doentes fizesse parte do clássico campo de recrutamento de pacientes freudianos". (Etzersdorfer, p. 103 *et seq.*) Em 1904-06, o arquiteto Josef Hoffmann projetou um novo prédio para o sanatório que se tornou famoso como obra típica do *art nouveau* vienense; este "marco da arquitetura européia" pertence hoje aos monumentos culturais. (*Purkersdorf*; Etzersdorfer; Müller, D.)
5. O número não é bem legível, pode ser também duzentos mil.
6. Vide 126 SF, nota 11.
7. Vide 138 SF, nota 13.
8. Walter Schmideberg (1890-1954), militar austro-húngaro com interesse precoce em psicanálise. Na Primeira Guerra Mundial conheceu Eitingon (que o introduziu à psicanálise), Ferenczi e Freud, para os quais, graças à sua posição militar, realizava freqüentemente "serviços de pombo-correio". (Ver Freud/Ferenczi III/1, 891 F, 901 Fer.) Desde 1919, membro da Sociedade Psicanalítica Vienense. Em 1922, mudou-se para Berlim, onde tinha um consultório psicanalítico e participava ativamente do Grupo de Berlim. Em 1924, casou-se com Melitta Klein (filha de Melanie Klein; ela também se tornaria analista mais tarde). Emigraram juntos para a Inglaterra em 1932, mas se separaram depois da Segunda Guerra Mundial. Schmideberg foi para a Suíça, onde trabalhou até falecer. (*Protokolle IV*, p. 314 (mencionado equivocadamente como "Schmiedeberg"); *IZ*, v. 6, 1920, p. 112, 124; v. 7, 1921, p. 532; v. 8, 1922, p. 117, 248, 528; Freud/Jones, cartas 607, 619; Glover; Mühlleitner, p. 289 *et seq.*)

9. Ação internacional de ajuda para crianças que transportava "crianças com fome da Áustria para o exterior". (Nota 2 de 1920, p. 514, in: Freud 1960a.)

10. Marianne Rie.

11. Margarete Rie. O teatro dedicado ao dramaturgo e ator vienense Ferdinand Raimund (1790-1836) na Wallgasse 18-20 começou apresentando principalmente peças populares e operetas. Mas, de 1921 a 1924, o diretor Rudolf Beer iniciou "um programa exigente e corajoso". (Weissensteiner, p. 156.) Vários atores famosos começaram no Raimundtheater (entre eles, Hansi Niese, Paula Wessely, Attila Hörbiger, Karl Skraup) ou se apresentaram como atores convidados (Adele Sandrock, Eleonora Duse). Desde 1987 o teatro – totalmente reformado – faz parte da "Vereinigte Bühnen Wien GmbH" e apresenta principalmente operetas e musicais. (Pelas informações agradeço a Christiane Mühlegger-Henhapel, do Museu Austríaco do Teatro, Viena.) Sobre os papéis de Margarete naquele teatro, vide detalhes em nota 9 de carta 176 in: Freud/Bernays.

12. Lucy Rickman, vide 174 AF, nota 6.

13. Ela foi para Hohegeiss com Ernst e Heinerle; vide nota 3 de 172 MF/AF.

14. O encontro com Max e Ernstl não se realizou. Freud somente reviu os netos em meados de setembro, quando viajou com Anna para o congresso em Berlin (vide nota 3 de 183 AF) e escolheu ir via Hamburgo (vide nota 7 de 188 AF). Sobre as demais partes do verão, vide nota 14 de 159 SF.

162 AF

Hamburgo, 10 de abril 1922

Meu querido papai!

Pouco tempo depois de receber a tua carta para mim, acaba de chegar a tua para a Lou, e ela já está no envelope para ser reenviada. Ao lê-la, fiquei surpresa e quase assustada com a sua rigidez, injustiça e amargura, principalmente esta última, para a qual não posso achar o motivo. Difícil dizer que jamais mostramos alguma falta de simpatia por Davy, talvez até um pouco demais. E separar os doadores daqueles patrocínios (preferia que jamais os tivéssemos visto e comido[1]) é um traço mesquinho totalmente estranho à sua natureza anterior. O que a guerra tem a ver com uma relação puramente humana, também jamais vou compreender, ainda que me expliquem em várias páginas. Tua resposta é muito bonita e correta e não poderia ser diferente. Quem sabe, assim ainda se salva algum resto da velha amizade, para tirar o sabor triste do desfecho. Será que teria sido correto resolver a questão da dívida restante em uma carta expressa para ele, já que ela se refere a isso, e ele, correto que é, certamente não criaria dificuldades se tu lhe explicasses a recente guinada positiva de nossas condições financeiras? Acho que sim, mas tu poderás julgá-lo melhor. Provavelmente, será melhor que a sua carta para mim continue sem resposta (vê-se agora que ela está realmente modificada. E sabes quais foram os primeiros indícios? Aquela sua carta irritada para mim depois do episódio da bagagem com Ernest Jones[2], e, em segundo lugar, sua reação muito estranha à morte da Sophie).

Recebeste alguma notícia da Kata? Escrevi-lhe daqui[3], mas não recebi resposta, e isso me deixa preocupada numa época em que condições aparentemente inabaláveis já não o são mais.

Da segunda Lou, recebo cartas especialmente gentis que, na atual reclusão, são como visitas refrescantes. (Tu talvez pudesses mandar o Rank apurar se lhe enviaram um Varendonck, pelo qual ela se interessou). Antes de partir, dei essa ordem (Storfer[4]), mas confio pouco na editora, uma vez que ela nem mesmo me enviou um exemplar.

Agradeço-te ainda pela tua carta extensa e informativa, pela qual sempre anseio como sendo o principal acontecimento da semana por aqui. Desta vez, além da tua carta e da de Lou, ainda veio um telefonema do dr. Eitingon e uma visita à noite realmente muito simpática ao dr. Foerster[5] e senhora. Ele realmente passa uma boa impressão em termos analíticos e jamais fala bobagens ou exageros, e sua mulher canta maravilhosamente bem.[6]

Aqui em casa, excetuando o barulho das crianças, tudo está absolutamente calmo. Em termos espirituais e físicos (o que, no seu caso, parece ser a mesma coisa) o Max não está muito bem. Posso dizer que só o vejo cansado, deitado no sofá. Ontem à noite, numa conversa, voltei a tentar, como já fiz no ano passado e no verão, fazê-lo se ocupar um pouco mais do Ernsti, que é tão acessível a todos os seus estímulos, e em termos intelectuais realmente não é muito exigido pela srta. Jacob e pela Minna. Mas não adianta. O Max não agüenta nenhum dos filhos por mais do que cinco minutos, e prefere que já estejam deitados quando ele chega em casa. Só quer tranqüilidade, e as minhas advertências o deixam inquieto e mal-humorado. Mas eu tento todos os anos pelo menos uma vez.[7]

O Max sempre fica muito feliz com o fato de justificares a maldade do Heinerle com sua inteligência; ambas as qualidades são realmente bem desenvolvidas. Além delas, ele revela ainda uma verdadeira gula, que lhe cai muito bem. Quando a comida vem chegando, ele já grita de longe, feliz: "Oba, adoro isso". Dar-lhe comida é um verdadeiro prazer. Nessas ocasiões, acredito que isso é o resultado do meu planejamento gastronômico generoso, pois até Ernstl está comendo bem agora. Mas até nesses momentos se revela o caráter do Heinerle. Enquanto é preciso convencer outras crianças, dizendo: "Mais uma para a mamãe, uma para o papai, etc.", para ele, é preciso dizer: "Esta colherada, nós roubamos da Minna, esta do Ernstl, essa da tia Anna...", e ele vai comendo, satisfeito. Ontem, como ele chorou à mesa, mandamos que ele terminasse de comer na cozinha, com a Minna, e quando ele parou de chorar, ele disse para ela: "Muito bem, agora o Papi pode comer sozinho na sala e nós almoçamos confortavelmente aqui fora". Ou quando o Ernst o expulsa do quarto das crianças porque ele não o deixa em paz, ele fecha a porta por fora e diz, em tom de punição: "Agora podes ficar aí dentro sozinho". Portanto, ele sempre está "por cima". Sua expressão mais freqüente é "por quê?", e assim ele exprime suas dúvidas e sua descrença em relação a todas as regras e interdições. Finalmente, saíram as crostas da catapora na cabeça, ele cortou o cabelo, está lindo, só que sempre pálido. Como vive sujo, passa as mãos enegrecidas pelo rosto e, quando chora, forma verdadeiras listas de sujeira nas bochechas. O problema de urinar na cama não está fácil. Depois de três noites secas, voltou a nadar durante uma semana, em algumas noites, depois de eu ter trocado sua roupa de cama às duas ou às três da madrugada, chegou a fazer até duas vezes. Hoje, consegui pela primeira vez mantê-lo seco, mas tive de colocá-lo quatro vezes para fazer xixi: às nove, às onze, à uma e às cinco. Acho que quem merecia a recompensa que ele ganha de manhã sou eu. E, no entanto, sua bexiga não é fraca durante o dia, e depois das quatro da tarde ele não bebe mais nada. Ele não tem a menor ambição e se consola rapidamente, não sei mais o que fazer. Não há mesmo nenhum remédio? O dr. Rosenthal falou em choques elétricos, mas eu não sei o que pensas disso. Deve funcionar como um susto.

Estes são, portanto, praticamente todos os eventos interessantes do momento aqui – por terra e "por mar". Hoje ainda vou até o hospital para ver se consigo fazer com que a srta. Jacob dê algum prazo para a sua volta.

Com um beijo e muitas lembranças

tua
Anna.

---

1. "A Loe continua financiando grande parte da nossa alimentação com suas remessas de Haia" escreveu Freud em 15/3/1920 para Ferenczi. (Freud/Ferenczi III/1, 837 F, p. 58.)
2. Quando Ernest Jones viajou para a Suíça na primavera de 1919 para tratar de negócios da editora (vide nota 4 de 100 SF), trouxe uma boa parte da bagagem de Anna (vide nota 6 de 47 SF), deixando Loe muito irritada. Jones, naquela oportunidade, sugeriu a Freud que Anna a acalmasse, escrevendo uma carta de agradecimento. (Freud/Jones, carta 234, 17/3/1919, p. 336 *et seq.*) Ver nota 7 de 100 SF.
3. Não está entre as cartas de Anna para Kata que me foram cedidas. Mas a correspondência continuou até o final da vida de Kata (e, depois, ainda com o seu filho, Peter Lambda).
4. Adolf (Albert) Josef Storfer (1888-1944), jornalista e redator (estudou direito), publicou em 1911 o primeiro estudo psicanalítico jurídico. (Freud/Abraham, 18/12/1910, nota 3 (a última frase dessa nota se baseia em um equívoco).) Em 1919, mudou-se de Budapeste para Viena, transferindo-se da Sociedade Psicanalítica Húngara para a Vienense. Em julho de 1921, assumiu o posto de Reik na editora como assistente de Rank, ao qual sucedeu a partir de 1/1/1925 como gerente, até 16/1/1932, quando foi substituído por Martin Freud. (Freud/Ferenczi III/2, 1001 F, 1219 F.) No final de 1938, conseguiu fugir para a China. Lá fundou, entre outras coisas, uma revista informativa para emigrantes em língua alemã, *Die Gelbe Post*; no primeiro caderno dessa revista, publicou fragmentos de seis cartas que recebeu de Freud entre 1910 e 1935. (Freud 1939*d*.) Em 1941, teve de fugir novamente, dessa vez, dos japoneses, indo para a Austrália, onde viveu até morrer, em Melbourne. (Mühlleitner, p. 334-336; Jones III, p. 46, 137, 165, 187 *et seq.*, 203 *et seq.*; Scholz-Strasser; Freud/Eitingon, *passim*.)
5. Rudolf Hermann Foerster (1884-1924), médico com "formação neuropsiquiátrica", psicanalista, inicialmente em Berlim, depois em Hamburgo. (Abraham, K. 1924.) Já fazia parte em 1913 do grupo berlinense, onde, por exemplo, palestrou em 29/11 Sobre a análise de uma paranóia. (*IZ*, v. 2, 1914, p. 410.) Mesmo depois de se mudar para Hamburgo em novembro de 1919, continuou ligado à Sociedade Psicanalítica Berlinense como membro externo, até sua "morte prematura". (Abraham, H. 1971, p. 24; Freud/Abraham, 16/10/1923, p. 318. Pela informações complementares, agradeço a Dagmar Bickelmann, arquivo da cidade de Hamburgo.)

6. Anna chegou a ter aulas de canto: "[...] em pequena, já nutria um amor oculto pelo canto, mas só tomei coragem agora [...], mas não quero que outros o saibam. Zombariam de mim". Pouco tempo depois, já não era mais "segredo". (Anna/Lou, cartas 213, 1/2/1925, p. 404; 232, 12/5/1925, p. 442; 264, 4/12/1925, p. 492; tb. 211, 212, 259, 271.) Ver também nota 3 de 48 SF.

7. No ano seguinte – depois da morte de Heinerle (vide 195 SF, nota 2) – Max encontrou uma nova companheira, Bertha Katzenstein (1897-?), que começara a trabalhar no seu ateliê como auxiliar administrativa. Eles se casaram em 20/11/1923. Em 5/4/1925 nasceu a filha do casal, Eva. Ernstl deixou a casa paterna em 1928 (vide 146 SF, nota 4). Max continuou em Hamburgo com a mulher e a filha até 1936, mas quando as medidas de boicote contra os judeus na Alemanha pioraram cada vez mais sua situação econômica e social, acabaram emigrando para a África do Sul. (Freud 1992*i*, p. 56, 1/2, 4/2/1936; Freud/Jones, carta 652, 2/3/1937) Ali, no entanto, Max teve dificuldades para se estabelecer. Morreu em 30/12/1940 em Johannesburgo, sem ter tido "a possibilidade de retomar sua atividade anterior". (Weinke, p. 112, 116 *et seq.*, citação p. 117. Stammbaum Lange, Freud Family, Genealogical Tree, p. II (indicando outro ano do nascimento de Bertha).)

163 SF

PROF. Dr. FREUD

13/4/22
VIENA, IX. BERGGASSE 19.

Minha querida Anna:

Preciso te responder agora mesmo sem novos adiamentos, pois caso contrário a carta nem te encontrará mais em Hamburgo (ontem teve reunião na associação; o número de convidados cresce cada vez mais).

É bom saber que, de uma maneira geral, concordas com a resposta à Loe. Acho que não precisas te apressar com a tua resposta à carta de Davy, exceto se, por acaso, ele voltar a te mandar um livro.[1] Nada me é estranho nesse processo; é exatamente como eu imaginava. O exagero[2] em sua passionalidade[,] todas as tendências dele, o ódio que ele tem aos alemães e a sua antipatia contra os judeus. Ela nunca teve capacidade de julgar, e na análise ela sempre foi inacessível. (Em vez de "capacidade de julgar", eu deveria dizer "autocrítica".[)]. É preciso continuar gostando dela, mas à distância. Não creio que eu deveria ter sido mais rápido com minha disposição para a devolução. Impossível impressionar com alguns trocados gente que tem tanto dinheiro, é melhor também se mostrar indiferente em relação a somas menores, assim como eles fazem. O fato de ter aceito sua ajuda naquela época não me preocupa, foi de boa-fé. Este capítulo brevemente estará liquidado.

Por aqui, pequenas novidades. Amanhã sai Polon[3], o último dos moicanos, sua sucessora, Jeanne De Groot[4], já se apresentou. Os novos – Riviere, Tansley e Dr. Blum – continuam revelando ser agradáveis e interessantes. A tradução para o inglês das *Conferências*[5] – entregue em 11/4 – está sendo aguardada para qualquer dia. Sabes, a tradutora é a Riviere. De sábado até terça tirarei folga de Páscoa. Na terça à noite deverá haver uma reunião da Press[6] aqui, com Hiller,

Rank, Mrs. Riviere, Strachey, Rickman, para discutir como substituir o motor de lesma por outro. Jones, a quem eu me dirigi primeiro, respondeu de forma incomumente amena e gentil. Como cenário futuro, sugere que Hiller volte para a Inglaterra e que tu assumas a direção da editora em seu lugar! (# 144 por ano) Ele não parece estar pensando em outras alternativas para ti.[7]

Passei adiante o teu recado a respeito de Varendonck. Ontem aconteceu um episódio típico de um livro para a terceira série, com lição de moral no final. De manhã, enviei a mamãe com uma nota de # 50 para a tia Mitzi para Augenfeld[8], que vai para Berlim, e à tardinha recebi inesperadamente a mesma soma da editora. Há algumas semanas, uma revista americana havia pedido um artigo e eu recusei escrever algo novo, dizendo que, se quisessem traduzir e publicar[9] uma bobagem (*Sonho e telepatia*) que está saindo agora pela Imago, era só combinar com Rank. Não soube mais nada, até receber ontem de Rank a metade dos honorários por este texto, os referidos # 50.[10] Se cada artigo fosse pago assim, já poderíamos estar ricos.

Do dr. Alexander[11], analista do Oli[12], chegou um ensaio excelente para a revista, o qual eu deverei premiar durante o congresso.[13] Acabou de sair o primeiro exemplar das duas publicações, da revista e da *Imago*.

Estas são as novidades na área da ciência. Aqui de casa, apenas posso contar que, com a chegada da primavera, o ânimo geral está melhorando, sem que os planos para o verão tenham progredido. Toni está ficando bonito e agitado, mas continua bem burro. Ditha está bem[14] aplicada, torna-se útil e sua aparência é péssima. Uma nova fechadura de segurança, Salvo, foi hoje soldada na entrada médica (quinze mil coroas).

Aplicar choques elétricos, no caso de Heinele, obviamente é uma bobagem, pode até resolver uma vez ou outra, mas certamente é apenas uma despesa. Não há que se preocupar com o assunto, está de acordo com a natureza do pequeno, que não deveria sofrer traumas pesados tão cedo. Provavelmente, tudo mudará naturalmente. Mais tarde, ele descobrirá que fazer xixi na cama não é algo sociável e mudará seus hábitos. Não dificultes muito a tua vida agora. Os meios que existem, no final das contas, são mais prejudiciais do que o distúrbio, pois são muito severos.

Ontem recebi uma carta muito amável da Kata.[15] Queixas e pedidos de conselhos por causa da falta de jeito de Rozsi na educação infantil. Mais uma dessas pessoas com as quais não há o que fazer, anormalidade elementar. Estranho que aquele homem tão maravilhoso tenha escolhido duas mulheres tão pouco úteis.[16]

Já te escrevi que Schmideberg não conseguiu tirar os charutos enviados pelo Emden das mãos do doutor húngaro no trem holandês com as crianças, e que isso o deixou infeliz. Permanece a perspectiva de resolver isso no dia 10 de maio, quando o trem estiver voltando.[17]

Agora estamos curiosos por mais notícias tuas. Na verdade, passaste muito tempo fora. Não me oporia nem um pouco se pudesses estar de volta no início de maio.

Mais uma coisa: quebrei minha bela faca de nefrite entre a lâmina e o cabo, batendo com o cotovelo nela. Poderias me informar em um cartão o endereço do teu "mestre-colador" para que eu possa falar com ele?

Mando lembranças carinhosas para ti e os teus três homens

papai.

1. Dois anos antes, Herbert Jones a presenteara com "um volume de poemas longamente anunciado". "São poemas de amor, sonetos, muito lindos e claros na linguagem. Nestes cinco anos, ele aprendeu muito, e isso me deixa muito contente", escrevera, então, Anna ao seu irmão Ernst. (12/3/1920.)
2. Falta do trema no original [*ubertreibung*].
3. Albert Polon (1881-1926), médico neurologista americano e psicanalista famoso, membro e secretário da Sociedade Psicanalítica Nova-Iorquina. Entre outras coisas, em maio de 1921, fez uma conferência sobre *Bergson and Freud: some points of correspondence*. (*IJ*, v. 2, 1921, p. 485; Freud/Jones, carta 324.) Sua análise começou em outubro de 1921. (Freud/Jones, carta 306; Meyer.)
4. A médica Jeanne De Groot (depois, Lampl-De Groot) (1895-1987), aproximou-se da psicanálise ainda como estudante, em Amsterdã. A partir de 1922 começou a participar das sessões do grupo de Viena na condição de convidada. Sua análise didática com Freud durou até 1925. Depois, mudou-se para Berlim e terminou sua formação no Instituto de Berlim, no qual (1932/33) passaria a ensinar mais tarde. Em 1925, casou-se com Hans Lampl em Berlim. Em 1933, a família emigrou para Viena e, no fim de 1938, para a Holanda, onde ambos continuaram suas atividades de análise num círculo secreto. Depois da Segunda Guerra Mundial, o casal organizou, com outros colegas, a reconstrução da psicanálise na Holanda. Ela recebeu vários títulos honoríficos, ganhou renome com suas pesquisas sobre a feminilidade e na área da análise infantil. Anna, Jeanne, Dorothy Burlingham e Marianne Kris (nascida Rie) eram amigas e eram conhecidas como as quatro velhas damas da psicanálise. (Lampl-De Groot, p. 58; Mühlleitner, p. 202-204.)
5. Essa nova tradução, de 1916-17a, com prefácio de Jones (1922c), intitula-se *Introductory Lectures on Psycho-Analysis* (ver notas 8, 11, 12 de 107). A versão das *Conferências* publicada em 1961 na *Standard Edition*, v. 15, sob o mesmo título, é uma nova tradução, dessa vez por James Strachey.
6. *Press* em letras latinas, a palavra *sessão* escrita em caligrafia alemã antiga.
7. Vide Freud/Jones, carta 354, 10/4/1922, p. 472. Compare tb. nota 4 de 159 SF.
8. Felix Augenfeld, arquiteto, amigo de Ernst e Lucie. Reformou para Dorothy Burlingham o apartamento acima do de Freud, para onde ela se mudou em 1929 (vide 257 SF, nota 4). A pedido de Mathilde, desenhou em 1930 uma poltrona especial que girava e se inclinava, adaptada ao jeito de Freud de sentar e aos seus hábitos de leitura, e a qual ele usou até o fim da sua vida. (Vide epílogo, depois de 298 SF.) A poltrona pode ser vista no Museu Freud, em Londres. (Gödde 2003, p. 178; Molnar 1999, p. 135 *et seq*.; *Casa Sigmund Freud*, p. 55, Nr. 290. ilustração tb. em: Günther, p. 108, e in: Engelman, p. 54, 56.)
9. Falta de trema no original [*veroffentlichen*].
10. A remessa de cinqüenta dólares para Freud veio acompanhada de uma carta de Rank de 11/4/1922. Os honorários se referiam à cessão do artigo (1922a) ao "sr. Wilson Pance" para "uma única publicação na *Mc Call-s [sic] Magazine*". (ORC; LoC SF, Cont. 39.) Freud escreve nesta carta que não ouviu mais falar, mas chegou (posteriormente) a tradução e a devolveu com uma "lista de

duas páginas de correções" (sem data) e recomendou que fosse refeita por ser "tão ruim, tão cheia de equívocos e tão pobre em compreensão". (Cit. em Grubrich-Simitis, 1993, p. 34 *et seq.* nota 1 (que cita "Wilson Vance" como tradutor.) Ao checar todas as edições da *McCall's Magazine* do período na Biblioteca do Congresso, não encontrei nenhuma publicação do referido artigo. (LoC, Sign. TT 500.M2, v. XLIX, out. 1921-set. 1922.) Apesar do sinal recebido por Freud, *essa* tradução, pelo visto, não foi publicada.

11. Franz Alexander (1891-1964), médico húngaro (formado em Göttingen), discípulo de Ferenczi, depois de Hanns Sachs, em Berlim, onde praticava análise desde 1921 e logo se tornaria uma importante personalidade no Instituto de Berlim. Em uma visita a Viena, em 1925, conheceu Freud, o qual admirava o seu grande talento. Em 1930, Alexander se transferiu para os Estados Unidos, fundou um instituto de psicanálise em Chicago, o qual presidiu durante 25 anos, e dirigiu depois, até a sua morte, o centro de pesquisas psiquiátricas e psicanalíticas do Hospital Mount Sinai de Los Angeles. Durante este tempo, era, ao mesmo tempo, professor de psiquiatria na Universidade da Califórnia do Sul. Foi um dos pioneiros da medicina psicossomática. (Grotjahn, p. 384-388; Harmat, p. 244-246; Kurzweil, p. 74, 86, nota 12.)

12. Vide 156 AF, notas 6, 7.

13. Acabou não havendo essa distinção do trabalho de Alexander (1922), pois naquele congresso, no outono, não houve outorga de prêmios (os últimos a receberem prêmios tinham sido Stärcke e Róheim, em 1921, ver Freud 1921d). Em vez disso, Freud anunciou uma nova premiação para o tema "relação da técnica analítica com a teoria analítica" (1922d). (*IZ*, v. 10, 1924, p. 106.)

14. Falta de trema no original [*uberauss*].

15. Freud lhe respondeu na "Páscoa de 1922". (Freud para Kata.)

16. "Freund sofreu um golpe do destino atrás do outro: sua primeira mulher se suicidou, sua filha era doente mental. Seu segundo casamento tampouco pôde ter sido feliz, já que ele tinha uma amante [...]." (Harmat, p. 63. Ver tb. Freud/Ferenczi III/1, 836 Fer, 866 Fer.)

17. Ver Freud/Ferenczi III/1, 901 Fer.

164 AF[1]
Sr. Prof. Dr. S. Freud
VIENA IX.
Berggasse 19

Berlim, 19/4/22

Querido papai! A tua carta me seguiu hoje para cá. Infelizmente não posso te dar o endereço do meu "mestre-colador"[2], mas posso te descrever como chegar lá. Ele mora na Langegasse, do lado ímpar, entre o Schönbornpark e a Josefstädterstrasse. A loja tem uma só porta, é uma espécie de caverna escura, e a casa, se bem me lembro, tem um ressalto. Sobre a porta há uma placa com um nome comprido, meio italiano, no poste geralmente há uma escultura pendurada. Espero que consigas encontrá-lo com base nessa descrição. Ernst acha que a faca necessitará de um cabo estreito, como o meu pendente quebrado.

Desde o meio-dia de ontem estou na casa de Ernst e Lux, Gabriel ficou mais lindo ainda desde a minha última visita[3]. Hoje de manhã vi três das casas muito lindas projetadas por Ernst.[4] – Quero estar em Göttingen no dia 25.[5]

Lembranças para todos!

Anna.

1. Cartão-postal.
2. Senhor Kleiner; vide 166 SF.
3. Início de março, vide nota 1 de 155 SF.
4. Ernst se estabelecera confortavelmente em Berlim naqueles anos 1920, a grande época para a arquitetura. "Algumas das casas projetadas por ele ainda existem." Seus primeiros trabalhos ele fez graças aos relacionamentos sociais de Lux, p. ex., a casa dos Maretzki e a casa dos Levy-Hofer (ambas construídas em 1921 no bairro de Dahlem); em 1925 ele desenhou também a casa de Lampl, "com consultório" e que, em termos de material utilizado e estilo de construção, destaca-se "do conjunto de casas particulares da época". "Desse momento em diante, Ernst Ludwig Freud se torna um arquiteto conhecido em Berlim, cujas construções são debatidas nas revistas especializadas e nos jornais mundanos." (Zohlen, p. 80; ilustração "casa de campo" e "armazém de tabaco" in: Hajos e Zahn, p. 45, 80; lista de seus principais projetos desde 1921 in: *ibid.*, p. 113.) Em 1926, Ernst foi convidado por Chaim Weizmann, então presidente da organização sionista, a "construir uma mansão na primavera [1927] em Jerusalém". (Freud/Ferenczi III/2, 1085 F, 13/12/1926, p. 123.)
5. Vide 167 AF.

165 AF

ARQUITETO ERNST L. FREUD, DIPL. ENG. BERLIM W. 10
REGENTENSTR. 11. TELEPH.: LÜTZOW 9584[1]

Berlim, 20/IV/1922

Querido papai,

Ontem à noite jantamos com os Eitingon. Tentei demovê-lo discretamente, conforme sugeriste, de sua viagem para Viena, mas sem sucesso. Ele parece estar muito decidido, enfatiza que, no outono, esteve contigo em condições tão pouco propícias e que quer te rever, e obviamente não tive mais o que responder. A mulher naturalmente abandonou há muito a idéia de uma viagem, desde o início eu não acreditei que aquele plano fosse real. O dr. Eitingon quer chegar em Viena na tarde do dia 5 e permanecer lá nos dias 6 e 7. Provavelmente me encontrarei com ele no meio do caminho para a viagem. Eu penso que seria gentil – e justo – se pudéssemos hospedá-lo em casa, assim como fizemos com Abraham e Ferenczi.[2] Estou disposta a ceder um dos meus cômodos para ele ou, se parecer mais prático para vocês, abrigar Ditha por esses dias.[3] Como ainda nem desfiz todas as malas e não me instalei totalmente, tampouco estou habituada a tanto espaço, há espaço mais do que suficiente.

O tempo aqui está frio, desagradável e triste. Hoje almoço com Helene Gebert, à tarde estarei com a senhora Wertheim. Estou bem curiosa por Göttingen.

Muitas lembranças para todos.

Anna.

1. Cabeçalho impresso. – A carta foi datilografada, só a assinatura é à mão.

2. Sobre a visita de Eitingon e a viagem com Anna, vide 166 SF-168 AF; ver tb. Freud/Eitingon, 235 E, 236 F, 238 E.

3. Judith Bernays, que naquela época trabalhava na editora, estava morando temporariamente desde o início de 1922 (e até 16 de maio) no salão que fora arrumado como quarto de hóspedes para Lou Andreas-Salomé (e, em seguida, para Ferenczi e Abraham). (Anna/Lou, cartas 7 (p. 17), 22; Freud/Abraham, 9/12/1921, 25/12/1921; Freud/Ferenczi III/1, 895 F; *Circulares 3*, p. 9, 16, 23, 30.) Talvez Freud tivesse tentado antecipar-se a uma ocupação desse cômodo: "Instalarei a seção britânica no nosso salão e consegui convencer nossa brava dona de casa a fazê-lo, apontando para os riscos da solicitação por parte de hóspedes", escreveu para Eitingon em 11/11/1921. (Freud/Eitingon, carta 223 F, p. 267.) Ver tb. 166 SF.

166 SF

24/4/22
PROF. Dr. FREUD   VIENA, IX. BERGGASSE 19.

Minha querida Anna:

Antes de mais nada, desejo as boas-vindas em Göttingen e saúdo calorosamente a sua nova amiga que, espero, construa contigo uma amizade tão duradoura quanto ela é maravilhosa.

De Hamburgo, onde eras uma dona de casa muito ocupada, escrevias com bastante freqüência; se o correio amanhã não trouxer mais uma carta tua, direi que é típico para Berlim que ali quase não consegues tempo para escrever.

Hoje chegou a carta anexa de Varendonck, agradecendo pela tua tradução. Portanto, certamente terás um cavalheiro fiel durante o congresso[1].

Outro acontecimento do dia foi a chegada da tradução espanhola da *Vida cotidiana*[2], como sabes, de Don Luis Lopez Ballesteros y de Torres, um nome sofisticado de tradutor para alguém tão plebeu quanto o teu pai. O editor também escreveu, ambos com genuína cortesia espanhola. O melhor, porém, é o que diz a lombada do livro: *Obras completas I*. Trata-se, portanto, de uma coleção![3] Ainda este ano deve sair o segundo volume, para o qual eles pedem uma fotografia.[4]

Mais novidades: desde que desmaiou, a vovó não está bem. A Ditha começou hoje a fazer análise[5] com a doutora Deutsch[6], e no dia 15 de maio se mudará para uma pensão. Mamãe comprou dois chapéus novos para mim, cada um custou exatamente uma libra. Ainda não se sabe quanto custarão meus sapatos novos, encomendados a Jellinek segundo modelo inglês, ainda é assunto para especulação. O Kleiner ficou com a faca de nefrite para conserto. Lampl me anunciou a chegada de cinco caixas de charutos trazidas por W. Pick, das quais chegaram apenas duas. A última remessa da Holanda, pela qual o cavalheiro lutou bravamente[7], parece estar perdida. Em compensação, Rank parece ter conseguido contrabandear seiscentas unidades via editora como sendo livros. O resultado é excesso, não falta. A pequena Groot tem a tua idade, parece mais jovem, simpática, ainda muito tímida. Terás oportunidade de exercitar tua gentileza depois da tua volta, pois a senhora Riviere, a orgulhosa tradutora inglesa, também conta com isso. Não sei o que devo dizer sobre o fato de vires apenas com Eitingon, mas tu mereces todas as impressões e episódios interessantes. Não ficará bem Eitingon morar aqui, não podemos expulsar Ditha tão pouco tempo antes de sua despedida, nem deixá-lo por tua conta. Vamos arrumar um quarto especialmente bonito no Regina[8]. O fato de Mirra não vir junto obviamente é um grande alívio.

Os planos de verão vão ser assim: mês de julho livre para todos (a tia partirá antes para Abbazia). No dia 1º de agosto, encontro de nós três para viajar para Karersee, H.[otel] Latemar, onde nos prometeram, desta vez, belos quartos voltados para o lado sul (em uma carinhosa carta do proprietário). Depois, no dia 1º de setembro ou alguns dias antes, seguimos para um pequeno balneário no Mar do Leste, para onde o Max deve ir também com seus dois moleques. Dia 25 de setembro, congresso em Berlim. O que me dizes? A última palavra ainda não foi dita.[9]

Com lembranças carinhosas
para ti e para a senhora Lou

papai

1. Vide nota 3 de 183 AF.
2. Freud 1901b.
3. Vide nota 8 de 133 SF.
4. Este segundo volume deveria conter os escritos de Freud 1905d, 1910a, 1901a e 1920g. (*IZ*, v. 8, 1922, p. 237, 525; *ibid.*, v. 10, 1924, p. 481.) Em uma carta de agradecimento ao editor, redigida em espanhol, Freud elogiou (1923h) especialmente o estilo elegante, assim como a grande compreensão e a correta reprodução dos difíceis raciocínios psicanalíticos. Naquele mesmo ano, acrescentou, em sua *História do movimento psicanalítico* uma nota de rodapé com menção explícita às *Obras completas*, que estariam dando conta do "vivo envolvimento nos países de fala espanhola" (1914d, p. 73, nota 1).
5. Ditha já começara a ler as obras de Freud em 1909 na América do Norte, recebendo conselhos de Freud por carta para estudar seus escritos e a psicanálise (cartas de Freud para Judith Bernays, 5/12/1909, 28/8/1911, LoC SF, Cont. 12.) Em 17/5, ela se mudou para uma pensão em Cottage. (Anna/Lou, carta 22.)
6. Helene Deutsch (1884-1982), médica psiquiatra, casada com o dr. Felix Deutsch. Foi uma das primeiras mulheres a estudar medicina em Viena e dirigiu, até 1918, o departamento psiquiátrico feminino da clínica Wagner-Jaureggs. Depois de sua análise didática com Freud, abriu consultório próprio em Viena, tornou-se membro da Sociedade Psicanalítica Vienense em 1918 e assumiu logo um papel de liderança no movimento. Em 1924, contribuiu para abrir o Wiener Lehrinstitut, que dirigiu até 1934 (e no qual Anna era redatora). (Anna/Lou, carta 206; *IZ*, v. 11, 1925, p. 254; Deutsch, H. 1925, 1994 (especialmente o capítulo X, *Sigmund Freud*). Ver tb. Freud/Ferenczi III/1, 899 F.) Fazia parte de um grupo mais íntimo de colegas que Freud costumava convidar para sessões em sua casa, depois que adoeceu de câncer. (Heenen-Wolf, p. 159.) Em 1934-35, Helene Deutsch emigrou com filho e marido para Boston, onde continuou suas atividades analíticas práticas e pedagógicas.

Nos anos 70, envolveu-se também em ações políticas. Como analista extremamente multifacetada, fez parte do grupo de mulheres mais importantes e mais estimadas da história da psicanálise. (Mühlleitner, p. 75-77; *IZ*, v 5, 1919, p. 149; Deutsch, H. 1994; Roazen 1989.)

7. Schmideberg.

8. Sigmund Freud hospedava freqüentemente seus convidados no Hotel Regina, próximo à igreja Votiv-Kirche (na atual Sigmund Freud Platz), pois podia ser acessado em poucos minutos a pé.

9. Vide nota 14 de 159 SF.

167 AF

Göttingen, terça à noite [25/4/1922]

Querido papai! Chegar a Göttingen é relativamente fácil, mas sair daqui para Viena é difícil até para especialistas em roteiros de trem, como Oliver[1]. Por fim, ele descobriu o trajeto via Leipzig como sendo o mais confortável, é o único que não exige pernoite, o que é melhor evitar diante das atuais condições nos hotéis. Estou, portanto, há algumas horas em Göttingen, fico aqui oito dias, parto quinta-feira, 4 de maio, ao meio-dia, passando por Goslar e Halle (exatamente como fizeste em setembro[2]), estarei às sete da noite em Leipzig, onde o dr. Eitingon me aguarda (assim como fez contigo em setembro) e sigo com ele (oxalá que com menos alvoroços) às dez, chegando no dia 5 de maio em Viena (às 14h10). O dr. Eitingon ainda queria te pedir por telegrama que reserves um quarto, mas deixou isso para a minha carta, já que ainda há bastante tempo. Portanto, ele virá com total certeza, sem precisar de mais uma comunicação. Pretendemos almoçar no trem, não precisam guardar nada para nós e tampouco alguém precisa vir nos buscar nesse horário incômodo.

Infelizmente, o passado não pode ser descrito de forma tão rápida e simples quanto o futuro. Em Berlim há tanta coisa para fazer que nem cabe em uma carta. Sobre Gabriel, que realmente é muito encantador, falarei depois, assim como sobre seus orgulhosos pais, tão apaixonada por ele. Quem se tornou muito gentil e humano foi Teddy[3], que me trouxe e levou várias vezes e se comporta de forma bem masculina. Come-se demais: um almoço de domingo na casa da senhora Brasch, uma reunião à noite em minha homenagem na casa da Gerda[4], um chá na casa da senhora Wertheim, outro na casa da Lucy[5], um almoço com Helene[6], etc., etc. O melhor foram três dias – ou melhor: três noites – com os Eitingon, onde me sinto muito em casa, mesmo no novo apartamento[7]. Ele continua igual e seguramente é uma das melhores pessoas e amigos que temos. Insinuou estar com uma série de preocupações e dificuldades que o deprimem, e anseia muito por estar contigo. A melhora do estado de saúde dela é, ao que parece, aparente, provavelmente, o menor motivo seria suficiente para devolvê-la ao estado anterior. Apesar disso, também com ela foi como sempre, só que tenho cada vez mais a sensação de que ela é doente e que não se pode contar com ela como com pessoas sadias.[8]

Sobre os acontecimentos de Göttingen, resta apenas a síntese telegráfica, pois agora está perto até mesmo do teu horário de ir dormir. Então: muito bem alojada em um simpático quarto de uma família de professores⁹, fui recebida por Sra. Lou com flores e bombons, passeio até a sua casinha pequena, não muito abastada¹⁰, jantar com ela muito simpático e fino, seguido de longa conversa, como se tivéssemos acabado de falar ontem em Viena, caminho de volta à noite com o gentil e simpático professor Andreas¹¹, agora muito sono, já que tudo o que dormi em Berlim cabe em uma noite, e expectativa pela continuação amanhã.

Com¹² lembranças e beijos

tua
Anna.

Pede à Ditha¹³ que diga à editora que não me mande mais nada, assim não preciso mais me comunicar com eles.

1. Vide 16 AF/OF, nota 14.
2. Sobre a viagem à região do Harz em 1921, vide nota 2 de 153 AF.
3. Theodor Freud (1904-1923), filho de Marie e Moritz Freud. (Stammbaum Lange: *Freud Family, Genealogical Tree*, p. IV.) Sofreu um acidente fatal no verão do ano seguinte, durante o banho, ver 197 SF, nota 2.
4. Gerda, nascida Brasch, irmã de Lucie. (carta de Lucie Freud para Felix Augenfeld ("Grockchen"), 2/10/1939; LoC SF, Cont. 12.) Casada desde 1919 com Karl Mosse. (Correspondência Ernst e Lucie Freud, Exeter, Box X 503 (agradeço a Albrecht Hirschmüller por esta informação).)
5. Lucy Wiener.
6. Helene Gebert.
7. Na Rauchstr. 4, para onde os Eitingon voltaram em 29/4/1921, depois de morar na Güntzelstr. 2, e de cuja reforma Ernst também participou como arquiteto. (Freud/Eitingon, 204 E, 207 E, 211 E, 213 E.). Ver 131 AF, nota 12.
8. Sobre a enfermidade/estado de saúde de Mirra Eitingon, ver Freud/Eitingon, *passim*; vide também 131 AF, nota 9, 137 SF.
9. A senhora Gudrun Bruns com seus três filhos no Nikolausberger Weg 61. "Ficarás alojada na periferia da cidade[,] perto de nós, basta cruzar os campos para podermos nos visitar [...]." (Lou para Anna, in: Anna/Lou, carta 16, 11/4/1922, p. 39.) Ver também 169 AF. A família estava se mudando para Königsberg. O professor Oskar Bruns (nascido em 1878), até 1922 docente particular e médico-chefe na clínica médica de Göttingen, já tinha saído da cidade (31/3/1922), a mulher e os filhos seguiram em 13/9/1922. (Agradeço ao sr. Lohmar, arquivo da cidade de Göttingen, 10/11/2000, por esta informação.)
10. Haus Loufried, Herzberger Landstrasse 101. Hoje há no local um grande prédio de apartamentos com uma placa indicativa:

Lou Andreas-Salomé
Escritora
1903-1937
Friedrich Carl Andreas
Especialista em Irã
1903-1930

Para lembrar o antigo idílio paisagístico, há um bloco de pedras com a inscrição de um poema de Lou Andreas-Salomé:

> oh, céu claro acima de mim
> a ti quero me confiar
> não deixes que prazer e sofrimento aqui
> impeçam-me de olhar para ti
>   Lou Andreas-Salomé.

11. Friedrich Carl Andreas (na verdade, F.C. Bagratian) (1846-1930), orientalista alemão, viveu sete anos na Pérsia, depois em Berlim, desde 1903 professor de Filologia Oriental em Göttingen. Pesquisava as línguas iranianas da Antigüidade até a época contemporânea em todos os seus dialetos e publicou obras fundamentais sobre transmissões orais iranianas antigas e modernas. Sobre seu casamento com Lou, ver Andreas-Salomé, 1951, p. 199-216, 287-290.
12. Desta palavra sai uma longa flecha até um espaço em branco embaixo, à esquerda no papel. O motivo não está claro, provavelmente Anna quis deixar espaço para Lou escrever alguma coisa.
13. Vide 156 AF, nota 9.

168 AF

Göttingen, 27/IV/1922

Querido papai! Agradeço muito pela tua carta que me aguardava hoje na casa da Sra. Lou. Ultimamente tenho recebido tantas notícias novas que fico quase impaciente por não estar ainda em Viena, participando de tudo. Eu talvez tivesse chegado já antes do dr. Eitingon, mas não queria encurtar a temporada aqui com Lou, que certamente é especial e única em seu jeito, depois de ter sido tão brava em Hamburgo e de ter enfrentado Berlim com sucesso. Além disso, viajar com Eitingon será um prazer especial para mim. Mas depois volto a me assentar e apenas gostaria (de forma bem egoísta) que essa temporada de trabalho tivesse não apenas dois, e sim no mínimo seis meses, a fim de poder realizar algo de construtivo. Espero que encontre vovó bem de saúde.

Para vergonha minha, realmente não consegui escrever muito em Berlim, pois nunca havia a feliz coincidência de haver uma mesa, uma poltrona, papel, tinta, pena e alguma tranqüilidade de uma só vez. Vive-se lá num turbilhão, e é milagroso como as pessoas agüentam isso. Aqui, ao contrário, o dia volta a ter suas 24 horas, permitindo realizar bastante coisa.

Com prazer exercitarei minha gentileza e estou ansiosa por todas as novas pessoas que vou conhecer.[1] Meu pobre Varendonck parece mesmo estar meio confuso. A edição completa espanhola me impressiona muito, bem como a opção pelo sul do Tirol para as férias de verão.[2] Enquanto isso, voltei a ser bem econômica na Alemanha, só ando de terceira classe e, no cardápio, olho sempre primeiro para a coluna da direita quando vou a algum restaurante. Mas isso, em Viena, onde não faz sentido economizar, vai voltar a ser diferente. A notícia sobre Ditha me surpreendeu e interessou muito.[3] Lamento que não possamos hospedar o dr. Eitingon. Adoraria ter acolhido a Ditha nos meus cômodos, já que desde Hamburgo estou acostumada a viver com as minhas coisas dentro das malas, e assim adiaria o início da vida regrada e sem malas por dois dias e meio. Bem, mas seja como vocês quiserem.

Hoje visitei nossos parentes da família Bernays[4] e vou almoçar bolinhos de batata lá amanhã. Eles moram a poucas casas de distância de onde estou alojada agora.[5]

A Sra. Lou cancelou uma de suas análises durante o tempo da minha estadia, tendo agora uma hora pela manhã e duas à tarde à minha disposição. Assim como em Viena, temos tido conversas intermináveis, mas agora com um objetivo muito mais limitado, correspondendo ao curto tempo. Trouxe aqui para Göttingen o plano e um tipo de idéia para um pequeno trabalho, que ela está me ajudando a executar. Se concordares, será a minha palestra de convidada na Sociedade Psicanalítica, pois adoraria me associar como membro.[6] Não deves esperar muito, mas só o fato de me ocupar com isso está me dando muito prazer. Hoje, pela primeira vez, com o tempo um pouco melhor, interrompido por apenas três chuvaradas breves, fiz um longo e maravilhoso passeio por floresta, campo e morro.

Além disso, ainda tive uma idéia um pouco fantasiosa sobre como ajudar a Sra. Lou financeiramente durante um tempo e ainda por cima fazer um bem para outra pessoa;[7] mas prefiro te falar disso em Viena. Os cabelos de Lou voltaram a ficar normais[8], ela está mais bonita e jovem. Impossível acompanhar a rapidez do seu raciocínio, seus pensamentos continuam quando na minha cabeça todos os conceitos já se embaralham. Estou tendo oportunidade de ver muita coisa de Rilke[9] e, de maneira geral, tudo está sendo muito bom.

Com tudo isso, o tempo em Göttingen é tão abundante que finalmente posso fazer como as corujas e dormir quase "doze horas por dia".

Mando lembranças carinhosas para todos.

Com um beijo

tua
Anna.

---

1. Vide nota 2 de 28 SF.
2. Vide nota 14 de 159 SF.
3. Ela pode estar se referindo à analise de Ditha ou à sua saída da Berggasse – ou então Anna pode ter sido informada sobre a intenção de Judith de noivar. (Freud/Bernays, carta 172.) Vide 175 SF, nota 8, 181 SF.
4. No mesmo período em que Anna estava em Göttingen, estavam lá: 1. Paul Isaak Bernays (1888-1977), filho de um primo de Martha e Minna (Julius Bernays, 1862-1916, casado com Sara Brecher, 1867-1953). Paul passou os anos de 1909-1934 em Göttingen. Matemático e filósofo, de 1917 a

1933 foi assistente do dr. Hilbert (com quem, entre outras coisas, escreveu o livro *Bases da matemática*), em 1919 foi docente e, em 1922, professor universitário; em 1934 emigrou para Zurique, onde trabalhou na ETH e ficou até o seu falecimento. Não se casou, vivia entre Berlim e Göttingen e morava, então, na Nikolausberger Weg 43. – 2. Isaac Bernays (1861-1924), doutor em filosofia, historiador, era primo de Martha e Minna (tio de Paul Isaak), já morara em Göttingen como estudante de 1894-97, trabalhara como arquivista de 1898 até o armistício em Estrasburgo e voltou em 2/2/1919 para Göttingen. Ali, morou com sua mulher Marie Elisabeth *Emilie*, nascida Feldmann (1857-1931), na Nikolausberger Weg 44; morreu em 1924 em Göttingen. Como Anna fala de seus "parentes", no plural, o convite para jantar deve ter sido daquela família. (Stammbaum Lange: *Bernays Family, Genealogical Tree IIa*, p. II7, texto sobre IIa: p. 43, 44, 44a; Specker. Pelas informações agradeço ao sr. Lohmar, arquivo da cidade de Göttingen.)

5. Vide nota 9 de 167 AF.

6. Em 31/5/1922, Anna fez a sua conferência como convidada diante do grupo vienense sobre o tema *Fantasias e sonhos diurnos de uma criança espancada*. "Acho que papai também ficou satisfeito e gostou muito do meu começo", escreveria depois para Lou. (Anna/Lou, 31/5/1922.) Freud dissera antes para Eitingon que se sentiria como Brutus "quando este teve de julgar seus próprios filhos", e acrescentou: "Ela deve estar dando um passo decisivo". (Freud/Eitingon, 240 F, 19/5/1922, p. 286 *et seq.*) O seu trabalho (1922) foi publicado sob o título de *Schlagephantasie und Tagtraum*; sobre o pano de fundo autobiográfico, ver Young-Bruehl I, p. 147 *et seq.* Em 13/6/1922, Anna se tornou membro da Sociedade Psicanalítica Vienense. Lou também foi aceita como membro (em 21/6/1922) – excepcionalmente, sem conferência. (*IZ*, v. 8, 1922, p. 247 *et seq.*, 245; Anna/Lou, cartas 24, 25, 31; Freud/Andreas-Salomé, 26/6/1922.)

7. Pode ser uma alusão às idéias de Anna que ela mencionara numa carta de Göttingen a Eitingon: "Não abandonei meus planos de convencer a Edith a fazer uma análise didática com Sra. Lou, apenas adiei até Edith ficar um pouco mais velha e já ter resolvido a volta que está dando rumo à análise". (Anna para Eitingon, 20/7/1922.) Anna, depois, acabou fazendo essa ponte. (Anna/Lou, cartas 64 (p. 116), 148 (p. 266), nota p. 742 *et seq.*) Veja também 177 AF, nota 8.

8. No verão de 1921, Lou adoecera com uma febre tão alta que, como escreveu para Freud, "o meu cabelo caiu todo, e agora ando de touca como uma velhinha". (Freud/Andreas-Salomé, 6/9/1921, p. 118; veja também Anna/Lou, P.S. de carta 6.)

9. Lou já anunciara para Anna em março uma nova "fase produtiva" de Rilke. (Anna/Lou, carta 12, 18/3/1922, p. 30; também carta 13, p. 33.) Veja 156 AF, nota 4. Anna tinha "uma relação emocional profunda com a obra de Rilke, intermediada por [...] Lou". (Peters, p. 56, também p. 28.) Numa carta anterior para Lou, Freud mencionara que Anna sabia poemas de Rilke "parcialmente de cor". (Freud/Andreas-Salomé, 1/4/1915, p. 31.) (Compare Young-Bruehl I, p. 66, 185.) Aos 75 anos, na palestra final sobre o tema agressão, durante o XXVII Congresso Psicanalítico Internacional em Viena, ela citou "o poeta Rainer Maria Rilke [...], que considerava o movimento em direção à morte como uma das tarefas mais importantes da vida". (1972, in: *Escritos*, v. 10, p. 2793.)

169 AF

Göttingen, 30/IV/1922

Querido papai! Aqui em Göttingen, está cada vez melhor[1], apesar do tempo horroroso. Passo o dia inteiro lá em cima, na casa da Sra. Lou, escrevendo o meu pequeno ensaio, lendo trechos para ela. Diz ela que eu estou fazendo tudo sozinha, mas eu sei que ela me alimenta de uma forma estranha e oculta, pois quando estou sozinha não sei nada dessas coisas. Já estou muito curiosa por saber se concordarás com o resultado.

"Minha nova amiga", como escreves, é mesmo excepcional e, para mim, ainda é, no fundo, um mistério como devo me aproximar dela. Mas, por outro lado, vive-se com ela de forma tão leve, simples e natural como ocorre com pouquíssimas outras pessoas que conheço. Quanto mais tempo se passa com ela, mais jovem, vivaz e íntima ela se torna e nos revela, a cada dia que passa, coisas tão interessantes que só então notamos quanta coisa há no mundo.

Afora isso, Göttingen é bem simpática, bem o ideal da mamãe de uma pequena cidade universitária com jardins e árvores verdes. Nem tenho como gastar dinheiro. Quando não faço as refeições na casa de Sra. Lou, como alternadamente aqui nos Bruns ou nos Bernays[2]. Também tenho as maiores dificuldades com a senhora prof. Bruns (mãe do pequeno Mai do ensaio sobre o narcisismo[3]) para pagar o meu quarto. Assim sendo, temo partir daqui levando mais marcos do que tinha quando cheguei, uma circunstância preocupante para estes tempos.

Estou já ansiosa por voltar para Viena e tudo aí, principalmente depois desse belo desfecho da viagem.[4]

Com muitas lembranças para ti e todos

tua
Anna.

1. Erro de declinação no original [*Schönen*].
2. Expressão em iídiche, "teg-esser", que faz as refeições alternadamente em várias casas (uma benesse concedida antigamente a estudantes pobres do talmude). (Wolf, p. 184)
3. Andreas-Salomé, 1921.
4. Sobre o trajeto da volta, ver 167 AF.

170 AF[1]

Sr.
Prof. Dr. S. Freud
Bad Gastein
Villa Wassing[2]

[Viena,] sábado, 1/VII/[1922][3]

Querido papai! Acabo de buscar nossas passagens de trem. Se não houver uma nova greve[4], partiremos na *terça*.[5] Amanhã, anunciarei a nossa chegada a Berlim por telegrama. Aqui está tudo bem, quer dizer – está tudo de cabeça para baixo, os tapetes estão sendo limpos[6]. O incansável[7] dr. Rickman esteve aqui para buscar a carta e encontrou a porta fechada enquanto estávamos na estação, hoje voltou às seis da manhã, tirando-nos da cama. Do Max, uma carta simpática com as medidas dos meninos; vamos comprar roupa para eles. O vestido de festa verde foi comprado, é lindo, e o dono da loja disse que aprecia clientes elegantes, seu cunhado também é neurologista. Infelizmente, meus sapatos ficaram muito pequenos, e agora os Jellinek terão de ficar com eles para conserto. O ouvido da mamãe está melhor hoje, estamos bem-humoradas e ansiosas pela viagem. O fiscal da cancela do trem de ontem era totalmente incorruptível. Aichhorn[8] e Trude[9] estiveram aqui hoje. Muitas lembranças nossas.

tua A.

1. Cartão-postal.
2. Freud começou seu tratamento neste dia (até 31/7), acompanhado por Minna, que antes (de 19 e 21/5 até final de junho) passara uma temporada em Abbazia. (Freud/Jones, cartas 356, 364; Freud/Bernays, cartas 172, 173.)
3. Carimbo postal: 2/VII/2, o último número do ano não está legível.
4. "Desde a minha última carta, assistimos aqui a todo tipo imaginável de greve: greve de trem, do correio, dos telégrafos, de telefone e agora [...] greve dos bondes". (Anna/Lou, carta 32, 29/6/1922, p. 60.) Ver 157 SF, 171 AF, 179 SF, nota 5.
5. Anna seguiu com a mãe em 4/7 primeiro para Berlim, onde ficaram hospedadas na casa do casal Eitingon. Sobre o resto da viagem, vide 172 MF/AF, nota 3. (Anna/Lou, carta 22.)
6. Freud tinha horror ao ruído de espanar tapetes para tirar poeira; vide 138 SF, 177 AF.
7. Pode ser uma alusão a um traço da personalidade de Rickman, mencionado por Anna em uma carta para Lou Andreas-Salomé. Anna diz que Rickman era *quaker*, membro da seita Sociedade dos Amigos, o compara, em sua "bondade com os outros" a Aichhorn e Eitingon e pergunta por uma relação com a psicanálise: "[...] não é que essas pessoas sempre acabam atraídas pela análise?" (Anna/Lou, carta 9, p. 22 *et seq.*; a resposta de Lou: carta 10, p. 24 *et seq.*; ver também Freud/Ferenczi III/2, 1097 Fer, p. 148.) Veja também nota 9 de 174 AF.
8. August Aichhorn (1878-1949), professor *honoris causa*, pioneiro na aplicação da psicanálise em delinquentes juvenis. Foi professor e pedagogo, a partir de 1909 passou a se dedicar exclusivamente ao trabalho social com jovens e, em 1918, fundou "um lar de jovens para crianças e jovens vienenses com problemas de socialização em Oberhollabrunn", que dirigiu até ser fechado. (Aichhorn, A. 1923, p. 190, 192.) Posteriormente, fundou e dirigiu em Viena postos de aconselhamento pedagógico e instituições assistenciais. Anna conheceu Aichhorn em janeiro de 1922 (Steinlechner, p. 80, cita erroneamente o ano de 1921) em sua instituição com "ladrões, vagabundos e salteadores" e escreveu uma carta entusiasmada para Lou Andreas-Salomé. (Anna/Lou, carta 7, 18/1/1922, p. 14.) Ver nota 5 de 26 AF. (Ver também o prefácio de Freud (1925*f*) para o livro de Aichhorn, *Juventude abandonada* (1925).) Em outubro de 1922, Aichhorn se tornou membro da Sociedade Psicanalítica Vienense, teve consultório de análise próprio e trabalhou como analista pedagógico. (*IZ*, v. 8, 1922, p. 536; Mühlleitner, p. 21.) Nos anos seguintes, introduziu Anna em sua área de atuação em excursões particulares. (Anna/Lou, p. ex. cartas 148, 150.) A partir de maio de 1924, Aichhorn, Bernfeld e Willi Hoffer se encontravam regularmente com Anna para trocar experiências pedagógicas, idéias e planos. (Anna/Lou, 1924, a partir de carta 172, 1925, *passim*.) Aichhorn também aconselhou Anna na fundação da escola de Hietzing (vide 208 SF, nota 7), onde ensinou temporariamente. Depois da Segunda Guerra Mundial, conseguiu reavivar a sociedade vienense, tornando-se seu dirigente. (Aichhorn, T.; Anna Freud 1951.) Em 1947, recebeu o título de professor pelos seus "méritos em ciência das almas e assistência a jovens". (Mühlleitner, p. 22.)
9. Gertrud Hollstein, nascida Baderle; vide 26 AF, nota 5.

171 AF[1]

Manhã de segunda-feira. [Viena, 3/VII/1922][2]

Querido papai! Acaba de chegar o teu cartão[3], do qual gostamos muito, a mamãe também, especialmente das camisas. Tomara que possamos aproveitar nosso carro-leito amanhã melhor do que tu. Ontem foi um dia tranqüilo, fizemos as bases das nossas malas e jantamos com a Math e o Robert no Café Reichsrath. Tens toda razão de não querer fazer tuas malas nunca. Hoje veio o Hafner e está mexendo nos aparelhos de calefação; o apartamento está cada vez mais parecido com uma fortificação.[4] Continua fazendo calor, mas o bonde voltou a funcionar hoje de manhã[5]. Estou anexando algumas cartas que chegaram.

Muitas lembranças para ti e a tia.

tua
A.

1. Cartão-postal enviado como carta (o espaço do endereçamento está vazio), provavelmente com a finalidade de anexar outras cartas (ver fim do cartão).
2. Este cartão estava bem no fim da correspondência. O tipo das letras do cartão é o mesmo de 170 AF e 173 AF; de acordo com os critérios do conteúdo, da letra e da intensidade da escrita, deve pertencer a esse lugar.
3. Não ficou conservada; provavelmente endereçada a Martha (mas tampouco contida em LoC SF, Cont. 10).
4. Vide nota 4 de 16 AF/OF.
5. Também estava em greve, vide nota 4 de 170 AF, 179 SF, nota 5.

172 MF/AF[1]

Sr.
Prof. Dr. S. Freud
Bad Gastein
Villa Wassing

Berlim, 6 de julho[2] [1922]

Meus queridos, estamos na varanda dos Eitingon tomando café preto; está um calor tão medonho que põe no chinelo o de Viena. Mesmo assim, os dias são lindos, apenas temos um pouco de medo da viagem de amanhã.[3] Falamos por telefone com o Max ontem à noite.

[Cada um escreveu com sua própria letra:]

Cordiais saudações antes da minha partida. Recebi seu cartão e novas provisões.[4]

Lampl

Já anunciamos nossa chegada a todos por telegrama, infelizmente amanhã em viagem.

carinhosamente Anna.

Meus melhores votos Oliver

Cordialmente Max Eitingon

Com toda cordialidade Mirra

1. Cartão-postal, letra de Martha Freud.
2. Na caligrafia, equivocadamente "7 de julho"; o carimbo postal diz: 6/7/22, 20h-21h.
3. Martha e Anna ainda viajaram juntas um trecho no dia 7/7 (vide nota 1 de 177 AF). (Anna/Lou, carta 30.) Depois, separaram-se: Martha foi para Hohegeiss, onde já a esperava a srta. Jacob com os dois netos hamburgueses (vide 174 AF-188 AF). Os meninos e a srta. Jacob permaneceram alguns dias a mais do que Martha, a qual, no início de agosto, viajou para Obersalzberg em Berchtesgaden, passando por Göttingen (vide nota 10 de 174 AF, 188 AF). (Cartas de Freud para Max, 20/6 e 6/8/1922.) Anna visitou Lou Andreas-Salomé em Göttingen, onde permaneceu até o início de agosto; vide 173 AF-188 AF.
4. Charutos, ver 166 SF.

173 AF[1]

Sr.
Prof. Dr. S. Freud
Bad Gastein
Villa Wassing
Áustria
Salzburgo

Sexta à noite, [Göttingen, 7/VII/1922]
[Carimbo postal: 8/7/22 9, 10h da manhã]

Viagem agradável e fresca com a mamãe, aqui muito bem alojadas[2], muito agradável e confortável, cansada e muito animada, a mamãe e eu esperamos o mesmo de vocês. Mais detalhes amanhã. Encontramos o dinheiro.[3]

Tua Anna.

1. Cartão-postal com remetente escrito à mão:
"Endereço: Göttingen,
Herzberger Landstr. 110,
a/c Sra. Prof. Petersen"

2. "Na casa em frente à nossa, [...] há dois cômodos para alugar que se comunicam, com vista para o morro verdejante, estão inseridos na paisagem. Ao sair, podes estar na maior descontração na floresta, podes acampar e andar descalça etc." (Lou para Anna, in: Anna/Lou, carta 26, 3/6/1922, p. 52; carta 30.) Ver tb. nota 9 de 6 AF.

3. Por causa das restrições para a remessa de divisas, Anna enviara previamente dinheiro alemão através de um banco de Munique. (Anna/Lou, carta 31.) Ver 177 AF.

174 AF

Göttingen, 8/VII/1922[1]
Sábado à noite.

Meu querido papai!

Espero que tenhas recebido toda nossa parca correspondência até agora: dois cartões meus de Viena, um da mamãe e um cartão conjunto de Berlim, além do meu cartão breve, cheio de sono, de ontem à noite. Agora, a mamãe já deverá ter escrito com mais detalhes de Hohegeiss.[2] Nós nos demos muito bem na nossa viagem conjunta e foi difícil nos separar. A partir do momento em que a Berggasse estava longe, mamãe se recuperou visivelmente e agüentou bastante bem a temporada berlinense. Se as conexões de trem o permitirem, também quero ir ver pessoalmente como estão ela e as crianças em Hohegeiss[3]; em linha reta estamos até bastante próximas.

Aqui encontrei tudo inesperadamente e imerecidamente bem. Meus dois cômodos são encantadores, a anfitriã – viúva elegante e culta de um professor de grego – me acolheu totalmente e parece ter a melhor das intenções comigo. Assim, não há mais o que desejar, fora, talvez, a luz elétrica. Mas o preço baixo que eu esperava obviamente não existe. Pago duzentos marcos por dia. Parece muito, mas em compensação tudo é de primeira. Minhas três janelas dão para o pomar, e logo atrás começa a floresta.

Lou enfeitou o meu quarto com rosas de todas as cores do seu jardim, além disso, com chocolate, pendurou o teu retrato na parede e colocou até selos para o meu uso pessoal na escrivaninha. Hoje eu não estava muito bem e um pouco mole, e assim ficamos deitadas nas espreguiçadeiras no seu jardim, que tem cerejeiras, groselhas[4], amoras e flores. Temos muitas expectativas pelas quatro semanas que teremos. Vês, portanto, que estou tão bem aqui que, se não gostasse tanto dos dois anéis que me deste[5], chegaria a sacrificar um deles.

Espero que a mamãe tenha te contado bastante coisa sobre o Gabriel. De maio para cá, ele se desenvolveu bem e está cada vez mais maravilhoso. Ele é mesmo incrivelmente mais bonitinho do que a Lucy Rickman[6]. O que surpreende nele, além de sua beleza realmente séria, é seu jeito quase adulto, humano, de participar de tudo. Nada nele lembra que descendemos dos animais, coisa que se revela no nosso Tonerle de forma tão intensa – meio macaquinho, meio burrinho. É bem afetivo conosco e tem muita afinidade com a família, como afirma o

Ernst. Dizem que ele não suporta cristãos. A Lux atualmente está sem empregada e se estressa bastante. Ambos foram muito gentis.

Experimentamos o hotel Eitingon[7] para ti com os melhores resultados possíveis. Lá tem tudo o que se quer, espaço em abundância, tranqüilidade e boa companhia, dependendo do que se quer, solidão ou família, quem desejar pode fazer suas refeições no quarto, há banho quente ou frio, ducha, a qualquer hora do dia, serviço de passagens em casa, e – o que também tivemos de experimentar – os visitantes podem partir bem cedinho com a maior pontualidade e sem agitação. Recomendo em todos os sentidos. Ao final ainda se ganha um lanche para a viagem, chocolate; não existe nem mesmo a opção de pagar o carro.

A Sra. doutora está bastante bem, participa de tudo e, vista de fora, parece alegre. Ele é que não parece muito bem, está bastante estressado com seis horas de trabalho em casa e outras três ou quatro na policlínica; já começa a trabalhar às oito. Ele deverá continuar assim até o congresso[8]. Para nós ele reservou uma tarde, a partir das 17h, para um passeio de carro até Wannsee. A Sra. doutora diz que o milhão do qual abriste mão para ele em maio o impressionou tanto que agora ele busca oportunidades para indenizar a nossa família na mesma proporção.[9]

Tive uma longa conversa à noite com ele e gostaria de te contar muita coisa que passa pela minha cabeça, mas vou deixar para fazê-lo em Berchtesgaden[10]. Mas não imagino que aquilo que imaginamos no outono – que a sua doença acabaria afastando-o da psicanálise e de nós – aconteça, e a amizade com ele nunca terá o mesmo desfecho que ocorreu com Loe, a não ser que déssemos algum motivo especial. Concordas com isso? O fato de ele não conseguir tratá-la de outra forma é resultado de sua natureza, e se isso fosse diferente, ele não seria mais aquele de quem gostamos.[11]

Espero que entendas o que quero dizer.

Manda lembranças minhas à tia e escreve logo!

Tua Anna.

[Na margem:]
Oli parece estar bem e está ansioso por passar o verão conosco.[12]

---

1. À mão: 9/VII/1922.
2. Sim, no mesmo dia. (Martha para Freud, 8/7/1922; bem como outras cartas escritas de Hohegeiss.) "Minha pobre esposa está tiritando de frio com nossos meninos na região do Harz. O nome do lugarejo é Hohegeiss. [...] Por volta do dia 4 queremos estar todos juntos em Salzberg." (Freud/Ferenczi III/1, 908 F, 21/7/1922, p. 140.)
3. Vide 176 AF, nota 2, 177 AF.
4. *Ribiseln*, termo austríaco para um tipo de groselha.
5. Seis anos depois, Anna ganhou do seu pai (provavelmente pelo seu aniversário em 3/12/1928) mais um anel carregado de simbologia: o chamado "anel dos Nibelungos" ou "Bundesring", antes

reservado apenas aos membros do Comitê (vide nota 5 de 126 SF, nota 5 de 129 SF), mas cuja significação mudou no decorrer dos anos, pois outros amigos íntimos também o receberiam (Jones II, p. 189; Freud/Ferenczi II/2, 813 F, 815 Fer; Grosskurth; Wittenberger 1995, p. 212-216 com notas (também sobre toda a história do "anel").) "Agora também ganhei um anel e o uso constantemente", escreveu Anna para Eitingon em 12/12/1928. (A informação errada em Jones III, p. 32, Peters, p. 72 *et seq.*, e Young-Bruehl I, p. 131 *et seq.*, de que Anna teria ganhado seu anel em maio de 1920, já foi corrigida por Wittenberger (1992, p. 55-57). Cf. tb. anexo 3.

6. A pequena filha de John Rickman (vide 161 SF, nota 12), que pelo visto tinha a mesma idade de Gabriel.

7. Chiste familiar. (P.ex. Freud/Eitingon, cartas 207 E, 245 F; Freud/Lou Andreas-Salomé, 8/9/922.) Sobre a hospedagem acolhedora, ver carta de agradecimento de Freud de 10/7/1922. (Freud/Eitingon, 246 F.)

8. Vide nota 3 de 183 AF.

9. Eitingon visitara Freud por ocasião de seu aniversário em maio (ver 159 SF, 160 AF, 167 AF). (Freud/Eitingon, carta 235 E, 238 E.) Freud lhe dedicou um sábado inteiro, sem receber discípulos ou pacientes. (*Ibid.*, 239 E.) Sobre a "bondade, santidade" de Eitingon, vide p.ex. Anna/Lou, carta 172, p. 309 *et seq.* e outras; ver tb. nota 7 de 170 AF; Schröter 2004, anexo de documentos XIII, p. 977; Young-Bruehl I, p. 177, 184-190.

10. A idéia era reunir a família para o resto das férias na região do Obersalzberg (onde Freud já procurara acomodação em 1915, vide nota 2 de 48 SF): Freud e Minna chegaram de Gastein em 1/8; vide 187 SF. (Freud/Bernays, carta 172; Martha para Freud, 27/7/1922; Freud/Eitingon, 241 E, 248 F.) Martha e Anna chegaram em 4/8 "tarde da noite, num breu profundo [...], depois de muitos atrasos e alguns contratempos em Munique". (Anna/Lou, carta 35, 5/8/1922, p. 62.) Ver 182 AF, 188 AF. Depois vieram ainda Oliver, Mathilde e Robert, Ernst e Lux, a mãe desta última, Edith e o irmão de Freud, Alexander. (Anna/Lou, cartas 37, 44.) Depois, Minna foi de Berchtesgaden para Bad Reichenhall e Martha seguiu em 8/9; ambas voltaram para Viena no Ano Novo judaico (29/9). (Anna/Lou, carta 44; Freud/Bernays, cartas 175, 176.) Freud e Anna ficaram até 14/9, passaram depois um dia em Munique, e estiveram "em Hamburgo, no dia 16, e em Berlim, por volta do dia 20 para um congresso. (Anna/Lou, carta 43, 6/9/1922, p. 73.) Ver 183 AF, nota 3, nota 7 de 188 AF.

11. Sobre a relação de Anna e Eitingon, ver p.ex. Young-Bruehl I, p. 168 *et seq.*, 187-194, 95 *et seq.*; Anna/Lou, *passim*; Anna/Eva, B 24, B 25, B 47; Bittner, p. 17 *et seq.*

12. Oliver chegou a Obersalzberg em 5/8. (Freud para Max, 6/8/1922.) Ele também fez o trajeto da viagem conjunta de Martha e Anna; vide 182 AF, 188 AF.

175 SF

PROF. Dr. FREUD

Bgastein 10/7/22
VIENA, IX. BERGGASSE 19.

Minha querida Anna:

Escrevo-te algumas linhas para confirmar o recebimento do teu primeiro cartão de Göttingen, que traduz tua grande animação. Espero que tudo seja como desejavas.

Aqui está tudo lindo, calmo, tranqüilo, sem preocupações. Finalmente, uma boa oportunidade para trabalhar. Um ensaio já está terminado[1], um outro, esboçado.[2] A natureza, que eu conheço tão bem, já me atrai menos, mas ontem estivemos num local chamado Nassfeld, que é no mínimo tão lindo quanto todas as nossas atrações alpinas de verão.[3] Não dá para procurar cogumelos, mas dois deles praticamente pularam sozinhos na minha bolsa. A comida é excelente, os preços, magníficos[4], impressionantes, até o momento em que os anulamos fazendo a conversão. No total, gastamos cerca de oitenta mil coroas por dia, na verdade, porém, correspondendo a menos de uma libra por dia. A tia gastou muito mais sozinha em Abbazia, mas aquilo fez muito bem a ela.[5]

Já deves saber que viraste milionária. Mas não te orgulhes demais disso.

Recebi uma carta do Rank antes de sua partida para Seefeld. O Kurt Redlich[6] está aqui e o dr. Morgenthau[7] e, naturalmente, os Heller (o novo casal[8]), mas o anonimato está sendo menos perturbado este ano do que em anos pregressos. Hoje encontramos por acaso[9] o prof. Königstein[10] na estação ferroviária, ele ficará aqui uma semana, veio com um doutor americano[11].

Hoje, a tia foi a um concerto, eu obviamente não.

Lembranças cordiais para Sra. Lou e passa tempos calmos, interrompidos apenas para escrever cartas.

Teu papai

---

1. Provavelmente "Alguns mecanismos neuróticos no ciúme, na paranóia e na homossexualidade" (1922b). O ensaio continha "mais ou menos o que o senhor escutou no Harz", escreveu Freud pouco depois para Ferenczi. (Freud/Ferenczi III/1, 908 F, 21/7/1922, p. 139.) Isso permite supor que a suspeita de Jones de que este ensaio já tinha sido escrito em janeiro de 1921 (Jones III, p. 104, nota 20) só pode se referir à versão lida no Harz (vide nota 2 de 153 AF), revista agora por Freud, que ainda modificou o título. (Grubrich-Simitis, 1993, S. 212.)
2. "Observações sobre a teoria e a prática da interpretação de sonhos" (1923c). (Freud/Ferenczi III/1, 908 F.) Compare também 178 SF, 179 SF.
3. "Longo vale planaltino, rodeado por montanhas parcialmente cobertas por neve" a sudoeste de Bad Gastein. (Baedeker, 1923, p. 426.) Atualmente, é uma ampla estação de esqui com teleféricos chamada "Sportgastein". (Placas indicativas em Bad Gastein; confirmação por Laurenz Krisch, Bad Gastein.) Ver também 199 SF.
4. Vide 179 SF, nota 5.
5. Ver cartas de Minna para Freud de Abbazia. (Freud/Bernays, cartas 177 Mi-179 Mi)
6. "Kurt Redlich, conde de Vezeg (1887-19) de Brünn, desde 1905 em Viena como estudante, depois industrial e conhecido mecenas, entre outros de Hugo Heller. Jones II, 59 menciona Von Redlich, Viena, em sua lista de participantes do congresso de Salzburgo". (Freud/Jung, nota 2 de 141 F, p. 247.) Na lista de hóspedes do hotel Bellevue consta como "industrial, Viena". (Lista de hóspedes de Badgastein, 1922 (29/6), número 3357.)
7. George L. Morgenthau (1862-1934), médico otorrinolaringologista de Chicago. Entre 1921 e 1929, costumava passar alguns meses por ano em Viena para fazer a sua formação analítica. Em dezembro de 1921 e janeiro de 1922, participou algumas vezes como convidado das sessões da Sociedade Psicanalítica Vienense, da qual se tornou membro extraordinário em 1931; foi também membro da Sociedade Psicanalítica de Chicago. (Mühlleitner, p. 231.) Em Gastein, hospedou-se, com sua irmã Selma, no Hotel Astoria. (Lista de hóspedes de Badgastein, 1922 (2/7), número 3721.)
8. Ditha Bernays casou-se em Viena em 26/6 (ver nota 3 de 168 AF) com Victor Heller (1873-1947), doutor em filosofia, conselheiro da Secretaria das Finanças de Viena, irmão do editor de Freud,

Hugo Heller. (Informação de K.R. Eissler sobre carta de Freud para Victor Heller, 27/5/1916, LoC SF, Cont. 12; Stammbaum Lange: Bernays Family, Genealogical Tree IIa, p. II5, texto sobre IIa: p. 47.) O jovem casal morava na Villa Dr. Schneyer. (Lista de hóspedes de Badgastein, 1922 (28/6), número 3320.) Moraram na Áustria até a ocupação pelos nazistas, em 1938, voltando depois para os Estados Unidos. (Anna/Lou, nota de carta 56, p. 708.)

9. Falta um trema no original [*uberraschender*].

10. Leopold Königstein (1850-1924), médico, professor de oftalmologia em Viena, antigo colega dos tempos de estudos e um dos poucos amigos íntimos de Freud. Em sua casa aconteciam regularmente partidas de tarô (vide nota 5 de 7 AF). Numa carta para Wilhelm Fliess (16/6/1899), Freud designou a família Königstein como "os únicos amigos efetivos que temos aqui". (1985*c*, p 390; ver também o escrito de Freud (1910i).) Em Gastein, Königstein estava alojado na Kaiserhof. (lista de hóspedes de Badgastein, 1922 (10/7), número 4479.)

11. "Dr. Robert Kunitzer com esposa, Nova York, Kaiserhof". (Lista de hóspedes de Badgastein, 1922 (10/7), número 4484.) Ver 181 SF.

176 AF[1]

Sr.
Prof. Dr. S. Freud
Bad Gastein
Villa Wassing
Áustria
Salzburgo

[Göttingen,] 11/VII/1922
[Carimbo postal: 12/7/22 9-10 V.]

Querido papai! Hoje tive a primeira notícia da mamãe. Infelizmente, ela não parece ter tido tanta sorte quanto eu com hospedagem e alimentação. Amanhã vou visitá-la[2] para averiguar como está tudo. Se estiver tudo bem, estarei de volta à noite. Continuo muito bem, espero me tornar mais sábia – se não aqui, então eu temo que nunca mais. De ti não soube mais nada, e sobre a Áustria mal se escuta falar aqui. Escreve bastante!

Tua
Anna.

1. Cartão-postal com remetente escrito à mão.
"Freud a/c Petersen
Göttingen, Herzberger
Ch.[aussee] 110."

2. Numa carta de Martha de Hohegeiss para Freud, "12/VII, quarta" (continuada em 13/7), Anna acrescentou as seguintes linhas:

"Estou me alojando aqui para passar a noite, encontrei todos no frio e na névoa úmida, mas também animados e de bom humor. Amanhã escrevo mais de Göttingen.
Carinhosamente tua Anna." (LoC SF, Cont. 10.)

177 AF

Göttingen, 13/VII/1922.

Meu querido papai,
    Há uma hora voltei da minha excursão para Hohegeiss, que durou da manhã de quarta até quinta ao meio-dia. Embora, em linha reta, nem estejamos tão distantes uma da outra, as viagens duraram, cada uma, de quatro a cinco horas.[1] No entanto, é animador saber que aqui na Alemanha as condições de viagem não são piores do que as que conhecemos na Holanda; praticamente não há atrasos e não é preciso chegar à estação nem um minuto antes da partida do trem. Terrível, apenas, o tipo de público que viaja, não sei se são realmente todos anti-semitas, mas parecem sê-lo. E eu não lembro de nenhum outro país onde se tem a sensação de estar o tempo todo entre "estranhos".
    Minhas impressões de Hohegeiss não foram das piores. A mamãe já venceu seu horror inicial em relação à casa que tem tantos problemas; já se dá bem com o garçom, com a proprietária, etc. e tem tudo o que necessita. Com tempo bom, o lugar deve ser lindo. Tem aquele ar puro das montanhas que dá fome e vontade de caminhar; mas com tempo feio, como ontem, sente-se muito frio. Em muitos aspectos, a situação e a vista lembram Seefeld. Para mamãe, um pouco menos de solidão teria sido bem melhor. Mas nem se deve cogitar agora trocar de lugar ou de hotel. As comunicações com Hohegeiss são difíceis, além disso, a mamãe está feliz de ter vencido o estágio inicial e ter paz. E um hotel mais sofisticado seria impossível para o Heinerle. Se o tempo melhorar, a mamãe se sentirá bastante bem aqui em cima; as crianças têm todo o espaço de que necessitam para brincar. Por enquanto, a mamãe ainda está sofrendo dores de ouvido, apesar do bom ar das montanhas.
    O que não consigo entender ainda são os assuntos financeiros da mamãe. Ou bem o Max não recebeu a grande remessa de dinheiro, ou então não foi informado de que era para a mamãe. Ontem chegou seu primeiro sinal de vida para Hohegeiss, na qual anuncia duas remessas de dois mil marcos; somas ridículas, considerando os gastos semanais da mamãe! Escrevi-lhe imediatamente uma longa carta ainda de Hohegeiss, perguntando pela remessa para Ditha Bernays[2]. A minha já tinha sido resolvida antes da minha chegada a Göttingen pela Sra. Lou.[3] No dia 25 de julho voltarei a visitar a mamãe por dois ou três dias.[4] Seja como for, encontrei tudo lá melhor do que eu esperava. Ela realmente não está "economizando" e planeja fazer alguns passeios de carro.[5]
    Primeiro, o malvado do Heinerle não quis me reconhecer e mesmo depois estava visivelmente envergonhado de me chamar de tia. Ao deitar, pediu que "a

senhorita Freud" voltasse para jogar bola e, outra vez, quando estava sentada na cama do Ernstl, me chamou dizendo: "Quero que essa aí venha aqui para a minha cama". Depois, na despedida, foi depois muito carinhoso e quis ir comigo de qualquer maneira.[6] Ernstl foi carinhoso e, como sempre, afetivo comigo e pediu que eu ficasse. Ambos estão bem bonitos e gentis. O Heinerle fica bem de calças de couro, parece um adulto em miniatura, com uma força de vontade também já bem crescida. A senhorita Jacob é uma boa ovelha, mas ela me dá uma mistura de raiva e desespero, semelhante ao que acontece contigo quando estão limpando tapetes.[7]

Ao voltar, encontrei a tua carta, da qual gostei muito, pois o correio é a única coisa que falta aqui para a felicidade ser completa. Sobre os meus cem milhões, não tenho a menor idéia (estou sem a menor noção das taxas de conversão da moeda austríaca). Aliás, voltei a poupar aqui e acolá, como sempre faço na Alemanha, fiquei muito na dúvida se devo fazer a excursão para o Harz de terceira ou quarta classe, mas acabei optando pela terceira. Sra. Lou vive com recursos bem minguados, e não tenho a menor possibilidade de "arquitetar" alguma coisa para lhe ajudar.[8]

Mas uma coisa; será que em Gastein é possível achar um copo para caneta-tinteiro que pelo menos se assemelhe ao meu antigo e não seja muito valioso? O meu sumiu, e eu estou procurando um substituto.

Espero ter logo notícias tuas, mando-te um beijo e para ti, e, para a tia, muitas lembranças.

Tua
Anna.

---

1. Martha descreve a sua viagem de Berlim para Hohegeiss em uma carta para Freud no "sábado", 8/7/1922: "Partimos juntas [...], separamo-nos ao meio-dia, Annerl seguiu para Göttingen, eu fui de Nordhausen para Ellrich e de lá viajei num pequeno ônibus quase duas horas até aqui". Ver nota 3 de 172 MF/AF.
2. Código para a remessa de dinheiro, vide explicação em 183 AF.
3. Vide 173 AF, nota 3.
4. Para o seu aniversário; ver 185 AF.
5. Ver 149 SF, nota 3.
6. Pouco depois, o sonho de Heinerle se realizaria de outra forma, ver nota 1 de 146 SF.
7. Vide 138 SF, nota 20.
8. Vide 168 AF, nota 7, 180 AF, nota 1.

178 SF

PROF. Dr. FREUD

Bgastein 14/7/22
VIENA, IX. BERGGASSE 19.

Minha querida Anna:
    Decerto recebeste a minha primeira carta. Hoje anexo dois cartões, um já com selo. Muito eficiente teres logo ido ajudar a mamãe. Poderás falar sem meias-palavras sobre tuas observações.
    A estadia em Göttingen fará bem à tua inteligência. Não tenho a menor preocupação com isso. Aqui nada de novo, exceto o fato de eu ter terminado o segundo tratado.[1] Ainda não gosto do estilo do texto, pelo visto, as muitas horas falando inglês o estragaram. Königstein continua aqui, acompanhado de uma verdadeira bilionária em dólares[2] (cobre!), jogamos uma partida de tarô. Desde ontem, a tia está com torcicolo, depois que o tempo mudou de um calor de forno para uma chuva de lavanderia.
    Não posso deixar de falar sobre os preços.[3] Hoje troquei dez libras por um milhão e cem mil coroas. Todos os dias, algum produto fica mais caro, café, pão, ou presunto. Também deves estar preparada para a desvalorização. Dinheiro ainda existe.
    A editora está bem competente. Ontem, mandou-me o *Sonho*[4] em nova edição. Em compensação, a Press está mais lenta do que nunca[5], não chegaram nem o segundo número do *Journal*[6], nem uma das minhas traduções[7].
    Lembranças cordiais para ti e para a Lou. Mandarei mais cartões do que cartas.

Teu papai

---

1. Vide 175 SF, nota 2.
2. A "magnata do cobre" (vide 181 SF) era "Carrie Guggenheim, com criada, Nova York", hospedou-se no Kaiserhof. (Lista de hóspedes de Badgastein, 1922 (10/7), número 4483.) O conglomerado gigante da família Guggenheim possuía minas de zinco, ouro e cobre na América do Norte e do Sul, bem como minas de diamante, nitrato e plantações de seringueira na África; exercia influência mundial sobre todos os ramos industriais ligados a estas matérias-primas. O empreendimento ganhou especial reputação com suas fundações filantrópicas, sendo o mais conhecido o Museu Guggenheim de Nova York para arte moderna, para o qual Frank Lloyd Wright construiu em 1956-59 o famoso prédio redondo. Dezesseis anos depois, em outubro de 1938, outro membro renomado dessa família de mecenas, Peggy Guggenheim (1898-1979), expôs desenhos infantis em sua galeria de arte londrina, entre eles, desenhos do neto de Freud, Lucian Michael (nascido em 8/12/1922), então com apenas dezesseis anos, hoje tido como um dos pintores mais famosos da Inglaterra. (Tacou-Rumney, p. 90.)
3. Vide 179 SF, nota 5.
4. É a parte II – *O sonho* – das *Conferências para introdução à psicanálise* (1916-17a), publicada como edição especial sob o título *Vorlesungen über den Traum*.
5. Sobre os atritos entre editora e Press, ver 181 SF, nota 5.

6. O *IJ* saiu no final do mês, ver 187 SF.
7. Sobre esta problemática, ver p.ex. 107 SF, notas 11, 12; nota 3 de 157 SF.

179 SF[1]
Srta. Anna Freud
a/c Petersen
Herzberger Landstrasse 110
Göttingen
Alemanha

Minha querida Anna: Bgastein 15/7/22
Só para confirmar o recebimento da tua meritória carta do dia 13. Não entendo o Max, achei que tinha organizado tudo muito bem. Escrevi hoje uma carta expressa para ele pedindo esclarecimento telegráfico, mas até ali elas podem ter sido penhoradas em Hohegeiss.[2]
Aqui o tempo está horrível, muito horrível. Terminei dois textos[3] e deveria ter algumas idéias que não chegam[4]. Tenho de escrever muitas cartas de recusa e rejeitar pacientes. A tia e o Königstein estão com torcicolo, a primeira já está melhorando. Tu já tens 140 milhões. Isso vai continuar assim.[5] Não dá mesmo para fazer nada pela Lou?[6]

Carinhosamente papai

1. Cartão-postal.
2. Freud para Max, 15/7/1922. Vide 183 AF.
3. Vide 175 SF, notas 1 e 2.
4. Compare porém 181 SF, nota 4.
5. Por causa da crescente inflação e do custo de vida (veja 130 SF, nota 1) já tinham ocorrido greves, distúrbios e até saques em Viena em 1921. Apesar da troca de governo, os preços dos alimentos, do carvão e do vestuário subiram desmesuradamente: "uma camisa que, em tempos de paz, podia ser comprada por oito coroas austríacas, custa hoje [1922] trinta mil vezes mais cara". (Weissensteiner, p. 114, 116-118, 129 *et seq.*; Kleindel, p. 326, 327.) A economia austríaca estava à beira do colapso e "a fermentação selvagem nas massas trabalhadoras prenunciava graves distúrbios sociais". (Braunthal, p. 55; Freud/Jones, carta 367.)
6. Vide 183 AF.

180 AF

Göttingen, 15/VII/22

Meu querido papai,
Há dois dias não pára de chuviscar, uma estranha chuva rala, como se nunca mais fosse parar até o dia 15 de setembro. Para mim, aqui em Göttingen, está tudo

bem, mas eu lamento muito pela mamãe e pelos pequenos, que decerto estão passando muito frio em Hohegeiss.

A minha anfitriã está aguardando mais dois dinamarqueses que virão para cá para trabalhar com o professor Andreas. Por isso, mudei-me para outro quarto, mas fiz uma boa troca; um enorme quarto com varanda envidraçada e vista para a cidade a meus pés. Continuo sendo maravilhosamente bem tratada e provavelmente estou engordando. A única coisa que me magoa é que, além de algumas revisões da editora, tua carta breve e cartões da mamãe, não chegou mais nada para mim pelo correio. Mas acho que isso tem a ver com o carteiro e amanhã tentarei corrompê-lo.

Voltei a tratar de várias coisas complicadas com a Lou que já a preocupavam no outono em Viena. Além disso, ela conta tanta coisa interessante que sempre saímos do assunto. A M[...] continua aqui, mas não paga, fora isso tem mais alguém – espero que como pagante – uma a duas vezes por semana. Como ela não tem nenhuma perspectiva de análise para o período do outono, a Lou chegou a abordar Eitingon há alguns dias para saber se, depois do congresso, no outono, ela encontraria alguma ocupação em Berlim. Não conhecerias ninguém que pudesse pagar para ela? Seu inglês não é bom; em compensação, ela fala francês. Estou curiosa por saber a resposta de Eitingon.[1]

No jardim, tudo amadurece, e o meu intestino começa a desconfiar das frutas colhidas diretamente do pé. Se amanhã não chover, preciso começar a colher as cerejas de uma das cerejeiras.

Com um beijo e muitas lembranças

tua
Anna.

1. Vide 183 AF.

181 SF

PROF. Dr. FREUD

Bgastein 17/7/22
VIENA, IX. BERGGASSE 19.

Minha querida Anna:

Estou contente por saber que estás tão bem e farei tudo para saciar tua fome de correspondência. Naturalmente, não tenho tanto assunto, em primeiro plano continua o espanto pelo abandono financeiro da mamãe. Gostaria mesmo de receber a notícia de que está tudo em ordem. Já escrevi há algum tempo para o Max, mas obviamente[1] terei de esperar bastante tempo pela resposta.

Excetuando essa chatice, tudo está bem e harmonioso, a subida diária dos preços malogra diante do nosso patrimônio em divisas. Estamos muito ricos.

Martin contou que a tua libra já teve 22 filhotes. Da área da ciência, posso contar que já despachei meus dois novos trabalhos pelo correio.² Um deles sairá na terceira revista para o congresso.³ Nas horas vagas estou trabalhando num texto novo.⁴ A editora trabalha muito bem, a Press está lenta como sempre. As armas estão paradas.⁵ As *Circulares*, caladas.⁶

Bem, uma pequena fofoca. Há uma semana, Königstein se hospedou no Kaiserhof como convidado do dr. Kunitzer, médico particular de uma magnata do cobre de Nova York, Mrs. Guggenheim.⁷ O Königstein⁸ finalmente reconheceu algo que é pelo menos tão bonito – ou mais do que o Wienerwald⁹, e nós já tivemos duas partidas de tarô. Obviamente, pediram que a Mrs. Guggenheim se consultasse e se tratasse aqui comigo. Mas, com um jeito grosseiro e algumas ameaças veladas, consegui fazer com que a multimilionária, que parece ser mais pão-dura do que rica, desistisse.

Já em outros dois casos, o desfecho não é tão certo assim. Um médico local¹⁰, que mora em Merano no inverno, convenceu-me a examinar uma senhora de Merano que deverá chegar depois do dia 20. A vantagem seria que o pobre dr. Brecher então poderia iniciar um tratamento com ela aqui e continuar em Merano. Ameaça de multa de apenas duzentas liras, mas pode ser que não se consume. Mais sério ainda parece ser outro caso. O dr. Fritz G. Steiner¹¹ escreveu há algum tempo por parte de um diretor de banco holandês amigo dele, cuja cunhada, da América, desejava ser tratada por mim. Anteontem, portanto, ele mandou o seu secretário para Gastein apenas para me perguntar se e por quanto dinheiro eu posso viajar para a Suíça para curar a paciente, a qual, em Nova York, teria sido tratada sem sucesso durante algum tempo por um suposto discípulo, cujo nome eu desconheço¹². Resposta: nem pensar em viajar para a Suíça. Principalmente, nem sei o que a boboquinha¹³ tem e se existe tratamento para ela. Que ela venha para cá até o dia 30 de julho para que eu possa fazer um diagnóstico. Para essa consulta, os honorários são mais altos, # 300. Mas pode ser que também isto não dê em nada.¹⁴

Inevitável, mas também sem dinheiro, parece ser outra visita anunciada hoje por telegrama, a da Mrs. Bijur, que está em Innsbruck com Frink. É a judia rica, agora viúva, com quem ele deverá se casar, mas que ainda não está muito bem.¹⁵ Sei que por "transferência"¹⁶ ele está pior para poder fazer a visita aqui, e convidei a ambos.¹⁷

A Ditha e o dr. Heller são bem discretos e gentis quando os vemos. Não dá para dizer ainda se ele já se deu conta do estrago que fez ao se casar com ela. Cada vez que ela vem nos visitar, esquece alguma coisa fundamental e depois precisa voltar para buscar.

Depois de alguns dias de vento quente, o tempo mudou, choveu bastante durante dois dias, como aí, nevou nas montanhas, e hoje a paisagem das montanhas estava linda com ar mais puro, tipicamente Gastein.

Sobre[18] a pobre Lou, realmente teremos que conversar em Berlim. Temos de achar alguma coisa para ela.[19] Manda-lhe lembranças, e continua aproveitando.

papai.

1. Falta trema no original [*naturlich*].
2. Vide 175 SF, notas 1 e 2.
3. 1922b.
4. *O eu e o isso* (1923b): "Além disso, estou me ocupando com algo especulativo, uma continuação do *Além*, que vai se tornar um pequeno livrinho, ou nada". (Freud/Ferenczi III/1, 908 F, 21/7/1922, p. 139; ver também Anna/Lou, carta 37, p. 65.)
5. O vocabulário escolhido por Freud dá uma idéia do tom aguerrido dos crescentes atritos entre os colaboradores da editora e da Press – mas também entre os membros do comitê – em parte, os mesmos – naquela época. Os conflitos derivavam em parte de questões de tradução e dificuldades de produção, mas por outro lado também se baseavam em diferenças de competência e personalidade dos envolvidos. (Ver nota 5 de 200 SF.) Já Jones ilumina – a partir do seu ponto de vista – o pano de fundo e aponta para os enredamentos das incompatibilidades pessoais e os obstáculos técnicos da época na manufatura de livros e revistas na Áustria. (Jones III, p. 46-48, 52-54, 63-68, 73; ver também Freud/Ferenczi III/1, 913 F; *Circulares 3*, p.ex. a colaboração de Freud de 26/11/1922, p. 231-235.) Ver ainda Wittenberger 1995, especialmente parte C; vide também 196 SF, nota 11.
6. Nas férias de verão, eles estavam ocupados, em primeiro lugar, com os preparativos do congresso de Berlim (vide nota 3 de 183 AF), continuando só depois com a discussão em torno das dissensões. (*Circulares 3*, a partir de 15/10/1922.)
7. Vide 178 SF, nota 2.
8. Falta trema no original [*Konigstein*].
9. O próprio Freud nutria "uma forte aversão contra o [famoso bairro de diversões] Wienerwald, com uma única exceção, a [casa de vinhos] Kobenzl. Seus filhos, que adoravam o Wienerwald, nunca conseguiam arrastá-lo até lá." (Jones II, p. 451 *et seq.*)
10. Guido Brecher; vide nota 4 de 93 SF. 1922 dava consultas no hotel Zum Hirschen. (Lista de hóspedes de Badgastein, 1922, Introd.)
11. Não averiguado.
12. Abraham A. Brill. (Freud/Ferenczi III/1, nota 7 de 908 F.)
13. Vide nota 10 de 133 SF.
14. Vide 184 SF, nota 2.
15. O caso com Angelika Bijur, uma ex-paciente de Frink, cujo marido morrera em maio de 1922, deixou ambos em pesados conflitos de consciência. Acabaram se casando, mas Frink, que tinha dois filhos pequenos da mulher que abandonara, sofreu uma intensificação de seu estado maníaco-depressivo e foi obrigado a abandonar a carreira. O casamento com Angelika não trouxe a cura esperada, e, três anos depois, eles se divorciaram. Depois de várias temporadas internado, Frink apenas conseguiu se restabelecer a ponto de levar uma vida reclusa com seus filhos. (Edmunds, p. 42-48.) (Ver nota 10 de 156 AF, ali outras indicações de fontes.)
16. Falta trema no original [*ubertragung*].
17. Frink e Angelika Bijur chegaram a Gastein em 21/7. (Freud/Ferenczi III/1, 908 F.)
18. No original, falta de trema [*uber*].
19. Vide 183 AF, nota 6.

182 AF

Göttingen, 18/VII/22

Meu querido papai!

Obrigada pela carta e pelo cartão, as condições do correio começam a melhorar aqui em cima. Recebi hoje uma carta detalhada da mamãe sem nenhuma menção ao dinheiro, mas com queixas sobre o tempo que anda terrível também aqui, em G. Oli escreveu detalhadamente, discutindo o nosso trajeto de viagem para Munique[1], e a editora manda um sinal de vida pelo menos uma vez por dia, o qual me custa sempre uma ida ao correio, que fica bem longe daqui. Amanhã, uma antiga paciente volta a se analisar com a Lou, o que significa que ela estará mais ocupada, se bem que não receberá nenhum pagamento. Mas ela ironicamente se refere ao seu consultório como "ambulatório particular", e resignou-se com isso. Estamos aproveitando todos os intervalos da chuva para fazer caminhadas, colher flores e amoras, lamentando que o tempo passe tão rápido, e nos damos cada vez melhor. É um prazer conversar com ela, um prazer que eu valorizo mais a cada dia que passa.

Sobre o que são os teus dois textos?[2] Não estás bem-humorado, ou é impressão minha?[3] Gastein não está tão linda como sempre? Poderias me mandar algum exemplar de jornal? Há quinze dias não escuto mais nada sobre a Áustria, assim, qualquer jornal velho me parecerá novo.

Soubeste qualquer novidade da vovó?[4] Por favor, manda-me seu endereço. Sinto muito pelo torcicolo da tia, proximamente escrever-lhe-ei diretamente.

Com um beijo

tua
Anna.

Aqui também as pessoas se queixam de que os preços sobem aos saltos, mas acho que minha anfitriã é correta demais para me cobrar um aumento[5]

---

1. Sobre o resto da viagem para Berchtesgaden/Obersalzberg; vide notas 10 e 12 de 174 AF, 188 AF.
2. Vide 175 SF, notas 1 e 2.
3. De fato, pouco tempo depois Freud confidenciou a Rank que "sua saúde não era das melhores", relata Gay (p. 492). No intercâmbio com Ferenczi fala-se de "rouquidão" e "esforços do tratamento de Gastein". (Freud/Ferenczi III/1, 907 Fer (p. 138), 908 F (p. 140), 909 Fer (p. 141).) Ver nota 9 de 183 AF.
4. "Parece que a minha mãe, que inspira cuidados com seus 87 anos, está melhor em Ischl." (Freud/Ferenczi III/1, 908 F, 21/7/1922, p. 140).
5. Vide 178 SF.

183 AF

Göttingen, 20/VII/1922

Meu querido papai,
    Antes de mais nada: a mamãe me disse que o Max lhe confirmou a posse de cinqüenta mil marcos e que ela já recebeu treze mil desse total. Esta dificuldade, portanto, parece ter sido superada.[1]
    Agradeço muito pela tua longa e detalhada carta, que eu recebi hoje cedo. O carteiro finalmente reconheceu que não deveria me esquecer e me traz agora diariamente, de manhã, várias coisas, acima de tudo, alternadamente, cartas tuas e de mamãe. Eu havia deixado ao destino aqui a escolha entre o sol e o correio, como a segunda condição foi preenchida, espero, confiante, que a segunda também se realize.
    Daqui posso te dar uma boa notícia em relação à Sra. Lou. Como havia te dito[2], ela havia perguntado ao Eitingon se no outono, em Berlim, poderiam aparecer analisandos para ela que lhe permitissem uma estadia mais longa lá. Ontem, ele respondeu que não há nada de muito certo em relação a pacientes, mas ofereceu-lhe hospedagem (e, provavelmente, também alimentação) em seu apartamento, onde ela então poderá, com calma, aguardar os acontecimentos. Ele e a mulher partem logo depois do congresso[3] e o apartamento, cuidado pela senhora Schirmer[4], ficará vazio (só não sei se os Schmideberg talvez fiquem hospedados lá[5]). A Lou naturalmente ainda não sabe se pode aceitar, mas no fundo ficou muito contente pela possibilidade de ficar despreocupada e ter a liberdade de ir e vir. Ela espera conseguir pacientes, os quais depois poderia trazer para cá. Será que não será mais fácil para ti indicar pacientes para ela em Berlim do que aqui? De qualquer maneira, ela está cheia de planos e de energia empreendedora.[6] No momento, estamos fazendo compotas de amora de maneira bem rústica e temos tido excelentes conversas sobre assuntos psicanalíticos ou também nada científicos de sua época não-analítica. Estou fazendo a tentativa de contrabandear açúcar – que ela não se permite comer – para essas compotas para dentro da sua casa, mas não sei ainda se conseguirei.
    Numa confeitaria local[7] descobri bolos maravilhosos e pretendo encomendar e levar para o aniversário da mamãe.[8] Em Berlim, comprei-lhe um lindo manto de lã branco-e-preto, ela sonhava em ganhar um desses de presente de aniversário, e usei o dinheiro familiar. Como o presente também é teu, talvez ela já tenha agradecido.
    Não permitas que os pacientes te torturem muito, e deixa as milionárias continuarem doidas, elas não têm mesmo outra ocupação. Bom mesmo é quando não precisamos delas.
    Estás planejando fazer uma palestra no congresso?[9] Espero que sim.
    Com um beijo

tua
Anna.

1. Veja 177 AF, 179 SF, nota 2.
2. 180 AF.
3. O 7º Congresso Psicanalítico Internacional realizou-se em Berlim de 25 a 27/9/1922. (Relatório sobre o congresso em: *IZ*, v. 8, 1922, p. 478-505.)
4. Não identificada.
5. Sim, ficaram; vide relatos de Lou de Berlim. (Anna/Lou, outubro 1922.)
6. Lou ficou na casa dos Eitingon do congresso até o dia 31/1/1923 e, lá, recebeu muitos pacientes (Anna/Lou, cartas de agosto de 1922 a 27/1/1923.) Freud também ajudou enviando-lhe uma remessa de dinheiro. (Freud/Andreas-Salomé, 8/9/1922.) A partir de 1923, ele lhe enviou regularmente remessas mensais (com a intermediação de Eitingon). (Freud/Eitingon, 283 F, 294 E; Anna para Eitingon, 2/11/1923.) Em 1930, deixou para ela mil marcos do dinheiro que ganhara com o Prêmio Goethe. (Freud/Andreas-Salomé, 22/10/1930.) Ver também 168 AF, nota 7, 177 AF.
7. A confeitaria era a Konditorei-Café Cron & Lanz (desde 1876), até hoje famosa como especialista em *Baumkuchen* e outras iguarias doces. (Agradeço a Ingeborg Weber, Göttingen, por esta informação.)
8. Vide 185 AF.
9. Freud manifestara repetidamente a sua "aversão mais do que justificada" contra uma contribuição para o congresso. (Freud/Eitingon, 249 F, 17/8/1922, p. 293.) P.ex. também para Ferenczi: "O senhor quer me animar a falar no congresso, mas não é tão fácil. O que dificulta ainda mais o sintoma da rouquidão é que eu estou tão de acordo com ele. [...] Simplesmente não estou com vontade. Afinal, deve haver uma transição para futuros congressos sem a minha participação." (Freud/Ferenczi III/1, 908 F, 21/7/1922, p. 140.) Efetivamente ficaria claro que, por causa de sua doença (vide nota 3 de 197 SF), aquele seria o último congresso do qual participaria. Mas finalmente ele acabou falando sobre *Algo sobre o inconsciente* (1922f), com trechos do texto que estava elaborando naquele momento, *O eu e o isso*. (vide 181 SF, nota 4).

184 SF

PROF. Dr. FREUD

Bgastein 22/7/22
VIENA, IX. BERGGASSE 19.

Minha querida Anna:

    Acabei de receber a tua carta e responderei logo para que o carteiro continue te respeitando.

    Aqui, não há quase novidades, exceto que já fiquei duas horas com a Senhora Bijur (a futura de Frink) e que a americana administrada pelo Dr. F.G. Steiner anunciou sua vinda para Berchtesgaden[1e2]. Outra notícia: motivado por um mal-estar estomacal de ontem, comecei a tomar Karlsbader hoje e faço meu banho à noite. É a terceira vez que tenho essa dor estomacal em Gastein; os especialistas afirmam que é muito freqüente[3] e que se deve à água.[4] Seja como for, a garrafa de Mühlbrunn, de 4.400 coroas, começa a fazer efeito.

    Junto com a tua carta, chegou um comunicado oficial de Hiller anunciando um novo adiamento[5] das duas traduções.[6] Ele conseguiu descobrir que os índices das duas estão muito ruins e fez uma nova tradução deles, que deverá ser mandada para Londres. Mas elas devem estar prontas para venda para o congresso.

Tanto tu quanto Eitingon parecem estar totalmente convencidos de que farei uma palestra no congresso. Eu mesmo ainda não sei de nada dela.[7]

Na última carta da mamãe, a triste notícia de que diagnosticaram câncer na glândula axilar de Fanny[8].

A oferta de Eitingon para Sra. Lou me deixa extremamente alegre. Que bom que alguém tenha algo para lhe oferecer.

Não sei o que vocês querem do tempo. Aqui está lindo. O pagamento de Alcan para *A interpretação dos sonhos*[9] me permitiu voltar a mandar 33 mil marcos para Max. Portanto, nada de economizar, e sim fruir a vida.

Com lembranças carinhosas

papai

1. Quer dizer, para o Obersalzberg; vide nota 10 de 174 AF.
2. Ela acabou indo para lá, embora a intenção original de Freud fosse recusá-la: "Aqui no Salzberg, uma outra americana insiste em ser tratada, e com certeza ela pagaria $ 50 por dia, já que em Nova York costumava pagar $ 20 a Brill por *meia* hora. [...] Mas ela não vai conseguir nada, aqui eu não vendo o meu tempo." (Freud para Rank, 4/8/1922, cit. de acordo com Freud/Ferenczi III/1, 908 F, nota 7, p. 140.) É provável, porém, que ele tenha decidido fazer o tratamento mesmo assim: em 12/8, Anna escreveu para Lou que Freud "infelizmente está sendo incomodado por americanos que se aboletam em Berchtesgaden e o procuram ali". (Anna/Lou, carta 37, p. 65; ver também Freud/Jones, cartas 373, 376.)
3. Falta trema no original [*haufig*].
4. Ver nota 4 de 72 SF, 112 SF.
5. Falta trema no original [*verzogerung*].
6. Ver 157 SF, nota 3; 160 AF, nota 5; 181 SF, nota 5.
7. Vide nota 9 de 183 AF.
8. A empregada da família Freud. Depois do diagnóstico, ela continuou normalmente com seus trabalhos domésticos: "[...] dentro de casa está tudo igual, até a Fanni está do seu velho jeito". (Anna/Lou, carta 47, 10/10/1922, p. 78.) Ver 185 SF, nota 9.
9. A versão francesa de *A interpretação dos sonhos* (1900a) na Librairie Félix Alcan, Paris, saiu apenas em 1926. (*G.W.*, v. II/III, p. 701.)

185 AF

Göttingen, 27/VII/[1922], à tarde

Meu querido papai!

Acabo de voltar do aniversário da mamãe[1], meio dia mais cedo do que o programado, porque eu tive a melhor companhia para viajar: a metade do caminho, o Max, o Ernst e a Lux viemos juntos, depois o Max seguiu separado e o Ernst e a Lux vieram comigo até Göttingen, e seguindo daqui para Würzburg; de lá querem ir até o lago de Constança para passar uns quinze dias por lá. O aniversário da mamãe foi mesmo solene, com uma bela mesa e iluminação de velas na véspera, um almoço encomendado pelo Ernst e vinho que me deixou um pouco embebedada. Até o tempo esteve tão suportável durante uma tarde que pudemos ir passear, se bem que tiritando, e o refeitório foi aquecido por causa da ocasião especial. Cada um de nós também deu um presente para os meninos, e eles ficaram bem excitados. Ambos estão bonitos e saudáveis, comem bem e são muito divertidos, o Heinerle é realmente cativante em seus humores que a cada minuto variam da fúria à amabilidade. Agora, a estadia só durará mais uma semana, pelo menos para a mamãe.[2] Infelizmente, parece que o tempo não vai melhorar. Nos últimos dias, os jornais se referiram às baixas temperaturas vigentes como algo extemporâneo, resultado de alguma grande área de pressão baixa em algum lugar. Oxalá possamos ter em Berchtesgaden o estado maníaco subseqüente da meteorologia. (Os jornais também falam de outro assunto: uma fuga generalizada dos estrangeiros da Baviera por causa de distúrbios políticos![3] Não sei se é verdade.)

Agora o motivo pelo qual esta carta vai tão solenemente recomendada e expressa. Na minha volta, eu recebi a notícia anexa da Loe e do H.J.[4], de forma muito inesperada, como podes imaginar. Lê, por favor, manda-me de volta e escreve o mais breve possível o que pensas, não gostaria de adiar a resposta por muito tempo. Em agosto não vai ser possível, mas talvez antes ou depois do congresso, para que, numa das viagens, eu tivesse companhia dos nossos ingleses (Stracheys ou Rickman[5])? *Teoricamente* não é muito longe: saindo-se de manhã de Berlim ou Hannover, chega-se a Hook às onze da noite e às nove e meia do dia seguinte em Londres. Só que vai ser preciso conseguir os vistos em Munique ou Berlim. Não importa se vai acontecer e como: eu adorei a carta dos dois. (Eu conheço outra boa companhia de viagem – tu, se aceitares o convite para Cambridge.[6])

Não penses que eu já estou me vendo na Inglaterra, obviamente vislumbro perfeitamente todas as dificuldades e apenas estou curiosa por saber se ficaste tão surpreso como eu. E sabes bem que eu, apesar de todas as dificuldades, estou com vontade de ir.[7]

Há pouco, a primeira metade da minha palestra[8] foi para a revisão. Esses adiamentos do Hiller são mesmo uma bobagem, pois para estes livros tão pequenos, os índices não são tão importantes. Adoraria ter o endereço de Rank.

Com isso tens, portanto, uma série de diferentes impressões que me assaltaram depois da minha volta para G. A Sra. Lou e eu estamos muito tristes por termos apenas mais uma semana juntas. Tenho a impressão de que só a conheci de verdade durante esta estadia.

Sonhei uma noite inteira com nossa boa e por mim tão amada Fanni. Mas ela estava totalmente muda e não respondeu nada; como lembro de *A interpretação dos sonhos*, isso não é nada bom.[9]

Apesar da chuva, vou descer até o correio para que a novidade chegue logo às tuas mãos.

Com um beijo

tua
Anna.

1. De Hohegeiss, vide 177 AF.
2. Vide nota 3 de 172 MF/AF, nota 10 de 174 AF.
3. Martha também escreveu, no mesmo dia: "[...] leio nos jornais alemães que as pessoas estão fugindo da Baviera e cancelando suas reservas para o mês de agosto (por que, não sei)". (Para Freud, 27/7/1922.) Em 18/7/1922, o governo do *Reich* adotara a chamada Lei da Defesa da República contra os distúrbios que, desde a revolução do pós-guerra, chegaram a gerar movimentos separacionistas da Baviera. Em resposta a esta "ingerência na soberania judicial dos Estados", a Baviera adotou um decreto emergencial em que "todas as competências do Tribunal do Estado eram eliminadas em favor dos tribunais populares da Baviera", o que culminou com um ultimato de Berlim contra a Baviera. (Kraus, p. 657-699, citações nas p. 675, 678.) No ano seguinte, Lou chegou a temer que seus pacientes partissem, pois "por esses dias, não se sabe o que pode acontecer [...]". (Freud/Lou Andreas-Salomé, 10/8/1923, p. 138.) Os conflitos cresceram, até culminar com o *putsch* de Hitler. (Ploetz 1980, p. 923-927.)
4. Um convite para a Inglaterra que partiu de Loe e Herbert Jones; vide 187 SF, 188 AF. Ver também nota 7 de 100 SF.
5. Depois do fim de suas respectivas análises, eles haviam voltado para a Inglaterra. (Freud/Jones, carta 367.)
6. Vide 187 SF.
7. A viagem para a Inglaterra acabou não se realizando, vide nota 2 de 188 AF.
8. Vide 168 AF, nota 6.
9. "[...] e, assim, a Psicanálise nos diz: a mudez nos sonhos é uma representação comum da morte." (Freud 1913f, *S.A.*, v. 10, p. 186.) Fanny morreu em janeiro de 1926; Anna relatou pormenorizadamente a sua morte. (Anna/Lou, carta 269, p. 500.)

186 SF[1]
Srta. Anna Freud
a/c Petersen
Herzberger Landstrasse 110.
Göttingen
Alemanha

Bgst. [Badgastein] 29/7/22
[Carimbo postal: 30/7/22 VIII]

Notícia depois do primeiro entusiasmo. Temo que possas ter grandes dificuldades com os vistos, talvez nem os consigas fora de Viena[2], portanto, recomendo que não aceites incondicionalmente, deixando uma saída honrosa; caso contrário, a aceitação e a desistência seriam seguidas de ofensa. Enquanto persistirem estas condições para se viajar, não é mesmo nenhum prazer. Carinhosamente

papai

1. Cartão-postal.
2. Vide nota 2 de 188 AF.

187 SF

BGastein 29/7/22
PROF. Dr. FREUD   VIENA, IX. BERGGASSE 19.

Minha querida Anna:
 Respondo imediatamente à tua carta, da qual gostei muito. Naturalmente, acho que mereces esta viagem. As dificuldades que eu posso solucionar são relativamente simples. Tens dinheiro suficiente para chegar até Haia, e Kobus poderá te dar o quanto necessitares, uma vez que tenho minha conta com ele[1].
 Terás que cuidar das dificuldades com o visto. Viajar sozinha também não é muito agradável. Meu convite para ir a Cambridge se refere à Páscoa, mas não levará a nada.[2] Mas o principal assunto é outro. O teu convite se refere a duas semanas, do fim de julho ao fim de agosto. Não se trata, portanto, do período após o congresso. Terias de decidir se queres viajar logo, saindo de Hannover, onde já estás a caminho da Holanda, ou mais tarde, partindo de Berchtesgaden. Por volta de 15 de agosto até o fim do mês e depois para Berlim – ou de volta.
 Se adiares a viagem e vieres com a mamãe para Berchtesgaden, considera que já temos um quarto lá a partir de *1º de agosto*, ou seja, vocês deveriam chegar o mais rápido possível, talvez já na manhã do dia 4.[3] Escrevi ontem sobre isso para a mamãe.
 O teu relato do aniversário foi muito bonito. A minha carta e o telegrama parecem não ter chegado a tempo.[4]
 O Dr. Federn[5] esteve aqui hoje por uma hora e meia, tempo demais. Já temos passagens, viajaremos no dia 1/8 (terça de manhã), esperamos estar às quatro em Berchtesgaden.[6] A saúde e o tempo vão bem novamente O endereço de Rank é: Seefeld nº 87. O nº 2 do *Journal* chegou aqui para ti. Não escreverei mais para ti de Gastein, a não ser que haja algo especial.
 Lembranças cordiais para ti e a Lou!

papai

1. Vide nota 9 de 107 SF.
2. "No domingo deverá chegar um inglês que quer negociar – em vão – comigo sobre um ciclo de palestras em Cambridge [...]." (Freud/Ferenczi III/1, 908 F, 21/7/1922, p. 139.)
3. Vide nota 10 de 174 AF, 188 AF.
4. "Só hoje de manhã recebi a tua primeira carta, do dia 24; em compensação, o telegrama, que muito me alegrou, chegou pontualmente." (Martha para Freud, 27/7/1922.)

5. Paul Federn (1871-1950), clínico geral, psicanalista. Era um socialista ativo, membro do Partido Socialdemocrata Austríaco e defensor engajado da aplicação crítica da psicanálise como instrumento de reforma social. Conheceu Freud em 1902 e, desde 1903, era membro da Sociedade Vienense das Quartas-Feiras. Logo se tornaria "um dos mais fiéis seguidores de Freud na Sociedade Psicanalítica Vienense". (Gay, p. 202.) Foi um de seus principais analistas didáticos e atuou como vice-presidente de 1924 a 1938. Além disso, era o substituto pessoal de Freud com "procuração para todos os assuntos do consultório". Ficou ligado a Freud a vida inteira. Nas ciências, ganhou renome no campo da Psicologia do Eu e com a teoria e as terapias de psicoses. Em 1938, emigrou com sua família para os Estados Unidos, onde trabalhou como analista praticante e membro honorário da Sociedade Psicanalítica Nova-Iorquina. (Federn, E. 1971 (citação p. 725), 1974; Plänkers e Federn, p. 75, 82-88, 92-103; *Protokolle I*, p. XXXVf.; ver também Mühlleitner, p. 90-92.) Cf. 291 SF.

6. Vide nota 10 de 174 AF.

188 AF

Göttingen, 31/VII/22

Meu querido papai!

Agradeço a tua carta rápida e vou responder logo para a Inglaterra. Na passagem por Munique, pretendo tentar um ataque ao consulado inglês e eventualmente ficar meio dia a mais do que o planejado. Daqui não há o que fazer, pois os consulados britânicos mais próximos ficam em Hamburgo e Munique, e não quero arriscar ter de esperar várias semanas em algum outro lugar, como já aconteceu em Haia[1]. Sendo assim, posso esperar o desenrolar das coisas calmamente em Berchtesgaden. No fundo, não acredito num resultado positivo em tão pouco tempo, pelo menos a idéia de viajar já terá sido um pequeno prazer.[2]

Sobre a chegada a Berchtesgaden[3] quero aguardar a decisão de mamãe. Ela já reservou quartos em Munique e pretendia vir me buscar aqui.[4] Nossa viagem, inclusive o encontro com Oli[5], foi bem programada.

A Sra. Lou manda muitas lembranças para ti, parto contra a minha vontade, gostaria de levá-la comigo.[6]

Tão logo eu tenha notícia da mamãe ou me encontrar com ela, comunico imediatamente por telegrama.

Todo o resto, depois.[7]

A um breve reencontro.

Tua
Anna.

1. Ver texto intermediário depois de 123 AF/SF.
2. Efetivamente, a viagem acabou não se realizando porque o visto foi negado (Anna/Lou, carta 35.)
3. Vide nota 10 de 174 AF.

4. Ela fez isso e ainda conheceu o marido de Lou e a sua casa. (Pós-escrito de Martha à carta de Anna para Lou de 5/8/1922, *ibid.*)

5. Vide 174 AF, nota 12.

6. Eles se reencontraram em setembro, em Berlim, por ocasião do congresso; ver 183 AF.

7. A viagem para o congresso de Berlim também foi combinada oralmente. Freud passou por Hamburgo (vide nota 10 de 174 AF), para recuperar o reencontro adiado com os netos (vide nota 14 de 161 SF). (Anna/Lou, carta 43; Freud para Max, 13/9/1922.) Na volta a Viena em 29/9, Freud e Anna tiveram a companhia de Frink e Angelika Bijur, que tinham participado do congresso como convidados. (Freud para Max, 1/10/1922; Edmunds, p. 44.) Naquela viagem, levaram Heinerle para ir morar com Mathilde; ver nota 1 de 146 SF. (Anna/Lou, cartas 45, 46; Freud para Max, 6/8, 1/10/1922.)

1923

189 AF[1]

Família
Prof. Freud
Viena IX.
Berggasse 19

[Frankfurt am Main,] 25/III/[1923], à tarde
Inesperadamente, encontro-me no Jardim das Palmeiras de Frankfurt. Poderei seguir viagem à noite e chegarei *muito cedo* em Göttingen[2]. Está fazendo um calor estival, e na Casa das Palmeiras há camélias gigantes. O Passauer Wolf[3] é, na verdade, uma ovelha mansa e gentil, mas realmente fica lotado. Quero notícias de Heinerle![4]

Anna.

---

1. Cartão-postal colorido: "Frankfurt a. Main. Palmengarten – Blumenparterre"; escrito a lápis, sem indicação de remetente.
2. Na casa de Lou Andreas-Salomé, que Anna tinha ido visitar "nos feriados da Páscoa". (Freud/Ferenczi III/1, 922 F, 19/3/1923, p. 155.) Como, na Alemanha, os horários dos trens não eram muito confiáveis naquele tempo, às vezes ela só obtinha informações sobre o trajeto dentro do próprio trem. Ela iniciou a viagem no sábado, 24/3, em Viena, pernoitou em Passau e deveria chegar a Göttingen no final da tarde do dia 25. (Anna/Lou, cartas 85, 88-90.) Ver 191 AF-194 SF.
3. O "Passauer Wolf", na Bahnhofstrasse, era então o principal hotel da cidade de Passau. Depois de sua demolição, deu lugar ao Hypo-Bank. Fora o nome, que se refere ao lobo no brasão de Passau, o hotel que existe hoje na praça Rindermarkt 6-8 não tem nada a ver com o estabelecimento anterior. (Agradeço ao dr. Armin Leebmann, Rotthal-Münster, e a Franz Mader, Passau, pela informação.)
4. Heinerle, que se recuperara maravilhosamente bem nos meses de inverno, aos cuidados de Mathilde e Robert (vide nota 1 de 146 SF), tivera febre alta nos dias anteriores à partida de Anna. Jones relata que já no ano anterior ele teria tido tuberculose [em Hohegeiss?]. (Jones III, p. 115.) Dessa vez, voltou a se recuperar (vide até 194 SF), mas sofreu nova recaída no final de maio. (Freud para Kata e Lajos Lévy, 11/6/1923, in: 1960a, p. 361 *et seq.*) Vide 195 SF.

190 SF[1]

Sra. Lou Andreas
para Anna Freud
Herzberger Landstrasse 101
Göttingen
Alemanha

Viena 25/3/23
[Carimbo postal: 26/III/23]

Querida Anna:
    Espero que tenhas conseguido viajar sem muitos contratempos. A greve dos Correios terminou. Heinele ainda está com febre, mas[2] a aparência não é de alguém gravemente doente, e Rie não está preocupado. Mostrou hoje as glândulas inchadas no pescoço que apontam para infecção das amígdalas.[3]
    A primavera parece mesmo ter chegado.

Carinhosamente
papai

1. Cartão-postal.
2. Palavra riscada e corrigida.
3. À infecção seguiu-se a "retirada das amígdalas", em 19/4. (Anna/Lou, carta 93, 18 e 19/4/1923, p. 173, 175.) Pouco depois, o próprio Freud sofreu uma intervenção na boca. (Anna/Lou, *ibid.*, p. 175.) Vide 197 SF, nota 3.

191 AF[1]

Família
Prof. Freud
Viena IX.
Berggasse 19

[Göttingen,] 26/III/23

Queridos todos,
    Cheguei hoje feliz depois de 36 horas de viagem, nem um pouco cansada e cheia de energia. Estou novamente alojada no nº 110, só que, desta vez, um andar abaixo.[2] Com Lou, tudo igual e muito confortável, por sorte ela agora está quase totalmente disponível. No jardim, primeiros sinais da primavera. O farnel de viagem foi ótimo, acabou todo.
    Telegrafem logo que o Heinerle melhorar!

Sua
Anna

316

1. Cartão-postal.
2. No ano anterior, ela morara no primeiro andar com os Petersen, vide notas 1 e 2 de 173 AF; dessa vez – como os Petersen tinham viajado – no andar térreo, com o casal Trümper. (Anna/Lou, cartas 90, 91.)

192 SF[1]

Sra. Lou Andreas
para Anna Freud
Herzberger Landstrasse 101
Göttingen
Alemanha

Viena, 27/3/23

Minha querida Anna

O Heinele está com febre de 37 e meio, dizem que está bem impertinente. Com base nas informações do telegrama[2] e do cartão, podemos imaginar o teu trajeto de viagem. Certamente voltarás por outro caminho.[3] A mamãe teve enxaqueca ontem, hoje foi minha vez. Ontem, o Wock[4] veio para jantar, ele tem ótimo apetite. Hoje chegaram duas encomendas da Inglaterra para ti[5], o pequeno Hans dos Strachey e um trecho do Movimento de Riviere.[6] Eu lhe escreverei um cartão para justificar a tua ausência[7]. Acho que mamãe está suficientemente bem de saúde para ir ao casamento[8] em Berlim.[9] O Ernst deverá nos representar. Te desejo dias maravilhosos, manda lembranças afetuosas para a Sra. Lou.

papai

1. Cartão-postal.
2. Não ficou conservado.
3. Ver nota 2 de 189 AF e 193 AF, nota 3.
4. Nome difícil de ser decifrado, poderia também ser "Nock" ou até mesmo "Walter"; neste caso, seria o pequeno Anton Walter, que nas cartas anteriores geralmente é chamado de "Tonerl". Nem ele nem sua irmã Sophie se lembram de um apelido. Sophie Freud diz: "Nós sempre o chamamos de Walter". (Agradeço a informação, 2001.)
5. Correções no âmbito das atividades da editora.
6. As versões inglesas de dois textos de Freud: *Análise de uma fobia em um menino de cinco anos* (1909b), traduzido por Alix e James Strachey para o v. 3 das *C.P.* (que, no entanto, somente sairia publicado em 1925), e *A história do movimento psicanalítico* (1914d), traduzido por Joan Riviere para *C.P.*, v. 1 (publicado em 1924).
7. Cartão-postal de 27/3/1923. (Freud 1992l, p. 273.)
8. "Oli casou-se no dia 10 deste mês em Berlim com a moça que o rejeitara há dois anos [vide 141 AF, nota 5]. A minha mulher e Martin foram ao casamento representando a família e voltaram com excelentes impressões." (Freud/Ferenczi III/1, 927 F, 17/4/1923, p. 160 *et seq.*; Anna/Lou, carta 91.) (A indicação de Young-Bruehl I, p. 165, de que Anna foi ao casamento de Oliver e ficou

aliviada por vê-lo "tão bem e feliz", está equivocada; ver também 193 AF.) Freud somente viria a conhecer a sua nova nora no Natal de 1923, em Viena. (Freud para Abraham, 4/1/1924, p. 320.) A mulher de Oliver, Henny, nascida Fuchs (1892-1971), filha de um médico berlinense, era professora e pintora (Árvore genealógica Lange: *Freud Family, Genealogical Tree*, p. I.) Primeiro, os dois moraram em um cômodo em Duisburg, onde Oliver estava trabalhando na firma Thermosbau A.G., Sonnenwall 77: "A jovem terá de ter muito bom humor e muita modéstia." (Freud/Ferenczi III/1, 927 F, 17/4/1923, p. 161; 922 F; 977 F (p. 244); 979 F (p. 247); Anna/Lou, cartas 144, 148.) Ver 211 SF, notas 6 e 7.

9. Ela foi acompanhada por Martin e permaneceu lá de 7 a 16/4/1923. (Anna/Lou, cartas 91, 93.)

193 AF[1]

Sr.
Prof. Dr. S. Freud
Viena IX.
Berggasse 19

Göttingen, 28/III/23

Querido papai, agradeço muito o telegrama[2] e o cartão, espero que o Heinerle já esteja melhor, fiquei muito preocupada com ele. Pena que o casamento de Oli seja tão tarde e não possa ser compatibilizado com o meu visto. Provavelmente, voltarei mesmo por Berlim[3], nas atuais condições dos trens é mais rápido do que via Frankfurt ou Würzburg. Os Eitingon, aliás, não estarão lá. Na sexta-feira, viajarão para Berchtesgaden, segundo me disse o Lampl.

Aqui a primavera está linda, ontem fizemos uma grande caminhada. Não será assim tão fácil partir novamente.

Quantos dias terás de folga?[4]

Anna.

1. Cartão-postal.
2. Não ficou conservado.
3. Anna acabou fazendo isso, passando um longo "e prazeroso" dia em Berlim, "dividida entre Henny, Tom e Lampl". (Anna/Lou, carta 91, 6/4/1923, p. 168.)
4. Na Páscoa (domingo de Páscoa, 1º de abril).

194 SF¹

Srta. Anna Freud
a/c Prof. Petersen
Herzberger Landstrasse 110
Göttingen
Alemanha

Viena 29/3/23
[Carimbo postal: 30/III/23]

Minha querida Anna:
    Passou-se quase uma semana. Este é o último cartão que eu arrisco. O Heinerle já está praticamente sem febre.² Do Oli, nada de novo, nada que valesse a pena ser contado. O sonho polonês apareceu.³ Ferenczi talvez venha na Páscoa.⁴ Temos ingressos para assistir o Pallenberg⁵ no domingo à noite. Martin e Esti foram para Schladming.⁶ O tempo começa a piorar.
    Carinhosamente, até breve

papai

1. Cartão-postal.
2. Freud para Ferenczi em 17/4: "Meu netinho aqui é a criança mais espirituosa desta idade (quatro anos) que eu jamais conheci. É proporcionalmente magro e fraco, apenas olhos, cabelos e ossos." (Freud/Ferenczi III/1, 927 F, p. 161.)
3. *Sobre os sonhos* (Freud 1901a), traduzido para o polonês por Beate Rank, saiu publicado como primeiro volume da série "Polska Bibljoteka Psychoanalityczna" pela editora, 1923. (*G.W.*, v. 2/3, p. 702; *Catálogo*, p. 87.)
4. Ele adiou esta visita para o feriado de Pentecostes. (Freud/Ferenczi III/1, 925 Fer, 928 Fer, 930 Fer; Anna/Lou, carta 103.)
5. Max Pallenberg (1877-1934); ator austríaco, um dos maiores comediantes de seu tempo. (Pelas valiosas informações agradeço à dra. Christiane Mühlegger-Henhapel, Museu do Teatro Austríaco, Viena.) Hugo von Hofmannsthal escreveu o papel principal de sua comédia *O incorruptível* para ele, que estreou em 16/3/1923 no Raimundtheater; os ingressos para o domingo de Páscoa [1/4] poderiam ser para uma apresentação desta peça.
6. Estação de férias e de esqui na região de Steiermark em Oberlauf der Enns.

195 SF¹

        Presente
            de
        Heinele

        19/6/23.²

1. Folha solta sem cabeçalho, letra de Freud, as duas primeiras palavras na caligrafia alemã, o nome "Heinele" em letras latinas. Provavelmente, a folha estava junto com uma lembrança para Heinerle.
2. Dia do falecimento de Heinerle. (Freud/Ferenczi III/1, 933 F.) Ele adoecera novamente no final de maio com febre alta. Somente depois de alguns dias de diagnóstico duvidoso ficou claro que ele estava com uma "tuberculose miliar" e que não havia mais como salvá-lo. Durante este período, Anna se mudara para a casa de Mathilde a fim de lhe ajudar a cuidar do sobrinho. Relatou detalhadamente o andamento da doença para Lou. (Anna/Lou, cartas 105-111.) Freud admitiu para os seus amigos Kata e Lajos Lévy e Ferenczi: "Estou lidando tão mal com essa perda, acho que nunca vivi nada tão grave [...]". (11/6/1923, in: 1960a, p. 362.) "Nunca passei por uma depressão, mas creio que, agora, deva ser uma." (Freud/Ferenczi III/1, 936 F, 18/7/1923, p. 169.)

196 SF

PROF. Dr. FREUD

[Bad Gastein][1] 12/7/23
VIENA, IX. BERGGASSE 19.

Minha querida Anna,

Todas as cartas e remessas foram recebidas[2], estou muito feliz com as boas comunicações do correio[3]. Agradece também à Jeanne[4] pela sua[5] carta querida e divertida.

Está fazendo tanto calor que não saímos de casa antes das seis da tarde. Ainda bem que existe uma caixa do correio ao lado da nossa casa.

Nenhuma grande novidade. A tia, pelo visto, está se recuperando bem[6], quer prolongar a temporada em Gastein. Sinto muito que o eczema da mamãe ainda não tenha sarado.[7] Oxalá a inatividade lhe faça bem.

Hoje chegou uma carta de Martin. Ele queria levar mulher e filho[8] via Trieste para Mallnitz, mas no meio do caminho o menino começou a ter febre e vomitar, fazendo com que eles o deixassem no Parkhotel de Villach. De lá, recebeu um telegrama tranqüilizador de que ele estava bem novamente. Parece que não agüentou muito bem a viagem no calor. O próprio Martin parece estar num péssimo estado, pois errou um simples pedido meu.

Não sei se a Esti ainda está em Villach. Preferia que ela não aparecesse em Annenheim[,] mas nem acredito que isso aconteça.

A revisão dos casos clínicos[9] está bem aborrecida. Os Strachey estão tendo muito trabalho, provavelmente em vão[10], já que a *Press* parece estar sendo extinta.[11]

Adeus a todos, volta a escrever brevemente.

papai

1. Freud estava em Gastein para tratamento desde 1/7/1923 (até 30/7), junto com Minna Bernays. (Anna/Lou, carta 111; Jones III, p. 122.)
2. Não foi conservada.

3. Entre Bad Gastein e Annenheim no Ossiacher See, em Kärnten (norte de Villach), onde Martha, Anna e Ernstl estavam desde 6/7 no Kurhotel. De lá, Anna visitara o pai de 8 a 10/7 em Bad Gastein, a cerca de duas horas e meia de distância. (Anna/Lou, cartas 111-114; Freud (e Minna Bernays) para Max, 7/7/23)

4. Jeanne De Groot, "a jovem médica holandesa [...] está conosco, e eu estou tendo muito proveito com isso". (Anna/Lou, carta 114, 11/7/1923, p. 202 et seq.)

5. Palavra corrigida à mão.

6. Minna se submetera a um tratamento cardíaco de quatro semanas na clínica Cottage-Sanatorium. Seu estado de saúde estava instável e Anna chegou a considerar a possibilidade de acompanhar o pai para Bad Gastein em seu lugar. Mas ela desistiu deste plano depois que a tia melhorou, graças à recuperação em Bad Reichenhall. (Anna/Lou, cartas 93, 98, 111; Freud/Ferenczi III/1, 929 F; Freud/Bernays, carta 176; Young-Bruehl I, 178.)

7. "Um eczema nas duas mãos." (Anna/Lou, carta 111, 29/6/1923, p. 199.)

8. Esti com Anton Walter.

9. Os cinco grandes casos clínicos de Freud (1905e, 1909b com 1922c, 1909d, 1911c com 1912a, 1918b), cuja tradução estava então a cargo de Alix e James Strachey (ver fim da nota 4 de 128 SF, nota 3 de 157 SF). Saíram em 1925 no terceiro volume da *C.P.* (Ver também *Bloomsbury* 1995, 16/1/1925, p. 287, nota 3.)

10. Na opinião de Anna, os esforços valeram a pena. No ano anterior, ela fizera a "revisão da linda tradução dos Strachey dos casos clínicos do papai". (Anna/Lou, carta 49, 17/10/22, p. 83.)

11. Os conflitos entre editora e *Press* (ver nota 5 de 181 SF; nota 5 de 200 SF) cresceram tanto em 1922, que culminaram com a idéia da separação, que finalmente aconteceu. (Freud/Jones, cartas 382-386, 395, 401, 403, 406-413, 415-423, 428-430, 433f.; Freud/Ferenczi III/1, 913 F, 917 F; Freud 1992*l*, 2/7, 14/7, 8/12/1923.) Em 25/9/1924, Freud admitiu, em carta para Jones: "O êxito final da Press é algo de que você pode se orgulhar; eu já tinha perdido todas as esperanças nesse assunto [...]." (Freud/Jones, carta 434, p. 552.) Ver ainda Jones III, p. 73.

197 SF

PROF. Dr. FREUD

BGastein 13/7 23
VIENA, IX. BERGGASSE 19.

Meus queridos,

Adorei o cartão da mamãe; então, ela consegue escrever. Continuo com a intenção de visitá-los na segunda-feira [16/7] às 9h32.[1]

Infelizmente, a outra carta era de Lux, comunicando que Theo[2] acidentara-se no dia 10 desse mês ao nadar. Excluída a hipótese proposital, responsabiliza-se o efeito do calor sobre seu cérebro, prejudicado pela doença. Ele mergulhou, não voltou, só foi encontrado vinte minutos depois. Muita coisa para esta temporada.[3]

Na mesma remessa do correio veio ainda um cartão muito querido e animado da Henny do dia 8.

A recuperação da tia vai de vento em popa. Acabo de ter uma nova reação forte. Está quente demais para Gastein, mas maravilhosamente lindo. Impossível caminhar ou – trabalhar.

Não sei como a tia Mitzi poderá superar este infortúnio. Ainda estou embrutecido contra novidades.

As melhores lembranças para vocês duas, Ernstl e Jeanne

papai

1. Ele fez isso. (Anna/Lou, carta 116.)
2. Theodor Freud (Teddy), filho de dezoito anos da irmã de Freud, Mitzi, de Berlim. Ver também Murken 2004, p. 87 *et seq*.
3. Os dois falecimentos – Heinerle e Teddy – não foram os únicos infortúnios daquela "temporada": na primavera, foi descoberto o câncer do próprio Freud, que levaria à sua morte. O sofrimento começou em 21/4 com a extirpação de um tumor no palato. Nos anos subseqüentes, ele haveria de se submeter a mais de trinta cirurgias. (Vide também texto intermediário depois de 201 SF/AF.) (Sobre a data da primeira intervenção, há indicações divergentes: Anna para Lou (carta 93): "sábado de manhã" (21/4); Jones III, p. 113: "20/4"; Schur, p. 414: "20/4"; Freud/Jones, carta 398, p. 521: "28/4"; Freud/Ferenczi III/1, 929 F: "21/4"; Freud/Eitingon, nota 1 de 278 E: "21/4".) Há versões que divergem nos detalhes do seu caso clínico. (Jones III, p. 112-121; Pichler; Schur, v. 13; alemão, F.; Gay, p. 470-481.) A correspondência entre Anna e Lou (cartas 93-103, 114-172 e outras) revela a grande preocupação e comoção de Anna, a qual, na presente troca de cartas, não põe à mostra, em respeito ao que acordara com o próprio Freud (ver 198 SF, notas 1 e 5).

198 SF

BGastein 21/7/23
PROF. Dr. FREUD   VIENA, IX. BERGGASSE 19.

Minha querida Anna:

É muito bom que nós tenhamos nos entendido tão bem.[1] Agora, espero a carta, não sei se ainda chegará alguma.[2] Caso ele não escreva, obviamente estou livre.[3]

Não pretendo ceder assim tão fácil ao teu desejo[4]. Tu não deves assumir prematuramente a função de enfermeira de pais velhos e enfermos. De preferência, deverias ser totalmente poupada disso.[5] Em compensação, faço uma concessão: serás imediatamente chamada telegraficamente, se ele, por alguma razão, quiser que eu permaneça em Viena, o que me parece muito pouco provável.

Estou anexando novamente a carta gentil de Lou[6]. A tua observação sobre Jeanne[7] é idêntica a uma afirmação de Ruth[8]. Ela, por falar nisso, está aqui, já veio me buscar no Wenger[9] três vezes para passeios, afora isso, é muito gentil e reservada. Ainda muito comovida pelo reencontro com os pais e o marido[10], ela prefere passar alguns dias tranqüilos em Annenheim.

De Berlim, do tio e de Martin, nenhuma linha todos esses dias. Aqui, também tivemos dois dias de chuva, mas hoje o tempo voltou a ficar glorioso.

Como vai ser o aniversário da mamãe??
Mando lembranças para todos e confirmo que recebi a carta de agradecimento do Ernstl.

papai

1. Não existe nenhuma carta de Anna, Freud pode estar se referindo a alguma combinação feita durante a visita em Annenheim; vide nota 5.
2. Provavelmente, ele se refere a uma carta do laringologista e professor universitário dr. Marcus Hajek (1861-1941), que fez a primeira intervenção cirúrgica no palato de Freud. Sem lhe contar de imediato a verdade sobre o tumor maligno, ele autorizou Freud a sair de Viena para as tradicionais férias de verão, mas solicitou que ele lhe fizesse relatos regulares sobre seu estado de saúde e voltasse a Viena no final de julho para mais um controle, o que acabou não sendo considerado necessário. (Jones III, p. 116 (com data errada "meados de junho" sobre as perguntas de Freud para Hajek de Gastein, onde Freud estava desde 1/7); ver também Freud/Ferenczi III/1, 938 Fer. Sobre Hajek, vide Schnitzler 1985, p. 339, 354, 359.)
3. Possivelmente uma alusão ao plano de viajar com Anna para Roma "em setembro, se tudo estiver bem, por três semanas". (Anna/Lou, carta 56, 16 e 17/11/1922, p. 100.) Vide 201 SF/AF e o texto intermediário seguinte.
4. Anna provavelmente pretendia acompanhar Freud para a consulta de controle em Viena.
5. Isso aconteceu de maneira diferente, pois Anna acabou se tornando a principal enfermeira de Freud: "Logo no início, ele fez um acordo com ela de que ninguém deveria mostrar emoções e que tudo o que era necessário fosse feito sem participação emocional [...]. Esta postura, sua coragem e firmeza, permitiram-lhe cumprir o acordo mesmo nas situações mais dolorosas [até a sua morte]." (Jones III, p. 120. Ver também Lou para Anna, in: Anna/Lou, carta 130, p. 232.) A partir de 1929, Max Schur apoiou Anna nos cuidados médicos como médico particular de Freud; vide 277 SF, nota 8. "Sem dúvida, o empenho e o cuidado de ambos e a capacidade de descobrir prematuramente sinais de perigo deram mais alguns anos de vida a Freud." (Jones III, p. 176.)
6. Anna/Lou, carta 112, 3/7/1923.
7. Jeanne De Groot, vide 196 SF, nota 4.
8. Ruth Mack-Brunswick, nascida Mack (1897-1946), médica psiquiatra e psicanalista americana, teve formação com Freud desde 1922 em Viena, onde continuou praticando. Até 1938, atuou no movimento psicanalítico dos dois lados do Atlântico, sendo membro tanto da Sociedade Psicanalítica de Nova York quanto da de Viena, onde também ensinou no Instituto Pedagógico a partir de 1929. Em 1938, voltou para os Estados Unidos, onde teve consultório próprio (em Washington) e ensinou no Instituto Psicanalítico Nova-Iorquino. Morreu em circunstâncias trágicas com 48 anos de idade (ver 296 SF, nota 6, 297 SF, nota 4). Anna se tornou sua amiga e logo surgiu uma ligação familiar forte (entre outras coisas, Ruth ajudou Oliver e sua mulher Henny a emigrar para os Estados Unidos em 1943, via França; ver em nota 3 de 208 SF.) (Mühlleitner, p. 214; Roazen 1976, p. 406-420 (também 1993, 1999); Young-Bruehl I, p. 183, II, p. 80 *et seq.*)
9. Café e restaurante Wenger na Kaiser-Wilhelm-Promenade, não muito distante da Villa Wassing. (Baedeker 1923, p. 422.)
10. Naquela época, Ruth era casada em primeiras núpcias com o especialista em doenças cardíacas Herman Blumgart, irmão do psiquiatra americano Leonard Blumgart, que fizera formação com Freud; vide nota 2 de 154 SF/anexo 2. Sobre sua relação com o pai e as dificuldades maritais, vide Roazen 1976, p. 407 *et seq.* No final de março de 1928, Ruth casou-se em Viena em segundas núpcias com Mark Brunswick (vide nota 6 de 228 SF), primo do seu primeiro marido. Freud e Oscar Rie foram os padrinhos. (Jones III, p. 169.) Seu pai Julian Mack, um renomado jurista nos Estados Unidos, casou-se, depois do falecimento de sua primeira mulher, com a mãe de Mark Brunswick. (Roazen 1976, p. 407-409.)

PROF. DR. FREUD B Gastein 21.7.23
WIEN IX., BERGGASSE 19

Meine liebe Anna
Es ist schön, daß wir uns
so verstanden haben. Nun
warte ich noch den Brief
ab, ob dir Oli heute einen
bringt, Im falls er nicht
schreibt, bin ich natürlich
frei. Wrunsch möchte ich nicht
gleich aufgeben. Im solche
Fälle vorsichtig in die
Hände eines Funktion der
Chirurgie von alten
Kranken Leuten können.
Aus Berlitau bliebe sie
dir noch erspart. Dagegen
mache ich dir die Konzession
daß du sofort telegr.
Anrufen wirst wenn er
mich aus irgend einem
Grund in Wien behalten
will, was mir freilich
sehr unwahrscheinlich ist.
Den lieben Brief des
Lou lege ich dir wieder
bei, haben damals keine

199 SF[1]

Srta Anna Freud
Annenheim
Ossiachsee
Kurhotel

BGastein
23/7/23

Meus queridos:
    Desde ontem, sinto-me subitamente bem melhor, e assim fiz hoje o passeio até Nassfeld[2] com Ruth (a pé) sem esforço, mas com muitas rosas dos Alpes e doze *Kohlröserl*[3].
    O casaco amarelo funcionou brilhantemente bem. Encontrei um amável cartão de Henny, de resto, silêncio de todos os lados.
    O Ossipov[4] e o Dostoiévski[5] chegaram ontem. A saúde da tia já não está tão boa. Confirmei, agradecendo, carta de Jeanne.
    Lembranças carinhosas para todos,

papai

---

1. Cartão-postal.
2. Vide 175 SF, nota 3.
3. *Kohlröserl (Nigritella nigra)*, pequena flor roxa, quase negra, com um perfume muito forte e doce, que tinha um significado especial para Freud e sua mulher Martha: "Quando noiva, ela fora até a montanha nevada com seu noivo jovem e bem-apessoado e eles descobriram um grupo dessas flores. Ele escalou um morro íngreme e coberto de grama para colher algumas flores para ela. Durante toda a sua vida, até quando foi obrigada a deixar a Áustria, a visão e o aroma da flor *Kohlröserl* a remeteram àquela época feliz de sua vida." (Freud, M. 1999, p. 93.) Na página seguinte, Martin ainda narra uma aventura perigosa que ocorreu com Freud ao colher *Kohlröserl*.
4. *Lembranças infantis de Tolstói* (1923b). Anna trabalhara no ano anterior em uma "revisão detalhada do texto de Ossipov". (Anna/Lou, carta 49, 27/10/1922, p. 82. Ver também *Circulares*, 28/2/1923/W, primeiro parágrafo) No dia 17 de junho de 1922, Ossipov fez uma palestra na Sociedade Médica Tcheca sobre "A doença da alma de Leon Tolstói" (1923a). – Nicolai Iegrafovitch Ossipov (1877-1934), médico e psiquiatra russo, co-fundador da Sociedade Psicanalítica de Moscou em 1911 e seu primeiro presidente, visitou Freud em 1910 e traduziu, em 1911, suas cinco conferências *Sobre a psicanálise* (1910a). (Freud/Abraham, p. 95 *et seq.*) Depois da Revolução de Outubro, de 1918, ele foi obrigado a fugir da Rússia, passando a viver em Praga, em 1921 (*Circulares 2*, p. 73 *et seq.* entre outras.) Mais detalhes sobre a vida de Ossipov e sua importância para a disseminação da psicanálise na Rússia e na Tchecoslováquia, em Fischer, E. A publicação da correspondência entre Freud e Ossipov está sendo preparada por E. e R. Fischer, H.-J. Rothe e H.-H. Otto. (Por essas indicações e informações agradeço a Hans-Joachim Rothe, Frankfurt am Main.)
5. Jolan Neufeld, *Esboço para uma psicanálise de Dostoiévski* (1923). Freud menciona esse texto em seu próprio ensaio sobre Dostoiévski como um "excelente texto". (1928b, S.A. v. 10, p. 286, nota 1.)

200 SF[1]

Srta Anna Freud
Annenheim
Ossiachsee
Kurhotel

BGastein 25/7/23

Minha querida Anna
   Por sorte, a tua última carta já está ultrapassada[2]. Pretendo ir viajar para ver vocês na segunda de manhã [30/7].[3] Manda o teu porteiro ver o roteiro de viagem para que tenhamos uma conexão em Trento.[4] A Math escreveu hoje, está ansiosa por nos ver[5], mas está pensando em um encontro em Bolzano. Lembranças carinhosas

papai

1. Cartão-postal.
2. Não foi conservada.
3. A continuação das férias só ficou definida "depois de muitas idas e vindas", escreveu Anna para Lou. "Primeiro, a mamãe não se decidia a viajar, finalmente, no entanto, o papai veio nos buscar[...]." (Anna/Lou, carta 118, 5/8/1923, p. 209.)
4. Para a seqüência da viagem conjunta para Lavarone, no Trentino, onde a família ampliada, com Ernstl, se hospedou no hotel du Lac: "[...] a 1.100 metros de altitude, em um belo e estranho planalto com um pequeno lago de água quente [...]. Já estivemos aqui duas vezes [1906 e 1907], [...] e a cada vez que passo por uma árvore, um caminho ou uma praça, fico feliz por estar tão mais velha, independente e por não ser mais pequena." (Anna/Lou, carta 118, 5/8/1923, p. 210.) (Ver também 11 AF/EF, nota 9.) No final de agosto, a família deixou Lavarone; Eitingon levou Ernstl de volta para Berlim no dia 30/8 (vide nota 5), "[...] e depois do almoço viajaremos a mamãe, o papai e eu: a mamãe para Merano, onde encontrará tia Minna, e nós diretamente para Roma [vide 201 SF/AF]". (Anna/Lou, carta 122, continuação. 31/8/1923, p. 217; ver tb. Jones III, p. 123.) Martha e Minna voltaram para Viena por volta do dia 21/9. (Freud 2002b, 11/9/1923.)
5. Afora os membros da família e muitos convidados, Freud também foi ver ali os membros do comitê, que haviam se reunido em 26/8 (sem Freud) para uma primeira conversa em San Cristoforo depois da operação de Freud e para discutir os conflitos internos (vide nota 5 de 181 SF; nota 11 de 196 SF). (Jones III, p. 116 *et seq.*, 123.)

201 SF/AF[1]

[1 a 21 de setembro 1923]

[Frente:]

	R o m a[2]	
manhã	tarde	noite
1. –	Corso	–
2. Forum, Cap.[itólio]	Pincio	–
3. Palatin	Gianicolo	–
	Vaticano	
4. Museo naz.[ionale]	Panteão	
	Coliseu	
	P.[iazza] Navona	
	Maria s.[opra] Min[erva]	
	G.[iordano] Bruno	
5. Mus.[ei] Vatic[ani]	Moisés	
	Bocca d l [della] Verità	
	2 templos	
	Port[ico di] octav [Ottavia]	
	carcer.	
6. Museo	Janus	
capitol[ino]	Palatino	
7. Sistina	cemitério protestante	
Stanze [di Raffaello]	S.[an] Saba	
	S.[anta] Sabina	
————	Aventino	
	cestius	
8. S.[ant'] Angelo	Cacc. [Cecilia] Metella	
	Via appia [antica]	
	Columbar[ien]	
9. Villa Giulia	S.[an] Paolo [fuori le Mura]	
	Tre Fontane	
10. Vaticano	[Monte] Celio	
Loggias	Via Latina	
Bibliot.[eca]	(Tombe)	

[Verso:]

11. Laterano	–	cinema
12. M.[onte] Tarp.[ea]	Aq. [Acqua] acet.[osa]	
Aracoeli		

	Rom		
	Vor.	nach.	abds
1.	—	Corso	—
2.	forum Kap.	Pincio	
3.	Palatin	Gianicolo	
4.	Museo naz.	Vatikan Pantheon Coloss. S. navona Maria s. M...	
5.	Mus. Vatic.	G. Bruno Moses Bocca d. Verità 2 tempel Port octav carcer	
6.	Museo capitol	Janus Palatin	
7.	Sistina Stanze	prot st. fried. S. Sabas S. Sabina Aventino cestius	
8.	S. Angelo.	Cecc. Metella via appia Colombar	
9.	Villa Giulia	S. Paolo Tre fontane	
10.	Vaticau Loggien Bibliot.	Celio Via Latina (Tombe)	

	vor.	nachm	abends
11.	Laterano	—	Kino
12.	M. Tarp. Aracoeli Mus. Birch	Ag. acet. Ponte molle	
13.	Tivoli	Villa d'Este	
14.	Doria		
15.	Pinacotea vatic. S. Maria d. Popolo	S. an. d. M. Maria Magg. S. Croce S. Lorenzo Eurysaces	
16.	Zool. Gart. Gall. Borghese	Maria s. Min. p.za d. pace Casa comm ac. Isola Tevere Palaz. Farnese Spada Cancellaria Massimi	
17.	Corsini Farnesina	P. Pia Gesù S. Clemente	
18.	—	Einkäufe (Silberkette)	
19.	Campo di Fiori	Via Appia, San Sebastiano	
20.	Via Nazionale, Ledereinkäufe	Ausgrab. Hermes Mte Mario	Fontana Trevi
21.	Einkäufe	S. anjiluccia Palatin Café Fragno	Abreise

manhã	tarde	noite
Mus.[eo] Kirch[eriano]	Ponte molle	–
13. Tivoli	Villa d'Este.	
14. Doria	–	–
15. Pinacoteca vatic.[ano]	Prassede	
	Maria magg.[iore]	
S.[anta] Maria d[el] Popolo.	S.[anta] Croce	
	S.[an] Lorenzo [fuori le Mura].	
	Eurysaces	
16. Jard. Zool.	Maria s.[opra] Min.[erva]	
Gall.[eria] Borgh.[ese]	Maria dell[a] pace	
	Cam.[era di] commerc.[io]	
	Isola Tevere [Tiberina]	
	Palaz[zo] Farnese	
	Palaz[zo] Spada	
	Cancellarie [Cancelleria]	
	Massimi [Massimo]	
17. Corsini	P.[orta] Pia	
Farnesina	Gesù	
	S.[an] Clemente.	
18. ——	Compras	
	(cordão de prata)	
19. Campo di [de'] Fiori	Via Appia [Antica],	
	San Sebastiano	
	Excav[ação] Hermes.	
20. Via Nazionale,	M[on]te Mario,	Fontana
Compras artigos couro	Camil[l]uccia	Trevi
21. Compras	Palatino	Partida[3]
	Café [Caffè] Aragno	

1. Esta folha não estava no maço das cartas transcritas aqui. Gerhard a descobriu em outro fascículo na Biblioteca do Congresso e me trouxe gentilmente uma cópia. Depois da reorganização dos *Freud Papers*, está agora em LoC AF, Cont. 162. – As anotações de 1 a 17/9 foram feitas com a letra de Freud, a partir de 18/9, com a letra de Anna. Estão sendo reproduzidas aqui em transcrição sem comentários (veja fac-símiles anexos). Explicações mais detalhadas no anexo 1. (Ver também cartas de Freud nessa viagem para a família, 2002b.)
2. Ver o final da nota 4 de 200 SF e o texto que se seguirá agora.
3. Freud já tinha feito a reserva para a viagem de volta: "Fizemos uma viagem ótima, de 20h35 até a manhã seguinte no vagão-leito, passando por Tarvis, já tínhamos feito a reserva antes da carta de vocês (de 19-21) [...]". (2002b, 1/9/1923, p. 383.)

Freud e Anna em Roma
(Setembro de 1923)

Freud costumava designar a sua "nostalgia de Roma" como "profundamente neurótica". (1985c, carta 149, 3 a 5/12/1897, p. 309; também p. 380 *et seq.*, 493 *et seq.*) De qualquer maneira, aquela cidade tinha para ele uma significação simbólica em muitos aspectos. (Jones II, p. 30; bastante impressionante: Grubrich-Simitis, 1995a.) Assim, não deve ser coincidência que ele, na semana depois de sua operação em abril (vide nota 3 de 197 SF), tenha tomado a decisão de realizar um plano feito há muito tempo: visitar Roma junto com Anna. Embora os médicos tivessem omitido o verdadeiro diagnóstico a ele e à sua família num primeiro momento, tanto ele como Anna intuíam a verdade. (Jones III, p. 116-118; *Circulares*, 1/5/1923; Freud/Ferenczi III/1, 929 F, 970 F; Anna/Lou, cartas 98, 100, 120; Deutsch, F.; Schur, p. 425, 429 *et seq.*, 587.) "Ter permitido a Freud visitar mais uma vez Roma e mostrar a cidade para Anna foi o ato mais humano e construtivo de todos aqueles meses[...]." (Schur, p. 430.)

De fato, a viagem se tornou um evento muito feliz – para ambos: "Estamos aproveitando muito. [...] Anna está se deleitando, consegue se virar muito bem e está aberta para todos os lados da polidimensionalidade romana. Eu me sinto aqui melhor do que nunca – desde abril –, tenho mesmo momentos de puro prazer." (Freud/Eitingon, 283 F, 11/9/1923, p. 331; também 285 F.) E Anna: "O papai [...] me introduziu tão bem a todas aquelas belezas, antiguidades, coisas interessantes, que agora, na segunda semana, já me sinto parte de tudo, como se já tivesse vindo com ele todas as muitas vezes em que ele esteve aqui". (Anna/Lou, carta 124, 16/9/1923, p. 222.)

Anna se preparara durante alguns meses para a viagem, estudando italiano. (Anna/Lou, cartas 61, 115.) Eles se hospedaram no Hotel Éden, na Via Ludovisi 49, na periferia sul da Villa Borghese, onde Freud já se alojara anteriormente (vide 35 SF, 38 SF). (Anna/Lou, cartas 122, 124.) Ver também descrição de Anna do hotel no anexo 2.

No outono de 1923

Depois da volta, os médicos de Freud lhe revelaram a gravidade de sua doença. Enquanto isso, o tumor já tinha se espalhado. Tornou-se necessária uma operação radical que demandou três sessões: nos dias 4, 10 e 11 de outubro, no Sanatorium Auersperg, onde Anna acompanhou o pai. Dessa vez, a operação ficou a cargo do renomado cirurgião de maxilar da Universidade de Viena, prof. Pichler, que passou a acompanhar Freud a partir de então. Ele também fabricou as primeiras próteses para ele, que, aliás, sempre exigiam correções e novas intervenções. Freud somente retomou o seu trabalho no consultório em 2 de janeiro de 1924. (Anna/Lou, cartas 128, 148, 172; Schur, p. 430-435; Jones III, p. 118-124.)

Estes acontecimentos marcaram um corte profundo, também na vida de Anna. Influenciaram em grande medida, sem dúvida, sua decisão definitiva por permanecer na casa paterna. (Ver Anna/Lou, carta 204, p. 384 *et seq.*) A quebra na continuidade e no estilo da correspondência que se nota a partir deste momento reflete esta cesura.

1924

202 SF[1]

Um ano, meio quilo
3 Dez 1924[2]
papai
com lembranças carinhosas[3]

1. Parte da frente de um envelope, tudo escrito em letras romanas.
2. Naquele primeiro aniversário depois da operação de Freud, Anna teve muitos convidados: "Todos quiseram comemorar aquilo que, naquele ano, fora melhor do que no ano anterior [...]". A sua aversão a presentes de aniversários também começou a mudar: "Não sou mais como antes, quando tinha vergonha que alguém me desse um presente: lembras como ficavas horrorizado? Ao contrário, agora vejo como é bom ganhar algo que aparece sem mais nem menos, ou seja, algo que realmente foi presenteado." (Anna/Lou, carta 204, 4/12/1924, p. 384; também carta 320.)
3. Esta é a única carta conservada do ano de 1924 desta correspondência, pois depois da operação, Anna nunca mais deixou o pai por um período mais prolongado. Naquele ano, ela retomou sua própria análise (vide 96 AF, nota 3) e se aprofundou em seus estudos para se tornar psicanalista. No final de ano, tornou-se membro do Comitê Secreto (vide 156 SF, nota 1), participou – ao lado de sua própria atividade prática – da organização do Instituto Pedagógico Psicanalítico Vienense e ali assumiu o cargo de redatora, o primeiro de vários. (Anna/Lou, carta 206.)

1925

203 SF[1]

anna freud, ritters parkhotel, Bad Homburg v.d. Höhe.[2]

semmering 1[3] 2/9 1925 15h30m.

Boas-vindas a todos

papa

1. Telegrama.
2. Anna estava no IX Congresso Psicanalítico Internacional em Bad Homburg (3 a 5/9/1925). Freud, que já tivera de faltar ao 8º Congresso no ano anterior, na Páscoa, em Salzburg (*IZ*, v. 10, 1924, p. 211; Freud/Jones, telegrama 425, al. p. 28 *et seq.*; Anna/Lou, carta 164; Freud/Ferenczi III/1, 954 F), quis voltar a participar, mas acabou não se sentindo bastante forte. Em seu lugar, Anna leu o texto que ele escrevera para aquela oportunidade: "Algumas conseqüências psíquicas da diferença sexual anatômica" (1925j). (Jones III, p. 126, 127, 135, 138 *et seq.*; Anna/Lou, cartas 224-243 *passim*, 251; *IZ*, v. 11, 1925, p. 506 *et seq.*) Naquele congresso decidiu-se, entre outras coisas, organizar com mais rigidez e uniformizar a formação psicanalítica; os cursos didáticos, até ali relativamente mal regulamentados, foram substituídos por uma Comissão Pedagógica Internacional presidida por Eitingon, que coordenava as diferentes associações. (*IZ*, v. 5, 1919, p. 138; v. 8, 1922, p. 539; v. 10, 1924, p. 231; v. 11, 1925, p. 515-520, 526 *et seq.*, também p. 525 *et seq.* Primeiro relatório: Eitingon (1927).) Em outubro de 1925, Anna foi eleita redatora da Comissão Pedagógica do grupo de Viena. (*IZ*, v. 11, 1926, p. 120.) Ver nota 2 de 251 SF.
3. Com o objetivo de não ficar muito longe de Viena e de seu médico e cirurgião Pichler, a partir de 30/6/1925 Freud começou a passar os verões na Villa Schüler, na região de Semmering. (Anna/Lou, carta 240; Freud/Abraham, 1/7/1925; Freud/Eitingon, 338 F.) Além de alguns finais de semana, ele já passara ali a Páscoa de 1924 (14-24/4) e o verão do mesmo ano (8/7-29/9). (Freud/Jones, cartas 424-426; Freud/Ferenczi III/1, 954 F, 967 F, 970 F, 979 F; Freud/Eitingon, 295 F, 306 F; Freud/Abraham, 4/7/1924; Anna/Lou, cartas 162, 164, 167.) Até 1928, ele repetiu as estadias em Semmering várias vezes, vide p.ex. nota 2 de 244 AF, 250 SF.

204 SF[1]

anna freud, ritters parkhotel, Bad Homburg v.d. Höhe.

semm[e]ring 1 3/9 1925 12 Uhr

tudo bem segunda não viajo viena[2] mathilde espera à noite tempo feio bravo wolf[3] triste.

[sem assinatura]

1. Telegrama.

2. Geralmente, Freud ia a cada dez dias ao consultório do prof. Pichler em Viena para controlar a prótese. (Anna/Lou, carta 242; Jones III, p. 136.)
3. Wolf era o pastor alemão que Anna tinha desde 1/6: "[...] uma grande novidade: antes do verão ganharei um cachorro do papai para que eu tenha companhia nos meus passeios. [...] No fundo, penso no meu cachorro das belas histórias [vide fim da nota 1 de 101 AF], que agora poderia se concretizar." Logo, Wolf se tornaria "um companheiro doméstico respeitado". (Anna/Lou, cartas 236, p. 449; 220, 3/3/1925, p. 416 (1ª citação); 240, 4/7/1925, p. 457 (segunda citação); tb. 1925 *passim*.) Ele viveu mais de onze anos; provavelmente, morreu em 1936. (Freud/Jones, carta 632, al. p. 95; Molnar 1996, p. 367.)

205 SF[1]

anna freud, parkhotel, Bad Homburg v.d. Höhe.
semmering 1 4/9/1925 11h10m.
[recebido 12h]
alegre tuas notícias[2] mathilde chegou tempo frio triste chuvoso também sem palestras

[sem assinatura]

1. Telegrama.
2. Não foram conservadas.

206 SF[1]

Anna Freud, Parkhotel, Bad Homburg v.d. Höhe.
Sem[m]ering 1 5/9/1925 15h20m.
[recebido 4h35min.]
Tudo bem tempo melhorou todas tuas notícias bem-vindas[2] adeus[3]

[sem assinatura]

1. Telegrama.
2. Nenhuma foi conservada.
3. Acompanhada por Eitingon, Anna voltou em 6/9 de Frankfurt am Main para Semmering, onde a família ainda ficou até 29/9. Em 1/10, Freud retomou seu trabalho em Viena com seis pacientes. (Anna/Lou, cartas 251, 253; Jones III, p. 138.)

207 SF[1]

                            Bom
                   para ficar sentada
                     muitas horas[2]

                                        3 dez 1925

                                    [sem assinatura]

1. Folha sem cabeçalho, letra de Freud, tudo em letras latinas.
2. Desta vez, o presente de aniversário para Anna foi uma poltrona. (Martha Freud para Lucie Freud, 18/12/1925, FM Londres, Box 27.)

1926

208 SF[1]

Srta Anna Freud
a/c Dr Val. Rosenfeld[2]
Viena XIII
Wattmanngasse [11]

Berlim 27/XII/26

Minha querida Anna:

A impressão mais forte de Berlim é a pequena Evchen[3], uma exata repetição do Heinele, rosto quadrado com olhos negros, o mesmo temperamento, facilidade para conversar, inteligência, por sorte parece ser mais forte, não estava muito bem e primeiro bem irritadiça. Ambas as casas[4] inspiram alegria. Falei só rapidamente com Eitingon, hoje à tarde mais extensamente. Mirra veio à estação. Tuas roupas ficaram ótimas em Henny. Nosso alojamento é bastante nobre, vai me induzir a aceitar novo paciente. Devo encontrar Einstein[5], afora isso espero tempos tranqüilos. Reserva hoje vagão-leito para sábado, 1/1/27. Lembranças a toda a turma[6] de Hietzing[7]. Espero que Wolf se torne popular.[8] Lux deverá vir nos buscar agora às onze da manhã.

papai

---

1. Cartão-postal com remetente (escrito à mão) "Esplanade", hotel em Berlim onde Freud e Martha se hospedaram (vide 211 SF, pós-escrito). Ambos passaram lá a virada do ano de 25/12/1926 a 1-2/1/1927: "No Natal, minha mulher e eu queremos finalmente viajar para Berlim a fim de ver as crianças grandes e pequenas. [...] Dos quatro netos, conheço apenas um, e ele tinha, na época, um ano de idade." (Freud/Ferenczi III/2, 1085 F, 13/12/1926, p. 123; Anna/Lou, carta 287.) Além dos quatro netos berlinenses – Stephan Gabriel (nascido em 31/7/1921), Lucian Michael (nascido em 8/2/1922), Clemens Raphael (nascido em 24/4/1924) e Evchen (vide nota 3) –, "Ernsti veio de Hamburgo como quinto neto." (Anna/Lou, carta 292, 3/1/1927, p. 536.) Vide 211 SF, nota 4. Foi a primeira viagem mais longa de Freud depois de sua grande operação. Anna adoraria tê-lo acompanhado, mas estava com dificuldades de caminhar por causa de um problema no dedão. Inicialmente, ficou chateada com o pai por tê-la "abandonado"; mas quando os pais voltaram para casa, "tudo voltou a ficar bem". (Anna para Eitingon, 21/12/1926, 3/1/1927; Anna/Lou, cartas 290-292 .)
2. Valentin Rosenfeld (1886-1970), advogado em Viena, desde 1911 casado com Eva Rosenfeld (vide nota 6). Visitava os cursos de Freud já em 1906-07 e chamara a atenção de Eva para ele. Antes de se casar, buscou a opinião de Freud, já que Eva era sua prima. (Ross, p. 35 *et seq.*) "Para não ficar tão sozinha na Berggasse, vou-me mudar com Wolf para a casa de Eva Rosenfeld em Hietzing", escreveu Anna em 21/12/1926 para Lou Andreas-Salomé. (Anna/Lou, carta 290, p. 534.)
3. Eva Mathilde, filha de Henny e Oliver Freud, nascida em 3/9/1924. (Árvore genealógica Lange: Freud Family, Genealogical Tree, p. I.) Freud adorava esta neta. "Eva viajou para Nice" anotou no último dia de seus apontamentos em sua *Kürzeste Chronik* (1992i, p. 68), quando ela, para se des-

pedir, foi visitá-lo em Londres (24/7 a 25/8/1939). (Ver nota 14 de 257 SF.) Ela morreu já em 1944 durante uma operação em Nice, para onde os pais a haviam mandado – na casa de amigos – durante sua própria fuga da França ocupada para a Espanha, em 1943 (ver nota 8 de 198 SF). (Molnar 1996, p. 468, 471 *et seq.*; nota de Anna sobre Eva Freud [1944?], in LoC AF, Cont. 158.)

4. Quer dizer, as famílias de Ernst e Oliver. Ver 211 SF, nota 7.

5. Albert Einstein (1879-1955) era então professor da Academia Prussiana das Ciências em Berlim e, ao mesmo tempo, diretor do Kaiser Wilhelm-Institut. (Ver 210 SF.)

6. A convivência de Anna e Eva. Em sua casa, Eva Marie Rosenfeld (1892-1977) cuidava de filhos adotivos e moças que ela formava em economia doméstica e jardinagem. "Eva tinha uma economia doméstica excepcionalmente bem [...] administrada." (Heller, p. 75 *et seq.*; mais detalhadamente sobre Eva Rosenfeld: Ross.) Ela conhecia Anna desde 1924. (Anna/Lou, carta 202, p. 380.) Em pouco tempo, as duas ficaram unidas por uma estreita amizade, a qual depois incluiu também Dorothy Burlingham (vide correspondência Anna/Eva; ver também final da nota 5 de 158 AF). (Ross, p. 34-43; Young-Bruehl I, p. 194-198; Burlingham, M., p. 128 *et seq.*) Em 1931, Eva se mudou para Berlim-Tegel, onde trabalhou para Ernst Simmel como diretora de economia doméstica de sua clínica. (Ross, p. 48-50.) Quando esta foi fechada, ela prosseguiu, em Berlim, com a formação analítica iniciada já em 1929 com Freud (ver 287 SF, nota 17). Em 1936, emigrou para Londres e se tornou ativa como analista e membro da Sociedade Psicanalítica Britânica. A estreita ligação com a família Freud ficou um pouco mais frouxa – durante algum tempo, Eva se voltou para as teorias de Melanie Klein –, mas nunca se perdeu totalmente. (Ross, p. 43-58.)

7. A casa dos Rosenfeld ficava em Hietzing, um subúrbio burguês de Viena. Ali, em 1927, o casal disponibilizou o seu terreno para concretizar uma idéia conjunta de Dorothy Burlingham, Eva e Anna: a criação de uma escola particular, cujo programa didático vanguardista se baseava no chamado "método de projetos". (Ver em nota 3 de 82 AF.) Dentre os professores desta escola Burlingham-Rosenfeld constavam Peter Blos (vide em nota 3 de 215 SF), Erik H. Erikson, August Aichhorn, Siegfried Bernfeld e outros que lá ensinaram temporariamente. (Erikson, p. 91-94.) Sob os cuidados de Eva, as crianças e os adultos formavam uma "família ampliada". Muitas das alunas e dos alunos – entre eles, a partir de 1928, também Ernstl – faziam análise com Anna ou Dorothy. "Para Anna [...] o importante era uma espécie de reforma da vida, uma espécie de estilo de vida alternativo no solo e com as idéias da psicanálise." (Bittner, p. 22 *et seq.*) Em alguns aspectos o experimento da escola de Hietzing também foi um "precursor da futura parceria entre Anna Freud e Dorothy Burlingham" na Inglaterra, entre outras a Hampstead Child Therapy Clinic, o Instituto Didático Psicanalítico, que hoje responde pelo nome de Anna Freud Centre. (Freud, W.E. 1987, p. 212 *et seq.*) A escola foi dissolvida no início de 1932. (Bittner, p. 20, 22-28; Ross, p. 41 *et seq.*; Heller, p. 77, 88-100; Burlingham, M., p. 183-189, 230f., 232 *et seq.* Ver também Young-Bruehl I, p. 197; Anna/Lou, carta 305.)

8. "Tive férias tranqüilas com Eva e Wolf, ela me ensinou a cozinhar [...]. Sua casinha é especialmente aconchegante." (Anna/Lou, carta 292, 3/1/1927, p. 536.)

209 SF[1]

Srta Freud
a/c dr. Val. Rosenfeld
Viena XIII
Wattmanngasse [11]

Berlim 28/XII/26

Minha querida Anna:
Muito confortável, daqui a pouco terá acabado. Tempo muito ruim, sem passeios. Ontem conversei com Eitingon sobre tua viagem[2] e o caso Reich[3]. Ele proibira expressamente St.[4] a fazer o que ele fez.[5] A relação não vai durar muito. Com referência à tua viagem, ele só aceitou o argumento de que tu não deverias te torturar tanto.[6] Ele recebeu carta extensa de Ferenczi.[7] A tia Mitzi acaba de chegar.
Cordialmente

papai

1. Cartão-postal.
2. Em novembro, Anna conduzira um curso em quatro módulos no Instituto Pedagógico Psicanalítico em Viena, com o título "Sobre a técnica da análise infantil e seus limites com a análise adulta", e Eitingon a estimulara a falar sobre o tema na reunião de Berlim. (Anna/Lou, carta 285, p. 528; também carta 287.) Mas Anna recusara, justificando que, em breve, a série de cursos sairia publicada. Mas o outro motivo da sua hesitação era que ela não queria "brigar" com Melanie Klein, que rechaçava suas idéias e atacara Anna violentamente (ver nota 2 de 216 AF). (Anna para Eitingon, 7/11, 21/12/1926.) Depois que o livro saiu publicado (1927a), Eitingon insistiu mais uma vez com Anna, e ela acabou concordando com um evento com palestra e discussão (em 19/3; 1927c). (Anna para Eitingon, 13/2/1927 (no manuscrito, acidentalmente "1926"); Anna/Lou, carta 297; *IZ*, v. 13, 1927, p. 367.)
3. Wilhelm Reich (1897-1957), médico, psicanalista, ainda estudante tornou-se membro da Sociedade Psicanalítica Vienense em 1920. Desde 1925, era membro do Instituto Pedagógico e assistente do ambulatório, cuja vice-presidência assumiu em 1928. Em 1928, criou o chamado "seminário técnico", que dirigiu a partir de 1924. (Reich 1927c, p. 53, 1927a, 1927b.) Era conhecido como um teórico e clínico talentosíssimo, como o "professor e diretor do seminário mais competente". (Raknes, p. 52-54, 56 *et seq.*) Como membro do partido comunista, almejava unir a crítica social à psicanálise, mudou-se para Berlim no outono de 1930, mas rompeu com ambas as instituições e acabou proscrito pelas duas. (Modena, p. 316 *et seq.*, 327; Boadella, p. 114-118; Raknes, p. 49, 53; Jones III, p. 229; Briehl, p. 435; Fallend 1987, p. 75-81; também Fallend 1995, p. 309, ainda p. 293, 299-317; Fallend 1988; Fallend e Nitzschke. Ver tb. Freud/Ferenczi III/2, 1218 Fer-1220 Fer.) Em 1933, Reich fugiu, primeiro para a Escandinávia e, em 1939, para os Estados Unidos. Ali, prosseguiu com seus experimentos biofísicos sobre a energia vital (o "orgônio"), mas entrou em conflito com a lei americana e acabou na prisão, onde morreu em 1957. (Mühlleitner, p. 257-259; Boadella; Raknes; Briehl.)
4. Provavelmente Storfer, então gerente da editora.
5. Storfer recebera dinheiro de Reich (Freud/Eitingon, P.S. de 416 F), possivelmente para cobrir os custos da impressão do texto de Reich sobre *A função do orgasmo* (1927c), cuja publicação causara controvérsias na editora. (Freud/Eitingon, 391 F, 392 E, 394 E, 414 F-417 E.)

6. "Anna ficou dois dias em Berlim para fazer uma conferência [...]. Ela trabalha muito bem, mas, como todas as mulheres, é fanática e se cansa muito." (Freud/Ferenczi III/2, 1092 F, 25/3/1927, p. 139.) Ver também nota 2 de 212 SF.
7. Ferenczi estava, então, passando uma temporada de vários meses nos Estados Unidos para dar palestras e aulas. (Freud/Ferenczi III/2, 1081 Fer-1095 Fer; *IZ*, v. 13, 1927, p. 335.)

210 SF[1]

Srta Anna Freud
a/c Dr. Valent. Rosenfeld
Viena XIII
Wattman[n]gasse [11]

[Berlim,] 29/XII/26

M Q[2] Anna!
Einstein foi muito interessante[,] divertido, feliz, conversamos durante duas horas e também discutimos mais sobre análise do que sobre a Teoria da Relatividade.[3] Está lendo, obviamente ainda não está convencido.[4] Parece ser mais velho do que eu esperava, 48 anos![5]
Tempo horrível, passamos sempre pelas mesmas duas ruas.
Carinhosamente

papai

1. Cartão-postal com remetente pré-impresso, "Hotel Esplanade, Berlim", e uma foto do jardim de inverno do hotel.
2. Em letras maiúsculas. No cartão, parece que ele primeiro escreveu "Q Anna" e depois acrescentou o "M".
3. "[...] Ele veio com sua esposa para me ver na casa de Ernst [e] entende tanto de psicologia quanto eu de física e, assim, conversamos muito bem." (Freud/Ferenczi III/2, 1087 F, 2/1/1927, p. 126.)
4. Ver carta de Einstein pelos oitenta anos de Freud: "[...] Até pouco tempo atrás, eu conhecia a força especulativa dos seus raciocínios, bem como a sua enorme influência sobre a visão do mundo contemporânea, sem, no entanto, ter clareza acerca da verdade de suas teorias. Ultimamente, porém, tive a oportunidade de saber [...] de casos que, na minha opinião, excluem qualquer interpretação divergente. Descobrir isso foi, para mim, uma grande felicidade [...]." (21/4/1936, fac-símile in Molnar 1996, p. 357.) E a resposta de Freud: "Preciso lhe dizer o quanto fico feliz com a mudança no seu julgamento ou o início de uma guinada [...]". (Freud 1960a, 3/5/1936, p. 443; também em Jones III, p. 242 *et seq.*; além disso carta de Einstein para Freud de 4/5/1939 in Jones III, p. 286 *et seq.*) A *primeira* troca de cartas entre os dois que ficou conservada é de 1929. (Grubrich-Simitis, 1994. Ver Freud/Eitingon, cartas 622 E e 623 F.)
5. Einstein fez 48 anos em 14/3/1927.

211 SF[1]

Srta. Anna Freud
a/c dr. Val. Rosenfeld
Viena XIII
Wattmanngasse [11]

HOTEL ESPLANADE

BERLIM W. 30/XII/26
BELLEVUESTRASSE[2]

Minha querida Anna:
A partida já está à vista.[3] Muita coisa por fazer ainda. O Max e o Ernst[4] devem vir para o almoço, os Lampl[5] já voltaram. Amanhã, provavelmente, visitaremos o Fuchs[6]. Hoje à noite planejamos visita em massa em Morcego Russo com Eitingon. Ontem inauguramos o aconchego do novo apartamento de Oli.[7] Evchen estava muito carinhosa. O tempo, horroroso. Ouve-se falar muito em gripe. O Ernst quer me levar hoje para uma coleção particular de jóias antigas de ouro, onde não há nada para comprar.
Saudação carinhosa

papai

[com letra própria:]
Mil lembranças e obrigada pelo teu cartão[8]; afora o tempo, tudo maravilhoso.

mamãe

---

1. Cartão-postal.
2. Cabeçalho pré-impresso com vinheta ("E") em cima do nome do hotel. A data é colocada à mão.
3. Segundo informação de Ernst Freud, esta era uma expressão da pequena Sophie freqüentemente citada na família. (Nota 4 sobre o ano de 1938 em Freud 1960a, p. 523.) Ver também 219 SF.
4. Ernstl, que se sentia "muito excluído" depois do novo casamento do seu pai (ver nota 7 de 162 AF), "era um menino solitário e sofria muito [...]", até se mudar para Viena, em 1928 (vide 146 SF, nota 4). (Freud W.E. 1987, p. 200 *et seq*.) Freud aproveitava todas as oportunidades para revê-lo.
5. Hans Lampl e Jeanne De Groot já estavam casados, vide nota 4 de 163 SF.
6. Os sogros de Oliver (veja nota 8 de 192 SF): Gertrud Fuchs, nascida Boas (1867-março de 1944) e Paul Fuchs (1861-1942), médico-conselheiro em Berlim. Ambos foram assassinados em Theresienstadt. O endereço registrado no *Gedenkbuch Berlin* no dia em que foram levados, em 14/7/1942, era: Berlim-Wilmersdorf, Lietzenburger Str. 41-42. (Agradeço a Almuth Kliesch, bibliotecária do Instituto da História da Medicina, em Berlim, pelas pesquisas complexas e pelas informações.) Em 1924, Freud indicara o endereço "Lützowstr. 95". (Freud/Ferenczi III/1, 979 S, 13/9/1924, p. 247.)

7. "Finalmente, o Oli está no seu apartamento próprio", relatara Freud em 13/12. (Freud/Ferenczi III/2, 1085 F, p. 123.) (Ver 192 SF, nota 8.) O apartamento ficava em Berlim-Tempelhof, "Theodor-Fran[c]ke-Str. 6, I[andar], T.[elefon] Südr. 4447". (Catálogo telefônico de Berlim 1928 a 1933 (a partir de 1934, não há mais registros); pela informação, agradeço a Veronika Liebau, Arquivo da História de Tempelhof e Schöneberg, 19/8/2003, e Regine Lockot, Berlim.)

8. Não está contido no presente conjunto de cartas.

1927

212 SF[1]

VIENA, 8/4/27
[Carimbo de entrada: Milão[2] centro 8/4/27, 10h30.]
TODOS NOVAMENTE EM BOA SAÚDE[3] ESPERAMOS BELOS RELATÓRIOS
SAUDAMOS OS VIAJANTES[4]

[sem assinatura]

1. Telegrama, sem endereço.
2. Pela primeira vez, desde a operação de mandíbula de Freud, Anna se separou do pai por um período mais longo (ver nota 3 de 202 SF) e empreendeu uma viagem ao norte da Itália com sua amiga Dorothy Burlingham (vide nota 4) durante os feriados de Páscoa. Ela necessitava urgentemente descansar. Já em 1925, confidenciara a Lou que estava "estressada e cansada de milhares de coisas já feitas e ainda por fazer". Nesse meio-tempo, as atividades no seu consultório e outras tarefas haviam se multiplicado, solicitando-a excessivamente. (Anna/Lou, carta 255, 6/10/1925, p. 476, e outras.) Dessa vez, o próprio Freud insistiu para que ela descansasse (vide 235 AF). Em 22/3, por exemplo, escreveu para Eitingon: "[...] Nossa próxima missão é incentivá-la a descansar para valer este ano". (Freud/Eitingon, 423 F, p. 506.) Ver também 209 SF, notas 2 e 6.
3. Freud já passara algum tempo na clínica Cottage Sanatorium na primavera de 1926 por causa de problemas cardíacos (vide 223 SF, nota 2, 228 SF, nota 7 de 238 SF). Agora, o seu estado de saúde estava "possivelmente pior do que no ano anterior", fazendo com que ele voltasse para lá em 14/4, dessa vez com Martha e Minna, permanecendo com elas até o dia 28/4. (vide 219 SF-249 AF). (Jones III, 165; Freud/Eitingon 423 F-426 F.) Sobre os problemas cardíacos de Freud em anos anteriores ver Schur, segundo capítulo.
4. Anna e sua companheira de viagem, Dorothy Burlingham (1891-1979), filha do abastado artista americano Louis C. Tiffany. Ela se separou do seu marido, Robert Burlingham, que sofria de síndrome maníaco-depressiva com episódios psicóticos, o que exigiu várias internações. (Heller, p. 86 *et seq.*; Ross, p. 39.) Em 1925, ela viajou de Nova York para Viena com o objetivo de levar o seu filho de dez anos, Bob, para se tratar com Anna Freud, por causa de sua asma e os sintomas com ela relacionados (Anna/Lou, carta 257, p. 479.) Ela acabou por morar em Viena com seus quatro filhos e logo iniciou tratamento e formação analítica, primeiro com Reik e, a partir de 1928, com Freud. (Não em 1927, como foi repetidamente citado. Freud/Ferenczi III/2, 1127 F, 11/7/1928, p. 182.) Entre as duas famílias desenvolveu-se uma amizade especialmente estreita, Freud a designou posteriormente como "a nossa simbiose". (Freud/Binswanger, 167 F, 11/1/1929, p. 220; Freud para Ruth Mack-Brunswick, 16/6/1929.) Anna e Dorothy tornaram-se amigas pessoais e companheiras de trabalho para a vida toda. Trabalharam juntas, entre outras coisas, em pesquisas de psicologia infantil, fundaram, com Eva Rosenfeld, a escola particular de Hietzing (vide nota 7 de 208 SF) e, depois da emigração da família Freud, continuaram morando juntas em Londres, onde – além de muitas outras atividades psicanalíticas – criaram, em 1940, o lar para crianças Hampstead Nurseries (com cursos para enfermeiras especializadas em crianças e pedagogas) e, em 1947, a Hampstead Child Therapy Course and Clinic (programa de formação e clínica infantil). (Burlingham, D.; Burlingham, M., esp. c. 7-9, p. 220-223, 228, 233; Bittner, p. 20, 22 *et seq.*; Ross, p. 39; Heller, p. 84-88; Anna/Eva, *passim*; Anna Freud 1971; ver também Young-Bruehl I, p. 190 *et seq.*, 193-200; Freud, W. E. 1987; Mühlleitner, p. 55 *et seq.*)

ANNA FREUD VIENA IX., BERGGASSE 19[1]
Milão, 21h
na cama.
[8 de abril 1927][2]

Querido papai! Em vez de estarmos no Scala, já estamos deitadas, pois o primeiro dia foi tão repleto de acontecimentos como só acontece em uma temporada inteira de férias. A viagem foi excelente, de acordo com o lema: "Poderia ser bem mais barato, só que – – – ." Dieta de engorda no vagão-restaurante, chegamos pontualmente, sem comparação com o trecho Viena-Berlim. Hotel de la Ville, um quarto muito simpático e bonito, barulheira infernal, aproveitamos banheiro. De manhã: visita ao "duomo", telhado, torre, bem tonta, parece as rendas da tia, infelizmente difícil de levar como lembrança para casa, maravilhoso. O tempo como nas termas de Diana[3], comprei galochas. Almoço no hotel, descanso. Depois Maria delle Grazie, Santa Ceia[4], pensei muito em Mereshkóvski[5]. Depois jardins, magnólias, Corso, jantar, cama. Comunicação: ruídos mal articulados, emitidos por nós com menos inteligência do que recebidos pelos italianos, Pensei muito em Roma.[6]

Amanhã provavelmente iremos a Como, mandarei telegrama ao chegar. Gostei muito do telegrama de vocês, queria que estivesses aqui.

Continuo amanhã, tudo de bom para todos. Flores da mamãe e da tia viajaram bem, adorei a despedida na estação.

tua
Anna.

[Em caligrafia própria:]
Querido professor Freud.

Esse primeiro dia foi muito gostoso. Já estou apaixonada por Milão e tenho muitas imagens na cabeça que eu não perderei. Ficamos tão contentes por saber que o senhor está se sentindo melhor! Até aqui sinto falta dos nossos passeios de Ford.[7] Com muito afeto para todos.

Dorothy Burlingham

1. Cabeçalho pré-impresso; endereço riscado. A carta e o *post-scriptum* de Dorothy foram escritos a lápis.
2. Ver 223 AF: "Faz hoje uma semana desde a partida de Viena". – Os escritos dessa viagem estavam desorganizados do ponto de visto cronológico neste conjunto de cartas transcritas.
3. O salão de natação do "Wiener Dianabad", construído em 1841-43, tinha um mecanismo especial de abastecimento de água: "... os canos desembocavam em cabeças de leão, de onde saíam os jatos

d'água que jorravam na piscina". (Kräftner, p. 113.) Numa gravura em aço de 1841 pode-se ver nitidamente os jorros caindo sobre a água. (Ilustração 249 em Czeike 1984, p. 136.) Embora este sistema tenha sido eliminado na reforma de 1913-17, Anna, como nadadora, deve tê-lo conhecido ainda. (Agradeço a Susanne Winkler, Historisches Museum, Viena, pelas indicações, informações e material; a Ferdinand Opll, diretor do Depto. de Magistrado, 8, Arquivo da Cidade de Viena; e principalmente a Felix Czeike, Viena.)

4. A *Santa ceia* de Leonardo da Vinci (1495-1497) fica no refeitório do convento de Santa Maria delle Grazie.

5. A tradução para o alemão do livro de Dmitri Sergejevitch Mereshkóvski, *Leonardo da Vinci – Romance Histórico da virada do século XV* (1902-1903), foi uma das principais fontes de Freud para o seu estudo sobre Leonardo (1910c).

6. Vide 201 SF/AF com anexos 1 e 2.

7. Dorothy Burlingham costumava levar Freud para um passeio em seu carro Ford, modelo T, de manhã, antes do trabalho. (Freud/Ferenczi III/2, 1085 F; Jones III, p. 150; Anna/Lou, carta 275; Burlingham, M., p. 192; Schur, p. 463.) Anna só aprendeu a dirigir em 1932 com o motorista de Dorothy, Senhor Wimmer. (Burlingham, M., p. 237.)

214 SF[1]

Viena, 9/4, 21h55
[Registro de entrada:]
Cernobbio[2], Gr. Hotel Villa d'Este 10/4/27, 8h55
Telegrama[3] feliz todos bem mathilde princesa[4] tio[5] partiu ganhei novo vaso[6]
[sem assinatura]

1. Telegrama.
2. Localidade situada na margem ocidental da ponta sul do braço oeste do Lago de Como.
3. Não se conservou.
4. Marie Bonaparte (1882-1962), princesa da Grécia e da Dinamarca, "bisneta do irmão de Napoleão, Lucien, uma mulher muito inteligente, madura, com um raciocínio bom e crítico, que me procurou através de Laforgue, em parte por interesse pela coisa, em parte pelos seus próprios rastos neuróticos", fazia análise com Freud desde 1925. "Ela nem é uma aristocrata, e sim uma pessoa genuína, e o trabalho com ela progride excelentemente bem". (Freud/Ferenczi III/2, 1031 F, 18/10/1925, p. 60.) "A psicanálise é a coisa mais acachapante que eu jamais conheci. Fui completamente envolvida!", escreveu ela em 10/10/1925 para Laforgue. (Bertin, p. 288.) De fato, ela se tornaria uma fiel e enérgica discípula e amiga de Freud e de toda a sua família. Logo começou a praticar a análise, traduziu várias obras de Freud para o francês e estimulou a disseminação da psicanálise na França, foi membro da Sociedade Psicanalítica Internacional e co-fundadora da Sociedade Psicanalítica de Paris (1926). Em 1938, incentivou e financiou a emigração de Freud e seus familiares para Londres (vide texto intermediário depois de 295 SF.) Mesmo depois da morte de Freud, continuou muito ligada a Anna, até morrer. (Bertin, *passim*; Loewenstein.) – A observação de Freud no telegrama se refere à partida de Marie Bonaparte para Pallanza, no lago Maggiore, ver 229 AF-231 AF.
5. Alexander Freud.
6. Erro de ortografia no original alemão.

215 SF[1]

Viena. 11, 14 h
[registro de recepção:]
Cernobbio, Gr. Hotel Villa d'Este 11/4/27 17 h

Li ambas as cartas[2] com prazer diariamente telefone com siebergasse[3] winterstein[4] novas resenhas teu livro[5] também pichler[6] braun[7] cozinheira partiu[8]

[sem assinatura]

1. Telegrama.
2. Somente a de Anna (213 AF) parece ter sido conservada.
3. Correto: Silbergasse. Dorothy, que no outono de 1925 alugara uma mansão com amplo jardim na Braungasse, no subúrbio de Dornbach, mudou-se em setembro de 1926 para a Silbergasse 55, perto de Hohe Warte, em Unterdöbling. A nova casa, uma mansão espaçosa, foi apelidada de "castelinho de prata" [Silber-Schlössl] e tinha um jardim enorme. Um casal de amigos americanos, Ruth e Arthur Sweetser (ver 259 SF, nota 2), passou um ano com seus quatro filhos na casa na ausência de Dorothy, cuidando da família e de toda a propriedade (ver *post-scriptum* de 216 AF). (Ver Freud/Ferenczi III/2, 1081 Fer, nota 9.) Dorothy contratou um educador e professor particular para as crianças, Peter Blos, que pouco tempo depois se tornaria diretor da escola particular de Hietzing, vide nota 7 de 208 SF). A escola era um chalé suíço situado no terreno da propriedade e ganhou o apelido de "casa de camponês" [*das Bauernhaus*]. (Burlingham, M., p. 152, 154-156, 164 *et seq.*, 181, 189.)
4. Alfred Freiherr von Winterstein (1885-1958), filósofo com formação em direito, filosofia e história da arte. Desde 1910, membro da Sociedade Psicanalítica Vienense, publicou textos sobre a aplicação da psicanálise em problemas filosóficos, de literatura, humor e outros, era analista praticante em Viena e tinha atividades literárias. Depois da Segunda Guerra Mundial, participou ativamente da reconstrução da Sociedade Psicanalítica Vienense, a qual presidiu de 1949 a 1957. (*Protokolle III*, p. XVI *et seq.*; Mühlleitner, p. 366-368.)
5. Anna Freud (1927a); vide 216 AF, nota 2.
6. Johannes (ou: Hans) Pichler (1877-1949), médico, professor de odontologia em 1919, um dos fundadores da cirurgia de mandíbula, a partir de 1914 diretor do Departamento Buco-facial na Clínica Cirúrgica da Universidade de Viena. (Engelhardt 2002.) Ver texto intermediário depois de 201 SF/AF.
7. Ludwig Braun (1867-1936), médico, professor de cardiologia em Viena. (Engelhardt 2002.) Foi, como o próprio Freud escreveu (1936d), um de seus "amigos mais próximos e íntimos" e freqüentemente seu conselheiro médico, tendo discursado na homenagem pelos setenta anos de Freud na organização B'nai B'rith. (Freud 1926j.)
8. Erro de ortografia no original alemão [*abgekeist*].

216 AF

ANNA FREUD											VIENA IX., BERGGASSE 19[1]
Cernobbio, Villa d'Este.
Segunda à noite. [11/4/1927]

Querido papai!
Muito contente com os teus telegramas, correio aqui ótimo. Curiosa pelo artigo de Winterstein[2], aqui infelizmente sem jornal. Espero que não estejas sentindo muita falta de Pichler, certamente os problemas chegaram depois da radioterapia. Sem Braun e cozinheira tudo funciona melhor.

Hoje foi um dia especial, encontrei mais um lugar onde poderias ficar sem esforço (primeira opção: Villa d'Este, segunda opção: Villa Serbelloni, em Bellagio[3]).

Dormi muito, chove lá fora. Tempo melhorou subitamente, saímos de lancha, céu azul, ondas, cruzamos o lago, uma hora até Bellagio, passando pelas aldeias, cachoeiras, parques, mansões. Frio, montanhas nevadas, alguma neve estendendo-se até o lago. Bellagio linda, subimos logo até a Villa Serbelloni, ficamos ao ar livre, inicialmente sol quente, vista para ambos os braços do lago. Caminhamos no parque, plantas tropicais, palmeiras, camélias, rosas selvagens, cactus. Pedimos informações sobre quartos, mas estamos muito ligados a Villa d'Este. Descemos para a cidadezinha, lojas, compras para os meninos[4], difícil resistir. Voltamos cansadas e excitadas, jantar, cama. Achamos os telegramas.

Nenhum lugar poderia ser melhor. Demais planos ficam ao sabor do tempo.

Tudo de bom para a mudança[5]. Queria que tivesses ao menos a vista da nossa janela. Muitas lembranças para a mamãe e a tia.

Tua
Anna.

[Com caligrafia própria:]

Querido professor Freud.
Estamos realmente aproveitando muito. Tem sido lindo hoje no caminho de ida e volta para Bellagio, além da própria Bellagio, maravilhosa.

É muito carinhoso da sua parte ligar diariamente para as crianças, e eu sei o valor disso. As crianças têm escrito cartas lindas, e eu também recebi telegramas, de modo que me sinto feliz em relação a elas. Com saudações para a senhora Freud e tia Mina[6].

Afetuosamente,

Dorothy Burlingham.

1. Cabeçalho pré-impresso; endereço riscado.
2. Em um longo texto sobre novos lançamentos, Winterstein escreve (1927): "Anna Freud [...] nos oferece uma valiosa contribuição [...] em uma área específica, a aplicação da análise à pedagogia". Em meio ao "debate acalorado [com Melanie Klein, vide nota 2 de 209 SF]" sobre a análise de crianças, prossegue Winterstein, ouve-se a "voz serena" de Anna Freud, que fala de sua própria vivência e experiência, e ele conclui: "Anna Freud nos revela a sua natureza, não só por sua forma de expressão cuidadosa para falar da realidade". (Ver Introdução, p. 25, nota 122.) Em alguns trechos do seu livro (1927a), Anna se refere de forma objetiva às diferenças teóricas e técnicas. (*Escritos I*, p. 14, 42-47, 52.) Ver também a conferência de Anna em Innsbruck (1927b; vide 252 SF, nota 4), além disso, nota 2 de 209 SF e a correspondência de Anna com Lou Andreas-Salomé sobre o seu livro. (Anna/Lou, cartas 296, 297, 301, 302, 303; também Freud/Eitingon, 422 E, notas 1 e 2; Freud/Jones, cartas 502, 503 (al. p. 52).) Sobre um relato mais detalhado desta discussão vide p.ex. Peters, p. 139-166.
3. Localidade no centro do lago de Como, na divisão entre os braços ocidental e oriental (Lago di Lecco).
4. Provavelmente, para os filhos do casal Sweetser, bem como para os quatro filhos de Dorothy: Robert (Bob; 1915-1970), Mary (Mabbie; 1917-1974), Katrina Ely (Tinkey; 1919-1998), Michael (Mikey; 1921-2003). (Burlingham, M., p. 136, 144, 147, 309, 310 (agradeço a complementação oral sobre os dados referentes a Tinkey e Mikey, 18/6/2004).)
5. Sobre a clínica Cottage-Sanatorium, vide nota 3 de 212 SF.
6. Minna Bernays. (Muriel Gardiner lembra que "Mina" era o nome de uma antiga cozinheira e empregada de Dorothy. (Burlingham, M., p. 207.))

217 SF[1]

Viena 12/4, 14h40
[registro de entrada:]
Cernobbio, Gr. Hotel Villa d'Este 12/4/27, 16h45

Lembranças carinhosas de Wolf[2] e família

[sem assinatura]

1. Telegrama.
2. O cachorro de Anna.

218 AF

ANNA FREUD   VIENA IX., BERGGASSE 19[1]
                                              Cernobbio, Villa Este.
                                              Terça à noite [12/4/1927]

Querido papai!

Quase chegamos até Lugano. Descobri, no último instante, que o meu passaporte só tinha um visto único para a Itália; o porteiro achou que eu poderia ter dificuldades na volta. Não corri o risco de ser cortada de Villa d'Este – planos modificados.

Finalmente o tempo está maravilhoso. De manhã, abri a porta do balcão e as janelas para todos os lados, vento e sol como num convés de navio. Difícil levantar da cama.

De carro para Campo dei Fiori, passando por Varese, uma hora e meia daqui, morro íngreme, 1.200 metros de altitude.[2] Pausa para almoço em Sacra[3] Monte, na metade do caminho, grande centro de peregrinação com doze capelas[4], cada qual com uma vista diferente. Pequena cidade antiga no alto de um morro, como nas proximidades de Roma.

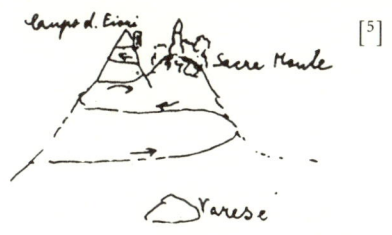

[5] Vimos: lago de Lugano, lago Maggiore, Campo d. Fiori lago di Varese, três pequenos lagos Sacra Monte rasos. Passamos por parques lindos[6]. Varese

Caminhamos muito, prímulas, flores do campo como no *Wienerwald*. Voltei despenteada pelo vento e bronzeada, encontrei telegramas[7], *muito* feliz, principalmente com o de Wolf, cão muito inteligente[8], sempre soube disso. Teria bastante água por aqui[9], mas seria o único.

Cartão anexo[10] mostra nossa casa e jardim, o "x" indica o nosso quarto.
Amanhã dia de descanso.
Tudo de bom para todos.

Tua
Anna.

(Letra ruim, já deitada.)

---

1. Cabeçalho impresso; local e rua riscados.
2. Famoso mirante a cerca de 15 km a noroeste de Varese; hoje em dia, um teleférico vai até o monte Campo dei Fiori (1.226 metros).
3. Correto: Santa em vez de Sacra.
4. Santa Maria del Monte.
5. O desenho mostra o monte com a estrada que sobe em serpentinas, com Sacro Monte em um morro em primeiro plano, à frente, e Campo dei Fiori na altura da montanha, em primeiro plano, o Lago di Varese.
6. Erro de concordância no original alemão [*wunderschon*].
7. Apenas um (217 SF) contido nessa correspondência, os outros provavelmente eram para Dorothy.
8. "O pastor alemão de Anna [...] estava acostumado a ir conosco de táxi aberto até o Prater, e, quando certa vez o perdemos por lá, ele simplesmente pulou para dentro de um táxi, fez o motorista ler o endereço na sua coleira e, ato contínuo, foi entregue na Berggasse." (Freud, W.E. 1987, p. 206.)

9. "Wolf me conduz realmente todos os dias pela manhã – entre oito e dez – até o canal do Danúbio [...]. Infelizmente, muitas vezes ele pula na água e volta para casa cheio de odores." (Anna/Lou, carta 255, 6/10/1925, p. 476.)
10. Não foi conservado.

219 SF[1]

Viena 13/4, 16h10
[registro de entrada]
Cernobbio, Gr. Hotel Villa d'Este 13/4/27, 17h58

Amanhã grande viagem de páscoa Cottage sanatorium[2] ja a vista[3]

[sem assinatura]

1. Telegrama.
2. Ver nota 3 de 212 SF. A clínica Cottage Sanatorium, fundada em 1908 por Rudolf von Urbantschitsch, era "uma das instituições de luxo mais conhecidas da Europa, suas instalações e a freqüência tinham de atender a altíssimos padrões de exigência. Para a Escola Médica Vienense, que atraía pacientes do mundo inteiro, neste sanatório era o local onde todos os renomados médicos vienenses podiam tratar de sua abastada clientela." (Mühlleitner, p. 348.) Vide 76 SF, nota 11. Freud ocasionalmente internava ali outros membros da família como pacientes. (P.ex. Freud/Ferenczi II/2, 699 F; Anna/Lou, carta 93.)
3. Vide 211 SF, nota 3.

220 AF[1]

professor freud
berggasse 19
viena

cernobbio, hotel villa d este, 13, 21h30
[carimbo de entrada Viena:] 13 APR 27, 24h

dia de descanso sol remei muitas horas na cause[2]
quermesse em Como saudações

[sem assinatura]

1. Telegrama.
2. Provavelmente *canoe* [canoa] (vide 221 AF).

221 AF

ANNA FREUD

VIENA IX., BERGGASSE 19[1]
Cernobbio, Villa d'Este
Quarta à noite [13/4/1927]

Querido papai!

Hoje mandei o último telegrama para a Berggasse, espero receber notícias boas sobre a mudança amanhã. Não há nada na clínica Cottage-Sanatorium que não acharias mais bonito aqui: varanda, sol, calma, vista.

Dia mais lindo e pacífico. Dormi muito, amanheceu nublado, planos para ir ao lago Maggiore. Pegamos uma canoa, remamos em 45 minutos até Como. Grande quermesse. Principal artigo: bonecas com franjas de lã coloridas. Comprei três, muito baratas. Comemos minestra e risoto em um restaurante italiano. Saiu o sol, tempo lindo e claro. Voltamos ao barco, população local ajudou a colocá-lo na água. Percorremos a margem do lago durante três horas, admiramos todas as mansões particulares com seus belíssimos jardins a partir da água. Também quero – – – – – – !² Voltamos para casa apenas na hora do pôr do sol, os braços duros de tanto remar. Em vez de jantar, grande lanche no terraço do lago, compramos pasta na aldeia³, penduramos todas as bonecas com suas franjas no banheiro. Efeito aconchegante.

Partida novamente adiada, muito lindo aqui. Todos felizes, total harmonia.

Grande alegria com notícias telegráficas. Um mensageiro permanentemente em trânsito entre a casa principal e a nossa.

Comprei revista de praia. Nenhum interesse por qualquer outro tipo de literatura. Férias, uma boa introdução. A gente se acostuma rapidamente⁴.

Te saúdo e beijo muitas vezes.

Tua
Anna.

---

1. Cabeçalho pré-impresso; endereço riscado.
2. Vide Introdução, p. 10, nota 25. Vide 7 AF, nota 3.
3. Mingau grosso à base de peixe, frango, carne ou vegetais, geralmente em conserva. Mas ela poderia estar se referindo também a pastéis doces – paste dolci. Compare também 235 AF.
4. Vide nota 1 de 56 AF.

222 AF[1]

prof. freub
cottagesantorium
sternvvarstrasse[2] vienna

        cernobbio hotel villa d este 14, 21h55
      [carimbo de entrada Viena:] 14/4/27, 23h57
remei dia inteiro queimada sol bolhas espero voces bem acomodados
                [sem assinatura]

1. Telegrama.
2. Sternwartestrasse.

223 AF
ANNA FREUD   VIENA IX., BERGGASSE 19[1]
             Cernobbio, Villa d'Este.
            Quinta à noite [14/4/1927]

Querido papai!
 Hoje ainda nenhum telegrama, provavelmente adiado por causa da mudança. Espero que estejam bem instalados e contentes. Meteorologia em Viena ruim, tomara que o balcão não seja tão inútil quanto foi no ano passado.[2]
 Hoje estivemos seis horas de canoa no lago, subimos a margem esquerda até Brienno. No caminho, comemos pão, queijo, laranjas. Resultado: totalmente queimada de sol, dura de tanto remar, esfomeada. Jantei no quarto, muito sono.
 Planos de partida cada vez mais sérios, separação séria. Faz uma semana desde que saímos de Viena.
 Tudo de bom para a clínica, saudações para mamãe e tia.
                   Tua
                   Anna.

[Cartão-postal: "Lago di Como – 7 – Primo e Secondo Bacino", provavelmente anexado à carta[3]:]

 Passeio de barco de hoje!

1. Cabeçalho impresso; local e rua riscados.
2. Em fevereiro de 1926, Freud tivera graves problemas de coração e, depois de alguma resistência, internou-se em 5/3 na clínica Cottage-Sanatorium, para onde Anna o acompanhou. Ela se revezava

com Martha para cuidar dele e estava hospedada no quarto contíguo ao dele. (Freud/Eitingon, 372 F-376 E; Jones III, p. 147-149; Schur, p. 461-463, notas 3 e 5; Freud/Ferenczi III/2, 1051 F-1057 Fer; Anna/Lou, cartas 273, 275; Freud/Jones, cartas 478, 482 (nesta carta, de 6/4, al. p. 44, Freud diz que o dia da volta foi "anteontem", portanto, dia 4/4, o que diverge de Freud/Eitingon, 377 F, Jones III, p. 148, assim como de Tögel e Pouh, p. 145, que indicam a "Sexta-feira Santa", 2/4".).) Compare 212 SF, nota 3, 228 SF, nota 7 de 238 SF.

3. O cartão estava no final do conjunto de cartas que recebi para transcrever. Pelo conteúdo, poderia ser encaixado aqui ou na carta 221 AF.

224 SF[1]

Viena [Cottage-Sanatorium], 14/4, 18h
[registro de entrada:]
Cernobbio, Gr. Hotel Villa d'Este, 14/4/27, 20h

mudei hospedagem semelhante berlim esplanade[2] vocês parecem ter esquecido do lago Maggiore[3]

[sem assinatura]

1. Telegrama.
2. Ver nota 1 de 208 SF.
3. Ver 226 AF, 228 SF.

225 AF[1]

prof. frend
lottagesanatorium
sternwartestrasze VIENA

stresa 15 [1927], 17h30
[registro entrada Viena:] 15 APR, 21h50

partida imediata virei nativa da ilha telegramas verbano baveno carta para verbano isola superiore[2] entusiasmadas ficaremos ate proxima advertencia

[sem assinatura]

1. Telegrama.
2. Uma das ilhas do arquipélago (Isola Bella, Isola Madre, Isola dei Pescatori) na baía entre Stresa e Baveno na parte central do Lago Maggiore (Lago Verbano) *vis-à-vis* de Pallanza.

226 AF
ANNA FREUD

VIENA IX., BERGGASSE 19[1]
Pensão Verbeno[2],
Isola Superiore (Pescatori)
Lago Maggiore.
Sexta à noite [15 de abril 1927][3]

Querido papai!

O teu telegrama foi milagroso. Recebi-o de manhã ainda deitada[4], saltei da cama, fiz as malas, parti. Fui até Stresa, fui de canoa primeiro para Isola Madre, depois vim para cá. Aqui encontrei o lugar perfeito, uma antiga casa particular, há três anos pensão, administrada por duas senhoras, tudo branquinho, limpo, chão de pedra, claro, água corrente, até banheiro. Temos um quarto no segundo andar com varanda e banheiro, indescritivelmente barato. Vista para Pallanza ao longe com muitas luzes, lua cheia sobre o mar em nossa homenagem, o barulho das ondas batendo na praia abaixo de nós.[5] Muito mais quente do que em Como, as árvores já mais floridas, nos jardins de Stresa imenso rododendros em flor, do tamanho das nossas castanheiras. Os telegramas chegam de Baveno, as cartas de Isola Madre. Instalamo-nos, vasos com flores, bonecas penduradas. Não pretendemos partir, a não ser que haja um motivo premente. Permanece um pouco de neve nas montanhas, vistas indescritivelmente lindas em todas as direções.

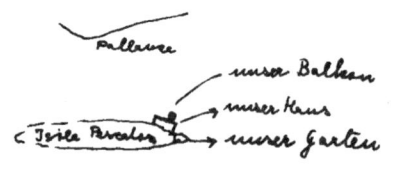

Para amanhã, grandes planos, queremos passear de barco, ainda na dúvida para qual das outras ilhas – Baveno, Stresa, Pallanza, Intra.

Nunca imaginei que fosse tão lindo aqui.[6]

Saúdo e beijo todos vocês.

Tua
Anna.

---

1. Cabeçalho impresso; endereço riscado.
2. O certo é Verbano; o nome da pensão está no cartão-postal anexado a 229 AF.
3. Essa carta foi classificada aqui na seqüência de cartas por causa da data.
4. Segundo o registro de entrada, o telegrama (224 SF) foi recebido em Cernobbio na véspera, às 20h.
5. Aqui, Anna incluiu um desenho mostrando a localização da ilha e de Pallanza, com indicações e setas: "Isola Pescatori – nossa casa – nosso balcão – nosso jardim – Pallanza".
6. Freud e tia Minna já conheciam a localidade desde o outono de 1905, quando escreveram para a família de lá, descrevendo o lugar. (2002b, p. 200-203, 206.) Ver 2 SF, nota 4; 235 AF, nota 6.

227 SF[1]

Viena [Cottage-Sanatorium], 16, 13h50
[registro de entrada:] BAVENO 16/4/1927, 18h50

Surpresa[2] espero compra da ilha informado sobre carta a caminho princesa parte segunda[3]

[sem assinatura]

1. Telegrama.
2. Erro de grafia no telegrama original [*ueberrase*].
3. De fato, Marie Bonaparte, que estava em Pallanza, já partira no sábado (16/4); vide 229 AF-231 AF.

228 SF

PROF. Dr. FREUD

[Cottage-Sanatorium] 16/4/27
VIENA, IX. BERGGASSE 19.

Minha querida Anna:

Sirvo-me da rara oportunidade oferecida pelo teu telegrama de hoje para escrever-te uma carta. Estou muito contente com a viagem[1] de vocês, parece que ambas estão igualmente satisfeitas. Pelo jeito, vocês não fazem aquelas coisas obrigatórias do dia-a-dia, e sim uma seleção de acordo com o gosto individual, nenhuma pressa, e sim prazer. Não teria incomodado vocês[2], mas lamentaria pela Isola Madre e Isola Bella.[3]

O tempo parece estar mais benevolente do que em outros lugares. Até Math, em Florença, se queixa do frio. As gentis linhas de Mrs B.[urlingham] eliminaram qualquer vestígio de preocupação de que ela talvez não fosse a melhor companheira de viagem.

Não há muita coisa interessante para contar daqui. Estamos hospedados num apartamento nababesco, além dos dois cômodos que tu ainda conheces[4], o quarto de dormir barroco em frente e um refeitório, além de, naturalmente, banheiro.

O tratamento é chato[5], cansativo, é preciso ter muita saúde para passar por tudo isso. Hoje é apenas o começo do terceiro dia, mas me parece já uma eternidade. A prótese está mais ou menos, ri-se, mas não se ri sempre. Ruth esteve aqui ontem, trouxe uma nova cafeteira, acho que quer viajar para Berlim na próxima semana com Mark[6]. Sobre a princesa, eu já te mandei um telegrama.

Hoje à tarde se realizará a partida de tarô adiada. Saiu um livro de Wittels[7] na editora Hippokrates-Verlag, *A libertação da criança*[8], no qual tu, pelo que sei, ainda não foste citada. Em compensação, a conferência de Winterstein foi muito lisonjeira para ti.[9]

Martin acaba de anunciar sua chegada, voltou de Rax[10]. Termino, portanto, por aqui, Deus sabe quando esta carta chegará às tuas mãos.

Aproveitem muito, sem pressa, e recebam ambas as minhas saudações,

papai

P.S. Remessa de dinheiro por via telegráfica disponível a qualquer momento.

1. Palavra no original alemão sem trema no "a" [*verlauft*].
2. Vide 224 SF.
3. Ver 235 AF, 241 AF. Freud cita a Isola Bella entre outros, em seu ensaio *O mal-estar na civilização* como exemplo de atrações culturais, no trecho em que fala de "beleza, pureza e ordem" enquanto exigências culturais (1930a, *S.A.*, v. 9, p. 223 *et seq.*).
4. Cf. nota 2 de 223 AF.
5. Freud já se queixara disso antes. (Freud/Ferenczi III/2, 1052 F, 1054 F; Freud/Eitingon, 426 F.) Vide tb. 235 AF, nota 2, 238 SF, nota 11, 250 SF.
6. Mark Brunswick (1902-1971), compositor americano, passou uma temporada na Europa de 1925 a 1938 para aprofundar sua formação musical. Casou-se em 1928 com Ruth (nascida Mack, divorciada Blumgart). A partir de 1938, voltou aos Estados Unidos para trabalhar com muito engajamento como professor nos Black Mountain, Kenyon e Brooklyn College. De 1938 a 1945, dirigiu a Divisão de Teoria Musical e Composição da Greenwich House Music School Settlement, de 1946 a 1965 foi professor de música do Music Department do City College de Nova York, onde promoveu especialmente a música contemporânea. Posteriormente, teve diversos cargos em sociedades musicais. Na condição de presidente do Comitê Nacional para Músicos Refugiados, ajudou muitos colegas europeus a emigrar para os Estados Unidos entre 1937 e 1941. (Brunswick 1971, 2002; ver também Roazen 1976, p. 409; também 1993, 1999.)
7. Fritz Wittels (1880-1950), clínico geral, neurologista e psiquiatra, desde 1907 membro da Sociedade Vienense das Quartas-Feiras, com a qual rompeu já em 1910. (*Protokolle I*, p. 138, 145 (diferente de Mühlleitner, p. 369); *Protokolle III*, p. 3, nota 3.) Apesar das divergências, Freud estimava muito o seu talento e sua riqueza de idéias, apoiando sua readmissão na sociedade em 1927, onde Wittels ficou até 1936. (*IZ*, v. 13, 1927, p. 371 *et seq.*) Em 1924, publicou uma biografia de Freud, a qual este último comentou criticamente em carta endereçada ao autor com lista de correções anexada (Freud 1924g, 1987a). Sobre futuras revisões deste livro ver Molnar 1996, p. 268 *et seq.* Em 1932, Wittels emigrou para Nova York, onde continuou trabalhando. (*Protokolle I-IV*, *passim*; Mühlleitner, p. 369-372; Freud/Ferenczi III/2, 1054 F; nota editorial 1 de Freud 1924g em *G.W.*, epílogo, p. 754.)
8. Wittels, 1927; efetivamente não citou o trabalho de Anna (1927a).
9. Vide 216 AF, nota 2.
10. Cadeia de montanhas nos Alpes, na fronteira entre a Baixa Áustria e a região de Steiermark, ponto mais alto 2.007 metros, local de excursões e estação de esqui. No centro, situa-se a localidade de Reichenau no rio Rax. Hoje, um teleférico leva do bairro de Hirschwang até o platô de Rax (1.545 metros).

229 AF

ANNA FREUD

Isola Superiore.
VIENA IX., BERGGASSE 19[1]
Domingo de Páscoa, cedo [17/4/1927]

Querido papai!

Ontem à noite chegaram os primeiros telegramas, as comunicações pelo correio voltaram a funcionar. Em Villa d'Este nos prometeram reenviar tudo o que ainda estiver para chegar lá. Hoje à tarde vamos a Pallanza procurar a princesa.[2] Não dá para pedir informações porque a ilha ainda não dispõe de telefone. – Ontem à noite aconteceu algo estranho. Logo depois do jantar, resolvemos nos deitar um pouco para nos aquecer antes de escrever cartas, pois estávamos geladas do barco. Acabamos dormindo, as duas, com as luzes totalmente acesas. Espero não manter a atual proporção de horas de sono e comida em Viena, caso contrário terei de restringir todas as outras atividades. – Aqui é tão lindo que não dá para fazer outra coisa senão olhar e admirar. O tempo está maravilhoso, mas o mar anda tão agitado que se escuta o barulho das ondas a noite inteira. Elas estão cobertas de espuma e os barcos dançam tanto em cima delas que mesmo duas velhas remadoras como nós precisamos alugar mais um, mais experiente. Isso é raro por aqui e causa uma impressão enorme. A casa[3] tem todo o conforto, até água corrente, e é muito simpática. Ontem de manhã estivemos em Baveno para lavar os cabelos, à tarde em Stresa, só por algumas horas na rocha na nossa praia.

Acho que a ilha é cara demais para nós. Mas se prometeres vir, quem sabe a compra ainda possa dar certo. Aqui há um apartamento para alugar para a temporada de verão. Eu nunca mais precisaria ir para nenhum outro lugar se tu também estivesses aqui.

Saúdo e beijo a ti, a mamãe e a tia muitas vezes.

Tua
Anna.

[Cartão-postal[4]: Lago Maggiore – Isola Pescatori; na foto, várias setas inseridas à mão, mostrando janela e terraço, com as seguintes indicações:]

nosso balcão   local para escrever[5]

---

1. Cabeçalho impresso; local e rua riscados.
2. Em 27/1/1927, Marie Bonaparte levara seus filhos, Pierre e Eugénie, para ficarem em Pallanza sob a guarda de uma governanta, seguindo de lá para Viena a fim de retomar a sua análise por mais uma temporada (ela só podia escapar de vez em quando aos seus múltiplos compromissos). Tinha passado uma semana em Pallanza, mas voltara para Viena para se submeter a uma cirurgia. (Bertin, p. 307 *et seq.*) Vide 230 AF, 231 AF, 238 SF.
3. Erro de grafia no original – *Haut* (pele) em vez de *Haus* (casa).

4. Provavelmente, anexada à carta (no maço de cartas, em outro lugar). O cartão traz os dizeres "Saluti dall' Isola Pescatori" impressos no verso. A foto mostra a ilha com várias casas, a igreja ao fundo e a grande casa Verbano em primeiro plano.
5. Ver 235 AF, nota 7.

230 AF[1]

professor freud
lottagesanatorium
stermoaterstrasse vienna

                                        pallanza, 17, 17h40
           [registro de recebimento Viena:] 17/IV/1927, 21h
visita a pallanza mas princesa partiu[2] saudacoes afetuosas de pascoa
[sem assinatura]

1. Telegrama.
2. Ver 227 SF, nota 3.

231 AF

                                               Isola Superiore
ANNA FREUD   VIENA IX., BERGGASSE 19[1]
                           Segunda-feira de Páscoa, cedo [18/4/1927]
Querido papai!
    Ontem estivemos em Pallanza, com tempo lindo, temporal e

ondas, mas a princesa partiu já no sábado, só encontramos Miss Croisdale[2], peq. princesa e cachorro. Miss C. muito gentil, peq. princesa muito bronzeada, mas aparentemente ainda não muito revigorada[3], cachorro (veja abaixo)

                                    o ser mais covarde,
                                    não briga, não corre atrás de
                                    ciclista, olhos vermelhos,
                                    coçando-se. Muito menor
                                    que Wolf,

ANNA FREUD

Isola Superiore
WIEN IX, BERGGASSE 19
Ostermontag Früh

Lieber Papa!

Gestern in Pallanza gewesen bei klarem Wetter, Sturm und ~~~ Wellen, aber Prinzessin schon Samstag abgereist, nur Miss Croisdale kl. Prinzessin und Hund getroffen. Miss C sehr liebenswürdig, kl. Prinzessin sehr braun, aber scheinbar noch nicht sehr kräftig, Hund (siehe unten) das schafsköpfigste Wesen, feig, rauft nicht, läuft keinem Rad-fahrer nach, rote Augen kratzt sich. Viel kleiner als Wolf, nur Haar. Pallanza schon aber sehr lärmend, viele Autos, staubig, Geschäfte leider zu. Lage von Eden Hotel an der Spitze wunderbar, herrliche Gärten. Aber nichts gegen Insel.

Sehr gutes Nachtmahl, gleich ins Bett. Abende und Nächte sehr kalt, da Sonne einige Heizung.

só pêlo. Pallanza bonita mas barulhenta, muitos carros, poeira, lojas infelizmente fechadas. Localização maravilhosa do Hotel Éden no topo, belos jardins. Mas não é nada, comparado com a ilha.

Ótimo jantar, daqui a pouco cama, noites frias, sol é a única fonte de calor.

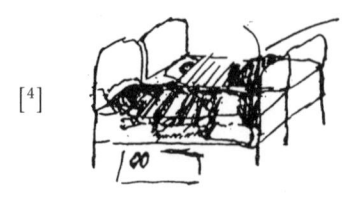

[4]

À noite, o temporal acalmou, pela primeira vez sem ressaca, pacífico, levemente nublado, bom para remar.

Esperamos correio hoje, ontem não entregaram cartas por ser domingo. Muitas lembranças para todos

Tua
Anna.

1. Cabeçalho pré-impresso; endereço. A carta parece ter sido escrita com caneta-tinteiro, os desenhos a nanquim.
2. Violet Croisdale, apelidada de Croisy, governanta inglesa que estava com Marie desde 1913 e serviu aos seus filhos até a idade adulta. Em 1932, Marie lhe deu uma casa na Inglaterra, onde ela morreu em 1949. (Bertin, p. 209, 255, 262, 274, 313, 347, 390.)
3. A princesa Eugénie, de dezessete anos, no final de 1926 foi acometida de uma pleurite tuberculosa. Por este motivo, Marie Bonaparte a levou para uma temporada longa nos "lagos italianos"; ela ainda haveria de sofrer alguns anos com a doença. (Bertin, p. 305, 307 *et seq.*, 313, 320 e outros)
4. Pelo visto, o desenho foi feito por Dorothy, está assinado com as iniciais "D.B", mas com a mesma caneta do corpo da carta, o que Anna pode ter feito posteriormente.

232 AF

ANNA FREUD

Isola Superiore
VIENA IX., BERGGASSE 19[1]
Terça de manhã [19/4/1927]

Querido papai!

Há dois dias sem telegramas, talvez por causa dos feriados. Telegramas das crianças chegaram.

Ontem de manhã remamos até Isola Madre, lá fizemos um tour. Belas plantas e árvores, principalmente o rododendros em flor, o jardineiro nos deu camélias. Pena que não se possa passear sem guia e ficar por lá. Agora, a família Borromeo[2] mora lá. A próxima ilha, perto de Pallanza, S. Giovanni, foi alugada por uma família americana. – À tarde, na parte plana da ilha, onde colocam as redes para secar, ficamos deitados no sol até de noite.

Hoje de manhã, água calmíssima, nebulosidade com sol, quase não dá para distinguir lago, céu, montanhas. Planos ainda indefinidos, esperando o café da manhã.

Pensando sobre a volta: Dorothy acha que não precisamos chegar antes do retorno de vocês da clínica. Gostaria de saber a tua opinião.

Espero que estejas guardando todas as cartas não escritas para mim. Estou voltando com forças renovadas para tudo.

Espero muito receber notícias de vocês hoje.

Tua
Anna.

1. Cabeçalho pré-impresso; endereço riscado. A carta foi escrita com caneta tinteiro ou a lápis.
2. Descendentes da família nobre de Milão cujos membros, nos séculos XVII e XVIII, construíram mansões e fizeram parques grandiosos nas ilhas, antes desertas.

233 AF[1]

professor freud
cottagesanatorun
stermvartestrasse vienna

baveno, 19, 11h15
[Carimbo de recebimento Viena:] 19/APR/27, 16h52

desde sabado sem noticias aqui bonito e pacifico

[sem assinatura]

1. Telegrama.

234 AF[1]

professor freud
lottagesanatorium
sternwartestraze vienna

laveno, 19, 17h15
[Carimbo de recebimento Viena:] 19/APR/27, 19h
muito feliz com carta[2] continuo aqui acessivel passeio de lancha para lago tempo lindo infelizmente nao posso mandah-lo para voces[3]

[sem assinatura]

1. Telegrama.
2. 228 SF.
3. Erro de grafia no telegrama original [hendbar].

235 AF

Isola Superiore
Quarta-feira cedo [20/4/1927]
ANNA FREUD   VIENA IX., BERGGASSE 19[1]

Querido papai!
    Recebi tua carta ontem e fiquei muito feliz com as notícias detalhadas. Desde sábado não têm mais chegado telegramas, mas hoje espero receber. – Está tudo tão errado, porque posso ver todas as belezas enquanto tu te entedias na clínica[2]. Eu teria te acompanhando com igual prazer se não tivesses resistido[3] e eu teria adorado esperar para fazer uma viagem conjunta, como a que fizemos para Roma[4].
    Mando-te folhas da Isola Madre que o jardineiro nos deu. É cânfora[5]. De início, pretendíamos mandar camélias, mas elas teriam chegado enegrecidas. E a verdadeira essência delas não se pode mandar. Decerto nunca viste isso aqui[6] como estamos vendo agora, pois no outono as flores não florescem, uma porção de arbustos japoneses amarelos, brancos e vermelhos. O jardineiro afirmou que um dos rododendros foi levado para a ilha há trezentos anos, tendo virado uma árvore com tronco e galhos como um carvalho. Mas acho que se me deixassem viver trezentos anos na Ilha Madre também me tornaria algo especial, não é nenhum mérito especial. Estou escrevendo de camisola, ao sol, no nosso terraço[7], à minha esquerda, a Isola Madre, em frente, a Isola Bella. Mas embora não tenha jardins, a nossa ilha não é menos bonita, posso dizer até que é mais pitoresca.

Ontem à tarde estivemos de lancha em Santa Caterina, um convento colado em uma rocha sobre o lago. Depois fizemos uma caminhada pelas pedras até o próximo pequeno porto, compramos flores do campo e paramos em Laveno, enviamos telegramas, compramos pasta[8] e voltamos para casa com o pôr do sol. Por volta das nove ou nove e meia, sempre já caio no sono.

Os planos de hoje ainda estão indefinidos.[9] Comprei um roteiro com os horários, o trajeto para Veneza parece confortável. Só a data da viagem ainda é incerta. Será mesmo correto ficar tanto tempo fora?

Te saúdo e beijo mil vezes.

Tua
Anna.

P.S. Estou descascando.

P.S. Dorothy B.[urlingham] te manda muitas lembranças. Seu pai jamais lhe ofereceu remeter dinheiro por telegrama.

---

1. Cabeçalho pré-impresso; endereço riscado.
2. Vide 228 SF, nota 5.
3. Ver nota 2 de 212 SF.
4. Vide 201 SF/AF, anexos 1 e 2.
5. *Dryobalanops camphora*, folhas ovaladas, pontiagudas; flores em forma de cachos.
6. 1905, em sua viagem com Minna Bernays (vide 2 SF, nota 4), quando, entre outras coisas, também visitaram "as duas ilhas mágicas Madre e Bella". (Freud e Minna para Martha, 9/9/1905, in: 2002b, p. 201.)
7. Vide anexo de 229 AF, nota 5.
8. Ver 221 AF, nota 3.
9. Vide 237 AF.

236 SF[1]

Viena, 19, 11h40
[Registro de recebimento:] Baveno 20/4/1927, 11h30

Tudo em ordem pascoa gelada math robert voltaram não são exemplo para[2] vocês conferencia sobre fantasias[3] de jeleffe[4]

[sem assinatura]

---

1. Telegrama.
2. Erro de grafia no telegrama: *feuer* [fogo] em vez de *für* [para]
3. Jelliffe 1927 (esta é uma reprodução menor de Jelliffe 1925). Ver 238, nota 8 e 241 SF, nota 3.

4. Smith Ely Jelliffe (1866-1945), médico neurologista e psiquiatra americano, co-editor do *Journal of Nervous and Mental Disease*, pioneiro da medicina psicossomática na América. Em 1913, fundou, com William A. White, a *The Psychoanalytic Review* (vide 113 AF, nota 3). Ele só viera a conhecer Freud – que, inicialmente, desconfiava dele – em agosto de 1921, em Bad Gastein. Na correspondência que nasceu deste encontro, ambos se aproximaram aos poucos: "Muitas vezes dou risada ao lembrar da péssima recepção que lhe dei em Gastein por tê-lo visto primeiro em companhia de Stekel". (Freud para Jelliffe, 9/2/1939, in: Jelliffe 1983, p. 279.) Em 1925, Jelliffe fez uma conferência no Congresso de Bad Homburg, visitando novamente Freud em seguida em Semmering, em 1927. Em 1929, deveria se encontrar com Anna em Oxford (vide 257 SF – 264 AF). (Freud/Jones, carta 320, 27/7/1921, p. 434; Freud/Eitingon, 465 F, 13/9/1927; Jelliffe 1983, *passim*. Ver também Lewis, p. 224-226.)

237 AF[1]
PROFESSOR FREUD
COTTAGESANATONIUM
STERNWARTESTRASSE VIENN

INTRA, 20, 17h5
[Carimbo de recebimento Viena:] 20 APR [1927], 19h10
SOL ÁGUA ÓCIO = LEMBRANÇAS =

[sem assinatura]

1. Telegrama.

238 SF

[Cottage-Sanatorium] 20/4/27
PROF. Dr. FREUD   VIENA, IX. BERGGASSE 19.

Minha querida Anna

Então posso te escrever mais uma vez![1] Que bom, utilizo, para isso, o primeiro momento livre que meus vários tratamentos me permitem. No meio disso, a visita de Braun vai me interromper, espero que a carta mesmo assim ainda te encontre na ilha em que certa vez comi um peixe delicioso com a tia. Naquela época, ainda não se podia morar lá.[2]

Aqui há bastantes novidades, nada de muita importância. A princesa sofrerá hoje uma pequena intervenção ginecológica com Halban[3], não se deve falar disso, ela mora incógnita com Loew. Ruth lhe ajuda nisso, viaja sexta com Mark para Berlim, tem um passaporte para a família. Anexo uma pequena foto de Eva[4], traz-a de volta, acho a semelhança[5] cada vez mais impressionante. Parece que Esti está doente, Math e Robert viram tudo de Florença, reclamam da cidade, das pessoas e do tempo. Harry voltou hoje sozinho, esteve com o tio[6] em Veneza com o melhor sol do mundo.

Hoje volto a Pichler na cidade, amanhã começa o trabalho com três horas.[7] Tuas fantasias foram correta e extensamente referidas no Journal de Jelliffe, provavelmente por ele próprio.[8] A mesma publicação traz uma crítica à análise leiga de Brill[9] – bem educada, porém não muito profunda.[10]

De tanto tédio[11] voltei a escrever[12], ainda não sei se vai prestar ou não.

Ostwald[13] fez um elogio à análise em um texto sobre a Páscoa[14], na *N. Presse*.

Te saúdo carinhosamente e gostaria de poder prolongar a estadia de vocês.

papai

1. Vide 234 AF.
2. Ver 235 AF, nota 6.
3. Joseph Halban (1870-1937), médico-cirurgião e professor de ginecologia em Viena (casado com Selma Kurz, vide nota 9 de 149 SF). Já em 1924, com o pseudônimo de Narjani, Marie Bonaparte descrevera, em um ensaio sobre a frigidez feminina, um método cirúrgico que ela resolveu experimentar em si mesma. Ela ficou na clínica Sanatorium Loew, em Viena, até o dia 2 de maio. Outra intervenção deste tipo foi realizada em maio de 1930 (desta vez, no hospital americano de Neuilly, para onde novamente a amiga Ruth Mack-Brunswick acompanhou a princesa); em 1931 seguiu-se uma terceira operação. (Bertin, p. 265 *et seq.*, 298, 308, 314, 320-324, ver tb *ibid.*, p. 275; Freud/Ferenczi III/1, 969 Fer, 970 F, p. 226 *et seq.*; Freud/Eitingon, 633 F.)
4. A filha de Henny e Oliver, que lembrava Freud de Heinerle; vide 208 SF.
5. Falta um trema no "a" na palavra *Ahnlichkeit* na caligrafia de Freud.
6. Alexander Freud.
7. Como acontecera no ano anterior (vide 223 AF, nota 2), Freud recebeu seus analisandos na clínica. (Jones III, p. 154, 165.)
8. Vide 236 SF, nota 3. Jelliffe realmente foi o autor da resenha. (Informação do autor em: *Review*, v. 12, 1925, p. 108.) Provavelmente, Freud e Anna não atentaram na época para a primeira conferência de Jelliffe (1925). Ver 241 AF, nota 3.
9. Abraham Arden Brill (1874-1948), médico neurologista e psiquiatra americano, professor da Clínica Psiquiátrica da New York University. Como assistente de Bleuler em Zurique, travou contato com a psicanálise em 1908 e, entre 1908 e 1910, foi o primeiro e analista nos Estados Unidos, em 1910, docente para psicanálise na Columbia University em Nova York. Teve importante papel na disseminação da psicanálise nos Estados Unidos; inclusive através de traduções. Em 1911, fundou a Sociedade Psicanalítica Nova-Iorquina, cuja presidência exerceu por várias vezes, assim como a da Associação Psicanalítica Americana. Em 1947, a biblioteca do Instituto Psicanalítico de Nova York recebeu o seu nome. Depois de um afastamento temporário durante a Primeira Guerra Mundial, alguns anos depois Brill e Freud se reaproximaram e reavivaram a velha amizade, que permaneceu até a sua morte. (Jones II, p. 58, 64; Jones III, p. 54 *et seq.*, 204; Freud/Ferenczi III/1, 837 F, nota 5; Romm, p. 211-214, 217 *et seq.*; Molnar 1996, p. 209 *et seq.*)
10. Brill 1927.
11. Ver 228 SF, nota 5.
12. *O Futuro de uma ilusão* (1927c).

13. Wilhelm Ostwald (1853-1932), cientista e filósofo, até 1906, professor de Química na Universidade de Leipzig, em 1909, ganhador do Prêmio Nobel. Em 1901-1914, publicou os *Anais da filosofia natural*, estimulou Freud em 1910 a escrever um ensaio. (Freud/Jung, cartas 190 F e 194 F.) Sua autobiografia em três volumes (1926-27) estava acabando de sair.

14. Neste artigo – uma avaliação positiva das conquistas da humanidade na técnica, nas ciências, na política e nas artas – Ostwald aponta a psicologia como sendo uma nova ciência: "Estamos apenas assistindo ao início da psicotécnica, mas esse começo já deixa antever a importância inaudita para a melhoria e o embelezamento da vida que ela alcançará futuramente. A *psicanálise* e a *psicoterapia de Freud* são exemplos dessas influências da ciência." (Ostwald, p. 2; o grifo é do original.)

239 AF[1]
PROFESSOR FREUND
COTTAGESANATORIUM
STERNWARTESTRASSE VIENNA

BAVENO, 21, 11h
[carimbo recebimento Viena:] 21 APR [1927], 12h35
FELIZ COM TELEGRAMA LAGO AO REDOR A GENTE SE ACOSTUMA FACIL A[2] SOL BELEZA OCIO

[sem assinatura]

1. Telegrama.
2. Vide nota 1 de 56 AF.

240 SF[1]

VIENA, 21, 13h20
[Registro de recebimento:] Baveno 22/4/27
[sem indicação de horário]
[Registro de expedição:] per posta
PROPOSTA DE DOROTHY MUITO RAZOAVEL FICAR EH MAIS FACIL DO QUE VOLTAR

[sem assinatura]

1. Telegrama.

241 AF[1]

[Lago Maggiore, sem data; mais ou menos 22/4/1927]
Querido papai! Ontem, na Isola Bella, um pavão branco exibiu a sua cauda, exatamente como no cartão. Não consigo entender por que as laranjas ama-

durecem agora e não no outono. Acho que só para os alemães, por causa de Goethe². Todo o resto é como no cartão, só que ainda mais bonito. Os pavões na Isola Madre e Bella gritam tanto que nós os ouvimos à noite no nosso quarto, como se fossem gatos.

Adorei o teu telegrama. Já estava preocupada com a idéia de Mathrobert serem mais comedidos com o prazer do que eu.

Será que Jelliffe quer me tornar "famosa"³, para que mais pessoas se interessem pelo meu livro⁴?

Tua Anna.

1. Cartão-postal: "Lago Maggiore – Isola Bella – Giardino" A foto colorida do jardim mostra três pavões brancos, dos quais um exibe sua cauda, em baixo de plantas tropicais. – O texto foi escrito com tinta muito clara.
2. Alusão à canção de Mignon em *Wilhelm Meisters Lehrjahre* de Goethe (livro terceiro, primeiro capítulo):
Kennst du das Land, wo die Zitronen blühn,
Im dunkeln Laub die Gold-Orangen glühn, [...].
"Conheces o país onde os limões florescem
E as laranjas douradas brilham entre folhagens escuras"
3. Anna pode ter achado divertida a resenha – a seu ver, atrasada – de seu ensaio (que já fora traduzido para o inglês em 1923). Veja porém 236 SF, nota 3 e 238 SF, nota 8.
4. Anna Freud 1927a.

242 AF¹

professor frend
cottage sanatorium
stermvarte strasse vienna

                                                           pallanza, 22h13
                                    [Registro de entrada:] 22 APR [1927] 15h21
dia de descanso quente saudacoes

                                                                  [sem assinatura]

1. Telegrama.

243 SF[1]

Viena, 22, 20h30
[registro de recebimento:] Baveno, 23/4/1927, 8h50
também faz calor meio expediente vendi trezentos oitenta exemplares mterz[2]
[sem assinatura]

1. Telegrama.
2. Indecifrável no telegrama recebido à mão, a seqüência das letras poderia ser também *interz* ou *niterz*. Ver observação de Anna sobre isso em 244 AF.

244 AF

Sábado à tarde [23/4/1927]
Praia de Baveno.

Querido papai!

Fiquei muito contente ontem com as tuas cartas para nós duas[1], a foto de Eva e o telegrama [240 SF], que também definiu nossos planos. Eva realmente guarda muita semelhança, e é uma criança especialmente atraente. Seria tão bom se ela pudesse ficar conosco no verão. Mas também gostaria muito de levar Ernsti comigo. Pensei muito sobre isso aqui, acho que ele poderia se dar muito bem com os filhos dos Burlingham, portanto, estar conosco e ao mesmo tempo ter outras crianças, o que nem sempre é assim tão fácil. Temos de conversar sobre tudo isso quando eu voltar para casa.[2] Estou *muito* curiosa por saber o que escreverás e espero que os planos se concretizem.[3] – Acabo de buscar o telegrama de hoje no correio, a palavra mais importante infelizmente está truncada e resiste a todas as tentativas de interpretação. Os exemplares vendidos seriam do meu livro?[4] Mas de onde sairiam tantos leitores?

Estamos na praia, *vis-à-vis* da nossa ilha, fazendo planos. Partiremos daqui amanha à tarde, via Milão para Veneza, e deveremos chegar a Viena na quarta-feira, talvez quinta.[5] Depende das condições do vagão-leito no trem. Teu telegrama foi decisivo. É realmente muito mais fácil ficar mais tempo aqui do que partir da próxima vez. E voltar para a Berggasse não me seduz enquanto ela está vazia. Mas eu ganhei tanto dinheiro no último ano e meio que, agora, os três ou quatro dias perdidos já não fazem diferença. Principalmente se, no verão, eu tiver mesmo duas horas[6], esta é a recompensa. Esta interrupção foi ótima, tornei-me novamente muito mais razoável do que eu fui durante um tempo[7]: espero que dê para perceber, assim como o meu bronzeado.

Dorothy adorou a tua carta e agradece muito. Temos realmente uma camaradagem agradável e serena.

Hoje é o primeiro dia sem sol. Mas nem por isso menos bonito.

Lamento que Math e Robert não tenham tido tanta sorte com o tempo quanto nós.

Te saúdo e beijo muitas vezes. Espero que Wolf não tenha ficado muito bravo em Kagran[8]. Espero que possamos buscá-lo na sexta.

Tua
Anna.

---

1. Só a carta para Anna (238 SF) ficou conservada.
2. O desejo de Anna se realizou, ambas as crianças passaram as férias de verão com eles. Mais uma vez, Freud alugou (de 16/6 a 29/9) a Villa Schüler em Semmering (vide nota 3 de 203 SF). (Freud/Eitingon, 401 F, p. 478.) Os Burlingham ficaram (como no verão anterior, quando Peter Blos acompanhou as crianças) na Villa Sophie, ao lado, dessa vez com Erik H. Erikson como acompanhante, contratado por Dorothy e Anna como professor para a escola de Hietzing (vide nota 7 de 208 SF). (Freud/Eitingon, 387 F, 401 F; Jones III, p. 166; Freud/Ferenczi III/1, 967 F – 979 F, III/2, 1061 F (p. 93)-1079 F, 1096 F-1107 F; Anna/Lou, cartas 280, 301; Freud, W. E. 1987, p. 210 *et seq.*; Burlingham, M., p. 158, 164, 184 *et seq.*) "O convívio entre as duas casas é muito agradável." (Freud/Eitingon, 435 F, 20/6/1927, p. 518.) Inicialmente, Minna também foi para Semmering, Oliver com Henny e Evchen chegaram no final de junho e partiram em 18/7. Ernstl provavelmente foi levado de volta para casa por Eitingon depois de sua visita a Semmering. (Freud/Eitingon, 435 F, 437 F, 444 F, 445 F.)
3. *O futuro de uma ilusão* (1927c); vide 238 SF, nota 12.
4. 1927a.
5. Vide 249 AF.
6. Anna planejava levar alguns pacientes para Semmering. (Anna/Lou, carta 301.)
7. Ver nota 6 de 209 SF; também fim da nota 1 de 5 MF/SF.
8. Bairro no nordeste de Viena. O cachorro de Anna, Wolf, ficou no canil Nausch durante o período em que Freud permaneceu internado na clínica. (Freud, M. 1999, p. 211.) Ver tb 277 SF, nota 2.

---

245 AF[1]

PROFESSORE FREND
COTTEGESANATORIUM
STERNWARTESTRASSE VIENA

BAVENO, 23, 17h15
[Registro de recebimento:] 23 APR [1927], 18h55
DEIXANDO A ILHA LAMENTANDO AMANHA PROXIMO ENDERECO TELEGRAMA E CARTA CORREIO CENTRAL DE VENEZA TODAS AS NOTICIAS RECEBIDAS CONTENTE

[sem assinatura]

1. Telegrama; duas versões chegaram, provavelmente achou-se que a primeira, enviada para "Professore Pend", não havia chegado até o destinatário. Mas ela chegou com registro de recebimento "18" [h] em Viena. O texto, igualmente truncado, é o mesmo. A versão aqui reproduzida ainda contém uma outra anotação, "Ampliation", ou seja, "cópia de segurança".

246 SF[1]

VIENA, 24, 11h50
[registro recebimento:]
UFFICIO TELEGRAFICO VENEZIA 24/4/27 [horário não legível]
ONTEM SILBERGASSE[2] NAO ENCONTRAMOS CRIANCAS JARDIM FLORIDO HOJE ELEICAO[3] ABSTINENCIA[4] LAMENTAMOS PARTIDA DE VOCES CONTENTE REENCONTRO

[sem assinatura]

1. Telegrama.
2. Vide 215 SF, nota 3.
3. A terceira eleição para o Conselho Nacional na Primeira República Austríaca: o partido socialdemocrata, sob a liderança de seu mentor intelectual Otto Bauer (vide nota 11 de 110 SF), estava então submetida à lista de unidade burguesa "que incluía uma parte dos nacional-socialistas". Desta forma, o chanceler Ignaz Seipel continuou no cargo (até 1929) e, com sua política, ampliou "a polarização do país em um campo marxista e um campo antimarxista, sinalizando assim o caminho para um confronto político ainda mais conflituoso." (Weissensteiner, p. 185-190, citações p. 189 e 190; também *ibid.*, p. 195, 200, 314; mais detalhes in Braunthal, *passim.*)
4. Essa "abstinência" parece conflitar com uma afirmação de Eschbach & Willenberg (p. 300, nota 14), segundo a qual Freud assinara na *Arbeiter-Zeitung* de Viena, em 20/4/1927, junto com Alfred Adler e Karl Bühler, um apelo para ir às urnas, mas de fato esta indicação foi formulada de forma equivocada. De fato, Freud e outros 39 nomes assinaram uma declaração com o título *Uma manifestação da Viena espiritual*, em que o "espírito" deve ser prioritário diante de qualquer "dogma político" e que aponta para os belos resultados sociais e culturais da administração municipal de Viena em vigor, convocando para "manter e apoiá-la". O final do texto diz: "A essência do espírito é, sobretudo, a liberdade, que agora está em risco, e para a defesa do qual nos comprometemos agora. Estaremos sempre dispostos à luta por uma humanidade superior e ao combate contra a passividade e o isolacionismo." (Vide Freud 1927l.) Em 1933, Freud observou para Jones que uma "ditadura de direita, que significa a repressão da socialdemocracia [...] não será nada boa [...]". (Freud/Jones, carta 606, 7/4, al p. 87.) Sobre a posição política de Freud, vide p.ex. Ekstein; Leupold-Löwenthal 1981, p. 332 *et seq.*, nota 36; ver também Plänkers und Federn, p. 76-78.

247 AF[1]

professor freud
cottagesanatorium
sternwartestrasse VIENA

venezia, 24, 23h55
[Carimbo e registro de entrada:] 25/4/1927, 1h55
chegada noite veneza endereco britania como hah quatorze anos[2] encontrei praca sao marcos a peh

[sem assinatura]

1. Telegrama.
2. Vide 31 SF, 32 AF.

248 AF[1]

professor freud
lottagesanatorium
sternvvartestrasse vienna

venezia, 26, 8h30
[carimbo de recebimento:] 26/IV/27 9h22
coincidencia sao marco padroeiro grande procissao musica sol nos revemos quinta

[sem assinatura]

1. Telegrama.

249 AF[1]
prof freud
cottagesanatorium
sternwartestrasse VIENA

venezia, 26, 23h10
[carimbo de recebimento:] 26/IV/27
[carimbo de expedição:] 27 APR 24h34
chego berggasse quinta [28/4] oito da manhã
feliz ansiosa reencontro

[sem assinatura]

1. Telegrama.

250 SF[1]
anna freud tirolerhof insbruck[2]

semmering[3], 31 ago [1927]
aqui tempo ruim muito quieto wolf entedia-se[4] e eu também se não pudesse escrever[5] lembranças todos amigos de perto e de longe[6] = papai

1. Telegrama. – Este telegrama e os dois seguintes estão catalogados no LoC em 1919, mas os formulários só foram impressos em 1925.
2. Anna viajou de Semmering até Innsbruck para o X Congresso Psicanalítico Internacional, realizado de 1º a 3/9, precedido em 31/8 por uma "Pré-conferência comercial dos funcionários" bem como por uma sessão da Comissão Internacional de Ensino. (IZ, v. 13, 1927, p. 261, 468-500.)
3. A família esteve lá a partir de 16/6; vide nota 2 de 244 AF.
4. Ver 228 SF, nota 5.
5. *O futuro de uma ilusão* (1927c).
6. Na abertura das sessões científicas em 1º de setembro, a título de "Saudação de Freud para a Reunião", Anna leu o seu ensaio intitulado *O humor* (1927d). (IZ, v. 13, 1927, p. 470; Freud/Eitingon, 455 E-457 E.)

251 SF[1]
anna freud hotel tirol insbruck

semmering 2 setembro [1927]
muito satisfeito com ultimas noticias[2] hoje novamente para viena antes visitas[3] cheguem tudo bom = papai

1. Telegrama.
2. Faltam cartas de Anna. A observação de Freud pode se referir, entre outras coisas, a um telegrama de saudação de Eitingon. (Freud/Eitingon, 461 E.) Em sua resposta de 2/9 (1927i), Freud expressou a sua esperança de que os membros "encontrassem no sentimento do trabalho conjunto a força para o acordo em questões de ordem prática". Essa advertência foi fruto de um crescente dissenso sobre a questão da "análise leiga" – a questão sobre se o exercício da análise deveria se restringir a médicos formados – e sobre as regras de formação disso decorrentes (vide nota 2 de 256 SF, 259 SF, nota 6; ver nota 2 de 203 SF). (Freud 1926e, 1927a; IZ, v. 13, 1927, p. 53-325 *passim*.) As divergências ameaçavam gerar uma cisão na Associação. "A coisa toda estava muito desconfortável na sessão, até que de repente levantou-se uma voz de menina em meio ao tumulto, dando o que pensar: 'Meus senhores, creio que estamos fazendo a coisa errada.' Esta intervenção de Anna salvou a situação. [...] Em meio à briga [...] aquele foi um momento histórico, e ele significou uma suspensão temporária da crise." (Jones III, p. 349.) Mas foi mesmo só temporária: a decisão foi adiada para os congressos seguintes com a formação de uma comissão (ver 256 SF, nota 2, 257 SF, nota 10, 259 SF, nota 6). (Detalhes em: IZ, v. 13, 1927, p. 480-484, 485, 492-496. Ver ainda p.ex. Jones III, c. 9.; Leupold-Löwenthal 1984; Grubrich-Simitis 1993, p. 292-302; Schröter 1996, 2002.)
3. "Ele teve de enfrentar o esforço de muitas visitas após o congresso em setembro: [...]." (Jones III, p. 166; Freud/Eitingon, 447 F; Freud/Binswanger 158 F, 159 B, 160 F, nota editorial, p. 213.) Binswan-

ger gravou no seu diário, em parte textualmente, os temas multifacetados discutidos com Freud. A comovente expressão dos seus sentimentos reflete o que essas conversas deviam significar para os visitantes de Freud: "Eu não me senti revigorado apenas espiritualmente, mas até mesmo fisicamente com a visita e estou feliz por ter finalmente reencontrado o homem que desempenha um papel tão importante para a minha vida interior". (Freud/Binswanger, apêndice editorial, p. 266-268.) Ver p.ex. também nota 13 de 257 SF, 277 SF, nota 4.

252 SF[1]

anna freud tirolerhof <u>insbruck</u>
                            semmering 3 SET [1927] 8h15
tudo bem quando termina bem[2] muito satisfeito com resultado das eleições[3] desejo mais um sucesso para você[4] mathilde chegou bem amanhã com ela e martin froeschnitzthal[5] = papai

1. Telegrama.
2. *All's well that ends well*, comédia de Shakespeare (ca. 1602/03); ver 264 SF.
3. Eitingon foi eleito presidente, e Anna Freud, secretária-geral da Sociedade. Com este cargo importante, além da organização e da correspondência ela assumiu também a redação do *Korrespondenzblatt*, no qual fez um relato sobre o congresso. (*IZ*, v. 13, 1927, p. 468-499.) A descrição detalhada deixa transparecer até que ponto o engajamento no trabalho influenciou não só a atividade científica e prática de Anna (ver 209 SF, nota 6), mas também a instituição psicanalítica como um todo. Ver também a nota 2 de 251 SF.
4. Para a primeira conferência que ela faria num congresso, que se daria no decorrer daquela manhã: *Sobre a teoria da análise com crianças* (1928, *Autoreferat*: 1927b). "É muito difícil para mim pensar em fazer uma conferência. [...] Mas os outros insistem para que eu o faça, e o papai não quer que eu me dê por vencida e não o faça. [...] Em breve deverei estar acostumada a isso." (Anna/Lou, cartas 307, 15/1/1928, p. 554, e 322, 20/2/1929, p. 568.) Inicialmente Anna quis falar sobre o tema "Sobre a educação para a realidade como educação analítica", mas Eitingon desaconselhou-a, tendo em vista a controvérsia com Melanie Klein (ver nota 2 de 209 SF). (Freud/Eitingon, 428 E; ver também Anna/Lou, carta 305.)
5. Provavelmente: passeio no vale de Frossnitz.

1928

253 SF[1]

ANNE FREUD HOTEL BOURGOGNE PARIS[2]

VIENA 29 [fev. 1928], 14h20
[Carimbo de recebimento:]
PARIS-CENTRAL 29/2[19]28, 15h36, PARIS 44 = 15h55
RELATOS ENTUSIASMADOS DE BUDAPESTE[3] DESCUBRA SE BURLINGHAM CHEGOU BEM

[sem assinatura]

1. Telegrama.
2. As atribuições de Anna aumentaram mais ainda, principalmente depois do Congresso de Innsbruck; ela sentiu a sua saúde tão abalada, com dores de cabeça terríveis e um cansaço descomunal, que resolveu, por insistência do seu pai, descansar uma semana em Paris, com Dorothy. (Anna para Eitingon, 16/2, 21/2/1928; Freud/Eitingon, 493 F.)
3. Anna ainda fez outra conferência em Budapeste, no sábado, 25/2, a convite de Ferenczi, que foi muito bem recebida. (*IZ*, v. 14, 1928, p. 429.) Conforme ela escreveu, ela tratou da "minha forma de análise com crianças". (*Circulares*: Viena, 23/2/1928 (escrita por Anna), e Budapeste, 6/5/1928, Archives of the British Psycho-Analytical Society, Londres; Freud/Ferenczi III/2, 1117 Fer, 1118 F.) Ela retornou a Viena no dia 26 para partir rumo a Paris, na manhã seguinte, com Dorothy, regressando para Viena na noite do dia 4/3. (Anna para Eitingon, 21/2, 7/3/1928.)

254 AF[1]

professor freud neuf
Berggasse 19 viena

paris 2 [março 1928], 15h25
[Carimbo de recebimento Viena:] 2 MRZ [1928], 18h20
lembranças de uma visita ao corcunda de notredame = marie[2] anna

1. Este telegrama foi classificado no conjunto de cartas no ano de 1918 (provavelmente por um erro de leitura, do horário como ano; o formulário só foi impresso em 1925). A classificação no presente local parece ser mais plausível. Na agenda *Kürzeste Chronik*, Freud registrou em 15 e 17/4/1930 uma outra breve viagem de Anna e Dorothy a Paris (mas com datas inequivocamente diferentes) (1992i, p. 32).
2. Marie Bonaparte. "A princesa foi inacreditavelmente simpática e amável em Paris. Ela encarou a nossa estadia como se fosse seu dever torná-la agradável." (Anna para Eitingon, 7/3/1928.)

255 SF[1]

ANNE FREUD HOTEL BOURGOGNE RUE BOURGOGNE, PARIS

VIENA, 3 [março 1928] 10h25
[dois carimbos de recebimento:] PARIS-CENTRAL 3/3/28, 10h
PARIS 44 R.DE GRENELLE 3/3/28, 11h50
TELEGRAMA DE ONTEM PROVAVELMENTE NÃO ENVIADO[2] NENHUMA NOVIDADE LEMBRANÇAS PRINCESA FELIZES COM A SUA VOLTA[3]
[sem assinatura]

1. Telegrama.
2. De fato, não está disponível na presente correspondência.
3. Domingo, 4/3, à noite.

Verão – Outono 1928;
Berlim / Tegel (1928-1930)

Em 1928, os Freud voltaram a passar o verão – de 16/6 a 30/8 – no Semmering; assim como os Burlingham, que ficaram "na casa ao lado". (Freud/Ferenczi III/2, 1126 F, 1127 F, 1/7/1928, p. 181, 1136 F, p. 190; Jones III, p. 171.) As queixas de Freud aumentaram sensivelmente desde a primavera: "As tentativas de Pichler de fazer uma dentadura que prestasse foram tão-mal sucedidas que eu tive de me decidir finalmente por uma lavagem", escreveu ele em carta para Ferenczi em 19/6; e em 1/7 para Jones: "O professor Schroeder, de Berlim, enviou o seu assistente para cá na semana passada a fim de me examinar. [...] Ficou combinado que eu irei vê-lo em Berlim em setembro." (Freud/Ferenczi III/2, 1126 F, p. 180; Freud/Jones, carta 526, al. p. 63. Ver também Schur, p. 479 *et seq*. (A informação em Jones III, p. 172, de que Schröder teria visto Freud pessoalmente, não procede, apesar de aparentemente ter havido tal intenção; Freud/Ferenczi III/2, *ibid*.)) Assim, em 30/8, Freud se encaminhou, na companhia de Anna, para o tratamento com o professor doutor Hermann Schröder (1876-1942), à época o diretor de um departamento no Instituto de Odontologia da Universidade de Berlim. (*Kürschner* 1928/29.) Foi preciso fazer e adaptar uma prótese totalmente nova, e eles somente voltaram para Viena em 31/10/1928. (Anna/Lou, cartas 310, 315.)

Durante a sua estadia, Freud e Anna ficaram no Castelo Tegel, no qual Ernst Simmel inaugurara uma clínica psicanalítica em 10 de abril de 1927. (Simmel, 1927; Hermanns e Schultz, p. 80; Brecht *et al*., p. 46 (com reprodução do convite da inauguração, o qual permitiu retificar diversas outras bibliografias da data.) Ver nota 10 de 100 SF. "[...] Encontrei uma recepção das mais amáveis no consultório de Simmel. A clínica fica a meia hora de carro do centro da cidade, bem localizada no silêncio, no meio de um parque, a alguns minutos de distância do lago de Tegel." (Freud/Jones, carta 528, al. p. 64, também cartas 526-532, al. p. 63-66; Anna/Lou, carta 310. Sobre a clínica, vide Schultz e Hermanns; Hermanns e Schultz; Ross, p. 47-50. Sobre a relação de Anna com a clínica ver Bittner, p. 28-30; Heller, p. 100; Anna/Eva, B 15 – B 33, *passim*.)

Sobre demais tratamentos em Berlim/Tegel em 1929, vide notas 6 e 8 de 257 SF. Em 1930, também foi necessário fazer uma nova prótese; a estadia em Berlim – novamente com hospedagem em Tegel e na companhia de Anna – então durou de 4/5 a 24/7/1930. (Freud 1992i, p. 32, 35; Freud/Ferenczi III/2, 1185 F-1187 F, 1193 F; Freud/Jones, cartas 551, 552, 555, 557; Jones III, p. 181, 182; Anna/Eva, B 22-33; Anna/Lou, cartas 336-339; Molnar, p. 118, 132, 181 *et seq*.)

1929

256 SF[1]

ANNA FREUD HOTEL MAYFAIR LONDRES[2]
KOENIGSSEE OBY [Schneewinkl][3] 25 [julho 1929], 9h10
[Carimbo de recebimento:] PICCADILLY 25 JUL 29 [sem hora]
AQUI TUDO EM PAZ[4] EXCETO UMA TEMPESTADE VISITAMOS MATHILDE[5] COM AFETO = PAPAI

1. Telegrama em inglês. – Depois dessa carta, há um atestado de vacinação manuscrito que Anna provavelmente precisou para poder viajar à Inglaterra e guardou junto com as cartas. Ele está reproduzido no anexo 4.
2. Anna partiu de Schneewinkl em 22 e 23/7 para o congresso em Oxford. (Freud para Martin de 23/7/1929.) Primeiro, fez uma parada em Londres, onde Jones convidara os funcionários americanos e europeus para uma pré-conferência sobre os problemas da análise leiga. (*Circular*, Berlim 4/6/1929, Archives of the British Psycho-Analytical Society; Freud para Ruth Mack-Brunswick, 24/6/1929.) Freud expressou a sua opinião em uma carta para Ophuijsen, de 26/5/1929, e enfatizou que "[...] a questão da análise leiga é por demais vital para que se possa delegar a sua decisão a uma eventual maioria de um congresso. O senhor e Jones estão jogando um jogo perigoso. [...] O primeiro a sair da IPA serei eu, o autor do texto *A questão da análise* leiga, se cederem aos americanos no item da análise leiga." (Reproduzido na íntegra em: Anna/Eva, nota 5 da carta 23, p. 149-151; sobre o envio de fato do texto (*ibid*, p. 151) vide Freud/Ferenczi III/2, 1165 F.)
3. Os Freud e os Burlingham haviam alugado o "feudo de Schneewinkl" no lago Königssee para servir de residência de verão para as suas extensas famílias e amigos; vide nota 2 de 266 AF. (Freud/Ferenczi III/2, 1161 F, 1163 F, 1169 F; Ilustração em: Chaussy, p. 201.) (O proprietário na época era o historiador de arte Rudolf Berliner, de Munique. (Chaussy, p. 195-198; sobre o destino do feudo de Schneewinkl, desapropriado em 1938, sendo utilizado em seguida por Heinrich Himmler, vide Chaussy, c. 21.)) Eles ficaram ali a partir de 17-18. Junho: "[...] depois de amanhã viajamos nós, Martha, Lün e eu [...], Anna, Dorothy, Wolf e as crianças um dia antes. [...] Na segunda casa, a cinco passos de distância, ficam os Burlingham." (Freud para Ruth, 16 e 19/6/1929; Freud/Jones, carta 539.) Além dos filhos de Dorothy, Ernstl e outros colegas da Hietzinger Schule, entre eles Victor Rosenfeld, também passaram as sua férias ali: "[...] as crianças estão num verdadeiro paraíso." (Anna/Eva, carta 12, 30/6/1929, p. 129, carta 9 nota 3, carta 10 nota 2; Freud, W.E. 1987; Burlingham, M., p. 196; Bittner, p. 22, 23.) Freud e Anna seguiram viagem para Tegel em 15/9. (Freud/Ferenczi III/2, 1169 F.)
4. Alusão ao mal-estar com o qual Anna iria se deparar na pré-conferência e no congresso (ver nota 10 para 257 SF); ao mesmo tempo deve ser tomado ao pé da letra: "É como se estivéssemos num conto de fadas. Duas casas sobre um grande campo, cercadas por uma densa floresta, acima delas, vista para as montanhas Watzmann e Hoher Göll, não se ouve nenhum ruído vindo de fora, na floresta, um córrego murmurante e um lago, um caminho serpenteando através da floresta para o carro e assim mesmo a apenas onze minutos de distância da praça principal de Berchtesgaden." (Freud para Ruth, 19/6/1929.)
5. Ela passou as suas férias com o marido em Bayerisch Gmain (vide 257 SF).

257 SF

PROF. Dr. FREUD

Schneewinkl
VIENA, IX. BERGGASSE 19.
25/7/1929

Minha querida Anna

Não deu tempo de escrever para Londres pois as cartas ainda não viajam com a mesma rapidez que tu. Já se passaram três dias desde a tua partida. Não fosse por Ernst e Lux seria, e não só para Wolf, muito triste.[1] Os dias foram muito bonitos, muito calor como em toda a parte, ontem caíram duas tempestades, de tardinha e tarde da noite, e não foi nem um pouco fácil conseguir tirar Wolf do seu abrigo no closet de baixo. Entre as tempestades, fui visitar Math-Rob em Gmain com Ernst e Lux, os passeios de carro agora estão bastante bonitos! No primeiro dia, anteontem, fomos – a família inteira, ou seja, os seis – mostrar Bartholomae para Lux. O sr. Wein foi novamente nosso piloto.[2] Novamente, foi delicioso, só que os insetos em Barth.[olomä] são muito atrevidos, provavelmente por saberem que vivem numa área de proteção, onde nada pode lhes acontecer.[3] Só hoje chegou um telegrama de Dorothy, *at last arrived*, muito apropriado.[4]

Hoje, encerrei temporariamente o meu novo trabalho, salvo complementos e correções que só serão possíveis em Viena. Agora estou com a impressão de que ele é totalmente supérfluo.[5] Com a prótese, tenho tido dias ruins e dias melhores; no final, vou levando.[6] Braun, que eu consultei para saber se seria possível exigir um trabalho extenso de Karuly, acha que ele não está tão doente assim, que eu deveria confiar nele[7] e economizar a viagem até Berlim.[8] Minhas crises de vesícula estão vindo com uma freqüência excessiva, não estou com a menor disposição de entrar numa disputa séria com o chanceler do *Reich*[9] alemão.

Eu ainda ia te escrever que não deverias ligar muito para as chatices de Jones[10] e do congresso e tratar Oxford como uma aventura interessante e, no mais, ficares feliz por não teres te casado com Jones[11], e eis que chegou o tranqüilizante telegrama de Eitingon, que, espero, não seja seguido por nenhuma decepção.[12] De qualquer forma, será uma distração para ti se eu contar todos os acontecimentos do mundinho de Schneewinkl.[13] Acrescento que Oli enviou fotos muito boas da casa e das crianças. É bem verdade que ele sofre bastante como fotógrafo[14], mais vai ficar bem. O temporal nosso de cada dia já caiu hoje; após extensas buscas, Lun[15] foi encontrada no cesto de carvão. Lux encontrou os Landauer[16] no lago e agradeceu a sua amabilidade[17]. Ontem, ganhei umas nove vezes do Ernst e da Lux no tarô, a mulherzinha ambiciosa realmente guardou alguma coisa das lições de Tegel. Para comemorar antecipadamente o aniversário da mamãe, o Ernst (gr.[18]) e o Victor[19] pescaram uma truta no nosso próprio lago[20] [21]. Agora já sabes de tudo, portanto, mando lembranças para ti em Oxford.

papai

1. "Ernst e Lux aproveitaram a ausência de Anna e estão morando conosco. [...] Mal posso esperar que ela retorne, assim como o Wolf. Enquanto escrevo, ele fica deitado em sua cama a metade do dia, apático." (Freud/Andreas-Salomé, 28/7/929, p. 199.)
2. "Georg Wein era barqueiro e entalhador em Königssee." Ao mesmo tempo em que era caseiro da Villa Schneewinkl, sua esposa, Agathe, "cozinhava para a família Freud e cuidava dos afazeres domésticos". (Chaussy, p. 192, 196.) Ele – ou algum outro membro da numerosa família, que também eram todos barqueiros – pode ter sido o "piloto". (Agradeço a Helene Hinterbrandner, Schönau pela gentil informação.)
3. O Königssee e o terreno à volta (desde 1910, uma reserva botânica) foram declarados zona de proteção ambiental em 1921, onde era proibido "juntar, prender, ou matar animais silvestres, não apropriados para a caça". (Regulamento da polícia distrital para a Zona de Proteção Ambiental no Königssee, 18/3/1921, § 4, em: *Parque nacional de Berchtesgaden*, p. 87; Zierl, p. 9 *et seq.*; Floericke, p. 34; Köhler, p. 1 *et seq.*, 26, 28.) Hoje, a região forma a base do parque nacional dos Alpes Berchtesgaden, que ganhou o Europadiplom em 1990. (*Parque nacional de Berchtesgaden*, 1990, 1991.) A "mãe do conceito da proteção ambiental", a idéia do Yellowstone Park (1872) (Zierl, p. 9 *et seq.*; Floericke, p. 32), já era conhecida por Freud: em seu ensaio *Formulações sobre os dois princípios do funcionamento psíquico*, ele já tinha se valido dela como analogia para estabelecer um dos âmbitos da fantasia livre da prova da realidade. (1911b, *S.A.*, v. 3, p. 20 (semelhante também em 1924e, *ibid.*, p. 360 *et seq.*).)
4. "Dorothy se prepara para partir às 11 horas", relatou Freud para Martin em 23/7. Ela tinha de se preparar para a visita do seu marido que viria dos Estados Unidos, acompanhado do pai, para convencer Dorothy, ou pelo menos as crianças, a voltarem. Essa e outras tentativas anteriores não surtiram resultado. (Freud/Ferenczi III/2, 1133 F; Burlingham, M., p. 199-205; Heller, p. 84-88; Anna/Eva, B 12, nota 2.) Ver 281 AF, nota 3. Também é possível que Dorothy estivesse a viajando por causa da reforma de um apartamento acima do apartamento dos Freud na Berggasse 19) para o qual se mudou em 27/9/1929. (Burlingham, M., p. 205 *et seq.*; Anna/Eva, B 16, nota 1; Anna/Lou, carta 331.) Ver nota 8 para 163 SF.
5. *O mal-estar na civilização* (1930a). "[...] O trabalho [...] trata de cultura, sentimento de culpa, felicidade e outros asssuntos da mesma grandeza e me parece, decerto com razão, muito supérfluo, ao contrário de trabalhos anteriores, por trás dos quais sempre havia alguma pulsão." (Freud/Lou Andreas-Salomé, 28/7/1929, p. 198.)
6. De 11 a 22 de março de 1929, Schröder fez uma "correção já programada" na prótese do ano anterior; Anna novamente acompanhou o pai no lugar de Martha. (Anna/Lou, cartas 322, 323; Anna/Eva, B 8; Freud/Ferenczi III/2, 1159 F, 5/3/29, p. 208, e P.S. de 1154 F.) Lou chegou no dia 14 para uma visita de alguns dias. (Anna/Lou, carta 324; Anna/Eva, B 6.)
7. Károlyi, assistente de Schröder, dentista húngaro, cuidou de Freud em seguida: "[...] Seu conterrâneo Károlyi [...] é sem dúvida muito inteligente e habilidoso, mas até agora tivemos pouco sucesso, e eu não estou bem certo se não terei de fazer o grande sacrifício de uma viagem a Berlim." (Freud/Ferenczi III/2, 1165 F, 10/6/1929, p. 213; também 1164 Fer.) A doença de Károlyi piorou, no entanto, fazendo com que ele mesmo desistisse do tratamento. (Freud para Ernst, 26/8/1929.)
8. Freud acabou tendo de ir, e Anna acompanhou-o novamente (de 15/9 até depois de 21/10/1929). (Jones III, p. 177; Anna/Eva, B 15-21.) (como em 1930; vide final do texto explicativo depois de 255 SF.)
9. Príncipe Otto von Bismarck (1815-1898). Além de outras doenças, sofreu a vida toda de longas convulsões estomacais e cólicas vesiculares. (Richter 1962, p.ex. p. 55, 198 *et seq.*, 200 *et seq.*, 236 *et seq.*; Ullrich.)
10. Na questão da análise leiga, Jones – em contraposição a Freud, Anna e Ferenczi – simpatizara com uma postura favorável à dos americanos e tentou impô-la nas discussões. Ferenczi relatou sobre o "congresso em Oxford, no todo muito desconfortável e desgastante, o qual [...] o amigo Jones tratou de tornar tanto quanto possível ainda mais insuportável". (Freud/Ferenczi III/2, 1168 Fer,

9/9/1929, p. 214 *et seq.*; tb. 1177 F. Além disso: Freud/Jones, carta 542; também cartas 505, 506, 509; Freud/Ferenczi III/2, 1927-1929, *passim*; Freud/Eitingon, p.ex. 548 F; Jones III, p. 177 *et seq.*)

11. Vide 42 SF – 45 AF; ver também nota 3 de 126 SF.

12. Telegrama do dia 25/7/1929 sobre o "satisfatório acordo temporário" na pré-conferência. (Freud/Eitingon, 552 E, 25/7/1929, p. 647.)

13. Entre eles também estavam os inúmeros visitantes que Freud recebia durante o dia, além dos seus hóspedes: "Hóspedes, hóspedes de todos os tipos, queridos e indiferentes [...]". (Freud para Ruth, 13/8, 1/7/1929; Freud/Andreas-Salomé, 28/7/1929, p. 199; Jones III, p. 177; Freud/Eitingon, 551 E, 555 E (p. 649), 556 E; Burlingham, M., p. 196.) Ver 251 SF, nota 3.

14. Oliver já se ocupara anteriormente dessa atividade: "Oli fotografa, amplia, faz aparelhos de projeção e coisas semelhantes" (Freud para Martin, 16/2/1919; também Anna/Lou, cartas 44, 71; Jones II, p. 486.) Depois da emigração para a França com a sua família em 1933 (primeiro em Paris), foi dono de uma loja fotográfica em Nice. (Molnar 1996, p. 318, 341, 373, 398; Freud/Eitingon, 809 F.)

15. Lün Yu (tb: Lun Yug), uma cadela preta da raça *chow*, que Dorothy dera de presente para Freud em junho do ano anterior. (Freud/Eitingon, 505 F.) Pouco depois desta carta, ela foi atropelada pelo trem, soltando-se da guia, quando Eva Rosenfeld quis levá-la consigo na sua viagem de volta de Berchtesgaden (vide nota 19) para Viena. (Jones III, p. 171; Anna/Eva, carta 14; Burlingham, M., p. 193 *et seq.*) Alguns meses depois, Freud ganhou um novo cachorro de Dorothy, vide 273 AF, nota 2.

16. Karl Landauer (1887-1945), médico, psiquiatra, fez formação psicanalítica com Freud em 1912; em 1913, membro da Sociedade Psicanalítica de Viena e, a partir de 1919, do grupo alemão. Em 1919, mudou-se para Frankfurt am Main, onde clinicou como analista a partir de 1923. Dedicou-se simultaneamente à constituição da instituição no sul da Alemanha e ao intercâmbio interdisciplinar com as clínicas universitárias, foi co-organizador do Primeiro Encontro Alemão de Psicanálise em Würzburg, em 1924; preparou os congressos em Bad Homburg (1925) e em Wiesbaden (1932) e participou, em estreito trabalho com o Instituto de Pesquisas Sociais (sob a direção de Max Horkheimer e Theodor W. Adorno) de forma determinante da criação do Instituto de Psicanálise de Frankfurt, que dirigiu juntamente com Heinrich Meng. (Brecht *et al.*, p. 50 *et seq.*; Laier 1989; sobre a amizade com Horkheimer, vide Rothe 2004.) Por ocasião da inauguração, em 16/2/1929, foi apresentada uma série de conferências, na qual Anna também deu a sua contribuição em 28/2: *Sobre o significado da psicanálise para a pedagogia* (1929a). (Anna para Eitingon, 12/12/1928, 20/2, 5/3/1929.) Landauer cultivava um contato regular com Freud. Foi obrigado a fugir com a família para a Holanda em 1933. Após vários anos como analista docente em Amsterdã, foi preso com a mulher Karoline e a filha Eva em 1944 e deportado para o campo de concentração de Bergen-Belsen. Lá, morreu de fome em 1945. Sua família se salvou e emigrou para Nova York. (Landauer; Rothe 1991, p. 13-23; Brecht *et al.*, p. 56.)

17. Provavelmente pelo fornecimento de charutos. O cunhado de Landauer era dono de um comércio de charutos da melhor qualidade na Holanda. (agradeço pela gentil informação a Hans-Joachim Rothe.) Ver também o registro de Freud "charutos de Landauer" na *Kürzeste Chronik* (1992i, 3/1/1930, p. 31) e Freud/Eitingon 743 E, 744 F.

18. Ernst, o grande, para diferenciar de Ernstl Halberstadt, que então também já era chamado muitas vezes de "Ernst".

19. Victor (Vicki) Rosenfeld (nascido 1919; mais tarde Victor Ross), filho de Eva e Valentin Rosenfeld. Passou as suas férias ali com as outras crianças; durante o verão sua mãe se revezava entre o Grundlsee, Schönau (4-6/7) e, após 8/7 até o final de julho, em Berchtesgaden, em parte com Julian Obermann. Quando Eva se mudou para Berlim, no verão de 1931, Victor freqüentou a escola avançada em Marienau até 1933. Depois, acompanhou a sua mãe até a emigração conjunta para Londres em 1936. (Anna/Eva, nota para carta 32. Agradeço a Victor pela revisão de todas as notas referentes à sua pessoa e aos seus pais.)

20. Lago que pertencia à propriedade – como no Dietfeldhof ou no Thumsee –, era muito apreciado como lugar de férias. (Freud, 1985c, carta 270, p. 492; Gödde 2003, ilustração p. 58, 59.)

21. Um ano mais tarde, Anna encontrou uma explicação para o entusiasmo de Victor com a pescaria: "Creio que sei o que significa a pescaria de Vi[c]ki. O menino mais velho de Ernst, Gabriel, tem a mesma coisa. É uma paixão tão grande, que a expectativa já produz nele todo o tipo de excitação. Eu contarei para você em Grundlsee [vide na nota 6 para 277 SF]." (Anna/Eva, carta 28, junho 1930, p. 159.)

258 SF[1]

ANNA FREUD LADY MARGARAT HALL OXFORD[2]

KOENIGSSEE [Schneewinkl], 26 [julho 1929], 17h20
[Carimbo de recebimento e anotação:] OXFORD 26 JY 29 6h36
GOSTEI DOS TRÊS TELEGRAMAS[3] O ANIVERSARIO DE MAMA FOI DIVERTIDO O CALOR PARECE ESTAR CEDENDO

[sem assinatura]

1. Telegrama (original em inglês).
2. Em Oxford realizou-se o XI Congresso Psicanalítico Internacional, de 27 a 31/7. Foi o primeiro congresso dos analistas realizado em solo inglês: "Não é fácil imaginar nenhum outro local mais interessante para congressos do que esta digníssima cidade da cultura e da ciência antiga da Inglaterra." (Anna Freud na introdução do relatório sobre o congresso, *IZ*, v. 15, 1929, p. 509-542.)
3. Vide 259 SF, notas 3-5.

259 SF[1]

[Schneewinkl], 26/7/1929
PROF. Dr. FREUD　　　　　　　　　　　　VIENA, IX. BERGGASSE 19.

Quatro cartas para ti. Um cheque no valor de $280 de Ruth Sw.[2], que enviarei para Martin. Ele guardará o montante para ti. Teleg[ramas] do Dir[3]. Eit.[ingon,][4] Ferenczi[5] muito satisfeito. Agradece a Brill por mim.[6] Aniversário[7] em andamento. Lembranças

papai

1. Cartão-postal.
2. Ruth Sweetser (ver nota 3 de 215 SF), cuja filha de seis anos, Adelaide, fazia análise com Anna. (Burlingham, M., p. 156, 164, 168 *et seq.*, 189; Young-Bruehl, v. I, p. 190.) Esta menina desempenhou um papel importante na formação teórica de Anna na análise com crianças; ela constava como "menina endiabrada" das suas palestras e publicações. (1927a, 1928; em: *Escritos I*, p.ex. 15 *et seq.*, 24, 35 *et seq.*, 40 *et seq.*, 48-50, 68-71, 170-173, 174.)
3. O telegrama de Anna não ficou conservado.
4. Vide 257 SF, nota 12.

5. Ferenczi telegrafou em 26/7: "finalmente, esperanças". (Freud/Ferenczi III/2, 1167 Fer, p. 214.) Isso se refere ao problema com análise leiga, em relação ao qual Ferenczi permaneceu firme ao lado de Freud. Na sua conferência no congresso, em 28/7 (Ferenczi 1929), porém, já se prenunciavam indícios de uma técnica mais desenvolvida para a psicanálise. Ver a sua própria descrição em Freud/Ferenczi III/2, 1223 Fer, e até mesmo antes disso, p.ex. III/1, 902 Fer, 15/5/1922, p. 135. Berman (p. 491) deixa inclusive claro que as diferenças teóricas já existiam nos primeiros estágios da relação entre Freud e Ferenczi. Vide também abaixo, 287 SF.
6. Não houve, durante o congresso, nenhuma proposta definitiva para a questão da formação dos leigos; decidiu-se por continuar as deliberações até o congresso seguinte; vide nota 4 de 288 SF. Com isto, a cisão na Sociedade foi, mais uma vez, evitada. (*IZ*, v. 15, p. 524-528; Jones III, p. 178.) "O mérito pelo afastamento deste perigo é certamente todo seu e de Brill", escreveu Freud para Jones em 4/8. "Eu já agradeci a ele, e agora agradeço ao senhor." (Freud/Jones, carta 541, al. p. 69.)
7. De Martha Freud.

260 AF[1]

prof freud schneewinkel
berchtesgaden

oxford, 26 [julho 1929]
[Carimbo de recebimento e anotação:] 27/7/29, 10h26
mais tradição do que conforto[2] perseveram = anna

1. Telegrama.
2. Comentário de Freud sobre o alojamento de Anna: "A senhora sabe que os ingleses, depois que criaram a expressão conforto, não querem ter mais nada a ver com o assunto." (Freud/Andreas-Salomé, 28/7/1929, p. 199.)

261 SF[1]

ANNA FREUD LADY MARGARET HALL OXFORD

KOENIGSSEE OBY [Schneewinkl], 27 [julho 1929], 14h
[Carimbo de recebimento e anotação:] OXFORD 27 JY 29 3h38
SINTO MUITO PELO SEU SOFRIMENTO[2] PELA GLORIA DO NOME
[sem assinatura]

1. Telegrama (inglês no original).
2. "Anna quis fazer um pouco de análise adicional depois das agitações do congresso". (Freud para Ruth, 13/8/1929.) E esta prosseguiu mais tarde também durante a estadia em Tegel (vide 257 SF, nota 8). (Anna/Eva, B 17.)

262 AF¹

professor freud schneewinkel
berchtesgaden

oxford 29 [julho 1929]
[Carimbo de recebimento e anotação:] 29/7/29, 12h40
conferência² muito bem sucedida³ nenhuma vergonha para a família ambiente bom = anna

1. Telegrama.
2. "Anna está se esfalfando muito em Oxford [...]; hoje à noite ela terá se livrado da sua conferência e espero que, depois, leve as coisas menos a sério." (Freud/Andreas-Salomé, 28/7/1929, p. 199.) O título da sua conferência foi "Uma analogia da fobia das crianças em relação aos animais" (1929b). Anna repetiu a mesma conferência em 26/2 do ano seguinte no Grupo de Viena, onde ela também foi discutida. (*IZ*, v. 16, 1930, p. 547.) No *IZ* (v. 15, 1929, p. 518) encontra-se somente um breve relatório, mas o conteúdo da conferência foi incluído mais tarde no livro de Anna, *O ego e os mecanismos de defesa* (1936).
3. "[...] A sua conferência certamente foi a mais interessante e mais aplaudida de todas. Todos admiraram o seu talento." (Jones para Freud em: Freud/Jones, carta 542, 20/8/1929, p. 662.)

263 AF¹

professor freud schneewinkel
bgaden

oxford 30 [julho 1929]
[Carimbo de recebimento e anotação:] 30/7/29, 14h20

sessão² muito pacífica reeleitos grande unanimidade³ = anna

1. Telegrama.
2. O telegrama se refere à sessão de 30/7, no início da qual Eitingon, na condição de presidente do congresso, entregou duas edições comemorativas da *Zeitschrift* e do *Journal* a Jones por ocasião dos seus cinqüenta anos, citando a mensagem de congratulações de Freud (1929a). Não ficou claro se Anna "fez a leitura na íntegra durante a comemoração oficial" – segundo Young-Bruehl I, p. 262. (*IZ*, v. 15, 1929, p. 509-542, citação na p. 530 *et seq*. Vide também Freud/Jones, carta 534, al. p. 66 *et seq*.)

3. A reeleição englobou toda a direção central: Eitingon como presidente da Sociedade Psicanalítica Internacional, Ferenczi e Jones como conselheiros, Anna como secretária-geral e Ophuijsen como tesoureiro-geral. (*IZ, ibid.*, p. 542.)

264 SF[1]

ANNA FREUD LADY MARGARET HALL OXFORD

BERCHTESGADEN, 31 [julho 1929] 8h45
[Carimbo de recebimento e anotação:] OXFORD 31 JY 29 11h50
TODOS SE SENTINDO SOLITARIOS[2] TUDO EH BOM QUE TERMINA BEM[3]

[sem assinatura]

1. Telegrama (original em inglês).
2. *All is well that ends well*: Anna já quisera fazer essa afirmação em 1920 (vide as frases finais de 129 AF e 132 AF).
3. Vide 252 SF, nota 2.

265 AF[1]

professor freund schneewinkel
berchtesgaden
[Anotação manuscrita da agência de correio de Berchtesgaden:] Schneewinkel?

Londres, 1º [agosto 1929]
[Carimbo de recebimento e anotação:] 1/8 29, 14h33
tudo já passou voo holanda sigo trem telegrafo chegada aliviada reencontro
[sem assinatura]

1. Telegrama.

266 AF[1]

professzor freud
schneewinkel berchtesgadn

amsterdã 1º [agosto 1929]
[Carimbo de recebimento e anotação:] 1/8 29, 20h30

voo rápido turbulento[2] trem noturno chego berchtesgadn 17.50 avisem mathilde = anna

1. Telegrama.
2. Anna voou pela primeira vez em maio (para acertar o aluguel de Schneewinkl): "Anteontem e ontem eu voei de verdade, daqui até Salzburgo e de volta. [...] Foi maravilhoso. Ficamos a três mil metros de altitude acima da região de Salzkammergut, sobrevoando inúmeros lagos e picos nevados. No ar, dá a impressão de se ser muito mais feliz do que na terra." (Anna/Lou, carta 325, 10/5/1929, p. 570.)

267 AF[1]

freud berggasse 19
viena 9

colônia 18/12 [1929], 11h30
[Carimbo de recebimento:] 18 DEZ

como mula na nublada colônia sucesso viagem por enquanto excelente[2]

[sem assinatura]

1. Telegrama.
2. O motivo da referida viagem não foi esclarecido.

268 AF[1]

freud berggasse 19 viena 9

essen 18 [dezembro 1929] 23h30
[Carimbo de recebimento:] 19 DEC 1[2]

passei bem aliviada amanhã goettingen

[sem assinatura]

1. Telegrama.
2. Horário ilegível.

269 AF[1]

freud berggasse 19 viena 9

goettingen, 19 [dezembro 1929], 20h50
[Carimbo de recebimento:] 19 DEZ 29, 22h[2]
muito satisfeita com lon[3] interrompo nuernberg chego sábado [21/12] cedo
[sem assinatura]

1. Telegrama.
2. Horário ilegível.
3. Lou Andreas-Salomé estava com o pé machucado e ficou vários meses sem poder caminhar. (Anna/Lou, cartas 330-335; Freud/Andreas-Salomé, 4/1/1930, p. 201.) Não ficou claro se esse foi o motivo da visita de Anna, ou se foi resultado de uma oportunidade surgida durante o seu retorno de Colônia/Essen. Tampouco se depreende das cartas disponíveis se Dorothy Burlingham realmente acompanhou Anna nesta viagem, como escreve Young-Bruehl I, p. 326 (sem fonte de referência).

1930

270 AF

À noite
Nauders, terça-feira [16/9/1930]¹

Queridos todos!

A Áustria é muito pequena, nós já chegamos na fronteira.² O sol surgiu para o desembarque no Landeck, seguimos com o correio até Pfunds e depois caminhamos até aqui passando por Finstermünz, nem deu para sentir a caminhada. Agora estamos esperando as mochilas³ e seguiremos com elas até Reschen. Amanhã vamos para Sulden.

A neve está muito próxima, o ar maravilhoso, tudo muito bonito e pacífico. O telefone estava muito baixo, mas ainda assim foi possível ouvir tudo.

Nós estamos muito ansiosas com o porvir.

A primeira aventura foi uma bela e jovem raposa que atravessou nosso caminho ainda antes de Salzburgo.

Nós estamos muito bem.⁴

Muitas lembranças a todos!

Anna.
[assinatura de próprio punho:] Dorothy

---

1. A classificação desta carta baseou-se no trajeto da viagem, e se confirma também pela penúltima frase em 280 AF. O registro de Freud "Anna viajou com Dorothy" na *Kürzeste Chronik* (1992i, p. 35), é datado de 15/9 (a carta citada e sem data de Milão, no comentário correspondente, Molnar 1996, p. 144, pertence ao ano de 1927; vide 213 AF, nota 2.)
2. "Anna [...] partiu hoje com a sua amiga Dorothy para uma temporada suíço-italiana", escreveu Freud para Ferenczi em 16/9 (Freud/Ferenczi III/2, 1195 F, p. 246.) Elas seguiram um roteiro muito parecido com o que Freud e Minna Bernays escolheram em 1898. (Freud 2002b, p. 95-109.) Dorothy deixou os seus quatro filhos sob os cuidados de uma preceptora, Margot Goldschmith, em Grundlsee (a informação em Burlingham, M., p. 216, de que Dorothy teria levado Anna de carro pela Suíça e pela Itália, não procede).
3. "Na minha mochila, carrego tudo de que preciso. Talvez nunca se precise mais." (Anna/Eva, B 34, [certo:] 17/9/1930, p. 168.) Sobre os antigos planos de Anna de fazer uma "viagem de mochila" como esta, ver 69 AF, nota 6.
4. Anteriormente, Anna freqüentemente sentira sono e cansaço. Solicitada ao extremo pelas suas próprias e crescentes tarefas, incluindo a de acompanhante particular e embaixatriz do pai, ela se desgastara muito nos meses anteriores. Na primavera, ela se mudara com Freud, de 22/4 a 3/5, para a clínica Cottage-Sanatorium, para onde ele se "refugiara" devido a problemas cardíacos e intestinais. (Freud/Ferenczi III/2, 1187, 7/5/1930, p. 239.) Em seguida, Anna passou os meses de maio-julho com ele em Berlim/Tegel para a confecção de uma nova prótese (vide o final do texto explicativo depois de 255 SF). Apesar do ambiente agradável, até mesmo lá ela "[ansiou] por paz, que não é fácil de se ter, nem mesmo em Tegel". (Anna/Eva, B 22, 15/5/1930, p. 147.) A estadia de

verão em Grundlsee, (vide 271 AF, nota 2) também foi interrompida seguidamente por obrigações: assim, Anna foi para Frankfurt, de 27 a 29/8, para receber, no lugar de Freud, o Prêmio Goethe, que lhe fora concedido: "Anna vai me representar e fazer a leitura da junção que eu faço sobre o relacionamento de G[oethe] com a análise, e o direito dela de tomá-lo como objeto." (Freud/Ferenczi III/2, 1193 F, 1/8/1930, p. 245; Freud 1930d e e; Jones III, p. 183 *et seq.*; Freud para Martin, 25/8/1930.) Um dia antes da sua partida, ela ainda esteve em Viena para o enterro da mãe de Freud, que morreu no dia 12/9. "[...] mais uma vez, Anna me representou [...]. A sua importância para mim não poderia ser maior." (Freud/Jones, carta 564, 15/9/1930. al. p. 76. Ver também Jones III, p. 184 *et seq.*; Freud 1992i, 12 e 14/9, p. 35.) Dorothy também precisava se recuperar, principalmente de uma tuberculose, para cujo tratamento devia fazer exercícios ao ar livre. (Molnar 1996, p. 116.) Vide também 281 AF, nota 3.

271 AF[1]

Freud Rebenburg
Grundlsee[2]

Resia Adige[3] 17/9/1930, 9h20.

Manhã maravilhosa partida para Sulden satisfeita

[sem assinatura]

1. Telegrama.
2. Freud passou o verão, de 27/7 a 27/9, com alguns membros da família, na antiga propriedade dos nobres de Rebenburg, no chamado "Archkogl", às margens do Grundlsee, perto de Aussee, na região de Salzkammergut. (Freud 1992i, p. 35; Freud para Ernst, 29/9/1930; Anna/Eva, 1930 *passim*; datas um pouco diferentes em Anna/Lou, carta 339, Freud/Ferenczi III/2, 1193 F, Jones III, p. 183, 185. Agradeço ao Arquivo Nacional de Steiermark, Graz, 23/8/2002, pelas informações sobre Rebenburg) "Meu avô alugou uma casa enorme no Grundlsee [...]. Os Burlingham ficaram numa das casas na cidade, pois não havia casas na vizinhança de Rebenburg." (Freud, W.E. 1987, p. 211 *et seq.*) Ver nota 6 de 277 SF. "[Nós] achamos este ano uma coisa muito bonita. A opinião geral é de que nós nunca tínhamos morado daquele jeito." (Freud para Alexander, 8/8/1930.) Como anteriormente em Semmering, em Tegel e em Schneewinkl, Freud, assim como Anna, continuou tratando alguns dos seus pacientes ou alunos no seu domicílio de verão. (Jones III, p. 130, 154, 185; Anna/Eva, B 5, 27, 32, nota 3 para B 23; Anna/Lou, carta 240.)
3. Em alemão: *Reschenpass*.

272 AF[1]

Freud
Rebenburg
Grundlsee

                                      Solda Sgeltrude[2], 17/9/1930, 15h
                                [anotação de recebimento:] 18/9/1930, 8h30
Frio e bonito amanhã meio-dia Trafoi lembranças

                                                        [sem assinatura]

1. Telegrama.
2. Solda Santa Geltrude (St. Gertraud, Sulden). "É muito bonito, e em cada estação eu deixo para trás um pouco de inquietação. Estive na casa de uma camponesa, que ainda fia e tece panos. Mas ela não faz nenhuma análise." (Anna/Eva, B 34, [certo:] 17/9/1930, p. 168.)

273 AF[1]

Freud
Rebenburg
Grundlsee

                                      Santa Geltrude Solda, 18/9/1930, 10h.
Sol radiante como vai Jofi[2]

                                                        [sem assinatura]

1. Telegrama.
2. Nova cadela que Freud ganhou para substituir Lün Yu, também chamada de yo-fie ou Yofie. (Freud 1992i, 9/3/1930, p. 32.) Dorothy já a trouxera de Paris em setembro de 1929, junto com uma "nova" Lün Yu, que foi perseguida pela Jofi enciumada, o que fez com que Dorothy ficasse com ela; ver nota 19 para 287 SF. Jofi morreu em 1937 após uma operação; então Freud pegou de volta Lün Yu II, levando-a consigo quando emigrou para a Inglaterra, em 1938. (Freud/Andreas-Salomé, 23/3/1930; Burlingham, M., p. 194, 205; Jones III, 171, 252, 273; Molnar 1996, p. 105, 379 *et seq.*, 381, 424, 428 *et seq.*, 450.)

274 AF[1]

Freud
Rebenburg
Grundlsee

Trafoi 18/9/1930, 16h20

Maravilha amanhã Bagni Nuovi Bormio

[sem assinatura]

1. Telegrama.

275 AF[1]

Freud
Rebenburg
Grundlsee

Bormio Bagni 19/9/1930, 15h50
[anotação de recebimento:] 19/9/1930, 17h20

Subimos na neblina ateh Stilfse[r]joch sol e gelo em cima impressão maravilhosa manhã até meio-dia ensolarado aqui encantador servico postal brilhante Correio St Moritz

[sem assinatura]

1. Telegrama.

276 SF[1]

Srta Anna Freud
Posta restante
St. Moriz-Bad
Engadin
Suíça

Grundlsee
19/9/1930
[Carimbo postal:] BAD AUSSEE 20/9/1930

Minha querida Anna
    Como o teu telegrama não faz distinção entre a cidade e a estação de águas, envio este cartão para a *estação de águas*, para comunicar que a carta seguiu para

a *cidade*. Vocês vão visitar os dois lugares. Sinceros votos de que a viagem prossiga bem.

papai

1. Cartão-postal com uma pequena ilustração do lado do remetente: Feldkirch – Vorarlberg.

277 SF

PROF. Dr. FREUD

Grundlsee
VIENA, IX. BERGGASSE 19.
19/9/1930

Minha querida Anna

Há pouco o que dizer em complemento aos telegramas[1]. Os Nausch não quiseram levar a Jofi, mas eu fiz bem em insistir.[2] Hoje chegou a notícia de que ela está com problemas intestinais e brinca alegremente com o Wolf. O animalzinho faz falta o tempo todo, naturalmente[3].

Tudo está diferente por aqui com as partidas e as chegadas[4], não é mais a mesma coisa. O tempo não esteve muito constante, mas tampouco ruim. Mas hoje chegou um pesado *scirocco*, as três senhoras idosas[5] tiveram dores de cabeça e tomaram remédios, a juventude, Ruth e Eva[6], sentiu-se apenas muito cansada, e eu tive um problema cardíaco. Até agora, eu vinha me sentindo muito bem e o meu estômago também já está praticamente curado.[7] Provavelmente já terá passado até amanhã, de qualquer forma Ruth não desmarcou a visita clínica do dr. Schur[8], que quis recuperar a visita perdida. Só conto isto para me manter fiel à promessa[9] de cronista confiável.

A tua correspondência está dentro deste mesmo envelope, completa, inclusive com o relato[10] de Horney[11] e uma edição impressionante de um jornal espanhol, *El Mundo*, que Marin[12] enviou para ti de Habana[13].

Espero que consigam fazer tudo aquilo a que se propuseram, e que tenham uma bela viagem juntas.

Lembranças para ti e para Dorothy

do
papai

P.S. Enviei um cartão-postal para a estação de águas de St. Moriz.

1. Não foi conservado.
2. Nausch é o nome do canil em Kagran onde os Freud deixavam seus cães quando precisavam viajar (vide 244 AF, nota 8). Aparentemente, Ernst tinha levado Jofi primeiro para Viena. (Freud

1992i, 18/9/1930, p. 35.) De lá ela foi levada por um veterinário até Kagran: "[...] ela estava sofrendo e nos deixando preocupados". (Freud/Eitingon, 610 F, 18/9/1930, p. 689.)

3. Na caligrafia de Freud, falta o trema no "u" na palavra *natürlich*.

4. Marie Bonaparte e Ernst Freud já tinham partido, Eva Rosenfeld e Dolfi, a irmã de Freud, tinham chegado. (Freud 1992i, 17/9, 18/9/1930, p. 35.) Além dos membros da família que permaneceram lá por bastante tempo – Mathilde, Alexander com Sophie e Harry, bem como Ernstl –, o intenso movimento de visitas tinha provido um ambiente variado (ver na nota 3 para 251 SF). (Molnar 1996, p. 135-142, 144 *et seq.*; Freud, W.E. 1987, p. 211; Freud para Martin, 11/8/1930.) Gustav Freud (parente que hoje mora em Nova York) também se recorda de uma visita que fez à família aos dezesseis anos de idade, com o seu pai, no verão de 1930, indo de Aussee até Rebenburg. (Agradeço a ele pela informação fornecida pessoalmente em nov. 2002.)

5. Martha, Minna e Dolfi.

6. Ruth Mack-Brunswick e Marie Bonaparte haviam alugado, "juntas, um castelinho na outra margem do lago". (Freud, W.E. 1987, p. 212.) Eva Rosenfeld, que ia ao Grundlsee com freqüência, e também tinha saído do alojamento de Freud, estava instalada com o seu filho em outra casa alugada. (Agradeço a Victor Ross pela informação fornecida pessoalmente em 22/6/2004.)

7. Na primavera, Freud teve de passar algum tempo na clínica Cottage-Sanatorium por causa destas enfermidades. Vide na nota 4 de 270 AF.

8. Max Schur (1897-1969), clínico-geral e psicanalista, conhecera Freud no começo dos seus estudos, nos semestres de inverno dos anos de 1915-16 e de 1916-17, como ouvinte dos seus cursos (*Vorlesungen* – 1916-17a). Ele fez formação analítica de 1924 até 1930. Em 1931, foi convidado pela Sociedade Psicanalítica Vienense para se tornar membro, o que ocorreu em 1933. No início de março de 1929, Freud o chamou para ser seu médico particular. (Schur, p. 9 *et seq.*, 482-484 (na p. 483, ele diz que o início da sua análise didática foi em 1925); Jones III, 175.) Schur casou-se no verão de 1930 (Mühlleitner, p. 294); é possível que a "visita perdida" fosse relacionada a isto.

9. Vide a segunda parte de 111 AF, de 112 SF e perto do final de 114 AF.

10. Horney 1930; Anna incluiu depois este relato na *Korrespondenzblatt* redigida por ela, na *Zeitschrift*.

11. Karen Horney (1885-1952), médica, psiquiatra e psicanalista, com consultório próprio em Berlim, secretariava na época o Grupo de Berlim, no qual desempenhava um papel relevante. Ela colaborou na constituição da Policlínica Psicanalítica e do Instituto como analista docente e supervisora. Abraham escreveu sobre ela em 1912: "A sua conferência revelou um real aprofundamento na matéria; infelizmente algo não muito freqüente nas conferências nos nossos círculos". (Freud/Abraham, 25/2, p. 117.) Karen Horney foi a primeira a criticar abertamente as teorias da feminilidade de Freud. Ao mesmo tempo em que se manteve firme na psicanálise, distanciou-se gradualmente do modelo ortodoxo feminino, desenvolvendo um conceito próprio. Em 1932, atendendo a um chamado de Franz Alexanders, foi para os Estados Unidos, tornando-se co-fundadora e vice-diretora do Chicago Institute of Psychoanalysis. Em 1934, mudou-se para Nova York, tornou-se membro da Sociedade Psicanalítica local em 1935, lecionou na New School for Social Research e voltou o seu interesse para as questões da influência cultural no desenvolvimento do indivíduo. Depois de se separar do grupo psicanalítico, fundou a Association for the Advancement of Psychoanalysis em 1941; trabalhou até a sua morte. (Rubins, 1980; Paris 1994; Sayers, p. 73-119.)

12. Não apurado. Pode ser o escritor chileno Juan Marín (1900-1963), cuja principal obra, *Paralelo 53° Sur* (1936), trata do destino humano de multidões, regido pela cobiça, inveja, álcool e sexo. Talvez Marín tivesse ido a Frankfurt por ocasião da entrega do Prêmio Goethe, na condição de correspondente do *El Mundo*, tendo conhecido Anna naquela oportunidade. (Não existem listas de presença nos arquivos do Goethepreis. Agradeço a Elmar Stracke, Institut für Stadtgeschichte – Zeitgeschichte, Frankfurt am Main, 2/7/2003, pela pesquisa e gentil informação)

13. Havana, capital de Cuba; em espanhol: La Habana [na verdade: San Cristóbal de la Habana].

278 AF[1]
Freud
Rebenburg
Grundlsee

Bormia[2] Bagni, 20/9/1930, 14h20.
Chuva pernoitaremos Poschiave[3] amanhã ainda incerto

[sem assinatura]

1. Telegrama.
2. Correto: Bormio.
3. Correto: Poschiavo.

279 AF[1]
Freud
Rebenburg
Grundlsee

Pos[ch]iavo, 21/9/1930, 10h10
Renascimento nova disposicao caminhada[2] telegrama Hotel Berninahospiz lembrancas satisfeitas

[sem assinatura]

1. Telegrama.
2. Durante a ausência da mãe, os quatro filhos de Dorothy também haviam partido para uma alegre caminhada, na companhia da sua preceptora (vide nota 2 de 270 AF). (Margot Goldschmidt para Dorothy Burlingham, 20/9/1930, cit. em Burlingham, M., p. 216 (nota na p. 334.)

280 AF

Domingo, 21 set. [1930]
Na cama no Berninahospiz.
Queridos todos!
    Certamente vocês estão achando que estamos andando em zigue-zague. De Bormio, que é muito encantadora e onde a água quente sai direto das rochas, descemos até Tirano num verdadeiro ônibus italiano, e em seguida subimos com o trem de Bernina até Poschiavo. Choveu durante o dia. Mas hoje nós acordamos com o sol brilhando, colocamos as nossas mochilas no trem e subimos a estrada de Bernina a pé. Foi maravilhoso, o trajeto dura aproximadamente cinco a seis horas, mas nós levamos o dia inteiro.

Só nos últimos quinze minutos na altura do passe é que ficou gelado, com a neve ao lado da estrada. Tantas montanhas nevadas e geleiras que já nem impressionam mais.

Agora, estamos deitadas na cama no Berninahospiz, a 2.300 metros de altitude, mas muito quente e confortável, tendo comido bastante antes. O barômetro caiu um pouco, tomara que o tempo não o siga, pois amanhã faremos o trecho mais bonito da estrada.

Telefonei ontem porque não recebi nenhum telegrama. Apesar de se ouvir mal, é fantástico o fato de simplesmente ser possível. A ligação de Bormio – Grundlsee foi completada em quinze minutos![1]

Estamos muito bem. Ficarei feliz quando encontrar cartas em St. Moritz e tiver mais notícias de todos. Amanhã faz exatamente uma semana que estamos viajando.

Muitas lembranças a todos!

Sua
Anna.

---

1. Desde 1899, Freud já tinha um telefone em Viena (que, no entanto, usava muito raramente). Numa carta para Jung de 16/4/1909 ele associou o número telefônico de então a uma análise da sua superstição numérica. (Freud/Jung, carta 239 F, p. 242 *et seq.*)

281 AF

Segunda-feira à noite [22/9/1930] em
Pontresina.

Querido papai!

Lamento muito que o tempo aí tenha estado tão ruim. Nós estamos muito bem, e eu preferiria que vocês também estivessem bem. Novamente, recebi os teus telegramas de ontem para Bernina e de hoje para Pontresina bem rápido, só o segundo para Bormio é que deve ter se perdido[1].

Hoje tivemos um dia maravilhoso, saímos do Berninahospiz pela manhã, debaixo do maior frio e um pouco de neve, e descemos caminhando lentamente até Pontresina. O sol não saiu todo, mas também não ficou totalmente encoberto, e o tempo esteve bom. Paramos um pouco em Morteratsch; foi o lugar mais bonito que vimos até agora. Subimos até as geleiras e estivemos numa caverna de gelo maravilhosa escavada na ponta da geleira. Lá há três cães da raça São Bernardo; um deles, premiado. A folhagem dos mirtilos está vermelha por causa do outono, e todas as árvores estão amarelo-douradas. Isto resulta em uma mistura maravilhosa com as pedras extraordinárias e o gelo.

Nós nos assustamos a princípio com Pontresina, hotéis em excesso, muito mais do que seria necessário. Num primeiro momento acredita-se que não vai sobrar mais nenhuma paisagem.[2]

Dorothy está bem, agüentando muita coisa.³ Nós estamos realmente dormindo cada noite numa cama diferente.⁴

Agora eu quero fazer um passeio desses por ano, talvez o próximo seja na Escandinávia.⁵

Só de noite é que eu tenho sonhado com muita inquietação, aulas, pacientes e tudo⁶ aquilo em que eu não penso durante o dia.

Eu te mando um beijo e desejo que passes bem.

Tua
Anna.

Amanhã buscaremos a correspondência em St. Moriz.

1. Nenhum dos telegramas de Freud de durante esta viagem foi conservado.
2. Ver sobre isto a impressão de Minna sobre Pontresina já em 1898 quando da sua viagem com Freud (vide nota 2 para 270 AF): "Pontresina [... tem] até tarde da noite uma vida igual à da Kärntnerstrasse na época do Natal e, ao mesmo tempo, uma luz solar que cega e incríveis campos nevados. [...] Aliás, parece que aqui quase nunca chove, começa logo a nevar." (Minna Bernays para Martha Freud, 12/8/1898, em: Freud 2002b, p. 108 *et seq*.)
3. Sobre o estado de saúde debilitado de Dorothy ver nota 4 de 270 AF. Desde o verão de 1929 ela fora muito afetada pela visita do marido em Schneewinkl e pelos problemas decorrentes da separação na sua família. Além disso, ela teve de vencer os esforços da sua mudança para a Berggasse. Vide 257 SF, nota 4. (Burlingham, M., p. 196-205, 207 *et seq*.; Anna/Eva, B 16, B 17.)
4. "Então finalmente conseguimos dormir cada noite numa cama diferente, o que Sigi acha ideal", escreveu Minna para Martha Freud em 6/8/1898. (em: Freud 2002b, p. 101.)
5. Em 1923, Anna já sonhara com o plano de uma viagem à Escandinávia, junto com Lou Andreas-Salomé, que já sugerira uma lista de idéias: "A respeito da Suécia, imagino o seguinte: faremos um diário conjunto onde diariamente anotaremos *tudo*, do mais sublime ao mais ridículo; pessoas, roteiros, ciências, impressões artísticas, análise com ignorantes no meio do caminho, etc." (Anna/Lou, cartas 91 e 92, a citação p 170.)
6. Erro de declinação no original alemão.

282 AF¹

Freud Rebenburg
Grundlsee

St Moritz, 23/9/1930, 12h50

Lamento a chuva cartas ² encontradas apesar telegrama St Moritz cidade muito grandioso

[sem assinatura]

1. Telegrama.
2. Para Anna: 277 SF.

283 AF[1]

Freud Rebenburg
Grundlsee

St Moritz, 24/9/1930, 10h

Impressão interessante seguimos caminhando telegrama Maloja obrigada todas notícias[2]

[sem assinatura]

1. Telegrama.
2. Dorothy também recebia inúmeras notícias, p.ex. de Margot Goldschmidt e dos filhos. (Burlingham, M., p. 216.)

284 AF[1]

Freud Rebenburg
Grundlsee

Maloja, 24/9/1930, 18h30
[registro de recebimento:] 25/9/1930, 8h30

Trecho mais maravilhoso sol mais radioso lembrancas

[sem assinatura]

1. Telegrama.

285 AF[1]

Freud Rebinburg
Grundlsee

Trentonoto[2], 26/9/1930, 13h40.

Mudanca de cena: s Bristoforo[3] telefoto chuva endereco Cristoforo Trento Lagohotel

Freud

1. Telegrama (registrado à mão).
2. Não foi possível encontrar uma localidade ou uma agência do correio com esse nome nos arquivos italianos de 1930, até hoje não existe. (Rete Territoriale, consulente 1, Roma, 12/12/2000. Agra-

deço a Roberto Berni, de Roma, por fazer essa busca junto ao correio italiano.) Provavelmente, a designação "Trentonoto" foi gerada por uma fusão das palavras "Trento" e alguma outra palavra italiana. Já em sua viagem de 1912, Freud tivera dificuldade em se comunicar telegraficamente com Cristoforo: "Enviei um longo telegrama para vocês, porém, mais uma vez, não encontro S. Cristof (ou algo do gênero) nas listas [...]". (Freud para a família, 3/9/1912 (não está em 2003e).)
3. San Cristoforo.

286 AF[1]

freud berggasse 19 – VIENA 9

bolzano [Bozen] 28, 11h25

[Carimbo de entrada:] 28 SPT [1930] 13h29

saudacoes pela chegada[2] reencontro

[sem assinatura]

1. Telegrama. Esta é a última peça escrita por Anna na presente correspondência.
2. De Grundlsee; vide nota 2 de 271 AF.

1932

287 SF

Srta Anna Freud
Hotel Rose
Wiesbaden
Alemanha[1]

                                                         [Pötzleinsdorf[2]] 3 set 1932
PROF. Dr. FREUD   VIENA, IX. BERGGASSE 19.

Minha querida Anna

    Os Ferenczi[3] chegaram antes das quatro horas.[4] Ela[5], gentil como sempre, ele frio, gelado. Sem mais perguntas ou cumprimentos, ele disse: "Quero lhe apresentar a minha conferência[6]." Foi o que ele fez, e eu escutei, horrorizado.[7] Ele fez uma regressão total no que se refere a termos etiológicos nos quais eu acreditava há 35 anos e que abandonei, como, por exemplo, que o motivo habitual das neuroses seriam sonhos sexuais da infância, e ele expressou tudo isso quase com as mesmas palavras que eu então. Nenhuma palavra sobre a técnica graças à qual ele reúne esse material, em meio a isso, observações sobre a hostilidade dos pacientes e a necessidade de aceitar suas críticas e admitir seus erros perante eles. As conseqüências disso são confusas, desorganizadamente artificiais. Tudo meio burro, ou pelo menos parece assim, por ser tão pouco verdadeiro e incompleto. Bem, entretempos[8] deves ter escutado a conferência e feito teus julgamentos.
    No meio dessa palestra chegou Brill[,] que depois recuperou a parte que perdera. A conferência me pareceu inócua, só pode prejudicar a ele próprio, mas obviamente estragará o ambiente no primeiro dia.
    Eu me restringi a fazer duas perguntas. A primeira, disse eu, faria também a platéia: por que ele chegou a este fenômeno de transe que os outros nem conseguem enxergar? Suas respostas foram evasivas, reservadas. Questionado sobre suas objeções ao Édipo, etc., ele declarou que as informações de Brill[9] eram ambíguas, admitiu certos desvios de sua concepção, mas que eu não consegui entender.[10] Brill cochichou para mim: *he is not sincere* (ele não está sendo sincero). O mesmo que ocorreu com Rank, mas muito mais triste.[11]
    Minha segunda pergunta foi sobre a sua intenção em ler aquela palestra para mim. Mais uma vez, a opinião[12] foi totalmente sem emoção, até ficar claro que ele pretende assumir a presidência.[13] Eu lhe disse que me absteria de influenciar a eleição. E que o meu único motivo contra ele apenas[14] era que, neste caso, tu poderias te livrar do peso do teu cargo.[15] Mas creio que sua conferência gerará um ambiente ruim para ele.[16]

Seguem-se, agora, dias tranqüilos. Até a partida de tarô de hoje à noite foi cancelada. Eva[17] não estava muito bem-humorada, Ruth fez um escândalo[18], antes de – agora mesmo – decidir partir. Lün está bem mal[19], a tia está agora (pela manhã) no teu sítio[20]. Meu otorrino[21] quer me dar alta na próxima semana. Os dias aqui, como que por ironia, perto da despedida[22] são de uma beleza italiana. Aproveita[23] bastante em W.[iesbaden] e não leva nada do que acontece muito a sério.

Carinhosamente
papai

1. Endereço escrito à mão em envelope com carimbo com data "3/IX/32 15h" e remetente de Freud, pré-impresso. Embora tenha sido classificado separadamente no ano de 1933, o envelope pertence a esta carta: Anna estava em Wiesbaden, no XII Congresso Psicanalítico Internacional, realizado de 4 a 7/9/1932. (*IZ*, Bd. 18, 1932, p. 265; v. 19, 1933, p. 239-274; Jones III, p. 194, 201 *et seq.*) Na ida, passou em Göttingen para visitar Lou Andreas-Salomé, em 1 e 2/9. (Anna/Lou, cartas 365, 367.) Em 8/9, voltou para Viena. (Freud 1992i, p. 43; Freud/Eitingon 739 F.)
2. Durante os meses de verão, a partir de 14/5, Freud mudou o seu domicílio para Khevenhüllerstr. 6, no subúrbio vienense de Pötzleinsdorf. Morou na Villa Mauthner, que já servira como residência de verão no ano anterior. (Freud 1992i, p. 39, 43; Schur, p. 510; Freud/Ferenczi III/2, 1207 F, nota A; Molnar 1996, p. 171, 187.) Ali, Freud podia receber seus analisandos e, ao mesmo tempo, estava ao alcance de seu médico. Limitado pela doença, já não podia se afastar muito de Viena. (Jones III, p. 192.)
3. O próprio Ferenczi anunciara para Anna a sua intenção de visitar Freud no dia 2/9. (Freud/Ferenczi III/2, 1235 Fer, 1236 Fer.)
4. Foi o último encontro antes da morte de Ferenczi em 22/5/1933. (Jones III, p. 214, indica equivocadamente o dia 24/5 como data de seu falecimento) (Freud 1992*i*, p. 47.) Ele sofria de anemia perniciosa; Freud só soube disso no início de outubro. (Freud/Eitingon, 742 F, 743 E; Jones III, p. 208; Schur, p. 508; também Freud/Ferenczi III/2, 1243 Fer; Ferenczi/Groddeck, 20/3/1933, p. 87.)
5. Gizella, enviuvada Pálos, nascida Altschul (1866-1949), casada com Ferenczi desde 1/3/1919. (Agradeço a Emanuel Berman por corrigir essas informações; as datas indicadas em Freud/Jones, p. 709, e em Freud/Ferenczi I/1, p. 133, não estão corretas.) Freud gostava muito de Gizella. (Ver Freud/Ferenczi III/2, 1225 F.) "Sua sábia e brava esposa mandou-me dizer que eu devo pensar nele como se pensa em uma criança doente", escreveu ele para Jones pouco depois do congresso. (Freud/Jones, carta 596, 12/9/1932, al. p. 84.)
6. Ferenczi 1933; desde maio de 1931, Ferenczi mudou várias vezes os títulos de suas conferências. (Freud/Ferenczi III/2, 1206 Fer/Beil. 2, 1208 Fer/Beil.; *IZ*, v. 19, 1933, p. 242, p. 5-15.)
7. Freud não estava totalmente despreparado (vide nota 9): certas divergências de Ferenczi, que, em um primeiro momento, diziam respeito apenas a problemas técnicos, em maio de 1929 já haviam se expandido também para a área teórica (vide nota 5 de 259 SF). (Freud/Ferenczi III/2, final de 1928 até 1933, *passim*, ver 1210 Fer (p. 267), 1233 Fer (p. 294); Anna/Lou, cartas 357, 360. Ver tb. Freud/Eitingon, *passim*, p.ex. 727 F, 730 F; Jones III, p. 206-214.)
8. O início do congresso foi no dia 4/9, mas a "primeira sessão científica" começou já no "sábado, 3 de setembro, às 21h" com a conferência de Ferenczi. (*IZ*, v. 19, 1933, p. 242-244.) Esta antecipação pode ter sido fruto de diferentes opiniões de Jones, Eitingon, Brill e Ophuijsen sobre a questão se seria possível evitar totalmente a conferência de Ferenczi. (Freud/Jones, cartas 595 e 613; Freud/Eitingon, 731 E; Jones III, p. 208.)

9. Brill visitara Freud nos dias 23 e 24/8 e viajara em seguida com Radó para Budapeste. Em sua volta, informaram Freud, no dia 28/8, sobre o estado de Ferenczi e seus novos rumos. (Freud/Eitingon, 727 F, 730 F.)

10. Em 1932, Ferenczi fez anotações sobre suas novas concepções técnicas e as conseqüências teóricas dali resultantes em um *Diário* do qual Freud apenas tomou conhecimento depois do falecimento de Ferenczi, quando, no entanto, "manifestou sua admiração pelas idéias de Ferenczi que, até então, desconhecia". (Balint 1988, p. 33.) O volume só saiu impresso em língua alemã em 1988 com o título *Não há cura sem simpatia – diário clínico de 1932*.

11. Desde que Freud adoeceu, em 1923, Otto Rank se afastou gradualmente dele e terminou rompendo com ele num processo que foi extremamente doloroso para ambos. (Freud para Rank, 25/8/1924, in: 1960a, p. 371; Freud/Jones, carta 438, 5/11/1924, al. p. 31.) Ele desenvolveu conceitos próprios, saiu em 1928 do grupo de Viena e clinicou primeiro em Paris e depois em Nova York, onde passou a morar definitivamente em 1935, seguindo seu rumo até morrer (um mês depois de Freud). (Mühlleitner, p. 250-253; Taft; Lieberman; Zottl.) Nos dois casos – Rank e Ferenczi – Freud negou repetidamente qualquer responsabilidade nesses rompimentos. (1992*l*, 29/12/1924; Freud/Lou Andreas-Salomé, 17/11/1924; Freud/Eitingon, 727 F; Freud/Jones, carta 596, al. p. 84; Freud/Ferenczi III/1, 979 F, 995 F, III/2, 1211 F, 1238 F, 1241 F.)

12. Freud escreveu *Ansicht* [opinião] em vez de *Antwort* [resposta].

13. Nos anos anteriores, por motivos estratégicos da Sociedade, Ferenczi tivera de renunciar repetidamente à presidência da Sociedade Psicanalítica Internacional, que lhe cabia (ver p.ex. em nota 9 de 101 AF). Apesar de muitas dúvidas, dessa vez concordara, mas depois decidiu retirar sua candidatura. (P.ex. Freud/Ferenczi III/2, 1043 Fer, 1044 F, 1172 F, 1173 Fer, 1175 F, 1191 F, 1192 Fer, 1205 Fer, 1210-1212 Fer, 1223-1226 Fer; Freud/Eitingon, 460 F, 728 E.) "Depois de uma longa e dolorosa hesitação" admitiu que o cargo era incompatível com o seu "estado mental". (Freud/Ferenczi III/2, 1233 Fer (21/8/1932, p. 293f.)-1236 Fer.) Agora, estava novamente hesitando, mas Eitingon já havia decidido. "Agora, depois de tudo, Ferenczi já não é mais elegível para nós." (Freud/Eitingon, 731 E, 30/8/1932, p. 827; ver também Jones III, p. 206-208.)

14. A palavra "apenas" [*nur*] foi escrita posteriormente.

15. Freud tentou arrancar Ferenczi de seu isolamento, fazendo-o assumir a presidência, e lhe assegurou a ajuda de Anna como secretária. (Freud/Ferenczi III/2, 1223 Fer (PS), 1225 F (p. 285), 1226 Fer.) Mas a sua esperança de liberar Anna do peso do cargo não se cumpriu, vide 289 SF, nota 6.

16. Isso acabou não acontecendo, como Jones e Eitingon relataram depois para Freud. (Freud/Jones, Brief 595; Freud/Eitingon, 737 E, 740 E.)

17. Eva Rosenfeld, que morava desde 1931 em Berlim, transitava freqüentemente entre a Alemanha e a Áustria, sempre continuando com a sua análise. (Anna/Eva, nota de B 32, cartas 48-51 com notas)

18. "Nada está calmo por aqui, Brill já está em Viena, Ernst chega sábado, Radó no domingo, os Levy na terça, Jeanne partiu há pouco, enquanto isso Ruth tem seus acessos [...]", relatou Anna para Eva. (Anna/Eva, carta 52, 25.8.1932, p. 198.)

19. Lün Yu II (ver 273 AF, nota 2) deveria estar sentindo falta de sua dona, Dorothy, que morava com sua família na Villa Casimir, ao lado, mas estava fora já desde o dia 20/8; vide nota 3 de 288 SF.

20. Este "sítio" fora adquirido conjuntamente por Anna e Dorothy no outono de 1931, "uma pequena casa de camponês [...] em Hochrotherd, perto de Breitenfurt [...], estamos reformando". (Anna/Lou, carta 359, 22/10/1931, p. 600; carta 360; Anna para Ernst, 22/11/1931. O ano da compra – 1930 – indicado em Heller, p. 85, Anna/Eva, nota 2 de B 25, Burlingham, M., p. 216, Young-Bruehl I, p. 196, Molnar 1996, p. 192, está incorreto.) Enquanto isso, o sítio de Hochrotherd passara por reformas: "Fico lá [...] com Dorothy, Ernstl ou as crianças todas as tardes". (Anna/Lou, carta 363, 25/3/1932, p. 604. Também Anna/Eva, *passim*.) Dois anos antes, as duas amigas haviam alugado um refúgio para os finais de semana em Neuhaus, a sudoeste de Viena, onde Dorothy, porém, "não se deu muito bem". (Anna/Eva, B 45, o.D., p. 186; Anna/Lou, cartas 334, 344.) O sítio

de Hochrotherd representava a primeira etapa da concretização do sonho de Anna de um "lar" (vide 36 AF, nota 6). Depois da emigração, Anna e Dorothy adquiriram uma propriedade rural na costa leste da Inglaterra e, em 1965, uma casa de férias na Irlanda. (Burlingham, M. p. 290 *et seq.*; Anna para Kata, 15/4/1965.)

21. Talvez o dr. Joseph Neumann, que já em 1917 tratara de uma otite de Anna e, em 1924, de uma sinusite em Freud. (Freud/Ferenczi II/2, 686 F, 22/6/1917; III/1, 970 F, 979 F (1924); Pichler, p. 547.) Sobre os "eternos efeitos colaterais excepcionalmente irritantes" da operação de mandíbula – catarros e dificuldades de audição – vide Pichler, p. 547-551, 553, 557 (citação p. 549); Schur, p. 510 *et seq.*, 570, 578; Freud/Eitingon 746 F, 748 F. Ver também 298 SF, nota 4.

22. "Infelizmente, já tivemos de regressar a Berggasse em 15 de setembro", escreveu Anna em 28/10/1932 para Lou. (Anna/Lou, carta 357, p. 608.) Freud registrou sua volta na *Kürzeste Chronik* como tendo ocorrido no sábado, 17/9. (1992i, p. 43.)

23. Há uma palavra no original alemão riscada.

288 SF[1]

ANNA FREUD HOTEL ROSE WIESBADEN

VIENA [Pötzleinsdorf], 16h35
[Registro de recebimento Wiesbaden:] 03/IX/1932, 17h32
= TUDOBEM PAZ PROFUNDA[2] DESEJO A VOCES[3] O MESMO[4] CARINHO-
SAMENTE

= PAPAI

1. Telegrama.
2. "[...] Quando abro a minha porta estou num jardim amplo, parecido com um parque [...]. As acácias estão perfumadas, as tílias começando a florir, melros e cotovias passeando ou voando, nenhum alto-falante ou buzina de carro atrapalhando o silêncio." (Freud/Eitingon, 655 F, 1/6/1931, p. 739.)
3. Além dos demais participantes do congresso, Freud deve estar se referindo principalmente a Dorothy, que igualmente estivera no congresso. Antes disso, ela visitara o seu pai em Nova York e, de lá, viajara diretamente para Wiesbaden, onde se encontrou em 3/9 com Anna. (Burlingham, M., p. 237, 238; Anna/Eva, B 51.) Em 8/9, ambas voltaram para Viena. (Freud 1992i, p. 43.)
4. A paz no congresso não fora abalada pela conferência de Ferenczi (vide 287 SF, nota 16); enquanto no debate da questão da análise leiga chegou-se a uma solução provisória, adiando mais uma vez a regulamentação padronizada. (*IZ*, v. 19, 1933, p. 253-256, 270.) Nos congressos seguintes (Lucerna 1934, Marienbad 1936, Paris 1938) tampouco se chegou a um acordo. (*IZ*, v. 21, 1935, p. 308; v. 23, 1937, p. 198; *IZ/Imago*, v. 24, 1939, p. 364-366, 368; Jones III, p. 354.) Depois, os acontecimentos da guerra e do pós-guerra fizeram com que o tema deixasse de ser prioritário. Mas até hoje encontram-se seus rastros "na multiplicidade das regras de formação dos vários grupos psicanalíticos na Sociedade Internacional e nas numerosas discussões internacionais sobre formação e seus padrões mínimos". (Leupold-Löwenthal 1984, p. 116.)

289 SF¹

ANNA FREUD HOTEL ROSE WIESBADEN

VIENA [Pötzleinsdorf], 14h35
[Registro de recebimento Wiesbaden:] 05/IX/1932, 15h51
OBRIGADO POR TODAS AS BOAS NOTICIAS² FELICITO JONES³
RUTH⁴ JEANNA⁵ DECEPCIONADAS COM TUA PERMANENCIA NO CARGO⁶ AQUI CONVERSA HARMONIOSA COM EINSTEIN⁷ = PA

1. Telegrama.
2. Não há uma comunicação de Anna, mas ela assinou também o telegrama que Eitingon mandou para Freud em 4/9. (Freud/Eitingon, 736 E.) Em 5/9 ela fez a conferência "Os mecanismos neuróticos sob a influência da educação" (1933). Esse texto não foi publicado separadamente, na ata do congresso há apenas uma breve súmula: "Alguns exemplos para a relação de causa e efeito entre mundo interior e exterior na formação da neurose infantil". As reflexões dessa conferência estão contidas no livro de Anna, *O ego e os mecanismos de defesa* (1936).
3. Jones sucedeu Eitingon na presidência da Sociedade. (*IZ*, v. 19, 1933, p. 273. Freud/Jones, carta 595.) Ferenczi nem chegou a ser candidato (vide final da nota 13 de 287 SF).
4. Ruth Mack-Brunswick fez em 4/9 uma conferência sobre *Observations on Male Preoedipal Sexuality*. (*IZ*, v. 19, 1933, p. 244.)
5. Jeanne Lampl-de Groot falou em 4/9 sobre "Über Triebschicksale in der Entwicklung der Frau". (*Ibid.*; publicado sob o título de "Sobre os problemas da feminilidade", *IZ*, v. 19, 1933, p. 385-415.)
6. Anna fora reeleita secretária. Ver 287 SF, nota 15. (*IZ*, v. 19, 1933, p. 273.) Em julho, ela cogitara entregar o cargo, mas pelo visto se deixara convencer a não fazê-lo. (Anna para Eitingon, 5/7, 13/7/1932.) De qualquer maneira, conseguiu fazer com que Martin Freud assumisse boa parte do seu trabalho como redator da Comissão Internacional Pedagógica. (*IZ*, v. 19, 1933, p. 253.)
7. Essa "conversa harmoniosa" (sobre um tema nada pacífico) não aconteceu pessoalmente, e sim por carta. Foi publicada em Paris em três línguas, sob o título "Por que a guerra?" ["Warum Krieg?"] (1933b, nota preliminar editorial em *S.A.*, v. 9, p. 272-274; ali também há um breve resumo da carta de Einstein para Freud.) No dia depois de seu telegrama, Freud anotou na sua *Kürzeste Chronik* "terça 6/9 fim do debate com Einstein". (1992i, p. 43.)

290 SF¹

PROF. Dr. FREUD

3/XII/1932²
VIENA, IX. BERGGASSE 19.

Vale³
Para uma escrivaninha
À livre escolha até o

Valor de $100.
Com felicidades
de
papai

1. Carta com cabeçalho impresso.
2. No envelope correspondente consta mais uma vez a data de "3 dez 1932" (em caracteres latinos, letra de Freud).
3. Esta palavra foi escrita em caracteres latinos.

1933

291 SF[1]

PROF. Dr. FREUD

12/3/1933
VIENA, IX. BERGGASSE 19.

Querida Anna

Como o dr. Federn te procurou para esclarecer a minha relação com ele, peço que lhe digas[2] que ele se engana ao supor que alguma coisa mudou, pois a minha simpatia por ele e o meu reconhecimento de suas realizações continuam inalterados. A fonte do seu equívoco provavelmente é imaginar que ele pensa muito pouco nos meus próprios motivos, os quais nada têm a ver com ele. Se, por exemplo, ele acha que eu não fiquei bastante decepcionado com sua intenção de entregar a gerência da Sociedade[3], ele não está considerando que a sua demissão me fornece a oportunidade de também entregar a presidência, algo que ele sempre me impediu de fazer.[4] Pois eu quero que a Sociedade reconquiste a liberdade de se autogerir. Se ele – como é provável – julgar que eu não esteja dando bastante atenção aos seus últimos trabalhos científicos, não está atentando para o fato de que esta é a técnica regular que eu exerço para não atrapalhar o livre desenvolvimento das opiniões pela minha autoridade.[5]

Outras queixas a que fizeste alusão me parecem tão pequenas que só posso mesmo achar terem sido fruto de um excesso de suscetibilidade. Pois ele poderia muito bem lembrar que a minha última ação contra ele – a nomeação para redator da revista[6], não foi exatamente uma expressão de menosprezo e desconfiança.

Naturalmente, também percebi que, nos últimos meses, ele esteve mergulhado em um estado de depressão e irritabilidade, tendo lamentado extraordinariamente que ele se enredou tanto, nessa condição, em dificuldades e desconfortos que normalmente teria sabido evitar.[7] O que resta a seus amigos, nesses casos, do que esperar essa fase passar? Não imaginei que ele fosse tão carente de cuidados[8] que não suportasse uma leve crítica, por exemplo, aceitando uma sobrecarga na questão da tua conferência.[9] Tu me dizias que ele próprio admite estar se sentindo deprimido e insatisfeito. Como analista, deveria ser razoável o suficiente para não buscar os motivos nos outros, onde não estão.[10] Desejemos-lhe que reemerja rapidamente de sua atual[11] depressão.

Freud

---

1. A carta está junto de um envelope com remetente impresso de Freud e a inscrição: "Para dr. Federn", na letra de Freud. Pelo visto, Freud queria que Anna repassasse a carta no original para Paul Federn; a assinatura também indica isso.
2. Ponto-e-vírgula em vez de vírgula no original de Freud.

3. Federn, em sua condição de vice-presidente da Sociedade Psicanalítica Vienense, era também o gerente da instituição.
4. "O meu pai pediu demissão todos os anos, sendo sempre reeleito ao longo de quinze anos. Quando, certa vez, Freud aconselhou meu pai a não permanecer no cargo, ele ficou magoadíssimo." (Ernst Federn in: Plänkers e Federn, p. 84.)
5. Apesar dos caminhos diferentes trilhados na teoria e na prática do tratamento das psicoses, "Freud estava convicto de que Federn não trabalha contra a *causa*." (Ernst Federn, *ibid*., p. 87 *et seq*., 93 *et seq*., 96 *et seq*., citação na p. 98.)
6. Em maio de 1932, Freud transferiu de volta de Berlim para Viena a redação da *Internationale Zeitschrift für Psychoanalyse*, contratando Federn e Heinz Hartmann como redatores. (Freud/Ferenczi III/1, 986 F, nota 2; relatório anual da direção central no Congresso de Wiesbaden: *IZ*, v.19, 1933, p. 261 e folha de rosto; Freud/Ferenczi III/2, 1225 F, 1230 F; Freud/Eitingon 709 E, 711 F, 714 F.) Federn entregou esse cargo em 1935. (*IZ*, v. 21, 1935, p. 329.)
7. "Nem sempre é fácil segurar as rédeas de Federn", escreveu Anna em 11/12/1932 para Eitingon. Alguns meses antes, Freud observara: "Ultimamente, Federn [...] está se tornando [...] impopular por causa de diversas tolices". (Freud/Eitingon, 709 F, 27/4/1932, p. 801; também 711 F.) ver nota 11.
8. "Diziam do meu pai que, enquanto jovem, era muito depressivo e, já com mais idade, teve uma psicose pós-operatória. [...] Meu pai se curou totalmente, mas esse episódio mostra que o seu ego não era tão forte", ao contrário do que estima Freud nesse trecho. (Ernst Federn in: Plänkers e Federn, p. 99.)
9. Afirmativa um pouco nebulosa, talvez Federn quisesse estimular Anna a publicar com mais detalhes a sua conferência feita no Congresso de Wiesbaden (vide nota 2 de 289 SF).
10. "As pessoas da Sociedade discutiam sempre, o que decepcionava muito Freud, pois ele achava que isso não devia acontecer com gente analisada." (Ernst Federn, *ibid.*, p. 80.)
11. Palavra sem trema no original [*gegenwartigen*].

292 SF[1]

Jóias chinesas[2]
(séc. passado)

+   +

os dois discos ligados por um prendedor[3] podem ser usados separadamente. Os adornos são de ouro fino.

[anotação à margem:]

p.[ara] o 3 de dez 1933
carinhosamente papai

1. Carta sem cabeçalho, tudo em caracteres latinos.
2. "Estamos nos preparativos para o aniversário de Annerl, papai já separou algumas jóias de jade encantadoras para ela, e eu vou presenteá-la com uma balança para livros que ela poderá colocar ao lado de sua poltrona." (Martha Freud para Ernst e Lux em Londres, 29/11/[1933], FM Londres, Box 31 A.)
3. Os orifícios para o broche são visíveis no envelope, nos trechos marcados acima (+ +).

1935

293 SF[1]

Vale
Para um anel de ouro, que o relojoeiro Löwy
deverá confeccionar para a pedra anexa,
que mostra uma embarcação com vela e remos.

p.[ara] o 11/X/1935   Freud

1. Verso de uma carta com cabeçalho pré-impresso; a palavra "vale", bem como os nomes próprios Löwy e Freud foram escritos em caracteres latinos, o restante do texto em caracteres alemães. No original é possível ver os orifícios em que a gema estava presa. Esse cartão – única peça do ano de 1935 – estava entre as cartas junto com o cartão anterior. O documento deve ter tido uma significação especial para Anna, já que ela o guardou dessa forma. Por isso, foi inserido aqui e deixado no conjunto de cartas, embora a destinatária sem dúvida nenhuma fosse Dorothy Burlingham, cujo aniversário era no dia 11 de outubro.
Fac-símile e explicação, vide anexo 3.

1936

294 SF[1]

PROF. Dr. FREUD

10/4/1936
VIENA, IX. BERGGASSE 19.

Estimado colega

A incerteza quanto à nossa pac.[iente][2] me leva a solicitar que nos recomende uma enfermeira confiável para cuidar dela. Minha filha não dará conta dessa tarefa por um tempo muito longo.

O seu fiel
Freud

1. Carta. O destinatário é desconhecido, provavelmente Anna deveria ter repassado a carta.
2. Provavelmente Minna Bernays, que em 25 de março se submeteu a uma cirurgia de glaucoma nos dois olhos, a qual depois lhe causou ainda muitas dificuldades. (Freud 1992i, p.56; carta de Freud para Marie Bonaparte, cit. in Schur, p. 564, 664; Anna/Lou, carta 414; Jones III, p. 248.) Dois dias depois dessa carta, Freud anotou em sua *Kürzeste Chronik*: "Minna ainda doente". Tudo indica que, logo depois, já não foi mais necessário contratar uma enfermeira, pois em 15/4 Minna foi internada em uma clínica, da qual teve alta em 29/4. (Freud 1992i, p. 56.) Dois anos depois, outras duas operações de catarata a mantiveram internada durante muito tempo. (*Ibid.*, p. 63; 12/4., p. 65; Freud 1968a, 21/3/1938; Freud/Jones, carta 661.) Minna sofreu até o final de sua vida por causa dos olhos. (Jones III, p. 248.)

295 SF[1]

Srta *Han*
(200 a.C.-200 d.C.)[2]
manda seus parabéns para o
3 dez 1936,
talvez mais uma das
senhoras que gostam de
apresentar mais idade[3]. –

1. Carta sem cabeçalho impresso, sem assinatura, a letra de Freud, os nomes e as datas em caracteres latinos. Última peça conservada nessa correspondência do período anterior à emigração para Londres.
2. Alguma peça de antigüidade que Freud deu de presente para Anna. (Ver Molnar 1996, p. 342.)

3. Alusão bem-humorada ao desejo de Anna, quando jovem, de ser mais velha, "mais crescida". "Sempre lamentei não ter vindo ao mundo trinta ou quarenta anos antes, para não ter de ser um penduricalho atrasado teu e do papai." (Anna/Lou, carta 118, 5/8/1922, p. 210; carta 59, 24/11/1922, p.104.) Ver também em nota 4 de 200 SF. Numa carta (em inglês, no original) para Muriel Gardiner, Anna descreveu, mais tarde, uma cena da infância em que ficou, uma vez mais, infeliz com o fato de ser pequena e excluída, mas se absteve de reclamar: "[...] o meu pai, que estava observando a cena, elogiou-me e me consolou. Isso me deixou tão feliz que nada mais importava". (Gardiner, p. 64; vide também Freud, M. 1999, p. 61.)

Emigração
(1938)

Certo de que o nacional-socialismo não alcançaria, na Áustria, as mesmas dimensões que atingiu na Alemanha, até o último momento Freud achou que poderia permanecer em Viena. (Freud/Eitingon, 758 F; Freud/Jones, carta 606, al. p. 87 *et seq.*; Freud/Ferenczi III/2, 1244 F.) Mas quando, depois da invasão do exército alemão em Viena no dia 11 de março, equipes da SA vasculharam várias vezes o seu apartamento, ocuparam as instalações da Sociedade Psicanalítica Vienense e todas as organizações psicanalíticas foram liquidadas; depois que a Gestapo interrogou Martin algumas vezes e até chegou a prender Anna, fazendo com que os Freud tivessem de temer pela sua vida, ele finalmente cedeu à insistência dos amigos e aceitou emigrar: "A vantagem que a mudança trará para Anna vale todos os nossos pequenos sacrifícios [...]". (Freud/Jones, carta 662, 13/5/1938, al. p. 106.)

William Bullitt, então embaixador dos Estados Unidos em Paris (1936-1940), tomou a iniciativa nas esferas políticas mais elevadas para conseguir as autorizações necessárias e garantir a segurança da viagem. (Schur, p. 583f. com nota; Jones III, p. 261 *et seq.*, 265, 269; Gay, p. 700-703, 708.)

Jones conseguiu as permissões de imigração e trabalho na Inglaterra para Freud, sua família e diversos acompanhantes. "Muitas vezes, desagrada-me a idéia de que possa pensar que nós achamos que o senhor apenas quer desempenhar o seu dever, sem valorizar os sentimentos profundos e genuínos que se traduzem em sua atitude", escreveu-lhe Freud em 28/4. "Quero lhe assegurar que não é o caso, que reconhecemos a sua amizade e a correspondemos plenamente [*sic*]. Essa é a expressão unilateral dos meus sentimentos [...]." (Freud/Jones, carta 661, al. p. 105.) Anna também expressou a sua gratidão: "Em tempos mais tranqüilos, espero poder ter a oportunidade de dizer o quanto compreendo tudo o que está fazendo por nós." (3/4/1938, cit. em Gay, p. 704.)

Marie Bonaparte e a sua incansável energia e disposição para ajudar, bem como com seus relacionamentos internacionais, também foi insubstituível para a família, tanto em relação aos aspectos práticos como aos financeiros. (Jones III, 273; Schur, 589, 591-593; Gay, 699, 701 *et seq.*, 708 *et seq.*; Bertin, 347, 350.)

Até Ernst Halberstadt, que ainda conseguiu partir como cidadão alemão sem cumprir as exigências necessárias (ver nota 4 de 146 SF) encontrou abrigo em sua casa durante alguns dias no seu caminho para a Inglaterra. (Freud, W.E. 1988, p. 16; Molnar 1996, p. 414, 415.) Depois, ela acolheu Freud e seus acompanhantes a caminho de Londres: "[...] Aquele dia em sua casa em Paris nos devolveu a dignidade e o ânimo; depois de ficarmos envolvidos em afeto durante doze horas [...]!" (Freud para Marie Bonaparte 8/6/1938, cit. segundo Schur, p. 665.)

Anna ficou com a principal carga dos preparativos: "[...] Anna está resolvendo tudo, do mais importante ao menos essencial, sem ajuda alguma [...]. Não foi correto ter deixado Anna tão sozinha. [...] Martha está muito corajosa." (Freud para Minna, in: Freud/Bernays, carta 194.)

Depois de um período extenuante de espera, a família viajou, em levas sucessivas. Dorothy se mudara para a Suíça em 1/4, passando a morar em Lugano a partir de 9/4. Em 5/5, foi buscar Minna, que estava doente, e a levou para Londres mais tarde, por volta de 20/5. (Freud para Ruth, 25/5/1938; Freud/Bernays, carta 189; Burlingham, M., p. 262-264 (com data de viagem divergente).) A seqüência seguinte foi determinada por Freud: Martin viajou em 14/5, depois de ter enviado, na véspera, "Esti e as crianças para Paris". (Freud/Bernays, carta 189; ver: Freud, Sophie, p. 14 *et seq.*, 358, 359 *et seq.*) Mathilde e Robert seguiram em 24/5. Por último, no dia 4/6, viajaram Freud, Martha, Anna e, no lugar de Max Schur, a médica Josefine Stross, "Paula [Fichtl] conosco, Lün [vide nota 6 de 297 SF] pelo menos até Dover [...]. Ernst e o meu sobrinho Harry já estavam em Paris para nos receber [...]. Jones estava em Victoria e nos levou [...] para nossa nova casa [...], com vista para o verde, com um pequeno e encantador jardim rodeado de árvores (vide 298 SF)." (Freud/Eitingon, 799 F, 7/6/1938, p. 901-903.) Esta casa na Elsworthy Road fora alugada por Ernst, que já vivia em Londres com sua família desde 1933. (Jones III, p. 217.) Era uma residência provisória, até que se encontrasse a casa definitiva, em Hampstead, 20 Maresfield Gardens, Londres NW 3.

Os detalhes desse êxodo já foram descritos várias vezes, p.ex. Jones III, p. 259-271; Schur, c. 26; Gay, p. 699-708; Molnar 1996 (ano de 1938); Federn, E. 1988. O próprio Freud descreve a rotina cotidiana dos seus últimos dias de Viena em suas cartas, entre outras para Minna: Freud/Bernays, cartas 189-194.

1938

296 SF[1]

[39 Elsworthy Road, Londres NW 3[2]] 30/7/1938

[sem saudação][3]

Bullitt[4] esteve aqui hoje, muito amável, acha que não haverá guerra agora.[5] Ruth chegou ontem à noite com aspecto péssimo, está se comportando bem.[6] Homem do rádio[7] sendo[8] esperado hoje.

All right, não te tortures muito[9], saúda Marie[10]. Eitingon pagou espontaneamente £ 50.[11]

(já sabes.)

Carinhosamente
papai

---

1. Carta escrita na frente e no verso com a letra de Freud.
2. "Chegamos realmente na Inglaterra, é muito bonito [...] tudo ainda muito novo e irreal [...]." (Freud para Jeanne, 13/6/1938; Jones III, p. 267.) "A maior diferença, obviamente, é que agora somos obrigados a viver verticalmente, enquanto sempre estivemos habituados a nos espalhar horizontalmente." (Freud para Ruth, 19/6/1938.) No início, Freud só chegava aos andares superiores "carregado numa cadeira". (Freud/Eitingon, 799 F, 7/6/1938, citação p. 902.)
3. Anna viajou em 29/7 para o XV Congresso Psicanalítico Internacional em Paris, o primeiro realizado em solo francês (1 a 5/8/1938). (*IZ/Imago*, v. 24, 1939, p. 360-370; Freud 1992i, p. 67.) Ela conseguiu essa autorização de viagem "das autoridades depois de muito esforço". (Freud para Jeanne, 26/7/1938.) Em 2/8, como saudação de Freud, ela leu um trecho de seu livro sobre Moisés, *O progresso na espiritualidade* (1939a, trecho C da parte II do terceiro ensaio, vide *S.A.*, v. 9, nota editorial preliminar p. 457; *IZ/Imago*, ibid., p. 364.) Jones foi reeleito presidente, Anna para seus cargos como membro da diretoria e da Comissão Pedagógica Internacional (ver nota 9). O grupo de Paris nomeou Freud, Anna e Jones membros honorários. Jones comunicou oficialmente a liquidação à força das instituições psicanalíticas vienenses depois da anexação da Áustria. (Vide *Protokolle IV*, p. 321-325). (*IZ/Imago*, ibid., p. 361, 366 *et seq.*, 369 *et seq.*)
4. William Christian Bullitt (1891-1967), diplomata e jornalista americano, entre outras funções, conselheiro do presidente Wilson no Acordo de Paz de Paris. Conhecia Freud no mínimo desde 1930, quando trabalharam juntos em um livro sobre Wilson, mas que só foi impresso em 1967 ("Introdução" de Freud: 1966b). (Gay, p. 622-632; Jones III, p. 182; Molnar 1996, p. 122 *et seq.*, 147 *et seq.*, 152, 327, 407, 424 *et seq.* e.o.)
5. "Em Paris, Bullitt teria dito, como lemos, que os Estados Unidos não consideram o conflito iminente", escreveu Freud já em 26/5/1938 para Minna. (Freud/Bernays, carta 192.) Na Inglaterra houve grande inquietação por causa da mobilização da Tchecoslováquia em 20/5 (em resposta às reivindicações territoriais da Alemanha e à concentração das tropas). De 19 a 21 de julho, a Inglaterra e a França confirmaram em Paris a sua união contra as ameaças de guerra de Hitler. Nas semanas que se seguiram, negociaram o Acordo de Munique, assinado em 29/9/1938, em que os territórios periféricos habitados por alemães na Boêmia, Morávia e na Silésia foram cedidos ao *Reich* alemão, "a fim de salvaguardar a paz". (Ploetz 1980, p. 866 *et seq.*; ver tb. Schur, p. 599f.; carta de Freud para Marie Bonaparte, 4/10/1938, in 1960a, p. 468.)

6. Ruth Mack-Brunswick, que voltara para os Estados Unidos para ajudar o pai enfermo, passou por Londres em sua viagem para o congresso de Paris. (Roazen 1976, p. 417, 418.)
7. Dr. Carter Braine. (Jones III, p. 274.)
8. Falta um trema na palavra *für* no original.
9. Logo depois de emigrar, Anna continuou engajada em atividades psicanalíticas, retomando o trabalho imediatamente: "O exercício da análise é irrestrito na Inglaterra, o nosso grupo inglês nos recebeu com muita gentileza". (Freud/Binswanger, 19/7/1938, p. 242.) Anna foi imediatamente aceita como membro e Freud como membro honorário pela British Psycho-Analytical Society. (*IZ/Imago*, v. 24, 1939, p. 366.) Em suas *Memórias pessoais de Ernest Jones*, Anna disse depois: "Não pode ter sido muito fácil levar a Sociedade Britânica a abrir os seus portões ao fluxo de membros de Viena, quer dizer, aos colegas que defendiam outras posições científicas e dos quais apenas se podia esperar que perturbariam a paz e a unidade interior. [...] Eu sempre fui grata à *British Society* pela sua postura nesse momento decisivo [...]." (1979, in: *Escritos X*, p. 2929.)
10. Marie Bonaparte.
11. Eitingon emigrou em 1933-34 para a Palestina, onde fundou uma Sociedade Psicanalítica Palestinense e um Instituto Pedagógico Psicanalítico em Jerusalém que ele financiou em grande parte. Mas ele continuou participando intensamente das atividades psicanalíticas européias. Em agosto de 1938, visitou Freud pela última vez em Londres, por ocasião do congresso de Paris. (Schröter 2004, p. 25-31, 32; obs. 2 de Freud/Eitingon, 800 E.) Não foi possível apurar mais detalhes sobre o motivo do pagamento dessas cinqüenta libras.

297 SF
PROF. Dr. FREUD

[39 Elsworthy Road, Londres NW 3], 1º ago 1938
VIENA, IX. BERGGASSE 19.

Minha querida Anna

Obviamente, é bem diferente quando não estás aqui, embora o contato telefônico resolva até certo ponto. É como se tivesses teus *rooms* em Harley Str[1] e chegasses em casa, à noite, morta de cansaço. Já conheces as grandes novidades das conversas, eu acrescento alguns pormenores.

O dia de ontem realmente foi terrivelmente quente e abafado. Mamãe tenta esperar se o truque do terno fino[2] (como se chama?) funciona, e se vai funcionar também aqui. Ruth, a qual verás antes desta carta[3], diz estar em uma depressão.[4] Além disso, está roendo incessantemente[5]. Jumbo está simpático, às vezes bastante empreendedor, em seu carinho tão exclusivista quanto antes.[6] Não passa dia sem as inevitáveis turbulências nazistas. Circulam rumores de que as tias não estão conseguindo receber o seu dinheiro do fundo.[7]

Ontem, chegou uma ordem telefônica de Harry[8] para mandar os brilhantes de Sophie para o banco em Zurique, com altíssimo seguro, o que Ernst também cumpriu. O tio espera em Z.[urique] o seu advogado vienense, que será o portador das jóias.[9] Uma carta sua tão amarga quanto divertida parece indicar que algo deu errado. Ele ainda não disse o quê.[10] No que se refere a nós: um cartão de Anna[11] informando que a função de empacotar está quase terminada.

Foram à Polícia para registrar (!). Registrar *o quê?* Depois, no lado do cartão onde fica o endereço, algumas linhas escritas a lápis e cuidadosamente riscadas. Que nova maldade estará sendo preparada?

O Congresso terapêutico de Oxford presidido por Jung[12] me enviou o obrigatório[13] telegrama de saudação, o eu revidei, com ajuda de Dr Bennet[14], com uma resposta[15] fria. Tornei-me presidente de honra[16], não sei mais de quê. O homem do rádio, Dr Carter Braine[17], é um inglês pacato, eu não lhe causei a menor impressão, ele quer me rever na quinta-feira para comparar.[18] Meu coração está obedientemente sob a influência de nitroglic[erina,] mas a minha maior aventura foi uma visita que fiz à tia[19]. Através dos jornais, soube que comprei uma casa, ainda não a vi.[20]

A[...] ficou doente sob a pressão da análise, com pausa no tratamento.

Não leves tudo tão a sério o que se passa em Paris e saúdes tua anfitriã[21] carinhosamente de

papai

---

1. As dependências de trabalho de Jones se localizavam na Harley Street. (Freud/Jones, *passim.*)
2. Não esclarecido.
3. No congresso, vide nota 6 de 296 SF.
4. Por motivos de doença, Ruth Mack-Brunswick tivera de tomar analgésicos durante muitos anos e se tornara dependente. (Roazen 1976, p. 415; Young-Bruehl II, p. 80 *et seq.*) "Ruth ainda está aqui (até o dia 24 deste mês)", escreveu Freud em 22/8/1938 para Jeanne Lampl-De Groot, "e está fazendo mais uma porção de sessões de análise, que certamente lhe farão muito bem. Como eram incompletas todas as minhas análises antigas!"
5. Em austríaco, roer [*nagen*] pode significar "ruminar" um assunto. A caligrafia é pouco legível. Freud usou esta palavra em uma carta para Ferenczi. (Freud/Ferenczi I/1, 96 F, 1/1/1910, p. 191.) Molnar 1996, p. 442, leu outra coisa, *kichert = dá risadinhas.*
6. Lün (II), a cadelinha *chow* de Freud, precisou ficar seis meses em quarentena por causa das severas regras de imigração na Inglaterra e só pôde ser buscada em dezembro. (Jones III, p. 273; Molnar 1996, p. 450 *et seq.*) Anna o substituiu por Jumbo, um cachorro pequinês, que ficou muito ligado a Paula.
7. Freud e seu irmão Alexander haviam deixado uma quantia em dinheiro para que as quatro irmãs – Rosa Graf, Dolfi Freud, Marie Freud e Paula Winternitz – tivessem recursos até o fim de suas vidas. Mas, apesar de todas as tentativas, elas acabaram não conseguindo emigrar. (Jones III, p. 273; Leupold-Löwenthal 1988, p. 926-928.)
8. Harry estivera em Londres em junho para preparar a imigração de seus pais e sua própria, mas, pelo visto, já estava novamente em trânsito. (Freud para Alexander, 22/6/1938 (in 1960a, p. 464), e 17/7/1938 (LoC); Jones III, p. 269.)
9. Em 21/3, a firma de Alexander foi colocada sob intervenção. Ele tentou, então, chegar a Davos com Sophie, onde Harry estava por motivos de doença. Mas eles só puderam viajar para a Suíça (em 19/4) depois que Harry deixara o seu patrimônio para o seu advogado, o dr. Führer, como "avalista". O advogado enriqueceu por ter-se apropriado dessas jóias. (Leupold-Löwenthal, 1988, p. 922-924; um pouco diferente em: Molnar 1996, p. 442; ver também Freud/Bernays, carta 191.)

10. Todo o patrimônio de Alexander acabou sendo confiscado, ele ficou "praticamente sem dinheiro, dependendo da ajuda de parentes e amigos". (Leupold-Löwenthal 1988, p. 924.) Em 4/9/1938, chegou em Londres com sua família. (Freud 1992i, p. 67; ver tb. Molnar 1996, p. 464; Jones III, p. 274.) Em setembro de 1941, emigraram para o Canadá. (Kursidem (uv.), p. 8.)

11. Não averiguado, ele pode ter se referido a uma empregada com o sobrenome Seidmann que, depois da partida da família, supervisionou o empacotamento dos pertences. (Freud/Bernays, carta 189.)

12. Na condição de presidente da Sociedade Geral Médica Supranacional de Psicoterapia, que organizou o congresso (de 29/7 a 2/8), Jung fez uma palestra inaugural sobre o tema "Views held in common by the different schools of psychotherapy". (Jung 1938; Donn, p. 48 *et seq.*, 50 *et seq.*; Jones III, p. 222 *et seq.*)

13. "O X Congresso Médico Internacional para Psicoterapia, que está sendo realizado em Oxford, envia-lhe os melhores votos. Sentimo-nos na obrigação de lhe prestar homenagem pela sua brilhante contribuição para a psicologia média científica e lhe desejamos saúde, felicidade e paz no novo ambiente inglês." (Donn, p. 51 *et seq.*)

14. Edward Armstrong Bennet (1888-1977) (www.vivariumnet.it/Bennet.htm; agradeço a Marion Palmedo pela informação). Formado em medicina e ciências naturais, psiquiatra e analista inglês sediado em Londres, presidente do Departamento Médico da Sociedade Psicológica Britânica, patrocinador de Jung, de quem era amigo, e autor de vários livros sobre ele (p.ex. 1963; 1985). Ele já conhecia Freud de uma visita em 1932. Dessa vez, Jung lhe perguntou se Freud aceitaria um telegrama dele e da Sociedade. (Jung 1975, p. 188; Donn, p. 27, 51.)

15. Erro de ortografia no original [*erwiedert*].

16. Freud tinha horror a homenagens como simples formalidades ou concessões. (p.ex. 1960a, p. 383, 464.) Mesmo assim, aceitou várias distinções ao longo dos anos. (p.ex. Jones III, p. 187 *et seq.*, 236, 239, 244, 280 *et seq*, nota 33; Freud/Jones, cartas 636, 637, 653, 654; *IZ/Imago*, v. 24, 1939, p. 366; Freud, M. 1999, p. 175.) "Foi agradável receber a visita de dois secretários da R.S. que me trouxeram o livro sagrado da Society para que eu o assinasse (...) as *signatures* de I. Newton to Charles Darwin (...) Boa sociedade!" (Freud 1968*a*, 28/6/1938, p. 173.) Essa nomeação para membro correspondente da Royal Society (1936) – "de longe, a mais alta honra que qualquer cientista poderia atingir" – foi usada por Jones como porta de entrada em seus esforços para conseguir o visto de imigração para Freud. (Freud/Jones, cartas 646 (p. 752), 647 (al. p. 101); Jones III, p. 246, 263.) – Até aquela data, Anna também recebeu muitas homenagens, e ainda haveria de ganhar muitas outras nos anos vindouros. (*Bulletin*, p. 135 (lista incompleta).)

17. Na caligrafia: Carter-Braine.

18. O rádio já tinha sido utilizado em estágios anteriores da doença e foi mantido como terapia até o final. (Pichler, p. 553, 559-561, 567 *et seq.*; Schur, p. 424 *et seq.*, 502 *et seq.*, 529 *et seq.*, 608-613.) Freud sofreu muito com este tratamento: "[...] entre dores e sintomas de envenenamento, o rádio voltou a comer alguma coisa, e o meu mundo é novamente o que era antes, uma pequena ilha de dor flutuando em um oceano de indiferença". (Freud para Marie Bonaparte, 16/6/1939, cit. in Jones III, p. 286; ver tb. Freud 1968a, 16/12/1934, p. 109; Molnar 1996, p. 462.)

19. Minna estava com uma grave pneumonia no seu quarto, para onde Freud, pelo visto, chegou a subir. (Freud/Eitingon, 799 F; Molnar 1996, p. 429; Freud para Alexander, 17/7/1938.) Minna ficou em uma clínica durante o tempo da mudança para a casa nova. (Molnar 1996, p 442, 445. Ver também carta de Freud para Marie Bonaparte, 4/10/1938, in 1960a, p. 468.) Ela só se recuperou lentamente no final do ano, "mas ainda esteve aqui em baixo comigo ou com Anna". (Freud para Ruth, 4/11, também 18/11/1938.)

20. "Encerrada a compra da casa", anotou Freud quatro dias antes na agenda *Kürzeste Chronik*. Em 13/8, ele vistoriou pela primeira vez a casa de Maresfield Gardens. (Molnar 1996, p. 437, 441, com ilustração) "Uma casa própria! [...] Ernst [...] está instalando um elevador, transformando dois

quartos em um só ou o contrário, está fazendo verdadeiras mágicas arquitetônicas." (Freud para Jeanne, 22/8/1938.) Uma porta de vidro levava diretamente do escritório arejado de Freud para o jardim, o qual ele ainda aproveitou naquele outono de temperaturas agradáveis. (Jones III, 273-275; Schur, p. 601; Molnar 1996, p. 443.) Também foi naquele cômodo que Freud morreu. (Schur, p. 599, 618.) A casa foi transformada no Museu Freud, aberto ao público.
21. Marie Bonaparte.

298 SF
PROF. Dr. FREUD
[39 Elsworthy Road, Londres NW 3], 3/8/1938
VIENA, IX. BERGGASSE 19.[1]

Minha querida Anna

Como hoje é quarta-feira e tu voltarás na sexta à noite, esta é a última carta que mando para Paris e que com certeza te encontrará. Ainda espero uma carta tua.[2]

As comunicações telefônicas quase nos fazem esquecer o que significa uma viagem, mas Math[3] se queixou de não ter conseguido te entender muito bem.

Aqui também fez calor, mas as noites no jardim com a vista cara são preciosas. Suportei o calor incrivelmente bem, talvez graças à nitrogl[icerina] tomada preventivamente. Desde anteontem, o catarro voltou a querer perturbar a minha audição[4], ainda vou esperar mais um dia antes de procurar o dr. Lux que ultimamente conseguiu me ajudar tão rapidamente (Lax?)[5]. Schur voltou a me atender, bravamente[6], a feliz circunstância de que a minha única pac.[iente] acabou de me entregar um cheque[7] permitiu-me pagar a conta do semestre, pois o dinheiro no banco acabou.[8] Meu outro pac.[iente A...], como sabes, adoeceu com uma grave angina – embora não difteria – e não pode ser levado em conta nas próximas semanas[9].

Algumas notícias melhores: Harry acaba de telefonar dizendo que as tias receberam seu dinheiro de agosto e que há boas perspectivas para resolver o seu problema.[10] Anna conta que tudo foi empacotado e levado[11] e, em sua ingenuidade, acredita que as primeira caixas já chegaram a Londres. Nós continuamos aguardando – entre o lábio e a beira do cálice[12] – a confirmação de que realmente foram despachadas.[13] Antes disso, não nos sentiremos verdadeiramente livres dos nazistas. Ainda não estive no novo palácio. Meu cabeleireiro já leu no jornal que eu comprei uma casa.

Tive sucesso ao desaconselhar Dorothy a viajar nessa onda de calor[14]. As crianças se despedem hoje.[15] Ela fez bons progressos e parece se sentir bem melhor. Jumbo continua reservado conosco e carinhoso com Paula[16].

Meu trabalho de férias se revelou uma atividade[17] divertida. Já tem 26 páginas e será dividido em três partes. A parte geral, o exercício prático, o ganho teórico.

Continuo com a ilusão de que não precisará ser impresso.[18] O que é desagradável é a expectativa de um certo tempo sem domicílio, entre as duas casas.[19] Se Mr Kent realmente aparecer em meados de setembro, haverá um constrangimento por falta de lugar para recebê-lo, mas talvez Deus ajude e ele nem volte mais.[20]

Espero que não tenhas tido momentos ruins, apesar do calor e de incontáveis conferências[21] em Paris e junto de Marie[22] e saúdo a ti, a ela e todos vocês carinhosamente.

papai.

1. Endereço riscado no cabeçalho pré-impresso.
2. Faltam cartas de Anna desde o final de setembro de 1930.
3. Mathilde e Robert, que inicialmente também moraram na casa, encontraram depois um apartamento próprio em Maresfield Gardens 2, para onde os Burlingham também se mudaram logo. (Gödde 2003, p. 208; Burlingham, M., p. 297-269.)
4. Vide nota 21 de 287 SF.
5. Na caligrafia de Freud, este nome está entre parênteses na próxima linha diante da palavra "tem", diretamente abaixo de "Lux". Cf. também Freud/Jones, carta 662, al. p. 106.
6. Schur fora impedido de viajar com os Freud por causa de uma súbita operação de apêndice. Só chegou em Londres com sua família no dia 15/6. (Schur, p. 590f.; 595.) Ali, acompanhou Freud como médico até lhe prestar o último serviço (vide nota 22). (*Ibid.*, p. 620.)
7. Sobre a "dissolução do consultório" vide Freud 1992i, 1/8/1939, com Molnar 1996, p. 470.
8. Schur deve ter proposto uma redução nos honorários, mas Freud recusou: "Caro senhor doutor, o senhor tem razão, tudo agora é diferente. Mas [...] nem em sonhos eu cogitaria em começar a economizar em cima do meu médico". (Freud para Schur, 26/7/1938, in: 1960a, p. 467. Ver tb. Schur, p. 657.)
9. Falta um trema na palavra *für*, no original.
10. Freud não soube da morte horrível das tias. Depois da fracassada tentativa de Marie Bonaparte de conseguir vistos franceses ou gregos para as quatro mulheres, elas ficaram em Viena e foram deportadas para Theresienstadt em 1942, onde Dolfi morreu em 29/9 de inanição. As outras três irmãs foram assassinadas em Treblinka. (Tögel 2004b, p. 42, nota 18; Leupold-Löwenthal 1988, p. 926-928.)
11. A mudança, a cargo da firma Spedition E. Bäuml, foi supervisionada pelo mesmo comissário dr. Anton Sauerwald que também cuidou da dissolução da Sociedade Psicanalítica Vienense em 20/3/1938, bem como do fechamento da editora e do Ambulatório. (Schur, p. 586 *et seq.* nota 3; Jones III, p. 264; Leupold-Löwenthal 1988, p. 919-921; Marinelli, p. 28; *Protokolle IV*, p. 321-323; Molnar 1996, p. 439.)
12. Verso de Friedrich Kind (1768-1843), do poema *Rei Anqueu* (1802), in *Poemas*, Leipzig 1808, p. 5.
13. A mudança chegou pouco tempo depois: "Nossa coisas chegaram mesmo inteiras aqui, [...] móveis, livros antigüidades, tudo em perfeito estado." (Anna para Eitingon, 26/9/1938; Freud 1992i, 7-8/8/1938, p. 67.)
14. Erro de grafia no original.
15. Dorothy morava em Norfolk Road, não muito distante do apartamento onde Freud estava provisoriamente. Seus filhos ficavam alternadamente nos Estados Unidos e com ela. Uma semana antes da mudança de Freud para sua casa definitiva, ela foi para o número 2 de Maresfield Gardens.

(Burlingham, M., p. 267-269.) No final de agosto de 1939, Dorothy viajou para os Estados Unidos, mas não conseguiu voltar logo para Londres antes da eclosão da Segunda Guerra Mundial, só mesmo depois da morte de Freud, em abril de 1940. (*Ibid.*, p. 271 *et seq.*)

16. Paula Fichtl (1902-1989). (taz, 2/4/1990, p. 17.) Desde julho de 1929 era governanta dos Freud e emigrou com eles para a Inglaterra, permanecendo na casa até poucos dias após a morte de Anna, em 1982. (Berthelsen, p. 24-27, p. 82-89, 174, 176.) "[...] Nossa dedicada Paula [...], estava sempre lá, sempre solícita e pronta para facilitar a nossa vida. [...] Ela parecia entender a linguagem dos cães, quase se poderia dizer que ela falava a língua deles." (Freud, W.E. 1987, p. 206 *et seq.*; ver Também Berthelsen, p. 45-47, 90 (uma foto de Paula com Jumbo antes da p. 65).)

17. Falta um trema no original [*beschaftigung*].

18. *Abriss der Psychoanalyse* (1940a); ensaio publicado postumamente e considerado "inacabado". Sobre a revisão dessa hipótese, vide Grubrich-Simitis, 1993, p. 276-286.

19. O contrato de aluguel para Elsworthy Road expirou no final de agosto, a reforma da casa ainda não estava concluída, a solução intermediária foi alojar-se no Hotel Esplanade. A ida de Freud e Anna para o lar definitivo ocorreu só em 27/9, depois que Martha e Paula já estavam lá para cuidar da mudança desde 16/9. (Molnar 1996, p. 442, 443; Schur, p. 599.)

20. Freud procurou um certo Mr. Kent em 18/7. (Molnar 1996, p. 433, 435.) Em meados de setembro não pode ter havido nenhum encontro, pois Freud ainda se submeteu a mais uma operação especialmente complicada em 8/9, para a qual Pichler veio especialmente de Viena para a Inglaterra. Foi a intervenção mais complicada desde 1923, da qual Freud nunca mais se recuperou. (Schur, p. 597-601.)

21. As atas do congresso registram 32 palestras ao longo de sete sessões científicas. Anna não fez nenhuma palestra, mas conduziu um simpósio junto com Paul Federn sobre "Ichstärke und Ichschwäche". (*IZ/Imago*, v. 24, 1939, p. 363 *et seq.*)

22. Marie Bonaparte também convidou Anna para a primavera seguinte, mas Freud declinou: "A senhora sabe que Anna não poderá participar da reunião em Paris, porque já não pode me deixar sozinho; estou me tornando cada vez mais menos autônomo e dependente dela. Seria extremamente desejável alguma intercorrência que abreviasse esse cruel processo." (Freud para Marie Bonaparte, 28/4/1939, in 1960a, p. 475.) Essa "intercorrência" não aconteceu tão fácil assim: na quinta-feira, 21 de setembro de 1939, Freud pediu ao seu médico (Schur, p. 62): "Caro Schur, o senhor deve lembrar da nossa primeira conversa, quando me prometeu não me abandonar quando chegasse a hora. Isso, agora, é apenas sofrimento, não tem mais sentido. [...] Diga-o a Anna."

Final

Excerto de uma carta de Lucie Freud para "Grockchen"
(i.e. Felix Augenfeld) de 2 de outubro de 1939 (LoC SF, agora Cont. 12):

"[...] Este mês foi infinitamente longo e infinitamente doloroso. Na verdade, o papai começou a morrer no dia 3 de setembro. Relatei isso para você na última carta. Uma injeção de Schur expulsou então a morte e, dessa maneira, foi preciso que ele fosse morrendo vivo e ciente de tudo, diante dos nossos olhos. Meu querido, não vou contar os detalhes, seria demasiado doloroso. Só quero contar as poucas coisas boas. Até o último momento, nas poucas horas – ou, por último, minutos – do dia, em que não era levado pelo sono ou pelas dores, ele era totalmente ele mesmo. Indescritivelmente gentil e amável com cada um de nós, suportando a dor de maneira comoventemente paciente e informando, agradecendo, com um brilho nos olhos, cada vez que a dor cedia um pouco. Ele desejou tanto continuar vivendo enquanto houvesse uma faísca de esperança de que poderia vencer a doença. O que foi maravilhoso nos cuidados dispensados por Annerl não foi o seu sacrifício (nas últimas semanas, ela se habituou a não dormir mais), tampouco a sua dedicação exemplar e tão natural. O maravilhoso é que ele jamais chegou a vê-la de outra maneira do que com uma expressão sempre feliz no rosto. Em seu quarto de enfermo (durante as últimas quatro semanas, ele ficou deitado embaixo, no seu quarto, em uma cama com a porta aberta e a vista para o jardim), em seu quarto sempre reinava um ambiente tranqüilo, animado, até mesmo confortável. Quem sabe, a felicidade, que de fato constantemente marcava a expressão do rosto de Annerl, sirva de explicação para algo que, para mim, sempre foi incompreensível nele: o fato de ele ter aceito o sacrifício de Annerl, que beirava a autodestruição, sem jamais mencioná-lo com uma só palavra. Eu perguntei para ela e ela confirmou a minha suposição de que ele nunca lhe disse uma só palavra de agradecimento, nem de dia, nem de noite. Talvez ele ainda fosse aquele que dava, mesmo comparado com aquela dedicação ímpar?

Só na sexta de manhã, quando, pela primeira vez, foi preciso ministrar-lhe morfina, e o médico disse que ele nunca mais recobraria a consciência e que ele, o médico, não permitiria que isso voltasse a acontecer, foi que Annerl chorou pela primeira vez. A morte foi uma libertação, não tão amarga quanto o espetáculo da dissolução que precedeu aquele momento. Todos os seus filhos e Robert e eu e o dr. Schur e a dra. Stross ficamos sentados da manhã de sexta-feira até a meia-noite de sábado junto dele. A mamãe e a tia nós mandamos subir quando, na sexta à noite, dormiram sentadas na cadeira. Só Annerl e eu não nos deitamos. Ele dormiu durante quarenta horas, respirando tranqüilamente. O coração quis continuar batendo sempre. Finalmente, calou-se, pouco antes da meia-noite.

Nós carregamos a cama para cima, e o seu quarto com a tua cadeira, na qual passei tantas noites sentada, voltou a ser como sempre foi antes. Só que tremendamente vazio. [...]"

Anexos

Anexo 1

Referente à carta 201 SF/AF[1]

	Roma	
manhã	tarde	noite
1. –	Corso[2]	–
2. Forum[3], Cap.[4]	Pincio[5]	–
3. Palatino[6]	Janículo[7]	–
	Vaticano[8]	
4. Museo naz.[9]	Panteão[10]	
	Coliseu[11]	
	P. Navona[12]	
	Maria s. Min[13]	
	G. Bruno[14]	
5. Mus. Vatic[15]	Moisés[16]	
	Bocca d l Verità[17]	
	2 templos[18]	
	Port octav[19]	
	carcer.[20]	
6. Museo capitol[21]	Janus[22]	
	Palatino[6]	
7. Sistina[23]	cemitério protest.[25]	
Stanze[24]	S. Saba[26]	
	S. Sabina[27]	
	Aventino[28]	
	cestius[29]	
8. S. Angelo[30]	Caec. Metella[31]	
	Via appia[32]	
	Columbar[33]	
9. Villa Giulia[34]	S. Paolo[35]	
	Tre Fontane[36]	
10. Vaticano[8]	Celio[39]	
Loggias[37]	Via Latina[40]	
Bibliot.[38]	(Tombe)	
11. Laterano[41]	–	cinema[42]
12. M. Tarp.[43]	Aq. acet.[46]	
Aracoeli[44]		
Mus. Arte sacra[45]	Ponte molle[47]	–
13. Tivoli[48]	Villa d'Este.[49]	

421

manhã	tarde	noite
14. Doria[50]	—	—
15. Pinacoteca vatic.[51] S. Maria d Popolo.[52]	Prassede[53] Maria magg.[54] S. Croce[55] S. Lorenzo.[56] Eurysaces[57]	
16. Zoológico[58] Gal. Borgh.[59]	Maria s. Min.[13] " dell pace[60] Cam. commerc.[61] Isola Tevere[62] Palaz[zo] Farnese[63] Palaz[zo] Spada[64] Cancellarie[65] Massimi[66]	
17. Corsini[67] Farnesina[68]	P. Pia[69] Gesù[70] S. Clemente.[71]	
18. ——	Compras (cordão de prata)	
19. Campo di Fiori[72]	Via Appia[32], San Sebastiano[73], Excavação Hermes[74].	
20. Via Nazionale[75], Compras artigos couro	Mte Mario[76], Camiluccia[77]	Fontana Trevi[78]
21. Compras[79]	Palatin[6] Café [Caffè] Aragno	Partida[80]

1. Esta é a transcrição, com explicações, dos fac-símiles reproduzidos nas páginas 328 e 329. (Agradeço a Marion Palmedo, Victoria Palmedo e Roberto Berni, Roma/Nova York pela valiosa ajuda na tradução e coleta das informações.)

O objetivo é fazer com que as informações ajudem a reconstituir a intensa programação dos vários roteiros que Anna e seu pai percorreram parcialmente a pé, parcialmente de carro, sempre partindo do Hotel Éden. (Freud para a família, 11/9/1923, 2002b, p. 383.)

Os comentários sobre essas anotações não pretendem ser uma descrição completa das diferentes atrações visitadas; visam, antes, chamar a atenção do leitor para uma determinada seleção de características que podem ajudar a entender por que Freud fez questão de mostrar a Anna essa ou aquela preciosidade de Roma.

Nos casos em que não há indicação precisa de fonte, as informações e citações foram extraídas dos seguintes guias ou mapas da cidade de Roma:

– Knopf-Guides, Rome, New York 1944, terceira edição revista e atualizada (nov. 1996).

– Corriere della Sera, *CityBook Roma*, Nuove Guide Visuali, Le Guide Peugeot/Mondadori, London – Milano 1948.
– Guida d'Italia del Touring Club Italiano: *Roma e Dintorni*, Sesta Editione, Milano 1962.
– E. Venturini, *Rom und der Vatikan*, guia colorido ilustrado com grande mapa da cidade e indicação dos monumentos, Editrice Lozzi, Roma, [1991].
– E. Verdesi (Editore, Roma), *Nuova Pianta di Roma*.

2. *Via del Corso*, uma das ruas mais importantes e centrais da cidade.Vai da Piazza del Popolo à Piazza Venezia, ladeada por diversos palácios papais e de famílias nobres e de igrejas. Aproximadamente na metade se situa a Piazza Colonna, "atrás da qual" fica o hotel Milano, no qual Freud esteve hospedado em 1907. (Freud para a família, 22/9/1907, in: 1960a; Jones II, p. 53.) Goethe, que em sua primeira viagem a Roma morou na casa de número 18, descreve a rua em sua *Viagem à Itália [Italienische Reise]*. No primeiro passeio, na tarde do dia da chegada, Freud e Anna percorreram o roteiro que passa pela Scalinata di Spagna (vide anexo 2).

3. Fórum Romano, vale localizado aos pés dos montes Palatino e Capitolino, era o centro da vida pública até a derrocada do Império Romano Ocidental – praça do mercado e bolsa de negócios, local de reunião, de veneração divina e de encontros, sede do tribunal e espaço da vida política. O conceito de "fórum" compreende hoje a totalidade dos testemunhos da Era Republicana, bem como os diversos acréscimos feitos durante o período imperial (os chamados fóruns imperiais). Em 1923, o acesso a todas as partes ainda era livre (como o é parcialmente até hoje (Seibt)). A Via dei Fori Imperiali, que hoje corta toda a área, ainda não existia na época. Foi construída em 1932, danificando parte das ruínas.

4. O *monte Capitólio* ou Capitolino (il Campidoglio), a menor das sete colinas de Roma, era o antigo local sagrado dos deuses romanos e, na Antigüidade, o centro do poder religioso e político. Hoje, o prefeito e o conselho municipal despacham no palácio dos senadores. No século XVI, Michelangelo foi encarregado de reformar a Praça do Capitólio e as edificações contíguas – o Novo e o Velho Palácio dos Conservadores –, criando também a grande escadaria ao ar livre.

5. *Monte Pincio*, parque situado acima da Piazza del Popolo, com encanto especial; monumentos homenageando grandes personalidades margeiam os caminhos, dos terraços têm-se as melhores vistas da cidade, como, por exemplo, o vale do Tibre até o Vaticano com a cúpula da Igreja de São Pedro.

6. *Palatino*, colina que limita o vale do Fórum ao sul, local onde Roma foi fundada segundo a lenda (Roma quadrata). Durante a antiga República, ali moravam as famílias patriarcais (a mais bem conservada é a casa de Livia do século I a.C.), com templos e, posteriormente, palácios imperiais: os jardins da Alta Renascença (Jardins de Farnese) lhe conferiram o aspecto de parque.

7. *Janículo*: jardins que se estendem do lado ocidental do Tibre, ao norte do Vaticano, limitado a Oeste pelo Muro de Aureliano; no alto, o grande terraço com a estátua eqüestre de Giuseppe Garibaldi; dali se descortina o famoso panorama da cidade.

8. Nome da entidade máxima da Igreja Católica Romana, assim batizada segundo a residência papal que desde 1377 se situava no Monte Vaticano. A cidade do Vaticano, limitada pela antiga muralha da Cidade Leonina e pelas colinas da praça de São Pedro, é uma cidade-estado independente desde 1929. O Vaticano compreende a basílica de São Pedro com a praça de São Pedro, vários palácios, jardins e praças internas, assim como diversos prédios administrativos e de serviços; além de outras instituições, contém ainda valiosas coleções de arte, bibliotecas e arquivos; além disso, conta ainda com consideráveis bens extraterritoriais. (Ver notas 15, 23, 24, 30, 37, 38, 41, 51.)

9. Museo Nazionale Romano/*Museu Nacional Romano* (também: Museo delle Terme/Museu das Termas). Abriga quadros e esculturas valiosas, originários de escavações em Roma e no Lácio ou provenientes de coleções de famílias nobres romanas. Na época em que Freud e Anna lá estiveram, partes deste museu ainda ficavam nas antigas Termas de Diocleciano, em frente ao saguão principal da estação ferroviária (veja as anotações de Anna no anexo 2); nos anos 90 do século XX foi transferido para o Palazzo dell'Ex-Collegio Massimo (Piazza del Cinquecento, 68) e o Palazzo

Altemps (na Piazza Navona); apenas os departamentos epigráfico e de cultura cotidiana, além das esculturas de bronze, continuam nas Termas. (Seibt.)

10. O *panteão* de Roma é a maior e mais bem conservada construção em forma redonda e o único testemunho da arquitetura romana antiga que permaneceu inteiro. O diâmetro da imponente cúpula supera a da basílica de São Pedro. Construído originalmente para servir de templo, tornou-se uma igreja cristã no ano de 609, Santa Maria ad Martyres (hoje também Santa Maria Rotonda); abrigando, entre outros, o túmulo do pintor Rafael. (Ver Grubrich-Simitis 1995.)

11. Coliseu, "o monumento mais famoso do mundo", um imenso anfiteatro elíptico onde se realizavam as lutas dos gladiadores e os jogos circenses na Roma Antiga. Depois de decair durante vários séculos, voltou a ser usado como palco para teatro – as peças de Sófocles – no verão de 2000. (Seibt.)

12. *Piazza Navona* (Circo Agonale), uma das praças mais importantes de Roma, com edificações nobres e três fontes magníficas, construída no espaço da antiga arena do Estádio de Domiciano, mantendo a forma comprida. "Esta praça é o salão de festas do povo romano". (Raffalt, p. 26.) – local de feiras, espetáculos artísticos, festas populares e outros.

13. Construída sobre as ruínas do antigo templo de Minerva, a igreja *Santa Maria sopra Minerva* é um dos raros exemplos de arte gótica em Roma; ao longo do tempo, tornou-se uma verdadeira câmara do tesouro. Entre outras maravilhas, abriga a estátua do Cristo Ressuscitado de Michelangelo.

14. Estátua de Giordano Bruno (1548-1600), erigida no meio do Campo de' Fiori (ver nota 72), no local onde o filósofo foi queimado por ordem da Inquisição no ano de 1600.

15. *Musei vaticani*: "Os Museus do Vaticano são um mundo inteiro, um fantástico e grandioso complexo arquitetônico com mais de onze mil cômodos, salas, museus, galerias, bibliotecas, capelas, corredores, jardins e cortes, abarrotamentos de coleções de arte inestimáveis de todo tipo. [...]" (Venturini, p. 124.) (ver nota 8.) As partes hoje designadas oficialmente como "museus" se constituem basicamente das coleções antigas. (Speier, p. 45.)

16. Quando Freud esteve em Roma pela primeira vez, a estátua do *Moisés*, de Michelangelo, na basílica de San Pietro in Vincoli (Basilica Eudossiana) o impressionou de tal maneira que ele escreveu um ensaio para interpretar a obra (1914b). A publicação mais recente sobre isso é de Grubrich-Simitis 2004.

17. *Bocca della Verità*, antiga tampa de esgoto numa fonte, esculpida em mármore; fica no saguão da igreja Santa Maria in Cosmedin (próximo da margem do Tibre, ao sul da ponte Palatino). A lenda reza que a "boca" morde a mão daquele que a coloque no orifício aberto da máscara e faça um juramento falso.

18. Os templos a que Anna se refere devem ser os dois *Templi del Foro Boario* em frente à igreja Santa Maria in Cosmedin, perto do antigo porto romano, os quais curiosamente apenas ficaram conservados ao longo dos séculos por terem sido transformados em igrejas cristãs durante a Idade Média. São considerados exemplos raros da mistura do estilo grego com o romano. Alterado diversas vezes em sua arquitetura, o *Tempio della Fortuna Virile,* de formato quadrado, foi construído originalmente em homenagem ao deus portuário Portunus ou, segundo outras fontes, à Mater Matuta. O *Tempio di Vesta*, chamado assim por se assemelhar ao Tempio di Vesta no Fórum, na verdade dedicado a Hercules Victor, é uma construção redonda do século I antes de Cristo, supostamente a edificação em mármore mais antiga bem conservada de Roma.

19. *Portico di Ottavia*, perto do *Teatro de Marcellus*, na entrada para o gueto judeu: somente alguns arcos e colunas da ante-sala de um pátio amplo ficaram conservados. O pórtico era parte de um complexo de salas com colunas que servia para cerimônias religiosas, eventos políticos, atividades comerciais e sociais.

20. É provável que se trate, neste caso, do *Carcere Mamertino* (capela S. Pietro in Carcere), situado no subterrâneo, ao pé das escadarias que levam do Capitólio até o Fórum Romano. As duas prisões interligadas entre si do Carcere Mamertino (originalmente, uma cisterna ligada à Cloaca Maxima) situam-se sob a igreja S. Giuseppe dei Falegnami. Ali ficavam os presos antes de serem executados, segundo a lenda, São Pedro também ficou encarcerado ali durante algum tempo.

21. Museu Capitolino, rica coleção de antigas esculturas em mármore (bustos e estátuas) espalhada por várias salas do *Palazzo Nuovo* e do *Palazzo dei Conservatori* do Capitólio. Trata-se da "coleção oficial mais antiga do mundo (1471)" e contém, entre outros tesouros, o famoso conjunto de estátuas de Amor e Psique, o *Spinaio*, a Vênus Capitolina, a Loba; além disso, o mosaico dos pombos da Vila Adriana (Tivoli), afrescos e a coleção de pinturas do Capitolino com importantes obras-primas dos séculos XVI e XVII.

22. Como sobrou pouca coisa do templo de Giano na parte sul do Campidoglio (as ruínas estão integradas na igreja San Nicola in Carcere), esta anotação seguramente se refere ao *Arco di Giano*. Com suas quatro passagens (*Janus Quadrifrons*), fica situado em um cruzamento à margem do antigo mercado de gado (*Forum Boarium*, hoje Piazza Bocca della Verità), oferecendo sombra aos comerciantes e aos moradores, enquanto estes realizam seus negócios.

23. *Capela Sistina*, a principal capela do palácio do Vaticano, com os afrescos dos maiores pintores do Quattrocento e a famosa pintura de Michelangelo no teto, bem como o seu Juízo Final na parede do altar. Todos eles passaram por uma limpeza durante a reforma geral iniciada em 1980.

24. *Le Stanze di Raffaello*, os quatro cômodos particulares papais no palácio do Vaticano que Rafael decorou com afrescos por encomenda do papa Júlio II, entre os quais, por exemplo, *Discussão do Santíssimo Sacramento* e *Escola de Atenas*.

25. *Cemitério protestante* (antigamente denominado "cemitério inglês"), perto da Porta San Paolo, um dos principais portões do Muro de Aureliano. "Este talvez seja o local mais cheio de clima de Roma." (Siebenkirchen, p. 54.) Ali jazem os não-católicos, geralmente estrangeiros, como, por exemplo, o filho de Goethe, August: "Tolera-me aqui, Júpiter, e conduz-me, Hermes, silenciosamente ao Orco, passando pelo túmulo de Cestio!" (J.W. Goethe, *Elegias Romanas*.) (ver nota 29).

26. A *igreja de San Saba*, no "pequeno Aventino" a nordeste do cemitério protestante, próximo da Piazza Gian Lorenzo Bernini, é uma jóia arquitetônica com valiosos traços arqueológicos dos séculos VII a XI e obras dos artesãos que trabalhavam com mármore no século XIII.

27. *Santa Sabina*, igreja no cume do Aventino sobre o rio Tibre, uma basílica da primeira era cristã bem conservada em sua singeleza original; contém testemunhos do início do século V até o século IX. Depois de sofrer ampliações em séculos posteriores, foi restabelecida em sua forma original em 1914 – para Freud, que desde 1913 não estivera mais em Roma, uma boa oportunidade para comparar. Quem sabe, ele não deu mais alguns passos com Anna até a Piazza dei Cavalieri di Malta para deixá-la olhar pelo buraco da fechadura da mansão dos Cavaleiros de Malta para ver a cúpula da basílica de São Pedro? (Merian, pôster de Roma, verso.)

28. O *Aventino*, a mais meridional das sete colinas de Roma, estende-se ao longo do lado leste do Tobre na altura entre a Ponte Palatino e a Ponte Sublicio; situado próximo ao antigo porto, era originalmente a área dos comerciantes, artesãos, donos de loja e pequenos proprietários rurais, quer dizer, do povo. Depois que os habitantes mais pobres migraram para a margem do Tibre ou atravessaram o rio até Trastevere, tornou-se um bairro rico.

29. *Túmulo de Caio Cestio* em forma de pirâmide de mármore branco (Piramide di Caio Cestio), embutido no Muro Aureliano, perto da Porta Ostiense. (É possível que a anotação desta tarde não corresponda exatamente ao roteiro percorrido, uma vez que o cemitério protestante e a pirâmide de Caio Cestio ficam um ao lado do outro).

30. *Castello Sant'Angelo*, construído para servir como mausoléu ao imperador Adriano, chegou a rivalizar com o Coliseu em tamanho e beleza, mas sofreu profundas alterações ao longo dos séculos, sendo transformado em fortificação e cabeça de ponte no Tibre, refúgio fortificado, cidadela, cárcere, local de tortura e execução, armazém de azeite e silo de cereais, local de moradia e representação de alguns papas, que uniram o castelo com o Vaticano através de um corredor. Hoje, os cinco andares servem de museus e o último, de ponto panorâmico. A ponte de Sant'Angelo, em parte antigo, é ornada de estátuas de anjos de Bernini.

31. *Tomba di Cecilia Metella*: o túmulo da filha do cônsul Quinto Metello Cretico, uma enorme construção cilíndrica sobre base quadrada, ergue-se em uma encosta da Via Appia Antica (na altu-

ra do km 3); na Idade Média, chegou a ser utilizado como base para uma fortificação que supervisionava a via dos dois lados e servia como prisão – ainda se podem ver as ruínas.

32. A *Via Appia Antica* era a principal via de transporte do Velho Império para as províncias do sul e até o Mar Mediterrâneo e o Oriente. Hoje tem o nome da Porta San Sebastiano, a passagem pelo Muro Aureliano. Ao longo de sua extensão, a "rainha das estradas" é ladeada de monumentos impressionantes – mansões, torres, túmulos e as catacumbas. Segundo Jones, Freud ficou mais interessado nas catacumbas dos judeus (Jones II, p. 53 *et seq.*). (Ver também nota 73.) Até os anos 20, a paisagem em volta ainda era quase deserta. Agora, dos dois lados da Via Appia há edificações e, por causa do trânsito de automóveis, ela "perdeu o seu solo, quer dizer, a pavimentação dos tempos romanos" e foi asfaltada. (Monelli, p. 87 *et seq.*)

33. *Columbários*, edifício com nichos para colocação de urnas funerárias nos cemitérios comunais ao longo das estradas de acesso do antigo Império, onde eram enterrados os escravos e os servos libertados. Espaços em parte subterrâneos, bem ornamentados, contêm câmaras dispostas umas sobre as outras, como pombais, às vezes escavadas diretamente na rocha. Um dos túmulos mais bem conservados é o do casal Pomponius Hylas e Pomponia Vitalinis (Colombario di Pomponio Hylas) no Parco di Scipioni, entre a Porta Latina e a Porta San Sebastiano.

34. *Villa Giulia*, uma das amplas residências de verão em meio a paisagens ajardinadas que as famílias romanas ricas construíam fora da cidade a partir da Renascença e entre as quais há algumas que são abertas ao público. A Villa Giulia, ao norte da Piazza del Popolo, abriga desde 1889 o Museu Nacional Etrusco (Museo Nazionale Etrusco).

35. *San Paolo fuori le Mura*, basílica majestosa com amplo monastério contíguo, situada na Via Ostiense ao sul da San Paolo, a cerca de 1,5 km do lado de fora do Muro Aureliano, no local onde, segundo a lenda, foi enterrado o apóstolo Paulo (vide nota 36). Por seu tamanho, sua beleza e sua decoração rica é freqüentemente considerada uma das maravilhas do mundo. Contém preciosidades arquitetônicas e artísticas de vários séculos. No claustro é possível ver fragmentos arquitetônicos da construção original.

36. A *Abadia das Três Fontes*, um oásis verde na Via Laurentina, é o lugar que a tradição aponta como sendo o local do martírio de São Paulo. A igreja San Paolo alle Tre Fontane homenageia o apóstolo, que teria sido enterrado posteriormente na Via Ostiense (vide nota 35).

37. As galerias (*loggias*) de Rafael constituem um anexo dos cômodos papais e dão para o pátio interno de San Damasco. Rafael finalizou a construção já iniciada e fez os esboços para a decoração, a qual ficou a cargo de seus discípulos.

38. A *Biblioteca Vaticana* abriga uma coleção ímpar de exemplares de valor inestimável, entre os quais, por exemplo, um códice da Bíblia do século IV, o famoso palimpsesto de Cícero d*e Re Publica* com o comentário *Super psalmos* de Santo Agostinho, e muitos outros. As paredes são decoradas com afrescos que, em uma das salas, mostram diversas vistas da cidade de Roma na época sistina.

39. *Monte Celio*, uma das sete colinas da cidade, um morro verde com diversas igrejas e ruínas antigas. Estende-se do Coliseu para o sul e o sudeste e oferece um amplo panorama do Palatino, do Fórum Romano e o Coliseu até San Giovanni in Laterano. Na encosta setentrional se estende o parque da Villa Celimontana, transformado em um jardim inglês, com suas imensas árvores, flores e fontes, que convida para passeios à sombra.

40. *Via Latina*, estrada que leva para sudoeste, começa na Porta Latina e se une à Via Appia Nuova em um determinado ponto. Do outro lado do local em que as duas estradas se cruzam se estende uma "zona arqueológica", limitada ao sul pela Via Demetriade. Ali se situam as Tombe Latine dei Valeri e dei Pancrazi, ricamente decoradas com mosaicos, sarcófagos, entre outros.

41. Até a transferência para Avignon, em 1309, o *Palácio Laterano*, doado para a Igreja pelo imperador Constantino, servia como residência para os Papas. Ali também se situa a gigantesca basílica de São João de Latrão, a Catedral do Bispo de Roma, o Papa, e considerada a "mãe" de todas as igrejas do mundo. O batistério octogonal mostra o "encontro da Antigüidade com o Cristianismo"

(Peterich 1957, p. 8). "O claustro é uma obra-prima dos mestres marmoristas romanos do estilo cosmatesco" (século XIX). (pôster de Roma da revista *Merian*, verso.) Ali foi assinado, em 1929, o famoso Tratado Laterano, que avalizou a soberania do Vaticano e a Concordata. Hoje, as salas do Pallazo Apostolico são usadas como museu (Musei Lateranense).

42. Parece que Anna foi ao cinema acompanhada pela filha do proprietário do hotel, Nistelweck. "Anna [...] vai sair hoje com ela", escreveu Freud no mesmo dia para a família. (2002b, p. 383, Tögel 2002, nota 11.)

43. *Rocha Tarpéia*, uma íngreme escarpa no Capitolino, cujo nome se deriva da filha de Tarpeius. Segundo a lenda, os sabinos puderam tomar a colina por causa da traição de Tarpéia a qual, por isso, foi jogada do alto como traidora. Esta rocha até hoje é protegida por cercas por causa do perigo de cair.

44. A igreja *Santa Maria de Aracoeli* (também conhecida como "basílica capitolina"), do século XIII, ergue-se no local mais alto do Capitolino, onde antes ficava a citadela de Roma. Toda a magnificência do velho Capitólio foi transferida para esta igreja, que se tornou a igreja nacional da nobreza e do povo de Roma. Durante a Idade Média foi a sede do Senado. Uma escadaria larga e íngreme de mármore com 124 degraus, construída em 1348 pela população em gratidão à Nossa Senhora pela libertação da peste, leva até a basílica.

45. Nos tempos de Freud, o *Museo Kircheriano* ainda ficava na Via del Collegio Romano 27, mas atualmente está integrado ao Museo Preistorico ed Etnografico Luigi Pigorini no Palazzo delle Scienze, EUR). Abriga "objetos do mundo todo [...], dos trajes dos índios *sioux* até espadas de samurai, de tábuas com runas até esculturas africanas". (Kircher. Agradeço a Horst Peinlich, do Instituto para Ciências Egípcias da Universidade de Würzburg, por informações e folhetos.) O jesuíta Athanasius Kircher (1602-1680), grande erudito, colecionador e iniciador das Ciências Egípcias, foi professor no Collegio Romano jesuítico de 1633 até a sua morte e publicou "artigos fundamentais sobre o conhecimento da sua época". (Kircher). "O *Oedipus Aegyptiacus* [...] é o estudo de Kircher mais conhecido sobre a época egípcia e cóptica [...]." (Brauen, p. 129, nota 1.)

46. *Fonte Acqua Acetosa*, na ponta sul da curva estreita do Tibre ao norte, com a fonte criada por Bernini sobre a fonte. Na época de Freud, ali começava a periferia da cidade, a Campagna. Goethe chegou a fazer um passeio – "de meia hora a pé, então, do seu apartamento na Piazza de Spagna até aquele local, a fim de beber da fonte" (Piwitt, p. 128.) No local existem hoje grandes instalações esportivas entre elevadas e vias de trânsito ruidosas.

47. *Ponte Molle*, apelido popular para a antiga ponte Milvio, de onde se supervisionava o cruzamento entre as Vias Cassia, Flaminia, Clodia e Veientana. Naquele local, o imperador Constantino, o Grande travou a batalha decisiva contra Maxêncio, o qual "derrotou em nome da cruz", o que possibilitou a ascensão do Cristianismo como religião oficial em 392.

48. *Tivoli*, a antiga Tibur, a trinta quilômetros a noroeste de Roma no vale do Aniene com suas famosas cascatas. Já no Império, era ali que ficavam as residências de verão das famílias romanas famosas, como atestam até hoje as ruínas de algumas mansões, como a do Papa Gregório ou as "ruínas vermelhas na planície, em meio aos pinheiros escuros e aos ciprestes: a Villa Adriana". (Piwitt, p. 128.) Entre as construções mais recentes, além da igreja Santa Maria Maggiore, o imenso castelo papal e o duomo com seu campanário, destaca-se a Villa d'Este, para a qual Freud e Anna reservaram a tarde inteira.

49. A sede do governador de Tivoli, cardeal d'Este, incrustada em um antigo mosteiro beneditino, é famosa principalmente pelo grandioso conjunto de jardins em forma de terraços, com exuberantes escadarias, grutas encantadas, centenas de fontes e lagos de peixes, e uma aléia central na qual desembocam caminhos sombreados. Durante a Primeira Guerra Mundial, a propriedade foi estatizada e foi aberta ao público nos anos 1920.

50. *Palazzo Doria Pamphili*, uma grandiosa "ilha de pedra" bem no coração de Roma, na Piazza del Collegio Romano. Além de esculturas antigas, a Galleria Doria Pamphili contém uma valiosa coleção particular de pinturas dos séculos XVI e XVII, entre outras peças seletas, como o retrato de

Inocêncio X de Velásquez, a Salomé de Ticiano e outros. "Para quem busca o que é antigo na Roma de hoje, é obrigatório visitar os museus romanos, que obviamente demandam tempo, pois todas as épocas da História e da Arte estão espalhadas por todos os museus (Zschietzschmann, p. 19). Neste caso, Anna podia estar se referindo a uma excursão até a Villa Doria Pamphili, atrás do Janículo, o maior e mais variado parque de Roma, cuja paisagem acidentada cheia de cascatas, grutas, um lago e várias fontes serve de espaço vital para uma variada biodiversidade.

51. *Pinacoteca vaticano*, a famosa coleção de antigüidades e pinturas. As várias coleções estão espalhadas por diversas salas nos palácios do Vaticano.

52. *Santa Maria del Popolo*, na Piazza del Popolo, uma das igrejas mais interessantes de Roma, com tesouros artísticos consideráveis. Para citar apenas um exemplo, a Cappella Chigi, desenhada por Rafael e decorada por outros artistas famosos, é considerada uma "jóia da Renascença".

53. A igreja *Santa Prassede* (ao lado da igreja de Santa Maria Maggiore, perto da estação ferroviária), que ficou famosa pelos seus mosaicos, principalmente no coro e na capela de S. Zeno, talvez a obra de arte bizantina mais importante de Roma. É uma das "igrejas antigas que ainda ficam meio na penumbra, cujas fachadas velhas e gastas esconde o brilho interior como se guardassem segredos – e talvez ainda o façam. Na escuridão da igreja de Santa Prassede subitamente entra luz na nave lateral onde fica o "jardim do paraíso", a Cappella di San Zenone, um lugar onde o tempo pára [...]" (Modick, p. 95.)

54. *Santa Maria Maggiore*, a maior das igrejas de Roma dedicadas à Virgem Maria. Seu campanário românico é o mais alto de Roma. Apesar de muitas ampliações, a forma e o caráter da basílica se mantêm fiéis ao original, do século V. Em seu interior, mosaicos preciosos, chão de mármore no estilo cosmatesco, ricas capelas de diversas famílias nobres, entre as quais a do papa Sisto V, o criador da "Roma Sistina".

55. Na igreja de *Santa Croce in Gerusalemme* (não muito distante das edificações do Laterano, perto da Porta Maggiore), em uma capela especialmente construída, fica a maior coleção de relíquias, entre outros, supostamente, um pedaço da cruz e outras partes da crucificação de Cristo, que a Santa Helena, mãe do imperador Constantino, trouxe de Jerusalém.

56. *San Lorenzo fuori de Mura*, ampliada depois de várias reformas no século XII, quando foi acrescida de um mosteiro e um campanário, originalmente erigida por Constantino para os crescentes fluxos de peregrinos que pretendiam visitar o túmulo do mártir Lourenço. Como, na Roma antiga, os mortos não podiam ser enterrados dentro dos muros da cidade, acharam o seu último pouso do lado de fora dos muros, próximo às vias de acesso. Freud e Anna ainda viram esta igreja antes de ela ser destruída quase totalmente por bombas durante a guerra, em 1943. Atualmente, encontra-se quase toda restaurada.

57. Esse túmulo de Vergilius Eurysaces e sua esposa Atistia data do ano de 30 a.C. perto da Porta Maggiore, do lado de fora do muro. Eurysaces era um escravo liberto, padeiro de profissão. Alguns elementos arquitetônicos remetem às bacias em que se prepara a massa do pão, um dos altos-relevos descreve o processo de fabricação do pão.

58. O jardim zoológico, ao norte, faz limite com a Villa Borghese. "Tenta conservar o habitat natural dos animais". (Ente Provinciale Turisme – Roma; plano da cidade com descrições das principais atrações, verso.)

59. *Galleria Borghese*, fica no Casino, no ponto mais alto do extenso complexo de mansões dos Borghese: os numerosos salões no térreo formam o museu com suas esculturas mundialmente famosas, a galeria de quadros está no primeiro andar, ela também contém alguns dos quadros mais famosos do mundo. Em 1902, o prédio e as coleções que abriga foram adquiridos pelo Estado italiano.

60. *Santa Maria della Pace*, na Piazza della Pace. Em seu interior, sobre o arco da capela Chigi, o famoso afresco de Rafael retratando as quatro sibilas, Numa posterior reforma da edificação, o claustro de Bramante, que "reflete como nenhum outro lugar o espírito da Renascença".

61. *Camera di commercio*, cujas instalações ficam no mesmo prédio da Bolsa, na Piazza di Pietra. No século XVII, este prédio foi construído para funcionar como alfândega do Vaticano, no local em que havia um templo de Adriano, de 145 d.C. Onze colunas coríntias de mármore do templo, de quinze metros de altura, foram integradas em uma plataforma de cerca de quatro metros, de pedra de origem vulcânica. Originalmente, as colunas faziam parte da parede norte do templo e ficavam em volta do local mais sagrado do templo, a *cella*. Quando a alfândega foi reformada, em 1879, para incluir a Bolsa e a Câmara de Comércio, estas partes foram conservadas e, hoje, uma parte da parede da *cella* ainda pode ser vista por trás das colunas.É possível que Freud quisesse mostrar essa parte para Anna, mas que não pôde ir pela Bolsa, uma vez que esta não é aberta para o público, tentando o acesso pela Câmara de Comércio. (Alguns altos-relevos do interior do templo estão expostos no Palácio dos Conservadores.)

62. Antigamente, a ilha do Tibre (*Isola Tiberina*) era a "ilha dos doentes", e continua até hoje com essa reputação. O hospital Fatebenefratelli ocupa boa parte da ilha. A igreja San Bartomoleo all' Isola foi construída nas ruínas de um templo dedicado ao deus da medicina, Esculápio. Duas pontes antigas ligam a ilha à terra firme – a ponte Cestio (reformada no século XIX) com Trastevere e a ponte Fabricio (quase totalmente conservada) com o Campo Marzio, cuja entrada é ornada por dois bustos de Jano, de quatro cabeças.

63. Por sua harmonia estética, o *Palazzo Farnese*, no "bairro renascentista" de Roma, é também chamado de "o palácio mais belo do mundo". (D'Erme, p. 158.) Os artistas mais famosos de todos os tempos participaram da construção, inclusive Michelangelo, até a sua morte. O charme da arquitetura severa se completa pela execução magistral do pátio interno com suas colunas e a ponte que atravessa a Via Giulia. A idéia era que o palácio revelasse "o novo fausto da família Farnese, que vinha da província". Hoje, abriga a embaixada francesa e a rica biblioteca da Escola Francesa de Roma.

64. O *Palazzo Spada* é conhecido por suas colunata de Francesco Borromini, a ilusão em perspectiva de um corredor de colunas que é parte da Galleria Spada. Tem uma das principais coleções de pintura do século XVII em Roma, mas abriga também antigüidades, como a estátua de Pompeu, que teria assassinado César.

65. O *Palazzo della Cancelleria* foi a primeira grande edificação da Renascença em Roma. Foi construído sobre os escombros da igreja San Lorenzo in Damaso, cujas colunas de granito podem ser encontradas no pátio interno do palácio. Hoje, o prédio pertence ao Vaticano e é sede da Sacra Romana Rota, o tribunal papal para casamentos.

66. *Palazzo Massimo alle Colonne*, "obra-prima da arquitetura romana do *Cinquecento*". (D'Erme, p. 157), construído sobre os escombros do Teatro de Domiciano, seguindo as curvas das edificações anteriores. Uma coluna do antigo teatro na Piazza dei Massimi lembra a construção que o antecedeu.

67. O *Palazzo Corsini*, à margem do Janículo, contém galerias em suas três alas principais. No andar principal fica uma parte da Galleria Nazionale d'Arte Antica, um dos principais museus de Roma (as demais partes, desde 1949, estão no Palazzo Barberini). O parque que antes pertencia ao palazzo virou o Jardim Botânico da Universidade de Roma, com uma bela cascata e uma grande diversidade de plantas nativas e exóticas, entre elas também as orquídeas e bromélias que Freud tanto apreciava.

68. A *Villa Farnesina*, cujos jardins se estendem até o Tibre, fica na Via della Lungara], do outro lado do Palazzo Corsini. É o exemplo mais conhecido de uma mansão renascentista, uma "verdadeira obra-prima da arquitetura". O construtor Agostino Chigi, um rico banqueiro papal, erudito conhecedor da literatura e mecenas das artes, mandou decorar os cômodos com pinturas nos tetos e nas paredes executadas por Rafael e outros artistas famosos – como, p.ex., o Salone delle Prospettive, onde Peruzzi consegue fazer "desaparecer" as paredes graças a truques de ilusionismo. Na casa há ainda uma coleção de gravuras antigas valiosas, Gabinetto Nazionale delle Stampe.

69. A *Porta Pia*, a passagem pelo Muro Aureliano para nordeste no cruzamento da Via XX Settembre com o Corso d'Italia, foi construída no lugar da antiga Porta Nomentana. É a última obra arquitetônica de Michelangelo (1561-1564) e caracteriza a transição do Renascimento tardio para

o período barroco. Em 1912, Freud levara Ferenczi para ali, a fim de assistir à "festa pela tomada de Roma" (1870), que acontece ali regularmente. (Freud 2002b, 21/9/1912, p. 269 (com ilustração.)

70. A arquitetura e a decoração da *chiesa del Gesù*, a igreja-mãe barroca dos jesuítas em Roma, ressalta o engajamento da ordem na contra-reforma e na atividade missionária. Contém o túmulo do fundador da rodem, Inácio de Loyola; bem como o de Athanasius Kircher (vide nota 45).

71. Do ponto de vista arqueológico, a basílica de S. Clemente é uma das mais interessantes de Roma e oferece um bom exemplo de como ilustrar graficamente a superposição de várias eras históricas: no primeiro andar há restos de casas particulares do século I e um templo, acima disso há uma igreja do século VI, na qual se realizavam concílios no século V, e uma igreja do século XII, que sofre várias reformas. Tudo isso forma a edificação de três andares da igreja de San Clemente, perto do Laterano). Cada reforma ou acréscimo utilizou-se de elementos da igrejas anteriores, fazendo com que as diferentes épocas estejam presentes. Isso torna o local "uma grande atração para arqueólogos". (Algumas das partes mais antigas só foram descobertas em 1938 e 1967 e, portanto, não eram ainda visíveis em 1923.)

72. A *Piazza di Campo de' Fiori* é uma das praças mais animadas de Roma, com feiras todos os dias (menos aos domingos). Durante a Renascença, ali havia várias gráficas e "inúmeras livrarias. [...] O endereço também se tornou famoso pelos restaurantes e adegas [...], em duas travessas do Campo de' Fiori ainda se pode ver as adegas daquela época." (D'Erme, p. 158.) Durante muito tempo, naquele local era cumprida a pena de morte (ver nota 14.)

73. A *Porta San Sebastiano* (antigamente: Porta Appia) permite a passagem pelo Muro Aureliano para o sul. É a mais monumental e mais bem conservada entre as portas aurelianas, tendo sido várias vezes reformada e ampliada. Ali começa a parte mais famosa da Appia Antica (vide nota 32). A *basílica* San Sebastiano se situa no local em que o Vicolo delle Sette Chiese se encontra com a Via Appia. As escavações das catacumbas começaram em 1915, trazendo à luz amplos complexos de túmulos.

74. Não há provas de escavações alemãs de uma *estátua de Hermes* ou de outro símbolo de veneração para este mensageiro dos deuses no Museu Arqueológico Alemão de Roma. (Agradeço a Alessandra Ridolfi, do Instituto Arqueológico Alemão, Roma, pelas pesquisas e informações.) Caso outros grupos de arqueólogos não tenham feito achados semelhantes, pode ser que Freud e Anna tenham visitado um túmulo nas catacumbas de San Sebastiano com uma inscrição apontando para um certo Marcus Claudius Hermes. (Knopf Guides, Rome Italy, 1994, p. 327.)

75. A *Via Nazionale* é uma das principais vias de trânsito de Roma – e uma das principais ruas de comércio da cidade. Sai do Largo Magnanapoli (perto do Fórum) até a Piazza della Repubblica.

76. Da Piazzale Maresciallo Giardino, a noroeste da cidade, há uma subida que leva para o observatório astronômico e meteorológico no *Monte Mario* (a 190 metros de altitude). Ali fica também o Museu Copérnico. Na Idade Média, os peregrinos que vinham do norte através da atual Via Trionfale podiam vislumbrar a cidade e o objeto de sua viagem, a basílica de São Pedro. (cf. anotações de Anna no anexo 2.) Freud também chegou a se designar como *peregrino de Roma*. (1900a, S.A., v. 2, p. 205, nota 1 (adendo 1925).) Para Freud e Anna, pode ter sido um último panorama de Roma, quem sabe, seguido de um último passeio na véspera da partida na Via Camilluccia.

77. A *Via Camilluccia* é a continuação da Via Trionfale, que leva em direção ao norte, passando pelo lado ocidental do Monte Mario, saindo da cidade. Essa via de acesso é ladeada de mansões dos dois lados durante alguns quilômetros, começando com a Villa Monte Mario e a Villa dei Massimi. (Verdesi, *Nuova Pianta di Roma*, AB 1-3.)

78. A *Fontana di Trevi*, situada no local de uma das fontes mais antigas de Roma, num bairro especialmente pitoresco, forma uma unidade com a fachada do Palazzo Poli. Será que Freud e Anna também seguiram a tradição de atirar moedas na fonte?

79. "Será difícil ir às compras", reportou Freud em carta de 11/9 para a família. "Anna conheceu a filha da casa onde estamos hospedados, sairá com ela hoje e talvez receba algumas indicações." (2002b, p. 383.)

80. Vide nota 3 de 201 SF/AF.

Anexo 2

Apontamentos de Anna depois de voltar de Roma[1]

Viena, 25 de setembro de 1923.

O bilhete que guardo na frente contém as anotações de nossas aventuras romanas. Ao lê-lo, tudo o que vimos ali volta a ficar vivo em mim. Quero anotar alguns episódios de cabeça para fixar melhor o que vimos.
1. Setembro.

A viagem de Florença para Roma foi quente e desagradável, perturbada por um grupo de americanos ruidosos e desagradáveis de Cincinnati que a todo momento tentavam conversar conosco, apesar de termos demonstrado a nossa reprovação. A mulher achou que éramos italianos e queria informações sobre pérolas romanas. Só consegui fazer as pazes com eles quando o homem achou que os morros dos Apeninos eram as montanhas do Ural. – Florença ao amanhecer, uma imagem adormecida: colinas que se entrecortam como nas imagens das madonas. Depois, a Etrúria, com aldeias em todos os morros. Papai me assinalou principalmente Orvieto. Finalmente, o Lácio com a *campagna*. Em várias partes, queimadas nos campos. Antes, muitas oliveiras rasteiras, entre elas, guirlandas contínuas de uva. Parecem filas de crianças de mãos dadas ao brincar. Vê-se pouca gente.

Meia hora antes da chegada, papai me mostra pela primeira vez a cúpula da basílica de São Pedro. Penso nos peregrinos que chegam a pé, provenientes do Norte, até Viena[2], como deve ter sido pesado o último trecho deserto da *campagna*. Ao meio-dia chegamos a Roma.

À nossa espera está um ônibus do hotel que torna mais difícil ver a cidade. Em vez de olhar para rua, nos vemos sempre num grande espelho. Papai me mostra as Termas de Diocleciano logo do outro lado da estação. Seguem-se duas ruas grandes e modernas, e depois de pouco tempo chegamos ao Hotel Éden.

Recebemos dois quartos bonitos e confortáveis com um amplo banheiro, 119 e 120. As janelas dão para sudoeste, para a Via de Porta Pinciana. Ao longe, o muro da cidade, atrás do qual começam jardins altos[3]. Em termos de edificações, vêem-se a lateral da igreja S. Trinità del Monte e as duas torres da Villa Medici; em termos de árvores, ciprestes e pinhos. Num primeiro momento, chegamos a temer que o sol de sudoeste pudesse ser quente demais para nós e hesitamos sem saber se devíamos ficar com aqueles quartos, mas isso acabou não acontecendo. Depois de algumas modificações, os quartos ficam ótimos. A escrivaninha de papai precisa ser protegida do vento; uma penteadeira com tampo de mármore é transformada em uma mesa de jogos. – As cortinas mal precisam ser cerradas, a não ser para proteger-nos do sol; os quartos são indevassáveis. Diante da janela de papai há dois ciprestes especialmente pontudos que balançam solenemente ao menor vento. Segundo conta papai, já fizeram isso em 1913.

Uma decepção e preocupação é o fato de a nossa bagagem não ter chegado. Não podemos trocar de roupa nem nos instalar, e por isso vamos à cidade depois de almoçar. O primeiro roteiro passa pela Via Sistina, pela escadaria espanhola e até o Corso. A escadaria me impressiona muito, de resto ainda estou muito confusa e atarantada com o barulho da rua. Uma ida para a estação ferroviária resulta infrutífera (apenas vemos jornais sendo descarregados). Voltamos para o hotel cansados e irritados, decididos a repetir a busca à noite. Mas o jantar nos refresca, melhora o nosso humor e nós vamos dormir. Em compensação, somos premiados no dia seguinte com a chegada da bagagem.[4]

---

1. Essas sete folhas, escritas com a caligrafia de Anna, estão no contêiner LoC, AF, Cont. 162, como adendo do *Diário de viagem* reproduzido em 201 SF/AF; ver anexo 1.
2. Anna deve ter errado ao escrever "Viena", em vez de "Roma".
3. A Villa Borghese – que, no entanto, não está a sudoeste, e sim a noroeste da Via di Ludovisi (pode ser que uma das janelas se abrisse para o oeste).
4. Estas anotações terminam assim. Anna não deve mais ter tido tranqüilidade para continuá-las, uma vez que, tão logo regressou de Roma, começaram os preparativos para a operação radical à qual seu pai se submeteu (ver texto intermediário depois de 201 SF/AF). (Anna/Lou, carta 128.)

ANEXO 3

Para 293 SF
Presente de aniversário para Dorothy Burlingham

Vale
Para um anel de ouro[1], que o relojoeiro Löwy
deverá confeccionar para a[2] a pedra anexa,
que mostra uma embarcação com vela[3] e remos.

p.[ara] o 11/X/1935   Freud

---

1. Em 1929, Freud presenteara Dorothy com um anel semelhante, cuja gema, no entanto, mostrava um carro de combate ou carruagem triunfal com condutor, segundo Michael Burlingham, para simbolizar o carro de Dorothy e os passeios matinais conjuntos. Assim como aconteceu com os anéis dos membros dos comitês [vide nota 5 de 174 AF], dessa vez Freud também teria escolhido uma ilustração que expressa a sua relação com o portador ou a portadora. Aquela pedra, no entanto, tinha quebrado, razão pela qual ele a estava substituindo. (Burlingham, M., p. 192.) Ocasionalmente, Freud presenteava as amigas de Anna também com outras jóias. (Ross, p. 39 *et seq.*) A própria Anna tinha vários anéis dados por ele (vide 174 AF).
2. O erro de Freud, que, antes, no lugar de "para" [*für*] escrevera "até" [*bis*], e a posterior correção levaram-no a escrever uma pequena interpretação, publicada sob o título "As sutilezas de um ato falho" (1935b): Inicialmente, ele tentou explicar o processo do ponto de vista de estilo, afirmando que quisera evitar a repetição da palavra "para" [*für*], a qual, no entanto, ao riscar a palavra a ser corrigida, já se anulava. Quando ele contou o episódio para Anna, ela lhe mostrou que ele não fora até o fim com a sua interpretação. Segundo ela, a repetição não se referia a uma *palavra*, e sim a

uma *ação*: "Tu já havias lhe dado uma gema igual a essa para um anel [...]. E a gente não gosta de dar o mesmo presente duas vezes". Portanto, o desejo de evitar alguma coisa não se referia à palavra, e sim ao ato de dar um presente, ou seja, o ato estético apenas estaria escondendo um conflito muito mais básico atrás disso. "Eu procuro um motivo para não dar essa gema. [...] Eu nem mesmo quero dá-la de presente, pois ela me agrada bastante."

Freud aproveitou-se desse episódio para mostrar como é fácil se satisfazer com uma explicação parcial e quantas outras condições e pré-condições dinâmicas contribuem para um "pequeno ato falho", com outras palavras: "como podem ser complicados os processos psíquicos mais insignificantes e aparentemente simples". (1935b, p. 38, 39.) Para o próprio Freud, esse acontecimento parece ter sido significativo, pelo menos ele o registrou em sua *Kürzeste Chronik*, sem anotar o aniversário de Dorothy. (1992i, 10/10/1935, p. 54.)

3. Burlingham designou isso como "uma embarcação viking" e afirma que Freud teria escolhido essa representação gráfica como símbolo da longa viagem de Dorothy desde o seu passado americano. (Burlingham, M., p. 192.)

Anexo 4

Atestados de vacinação

1. *Para 1 SF, obs. 1*:

O atestado de vacinação reproduzido a seguir estava originalmente no maço de cartas guardadas por Anna Freud, antes da primeira carta. O atestado está em um papel com as iniciais MF [Martha Freud] como vinheta e o cabeçalho impresso:

[Vinheta]   IX. BERGGASSE 19.

Atestado de vacinação

Minha filha Anna Freud, nascida em 3 dez. 1895, foi vacinada em seu primeiro ano de vida na minha presença e tem as marcas normais da vacinação no braço esquerdo.

Prof. Dr. Freud

Viena 13 out 1903

2. *Para 256 SF, nota. 1*:

PROF. Dr. FREUD   Schneewinkl
                                   Viena, IX. BERGGASSE 19.*
                                                    22/6/1929

Atestado de vacinação

Confirmo que a senhorita Anna Freud recebeu, no dia 10 de junho, uma nova vacina contra varíola [*smallpox*].

Prof. Dr. Freud
Universidade de Viena

---

* Cabeçalho impresso.

Anexo 5

Locais e datas das viagens dos missivistas e dos principais membros da família
(referidos na presente correspondência)

Datas	Pessoas	Localidade	Fonte/ref. em:
	1904		
Final de junho/ Início julho a partir de 7/7	Minna e os filhos com Martha	Berchtesgaden/ Königssee	1 SF+[3,4]
12/7-28/8	com Freud		1 SF[8]
29/8-10/9	Freud com Alexander	Grécia Atenas	1 SF[8]
	1905		
Meados julho até pelo menos 12/9	Martha com os filhos (antes também Freud e Minna)	Altaussee	2 SF+[2,6]
3/9-23/9	Freud, Minna	Itália do Norte e Suíça	2 SF+[4]
	1908		
7/7 16/7-31/8	família com Freud (em parte c/ Ferenczi)	Berchtesgaden/ Dietfeldhof	3 SF+[2]
1/9-15/9	Freud	Inglaterra	4 SF+[2-4]
15/17/9-21/9	Freud	(Via Berlim) para Zürich (Jung)	
21/9-29/9	Freud, Minna	Itália do Norte	

Datas	Pessoas	Localidade	Fonte/ref. em:
	1909/1910		
27/12/1909 até depois de 6/1/1910	Mathilde, Anna	Semmering	5 MF/SF[1]
1/7-28/7	Minna, Sophie e Anna	Bistrai	6 AF+[1,2]
29/7	Minna, Sophie e Anna	Hamburgo	6 AF+[1,2]
depois de 10/7 a 29/7	Martha	Hamburgo	6 AF+[1,2]
17/7-31/7	Freud, Oliver e Ernst	Haia	
1/8-31/8	Freud, Martha e quatro filhos Minna	Noordwijk Hamburgo	6 AF[13], 8 AF+[2]
31/8-24 e 26/9	Freud, Ferenczi	via Paris, Roma para a Sicília/volta via Roma para Viena	8 AF+[3]
31/8-13/9	Martha e quatro filhos	Haia	8 AF+[4], 11 AF/EF[4]
14-16/9	Martha, Oliver, Sophie	volta via Berlim para Viena	11 AF/EF[4]
7/9	Ernst, Anna	volta para Viena	9 EF/AF
	1911		
9/7-30/7	Freud (temp. casal van Emden)	Karlsbad	14 AF+[8]

437

Datas	Pessoas	Localidade	Fonte/ref. em:
15/7- ?	Martha, Minna, Sophie, Anna	Oberbozen/Ritten	14 AF[2], 15 AF[13]
16/7- ?	Oliver		Idem
? -15/9	Martha, Minna, três filhos	Klobenstein/Ritten	15 AF+[2,13], 16 AF[2]
31/7-15/9 (20/8-8/9	Freud Ferenczi)		Idem Idem
1/9-15/9	Martin		Idem
8/9-15/9	Ernst, Mathilde	Idem	Idem
15/9.- ?	Martha, Minna, Sophie	Idem	16 AF[2], 17 AF
15/9-19/9	Freud	Zurique/ Küsnacht (Jung)	depois de 15 AF, 16 AF[2]
20/9-22/9	Freud, Jung	Weimar (Congresso)	16 AF[2]
?-cerca de 30/9	Freud	Weimar, Hannover	AF 16[13], AF 17[6,7]
	1912		
15/7-14/8	Freud, Martha	Karlsbad	18 SF/MF[4]
Julho	Minna com Sophie e Anna	Lovrana	18 SF/MF+[2]
15/8-30/8	Freud e Familie	Karersee	depois de 18 SF/MF

Datas	Pessoas	Localidade	Fonte/ref. em:
31/8-2/9	Freud, Familie e Ferenczi	Bolzano	Idem
2/9 até depois de 14/9	Família	San Cristoforo	
6/9-14/9	Freud, família e Ferenczi	Idem	Idem
15/9-27/9	Freud, Ferenczi	Roma	Idem
	1912/1913		
Fim de out. 1912? até 20/3/1913	Anna	Merano	19 AF[1,7,9] 32 AF[3]
21/3-26/3/1913	Freud e Anna (temp. Alexander e esposa Sophie)	Verona, Veneza 32 AF[5]	32 AF[3]
13/7-10/8	Freud, Martha, Minna, Anna	Marienbad	33 AF[2] 60 AF+[1]
11/8-5/9	Freud, Martha, Anna (temp. Abraham e Ferenczi)	San Martino di Castrozza	33 AF+[2]
15/8-5/9			33 AF+[10]
5/9-9/9	Martha, Anna	Seguindo para San Martino	33 AF+[2]
9/9-15/9	Martha, Anna	Klobenstein	33 AF, 37 AF

Datas	Pessoas	Localidade	Fonte/ref. em:
5/9-8/9	Freud, Ferenczi	Munique Congresso	33 AF[2], 33 AF+[10,11]
9/9-29/9	Freud, Minna	Roma	34 AF[4]

1914

Páscoa	Freud, Ferenczi, Rank	Ilha Brioni	40 SF+[2]
6/7-15/7 16/7 até antes de 26/8	Anna	Hamburgo Inglaterra (Arundel, St. Leonard's)	41 AF[3] 41 AF[6] 47 SF[7]
de 16/7 a antes de 5/8	Minna	Cottage Sanatorium	42 SF+[15], 46 SF+[4]
12/7-4/8	Freud, Martha	Karlsbad	41 AF+[2] 46 SF[4]

1915

26/6-28/6	Freud, Minna	Berchtesgaden/ Königssee	48 SF+[2]
antes de 10/7 a antes de 12 ou 14/8.	Anna	Bad Ischl (avó)	49 AF+[1], 70 SF+[1]
18/7-12/8	Freud, Martha	Karlsbad	50 SF[1], 51 SF
Por volta de 27/7	Mathilde	Berchtesgaden/ Schönau	58 AF
Por volta de 7/8	Minna, Mathilde, Robert		66 SF, 68 SF/MF

Datas	Pessoas	Localidade	Fonte/ref. em:
13/8-13 a16/9.	Freud, Martha Anna, Mathilde (as filhas só até 7/9)	via Munique até Schönau/ Berchtesgaden	66 SF[1], 67 AF[4], 68 SF/MF, 69 AF[9], 70 SF+[1]
13 a16/9-27/9.	Freud, Minna	Berlim/ Hamburgo (Sophie)	67 AF[4]
29/9-30/9	Freud	Pápa (Ferenczi)	67 AF[4]
Férias de Natal	Anna	Hamburgo (Sophie)	56 AF[4], 69 AF[6]
		1916	
Páscoa	Anna, Rosi ?	Caminhada?	69 AF+[6]
Páscoa (23 e 24 de abril)	Freud Jablonica, perto	Mosty, no passe de Teschen	71 AF[8]
Antes de 16/7	Minna, Anna	Weissenbach am Attersee	71 AF[7]
16/7-19/8	Freud, Martha, Minna, Anna	Salzburgo	71 AF[7]
20/8-12/9	Freud, Martha, Minna	Bad Gastein	71 AF[7], 75 SF[7]
12 a 15/9		Regresso via Salzburgo para Viena	71 AF[7], 75 SF+[7]
14/8 até cerca de 10/9	Anna (temp. Mathilde, Robert)	Altaussee Marie Rischawy	71AF[1], 74 AF, 75 SF

441

Datas	Pessoas	Localidade	Fonte/ref. em:
17/11 até 14/5/1917	Sophie com Ernstl	Viena Casa dos pais	75 SF+[8]
	1917		
1/7-1/9	Freud, Anna Martha (só até 19/8) (temp. Sachs, Ferenczi, Rank)	Csorbató, Alto Tatra	76 SF+[1,4,6], 77 AF[2], 78 SF[3]
19/8 até início set.	Anna	Kotaj	76 SF[3], 77 AF+[1]
		Volta via Budapeste?	79 AF+[1]
	1918		
8/7-31/7	Freud, Anna	Steinbruch, perto de Budapeste	80 SF[2,10]
31/7-5/8	Anna	Steinbruch	80 SF[5], 81 SF
5/8-11/8		Budapest	82 AF
11/8 até Início set.		Csorbató / Lomnicz	84 AF[1], 85 SF[1]
Início set. até 27.9.		Viena	84 AF[1]
1/8	Freud, Ferenczi com Willi (= Peter Lambda)	Para Csorbató	80 SF+[2,5]
1 a 31/8	Freud, Martha, Anna (só a partir de 11/8) (temp.: Ernst, Ferenczi, Kata)	Csorbató	80 SF+[2,5], 81 SF 87 SF[7] 82 AF[12,15]

Datas	Pessoas	Localidade	Fonte/ref. em:
1/9-25/9	Freud, Martha, Anna (só até início set.)	Lomnicz	85 SF+[1], 84 AF[1]
Início de julho-31/7	Martha	Schwerin	80 SF+[10]
1/8-25/9	Martha	Csorbató / Lomnicz	80 SF[10], 81 SF
25/9-29/9	Freud, Martha, Ernst	Budapeste, Congresso	84 AF+[3,4], 86 AF[3], 87 SF[8], 88 SF, 89 SF+[1]
27 a 29/9	Anna	Budapeste, Congresso	86 AF[3], 90 AF+[1]
	1919		
15/7-13/8	Martha	Salzburgo, Sanat. Parsch	92 SF+[4], 93 SF, 99 SF, 106 SF
15/7-13/8	Freud, Minna	Bad Gastein	93 SF, 106 SF
17/7-13/8	Anna, Margarete Rie	Bayerisch-Gmain Bad Reichenhall	93 SF+[2], 94 SF[2], 106 SF
14/8-9/9	Freud, Martha Anna (temp. Martin, Ernst)	Badersee	95 SF+[2], 104 SF[3], 105 AF[1,3], 106 SF+[6]

443

Datas	Pessoas	Localidade	Fonte/ref. em:
14/8 até início 1920	Minna	Bad Reichenhall	106 SF+[1], depois de 106 SF
9/9-26/9	Freud, Martha, Anna, Eitingons	Munique – Berlim Hamburgo (Sophie) – Berlim – Salzburgo – Viena	106 SF+[6]

1920

Datas	Pessoas	Localidade	Fonte/ref. em:
17/7-29/8	Anna, fam. Rie	Altaussee	107 SF[1,17]
30/7-28/8	Freud, Minna	Bad Gastein	107 SF[5], 109 SF+[2], 117 SF, 121 SF
20/8- ?	Alexander e família	Bad Gastein	117 SF, 119 SF
28-29/8	Freud	Bad Ischl	117 SF, 121 SF
Cerca de 31/7 a início de ago até 25/8	Martha, Mathilde, Robert	Goisern	107 SF[17], 109 SF, 112 SF
25/8-29/8	Martha	Altaussee	122 AF/MF
30/8	Martha, Anna	Bad Ischl	121 SF, 122 AF/MF
30/8-6/9	Freud, Anna	Berlim, Hamburgo	107 SF[5], 117 SF[13]
7/9-11/9		Haia, Congresso	117 SF[13], 123 AF/SF+[1]
12/9-28/9		Giro pela Holanda	Depois de 123 AF/SF

Datas	Pessoas	Localidade	Fonte/ref. em:
29 e 30/9	Freud	Berlim, Viena	depois de 123 AF/SF
29/9-7/11	Anna	Hamburgo	depois de 123 AF/SF
7/11-10 e 13/12		Berlim (c/ os Wertheim, e os Eitingon)	124 SF+[2], 129 AF+[8], 135 AF+[3], 137 SF+[12]

1921

Datas	Pessoas	Localidade	Fonte/ref. em:
antes de 29/6 até 14/8	Anna, Max, Ernstl (Mathilde temp.) (Max só até 21/7– no meio tempo 4/7-11/7	Altaussee Viena)	138 SF[2], 151 AF, 144 AF, 145 AF, 139 AF, 140 AF
10/7 até depois de 18/7	Helene Gebert com filhos	Altaussee	140 AF, 144 AF,
17/7-14/8	Martha		144 AF
15/7-14/8	Freud, Minna (Lucy Wiener com filhos, temp.)	Bad Gastein	138 SF+[5], 141 AF, 142 SF, 150 SF, 149 SF+[2]
9 e 10/8	(v. Emdens *et al.*, temp.)		152 SF
14/8	Freud, Martha, Anna, Ernstl	Innsbruck	149 SF[2]
15/8-23/9	Freud, Ernstl (só até 14/9) Martha, Anna (Maus temp.)	Seefeld	149 SF[2], 151 AF+[8], 153 AF+[1,2] 150 SF+[4], 146 SF+[5,6]

Datas	Pessoas	Localidade	Fonte/ref. em:
14/9-20/9	Freud, Ernstl	Berlim, Hamburgo	153 AF^{2,8}
20/9-29/9	Freud, Membros do comitê	Viagem para o Harz	153 AF^2

1922

Datas	Pessoas	Localidade	Fonte/ref. em:
1/3-3 e 4/3	Anna	Berlim	155 SF^1
4/3-18/4		Hamburgo	155 SF^1, 164 AF
18/4-24 e 25/4		Berlim	160 AF^7, 164 AF, 167 AF
25/4-4/5		Göttingen	165 AF+^{2}, 167 AF, 168 AF
19 a 21/5-29/6	Minna	Abbazia	170 AF^2
30/6 e 1/7 até 31/7	Freud, Minna	Bad Gastein	157 SF, 170 AF^2
4/7-6/7	Martha, Anna	Berlim	170 AF+^{5}, 171 AF
7/7 até início ago	Martha, Ernstl, Heinerle, Srta. Jacob	Hohegeiss	172 MF/AF+^{3}, 177 AF+^{1}, 174 AF^2, 188 AF
7/7 a início ago	Anna	Göttingen	172 MF/AF+^{3}, 173 AF, 188 AF
1/8-14/9	Freud	Obersalzberg	174 AF^{10}, 187 SF
1/8-?	Minna		174 AF^{10}
4/8-8/9	Martha		174 AF^{2,10},
4/8-14/9	Anna		182 AF+^{1}

Datas	Pessoas	Localidade	Fonte/ref. em:
5/8- ?	Oli		174 AF[12]
depois temp.:	Mathilde, Robert, Ernst e Lux, Edith, mãe de Lux, Alexander		174 AF[10]
15 e 16/9 até 29/9	Freud, Anna	Munique, Hamburgo Berlim (Congresso)	174 AF[10], 161 SF[14], 188 AF[7]
		1923	
24/3 até 1/4?	Anna	Passau – Frankfurt – Göttingen – Berlim	189 AF+[2,3], 191 AF, 193 AF+[3], 194 SF
7/4-16/4	Martha, Martin	Berlim (casamento Oli e Henny)	192 SF+[8,9]
20/4 até depois de 10/5, em em seguida	Minna	Cottage-Sanatorium Bad Reichenhall	196 SF[6] 196 SF[6]
1/7-30/7	Freud, Minna (temp. Ruth)	Bad Gastein	196 SF+[1], 200 SF 198 SF, 199 SF
6/7-30/7	Martha, Anna, Ernstl (temp. Jeanne)	Annenheim	196 SF+[3], 200 SF+[3] 196 SF+[4]

Datas	Pessoas	Localidade	Fonte/ref. em:
31/7-31/8	Freud, Minna ?, Martha, Anna Ernstl (só até 30/8) (temp. Mathilde) Jones (1 a 25/8.) Membros do comitê (27 a 30/8) e outros	Lavarone	200 SF+[3,4] 200 SF+[5]
31/8 cerca de 21/9	Martha	Meran (Minna)	200 SF[4]
1/9-21/9	Freud, Anna	Roma	200 SF[4], 201 SF/AF

1924

14/4-24/4	Freud, Martha, Anna	Semmering	203 SF[3]
8/7-29/9	Freud, Martha, Minna, Anna (temp. Mathilde)	Idem	203 SF[3]

1925

30/6-29/9	Freud, Martha, Anna (temp. Mathilde)	Semmering	203 SF+[3], 206 SF[3], 204 SF, 205 SF
1/9-6/9	Anna	Bad Homburg, Congresso	203 SF+[2], 206 SF[3]

1926

5/3-2 a 4/4	Freud, Anna	Cottage-Sanatorium	212 SF[3], 223 AF+[2]

Datas	Pessoas	Localidade	Fonte/ref. em:
17/6-29/9	Freud, Martha Anna, Dorothy com filhos e Peter Blos	Semmering	244 AF[2]
25/12/1926- 1 e 2/1/1927	Freud, Martha Ernstl (de Hamburgo)	Berlim	208 SF+[1]
Ao mesmo tempo	Anna	Viena/Rosenfeld	208 SF+[2,8]

1927

Datas	Pessoas	Localidade	Fonte/ref. em:
18 a 20/3	Anna	Berlim	209 SF+[2,6]
7 e 8/4.-28/4.	Anna, Dorothy	Itália do Norte	212 SF+[2], 249 AF
14/4-28/4	Freud, Martha, Minna	Cottage-Sanatorium	212 SF[3], 216 AF[5], 228 SF
16/6-29/9	Freud, Martha, Minna (no início), Anna, Ernstl, Dorothy com filhos e Erikson	Semmering	244 AF[2]
Fim de junho até 18/7	Oli, Henny com Eva		
3/9- ?	Mathilde, Martin		252 SF
31/8-3 e 4/9	Anna	Innsbruck, Congresso	250 SF

449

Datas	Pessoas	Localidade	Fonte/ref. em:
	1928		
27/2-4/3	Anna, Dorothy	Paris	253 SF+[2,3], 255 SF[3]
16/6-30/8	Freud, Martha, Anna, Ernstl, Dorothy com fam.	Semmering	depois de 255 SF
30/8-31/10	Freud, Anna	Berlim-Tegel	depois de 255 SF
	1929		
10 e 11/3 a 23 e 24/3	Freud, Anna (Lou: 14/3-?)	Berlim-Tegel	257 SF[6-8] 257 SF[6]
17 e 18/6 até 15/9	Freud, Martha Minna, Anna Ernstl com colegas da escola, Ernst e Lux, Martin, Oli, Dorothy com fam., muitos convidados, entre eles Robert Burlingham com o pai (12/8)	Schneewinkl	256 SF+[3] 257 SF+[1] 257 SF+[13,14] 257 SF[13] 257 SF+[4]
Verão	Mathilde, Robert	Bayer. Gmain	256 SF+[5]
22/7 a 1 e 2/8	Anna	Londres, Oxford Congresso	256 SF+[2], 265 AF, 266 SF
15/9 até depois de 21/10	Freud, Anna	Berlim-Tegel	257 SF[8]

Datas	Pessoas	Localidade	Fonte/ref. em:
18/12	Anna	Colônia, Essen	267 AF, 268 AF
19/12	Anna	Göttingen	269 AF

1930

Datas	Pessoas	Localidade	Fonte/ref. em:
22/4-3/5	Freud, Anna	Cottage-Sanatorium	270 AF[4]
4/5-24/7	Freud, Anna Dorothy (temp.)	Berlim-Tegel	depois de 255 SF, 270 AF[4]
27/7-27/9	Freud, Martha, Minna, Ernstl, Dorothy e filhos com Margot Goldschmidt, temp.: Mathilde, Alexander com Sophie e Harry, Dolfi, Ruth, Marie Bonaparte, Eva Rosenfeld com Victor	Grundlsee	271 AF+[2] 279 AF[2] 277 SF+[4] 277 SF+[4-6]
16/9-28/9	Anna, Dorothy	Viagem de mochila Itália-Suíça	270 AF+[2,3], 286 AF
27-29/8	Anna	Frankfurt, Prêmio Goethe	270 AF[4]

1931

Datas	Pessoas	Localidade	Fonte/ref. em:
1/6-26/9	Casa de Freud, Dorothy com fam.	Pötzleinsdorf	287 SF[2, 19]

Datas	Pessoas	Localidade	Fonte/ref. em:
	1932		
1 e 2/9	Anna	Göttingen	287 SF,
3 a 8/9	Anna, Dorothy	Wiesbaden, Congresso	288 SF[3]
14/5-17/9	Casa de Freud Dorothy com fam.	Pötzleinsdorf	287 SF[2,22] 287 SF[19]
	1933		
4/5-30/9	Casa de Freud	Döbling	126 SF[15]
	1934		
28/4-13/10	Casa de Freud	Grinzing	126 SF[15]
	1935		
18/4-18/10	Casa de Freud	Grinzing	126 SF[15]
	1936		
18/4-17/10	Casa de Freud	Grinzing	126 SF[15]
	1937		
24/4-16/10	Casa de Freud	Grinzing	126 SF[15]
	1938		
a partir 4/6	Freud e família (sem suas irmãs),	Londres (Emigração)	depois de 295 SF, 296 SF+[2] 297 SF+[7],

Datas	Pessoas	Localidade	Fonte/ref. em:
	Dorothy e família		298 SF+[10] depois de 295 SF, 298 SF[3,15]
29/7-5/8	Anna	Paris, Congresso	296 SF+[3], 298 SF
a partir de 4/9	Alexander com família	Londres (Emigração)	297 SF+[8-10]

REGISTROS

Registro de abreviações

Collected Papers
Sigmund Freud, *Collected Papers* (cinco volumes). Volumes 1, 2, 4: sob a coordenação de Joan Riviere, prefácio de Ernest Jones. V. 3: trad. e comentado por James Strachey. V. 1: New York, London, Viena: International Psychoanalytic Press, 1924. V. 2-5: London: The Hogarth Press and the Institute of Psycho-Analysis 1924-50.

DBA N.F.
Deutsches Biographisches Archiv, Neue Folge – Arquivo Biográfico Alemão, nova seqüência.

FM
Freud Museum, London, 20 Maresfield Gardens, London NW3 5SX.

Grinstein
Alexander Grinstein, *The Index of Psychoanalytic Writings*. Prefácio de Ernest Jones. V. 1-14, Nova York: International Universities Press 1956-75.

G.W.
Sigmund Freud, *Gesammelte Werke – Obras completas* (18 volumes e um volume adicional, sem numeração). Volumes 1-17: London 1940-52. V. 18: Frankfurt am Main 1968. Volume adicional: Frankfurt am Main 1987. Edição completa desde 1960: Frankfurt am Main: S. Fischer Verlag.

IJ
The International Journal of Psycho-Analysis. Dirigido por Sigmund Freud, órgão oficial da Associação Psicanalítica Internacional. Editado por Ernest Jones. 1920 e anos seguintes.

Imago
Imago, Revista para Aplicação da Psicanálise nas Ciências Humanas. Coord. Sigm. Freud (1912-1939). Redação: Otto Rank e dr. Hanns Sachs. A partir de 1926, subtítulo nas capas dos cadernos 1, 2/3, 4, a partir de 1927, também na capa do volume completo: *Revista para a aplicação da psicanálise nas ciências naturais e humanas*, a partir de 1933, *Revista para psicologia psicanalítica, suas áreas e aplicações*, em 1939, fusão com a *Internationale Zeitschrift für Psychoanalyse*; último ano de publicação, volume 26, 1941 (coordenado, nos Estados Unidos, como *American Imago* por Sachs até o seu falecimento, em 1947).

IZ
Internationale Zeitschrift für ärztliche Psychonalyse. Órgão oficial da Sociedade Psicanalítica Internacional. Coord. de S. Freud (1913-1939). Redação S. Ferenczi, O. Rank e E. Jones. V. 1/1913 a 4/1916-17 (impresso em 1918).

	por Hugo Heller, Leipzig e Viena, V. 5 (1919) na editora Psicanalítica Internacional, Leipzig e Viena; editada por K. Abraham, S. Ferenczi, E. Hitschmann, E. Jones und O. Rank. A partir dos volumes 6/1920 a 9/1923, títulos editados por O. Rank. V. 10/1924 editado por S. Ferenczi, O. Rank. Volumes 11/1925 a 18/1932 editados por M. Eitingon, S. Ferenczi, S. Radó. Volumes 19/1933 a 21/1935 editados por P. Federn, H. Hartmann, S. Radó. Volume 22/1936 editado por E. Bibring, H. Hartmann, S. Radó. Volume 23/1937 editado por E. Bibring e H. Hartmann. A partir do volume 24/1939, *Internationale Zeitschrift für Psychoanalyse und Imago*, editada por E. Bibring, H. Hartmann, W. Hoffe, E. Kris, R. Waelder; volumes 25/1940 e 26/1941, título e redação, como antes, "fundados por S. Freud".
Jb	*Anuário de pesquisas psicanalíticas e psicopatológicas*. Publicado por E. Bleuler/Zurique e S. Freud/Viena. Editado por C.G. Jung. Volumes 1/1910 a 5/1913, Leipzig e Viena: Franz Deuticke; último ano v. 6/1914 (título: *Jahrbuch der Psychoanalyse*). Publicado por S. Freud. Redação de K. Abraham e E. Hitschmann. Leipzig e Viena: Franz Deuticke.
Journal	Vide *IJ*.
Kürschner	*Kürschners deutscher Gelehrtenkalender*
LoC AF	Biblioteca do Congresso, Washington, divisão de manuscritos, coleção Sigmund Freud, *The Papers of Anna Freud*.
LoC SF	Biblioteca do Congresso, Washington, divisão de manuscritos, coleção Sigmund Freud, *The Papers of Sigmund Freud*.
ORC	Coleções especiais: Arquivo Otto-Rank, biblioteca de livros raros e manuscritos da Universidade de Columbia, Nova York.
Press	*The Psycho-Analytical Press*, London.
Ψ	Psico
ΨA	Psicanálise
ψα	psicoanalítico(a)
Review	*The Psychoanalytic Review. A Journal Devoted to an Understanding of Human Conduct*. Editado e publicado por William A. White, M.D., e Smith

Ely Jelliffe, M.D. 1º caderno nov. 1913 (1958-1969 editor honorário Theodor Reik). Várias modificações no subtítulo; de 1958 a 1962, fusão com a revista *Psychoanalysis*; v. 50 (1963).

S.A. Sigmund Freud, *Studienausgabe* (10 volumes e um volume adicional sem número), Frankfurt am Main: S. Fischer Verlag 1969-75.

Escritos *Escritos de Anna Freud* (dez volumes). Frankfurt am Main: Fischer Taschenbuch Verlag 1987.

S.E. *The Standard Edition of the Complete Psychological Works of Sigmund Freud* (24 volumes.). V. 1-23: publicados por James Strachey em parceria com Anna Freud, Alix Strachey e Alan Tyson. Colaborou Angela Richards. V. 24 (Registro geral, reunido por Angela Richards). Publicado por James Strachey em parceria com Anna Freud, Alix Strachey e Alan Tyson. Colaboração de Angela Richards. London: The Hogarth Press and the Institute of Psycho-Analysis 1953-74.

Standard Edition Vide *S.E.*

Verlag editora Psicanalítica Internacional, Viena – Leipzig – Zurique.

Zeitschrift Vide *IZ.*

Registros bibliográficos

Sigmund Freud

Os números dos anos aqui indicados se referem à obra *Freud-Bibliographie mit Werkkonkordanz*, coord. por Ingeborg Meyer-Palmedo e Gerhard Fichtner, 2ª ed. rev. e ampliada, Frankfurt am Main: S. Fischer 1999. Os números marcados com duplo asterisco ainda não existem por impresso, mas foram utilizados por Gerhard Fichtner na continuação da bibliografia geral.

Para cartas não publicadas de Freud, vide registro de material inédito.

Os números entre parênteses no final de cada indicação se referem ao número das cartas ou a designação das partes em cujas notas o respectivo texto é mencionado.

Biografia ilustrada de Freud:
Sigmund Freud. Sua obra em fotos e textos (Sein Leben in Bildern und Texten). Publicado por Ernst Freud, Lucie Freud e Ilse Grubrich-Simitis. Frankfurt am Main: Suhrkamp 1976. (Texto intermediário depois de 15.)

Obras:
(1877a) "Sobre a origem das raízes nervosas posteriores na medula espinhal de *Ammocoetes* (*Petromyzon planeri*, lampreia marinha)" *Acad. das Ciências*, Viena (Math.-Naturwiss. Kl.), 3ª parte, v. 75 (1877), p. 15-27. (32, 75)

(1877b) "Observações sobre a forma e a estrutura fina do órgão lobado da enguia descrito como testículos". *Acad. das Ciências*, Viena (Math.-Naturwiss. Kl.), 1ª parte, v. 75 (1877), p. 419-431. (32, 75)

(1878a) "Sobre os gânglios espinhais e a medula da lampreia marinha". *Acad. das Ciências*, Viena (Math.-Naturwiss. Kl.), 3ª parte, v. 78 (1878), p. 81-167. (32, 75)

(1881a) "Sobre a construção das fibras nervosas e células nervosas do caranguejo". *Acad. das Ciências. Viena* (Math.-Naturwiss. Kl.), v. 18, 1881, nº. 28, p. 275f. (75)

(1882a) "Sobre a construção das fibras nervosas e células nervosas do caranguejo". *Acad. Ciências Viena* (Math.-Naturwiss. Kl.), 3ª div., v. 85, 1882, p. 9-46. (75)

(1884b) "Um novo método para o estudo do trajeto das fibras no sistema nervoso cerebral". *Zbl. med. Wiss.*, v. 22, 1884, p. 161-163. (75)

(1884d) " Um novo método para o estudo do trajeto das fibras no sistema nervoso cerebral". *Arq. Anat. Fisiol.*, Div. Anat., 1884, p. 453-460. (75)

(1884f) "A estrutura dos elementos do sistema nervoso". *Anuário Neurol. Psiq.*, V. 5, 1884, p. 221-229. (Conferência na associação para Psiquiatria e Neurologia, 1882.) (75)

(1885d) "O conhecimento da substância interolivar". *Neurol. Zbl.*, v. 4, 1885, p. 268-270. (75)

(1886b) (Com L.O. Darkschewitsch) "A relação do corpo retiforme com os cordões posteriores e seus nós, com observações sobre as duas zonas do bulbo". *Neurol. Zbl.*, v. 5, 1886, p. 121-129. (75)

(1886c) "Sobre a origem do N.[ervus] custicus". *Mschr. Ohrenhk.*, N.F., v. 20, 1886, p. 245-251, 277-282. (75)

(1887f) "O sistema nervoso". in: *Ärztl. Versicherungsdiagnostik.* Editado por Eduard von Buchheim. Abschnitt 5, Viena 1887, p. 188-207. (75)

(1891a) (Com Oscar Rie) Estudo clínico da paralisia cerebral lateral das crianças (*Beiträge zur Kinderheilkunde*, caderno 3). Viena, 1891. (16, 34, 75)

(1891b) *Sobre a concepção da afasia. Estudo crítico.* Leipzig e Viena: Deuticke 1891. Reimpressão completa, editada por Paul Vogel, trabalhada por Ingeborg Meyer-Palmedo, introduzida por Wolfgang Leuschner. Frankfurt am Main: Fischer Taschenbuch Verlag 1992 (Também 10459). (71)

(1893b) *O conhecimento das diplegias cerebrais da infância, em relação com a doença de Little).* Viena 1893 (*Beiträge zur Kinderheilkunde*, N.F., caderno 3). (34, 75)

(1893d) "Sobre formas familiares de diplegias cerebrais". *Neurol. Zbl.*, v. 12, 1893, p. 512-515, 542-547. (75)

(1893f) "Charcot †". *G.W.*, V. 1, p. 21-35. (156)

(1893j) Colaboração com Rosenberg, Ludwig, *Colaborações casuísticas sobre conhecimentos das paralisias cerebrais infantis e da epilepsia.* Viena 1893 (*Beiträge zur Kinderheilkunde*, N.F., caderno 4), p. 92-111. (34)

(1893-94a) Artigos assinados in: *Enciclopédia diagnóstica para médicos.* Coord. Anton Bum e Moritz T. Schnirer, v. 1, 1893, e v. 3, 1894. Viena e Leipzig. (75)

(1895d[1893-95]) (Com Josef Breuer) *Estudos sobre a histeria. G.W.*, v. 1, p. 1-238 [sem o ensaio de Breuer], Apênd., p. 217f., 221-310 [partes de Breuer]. (74)

(1897a) *A paralisia cerebral infantil.* Parte II, Div. II, in: Hermann Nothnagel, *Specielle Pathologie und Therapie.* V. 9, Viena 1897. (75)

(1898a) "A sexualidade na etiologia das neuroses". *G.W.*, V. 1, P. 491-516; *S.A.*, V. 5, P. 11, 15-35. (156)

(1900a) *A interpretação dos sonhos.* Leipzig e Viena: Franz Deuticke 1900 [data antecipada em vez de 1899]. *S.A.*, v. 2. (16, 62, 71, 77, 105, 110, 150, Anexo 1[76])

Versão francesa: *La science des rêves*, trad. de Ignace Meyerson, Bibliothèque de Philosophie Contemporaine, Paris: Félix Alcan 1926. (184)

(1901a) *Sobre o sonho. G.W.*, v. 2/3, p. 643-700. (166, 194)

(1901b) *Sobre a psicopatologia da vida cotidiana (Über Vergessen, Versprechen, Vergreifen, Aberglaube und Irrtum. G.W.*, v. 4. (4, 5, 12, 65, 66, 99, 142, 144, 166)

(1904a[1903]) "O método psicanalítico freudiano". *G.W.*, v. 5, p. 3-10; *S.A.*, compl., p. 99, 101-106. (156)

(1904e) "Professor S. Hammerschlag" [Necrológio]. *G.W.*, apênd., p. 733f. (33)

(1905a[1904]) "Sobre a psicoterapia". *G.W.*, v. 5, p. 13-26; *S.A.*, compl. p. 107, 109-119. (156)

(1905d) *Três ensaios sobre a teoria da sexualidade. G.W.*, v. 5, p. 27-145; *S.A.*, v. 5, p. 37, 47-145. (166)

(1905e[1901]) "Fragmento da análise de uma histeria". *G.W.*, v. 5, p. 161-286; *S.A.*, v. 6, p. 83, 87-186. (110, 196)

(1906f) Resposta a um questionário *Sobre leitura e bons livros*. G.W., apênd., p. 662-664. (17, 20)

(1907a) *Delírios esonhos na Gradiva de W. Jensen*". G.W., v. 7, p. 29-122; S.A., v. 10, p. 9, 13-83; Fischer Também 10455 (com o texto do conto de Wilhelm Jensen e as observações e os grifos de Freud). (6)

(1908a) "Fantasias histéricas e sua relação com a bissexualidade". G.W., v. 7, p. 191-199; S.A., v. 6, p. 187, 189-195. (160)

(1908e[1907]) "O poeta e os devaneios". G.W., v. 7, p. 213-223; S.A., v. 10, p. 169, 171-179. (20)

(1908c) "Sobre teorias sexuais infantis". G.W., v. 7, p. 171-188; S.A., v. 6, p. 169, 171-184. (160)

(1909a) "Observações gerais sobre ataques histéricos". G.W., v. 7, p. 235-240; S.A., v. 6, p. 197, 199-203. (160)

(1909b) "Análise de uma fobia em um menino de cinco anos" [O pequeno Hans]. G.W., v. 7, p. 241-377; S.A., V. 8, p. 9, 13-122. (192, 196)

(1909d) "Observações sobre um caso de neurose obsessiva" [O homem dos ratos]. G.W., v. 7, p. 379-463; S.A., v. 7, p 31, 35-103. (196)

(1910a[1909]) *Cinco lições de psicanálise*, pronunciadas por ocasião dos vinte anos da Clark University em Worcester, Mass., set. 1909. G.W., v. 8, p. 1-60. (18, 125, 133, 166, 199)

(1910c) *Uma lembrança infantil de Leonardo da Vinci*. G.W., v. 8, p. 127-211; S.A., v. 10, p. 87, 91-159. (213)

(1910i) "O problema psicogênico da visão na concepção psicanalítica". Colaboração para a edição em homenagem ao prof. dr. Leopold Königstein. G.W., v. 8, p. 94-102; S.A., v. 6, p. 205, 207-213. (175)

(1911b) "Formulações sobre os dois princípios do funcionamento mental". G.W., v. 8, p. 230-238; S.A., v. 3, p. 13, 17-24. (257)

(1911c[1910]) "Observações psicanalíticas sobre um relato autobiográfico de um caso de paranóia (*Dementia parnoides*)" [Schreber]. G.W., v. 8, p. 239-316; S.A., p. 7, p. 133, 139-200. (196)

(1911j[1910]) Tradução com nota de pé de página adicional de: Putnam 1910, sob o título "Sobre a etiologia e o tratamento da psiconeuroses", *Zentralblatt für Psychoanalyse. Medizinische Monatsschrift für Seelenkunde*, v. 1, 1911, p. 137-154; a nota de rodapé in: G.W., apênd., p. 766. (49)

(1912a[1911]) "Apêndice ao caso de um relato autobiográfico de paranóia (*Dementia parnoides*)" [Schreber]. G.W., v. 8, p. 317-320; S.A., v. 7, p. 201-203. (196)

(1912i) Passagens introdutórias para: "Sobre algumas similaridades na vida psíquica dos selvagens e dos neuróticos". G.W., apênd., p. 743-745. (27)

(1912-13a *Totem e tabu*. G.W., v. 9; S.A., v. 9, p. 287, 291 *et seq.*, 295-444. (27)

(1913c) "Sobre a introdução do tratamento" ("Novos conselhos relativos à técnica da psicanálise I"). G.W., v. 8, p. 454-478; S.A., Erg., p. 181, 183-203. (77, 86)

(1913e) "Prefácio" para: Maxim[ilian] Steiner, *Os distúrbios psíquicos da potência masculina*. Leipzig – Viena 1913. G.W., v. 10, p. 451 *et seq.* (144)

(1913f) "O motivo da eleição do cofre". G.W., v. 10, p. 24-37; S.A., v. 10, p. 181, 183-193. (28, 87, 185)

(1913j) "O interesse pela psicanálise". G.W., v. 8, p. 389-420. (125)

(1914b) "O Moisés de Michelangelo". *G.W.*, v. 10, p. 172-201; *S.A.*, v. 10, p. 195, 197-220. (Anexo 1[16])

(1914c) "Introdução ao narcisismo". *G.W.*, v. 10, p. 137-170; *S.A.*, v. 3, p. 37, 41-68. (132)

(1914d) "Sobre a história do movimento psicanalítico". *G.W.*, v. 10, p. 43-113. (6, 43, 99, 166, 192)

(1914g) "Lembrar, repetir e processar" ("Novos conselhos relativos à técnica da psicanálise II"). *G.W.*, v. 10, p. 126-136; *S.A.*, compl., p. 205, 207-215. (43, 87)

(1915a[1914]) "Observações sobre o amor de transferência" ("Novos conselhos relativos à técnica da psicanálise III"). *G.W.*, v. 10, p. 306-321; *S.A.*, compl., p. 217, 219-230. (43, 87)

(1915b) "Considerações atuais sobre a guerra e a morte". *G.W.*, v. 10, p. 324-355; *S.A.*, v. 9, p. 33, 35-60. (61)

(1915c) "Pulsões e destinos de pulsões". *G.W.*, v. 10, p. 210-232; *S.A.*, v. 3, p. 75, 81-102. (54)

(1915d) "O recalque". *G.W.*, v. 10, p. 248-261; *S.A.*, v. 3, p. 103, 107-118. (54)

(1915e) "O inconsciente". *G.W.*, v. 10, p. 264-303; *S.A.*, v. 3, p. 119, 125-162. (54)

(1915i) "Nós e a morte". Palestra proferida em 16/2/1915 na organização B'nai B'rith em Viena. *Relatório bimestral para membros das organizações humanitárias israelenses-austríacas B'nai B'rith*, v. 18, 1915, nº 1, p. 41-51. [o conteúdo é praticamente idêntico ao do cap. II, "Nossa relação com a morte", de 1915b.] (61)

(1916a) "Sobre a transitoriedade". *G.W.*, v. 10, S. 358-361; *S.A.*, v. 10, S. 223, 225-227. (103)

(1916-17a[1915-17]) *Conferências de a introdução à psicanálise.* *G.W.*, v. 11; *S.A.*, v. 1, p. 33, 37-445. (72, 107, 144, 153, 163, 178, 277)

(1916-17c) "Uma relação entre um símbolo e um sintoma". *G.W.*, v. 10, p. 394 *et seq.* (160)

(1916-17f[1915]) "Complemento metapsicológico à teoria dos sonhos". *G.W.*, v. 10, p. 412-426; *S.A.*, v. 3, p. 175, 179-191. (54)

(1916-17g[1915]) "Tristeza e melancolia". *G.W.*, V. 10, S. 428-446; *S.A.*,v. 3, p. 193, 197-212. (54, 132)

(1917a[1916]) "Uma dificuldade da psicanálise". *G.W.*, v. 12, p. 3-12. (113)

(1917b) "Uma lembrança infantil de *Poesia e verdade*". *G.W.*, v. 12, p. 15-26; *S.A.*, v. 10, p. 255, 257-266. (78)

(1918a[1917]) "O tabu da virgindade" ("Ensaios sobre a psicologia da vida amorosa" III). *G.W.*, v. 12, p. 159-180; *S.A.*, v. 5, p. 211. 213-228. (82, 87)

(1918b[1914]) "História de uma neurose infantil" [O homem-lobo]. *G.W.*, v. 12, p. 27-157; *S.A.*, v. 8, p. 125, 129-231. (196)

(1919a[1918]) "Caminhos da terapia psicanalítica". *G.W.*, v. 12, p. 183-194; *S.A.*, compl., p. 239, 241-249. (77, 89)

(1919b) "Obituário James J. Putnam †", *G.W.*, v. 12, p. 315. (49)

(1919c) "Editora psicanalítica internacional e concessão de prêmios para trabalhos psicanalíticos". *G.W.*, v. 12, p. 333-336. (89, 114)

(1919f) "Victor Tausk †". *G.W.*, v. 12, p. 316-318. (96)

(1919g) "Introdução de: Theodor Reik, *Problemas da psicologia religiosa, Parte I: O ritual.* *G.W.*, v. 12, p. 325-329. (160)

(1919h) "O sinistro", *G.W.*, v. 12, p. 229-268; *S.A.*, v. 4, p. 241, 243-274. (15)
(1920b) "Sobre a pré-história da técnica analítica". *G.W.*, v. 12, p. 309-312. *S.A.*, compl., p. 251, 253-55. (100)
(1920c) "Obituário dr. Anton v. Freund †". *G.W.*, v. 13, p. 435 *et seq.* (80, 89, 96, 100)
(1920f) "Complemento à teoria dos sonhos". *G.W.*, acrésc., p. 622 *et seq.* (142)
(1920g) *Além do princípio do prazer*. *G.W.*, v. 13, p. 1-69; *S.A.*, v. 3, p. 213, 217-272. (95, 100, 112, 142, 157, 166)
(1921a) "Prefácio" [em inglês] para: James J. Putnam, *Addresses on Psycho-Analysis*. Londres – Nova York: editora Psicanalítica Internacional 1921, p. III-v. *G.W.*, v. 13, p. 437 *et seq.* (49)
(1921b) "Introdução" [em inglês] para: J. Varendonck (1921b). *G.W.*, v. 13, p. 439 *et seq.* (142)
(1921c) *Psicologia das massas e análise do eu*. *G.W.*, v. 13, p. 71-161; *S.A.*, v. 9, p. 61, 65-134. (110, 111, 114, 119, 132, 157)
(1921d) "Concessão de prêmios". *G.W.*, apênd., p. 711. (142, 163)
(1921e[1920]) Carta para Édouard Claparède (25/12/1920). *G.W.*, apênd., p. 750 *et seq.* (125)
(1922a) "Sonho e telepatia". *G.W.*, v. 13, p. 165-191. (163)
(1922b[1921]) "Alguns mecanismos neuróticos no ciúme, na paranóia e na homossexualidade". *G.W.*, v. 13, p. 195-207; *S.A.*, V. 7, p. 217, 219-228. (153, 175, 181)
(1922c) "Apêndice da análise da fobia de um menino de cinco anos". *G.W.*, v. 13, p. 431 *et seq.*; *S.A.*, v. 8, p. 123. (196)
(1922d) "Concurso". *G.W.*, apênd., p. 712. (163)
(1922f) "Sobre o inconsciente". *G.W.*, apênd., p. 730. (183)
(1923b) *O ego e o id*. *G.W.*, v. 13, p. 237-289; *S.A.*, v. 3, p. 273, 282-325. (132, 181, 183)
(1923g) Prefácio para: Max Eitingon, *Relato sobre a policlínica psicanalítica berlinense (março de 1920 a junho de 1922)*. Leipzig – Viena – Zurique 1923. *G.W.*, v. 13, p. 441. (100)
(1923h) Carta para Luis Lopez-Ballesteros y de Torres (7/5/1923) [em espanhol]. *G.W.*, v. 13, p. 442. (166)
(1923i) "Dr. Ferenczi Sándor (Para os cinqüenta anos)". *G.W.*, v. 13, p. 443-445. (8, 89)
(1924e) "A perda da realidade em neuroses e psicoses". *G.W.*, v. 13, p. 363-368; *S.A.*, v. 3, p. 355, 357-361. (257)
(1924g[1923]) Carta para Fritz Wittels (18/12/1923). *G.W.*, apênd., p. 754-758. (228)
(1925d[1924]) *Auto-retrato*. *G.W.*, v. 14, p. 31-36. (100)
(1925f) "Introdução" para: Aichhorn, A. 1925. *G.W.*, v. 14, p. 565-567. (170)
(1925j) "Algumas conseqüências psíquicas da distinção anatômica entre os sexos". *G.W.*, v. 14, p. 19-30; *S.A.*, v. 5, p. 253, 257-266. (203)
(1926e) *A questão da análise leiga*. *G.W.*, V. 14, p. 207-286; *S.A.*, Erg., S. 271, 275-341. (251)
(1926f) "Psycho-Analysis: Freudian School" [artigo, em inglês]. In: *Encyclopaedia Britannica*, 13ª edição, volume 3 novo, Londres 1926, p. 253-255. Orig. al.: *G.W.*, v. 14, p. 299-307. (126)
(1926j) Palestra para os membros da organização B'nai B'rith [Carta para Salomon Ehrmann]. *G.W.*, v. 17, p. 51-53. (61, 215)

(1926k) Nossa ordem [Carta para Friedrich Thieberger (27/1/1926]. Fac-símile completo in: Fichtner, Gerhard, "'Als ob'" es Freud wäre ... Ein angebliches Freud-Gedicht und sein Zusammenhang mit Freuds Menschenbild", *JB*, v. 33, 1994, p. 49-71; fac-símile p. 52. (61)

(1927a) "Epílogo sobre a *Questão da análise leiga*". *G.W.*, v. 14, p. 287-296; *S.A.*, compl., p. 342-349. (251)

(1927c) *O futuro de uma ilusão*. *G.W.*, v. 14, p. 325-380; *S.A.*, v. 9, p. 135, 139-189. (238, 244, 250)

(1927d) "O chiste". *G.W.*, v. 14, p. 383-389; *S.A.*, v. 4, p. 275, 277-282. (250)

(1927i) Telegrama aos participantes do X Congresso Psicanalítico Internacional em Innsbruck (2.9.1927), *IZ*, v. 13, 1927, p. 484. (251)

**(1927l) "Um manifesto da Viena espiritual" [Declaração], in: *Arbeiter-Zeitung*, Viena, ano 40., nº 108, quarta-feira, 20/4/1927, Morgenblatt, p. 1. (Fac-símile in: *Alfred Adler. Eine Bildbiographie*. Reunido e redigido por H. Rüdiger Schiferer com colaboração de Helmut Gröger e Manfred Skopec. Munique – Basiléia: Ernst Reinhardt 1995, p. 178. (246)

(1928b[1927]) "Dostoiévski e o patricídio". *G.W.*, v. 14, p. 399-418; *S.A.*, v. 10, p. 267, 271-286. (199)

(1929a) "Para os cinqüenta anos de Ernest Jones". *G.W.*, V. 14, p. 554 *et seq*. (41, 263)

(1930a) *O mal-estar na civilização*. *G.W.*, v. 14, p. 419-506; *S.A.*, v. 9, p 191, 197-270. (228, 257)

(1930b) "Vorwort" *Dez anos do Instituto Psicanalítico Berlinense (policlínica e instituição de ensino)*. *G.W.*, v. 14, p. 572. (100)

(1930d) "Prêmio Goethe 1930. Carta para dr. Alfons Paquet" (3/8/1930). *G.W.*, v. 14, p. 545 *et seq*.; *S.A.*, v. 10, p. 291. (270)

(1930e) "Discurso proferido na casa de Goethe, em Frankfurt" (28/8/1930). *G.W.*, v. 14, p. 547-550; *S.A.*, v. 10, p. 292-296. (270)

(1931g) Carta para Julius Tandler (nov. 1931). *G.W.*, apênd., p. 719. (110)

(1933a[1932]) *Nova seqüência de conferências introdutórias à psicanálise*. *G.W.*, v. 15; *S.A.*, v. 1, p. 447, 449-608. (72, 96)

(1933b[932]) "Por que a guerra?" [Carta para Albert Einstein (set. 1932)]. *G.W.*, v. 16, p. 13-27; *S.A.*, v. 9, p. 271, 275-286. (289)

(1933c) "Sándor Ferenczi †". *G.W.*, v. 16, p. 267-269. (8)

(1935b) "A sutileza de um ato falho". *G.W.*, v. 16, p. 37-39. (Anexo 3)

(1935e) Carta para B'nai B'rith. *B'nai B'rith Mitteilungen für Österreich*, ano 35, 1935, caderno 9/10, p. 193. (61)

(1936d) "Pelo falecimento do Professor Braun". *G.W.*, apênd., p. 735. (215)

(1937a) "Lou Andreas-Salomé †". *G.W.*, v. 16, p. 270. (153)

(1939d[1910-35]) Seis cartas para Adolph J. Storfer, *Gelbe Post* (Shanghai), v. 1, 1939, caderno 1, p. 9-11. (162)

(1939a[1934-38]) *Moisés e o monoteísmo: três ensaios*. *G.W.*, v. 16, p. 103-246; *S.A.*, v. 9, p. 455, 459-581. (296)

(1940a[1938]) *Esquema da psicanálise*. *G.W.*, v. 17, p. 63-138, e apênd., p.749 (completo na Fischer – Também 10434). (298)

(1941d[1921]) Psicanálise e telepatia. *G.W.*, v. 17, p. 25, 27-44. (142, 153)

(1956i[1921-37]) Carta para Girindrarsekhar Bose, *Samiska. Journal of the Indian Psychoanalytical Society*, v. 10, 1956, p. 104-110, 155-166. (Reimpressão in *J. Amer. Psychoanal. Ass.*, v. 12, 1964, p. 110-134.) (159)

(1960a[1873-1939]) *Cartas 1873-1939*. Seleção e org. de Ernst e Lucie Freud. 3ª ed. corr. Frankfurt am Main: S. Fischer 1980. (Introd., 1, 11, 15, 16, 18, texto intermediário depois de 18, 19, 20, 39, 42, 47, 57, 61, 80, 110, 126, 146, 149, 151, 157, 159, 161, 189, 195, 210, 211, 287, 296-298, Anexo 1²)

(1962a[1921]) Carta para Leonard Blumgart (12/5/1921) [em inglês; fac-símile]. In: Martin Wangh, *Fruition of an idea: fifty years of psychoanalysis in New York*. Nova York 1962, p. 89, 91. (Segundo anexo de 154.)

(1963a[1909-39]) Cartas para Oskar Pfister. In: Sigmund Freud/Oskar Pfister, *Cartas 1909-1939*. Coord. Ernst L. Freud e Heinrich Meng. 2ª ed. Frankfurt am Main: S. Fischer 1980. (Introd., 13, 18, texto intermediário depois de 106).

(1965a[1907-26]) Vide Freud/Abraham.

(1965g[1928]) Carta ao presidente da B'nai B'rith em Braila (22/4/1928) [in 1989*a*]. (61)

(1966a[1912-36]) Vide Freud/Andreas-Salomé.

(1966b[1930]) "Introdução" de: S. Freud e W.C. Bullitt, *Thomas Woodrow Wilson, Twenty-eighth President of the United States: A Psychological Study*. G.W., apênd., p. 686-692. (296)

(1968a[1927-39]) Cartas para Arnold Zweig. In: Sigmund Freud/Arnold Zweig, *Correspondência*. Org. Ernst L. Freud. 3ª ed. Frankfurt am Main: S. Fischer 1968. (Introd., 294, 297)

(1974a[1906-13]) *Vide* Freud/Jung.

(1971a[1909-16]) Cartas para James J. Putnam. In: *James Jackson Putnam and Psychoanalysis*, Letters between Putnam and Sigmund Freud, Ernest Jones, William James, Sándor Ferenczi, and Morton Prince, 1877-1917. Edited by Nathan G. Hale, Jr. Tradução de textos em alemão por Judith Bernays Heller. Cambridge, Mass.: Harvard University Press 1971. (49)

(1976l[1914]) Carta para William Alanson White de 17/7/1914 [na tradução inglesa]; Reimpressão in: Jelliffe 1983, p. 195 *et seq*. (113)

(1977j[1910-15]) Sete cartas para Paul Häberlin. In: Kamm, Peter, *Paul Häberlin. Vida e obra*, v. 1, Thun 1977, p. 254-257, 387 *et seq*. (16)

(1979d[1937]) Carta para o presidente da organização B'nai B'rith em Viena, out. 1937). In: Hugo Knoepfmacher, p. 70f. (61)

(1985a[1915]) "Visão geral das neuroses de transferência" [Esboço do XII ensaio metapsicológico de 1915. G.W., apênd., p. 634-651. (54)

(1985c) *Carta para Wilhelm Fliess 1887-1904*. Ed. sem cortes. Org. de Jeffrey M. Masson; Edição da versão alemã de Michael Schröter; transcr. de Gerhard Fichtner. Frankfurt am Main: S. Fischer Verlag 1986. (2, 5, 16, 34, 45, 49, 50, 52, 61, 74, 98, 101, 114, 127, 133, 134, 175, texto intermediário depois de 201, 257)

(1985d[1903-26]) Cartas para Anna von Vest. In: Stefan Goldmann, "Sigmund Freuds Briefe an seine Patientin Anna von Vest", *Jb*, v. 17, 1985, p. 269-295. (146)

(1987a[1923]) Lista de correções da carta para Fritz Wittels (vide 1924g). G.W., apênd., p. 756-758. (228)

(1987c[1908-1938) Cartas para Stefan Zweig, in: Zweig, Stefan, *Correspondência com Hermann Bahr, Sigmund Freud, Rainer Maria Rilke e Arthur Schnitzler*. Org. de Jeffrey

B. Berlim, Hans-Ulrich Lindken e Donald A. Prater. Frankfurt am Main: S. Fischer 1987. (Introd.)

(1989a[1871-81,1910]) Cartas para Eduard Silberstein. In: Freud, Sigmund, *Cartas juvenis para Eduard Silberstein 1871-1881*. Org. Walter Boehlich. Frankfurt am Main: S. Fischer 1989. (50)

(1992a[1908-38]) *Vide* Freud/Binswanger.

(1992g[1908-33]) *Vide* Freud/Ferenczi.

(1992i[1929-39]) "Kürzeste Chronik" [Fac-símile]. In: *Sigmund Freud. Diário 1929-1939. Kürzeste Chronik*. Org. e introd. por Michael Molnar. Trad. por Christfried Tögel. Basiléia – Frankfurt am Main 1996, p. 30-69. (57, 71, 74, 162, 208. 254, Texto intermediário depois de 255, 257, 270, 271, 273, 277, 287-289, 294, 296-298, Anexo 3)

(1992l[1921-39]) Cartas para Joan Riviere [em inglês e traduzidas para o inglês.]. In: Hughes, p. 268-283. (157, 192, 196, 287)

(1993e[1908-39]) *vide* Freud/Jones

(1993hh[o.J.]) Champollion (Notícia sobre o significado de desejos infantis). In: Grubrich-Simitis 1993, p. 166. (62)

(1995c[1925-32]) Sándor Radó [trad. inglês]. In: Paul Roazen/Bluma Swerdloff, *Heresy: Sándor Radó and the psychoanalytic movement*. Northvale, N.J. – Londres: Jason Aronson 1995, p. 151-173. (133)

**(1995n[1913]) Cartão de visitas para Christoph (V) Hartung von Hartungen (5/9/1913). Fac-símile in: Albino Tonelli, *Ai confini della Mitteleuropa. Il Sanatorium von Hartungen di Riva del Garda. Dai fratelli Mann a Kafka gli ospiti della cultura europea*. Riva del Garda 1995, p. 346. (33)

(1996g[1911-38]) Vide Freud/Sam.

(1997e[1920]) Carta para Arthur Lippmann (15/2/1920). In: Andrae, p. 110. (156)

**(2002b[1873-1939]) Cartas em viagem para a família. In: *Unser Herz zeigt nach dem Süden. Reisebriefe 1895-1923*. Coord. Christfried Tögel com colaboração de Michael Molnar. Berlim: Aufbau-Verlag 2002. (Introd., 1, 2-4, 6, 8, 11, 12, 13, 14, 34, 125, 200, 201, 226, 235, 270, 281, Anexo 1[1, 42, 69, 79])

**(2002c[1908]) Observações sobre rostos e homens (13/9/1908). In: Freud (2002b), p. 250-255. (4)

**(2003e[1911,1912]) Duas cartas para a família (12/7/1911, 3/9/1912). Impressões parciais in: Gödde 2003, p. 162, 141f. [Para outras partes ver "Materiais inéditos".] (16, Texto intermediário depois de 18, 19, 71, 127, 285)

**(2003l[1885]) Carta para Rosa Freud (18/3/1885) [Fac-símile completo]. In: Fichtner 2003. (16)

**(2004d[1888-1932]) Cartas, cartões e telegramas para Marie e Moritz Freud. In: Christfried Tögel; Michael Schröter, "Sigmund Freud. Cartas para Maria (Mitzi) Freud e sua família", *Luzifer-Amor*, v. 17, 2004, caderno 33, p. 51-72; as cartas p. 51-62. (texto intermediário depois de 18, 134, 135)

**(2004h[1906-39]) *Vide* Freud/Eitingon.

Correspondência:

Freud/Abraham:

Sigmund Freud/Karl Abraham. Cartas 1907-1926. Coord. Hilda C. Abraham e Ernst L. Freud. 2., ed. revista Frankfurt am Main: S. Fischer 1980. (6, 16, 18, 20, 41, 43, 45, 46,

56, 58, 61, 67, 74, 76, 78, 80, 81, 84, 87, 96, 99-101, 103, texto intermediário depois de 106, 107, 110, 112, 123, 125, 126, 128, 131, 133, 151, 153, 162, 165, 192, 199, 203, 277)
Ed. inglesa: *The Complete Correspondence of Sigmund Freud and Karl Abraham 1907-1925*. Edição completa, transcrita e editada por Ernst Falzeder, traduzida por Caroline Schwarzacher, com a colaboração de Christine Trollope & Klara Majthényi King. Introdução de André Haynal & Ernst Falzeder. Londres – Nova York: Karnac 2002. (17)

Freud/Andreas-Salomé:
Sigmund Freud/Lou Andreas-Salomé. Correspondência. Editado por Ernst Pfeiffer. 2ª edição revista Frankfurt am Main: S. Fischer 1980. (Introd., 12, 16, 36, 54, 71-74, 78, 80, 84, 89, 91, 96, 100, 107, 112, 125, 126, 153-155, 157, 168, 174, 183, 185, 257, 260, 262, 269, 273, 287)

Freud/Bernays:
Sigmund Freud/Minna Bernays, Correspondência 1882-1938. Coord. Albrecht Hirschmüller. Tübingen: edition diskord 2005. (1, 6, 7, 14, 28, 33, 34, 45, 71, 74, 98, 122, 133, 146, 147, 156, 161, 168, 170, 174, 175, 196, texto intermediário depois de 295, 296, 297)

Freud/Binswanger:
Sigmund Freud/Ludwig Binswanger. Correspondência 1908-1938. Coord. de Gerhard Fichtner. Frankfurt am Main: S. Fischer 1992. (5, 15, 16, 17, 96, texto intermediário depois de 106, 107, 123, 133, 212, 251, 296)

Freud/Eitingon:
Sigmund Freud/Max Eitingon. Correspondência 1906-1939. Coord. Michael Schröter. 2 volumes Tübingen: edition diskord 2004. (Introd., 57, 76, 89, 96, 99, 100, texto intermediário depois de 106, 107, 108, 114, 115, 117, 124, 125, 127, 129, 131, 132, 137, 138, 142, 144, 149, 153, 154, 156, 159, 162, 165, 167, 168, 174, 183, 197, texto intermediário depois de 201, 203, 209, 210, 212, 216, 223, 228, 236, 238, 244, 250-253, 257, 277, 287-289, 291, texto intermediário depois de 295, 296, 297)

Freud/Ferenczi:
Sigmund Freud/Sándor Ferenczi. Correspondência. Coord. Eva Brabant, Ernst Falzeder, colaboração de Patrizia Gimpieri-Deutsch. Dir. técnica de André Haynal. Transcr. de Ingeborg Meyer-Palmedo. Viena – Colônia – Weimar: Böhlau Verlag.
– V. I/1 (1908-1911): 1993. (3-8, 11, 14-16, 18, 71, 77, 82, 83, 133, 287, 297)
– V. I/2 (1912-1914): 1993. (18, texto intermediário depois de 18, 119, 20, 28, 32-34, 37, 39-42, 52, 58, 60, 82, 99, 126)
– V. II/1 (1914-1916): 1996. (Introd., 36, 41-43, 46-50, 58, 59, 61, 66-69, 71-75, 82)
– V. II/2 (1917-1919): 1996. (14, 47, 50, 74, 76-84, 87, 89, 91, 92, 95, 96, 99-104, 106, texto intermediário depois de 106, 110, 112, 114, 123, 133, 174, 219, 287)
– V. III/1 (1920-1924): 2003. (Introd., 3, 43, 74, 76, 82, 83, 96, 100, texto intermediário depois de 106, 107, 109, 110, 112, 114, 115, 117, 119, 121, 123-126, 128, 129, 132, 137, 138, 146, 150, 151, 153, 155, 156, 159, 161-163, 165, 166, 174, 175, 181-184, 187, 189, 192, 194-198, texto intermediário depois de 201, 203, 211, 238, 244, 259, 287, 291)
– V. III/2 (1925-1933): 2005. (Introd., 6, 8, 74, 82, 100, 104, 131, 146, 155-157, 162, 164, 170, 208-215, 223, 228, 244, 253, texto intermediário depois de 255, 256, 257, 259, 270, 271, 287, 291, texto intermediário depois de 295)

Freud/Jones:
A correspondência completa entre Sigmund Freud e Ernest Jones 1908-1939. Coord. R. Andrew Paskauskas. Introdução de Riccardo Steiner. Cambridge, Mass. – Londres,

Engl.: The Belknap Press of Harvard University Press 1993. Teor original das cartas de Freud escritas em alemão: *Correspondência entre Sigmund Freud e Ernest Jones 1908-1939*. Transcrição e editoração de Ingeborg Meyer-Palmedo. Frankfurt am Main: S. Fischer 1993. (Introd., 14, 17, 18, texto intermediário depois de 18, 19, 22, 27, 36, 39, 41-47, 60, 89, 91, 92, 95, 96, 98-101, 106, texto intermediário depois de 106, 107, 108, 113, 117, 123, texto intermediário depois de 123, 125, 126, 128, 131, 133, 134, 138, 144, 148, 153, 154/2, 155-163, 170, 179, 184, 185, 196, 197, 202-204, 216, 223, 236, 246, texto intermediário depois de 255-257, 259, 262, 263, 270, 287, 289, 294, texto intermediário depois de 295, 297, 298)

Freud/Jung:

Sigmund Freud/C.G. Jung. Correspondência. Publicado por William McGuire e Wolfgang Sauerländer. No Brasil; Correspondência completa de Sigmund Freud e Carl. G. Jung, Ed. Imago, Rio de Janeiro, 1993, 651 p. (Correspondência no período de 1906 a 1914).

Freud/Sam:

Correspondência com Sam [Soloman] Freud [trad. francesa sob o título: *Lettres de famille de Sigmund Freud et des Freud de Manchester 1911-1938*. Coord. Thomas Roberts (sem menção ao nome). Traduzido do inglês por Claude Vincent. Paris 1996]. Graças à gentil autorização de Thomas Roberts, as citações feitas aqui são do manuscrito original ainda inédito *Vienna and Manchester. The Correspondence between Sigmund Freud and Sam Freud 1911-1938*. Editado por Thomas Roberts. Com prefácio de Harald Leupold-Löwenthal. Dezembro 1995. (11, 18, 42, 45, 46, 103, texto intermediário depois de 106, 115, 120, texto intermediário depois de 123, 124-126, 128-131, 133-135, 138, 146, 148, 149, 154, 155)

Anna Freud

As *Obras* de Anna Freud estão citadas de acordo com a edição de bolso de dez volumes (acrescida de mais três), *Die Schriften der Anna Freud (Os escritos de Anna Freud)*. 1ª edição Munique, Kindler 1980), volumes I a X, Frankfurt am Main: Fischer Taschenbuch Verlag 1987. Essa edição contém ainda uma detalhada história da edição no volume X, p. 2943-2979.

Para cartas não publicadas de Anna Freud, caso não estejas referidas, vide registro de material inédito.

Os números entre parênteses no final de cada indicação se referem ao número da carta ou às partes em cujas notas o escrito é mencionado.

Obras:

(1922) "Fantasias e sonhos diurnos de uma criança espancada". Discurso proferido em 31/5/1922 durante a 20ª sessão da Sociedade Psicanalítica Vienense, *Imago*, v. 8, 1922, p. 317-332. In: *Escritos I*, p. 141-159. (168)

[Trad. inglesa.: "The Relation of Beating Phantasies to a Day Dream", *IJ*, v. 4, 1923, p. 89-102.] (236)

(1927a) *Introdução à técnica da análise infantil*. Quatro conferências no instituto da Sociedade Psicanalítica Vienense, Leipzig – Viena – Zurique: editora Psicanalítica Internacional 1927. In: *Escritos I*, p. 9-75. [A 2ª ed. de 1929 contém a conferência "Sobre a teoria da análise infantil" (1928).] (Introd., 209, 215, 216, 228, 238, 244, 259)

(1927b) "Sobre a teoria da análise infantil". Conferência durante o X Congresso Psicanalítico Internacional em Innsbruck, 1927. In: *IZ*, v. 13, 1927, p. 477. [Versão editada vide (1928).] (216, 252)

(1927c) "Discurso da srta. Anna Freud (Viena, a.G.): Sobre a técnica da análise infantil", Relatório sobre a sessão do dia 19 de março de 1927, *IZ*, v. 13, 1927, p. 367. (209)

(1927d) "A relação entre análise infantil e educação". Quarta conferência das "Quatro conferências sobre análise infantil" (contido em 1927a). In: *Escritos I*, p. 57-75. (160)

(1928) " Sobre a teoria da análise infantil". Versão revista da conferência (1927b), in: *IZ*, v. 14, 1928, p. 153-162 [Contido na 2ª ed. de (1927a)]. In: *Escritos I*, p. 165-177. (252, 259)

(1929a) "As relações entre psicanálise e pedagogia". Quarta conferência das "Quatro conferências sobre psicanálise para professores e pais" (1930), *Zeitschrift für psychoanalytische Pädagogik*, v. 3, p. 445-454. In: *Escritos I*, p. 125-138. (257)

(1929b) "Uma contrapartida à fobia infantil de animais". Conferência proferida durante o XI Congresso Psicanalítico Internacional em Oxford, 28/7/1929. In: *IZ*, V.15, 1929, p. 518. (Repetição da palestra com debate na Sociedade Psicanalítica Vienense em 26/2/1930, vide *IZ*, v.16, 1930, p. 547). O conteúdo da conferência entrou como cap. 6 (A renegação da fantasia) na parte II de (1936). In: *Escritos I*, p. 257-268. (262)

(1930) " Quatro conferências sobre psicanálise para professores e pais", 2ª conferência: "Das infantile Triebleben". In: *Escritos I*, p. 95-108. (160)

(1933) "Os mecanismos neuróticos sob a influência da educação". Conferência em 5/9/1932 no XII Congresso Psicanalítico Internacional em Wiesbaden. Resumo na ata do congresso: *IZ*, v. 19, 1933, p. 247. As idéias desta conferência entraram no cap. 4 ("Os mecanismos de defesa") da parte I do livro de Anna (1936). In: *Escritos I*, p. 233-243. (289)

(1936) *O eu e os mecanismos de defesa*. Viena: editora psicanalítica internacional. In: *Escritos I*, p. 191-355. (7, 25, 262, 289)

(1951) Necrológio "August Aichhorn: 27 de julho de 1878 – 17 de outubro de 1949", *IJ*, v. 32, 1951, p. 51-56; também in: *Escritos V*, p. 1591-1604. (170)

(1953) "A influência das pulsões no comportamento humano". In: *Escritos V*, cap. 23, p. 1473-1500. (160)

(1965) *Caminhos e descaminhos na educação infantil*. Berna – Stuttgart: Huber/Klett 1968. Também como: *Escritos VIII*. (22, 160)

(1967[1964]) "Discurso proferido por ocasião da outorga do título de doutor honoris causa", in: *Escritos VII*, p. 2087-2095. (Introd.)

(1971[1942]) Com Dorothy Burlingham: *Filhos da guerra, relatório sobre o lar infantil Hampstead Nurseries*. Londres: Imago Publishing Co. 1949 [original inglês de1942]; Reimpressão in: Anna Freud, Dorothy Burlingham e colaboradores, *Crianças sem pátria*, a aplicação do saber psicanalítico na pedagogia infantil. Frankfurt am Main: S. Fischer 1971, p. 1-61 [Também como "12º relatório janeiro de 1942" in: *Escritos II*, p. 496-561]. (47, 160, 212)

(1972 [1971]) "Observações sobre a agressão". Palestra final do XXVII Congresso Psicanalítico Internacional em Viena, julho de 1971. Primeira edição em inglês. Alemão in: *Schriften X*, p. 2773-94. (168)

(1974) "Introdução de "Introdução à psicanálise. Conferências para analistas de crianças e professores 1922-1935". In: *Escritos I*, p. 3-8. (99)

(1979) "Personal Memories of Ernest Jones", *IJ*, v. 60, 1979, p. 271-273.

Cartas:

Anna/Eva:

Anna Freud: Cartas para Eva Rosenfeld. Coord. Peter Heller. Ed. alemã: trad. das introduções e notas por Sabine Baumann. Basiléia – Frankfurt am Main: Stroemfeld/Nexus 1994. (Introd., 12, 58, 96, 98, 102, 131, 132, 146, 147, 158, 212, texto intermediário depois de 255-257, 261, 270-272, 281, 287, 288)

Anna/Lou:

Lou Andreas-Salomé – Anna Freud. Correspondência 1919-1937. Coord. Daria A. Rothe e Inge Weber, transcr.: Dorothee Pfeiffer. 2 v. Göttingen, Wallstein 2001. (Introd., 14, 16, 19, 26, 28, 29, 31, 36, 53, 73, 79, 96, 101, 103, 110, 120, 128, 131, 141, 146, 147, 151, 153, 155-160, 162, 165-168, 170, 172-175, 181, 183-185, 188-200, texto intermediário depois de 201, 202-204, 206, 208, 209, 212, 213, 216, 218, 219, 223, 244, 252, texto intermediário depois de 255, 257, 266, 269, 271, 281, 287, 294, 295, Anexo 2)

Traduções:
de Jones 1915 (60, 69, 74)
de Jones 1918 (96)
de Jones 1920a (96, 125, 142)
de Jones 1922b (96)
de J.J. Putnam 1913 (49, 60, 69, 74)
de Varendonck 1921b (142, 161)

Demais bibliografias

Os títulos de livros e revistas estão em itálico, e os títulos dos textos neles contidos entre aspas. Os números acrescentados entre parênteses no final de cada indicação indicam os números das cartas ou as partes em cujas notas o título é mencionado.

Para textos não listados aqui, ver o registro de material inédito.

Abraham, Hilda:
– 1971: "Os primórdios da associação psicanalítica em Berlim" ("Die Anfänge der psychoanalytischen Vereinigung in Berlin"). In: H. Abraham e outros. *Psychoanalyse in Berlin. Beiträge zur Geschichte, Theorie und Praxis*. Publicação por ocasião dos quinhentos anos do Instituto Psicanalítico Berlinense (Karl Abraham-Institut), Meisenheim: Anton Hain 1971, p. 11-25. (20, 162)

– 1976: *Karl Abraham. Uma vida pela psicanálise (Sein Leben für die Psychoanalyse)*. München 1976. (20)

Abraham, Karl:
(Vide também: Freud/Abraham)
– 1924: "Obituário dr. Rudolf Foerster †" , *IZ*, V. 10, 1924, p. 103 *et seq.* (162)
– 1927-1950: *Selected Papers of Karl Abraham, M.D.*, London, Hogarth Press and Institute of Psycho-Analysis 1927, 1942, 1950. (160)

Abraham e Hárnik:
Karl Abraham e J. Hárnik, "Patologias especiais e terapia das neuroses e psicoses" ("Spezielle Pathologie und Therapie der Neurosen und Psychosen"), *Bericht über die Fortschritte der Psychoanalyse 1914-1919*, Viena, editora Psicanalítica Internacional 1921, p. 141-163. (160)

Aichhorn, August:
– 1923: "Sobre a educação em reformatórios" ("Über die Erziehung in Besserungsanstalten"), *Imago*, v. 9, 1923, p. 189-221. (170)
– 1925: *Juventude abandonada, a psicanálise na educação dos reformatórios* (*Verwahrloste Jugend. Die Psychoanalyse in der Fürsorgeerziehung*). Dez palestras introdutórias. Leipzig – Viena – Zurique: editora Psicanalítica Internacional 1925. (170)

Aichhorn, Thomas:
"A psicanálise só cresce onde há liberdade de pensamento" ("Die Psychoanalyse kann nur dort gedeihen, wo Freiheit des Gedankens herrscht"), *Luzifer-Amor. Zeitschrift für Geschichte der Psychoanalyse*, ano 16, 2003, caderno 31, p. 106-123. (170)

Alexander, Franz:
– 1922: "Complexo de castração e caráter, uma análise de sintomas passageiros" ("Kastrationskomplex und Charakter; eine Untersuchung über passagère Symptome"), *IZ*, v. 8, 1922, p. 121-152.
– 1966: "Sandor Rado; b. 1890. The Adaptational Theory". In: *Psychoanalytic Pioneers*. Ed. por Franz Alexander, Samuel Eisenstein & Martin Grotjahn. Nova York – London: Basic Books 1966, p. 240-248. (133)

Ammann, Anneliese C.:
Schliersee e o teatro camponês (*Schliersee und sein Bauerntheater*. Geschichte und Geschichten zum hundertjährigen Bestehen). Dachau: Verlagsanstalt "Bayerland" 1992. (95)

Andrae, Matthias:
A perseguição aos médicos judeus no hospital de S. Georg em Hamburgo durante o nazismo (*Die Vertreibung der Jüdischen Ärzte des Allgemeinen Krankenhauses Hamburgo – St. Georg im Nationalsozialismus*). Hamburgo 1997 (Med. Diss. Univ. Hamburgo). (156)

Andreas-Salomé, Lou:
(Vide também: Anna/Lou; Freud/Andreas-Salomé)
– 1921: "O narcisismo como direção dupla" (Narzissmus als Doppelrichtung), *Imago*, v. 7, 1921, p. 361-386. [Reimpressão in: Lou Andreas-Salomé, *O sorriso ambíguo do erotismo, textos sobre a psicanálise* (*Das "zweideutige" Lächeln der Erotik. Texte zur Psychoanalyse*). Coord. Inge Weber e Brigitte Rempp. Freiburg i.Br.: Kore 1990, p. 191-222.] (169)
– 1951: *Retrospecto de uma vida* (*Lebensrückblick. Grundriss einiger Lebenserinnerungen*). Coord. Ernst Pfeiffer. Citações da edição revista e ampliada com epílogo do editor. Frankfurt am Main: Insel Verlag 1974 (it 54). (153, 167)

– 1958: *Na escola de Freud, diário de 1912/1913 (In der Schule bei Freud. Tagebuch eines Jahres 1912/1913)*. Coord. Ernst Pfeiffer. Zurique 1958. Cit. segundo a ed.integral Frankfurt am Main – Berlim – Viena: Ullstein 1983 (Ullstein livro de bolso 35174). (33, 36, 153)

Anzieu, Didier:
Auto-análise de Freud e a descoberta da psicanálise (Freuds Selbstanalyse und die Entdeckung der Psychoanalyse). V. I: 1895-1898, V. II: 1898-1902. Trad. do original francês por Eva Moldenhauer. Munique – Viena: Verlag Internationale Psychoanalyse 1990. (75)

Appignanesi e Forrester:
Lis Appignanesi e John Forrester, *As mulheres de Sigmund Freud (Die Frauen Sigmund Freuds)*. Trad. do inglês por Brigitte Rapp e Uta Szyszkowitz. Munique – Leipzig: List 1994. (42, 74, 100, 110)

Armbruster:
Os trens de montanha do Tirol (Die Tiroler Bergbahnen). Eng. Karl Armbruster, inspetor-chefe da Südbahn i.R. Berlim – Londres – Viena: Verlag für Fachliteratur [1914]; Cap. V. (p. 106-122): "Die Rittnerbahn. (Von Bozen nach Klobenstein.)" (14)

Aron, Willy:
Notas sobre os antepassados e contatos judaicos de Sigmund Freud (Notes on Sigmund Freud's Ancestry and Jewish Contacts), *YIVO, Annual of Jewish Social Sciences*, V. 11, 1956/57, p. 286-295. (77)

Árvore genealógica Lange:
Hanns-Walter Lange, *Genealogical Tree of the Freud Family* [constituída pela árvore genealógica e dezenove páginas de tabelas, incl. adendos,1989"]. Idem, *A Genealogical Study of the Bernays Family* [constituída de árvore genealógica e 35 páginas de tabelas, p. 36-74 "Table IIa", bem como "Genealogical Tree IIb" e p. 75-99 "Table IIb"]. Londres 1987. (1, 3, 4, 6, 11, 12, 16, 20, 36, 42, 49, 54, 98, 99, 104, 115, 119, 120, 127, 131, 150, 162, 167, 168, 175, 192, 208)

Asch, Joseph Jefferson:
N.N., "In Memoriam Joseph Jefferson Asch, M.D., 1880-1935", *The Psychoanalytic Quarterly*, V. IV, 1935 [p. 630]. (Segundo anexo de 154)

Atlas:
Andrees Allgemeiner Handatlas. Com registro completo de nomes em volume especial, 6ª ed. revista e ampliada, org. dr. Ernst Ambrosius. Bielefeld e Leipzig: Velhagen & Klasing 1914. (85)

Badgastein. Liste:
Badgastein. Lista de hóspedes com indicação do ano e número do hóspede. (69, 74, 75, 93, 95, 102, 109, 110, 114, 117, 119, 149, 152, 175, 178, 181)

Baedeker, Karl:
– 1923: *Guia para viajantes: Tirol, Vorarlberg e partes de Salzburgo e Kärnten*, 37ª ed. Leipzig 1923, p. 424. (72, 95, 98, 153, 175, 198)

– 1926: *Áustria, guia para viajantes*, 30ª ed., Leipzig: 1926. (39)

Balint, Michael:
– 1970: "Introdução do editor" de: Sándor Ferenczi, *Escritos sobre a psicanálise (Schriften zur Psychoanalyse)*. Seleção em dois volumes. Coord. Michael Balint. Série "Conditio humana", v. I, Frankfurt am Main: S. Fischer 1970, p. IX-XXII. (8)

– 1988: "Introdução ao diário" [de S. Ferenczi (orig. 1969)]. Alemão in: Ferenczi 1988, p. 32-36. (287)

Bannach, Hans-Joachim:
"O significado científico do antigo Instituto Psicanalítico de Berlim" ("Die wissenschaftliche Bedeutung des alten Berliner Psychoanalytischen Instituts"). In: H. Abraham e outros, *Psicanálise em Berlim, ensaios sobre a história, a teoria e a prática (Psychoanalyse in Berlin. Beiträge zur Geschichte, Theorie und Praxis)*. Edição comemorativa dos quinhentos anos do Instituto Psicanalítico Berlinense (Karl Abraham-Institut). Meisenheim: Anton Hain 1971, p. 31-39. (100, 131)

Colaborações:
Colaboração sobre a história e a cultura do Ausseerland (Beiträge zur Kultur – und Heimatgeschichte des Ausseerlandes 1975-1994). Coord. Literatur – und Heimatmuseum Altaussee, Kulturzentrum Steinberghaus [Altaussee] 1995. (116)

Bennet, Edward Armstrong:
– 1963: *C.G. Jung. Aspectos da vida e obra*. Zurique – Stuttgart: Rascher 1963. (297)
– 1985: *Meetings with Jung. Conversations Recorded During the Years 1946-1961*. 2ª ed. Zurique: Daimon 1985. (297)

Instituto Psicanalítico Berlinense:
Zehn Jahre Berliner Psychoanalytisches Institut (Poliklinik und Lehranstalt). Publicado pela Sociedade Psicanalítica Alemã, Viena – Leipzig – Zurique: editora Psicanalítica Internacional 1930. (100)

Berman, Emanuel:
"Sándor, Gizella, Elma: A biographical journey", *IJ*, v. 85, 2004, p. 489-520. (259, 287)

Bernays, Edward L.:
– 1967: *Biografia de uma idéia (Biographie einer Idee. Die Hohe Schule der PR. Lebenserinnerungen)*. Trad. do inglês americano por Ulf Pacher. Editor da ed. al.: Carl Hundhausen. Com uma introdução do autor para a edição alemã. Düsseldorf – Viena: Econ 1967. [Contém, nas páginas 179-202, excertos da correspondência entre Edward Bernay com Sigmund Freud.] (98, 99, 107, 119, 130, 137, 138)
– 1980: "Uncle Sigi", *Journal of the History of Medicine and Allied Sciences*. A Quarterly. V. 35, Abril 1980, p. 216-220. (107)

Berthelsen, Detlef:
O dia-a-dia na família Freud, memórias de Paula Fichtl (Alltag bei Familie Freud. Die Erinnerungen der Paula Fichtl). Epílogo de Friedrich Hacker. Hamburgo: Hoffmann und Campe 1987. (298)

Bertin, Célia:
A última Bonaparte, a princesa de Freud (Die letzte Bonaparte. Freuds Prinzessin. Ein Leben). Trad. do francês por Christa von Petersdorff. Freiburg (Breisgau): Kore, 1989. (214, 229, 231, 238, texto intermediário depois de 295)

Enciclopédia biográfica:
Bad Reichenhaller Biographisches Lexikon. Dedicado à cidade de Bad Reichenhall pelo autor W. Lossen, 1951 [manuscrito]. (98)

Bittner, Günther:
"Anna Freud: cartas para Eva Rosenfeld. Um comentário psicanalítico". In: Anna/Eva (1994), p. 13-31. (98, 158, 174, 208, 212, Texto intermediário depois de 255, 256)

Bloomsbury:
Bloomsbury/Freud. The Letters of James and Alix Strachey 1924-1925, editado por Perry Meisel & Walter Kendrick. Nova York: Basic Books 1985. Ed. alemã.: *Kultur und Psychoanalyse in Bloomsbury und Berlin. Die Briefe von James und Alix Strachey 1924-1925.* Org. de Perry Meisel e Walter Kendrick. Traduzido do inglês e com prefácio de Rotraut De Clerck. Stuttgart: Verlag Internationale Psychoanalyse 1995. (27, 29, 86, 128, 156, 196)

Blum, Ernst:
Perfil de Sigmund Freud – memórias particulares. (Das Menschenbild von Sigmund Freud – persönliche Erinnerungen), *Schweizerische Zeitschrift für Psychologie und ihre Anwendungen/Revue Suisse de Psychologie pure et appliquée,* v. 15, 1956, p. 141-147 (Texto para a série "Encontros de suíços com Freud e sua obra", in: *ibid.,* p. 103-151). (157)

Boadella, David:
Wilhelm Reich. Vida e obra do homem que reconheceu na sexualidade o problema da sociedade moderna e apontou novos rumos para a psicologia *(Wilhelm Reich. Leben und Werk des Mannes, der in der Sexualität das Problem der modernen Gesellschaft erkannte und der Psychologie neue Wege wies).* Traduzido do inglês por Karl Heinz Siber. Frankfurt am Main; Fischer Taschenbuch Verlag 1983 (Também 6760). (209)

Bolzinger, André:
– 1999a: "A recepção de Freud na França" ("Freud als Nervenpathologe, seine Rezeption in Frankreich vor 1910"), *Fortschritte der Neurologie und Psychiatrie,* v. 67, 1999, p. 337-346. (43)
– 1999b: *La réception de Freud en France.* Paris: Harmatton 1999. (43)

Brauen, Fred:
"Athanasius Kircher (1602-1680)", *Journal of the History of Ideas,* v. 43, jan-mar 1982, p. 129-134. (Anexo 1[45])

Braunthal, Julius:
Otto Bauer, uma seleção de sua obra (Otto Bauer. Eine Auswahl aus seinem Lebenswerk. Mit einem Lebensbild Otto Bauers. Viena: Wiener Volksbuchhandlung o.J. [1961]. (110, 130, 132, 179, 246)

Brecht *et al.*:
Karen Brecht/Volker Friedrich/Ludger M. Hermanns/Isidor Kaminer/ Dierk H. Juelich (org.), *Hier geht das Leben auf eine sehr merkwürdige Weise weiter.... Sobre a história da psicanálise na Alemanha.* Catálogo e coleção de material para exposição com o mesmo título, por ocasião do XXXIV Congresso da Sociedade Psicanalítica Internacional em Hamburgo de 28/7 a 2/8/1985. [Hamburgo]: Michael Kellner 1985. (Texto intermediário depois de 255, 257)

Briehl, Walter:
"Wilhelm Reich, 1897-1957, análise de sua personalidade", in: *Psychoanalytic Pioneers.* Ed. por Franz Alexander, Samuel Eisenstein & Martin Grotjahn. Nova York – Londres: Basic Books 1966, p. 430-438. (209)

Brill, Abraham A.:
"Revisão crítica. Prof. Sigmund Freud: A questão da análise leiga", *The Journal of Nervous and Mental Disease,* v. 65, janeiro-junho 1927, p. 412-420. Um trecho desta crítica foi publicado depois na série de debates "Discussion on lay analysis" in: *IJ,* v. 8, 1927, p. 220-222, versão alemã in *IZ,* v. 13, 1927, p. 318-320. (238)

Brome, Vincent:
Ernest Jones, o alter ego de Freud (Ernest Jones, Freud's Alter Ego). New York – London: Norton 1983. (41, 42)

Brunswick, Mark:
- 1971: N.N., "Mark Brunswick, composer, is dead", *The New York Times*, 28 de maio de 1971, p. 36. (228)
- 2002: Na Internet (2 dez. 2002): "Mark Brunswick. CRI artist category Composer", http://www.composersrecordings.com/artist*bio.cfm/artist_id/1278. (228)*

Bühler:
Guia Bühler: *Bad Reichenhall, Berchtesgaden und Salzburger Land*, 36ª ed., ano 98., Bad Reichenhall 1959. Com mapa dos arredores em escala 1:25.000. (98, 101)

Mapa dos arredores do guia Bühler "Bad Reichenhall, Berchtesgaden und Salzburger Land", 1959. (101)

Bulletin:
Bulletin of the Hampstead Clinic, v. 6, 1983, parte 1, "Anna Freud Memorial Issue". (297)

Burlingham, D.:
(Vide também: Anna Freud 1971)
"Dorothy Burlingham Memorial Issue", *The Bulletin of the Hampstead Clinic*, v. 3, 1980, parte 2. (212)

Burlingham, M.:
Michael John Burlingham, *The Last Tiffany. A Biography of Dorothy Tiffany Burlingham.* Nova York: Atheneum 1989. (208, 212, 213, 215, 216, 244, 256, 257, 259, 270, 273, 279, 281, 283, 287, 288, texto intermediário depois de 295, 298, Anexo 3)

Chaussy, Ulrich:
Hitler como vizinho: o culto ao "Führer" e a destruição da pátria na região do Obersalzberg (Nachbar Hitler. Führerkult und Heimatzerstörung am Obersalzberg). Com fotos atuais de Christoph Püschner. 3ª ed. atualizada. Berlim: Ch. Links 2001. (256, 257)

Cifali-Lecoultre, Mireille:
"Notas acerca da primeira tradução de uma obra de Sigmund Freud", *Revue internationale d'histoire de la psychanalyse*, v. 4, 1991, p. 291-305 [com fac-símile da carta de Freud (1921e) na p. 304f.]. (125)

Clark, L. Pierce:
Estudo dos fatores somáticos primários em neuroses compulsivas e obsessivas (A study of primary somatic factors in compulsive and obsessive neuroses), *IJ*, c. 1, 1920, p. 150-160. (111)

Cremerius, Johannes:
Introdução do editor" para: Karl Abraham, *Estudos psicanalíticos para a formação da personalidade e outros escritos*, Frankfurt am Main: S. Fischer, 1969, p. 11-33 (idêntico com Karl Abraham, *Psychoanalytische Studien*, Obras reunidas em dois volumes, v. I, Frankfurt am Main: S. Fischer 1971, p. 11-33). (20)

Czeike, Felix:
- 1984: *Viena. História em documentos ilustrados.* Munique: C.H. Beck 1984. (16, 110, 126, 213)
- 1999: *Viena. Arte, cultura e história da metrópole no Danúbio.* Guia de viagem artístico. Colaborou Helga Czeike. Colônia. DuMont 1999. (110, 138)

De Clerck, Rotraut:
O sonho de um mundo melhor: Psicanálise e cultura em meados dos anos 20 em Berlim e Londres. Prefácio para a tradução de *Bloomsbury.* Stuttgart: editora Psicanalítica Internacional 1995, p. 9-40. (156)

Delago, Hermann:
Dolomiten Wanderbuch. Com e mapas para excursões. 6ª ed. ampliada e melhorada. (19.-25. Tsd.). Innsbruck – Viena – Munique: Tyrolia-Verlag 1960. (2)

d'Erme, Elisabetta:
"Os bairros da Renascença". In: *Merian. Das Monatsheft der Städte und Landschaften,* Novembro de 1991, caderno Heft: "Roma". Hamburgo: Hoffmann und Campe 1991, p. 157-159. (Anexo 1[63, 66, 72])

Deutsch, F.:
Felix Deutsch, "Reflections on Freud's One Hundredth Birthday", *Psychosomatic Magazine,* v. 18, 1956, p. 279-283. (197, texto intermediário depois de 201)

Deutsch, Helene:
– 1925: "Relatório sobre o Instituto Pedagógico da Soc. Psicanalítica Vienense"", *IZ,* v. 11, 1925, p. 522-524. (166)
– 1932: "Instituto pedagógico e ambulatório", *IZ,* v. 18, 1932, p. 278-280. (151)
– 1994: *Selbstkonfrontation. Eine Autobiographie.* Trad. do inglês por Brigitte Stein. Ed. ampliada. Série "Geist und Psyche" (Também 11813) Frankfurt am Main: Fischer Taschenbuch Verlag 1994. (166)

Donn, Linda:
Freud e Jung, biografia de um conflito (Freud und Jung. Biographie einer Auseinandersetzung). Trad. do inglês por Michael Benthack. Hamburgo: Kabel 1990. (297)

Dräger, Käthe:
"Algumas observações sobre as circunstâncias e a trajetória da psicanálise e da psicoterapia na Alemanha entre 1933 e 1949". In: H. Abraham e outros, *Psicanálise em Berlim (Psychoanalyse in Berlim. Beiträge zur Geschichte, Theorie und Praxis).* Publicação por ocasião dos festejos dos quinhentos anos do Instituto Psicanalítico Berlinense (Karl Abraham-Institut). Meisenheim: Anton Hain 1971, p. 40-49. (131)

Dupont, Judith:
(Vide também: Ferenczi 1988)
Um trauma prematuro do movimento psicanalítico (Ein frühes Trauma der psychoanalytischen Bewegung. Introd. de: Freud/Ferenczi III/1, p. 9-42. (156)

Ebner-Eschenbach, Marie v.:
Hirzepinzchen. Ein Märchen (1890). 4ª ed. Stuttgart – Berlim – Leipzig: Union Deutsche Verlagsges. [c. 1905]. (140)

Edmunds, Lavinia:
"His master's choice", *Johns Hopkins Magazine* (Baltimore, Md.), v. 40, 1988, p. 40-49. (156, 181, 188)

Eitingon, Max:
(Vide ainda: Freud/Eitingon)
– 1920: "Sobre a inauguração da policlínica psicanalítica de Berlim", *IZ,* v. 6, 1920, p. 97 *et seq.* (100)

- 1922: "Relatório sobre a policlínica psicanalítica de Berlim (março de 1920 a junho de 1922)", *IZ*, v. 8, 1922, p. 506-520. [Auch als Sonderdruck: Leipzig – Viena – Zurique: Internationaler Psychoaanalytischer Verlag 1923. (100, 125, 131, 132)
- 1927: Bericht über die Internationale Unterrichts-Kommission auf dem IPV-Kongreß in Innsbruck, *IZ*, V. 13, 1927, p. 480-489. (203)

Ekstein, Rudolf:
"Sigmund Freud e a política". In: Jörg Wiese (org.), *Chaos und Regel. Die Psychoanalyse in ihren Institutionen*. Göttingen: Vandenhoeck & Ruprecht 1992, p. 204-215. (246)

Engelhardt, Dietrich v. (org.):
Enciclopédia biográfica de médicos de fala alemã. Munique: K.G. Saur 2002. (6, 215)

Engelman, Edmund:
Sigmund Freud. Viena IX. Berggasse 19. Fotografias e retrospecto. Introdução e legendas de Inge Scholz-Strasser. Viena: Christian Brandstätter 1993. (163)

Erikson:
Erik and Joan Erikson, "Dorothy Burlingham's School in Vienna". *The Bulletin of the Hampstead Clinic*, v. 3, 1980, parte 2, "Dorothy Burlingham Memorial Issue", p. 91-94. (208)

Eschbach e Willenberg:
Achim Eschbach e Gabi Willenberg, "Karl Bühler". In: *Vertriebene Vernunft II. Emigration und Exil österreichischer Wissenschaft*. Internationales Symposium 19 a 23 de outubro de 1987 em Viena. Viena – München: Jugend und Volk 1988, p. 297-305. (246)

Etzersdorfer, Irene:
Arisiert. Eine Spurensuche im gesellschaftlichen Untergrund der Republik. Com prefácio de Peter Huemer. Capítulo sobre *A história lamentável de uma jóia austríaco, o Sanatorium Purkersdorf*, p. 99-121. Viena: Kremayr & Scheriau 1995. (161)

Fallend, Karl:
- 1987: "Contatos tardios. Reich – Trotzki – Briefe", *Werkblatt* (Salzburg), o.J. [1987], p. 75-83. (209)
- 1988: *Wilhelm Reich em Viena, psicanálise e política*. Viena – Salzburg: Geyer-Edition 1988. (209)
- 1995: *Exóticos, sonhadores, sensitivos (Sonderlinge, Träumer, Sensitive)*. Psychoanalyse auf dem Weg zur Institution und Profession. Atas da Sociedade Psicanalítica Vienense e estudos biográficos. (Publicações do Instituto Ludwig Boltzmann para História e Sociedade, v. 26.) Viena: Jugend & Volk 1995. (101, 126, 151, 209)

Fallend e Nitzschke:
Karl Fallend e Bernd Nitzschke (org.), *O caso Wilhelm Reich. (Beiträge zum Verhältnis von Psychoanalyse und Politik)*. Frankfurt am Main: Suhrkamp 1997 (stw 1285). (209)

Fallend e Reichmayr:
Karl Fallend e Johannes Reichmayr (org.), *Siegfried Bernfeld ou os limites da psicanálise, materiais sobre vida e obra*. Basel 1992. (99)

Federn, Ernst:
(Vide também: Heenen-Wolf; Plänkers e Federn; *Protokolle*; Wittenberger 1992)
- 1971: "Trinta e cinco anos com Freud. Pelos cem anos de Paul Federn, em 13 de outubro de 1971", *Psyche*, v. 25, 1971, p. 721-737. (187)
- 1974: "Sobre a história do movimento psicanalítico", *Psyche*, v. 28, 1974, p. 461-471. (187)

- 1988: "A emigração de Anna e Sigmund Freud, um caso de estudo". In: Friedrich Stadler (Hrsg.), *Vertriebene Vernunft II. Emigration und Exil österreichischer Wissenschaft*. Simpósio internacional, 19 a 23 de outubro de 1987 em Viena. Viena – Munique: Jugend und Volk 1988, p. 247-250. (Texto intermediário depois de 295)

Federn, Paul:
- 1924: Obituário Varendonck †, *IZ*, v. 10, 1924, p. 203f. (142)
- 1933: "Sándor Ferenczi, nascido em 16 de julho de 1873, falecido em 22 de maio de 1933". Fala durante sessão solene comemorativa da Sociedade Psicanalítica Vienense em 14 de junho de 1933, *IZ*, v. 19, 1933, p. 305-321. (8)

Fellner, Günter:
"A perseguição aos judeus". Cap. XII in: *Resistência e perseguição em Salzburgo 1934-1945*. Org. pelo arquivo de documentação do movimento de resistência austríaco (Dokumentationsarchiv des österreichischen Widerstandes). Viena: Österreichischer Bundesverlag, e Salzburg: Universitätsverlag Anton Pustet 1991, v. 2, p. 432-473. (93)

Ferenczi, Sándor:
(Vide também: Freud/Ferenczi)
- 1910: "Sobre a necessidade de uma união mais estreita dos seguidores dos ensinamentos e das propostas de Freud para a criação de uma organização internacional permanente". Conferência proferida durante o II Congresso Psicanalítico em 30/31 de março de 1910 em Nürnberg. *Jb*, v. II/2, 1910, p. 48 *et seq*. Publicado com o título de "Sobre a organização do movimento psicanalítico" (com um apêndice) in: Sándor Ferenczi, *Bausteine zur Psychonalyse, V. I: Theorie*. Viena – Leipzig – Zurique: Internationaler Psychoanalytischer Verlag 1927, p. 275-289. (8)
- 1929: "Progressos da técnica analítica". Palestra no XI Congresso Psicanalítico Internacional em Oxford em 18/7/1929, *IZ*, v. 15, 1929, p. 515. (259)
- 1933: "Confusão lingüística entre o adulto e a criança. A língua do afeto e a língua da paixão". Conferência proferida durante o XII Congresso Psicanalítico Internacional em Wiesbaden, em 3/9/1932 (anunciada com o título de "As paixões dos adultos e sua influência no desenvolvimento sexual e de personalidade dos filhos" in: *IZ*, v. 19, 1933, p. 242); *IZ*, v. 19, 1933, p. 5-15. Também in: Sándor Ferenczi, *Escritos sobre a psicanálise*. Seleção em 2 volumes. Coord. Michael Balint. Série "Conditio humana", v. II. Frankfurt am Main: S. Fischer 1972, p. 303-313. (287)
- 1988: *Não há cura sem simpatia (Ohne Sympathie keine Heilung. Das klinische Tagebuch von 1932)*. Coord. Judith Dupont. ed. al.: Frankfurt am Main: S. Fischer 1988. (287)

Ferenczi/Groddeck:
Sándor Ferenczi/Georg Groddeck. correspondência 1921-1933. [Ed. francesa original: *Correspondence (1921-1933)*, Paris: Payot 1982].) Trad. das partes francesas por Joachim A. Frank, das partes em húngaro por Beatrix Geröli. Frankfurt am Main: Fischer Taschenbuch Verlag 1986 (Também 6786). 287)

Fichtner, Gerhard:
(Vide também Freud/Binswanger; Fichtner e Hirschmüller)
- 1992: "Introdução" de: Freud/Binswanger, p. IX-XXXI. Frankfurt am Main: S. Fischer 1992. (17)
- 2003: "Freud como missivista. [2.] Uma mudança súbita ... Uma carta de Freud para a sua irmã Rosa do ano de 1885" [vide também Freud 2003l], *Jb*, v. 47 (2003), p. 195-205; a carta p. 197-202. (16)

Fichtner e Hirschmüller:
Gerhard Fichtner e Albrecht Hirschmüller, *A Katharina de Freud – história e significado de um caso de doença psicanalítica*, Psyche, V. 39, 1985, p. 220-240. (74)
Fischer, E.:
Eugenia "Vida e obra de Nicolai Iegrafovitch Ossipov", *Luzifer-Amor. Zeitschrift für Geschichte der Psychoanalyse*, ano 8, 1995, caderno 16, p. 77-86. (199)
Fischer, Isidor (org.):
– 1932/33: *Enciclopédia biográfica dos médicos destacados dos últimos cinqüenta anos.* 2 volumes org. e editado por dr. I. Fischer. Berlim e Viena 1932/1933. (6, 33, 74, 106, 127)
– 1962: *Enciclopédia biográfica dos médicos destacados dos últimos cinqüenta anos e continuação da enciclopédia biográfica dos médicos destacados de todos os tempos e povos.* Org. e ed. de dr. I. Fischer. 2ª e 3ª edição, Munique, Berlim: Urban & Schwarzenberg 1962. (144, 156)
– 2002: *Enciclopédia biográfica dos médicos destacados dos últimos cinqüenta anos.* De Isidor Fischer †. Volumes III-IV: Apêndices e complementos, ed. e org. por Peter Voswinckel. V. 3. (Ab-Kom): Hildesheim-Zurique-Nova York: Georg Olms Verlag 2002. (71)
Floericke, Kurt:
"Panorama do movimento conservacionista". In: *Kosmos – Handweiser für Naturfreunde*, caderno 12, 1909), impresso em: *Nationalpark Berchtesgaden*, o.J. [depois de 1979], p. 28-34. (257)
Freud, Martin:
Meu pai, Sigmund Freud. Trad. do inglês por Brigitte Janus-Stanek. Heidelberg: Mattes 1999. [Ed. Edições originais: *Glory reflected – Man and Father*, 1957. *Sigmund Freud – Man and Father*, Nova York: The Vanguard Press 1958.] (Introd., 1, 2, 3, 4, 5, 11, 14, 16, 33, 37, 47, 91, 102, 104, 122, 149, 162, 199, 244, 295, 297)
Freud, Sophie:
Minhas três mães e outras paixões (Meine drei Mütterund andere Leidenschaften, Frausein, Liebe, Lebensmitte). Trad. do inglês de Brigitte Stein. Munique: Deutscher Taschenbuch Verlag 1992 (Também 15099). (104, 159, texto intermediário depois de 295)
Freud, W. Ernest:
– 1987: "Os Freud e os Burlingham na Berggasse: memórias particulares" (1987). In: *Die Sigmund Freud-Vorlesungen 1970-1988.* Org. por Harald Leupold-Löwenthal e Inge Scholz-Strasser. Viena – Colônia: Böhlau 1990, p. 200-214. (Introd., 54, 146, 208, 211, 212, 218, 244, 256, 271, 277, 298)
– 1988: "Lembranças pessoais da anexação em 1938", *Sigmund Freud House Bulletin*, v. 12/nº 2, Winter 1988, p. 13-18. (146, texto intermediário depois de 295)
Freud-Bernays, Anna:
Uma vienense em Nova York. As memórias da irmã de Sigmund Freud. Org. de Christfried Tögel. Berlim: Aufbau-Verlag 2004. (36, 58, 67, 98, 99, 115, 119, 128, 149)
Freudiana:
Freudiana. From the Collections of the Jewish National and University Library. Exhibited in the Berman Hall of the Library. March, 28th – April, 13th, 1973. Compilado e editado por Reuben Klingsberg. Jerusalém: The Jewish National and University Library 1973. (60, 107)

Freytag-Berndt:
Mapa turístico para excursionistas, folha 19, Goldberg-Ankogelgruppe, Radstädter Tauern, 1:100.000, nº 493-58, o.J. (com texto).

Gardiner, Muriel:
"Tributo particular para Anna Freud", *Bulletin of the Hampstead Clinic*, v. 6, 1983, parte 1, *Anna Freud Memorial Issue*, p. 63-65. (Introd., 295)

Gast, Lilli:
Joan Riviere. Escritos selecionados. Tübingen: edition diskord 1996 (Série "Teóricas da psicanálise", v. 1). (157)

Gay, Peter:
Freud. Uma biografia para o nosso tempo. Trad. do inglês de Joachim A. Frank. Frankfurt am Main: S. Fischer 1989. (Introd., 5, 6, 50, 72, 90, 96, 128, 154, 156, 182, 187, 197, texto intermediário depois de 295, 296)

Gicklhorn:
Josef e Renée Gicklhorn, *A carreira acadêmica de Sigmund Freud à luz dos documentos*. Viena – Innsbruck: Urban & Schwarzenberg 1960. (19, 27, 71, 99, 153)

Glover, Edward:
Obituário de Walter Schmideberg, *IJ*, v. 36, 1955, S. 213-215. (161)

Gödde, Günter:
– 1999: *Tradições do inconsciente: Schopenhauer, Nietzsche, Freud*. Tübingen: edition diskord 1999. (100)
– 2003: *Mathilde Freud, a filha mais velha de Sigmund Freud a partir de cartas e outros escritos próprios*. Giessen: Psychosozial-Verlag 2003 (Edition Kore). (Introd., 5, 10, 11, 12, 17, texto intermediário depois de 18, 19, 26, 98, 101, 127, 138, 146, 163, 257, 298)

Goldschmidt, Georges-Arthur:
Quando Freud viu o mar. Freud e a língua alemã (Als Freud das Meer sah. Freud und die deutsche Sprache). Trad. do francês de Brigitte Große. Zurique: Ammann 1999. (43)

Grosskurth, Phyllis:
The Secret Ring: Freud's Inner Circle and the Politics of Psychoanalysis. Toronto: MacFarlane, Walter & Ross 1991. (174)

Grotjahn, Martin:
"Franz Alexander 1891-1964. The Western Mind in Transition". In: *Psychoanalytic Pioneers*. Ed. por Franz Alexander, Samuel Eisenstein & Martin Grotjahn. Nova York – London: Basic Books 1966, p. 384-398. (163)

Grubrich-Simitis, Ilse:
(Vide também: *Biografia ilustrada de Freud*)
– 1978: "Cronologia da vida de Sigmund Freud", in: Sigmund Freud, *Edição da obra em dois volumes*, v. 2. Frankfurt am Main: p. Fischer 1978, p. 541-566. (34)
– 1981: "Introdução para *Bausteine der Freud-Biographik*, p. 7-48. (99)
– 1985: Metapsicologia e metabiologia. Sobre o rascunho de Sigmund Freud do panorama das neuroses de transferência", in: Freud, Sigmund, *Übersicht der Übertragungsneurosen. Ein bisher unbekanntes Manuskript* . Editado e acrescentado de um ensaio por Ilse Grubrich-Simitis. Frankfurt am Main: S. Fischer 1985, p. 83-119. (54)

- 1986: "Six Letters of Sigmund Freud and Sándor Ferenczi on the interrelationship of psychoanalytic theory and technique", *International Review of Psycho-Analysis*, v. 13, 1986, p. 259-277. (Introd.)
- 1993: *Voltando aos textos de Freud. Fazer com que documentos mudos falem.* Frankfurt am Main: S. Fischer 1993. (95, 107, 112, 142, 157, 163, 175, 251, 298)
- 1994: "Não há nada mais grandioso, rico e misterioso do que a alma. Correspondência entre Freud e Einstein", in: *Neue Rundschau*, ano 105. 1994, caderno 1, p. 107-118. (210)
- 1995a: "Acabo de chegar com Anna. Sobre um cartão-postal de Sigmund Freud, por ocasião dos cem anos de Anna Freud", *Frankfurter Rundschau*, nº 287, 9/12/1995, p. ZB 2. (texto intermediário depois de 201, Anexo 1[10])
- 1995b: *O livro original da psicanálise. (Urbuch der Psychoanalyse*, Hundert Jahre *Studien über Hysterie* von Josef Breuer und Sigmund Freud). (Textos para a reimpressão da edição original dos *Estudos sobre histeria* 1895.) Frankfurt am Main: S. Fischer 1995. (Introd.)
- 2004: *O Moisés de Michelangelo e a ousadia de Freud.* Frankfurt am Main: S. Fischer 2004. (Anexo 1[16])
- 2005: "Wie sieht es mit der Beheizung – und Beleuchtungsfrage bei Ihnen aus, Herr Professor?" Por ocasião da publicação da correspondência Freud-Eitingon, *Psyche*, v. 59, 2005, p. 266-290. (Introd., 154)

Günther, Henning:
Sigmund Freud. Uma biografia ilustrada. Colônia: Benedikt Taschen 1987. (163)

Hajos e Zahn:
E.M. Hajos/L. Zahn, *Arquitetura berlinense do pós-guerra.* Com uma introdução de E. Redslob, Reichskunstwart. Com XI textos ilustrados e 146 ilustrações. Série "Nova arquitetura das grandes cidades". Org. dr. Leopold Zahn. Berlim: Albertus-Verlag 1928. (164)

Halban, Dési[rée], org.:
(Colaboração de Ursula Ebbers), *Selma Kurz, a cantora e o seu tempo.* Stuttgart – Zurique: Belser 1983. (149)

Hall, Murray G.:
História das editoras austríacas 1918-1938. 2 v. Viena – Colônia – Graz: Böhlaus Nachf. 1985. (126)

Harmat, Paul:
Freud, Ferenczi e a psicanálise húngara. Com introdução de Béla Grunberger. Tübingen: edition diskord 1988. (98, 133, 163)

Haynal, André:
Observações introdutórias de: *Sigmund Freud/Sándor Ferenczi – Correspondência*, V. I/1. Viena-Köln-Weimar: Böhlau 1993, p. 17-41. (7)

Heenen-Wolf, Susann:
"Helene Deutsch (1884-1982)". In: Ernst Federn/Gerhard Wittenberger (org.), *Aus dem Kreis um Sigmund Freud. Zu den Protokollen der Wiener Psychoanalytischen Vereinigung.* Frankfurt am Main: Fischer Taschenbuch Verlag 1992 (Também 10809), p. 158-161. (166)

Heller, Peter:
(Vide tb. Anna/Eva)
"Observações sobre o pano de fundo e os principais temas das cartas". In: Anna/Eva (1994), p. 73-107. (98, 146, 158, 208, 212, texto intermediário depois de 255, 257, 287)

Hermanns e Schultz:
(Vide tb. Schultz e Hermanns)
Ludger M. Hermanns/Ulrich Schultz, "Quase me tornei berlinense – Sigmund Freud no Sanatorium Schloss Tegel", *Zeitschrift für psychoanalytische Theorie und Praxis*, v.5, 1990, p. 78-88. (Texto intermediário depois de 255)
Hinterbrandner, Josephsen.:
Remando no Königssee, memórias de um velho remador (Von der alten Ruderschiffahrt am Königssee. Erinnerungen eines ehemaligen Ruderers und Stegwarts). Editado e organizado por Helene Hinterbrandner. Schönau am Königssee: Plenk 1996. (102)
Hinterseer e Krisch:
Gastein e sua história. Prof. SR Sebastian Hinterseer. Atualizado e reeditado por Laurenz Krisch. 5ª ed. totalmente revista e ampliada, Bad Gastein: Verlag F. u. Ch. Feichter 1996. (75)
Hirschmüller, Albrecht:
(Vide também Fichtner e Hirschmüller; Freud/Bernays)
– 1978: *Fisiologia e psicanálise na vida e obra de Josef Breuer.* Bern: Hans Huber 1978. (*Jb*, Beiheft 4.) (74, 126)
– 1989: "A Mathilde de Freud, outro resto diurno do sonho de Irma". *Jb*, v. 24, 1989, p. 128-159. (71)
– 1991: *O encontro de Freud com a psiquiatria. (Von der Hirnmythologie zur Neurosenlehre).* Tübingen, Edition diskord: 1991.
Enciclopédia histórica:
Historisches Lexikon der Schweiz, Basel: Schwabe & Co. Desde 1998: www.dhs.ch. (oeaw. ac.at/oebl/service + biographie.net/de/). (157)
Hitschmann, Eduard:
"Dez anos de ambulatório psicanalítico vienense (1922-1932)", *IZ*, v. 18, 1932, p. 265-271. (151)
Holzner, Rudolf:
"A velha Gastein. A história de uma família" [Straubinger]. Salzburgo – Stuttgart: Verlag "Das Berglandbuch" 1957. (75)
Horney, Karen:
Sociedade Psicanalítica Alemã (Deutsche Psychoanalytische Gesellschaft), relatório de atividades no primeiro e segundo quadrimestres de 1930, *IZ*, v. 16, 1930, p. 534-537. (277)
Hosp, Inga:
Ritten, a região e sua gente nas montanhas (Ritten. Land und Leute am Berg). Com um epílogo de dr. Bruno Hosp. Meran: Tappeiner 1984. (14)
Huber, Nikolaus:
As lendas de Untersberg (Die Sagen vom Untersberg). Coletadas e comentadas por Nikolaus Huber. 2ª ed. Salzburgo: Heinrich Dieter 1901. (95)
Hughes, Athol:
"Letters from Sigmund Freud to Joan Riviere (1921-1939)", *International Review of Psychoanalysis*, v. 19, 1992, p. 265-284. (157)
Hunnius, Curt:
Hunnius enciclopédia farmacêutica (Hunnius Pharmazeutisches Wörterbuch), 8ª ed. revista e ampliada por Artur Burger e Helmut Wachter. Berlim – Nova York: Walter de Gruyter 1998. (83)

Huppke, Andrea:
"A história da editora Psicanalítica Internacional" (Zur Geschichte des Internationalen Psychoanalytischen Verlages). In: *Luzifer-Amor. Zeitschrift für Geschichte der Psychoanalyse*, ano 9., 1996, caderno 17/18, p. 7-33. (89)

Jelgersma, Gerbrandus:
Vida espiritual inconsciente (Unbewußtes Geistesleben). Conferência proferida por ocasião dos 339 anos da Universidade de Leiden, em 9 de fevereiro de 1914, primeiro suplemento da *IZ*, 1914. (99)

Jelliffe, Smith Ely:
– 1925: Smith Ely Jelliffe, "Freud, Anna. The Relation of Beating Phantasies to a Day Dream" [esse era o título da tradução do ensaio de Anna (1922) publicada in *IJ*, v. 4, 1923, p. 89-103, erschienen], *The Psychoanalytic Review*, v. 12, 1925, p. 117-119 [p. 117 erroneamente como: "*The* day dream"]. (236, 238)
– 1927: "Freud, Anna. Beating Phantasies and Day Dreams", *Journal of Nervous and Mental Disease*, v. 65 (Jan.-Jun) 1927, caderno 4 (abril), p. 442-444. [Trata-se de uma reimpressão com poucas alterações de Jelliffe 1925, que se baseou na tradução inglesa (1923) da conferência de Anna (1922). (In *The Psychoanalytic Review*, v. 14, 1927, na p. 335, há uma breve referência ao ensaio de 1925.)] (236, 238)
– 1983: *Jelliffe: American Psychoanalyst and Physician* (Parte I: por John C. Burnham); parte II, *Jelliffe's Correspondence with Sigmund Freud and C.G. Jung*, editado por William McGuire. Chicago & Londres: The University of Chicago Press 1983. (113, 236)

Joas, Götz-Armin:
Estações termais da Boêmia (Böhmische Bäder – ein Mythos im Wandel. Die planerischen und konservatorischen Probleme von Karlsbad, Marienbad und Franzensbad), *Süddeutsche Zeitung*, nº 209, 10/9/1993, p. 14. (14)

Jones I-III:
Ernest Jones, *A vida e a obra de Sigmund Freud* (3 volumes.). Bern und Stuttgart: Hans Huber.
Volume I – 1960: (Introd., 1, 4, 7, 16, 34, 39, 41, 61, 71, 98, 101, 105, 122)
Band II – 1962: (2, 8, 14-18, texto intermediário depois de 18, 19, 20, 32, 33, 34, 41, 43, 46, 47, 54, 60, 67, 72, 76, 80, 87, 89, 90, 98, 99, 101, 107, 126, 133, 156, 160, 174, 175, 181,texto intermediário depois de 201, 238, 257, Anexo 1[2, 32])
Volume III – 1962: (Introd., 6, 20, 41, 76, 89, 92, 95, 96, 98-101, 105-110, 112, 117, 123, texto intermediário depois de 123, 125, 126, 133, 151, 153, 156, 157, 160, 162, 174, 175, 181, 189, 196-198, 200, texto intermediário depois de 201, 203, 204, 206, 209, 210, 212, 213, 223, 238, 244, 251, texto intermediário depois de 255, 257, 259, 270, 271, 273, 277, 287, 288, 294, texto intermediário depois de 295, 296-298)

Jones, Ernest:
(Vide também: Jones I-III; Freud/Jones)
– 1915: "Professor Janet on Psycho-Analysis. A Rejoinder". *Journal of Abnormal Psychology*, v. 9, 1915, p. 400-410. Trad. de Anna Freud sob o título "Professor Janet sobre a psicanálise, uma réplica". *IZ*, v. 4, 1916/17, p. 34-43. (60, 69, 74)
– 1918: "Anal-erotic character traits", *Journal of Abnormal Psychology*, v. 13, p. 261-284. Trad. por Anna Freud sob o título "Über anal-erotische Charakterzüge", *IZ*, v. 9, 1919, p. 69-92. (96)

- 1920a: *Treatment of the Neuroses.* Nova York: Wm. Wood, Londres: Baillière, Trindall, and Cox 1920. Trad. por Anna Freud sobo título *Terapia das neuroses.* Leipzig – Viena – Zurique: editora Psicanalítica Internacional 1921 (V. 11 da série "Internationale Psychoanalytische Bibliothek").] (96, 125, 142)
- 1920b: Obituário dr. James Jackson Putnam. *IJ*, V. 1, 1920, p. 6-16 (com bibliografia). (49)
- 1922a: Prefácio da tradução de Freud 1920g. (157)
- 1922b: Alguns problemas da adolescência, *British Journal of Psychology*, v. 13, 1922, p. 31-47. Trad. de Anna Freud com o título "Alguns problemas da idade juvenil", *Imago*, v. 9, 1923, p. 145-168. (96)
- 1922c: "Prefácio da tradução de Freud 1916-17a. (163)
- 1924: (Jones e outros.) *Glossário para tradutores de obras psicanalíticas*, Suplemento 1 de *IJ*, v. 5, 1924, s. 1-16 (acréscimos e correções in *IJ*, v. 6). (157)
- 1926: "Karl Abraham 1877-1925" [obituário], *IZ*, v. 12, 1926, p. 155-183. (20)
- 1929: "Freud, Sigmund", *Encyclopaedia Britannica*, 14ª ed., v. 9, p. 836f. (126)
- 1959: *Associações livres, memórias de um psicanalista.* Com introdução de Mervyn Jones. Nova Brunswick (EUA) e London (Inglaterra): Transaction Publishers 1990. (41, 42, 45, 126)

Jung, Carl Gustav:
(Vide também: Freud/Jung)
- 1938: "Saudação do presidente; pontos de vista em comum das diferentes escolas de psicoterapia representadas no congresso, julho de 1938", Resumo in: *Journal of Mental Science*, v. 84: 353 (Nov.), 1938, p. 1055. Trad. para o alemão de Elisabeth Rüf: "Begrüssungsansprache zum Zehnten Internationalen Ärztlichen Kongress für Psychotherapie in Oxford (1938)". [Resumo in: C.G. Jung, *Gesammelte Werke*, v. 10 "Zivilisation im Übergang", p. 617-620. Olten und Freiburg im Breisgau: Walter.] (297)
- 1962: *Lembranças, sonhos, pensamentos de C.G. Jung.* Anotados e organizados por Aniela Jaffé. Zurique e Stuttgart: Rascher 1962. (17)
- 1975: *Sobre as bases da psicologia analítica. As lições de Tavistock, 1935.* Frankfurt am Main: Fischer Taschenbuch Verlag 1975 (Também 6302) (297)

Kage, Ulrike:
A evolução das policlínicas psicanalíticas. (Die Entwicklung psychoanalytischer Polikliniken und ihr Einfluß auf die Medikalisierung der Psychoanalyse). Hamburgo 1986 (Dissertação médica da Universidade de Hamburgo). (151)

Kardiner, Abram:
Minha análise com Freud. Trad. do inglês de Gudrun Theusner-Stampa. Munique: Kindler 1979. (128, 157)

Karell:
Viktor Karell, com colaboração de Martin Fitzthum (Stift Tepl), Elisabeth Reininger (Marienbad), Max Reinl (Franzensbad), Walter Zörkendörfer (Marienbad), *Das Egerland und seine Weltbäder. Franzensbad, Karlsbad, Marienbad.* Frankfurt am Main: Das Viergespann, 1966. (14, 57)

Catálogo:
Editora *Psicanalítica Internacional 1919-1938* [catálogo]. Org. do Museu Sigmund Freud, Viena 1995 (número especial 1/1995 dos *Sigmund Freud House Bulletins*). (89, 194)

Kaut, Josef:
Os festivais de Salzburgo 1920-1981. Com índice das obrs apresentadas e dos artistas do teatro e da música (reunido por Hans Jaklitsch). Salzburgo – Viena: Residenz Verlag 1982. (122)

Kipling, Rudyard:
1907: *O livro da selva* e *O novo livro da selva* [orig. *The Jungle Book* (1894) e *The Second Jungle Book* (1895)]. Leipzig: J. Zeitler 1907. (17, 101)

– 1910: *Canções de caserna e outros poemas.* Trad. para o alemão de Hanns Sachs. Leipzig: J. Zeitler 1910. (17)

Kircher, Athanasius:
Magia do saber – Athanasius Kircher (1602-1680): Universalgelehrter, Sammler, Visionär. Folheto para a exposição por ocasião dos quatrocentos anos de nascimento do sábio, junto com os festejos pelos seiscentos anos da Universidade de Würzburg, 1/10-14/12/2002. Würzburg: Museu Martin von Wagner. (Anexo 1[45, 70])

Kleindel, Walter:
Áustria, informações sobre história e cultura. Org., ed. e acresc. por Isabella Ackerl e Günter K. Kodek. Viena: Ueberreuter, 4ª ed. completa 1995. (5, 16, 50, 52, 65, 74, 122, 130, 132, 179)

Pequenas cidades históricas:
"Pequenas cidades históricas na Áustria", Steyr o.J. [ca. 2002], Bad Ischl. (12)

Knoepfmacher, Hugo:
"Duas contribuições para abiografia de Sigmund Freud", *Jb*, v. 11, 1979, p. 51-72. (61)

Knöpfmacher, Wilhelm:
História e crônica da associação vienense B'nai B'rith in Viena. 1895-1935. Viena 1935. (61)

Köhler, Helmut A.:
Parque dos alpes e parque nacional Berchtesgaden. Freilassing: Pannonia-Verlag 1975, 2ª ed. 1980. (101, 257)

Königssee:
Setenta e cinco anos de barcos a motor no Königssee, Festschrift der Staatlichen Seenschiffart, bearb. von F. Kupfer und Dr. O. Pinzenöller. Leonberg: Liss-Verlag o.J. [1984]. (68, 102)

Kola, Richard:
Olhar para trás, o que vivi e senti (Rückblick ins Gestrige. Erlebtes und Empfundenes). Viena – Leipzig – Munique: Rikola Verlag 1922. (126)

Kos, Wolfgang:
Sobre a região de Semmering (Über den Semmering. Kulturgeschichte einer künstlichen Landschaft). Com fotografias de Kristian Sotriffer. Viena: Edition Tusch 1984. (5)

Kos, Wolfgang (Hrsg.):
A conquista da paisagem: Semmering – Rax – Schneeberg. Catálogo sobre a região da Baixa Áustria. Exposição no castelo de Gloggnitz 1992. Viena: Falter Verlag 1992. (Introd., 5)

Kräftner, Johann:
"Exposição sobre os banhos no classicismo/arquitetura dos banhos públicos na primeira metade do séc. XIX" ("Das Bad im Klassizismus und im Biedermeier. Bäderarchitektur in Viena und Baden in der ersten Hälfte des 19. Jahrhunderts"). In: *Das Bad. Körperkultur und Hygiene im 19. und 20. Jahrhundert.* 142. Exposição especial do Museu

Histórico Municipal de Viena, Hermesvilla, Lainzer Tiergarten, 23 de março 1991 a 8 março 1992. Editora própria dos museus da cidade Viena, p. 111-125. (213)

Kraus, Andreas:
História da Baviera, dos primórdios atéos dias de hoje. 2ª ed. München: C.H. Beck 1988. (185)

Kris, Ernst:
"Introdução" para: Sigmund Freud, *Dos primórdios da psicanálise*, cartas para Wilhelm Fliess Tratados e notícias dos anos 1887-1902, Londres: Imago Publishing Co. 1950; reimpresso in: Freud 1985c, p. 519-561. (34)

Krisch, Laurenz:
(Vide também: Hinterseer e Krisch)
– 2002: Bad Gastein: o papel do antisemitismo em uma região turística no "entreguerras". In: Robert Kriechbaum (org.), *Der Geschmack der Vergänglichkeit. Jüdische Sommerfrische in Salzburg.* Viena – Köln – Weimar: Böhlau 2002, p. 175-225. (93)
– 2003: *Explodam as amarras de Dollfuss: o desenvolvimento do nazismo em Bad Gastein até 1938. (Zersprengt die Dollfußketten. Die Entwicklung des Nationalsozialismus in Bad Gastein bis 1938).* Viena – Colônia – Weimar: Böhlau 2003. (93)

Krüll, Marianne:
Freud e o seu pai. O surgimento da psicanálise e a ligação paterna não-resolvida de Freud. Com texto de Helm Stierlin. Nova edição revista. Frankfurt am Main: Fischer Taschenbuch Verlag 1992 (Também 11078). (16, 24, 42, 77, 138)

Kurzweil, Edith:
Freud e os freudianos. História e atualidade da psicanálise na Alemanha, França, Inglaterra, Áustria e os Estados Unidos. Trad. de Max Looser. Stuttgart: Verlag Internationale Psychonalyse 1993. (163)

Ladwig-Winters, Simone:
Wertheim – uma loja de departamentos (Wertheim – ein Warenhausunternehmen und seine Eigentümer. Um exemplo do desenvolvimento das lojas de departamento até o nazismo. Münster: LIT 1997 (tn. tese de dissertação da Univ. Livre de Berlim, 1996). (127, 132, 135)

Laier, Michael:
O Instituto Psicanalítico de Frankfurt (Das Frankfurter Psychoanalytische Institut (1929-1933). Anfänge der Psychoanalyse in Frankfurt am Main. Materiais do Sigmund Freud Institut de Frankfurt, v. 9. Frankfurt am Main: Sigmund Freud Institut 1989 (Diss. med. dent.). (257)

Lampl, Hans:
"Sobre um novo tipo de bactéria de disenteria" ("Bact. dysenteriae Schmitz"), *Wiener Klini-sche Wochenschrift*, v. 30, 1918, p. 835-837. (45)

Lampl e Landsteiner:
(Vide também: Landsteiner e Lampl)
Hans Lampl e Karl Landsteiner, "Quantitative Untersuchungen über die Einwirkung von Komplement auf Präzipitate", *Zschr. Immunitätsf. Orig.*, v. 26, 1917, p. 193-198. (45)

Lampl-de Groot, Jeanne:
Tributo particular para Anna Freud", *Bulletin of the Hampstead Clinic*, vol. 6, 1983, Part 1, *Anna Freud Memorial Issue*, p. 55-60. (163)

Landauer, Karl:
Teoria dos afetos e outros escritos sobre a organização do eu (Theorie der Affekte und andere Schriften zur Ich-Organisation). Org. de Hans-Joachim Rothe. Frankfurt am Main: Fischer Taschenbuch Verlag 1991 (Série "Geist und Psyche", Também 42325). (257)

Landsteiner e Lampl:
(Vide também: Lampl e Landsteiner)
Karl Landsteiner e Hans Lampl:
– 1915: "Untersuchung der Spezifität von Serumreaktionen durch Einführung verschiedenartiger Gruppen in Eiweiß", *Centr. Physiol.*, v. 30, 1915, p. 329 *et seq.* (45)
– 1917a: "Über die Einwirkung von Formaldehyd auf Eiweißantigen". VIII. Mitteilung über Antigene. *Zschr. Immunitätsf. Orig.*, v. 26, 1917, p. 133-141. (45)
– 1917b: "Über Antigene mit verschiedenartigen Acylgruppen". X. Mitteilung über Antigene. *Zschr. Immunitätsf. Orig.*, V. 26, 1917, p. 258-276. (45)
– 1917c: "Über die Antigeneigenschaften von Azoproteinen". XI. Mitteilung über Antigene. *Zschr. Immunitätsf. Orig.*, V. 26, 1917, p. 293-304. (45)
– 1918: "Über die Abhängigkeit der serologischen Spezifität von der chemischen Struktur. (Darstellung von Antigenen mit bekannter chemischer Konstitution der spezifischen Gruppen", XII. Mitteilung über Antigene. *Biochem. Zschr.*, V. 86, 1918, S. 343-394. (45)

Lang e Schneider:
Johannes Lang/Max Schneider, *Crônica das comunidades de Bayerisch Gmain e Gossgmain (Auf der Gmain. Chronik der Gemeinden Bayerisch Gmain und Grossgmain.* Bayerisch Gmain und Grossgmain: Gemeindeverwaltungen 1995. (98)

Legner, Johann:
"A libertação dos camponeses no império de José II e o arado moraviano". ("Die Bauernbefreiung unter Kaiser Joseph II und der mährische Pflug"). *Wischauer Heimatbote*, jornal local dos habitantes de fala alemã de Wischau; Mitteilungsblatt der Wischauer Arbeitsgemeinschaft, ano 5., n° 6, nov/dez 1990, p. 9 *et seq.* (com ilustração). (77)

Leisching:
Eduard Leisching. Uma vida para a arte e a educação (Ein Leben für Kunst und Volksbildung. Eduard Leisching 1858-1938. Erinnerungen). Org. de Robert A. Kann e Peter Leisching. Viena: Verlag der Österreichischen Akademie der Wissenschaften 1978. (125)

Lendvai, Paul:
Os húngaros, vencedores em derrotas ao longo de um milênio (Die Ungarn, Ein Jahrtausend Sieger in Niederlagen). Munique: C. Bertelsmann 1999. (102)

Leonhardt, Henrike:
Aconteceu em Bad Reichenhall: como a escrivaninha de Heinrich Heine foi parar em Jerusalém. (programa de rádio), 5/1/2002, BR 2. In: Gabriele Förg (org.), *Es geschah in ....* Munique: Buchendorfer Verlag 2002, p. 209-232. (95)

Leupold-Löwenthal, Harald:
(Vide também: Freud, W. 1987; *Protokolle IV; Sigmund Freud Museum)*
– 1981[1980]: Epílogo para: *Protokolle IV*, p. 325-354. (246)
– 1984: "Sobre a história da questão da análise leiga", *Psyche*, v. 38, 1984, caderno 2, p. 97-120. (251, 288)
– 1988: "A perseguição da família Freud 1938", *Sigmund Freud House Bulletin*, v. 12/n° 2, Winter 1988, p. 1-11 (Também in: *Psyche*, v. 43, 1989, caderno 10, p. 918-928.) (12, 297, 298)

Lévy, Kata:
"Últimas férias dos Freud antes do fim do mundo", *LeCoq-Héron*, nº 117, 1990, p. 39-44. Cit. de acordo com o manuscito original em alemão "Erinnerungen an den Sommer von 1918" (18 p.), que me foi colocado gentilmente à disposição por Peter Lambda, Tibberton. (80-85, 87, 88, 90)

Lewis, Nolan D.C.:
"Smith Ely Jelliffe 1866-1945; medicina psicossomática na América", p. 224-233. In: *Psychoanalytic Pioneers*. Ed. by Franz Alexander, Samuel Eisenstein & Martin Grotjahn. Nova York – London: Basic Books 1966, p. 224-233. (236)

Lieberman, E. James:
Otto Rank. Vida e obra. Trad. do inglês por Anni Pott. Giessen: Psychosozial-Verlag 1997. (43, 74, 100, 287)

Lindemann, Mary:
– 1981: *Cento e quarenta anos do hospital israelita de Hamburgo*. História e desenvolvimento Hamburgo 1981. (144)
– 1997: (Mary Lindemann e outros), *Cento e cinqüenta anos do hospital israelita de Hamburgo*. Hamburgo 1997. (144)

List, Eveline:
Otto Rank, editor. In: *Catálogo*, 1995, p. 30-47. (43, 98, 155)

Lockot, Regine:
Lembrando e processando. História da psicanálise e da psicoterapia no nazismo. Frankfurt am Main: Fischer Taschenbuch Verlag 1985 (Também 3852) (120, 131)

Loewenstein, Rudolph:
"In memoriam Marie Bonaparte 1882-1962", *Journal of the American Psychoanalytic Association*, v. 11, 1963, Heft 4, S. 861-863. (214)

Lorand, Sandor:
"Leonard Blumgart 1881-1959", Obituário, *IJ*, v. 41, 1960, p. 640 *et seq*. (Segundo anexo de 154)

Maetze, Gerhard:
"Psicanálise em Berlim, 1950-1970": In: H. Abraham e outros, *Psicanálise em Berlim (Psychoanalyse in Berlim. Beiträge zur Geschichte, Theorie und Praxis)*. Publicação por ocasião dos festejos dos quinhentos anos do Instituto Psicanalítico Berlinense (Karl Abraham-Institut). Meisenheim: Anton Hain 1971, p. 50-75. (131)

Marín, Juan:
Paralelo 53º Sur, título desde a 2ª ed. (1941) *Infierno azul y blanco*. Santiago de Chile 1936, 3ª ed. (277)

Marinelli, Lydia:
História da editora Psicanalítica Internacional. In: *Catálogo*, 1995, p. 9-29. (89, 98, 114, 138, 155, 298)

Martin, L.[ouis] C.[harles]:
Nota sobre Hazlitt, *IJ*, v. 1, 1920, p. 414-49. (45)

McGuire, William:
Introdução de: Freud/Jung, p. XI-XXXVII. Frankfurt am Main: S. Fischer 1974. (17)

Merian poster Roma:
Pôster da cidade, em: *Merian. Das Monatsheft der Städte und Landschaften*, novembro 1991, caderno 11: *Roma*. Hamburgo: Hoffmann und Campe 1991. (Anexo 1[27, 41])

Meyer, Monroe A.:
"In memoriam dr. A. Polon" [Obituário], *IZ*, v. 12, 1926, p. 574. (163)

Michaud, Stéphane:
Lou Andreas-Salomé, aliada de uma vida (Lou Andréas-Salomé. l'alliée de la vie). Paris: Éd. du Seuil 2000. (153)

Modena, Emilio:
"Homenagem a W.R., psicanálise e política antes da virada do milênio". In: Fallend e Nitzschke (org.), p. 316-347. (209)

Modick, Klaus:
"Ressaca romana" ("Römische Brandung"). In: *Merian. Das Monatsheft der Städte und Landschaften*, novembro 1991, caderno 11: "Roma". Hamburgo: Hoffmann und Campe 1991, p. 94 *et seq*. (Anexo 1[53])

Molisch, Hans:
Julius von Wiesner [obituário], *Relatos da Sociedade Botânica Alemã*, v. 34, 1916, p. 71-99 com tabelas de ilustração. (157)

Molnar, Michael:
– 1996: *Sigmund Freud. Diário 1929-1939. Kürzeste Chronik*. Org. e introd. de Michel Molnar. Trad. para o alemão de Christfried Tögel. Basiléia – Frankfurt am Main: Stroemfeld/Roter Stern 1996. (Introd., 19, 74, 82, 110, 114, 119, 126, 146, 147, 159, 163, 204, 208, 210, 228, 238, texto intermediário depois de 255, 257, 270, 273, 277, 287, 295, texto intermediário depois de 295, 296-298)

– 2002: Comentário sobre Freud (2002c) in: Freud (2002b), p. 256-259. Berlim: Aufbau-Verlag 2000. (4)

– 2005: "Alien Enemy: retrato de uma jovem", *Luzifer-Amor. Zeitschrift für Geschichte der Psychoanalyse*, ano 18, 2005, caderno 35, p. 152-167. (Introd., 47)

Monelli, Paolo:
"Vândalos ante portas". In: *Merian. Das Monatsheft der Städte und Landschaften*, ano 10, 1957, caderno 4: "Roma". Hamburgo: Hoffmann e Campe 1957, p. 87-89. (Anexo 1[32])

Morichau-Beauchant, R.:
– 1911: "Le 'rapport affectif' dans la cure des psychonévroses", *Gazette des hôpitaux*, v. 84, 1911, p. 1845-1849. (43)

– 1912: "Homossexualidade e paranóia" (trad. por Otto Rank), *Zentralblatt für Psychoanalyse. Medizinische Monatsschrift für Seelenkunde*, v. 2, 1912, p. 174-176. (43)

Mühlleitner, Elke:
Enciclopédia biográfica da psicanálise. Os membros da Sociedade Psicológica das Quartas-Feiras e da Sociedade Psicanalítica Vienense 1902-1938. Com a colaboração de Johannes Reichmayr. Tübingen: edition diskord 1992. (3, 6, 20, 43, 54, 71, 74, 76, 93, 96, 99-101, 104, 109, 114, 125, 133, 144, 151, 153, 155, 161-163, 166, 170, 175, 187, 198, 209, 212, 215, 219, 228, 277, 287)

Müller, D.:
Dorothee Müller, "O sanatório Purkersdorf de Josef Hoffmann depois da restauração da fachada" ("Rettung mit ungewissem Ausgang. Josef Hoffmanns Sanatorium Purkersdorf nach der Restaurierung der Fassade"). In: *Süddeutsche Zeitung*, 26/1/1996. (161)

Müller, K.:
Karl Müller [= Carl Müller-Braunschweig], "Psicanálise e moral", *Sexo e sociedade*, v. 7, 1920, p. 217-227. (131)

Murken, Barbara:
- 1982: *Tom Seidmann-Freud (1892-1930)*. *Exposição sobre a vida e obra* na Biblioteca Internacional para a Juventude, Munique, 26/11-21/12/1982, Catálogo Munique 1982. (107, 131)
- 1984: Praticamente o mesmo catálogo de 1982, mas com outras ilutrações, para a mesma exposição em Frankfurt am Main, 11/4-13/7/1984, Institut für Jugendbuchforschung, Frankfurt am Main 1984.
- 2004: "'... o mundo é tão desigual...' Tom Seidmann-Freud (1892-1930): Vida e obra de uma grande artista", *Luzifer-Amor. Zeitschrift für Geschichte der Psychoanalyse*, 17. Jg., 2004, Heft 33, p. 74-103. (131, 134)

Narjani, A.-E.:
[Pseudônimo de Marie Bonaparte] "Considerações sobre as causas anatômicas da frigidez feminina" ("Considérations sur les causes anatomiques de la frigidité chez la femme"), *Bruxelles-Médical*, abril 1924 (v. 27), 11 páginas. (238)

Parque nacional de Berchtesgaden:
- Administração do parque nacional de Berchtesgaden, *Nationalpark Berchtesgaden. Geschichte eines Schutzgebietes*. Redigido por Hubert Zierl por encomenda da secretaria estadual da Baviera para Desenvolvimento e Meio Ambiente (Bayerisches Staatsministerium für Landesentwicklung und Umweltfragen). Berchtesgaden: Anton Plenk KG o.J. [Depois de 1979]. (257)
- 1990: Administração do parque nacional de Berchtesgaden, *Nationalpark Berchtesgaden. Ein Schutzgebiet in den Alpen mit Tradition und neuen Aufgaben*. Organizado por encomenda da secretaria estadual da Baviera para Desenvolvimento e Meio Ambiente (Bayerisches Staatsministerium für Landesentwicklung und Umweltfragen); brochura de vinte páginas com ilustrações colorida. Textos de Hubert Zierl, diagramação Nikolaus Hasenknopf. Berchtesgaden, 1ª ed. 1990. (257)
- 1991: Administração do parque nacional de Berchtesgaden, *Nationalpark Berchtesgaden. Verleihung des Europadiploms an den Nationalpark Berchtesgaden*. Festakt am 20. Oktober 1990 im Nationalpark-Haus Berchtesgaden. Hrsg. im Auftrag des Bayerischen Staatsministeriums für Landesentwicklung und Umweltfragen; Schriftleitung Peter Wörnle, Gestaltung Nikolaus Hasenknopf). Berchtesgaden, 1. Aufl. 1991. (257)

Neiser, Emil Michael Johann:
Max Eitingon. Vida e obra. Mainz 1978 (Dissertação para a clínica psiquiátrica Johannes Gutenberg da Universidade de Mainz). (120)

Neufeld, Jolan:
Dostoiévski. Esboço de sua psicanálise. Imago-Bücher 4. Leipzig – Viena – Zurique: editora Psicanalítica Internacional 1923. (199)

Oberndorf, Clarence P.:
A History of Psychoanalysis in America. New York, Grune & Stratton 1953. (especialmente o capítulo "Recollections of Psychoanalysis in Vienna, 1921-1922".) (128, 156)

Ossipov, Nicolai:
- 1923a[1922]: "Sobre o sofrimento da alma de Tolstói" ("Über Tolstois Seelenleiden"), Conferência (17/6/1922) na Sociedade Médica Tcheca em Praga, *Imago*, v. 9, 1923, p. 495-498. (199)

– 1923b: *Lembranças infantis de Tolstói (Tolstois Kindheitserinnerungen. Ein Beitrag zu Freuds Libidotheorie)*. Imago-Bücher 2. Leipzig – Viena – Zurique: editora Psicanalítica Internacional 1923. (199)

Ostwald, Wilhelm:
"O futuro da humanidade ("Bekenntnis zum Optimismus. Die Zukunft der Menschheit"), *Neue Freie Presse*, Morgenblatt, Viena, nº 22482, domingo, 17 de abril de 1927, p. 2-4. (238)

Paris, Bernard J.:
Karen Horney, a busca de uma psicanalista pela auto-compreensão (Karen Horney. A Psychoanalyst's Search for Self-Understanding). New Haven: Yale University Press 1994. (277)

Perfahl:
Guia Anton Perfahl's Führer para Bad Aussee, Altaussee, Grundlsee e regiões adjacentes Gebieten. Bad Aussee: Verlag Hans Fitzinger o.J. [ca. 1935?]. (19, 110)

Peterich, Eckart:
– 1957: *Roma Aeterna*, In: *Merian. Das Monatsheft der Städte und Landschaften*, ano 10, 1957, caderno 4: *Roma*. Hamburgo: Hoffmann und Campe 1957, p. 4-12. (Anexo 1[41])
– 1963: Guia da Itália. 3. v.: Apúlia, Calábria, Sicília, Sardenha, Malta. Munique: Prestel 1963. (13)

Peters, Uwe Henrik:
Anna Freud, uma vida dedicada às crianças (Anna Freud. Ein Leben für das Kind). Ed. revista e acrescida: Frankfurt am Main, Fischer Taschenbuch Verlag 1984 (Também 5625). (Introd., 5, 6, 13, 14, 19, 20, 22, 25, 26, 48, 53, 84, 86, 101, 168, 174, 216)

Pfeiffer, Ernst:
"Esclarecimentos" para: Freud/Andreas-Salomé, p. 233-293. (156)

Pichler, Hans:
"Excerto da história da doença de Freud" ("Auszug aus der Krankengeschichte Freuds"). In: Jones III, p. 539-568. (197, 287, 297)

Piwitt, Hermann P.:
"Abandonado pelos anjos, a região da Campagna" ("Von allen Engeln verlassen – Die Campagne"). In: *Merian. Das Monatsheft der Städte und Landschaften*, nov. 1991, caderno 11: *Roma*. Hamburgo: Hoffmann und Campe 1991, p. 118-128. (Anexo 1[46, 48])

Pierce Clark:
L. Pierce Clark, "Estudo dos fatores somáticos primários nas neuroses compulsivas e obsessivas" ("A study of primary somatic factors in compulsive and obsessive neuroses"), *The International Journal of Psycho-Analysis*, V. 1 (1920), p. 150-160. (111)

Plänkers e Federn:
Tomas Plänkers/Ernst Federn, *Perseguição e regresso, entrevista sobre a história de Ernst Federn e a psicanálise (Vertreibung und Rückkehr. Interview zur Geschichte Ernst Federns und der Psychoanalyse)*. Tübingen: edition diskord 1994. (76, 187, 246, 291)

Ploetz, Karl Julius:
– 1940: *Auszug aus der Geschichte*. Ed. por Friedrich Kähler, Martin Iskraut e Herbert Ludat. 23. Aufl. Berlim e Leipzig: A.G. Ploetz 1940. (52, 65, 66)
– 1980: *Der Grosse Ploetz. Auszug aus der Geschichte*. Fundado por Karl Julius Ploetz. 29º de 65 especialistas integralmente revisto. Org. da editora Ploetz. Freiburg – Würzburg: Ploetz 1980. (46, 50, 52, 75, 102, 132, 185, 296)

Protocolo:
Atas da Sociedade Psicanalítica Vienense. Org. de Hermann Nunberg † e Ernst Federn. Trad. da introdução, do prefácio e das notas de Margarete Nunberg. Frankfurt am Main: S. Fischer.
Volume I (1906-1908): 1976. (41, 76, 93, 109, 144, 187, 228)
Volume II 1908-1910): 1977. (6, 16, 20, 96, 142, 228)
Volume III (1910-1911): 1979. (33, 114, 142, 215, 228)
Volume IV (1912-1918): 1981. Com um epílogo de Harald Leupold-Löwenthal. Com registro geral dos volumes I-IV. (76, 80, 82, 99, 105, 125, 131, 153, 161, 228, 296, 298)
Purkersdorf:
Publicação comemorativa por ocasião da restauração do Sanatorium Purkersdorf. *Hoffmann-Bau Purkersdorf bei Viena.* Org. de Klaus KG, Purkersdorf [1995]. (161)
Putnam, James Jackson:
(Vide também Freud 1971a)
– 1910: "Sobre a etiologia e o tratamento das psiconeuroses", *Boston Medical and Surgical Journal,* v. 136, 1910, p. 75. [Trad. de Freud, vide 1911j.] (49)
– 1913: "Sobre alguns aspectos mais gerais do movimento psicanalítico", *Transactions of the Association of American Physicians,* Philadelphia, v. 28, 1913, p. 513-529. Trad. de Anna Freud sob o título "Aspectos gerais do movimento psicanalítico", *IZ,* v. 4, 1916-17, p. 1-20. (49, 60, 69, 74)
Raffalt, Reinhard:
"De carroça através de dois milênios" ("Mit der Kutsche durch zwei Jahrtausende"). In: *Merian. Das Monatsheft der Städte und Landschaften,* ano 10, 1957, caderno 4: *Roma.* Hamburgo: Hoffmann und Campe 1957, p. 20-26. (Anexo 1[12])
Raknes, Ola:
Wilhelm Reich e a orgonomia. Trad. do inglês de Thomas von Grudzinski. Bibliografia editada, introduzida e comentada por Thomas e Olaf von Grudzinski. Primeira ed. alemã Frankfurt am Main: Fischer Taschenbuch Verlag 1973 (Também 6225). (209)
Rank, Otto:
– 1910/11: "Relato sobre a II Associação Psicanalítica Particular em Nürnberg em 30 e 31 de março de 1910, *Jb,* v. II/2, 1910/1911, p. 731-742. (8)
– 1911: "Bericht über die II private Psychoanalytische Vereinigung in Nürnberg am 30. und 31. März 1910", *Zentralblatt für Psychoanalyse. Medizinische Monatsschrift für Seelenkunde,* V. 1, 1911, p. 129-131. (8)
Reader's Encyclopedia:
The Reader's Encyclopedia. An Encyclopedia of World Literature and the Arts. With Supplement. Ed. por William Rose Benét. Nova York: Thomas Y. Crowell Company (1948, 1955), 6ª ed. 1958. (95)
Régis e Hesnard:
– 1913: Emmanuel Régis/Angelo-Louis-Marie Hesnard, "La doctrine de Freud et de son école", *L'Encéphale,* v. 8, 1913, p. 356-378, 446-481, 537-564. (43)
– 1914: Emmanuel Régis/Angelo-Louis-Marie Hesnard, *La psychoanalyse [sic] des névroses et des psychoses. Ses applications médicales et extra-médicales.* Paris: F. Alcan 1914 (2ª ed. Paris 1922). (43)

Reich, Wilhelm:
– 1927a: "Sobre a técnica da interpretação e a análise. Sobre o desenvolvimento das neuroses de transferência (Do Seminário sobre terapia psicanalítica em Viena)", *IZ*, v. 13, 1927, p. 141-159. (209)
– 1927b: "I. Bericht über das 'Seminar für psychoanalytische Therapie' am Psychoanalytischen Ambulatorium in Viena (1925/26)", *IZ*, V. 13, 1927, p. 241-244. (209)
– 1927c: *Die Funktion des Orgasmus. Zur Psychopathologie und zur Soziologie des Geschlechtslebens.* Leipzig – Viena – Zurique: Internationaler Psychoanalytischer Verlag 1927. Integriert in: *Die Entdeckung des Orgons I: Die Funktion des Orgasmus. Sexualökonomische Grundprobleme der biologischen Energie.* Wissensch. Bearb. und Teilübers. von Karl H. Bönner. Ungekürzte Também-Ausg. (Também 6752). Frankfurt am Main: Fischer Taschenbuch Verlag, 9. Aufl. 1981 (Seitenangaben nach dieser Ausgabe). (209)
Reik, Theodor:
Trinta anos com Sigmund Freud. Traduzido do inglês por Dieter Dörr. Munique: Kindler 1976, Série "Geist und Psyche". (114, 133)
Reininger, Elisabeth:
"Marienbad. Das Weltbad des Stiftes Tepl", in: Karell, p. 201-213. (59)
Reinl:
Max Reinl, "Franzensbad. Sein Werden und seine berühmtesten Kurgäste aus der deutschen Geisteswelt", in: Karell, p. 215-241. (128)
Richter, Werner:
Bismarck. Uma biografia. Frankfurt am Main: Fischer Taschenbuchverlag 1971 (Também 1831). (257)
Ritten:
Associação de turismo de Ritten (org.), *Grüß Gott am Ritten. Zeit und Raum*, Folheto informativo. Responsável pelo conteúdo: Peter Righi. Ritten, Südtirol. [1998.] [Uma edição revista e corrigida do ano de 2000 contém também um capítulo sobre a permanência da família Freud em Ritten, em 1911.] (14, 15)
Roazen, Paul:
– 1976: *Freud e o seu círculo. Uma história biográfica da psicanálise.* Traduzido do inglês por G.H. Müller. Bergisch Gladbach: Gustav Lübbe 1976. (156, 198, 228, 296, 297)
– 1989: *Helene Deutsch, a preferida de Freud. A vida de uma psicanalista.* Munique – Viena: Verlag Internationale Psychoanalyse 1989. (166)
– 1993: *Meeting Freud's Family.* Amherst: University of Massachusetts Press 1993. (74, 198, 228)
– 1999: *Wie Freud arbeitete. Berichte von Patienten aus erster Hand.* Aus dem Amerikanischen übers. von Anni Pott. Gießen: Psychosozial-Verlag 1999. (198, 228)
Romm:
May E. Romm, "Abraham Arden Brill 1874-1948; First American Translator of Freud". p. 210-223. In: *Psychoanalytic Pioneers.* Hrsg. von Franz Alexander, Samuel Eisenstein & Martin Grotjahn. New York – London: Basic Books 1966. (238)
Rommel, Otto:
Concepção e estrutura do Livro dos Poemas: In: Wildgans [1949], anexo, p. 380-402. (99)

Ross, Victor:
"Eva Marie Rosenfeld (1892-1977): lembranças particulares de uma mulher corajosa". In: Anna/Eva, p. 33-69. (82, 208, 212, texto intermediário depois de 255, Anexo 3)
Rothe, Hans-Joachim:
(Vide também: Landauer)
– 1991: "Introdução" para: Landauer, p. 7-23. (257)
– 2004: "O exílio de Karl Landauer em Amsterdã no reflexo de sua correspondência com Max Horkheimer", *Jb*, v. 48, 2004, p. 135-149. (257)
Roudinesco, Elisabeth:
La bataille de cent ans: Histoire de la psychanalyse en France. V. 1: 1885-1939; v. 2: 1925-1985. Paris: Seuil 1986. (43). No Brasil: *História da psicanálise na França, a batalha de cem anos* (2 volumes). Jorge Zahar Editor.
Rubins, Jack L.:
Karen Horney. Suave rebelde da psicanálise. Biografia. Trad. por Ute Seesslen. Munique: Kindler 1980. (277)
Circulares:
As circulares do comitê secreto. Org. de Gerhard Wittenberger e Christfried Tögel. Tübingen: edition diskord. (126)
Circulares 1 (1913-1920): 1999. (89, 100, 107, 116, 126, 128, 137, 156-158, 160)
Circulares 2 (1921): 2001. (95, 107, 125, 126, 133, 153, 155, 157, 159, 199)
Circulares 3 (1922): 2003. (89, 155-157, 165, 181)
[Para as circulares a partir de 1923 ainda não publicadas, quando não estão referidas no local em que são mencionadas, ver registro de materiais inéditos.] (Introd., 126, 156, 199, texto intermediário depois de 201, 253, 256)
Sablik, Karl:
– 1983: *Julius Tandler, médico e reformador*. Uma biografia. Viena 1983. (110)
– 1985: "Sigmund Freud e Julius Tandler, uma relação enigmática", *Sigmund Freud House Bulletin*, v. 9, nº 2, 1985, p. 12-19. (110)
Sachs, Hanns:
Freud, Meister e Freund. Trad. por Emmy Sachs. Frankfurt – Berlim – Viena: Ullstein Verlag 1950. (27, 123, 126, 151)
Sayers, Janet:
Mütterlichkeit in der Psychoanalyse: Helene Deutsch, Karen Horney, Anna Freud, Melanie Klein. Org. e introd. de Wolfgang Mertens e Christa Rohde-Dachser. Stuttgart – Berlim – Colônia: Kohlhammer 1994. (277)
Schauer, Rainer:
"Uma segunda pátria" (Altaussee im steirischen Salzkammergut), *Die Zeit*, 4/9/1991, nº 37, p. 63 *et seq*. (2, 122)
Scheidhauer, Marcel:
Le Rêve Freudien en France. Avancées et résistences: 1900-1926. Navarin éditeur 1985. (43)
Schiller, Friedrich v.:
Obras de Schiller, seleção em dez partes. Nova edição com base na edição de Hempel, com introduções e observações de Arthur Kutscher. Berlim – Leipzig – Viena – Stuttgart: Deutsches Verlagshaus Bong & Co. [1907]. (76)
Schleussinger, August:
Klein Roland, Der sterbende Roland, Der getreue Eckart, auf Quarta erklärt. Programm zur Schlußfeier des Jahres 1875/76 an der Königlichen Studienanstalt zu Ansbach, [Ansbach 1876]. (129)

Schnell, Hugo: *Bad Reichenhall – St. Zeno*. Guia artístico nº 157 da série *Kleine Kunstführer durch Kirchen, Schlösser und Sammlungen im mitteleuropäischen Kulturraum*. Regensburg: Verlag Schnell & Steiner 1936. 2ª ed. revista 1995. (95)

Schnitzler, Arthur:
– 1981: *Cartas 1875-1912*. Org. de Therese Nickl e Heinrich Schnitzler. Frankfurt am Main: S. Fischer 1981. (72, 95, 127)
– 1984: *Cartas 1813-1931*. Org. de Therese Nickl e Heinrich Schnitzler. Frankfurt am Main: S. Fischer 1984. (Segundo anexo de 154)
– 1985: *Juventude em Viena, uma autobiografia*. Org. de Therese Nickl e Heinrich Schnitzler. Com um epílogo de Friedrich Torberg. 2ª ed. Frankfurt am Main: S. Fischer 1985. (72, 116, 198)

Scholz-Strasser, Inge:
(Vide também: Engelman; Freud, W. 1987)
"Adolf Josef Storfer: Jornalista, redator, diretor da editora Psicanalítica Internacional, 1925-1932". In: *Catálogo*, 1995, p. 56-74. (162)

Schröter, Michael:
(Vide também: Freud/Eitingon)
– 1996: "Sobre os primórdios da análise leiga, estrutura de um conflito básico da escola freudiana", *Psyche*, v. 50, 1996, p. 1127-1175. (108, 138, 251)
– 2002: "Max Eitingon and the struggle to establish an international standard for psychoanalytic training (1925-1929)", *IJ*, v. 83, 2002, p. 875-893. (251)
– 2004: "O capitão: Max Eitingon e seu papel na história da psicanálise". Introdução do editor, assim como anexos para: *Sigmund Freud/Max Eitingon. Correspondência 1906-1939*. Tübingen: edition diskord 2004, p. 1-33, 933 *et seq*. (76, 100, 120, 174, 296)

Schultz e Hermanns:
(Vide também: Hermanns e Schultz)
U.[lrich] Schultz/L.[udger] M. Hermanns, "O Sanatorium Schloss Tegel de Ernst Simmel – História e concepção da primeira clínica psicanalítica", *Psychotherapie – Psychosomatik – Medizinische Psychologie*, v. 37, caderno 2, 1987, p. 58-67. (100, texto intermediário depois de 255)

Schur, Max:
Sigmund Freud, vida e morte. Trad. do inglês de Gert Müller. Frankfurt am Main: Suhrkamp 1973. (16, 82, 144, 197, texto intermediário depois de 201, 212, 213, 223, texto intermediário depois de 255, 277, 287, 294, texto intermediário depois de 295, 296-298)

Seibt, Gustav:
"Novos jogos na Roma antiga", *Die Zeit*, nº 16, 11/4/2001, p. 39. (Anexo 1[3, 9, 11])

Siebenkirchen, Hans:
"À sombra da pirâmide de Céstio" ("Im Schatten der Cestius-Pyramide"). In: *Merian. Das Monatsheft der Städte und Landschaften*, ano 10., 1957, caderno 4: *Roma*. Hamburgo: Hoffmann und Campe 1957, p. 54. (Anexo 1[25])

Casa Sigmund Freud:
Catálogo. Coord. pela Sociedade Sigmund Freud, Viena, Berggasse 19. Viena: Löcker & Wögenstein 1975. (6, 163)

Museu Sigmund Freud:
Viena IX. Berggasse 19. *Catálogo.* Coord. Harald Leupold-Löwenthal, Hans Lobner e Inge Scholz-Strasser. Com 170 ilustrações. Viena: Christian Brandstätter o.J. (126)
Simmel, Ernst:
– 1919: "Psicanálise das massas", *Vossische Zeitung*, 24/8/1919. (100)
– 1927: "Abertura de uma clínica psicanalítica em Berlim" (Circular para a classe médica), *IZ*, v. 13, 1927, p. 245f. (Texto intermediário depois de 255)
Snyder, Carl:
– 1907: *A imagem da ciência natural moderna de acordo com os resultados de pesquisas recentes.* Trad. autorizada de Hans Kleinpeter. 2ª ed. melhorada Leipzig: Barth 1907. (149)
– 1917: *A finitude do espaço* e *Progressos no caminho para a explicação da eletricidade.* Dois ensaios. Leipzig: Barth 1917 (Série "Os grandes mestres da ciência"). (149)
Spanjaard, Jacob:
"August Stärcke 1880-1954. As fontes da ansiedade da castração". In: *Psychoanalytic Pioneers.* Ed. por Franz Alexander, Samuel Eisenstein & Martin Grotjahn. Nova York – Londres: Basic Books 1966, p. 321-332. (142)
Specker, E.:
"Os setenta anos de Paul Bernays". *Neue Zürcher Zeitung*, 17/10/1958. (168)
Speier, Hermine:
"No caminho da Capela Sistina. As coleções do Vaticano". In: *Merian. Das Monatsheft der Städte und Landschaften*, ano 10, 1957, caderno 4: *Roma.* Hamburgo: Hoffmann und Campe 1957, p. 45-50. (Anexo 1[15])
Speiser e Smekal:
Paul Speiser/Ferdinand G. Smekal, *Karl Landsteiner. descobridor dos grupos sangüíneos e pioneiro da imunologia.* Biografia de um portador do prêmio Nobel da Escola Médica Vienense, terceira edição, Berlim: Blackwell Ueberreuter 1990. (45)
Spitteler, Carl:
Imago. Romance (1906). Jena: Diederichs 1910 [também Frankfurt am Main: Suhrkamp 1979]. (27)
Stärcke, August:
Psicanálise e psiquiatria. (Caderno especial da *IZ.*) Leipzig – Viena – Zurique: Editora Psicanalítica Internacional 1921. (142)
Stangl, Thomas:
Biografias de professores e docentes da Faculdade de Medicina de Viena no período de 1890 a 1950. Com indicações biográficas e resumos das principais áreas de atividade. Erlangen – Nürnberg 1972 (Dissertação da Faculdade de Medicina da Universidade de Erlangen-Nürnberg). (126)
Steinlechner, Gerhard:
"'... e teria sido feliz se pudesse fugir...' August Aichhorn na Viena nazista". In: K. Fallend, B. Handlbauer, W. Kienreich (Hrsg.), *Der Einmarsch in die Psyche.* Viena: junho de 1989, p. 79-90. (170)
Stephan, Rainer:
"O passado de Altaussee ou Como a província se tornou mundo e como o mundo se tornou província", *Süddeutsche Zeitung*, nº 246, 23 e 24/10/1993, p. 17. (2, 122)

Sterba, Richard F.:
Memórias de um psicanalista vienense (Erinnerungen eines Wiener Psychoanalytikers). Frankfurt am Main: Fischer Taschenbuch Verlag 1985 (Fischer Wissenschaft v. 7354). (6)
Strachey, James:
– 1955: Nota do editor para a tradução inglesa de Freud (1941d). In: *S.E.*, v. 18 (1955), p. 175 *et seq*. (142)
– 1966: "Prefácio geral". In: *S.E.*, v. 1 (1966), p. xiii-xxii. (156)
Swales, Peter J.:
"Freud, seu professor e o nascimento da psicanálise", in: *Freud. Appraisals and Reappraisals. Contributions to Freud Studies*. Ed. por Paul E. Stepansky. V. 1. Hillsdale, N.J.: The Analytic Press 1986, p. 2-82. (74)
Tacou-Rumney, Laurence:
Peggy Guggenheim. A Collector's Album. Paris – Nova York: Flammarion 1996. (178)
Taft, Jessie:
Otto Rank. A biographical Study. Nova York: Julian Press 1958. (43, 287)
Thonke, Christian:
"8, Schmidgasse 14: Einverlaibt", in: *Kurier*, 18 de fevereiro de 2001, p. 3. (71)
Tögel, Christfried:
(Vide também: Freud-Bernays; Molnar 1996; *Circulares*, Freud 1992i)
– 1989: *Berggasse – Pompeji und zurück*. As viagens de Sigmund Freud para o passado. Tübingen, edition diskord 1989. (1, 2, 5, 45, 67, 78, 101)
– 1990: "Estação Treblinka. Sobre o destino da irmã de Sigmund Freud, Rosa Graf", *Psyche*, v. 44, 1990, p. 1019-1024. (11, 16)
– 1994: "*... und gedenke die Wissenschaft auszubeuten*". Sigmund Freuds Weg zur Psychoanalyse. Tübingen, edition diskord 1994. (1, 74)
– 2002: Comentários e notas in: Freud 2002b; Berlim, Aufbau-Verlag 2002. (2, 4, 8, 13, 34, 36, Anexo 1[42])
– 2004a: Comentários e notas in: Freud-Bernays; Berlin, Aufbau-Verlag 2004. (36, 150)
– 2004b: A irmã berlinense de Freud, Maria (Mitzi), e sua família, *Luzifer-Amor. Revista para história da psicanálise*, ano 17, caderno 33, 2004, p. 33-50. (11, 16, 134, 298)
Tögel e Pouh:
Christfried Tögel/Liselotte Pouh, "Sigmund Freud, Felix Salten e Karl Lueger", *Luzifer-Amor. Revista para a história da psicanálise*, ano 8, caderno 15, 1995, p. 143-148. (223)
Twentieth Century Authors:
Twentieth Century Authors. A Biographical Dictionary of Modern Literature. Ed. by Stanley J. Kunitz and Howard Haycraft. Completo em um volume com 1.850 biografias e 1.700 perfis. Nova York: The H.W.Wilson Company 1942. (96)
Uhland, Johann Ludwig:
Obras [2 volumes]. Coord. Hans-Rüdiger Schwab. Primeiro volume: "Gedichte, Dramen, Versepik und Prosa". Frankfurt am Main: Insel 1983. (129)
Ullrich, Volker:
Otto von Bismarck. Reinbek bei Hamburgo: Rowohlt 2003. (257)

Urban, Rudolf v.:
Myself not least. A confessional autobiography of a psychoanalyst and some explanatory history cases. Londres – Nova York: Jarrolds 1958. (76)

Varendonck, Julian:
- 1908: "Les idéals d'enfants", *Archives de Psychologie*, v. 7, 1908, p. 365-382. (142)
- 1921a: *L'Évolution des Facultés conscientes.* (tese defendida na Faculdade de Letras de Paris, annos 1920-1921.) Paris: Alcan / Vanderpoorten: Gand 1921. [Contém uma ampla lista de publicações de 1908 a 1921.] (142)
- 1921b: *The Psychology of Day-Dreams.* Londres: Allen & Unwin, e Nova York: Macmillan 1921. Com introdução de Sigm. Freud (1921b). Tradução autorizada de Anna Freud com o título *Über das vorbewußte phantasierende Denken.* Com introdução de S. Freud. Leipzig – Viena – Zurique: editora Psicanalítica Internacional 1922 (v. XII da série Biblioteca Psicanalítica Internacional). (142, 161)

Venturini, E.:
Roma e o Vaticano (Rom und der Vatikan, Novo guia ilustrado colorido com grande mapa da cidade e indicações de todas as atrações. Editrice Lozzi o.J. [1991]. (Anexo 1[15])

Verein Regionalentwicklung:
Verein Regionalentwicklung Inneres Salzkammergut (REGIS), Faltblatt *Salzkammergut – Der historische Soleweg* [Bad Ischl] 1997. (55)

Weinke, Wilfried:
Perseguidos, expulsos, mas não esquecidos (Verdrängt, vertrieben, aber nicht vergessen). Os fotógrafos Emil Bieber, Max Halberstadt, Erich Kastan, Kurt Schallenberg. Weingarten: Kunstverlag Weingarten GmbH 2003. (19, 23, 127, 129, 162)

Weissensteiner, Friedrich:
Der ungeliebte Staat. Österreich zwischen 1918 und 1938. Viena: Österreichischer Bundesverlag 1990. (12, 110, 122, 130, 132, 161, 179, 246)

Wildgans, Anton:
Obra completa. Edição histórico-crítica em oito volumes. Colaboração dr. Otto Rommel, coord. Lilly Wildgans. Começou a ser publicada em 1948. Volume 1 [1949]: *Gedichte (Poemas).* (99)

Winnicott, Donald W.:
"Ernest Jones" [Necrológio], *IJ*, v. 39, 1958, p. 298-304. (41)

Winter, J.[osefine]:
Cinqüenta anos de uma casa vienense (Fünfzig Jahre eines Wiener Hauses). Viena e Leipzig: Braumüller 1927. (74, 116, 122)

Winterstein:
Alfred Winterstein, "Atualidades na literatura psicanalítica". *Neue Freie Presse*, Morgenblatt, Viena, nº 22475, domingo, 10.de abril de 1927, p. 31 *et seq.* (216)

Wittels, Fritz:
- 1924: *Sigmund Freud, o homem, o ensinamento, a escola (Sigmund Freud. Der Mann, die Lehre, die Schule).* Leipzig – Viena – Zurique: E.P. Tal & Co. 1924. (228)
- 1927: *Die Befreiung des Kindes.* Stuttgart: Hippokrates – Bern: Hans Huber 1927. (228)

Wittenberger, Gerhard:
(Vide também Heenen-Wolf; *Rundbriefe*)
- 1992: As circulares do comitê secreto. In: Ernst Federn/Gerhard Wittenberger (coord.), *Aus dem Kreis um Sigmund Freud. Zu den Protokollen der Wiener Psychoanalytischen*

Vereinigung. Frankfurt am Main: Fischer Taschenbuch Verlag 1992, p. 46-68. (126, 174)

– 1995: *O comitê secreto (Das "Geheime Komitee" Sigmund Freuds)*. Processos da institucionaliozação do movimento psicanalítico entre 1912 e 1927. Tübingen: edition diskord 1992. (126, 174)

Wolf, Siegmund A.:
Dicionário iídiche. Vocabulário básico de origem alemã no idioma iídiche. Mannheim: Instituto Bibliográfico, Allgemeiner Verlag o.J. [1962]. (169)

Wolfgangsee:
Wolfgangsee Tourismus Gesellschaft mbH und Event – und WerbegesmbH Bad Ischl (coord.), Folheto informativo *Wolfgangsee – fonte da alegria de viver / Bad Ischl*. März 2002. (53)

Worbs, Michael:
Arte dos nervos, literatura e psicanálise na Viena da virada do século (Nervenkunst. Literatur und Psychoanalyse im Viena der Jahrhundertwende). Frankfurt am Main: Europäische Verlagsanstalt 1983. (20)

Wutte, Martin:
A luta pela libertação de Kärnten (Kärntens Freiheitskampf 1918-1920). 1ª ed. 1922. Ed. revista. Klagenfurt: Verlag des Geschichtsvereines für Kärnten 1985. (132)

Young-Bruehl, Elisabeth:
Anna Freud, uma biografia. editora Imago, 1992, 448 p., ISBN: 8531202361. Parte I – *Os anos vienenses* (Introd., 5-7, 13, 14, 16, 17, 19, 20, 22, 23, 26, 28, 31, 34, 40-42, 45, 47-49, 53, 58, 60, 62, 71, 79, 82, 86, 96, 98, 99, 101, 103, 107, 108, 114, 119, 120, 129, 130, 142, 146, 151, 168, 174, 192, 196, 198, 208, 212, 259, 263, 269, 287) Parte II – *Os anos londrinos*: (198, 297)

Zerfass e Huppke:
Urban Zerfass e Andrea Huppke: *A editora psicanalítica internacional (Internationaler Psychoanalytischer Verlag 1919-1938)*. Uma documentação em edições originais (catálogo de antiquário 6). Berlim: Antiquariat Zerfass & Linke o.J. [1995]. (89, 138)

Zierl:
Hubert Zierl, "Der Weg zum Nationalpark", in: *Nationalpark Berchtesgaden*, [depois de 1979], p. 7-17. (257)

Zimburg, Heinrich v.:
"350 Jahre Wirte Straubinger in Bad Gastein", *Bad Gasteiner Badeblatt*, nº 32, 23 de agosto de 1953, p. 359-362. (75)

Zohlen:
Gerwin Zohlen, "A casa no lago" ("Das Haus am See"), in: *Die Zeit*, nº 14, 1/4/1994, p. 80 (seção Vida Moderna). (115, 164)

Zörkendörfer, Walter:
"Karlsbad, Marienbad und Franzensbad als Heilbäder", in: Karell, p. 148-164. (14, 59, 128)

Zottl, Anton:
Otto Rank, obra de um dissidente da psicanálise (Otto Rank. Das Lebenswerk eines Dissidenten der Psychoanalyse. Munique: Kindler 1982 (série Espírito e Psiqué, Também 2229). (43, 287)

Zouzelka, Christine:
Alfred Francis Pribram (1859-1942). Leben und Werk als Historiker. Viena 1968 (Dissertação na Faculdade de Filosofia da Universidade de Viena). (75, 126)

Zschietzschmann, Willy:
"Da loba ao panteão" ("Von der Wölfin zum Pantheon"). *Merian. Das Monatsheft der Städte und Landschaften,* Ano 10, 1957, número 4: *Roma.* Hamburgo: Hoffmann und Campe 1957, p. 13-19. (Anexo 1[50])

Material inédito

Este registro contém basicamente as cartas e os escritos inéditos citados repetidamente, junto com a indicação dos locais em que foram encontrados, caso não estejam sendo mencionados. Os números entre parênteses no final de cada citação indicam os números das cartas ou a referência das partes em cujas observações o escrito é referido.

Anna para Eitingon:
Cartas de Anna Freud para Max Eitingon: LoC AF, Cont. 24. (Introd, 19, 96, 125, 127, 168, 174, 183, 208, 209, 253, 254, 257, 289, 291, 298)
Anna para Ernst:
Cartas de Anna Freud para (o irmão) Ernst Freud: FM London. (71, 86, 103, 127, 129, 141, 163, 287)
Anna para Freud:
Adendos a *Martha para Freud*, 12/9/1913, 13/7/1922: LoC SF, Cont. 10. (34, 176)
Anna para Kata:
Cartas de Anna Freud para Kata Lévy: originais de Peter Lambda que me foram cedidos e colocados à disposição para citações; atualmente guardados no Arquivo da História da Psicanálise, Berlim: (26, 47, 81, 82, 84, 86, 95, 100, 101, 103, 108, 124, 125, 287)
Ferenczi para v. Freund:
Carta de Ferenczi para Anton v. Freund: trad. do húngaro de Peter Lambda, cedida para mim, atualmente propriedade do Arquivo da História da Psicanálise, Berlim. (80)
Fichtner:
Gerhard Fichtner, *Os livros como alimento preferido: a biblioteca de Freud e seu significado para sua vida e obra (Lieblingsspeise Bücher. Freuds Bibliothek und ihre Bedeutung für sein Leben und Werk)*. Texto de uma conferência 2003, em vias de publicação. (Introd., 60)
Freud para Alexander:
Cartas de Sigmund Freud para Alexander Freud: LoC SF, Cont. 1. (Introd., 60, 117, 271, 297)
Freud para a família:
Cartas de Sigmund Freud para os outros membros da família: FM London, Box 12, e LoC SF, Cont. 10. (Freud 2003e só reproduções parciais.) (16, texto intermediário depois de 18, 19, 71, 127, 285)
Freud para Ernst:
Cartas de Freud para (o filho) Ernst Freud: LoC SF, Cont. 3. (71, 106, 133, 153, 257, 271)
Freud para Jeanne:
Cartas de Freud para Jeanne Lampl-DeGroot: LoC SF, Cont. 36. (296, 297)
Freud para Kata:
Cartas de Freud para Kata Lévy: LoC SF, Cont. 36. Cit. segundo cópias de Peter Lambda que me foram cedidas e colocadas à disposição. (81, 82, 107, 109, 159, 163)

Freud para Martha:
Cartas de Freud para Martha Freud: LoC SF, Cont. 10. (14, 15)
Freud para Martin:
Cartas de Freud para Martin Freud: LoC SF, Cont. 10 e 11. (67, 82, 106, 107, 256, 257, 270, 277)
Freud para Max:
Cartas de Freud para Max Halberstadt: LoC SF, Cont. 11 e 12. (105, 133, 137, 138, 146, 147, 150, 153, 158, 172, 174, 179, 188, 196)
Freud para Ruth:
Cartas de Freud para Ruth Mack-Brunswick: LoC SF, Cont. 20. (212, 256, 257, 261, texto intermediário depois de 295, 296, 297)
Freud para Sophie:
Cartas de Freud para (a filha) Sophie Freud: LoC SF, Cont. 11 e 12. (14, 25, 32)
Freud para Sophie e Max:
Cartas de Freud para Sophie Freud/Halberstadt e Max Halberstadt: LoC SF, Cont. 11 e 12. (41, 47, 59)
Freud para Willi:
Cartas de Freud para Willi Lévy: LoC SF, Cont. 36. (80)
Freud e Minna para Ernst:
Cartas de Freud e Minna Bernays para Ernst Freud: LoC SF, Cont. 3 (92, 94, 95)
Kalender:
Anotações de Freud na agenda *Prochaskas Familienkalender*. Com contos, anedotas, piadas e ensaios; numerosas ilustrações artísticas e um calendário informativo. Viena e Teschen: livraria e editora Karl Prochaska, k.u.k. Hofbuchdruckerei. 29, 30, 31. Anos de 1916, 1917, 1918. In: LoC SF, Cont. 48. (71, 72, 74, 75, 77-80, 87)
Kata para Freud:
Rascunho à mão de uma carta de Kata Lévy para Freud. Fotocópia no conjunto de cartas *Freud para Kata*. (96)
Kursidem:
Franz Kursidem, *O conselheiro imperial professor Alexander Freud (Kaiserlicher Rat Professor Alexander Freud, 1866-1943)*, Ms.: LoC SF, Cont. 1. (12, 117, 297)
Lambda, Memórias:
Peter Lambda, *Memórias de Freud (Erinnerungen an Freud)*, manuscrito cedido por Peter Lambda, agora propriedade do Arquivo da História da Psicanálise, Berlim. (80)
Martha para Freud:
Cartas de Martha Freud para Sigmund Freud: LoC SF, Cont. 10 e 11. (33, 34, 36, 174, 176, 177, 185, 187)
Cartas Circulares (Rundbriefe):
As cartas circulares inéditas de 1928 e 1929 estão indicadas nos trechos em que aparecem citadas (253, 256), e as de 1923 e 1925 são citadas de acordo com microfilmes do Arquivo Otto Rank (ORC) da Biblioteca da Universidade de Columbia, Nova York. (Introd., 126, 156, 199, texto intermediário depois de 201)
Winterstein:
Alfred Winterstein, Viena, *Meine Erinnerungen an Freud* (*Minhas memórias de Freud*) (1954): LoC SF, Cont. 113. (11)

Registro das Ilustrações e Fac-Símiles com Indicação de Fonte

Capa
Freud e Anna em Tegel, 1929

Localização
Texto intermediário depois de 255 SF
Notas 6 e 8 de 257 SF

Ilustrações
1. Freud, por volta de 1906
2. Foto de família, 1909

Introdução
P.ex. 1 SF, notas 4 e 7
3 SF, notas 6 e 9

3. Robert Hollitscher
4. Mathilde Freud
(nome de casada: Hollitscher)
5. Freud, por volta de 1912

5 MF/SF, nota 4
p. ex. nota 9 de 3 SF
Nota 3 de 12 AF; 26 AF
Introdução
19 AF, (notas 1 e 7) até 32 AF

6. Anna, por volta de 1912

Introdução
Nota 4 de 32 AF

7. Sophie Freud (nome de casada: Halberstadt)
8. Max Halberstadt com o filho Ernstl, por volta de 1916/17
9. Anna com Heinerle e Ernstl Halberstadt Hamburgo,1922
10. Freud com Evchen, Semmering, 1927
11. Freud e Anna, congresso de Haia, 1920
12. Anna com classe de escola convencional, 1919
13. Anna com Wolf e alunos de Hietzing, por volta de 1927/28
14. Dorothy Burlingham, Schneewinkl 1929
15. Lou Andreas-Salomé, por volta de 1903
16. Marie Bonaparte com chow chow Topsy
17. Anna, por volta de 1931
18. Anna, Sigmund, Martha e Ernst, na casa de Marie Bonaparte, Paris, 1938

20 SF, nota 5

20 SF, nota 5
75 SF, nota 8
Nota 1 de 155 SF
156 AF-162 AF
208 SF, nota 3, nota 2 de 244 AF

123 SF/AF, notas 1e 3

Nota 5 de 86 AF; 95 SF, nota 18

Nota 5 de 86 AF; 95 SF, nota 18

Nota 4 de 212 SF; nota 3 de 256 SF

153 AF, nota 6

214 SF, nota 4

Introdução
Texto intermediário depois de 295 SF

Os direitos para as ilustrações 1, 5, 7, 10, 11, 12, 14, 16, 17 e 18 são de propriedade de Sigmund Freud Copyrights, Londres; as ilustrações 2, 3, 4, 6, 9 e 13, do Museu Sigmund Freud de Londres. A autorização para reprodução da ilustração 8 foi dada por Mosche Wolff, Israel; a da ilustração 15, por Dorothee Pfeiffer, Göttingen. Agradeço a todos os doadores pela sua gentileza, principalmente a Michael Molnar (Londres), Tom Roberts (Wivenhoe), Wilfried Weinke (Hamburgo) e à editora Weingarten pela ajuda em obter as licenças.

Fac-símiles		Fonte
p. 40	Carta de Anna de 13/7/1919	LoC SF, Cont. 2
p. 82, 83	Anotação e dedicatória no *Livro das Imagens*, de Rilke	FM Londres
p. 206	Congresso de Haia, 1920, troca de bilhetes	LoC SF, Cont. 2
p. 324	Carta de Freud de 21/7/1923	LoC SF, Cont. 2
p. 328, 329	"Diário de viagem", Roma	LoC AF, Cont. 162
p. 349	Desenho de Anna em carta de 12/4/1927	LoC SF, Cont. 2
p. 354	Desenho de Anna em carta de 15/4/1927	LoC SF, Cont. 2
p. 358-360	Carta de Anna, 18/4/1927	LoC SF, Cont. 2
p. 433	Vale para Dorothy Burlingham	LoC SF, Cont. 2

ÍNDICE REMISSIVO

A

Abraham, Karl 58, 64, 155, 272, 464, 465, 468, 469, 471, 473, 474, 482, 486
Adam, Christiane 29, 245
Adam/Adamsfrau 79
Adler, Alfred 192, 213, 370, 462
Adler, Fritz 189,90
Adler, Victor 63, 190
Adorno, Theodor W. 380
Aichhorn, August 71, 291, 338, 467, 494
Alex/Alexander — Freud, Alexander
Alexander, Franz 263, 281, 469, 472, 478, 486, 491, 494
Andreas, Friedrich Carl 256, 286, 287, 303, 314
Andreas-Salomé, Lou 4, 12, 13, 14, 18, 21, 22, 23, 27, 28, 47, 71, 73, 74, 76, 84, 107, 132, 150, 175, 178, 211, 217, 250, 257, 266, 283, 286, 287, 291, 293, 296, 311, 315, 337, 348, 379, 386, 395, 399, 400, 462, 465, 468, 469, 487, 501
Angel, Otto 176
Anna (empregada) 411, 414
Anna (filha de Freud) — Freud, Anna
Anna (irmã de Freud) — Bernays, Anna (na seção Demais bibliografias, ver: Freud-Bernays, A.)
Annie (Anni, Anny) 144, 151
Arquimedes 48, 49
Asch, Joseph J. 259, 470
Augenfeld, Felix 280, 286, 417
Auspitz (família) 134, 199
Auspitz, Rudolf 199
Avó — Freud, Amalie

B

Baderle, Gertrud 70, 71, 291
Bang, Hermann 63
Bardas, Willy 50, 52
Bareuther, Herbert 28
Bauer, Ida 190
Bauer, Otto 190, 370, 472
Bauman, Fred 28
Beer, Rudolf 275
Bemelmans, Johann 79
Bennet, Edward Armstrong 412, 413
Bennett, E. Arnold 163, 164
Bergson, Henri 241, 280
Berliner, Rudolf 377
Berman, Emanuel 399

Bernays (família) 167, 200
Bernays, Anna (na seção Demais bibliografias, ver: Freud-Bernays, A.) 49, 84, 110, 112, 253
Bernays, Berman 31
Bernays, Doris 169
Bernays, Edward Louis 169, 175, 184, 201, 203, 256, 265
Bernays, Eli 84, 166, 169, 190, 198, 204, 263
Bernays, Emmeline 31, 41, 250
Bernays, Hella 84, 85, 86
Bernays, Isaac
– M. E. Emilie, sua esposa 289
Bernays, Judith ("Ditha") — Heller, Judith 263, 270, 283, 284, 463
Bernays, Julius
– Sara, sua esposa 288
Bernays, Leah 167, 198
Bernays, Martha (filha de Anna e Eli Bernays) 84, 270
Bernays, Minna ("tia") 27, 31, 41, 51, 80, 113, 157, 158, 160, 181, 188, 193, 216, 222, 235, 255, 320, 321, 348, 363, 387, 395, 407, 465, 500
Bernays, Paul Isaak 288
Bernfeld, Siegfried 160, 169, 338, 475
Berni, Roberto 397, 422
Bialik, Chaim Nachmann 223
Bickelmann, Dagmar 29, 268, 277
Bijur, Angelika 305, 314
Binswanger, Ludwig 54, 58, 164, 207, 465
Bismarck, Otto v. 379, 495
Bitterlich, Hans 184
Blau, Sra. 193
Bleuler, Eugen 58
Blitz, Mariechen 238
Blos, Peter 338, 346, 369, 449
Blum, Ernst 266
Blumgart, Herman 323
Blumgart, Leonard 259, 323, 463, 486
Bomhardt, Klaus v. 28
Bonaparte, Eugénie 357, 360
Bonaparte, Marie 24, 56, 252, 345, 355, 357, 360, 365, 374, 392, 407, 408, 409, 410, 411, 413, 414, 415, 416, 451, 486, 488, 501
Bonaparte, Pierre 357, 360
Bonvicini, Dr. [Giulio?] 185
Börnes, Ludwig 171
Bose, Girindrarsekhar 270, 463
Braitenberg, Marie-Therese v. 29

503

Brasch, Elise 233
Brasch, Gerda 286
Brasch, Käthe 232
Brasch, Lucie — Freud, Lucie ("Lux")
Braun, Ludwig 157, 346, 347, 378
Breasted, James Henry 115
Brecher, Guido 158, 304, 305
Bresch, Hermann e esposa 80
Bresch, Sr. 81
Breuer, Josef 133, 214, 458, 479, 480
Brill, Abraham A. 28, 58, 305, 309, 365, 381, 382, 398, 399, 400, 472, 491
Bruns (família) 286, 290
Bruns, Gudrun
– Mai, seu filho 286
Bruns, Oskar 286
Brunswick, Mark 323, 356, 473
Brutus, L. Iunius 289
Bryan, Clement A. Douglas 272
Bühler, Karl 370, 475
Bullitt, William 408
Burlingham (família) 6, 16, 248, 280, 338, 343, 344, 345, 346, 347, 348, 368, 369, 375, 377, 379, 380, 381, 386, 387, 388, 389, 393, 395, 396, 400, 401, 406, 409, 415, 416, 433, 434, 450, 467, 473, 475, 477, 501, 502
Burlingham, Dorothy 6, 16, 280, 338, 343, 344, 345, 347, 386, 393, 406, 433, 467, 473, 475, 501, 502
Burlingham, Michael John 473
Burlingham, Robert 343

C

"Cäcilie M." (paciente) 133
Carter, Braine 411, 412, 413
Catilina, Lucius Sergius 111
Champollion, Jean-François 118
Cícero, Marco Túlio 111, 426
Claparède, Édouard 211, 461
Clark, L.[eon] Pierce 191, 192, 193, 211, 228, 459, 473, 489
Croisdale, Violet (governanta) 360
Czeike, Felix 345

D

D., Hedi/Heddy 153
Dante Alighieri 76
Darwin, Charles 413
"Davy" — Jones, Herbert
De Groot, Jeanne — Lampl-De Groot, Jeanne
Degeneve, Wolfgang 123
Deiches, Anna 234, 236
Dellisch, Josephine 152, 215
Deutsch, Felix 254, 284, 474

Deutsch, Helene 284, 479, 491, 492
"Ditha" — Heller, Judith
Dittrich, Karin A. 28
Dolfi (irmã de Freud) — Freud, Adolphine
"Dora" (paciente) 190
Dorothy — Burlingham, Dorothy
Dostoiévski, Fiódor M. 325, 462, 488
"Doutor" (médico em Karlsbad) — Kolisch
"Doutor" (médico no sanatório Parsch) 157, 160, 168, 169, 443
Doutora, Sra. — Rischawy, Marie
Drexl (donos de hospedaria) 173
Drucker (família) 150, 179, 200, 204
Drucker, Ernestine — Freud, Esti
Drucker, Leopold 179, 198, 200
Dubowitz, Hugo 171
Dubowitz, Margit 171
Duse, Eleonora 275

E

Ebdon, Stephanie 29
Ebner-Eschenbach, Marie v. 238
Edelman, Adolf 266
Edith — Rischawy, Edith
Edward — Bernays, Edward
Einstein, Albert
– sua esposa [Elsa] 338, 462
Eitingon (casal) 209, 210, 215, 219, 220, 223, 225, 227, 230, 282, 283, 285, 286, 291, 292, 308, 318, 444, 445
Eitingon, Max 11, 21, 22, 24, 25, 28, 58, 61, 64, 138, 139, 200, 201, 204, 211, 212, 213, 215, 216, 220, 224, 225, 226, 229, 232, 233, 235, 242, 245, 252, 256, 257, 262, 263, 267, 269, 270, 272, 274, 276, 277, 283, 284, 285, 286, 287, 288, 289, 291, 293, 296, 303, 307, 308, 309, 322, 326, 331, 334, 335, 337, 339, 341, 343, 348, 353, 356, 364, 365, 369, 372, 373, 374, 378, 380, 383, 384, 392, 399, 400, 401, 402, 405, 408, 409, 410, 411, 413, 415, 455, 461, 464, 465, 474, 479, 488, 493, 499
Eitingon, Mirra 204, 216, 223, 225, 230, 284, 286
Eli — Bernays, Eli
Elias, Norbert 24
Emden, Jan van
– sua esposa A[lexandrina Petrouella] 51, 59, 60, 98, 103, 109, 200, 201, 208, 252, 255, 273, 279, 437
Emden, Kati [?(Catharina Johanna)] 200
Erikson, Erik H. 338, 369
Ernst — Freud, Ernst L.
Ernstl/Ernsti/Ernst — (na seção Demais bibliografias, ver: Freud, W. E.)
Esti — Freud, Esti
Eva/Evchen — Freud, Eva

F

Falzeder, Ernst 28, 236, 465
Fanny (empregada) 234, 311
Federn, Ernst 28, 46, 405, 479, 489, 490, 496
Federn, Paul 16, 21, 24, 180, 313, 404, 416, 475
Ferenczi, Gizella 138, 161, 399, 471
Ferenczi, Sándor
 — Rosa, sua mãe 12, 21, 43, 140, 462, 463, 465, 470, 476, 479
Ferstel, Heinrich 56
Fichtl, Paula 416, 471
Fichtner, Gerhard 17, 27, 52, 115, 158, 207, 214, 252, 457, 463, 465, 477, 499
Figdor, M
 — Melanie, sua esposa 236
Fischer, Sra. (contadora) 227
Fleischmann, Carl 216
Fliess, Ida 56
Fliess, Wilhelm 56, 102, 103, 104, 175, 196, 229, 298, 463, 484
Foerster, Rudolf Hermann 277
Förster, Karl 28
Francisco I (imperador) 140
Franz Ferdinand (herdeiro do trono austríaco)
 — sua esposa (condessa Sophie Chotek) 88
Franz Joseph I (imperador austríaco) 47
Frederico I (Barbarossa; imperador) 161
Freud, Adolphine ("Dolfi") 110
Freud, Alexander 24, 201, 203, 345, 365, 499, 500
Freud, Amalie 46, 125, 252
Freud, Anna (irmã de Freud) — Bernays, Anna (na seção Demais bibliografias, ver: Freud-Bernays, A.)
Freud, Anton Walter ("Tonerl") 231, 270, 273, 294, 317, 321
Freud, Clemens Raphael 337
Freud, Emanuel
 — Marie, sua esposa
 — Bertha, sua filha 21, 35, 56, 57, 68, 73, 90, 91, 94, 99, 102, 399, 471
Freud, Ernst L. (filho de Freud) 25, 37, 43, 49, 113, 129, 152, 153, 156, 172, 184, 250, 341, 392, 457, 463, 464, 499, 500
Freud, Esti 21, 149, 150, 183, 269, 270, 273, 319, 320, 321, 364, 409
Freud, Eva 23, 47, 112, 167, 177, 223, 226, 248, 250, 268, 296, 338, 343, 376, 377, 379, 380, 381, 382, 387, 388, 389, 395, 400, 401, 468, 471, 479, 492
Freud, Gabriel 250, 252, 281, 285, 294, 296, 337, 381
Freud, Gustav 392
Freud, Harry — Freud, Otto Heinrich

Freud, Henny 239, 318, 321, 323, 325, 337, 365, 369, 447, 449
Freud, Jakob 35
Freud, Lucian Michael 301, 337
Freud, Lucie ("Lux") 25, 233, 286, 336, 417, 457, 463
Freud, Marie (irmã de Freud) 35, 223, 231, 412
Freud, Marie, nascida Rockach (esposa de Emanuel Freud) — Freud, Emanuel/sua esposa
Freud, Martha 9, 31, 32, 34, 37, 39, 42, 45, 47, 49, 52, 53, 54, 55, 56, 59, 61, 62, 77, 78, 80, 81, 84, 86, 88, 90, 102, 112, 113, 129, 138, 139, 144, 156, 157, 158, 160, 166, 167, 185, 198, 209, 214, 216, 223, 231, 235, 236, 237, 242, 248, 250, 256, 257, 269, 270, 288, 289, 292, 293, 295, 296, 298, 300, 311, 312, 314, 321, 325, 326, 336, 337, 343, 353, 363, 377, 379, 382, 392, 395, 405, 409, 416, 435, 436, 437, 438, 439, 440, 441, 442, 443, 444, 445, 446, 447, 448, 449, 450, 451, 499, 500, 501
Freud, Martha Gertrude ("Tom") — Seidmann, Tom
Freud, Martin 7, 32, 33, 37, 39, 50, 52, 53, 56, 60, 77, 78, 84, 85, 86, 95, 97, 98, 106, 108, 110, 111, 112, 113, 116, 117, 119, 122, 123, 124, 125, 127, 129, 130, 133, 135, 137, 142, 147, 149, 150, 153, 156, 163, 177, 179, 180, 181, 182, 183, 184, 198, 200, 204, 231, 234, 240, 258, 269, 270, 277, 304, 317, 318, 319, 320, 322, 325, 356, 377, 379, 380, 381, 388, 392, 402, 408, 409, 438, 443, 447, 449, 450, 477, 500
Freud, Mathilde — Hollitscher, Mathilde
Freud, Moritz 286, 464
Freud, Oliver 34, 45, 55, 57, 84, 112, 113, 129, 134, 182, 198, 209, 212, 224, 230, 231, 235, 261, 285, 293, 296, 317, 318, 323, 337, 338, 341, 365, 369, 380, 437, 438
Freud, Otto Heinrich ("Harry") 47, 203, 365, 392, 409, 411, 412, 414, 451
Freud, Philipp 56
Freud, Soloman ("Sam" 28, 91, 96, 222, 261, 466
Freud, Sophie (filha de Freud) — Halberstadt, Sophie
Freud, Sophie (neta de Freud) 179, 270, 317, 500, 501
Freud, Sophie Sabine (esposa de Alexander Freud) 11, 13, 19, 34, 38, 39, 41, 45, 47, 49, 50, 51, 55, 59, 62, 67, 69, 70, 73, 76, 77, 104, 106, 114, 123, 133, 135, 136, 144, 145, 147, 182, 197, 209, 213, 236, 244, 245, 249, 252, 275, 341, 392, 409, 411, 412, 437, 438, 439, 441, 442, 444, 451, 477, 500
Freud, Theodor ("Teddy") 286, 322
Freund, Antal v. — Toszeghi, Anthony

505

Freund, Anton/Antál v. 143, 145, 147, 148, 151, 155, 160, 161, 164, 169, 171, 182
Freund, Emil v. 151
Freund, Erzsébet v. 147
Freund, Rózsi v. 147
Freund, Vera v. 165
Frink, Horace Westlake 259, 263, 264, 304, 305, 308, 314
Frötscher, Josef 29, 84
Fuchs, Gertrud 341
Fuchs, Henny — Freud, Henny
Fuchs, Paul 341
Führer, Erich 412, 473, 489
Fürth, Julius 129

G

Garai, Dr. 138
Garai, Dra. 139
Garami, Ernö 171
Gardiner, Muriel 22, 348, 408
Gáspár-Ruppert, Walburga 28
Gebert, Fritz 130
Gebert, Helene 72, 74, 238, 239, 282, 286
Gebert, Karl 130, 238
Ginzkey, Franz Karl 63
Glantz, Angela 28
Gödde, Günter 21, 22, 23, 25, 37, 44, 46, 47, 58, 60, 62, 71, 167, 173, 175, 216, 236, 248, 280, 380, 415, 464, 478
Goethe, Johann Wolfgang v. 4, 25, 308, 367, 388, 392, 423, 425, 427, 451, 462
Goldman(n), Salome (Salka) 140, 152
Goldschmidt, Georges-Arthur 93
Goldschmidt, Margot 393, 396, 451
Graetz, Sr. 77
Graf, Cäcilie ("Mausi") 101, 133, 204
Graf, Heinrich 56, 101
Graf, Hermann 56, 123
Graf, Rosa 412, 495
Groschopf, Elisabeth 29, 222
Grubrich-Simitis, Ilse 27, 185, 194, 457, 478
Guérin, Maurice de 239
Guggenheim (família) 301, 304
Guggenheim, Carrie 301
Guggenheim, Peggy 301, 495
Gutschi, Ferdinand 28

H

H.[ammerschlag?], Käthe/Kata 129
Häberlin, Paul 56, 463
Hager, Hannsjörg 80
Haim, Ella 131
Hajek, Marcus 323
Halban, Josef 135, 252

Halberstadt (família) 12, 21, 59, 60, 62, 64, 67, 88, 98, 106, 109, 113, 144, 180, 182, 184, 201, 209, 216, 233, 260, 263, 268, 380, 409, 496, 500, 501
Halberstadt, Bertha 278
Halberstadt, Ernst/Ernstl/Ernsti (na seção Demais bibliografias, ver: Freud, W. E.) 18, 20, 21, 31, 36, 106, 109, 111, 117, 136, 165, 171, 201, 215, 218, 230, 234, 235, 236, 237, 238, 243, 244, 245, 246, 247, 248, 249, 250, 254, 256, 257, 262, 264, 270, 271, 272, 274, 275, 276, 278, 300, 321, 322, 323, 326, 337, 338, 341, 368, 369, 377, 380, 392, 400, 409, 442, 445, 446, 447, 448, 449, 450, 451, 501
Halberstadt, Eva 278
Halberstadt, irmãos Ernst e Heinz 201
Halberstadt, Mathilde 216
Halberstadt, Max 12, 21, 59, 60, 64, 67, 88, 98, 106, 113, 180, 182, 184, 201, 216, 233, 260, 268, 496, 500, 501
Halberstadt, Rudolf e esposa 209
Halberstadt, Sophie 60, 64, 67, 70, 88, 98, 106, 113, 182, 184, 201, 209, 216, 263, 501
Hall, Stanley 184
Hamburger, Andreas 27, 104
Hammerschlag, Albert 78, 129, 134, 194
Hammerschlag, Bertha 134
Hammerschlag, Leontine 78, 129
Hammerschlag, Paul 134
Hammerschlag, Samuel 78, 129
Han, Srta. 407
Harmening, Elsa 231
Harry — Freud, Otto Heinrich
Hartmann, Heinz 405
Hartungen, Christoph Hartung v. 78, 464
Hartungen, Erhard Hartung v. 78
Hartungen, Klaus Hartung v. 78
Hausmann (pais de aluno) 236
Heiling, Hans 110
Heine, Heinrich 161, 485
Heinerle/Heinele/Heinz Halberstadt, Heinz
Helene — Gebert, Helene
Heller, Hugo 58, 63, 64, 72, 297, 298, 455
Heller, Victor 185, 297, 298
Hellmer, Edmund 235
Henny — Freud, Henny
Herbert — Jones, Herbert
Hermann, Elfriede 28
Hesnard, Angelo-Louis-Marie 93, 490
Hesse, Hermann 63
Hilbert, David 289
Hiller, Eric 172, 228
Himmler, Heinrich 377
Hinterbrandner, Helene 379, 480

Hirschmüller, Albrecht 27, 31, 41, 51, 133, 167, 250, 286, 465, 477
Hitler, Adolf 177, 311, 410, 473
Hitschmann, Eduard 100, 188, 241, 254
Hoch, Srta. 184
Hoffer, Willi 291
Hoffmann, Josef 274, 487
Hofmannsthal, Hugo v. 206, 319
Hollitscher, Helene 130
Hollitscher, Mathilde 129, 501
Hollitscher, Paul 241
Hollitscher, Robert 37, 62, 72, 128, 130, 172, 185, 501
Hollstein, Gertrud 291
Hörbiger, Attila 275
Horkheimer, Max 380, 492
Horn, M. W. 212
Horney, Karen 392, 489, 492
Horthy, Miklós 177
Hueber, Dr. v. e família 165
Hug-Hellmuth, Hermine 211

I

Ida (empregada) 52, 56, 190
Ilm, Grete 138, 141
"Irma" (personagem de sonho) 129

J

Jacob (também Jakob), Senhorita [Martha] 209, 446
Jeanne — Lampl-De Groot, Jeanne
Jekels, Ludwig 39
Jelgersma, Gerbrandus 170
Jelliffe, Smith Ely 364, 455, 481, 486
Jellinek (sapateiro) 283, 291
Jofi (cachorro de Freud) 389, 391
Johnson, Ahmed 28
Jokl, Katherine 213
Jones, Ernest 11, 12, 14, 17, 21, 22, 24, 51, 52, 53, 58, 60, 61, 62, 66, 72, 84, 86, 88, 90, 91, 93, 94, 96, 98, 99, 101, 115, 126, 155, 156, 157, 160, 161, 163, 164, 167, 169, 170, 171, 175, 181, 182, 184, 185, 187, 189, 190, 192, 194, 195, 201, 207, 208, 210, 213, 214, 217, 224, 228, 229, 235, 245, 246, 250, 256, 259, 260, 263, 265, 266, 268, 270, 272, 273, 274, 277, 278, 280, 291, 302, 309, 311, 321, 322, 334, 335, 348, 353, 364, 370, 375, 376, 377, 380, 382, 383, 388, 399, 400, 402, 407, 408, 411, 412, 413, 415, 454, 462, 463, 464, 465, 466, 468, 473, 481, 496
– Mervyn, seu filho 260, 482
– Katherine, sua esposa 213
– Gwenith, sua filha 213
Jones, Herbert 21, 91, 92, 98, 184, 185, 187, 216, 260, 280, 311
Jones, Loe — Kann, Loe
Joseph II (imperador) 140, 485
Jumbo (cachorro de Freud) 411, 412, 414, 416
Jung, Carl Gustav 33, 34, 35, 37, 39, 42, 46, 50, 51, 52, 54, 55, 57, 58, 60, 62, 64, 78, 93, 172, 175, 194, 213, 240, 243, 297, 366, 394, 413, 436, 438, 455, 463, 466, 471, 474, 481, 482, 486
Jungh, Rudolf 189

K

Kann, Jacobus 187
Kann, Louise (Loe/Loe Jones) 21, 90, 91, 97, 98, 105, 184, 187, 274
Kaposi, Moritz 86
Kardiner, Abram 265
Károlyi, Mihály 177, 379
Karplus, Johann Paul 133
Karplus, Johanna — Rie, Johanna
Karplus, Valerie 199
Kassowitz (família) 80, 180
Kassowitz, Karl 80
Kassowitz, Max 80
Káta/Kata — Lévy, Káta
Katan, Maurits 176
Katherine 213
Katzenstein, Bertha 278
Kaufmann, Josef 104
Kaufmann, Rudolf 104
Kautsky, Karl 63
Kent, Mr. 416
Kerwin, Pat 28
Kind, Friedrich 415
Kipling, Rudyard 58, 77, 175, 483
Kirby, Bruce 28
Klein, Melanie 17, 265, 274, 338, 339, 348, 373, 492
Klein, Melitta 274
Kleiner (mestre-colador) 282, 283
Kliesch, Almuth 341
Kloft, Wolfgang 29, 109, 181
Köberl, Karl 32
Kobus — Kann, Jacobus
Köhler, Ursula 28
Kokoschka, Srta. 146
Kola, Richard 213, 217, 221, 227, 483
Kolisch, Dr. 115
Kollwitz, Karl 172
Kolmer (família?) 137
Königsberger, Paul 183, 184, 186, 187, 206
Königstein, Leopold 298, 459
Krafft-Ebing, Richard v. 133
Krauss, Werner 206
Kris, Ernst 129

Kris, Marianne — Rie, Marianne
Krisch, Laurenz 29, 126, 130, 131, 135, 158, 181, 251, 297, 480
Kun, Béla 177
Kunitzer, Robert 298, 304
Kurz, Selma 252, 365, 479

L

Ladwig-Winters, Simone 216, 226, 231, 484
Laforgue, René 345
Lajos — Lévy, Lajos
Lambda, Peter 28, 143, 144, 277, 442, 486, 499, 500
Lampl, Hans 12, 34, 44, 46, 49, 53, 71, 72, 95, 96, 108, 110, 131, 137, 211, 222, 224, 234, 253, 254, 280, 282, 283, 292, 318, 341, 402, 484, 485, 499
Lampl-De Groot, Jeanne 24, 412
Landauer, Karl 378, 380
 – Karoline, sua esposa 380, 492
 – Eva, sua filha 380, 492
Lang, Johannes 29, 161, 167, 173, 485
Lawlor, Patrick T. 28
Le Lay, Yves 211
Leebmann, Armin 315
Lehmann, Srta. 271
Leisching, Eduard 210, 485
 – Hedwig, sua esposa 100, 210
Leitner, Else 86
Leonardo da Vinci 345, 459
Leopoldo da Baviera, Príncipe 121
Lévy (família) 144, 145, 147, 148, 149, 150, 151, 152, 153, 154, 156, 175, 185, 188, 248, 315, 320, 486, 499, 500
Lévy, Kata 147, 148, 151, 153, 154, 175, 185, 499, 500
Lévy, Lajos 144, 145, 147, 188, 248, 315, 320
Lévy, Willi 144, 151, 500
Lichtheim, Anna 129, 134
Lichtheim, Ludwig 129
Lichtheim, Rudolf 129
Liebau, Veronika 342
Lieben, Anna v. 133
Linortner, Johann 32, 130, 134, 192
Lippmann, Arthur Siegfried 263
Lockot, Regine 28, 342
Loe — Kann, Loe
Loewi, Hilde 164
Lohmar, [Rolf] 286, 289
Lopez-Ballesteros y de Torres, Luis 228, 461
Lorenz, Ina S. 29
Lou — Andreas-Salomé, Lou
Löwy (relojoeiro) 406, 433
Löwy, Emanuel 102

Lucie (Lux) — Freud, Lucie
Lucy (Lucie) — Wiener, Leah
Ludwig, Ernst 282
Lün Yu [I] (cachorro de Freud) 380, 389, 400
Lün Yu [II] (cachorro de Freud) 380, 389, 400
Lustgarten, Sigmund 86
"Lux" — Freud, Lucie
Lux (Lax?), Dr. 414

M

M[...], Sra. (paciente) 260, 303
Mack, Julian 323
Mack-Brunswick, Ruth 24, 323, 343, 365, 377, 392, 402, 411, 412, 500
Mader, Franz 315
Mama — Freud, Martha (esposa de Freud)
Mann, Heinrich 63
Mann, Thomas 63
Marchioro, Francesco 29, 53, 54
Margaret(h)el — Rie, Margarete
Maria Theresa (imperatriz) 140
Marianne — Rie, Marianne
Marianne (empregada) 210, 211, 234
Marie (irmã de Robert Hollitscher) — Rischawy, Marie
Marie/Maria/Mitzi/Mizzi (irmã de Freud) — Freud, Marie
Marín, Juan 392
Mariska (empregada) 147
Marschner, Heinrich 110
Martha (esposa de Freud) — Freud, Martha
Martin — Freud, Martin
Martin, Louis Charles 96
Math/Mathilde — Hollitscher, Mathilde
Maus/Mausi — Graf, Cäcilie
Max — Halberstadt, Max
McAleer, Margaret 28
Mela — Rie, Melanie
Mendel, Géza 150
Meng, Heinrich 380, 463
Menz (família) 51
Mereshkóvski, Dmitri Sergejevitch 344, 345
Messel, Alfred 231
Metzger, Karl-Heinz 226
Meyer, Monroe A. 265
Michaud, Stéphane 241
Minna (cozinheira dos Halberstad) 272, 276
"Mina" (empregada) 348
Minna/Tia Minna — Bernays, Minna
Moissi, Alexander 206
Möller, Dagmar 28
Molnar, Michael 27, 35, 98, 464, 502
Morgenthau, George L. 297
 – Selma, sua irmã 297

Mosse, Karl e Gerda 286
Mozart, Wolfgang Amadeus 266
Mühlberger, Kurt 28
Mühlegger-Henhapel, Christiane 275, 319
Müller, Karl/Müller-Braunschweig, Carl 487
Muret, Miss 185
Murray, Jessie 187

N

Napoleão I 178
Napoleão, Lucien 345
Nathansohn, Adolf 236
Nathansohn, Heinrich 236
Nathansohn, Hermann 236
Nathansohn, Jascha 236
Nathansohn, Nathan 236
Neff, Margarete/Gretl 160, 161, 162
Nestroy, Johann Nepomuk 196
Neufeld, J[olan] 325, 488
Neumann, Joseph 401
Newton, Isaac 413
Niese, Hansi 275
Nietzsche, Friedrich 256, 478

O

Obermann, Julian 380
Oli/Oliver — Freud, Oliver
Ophuijsen, Johan A. W. van 201, 208, 377, 384, 399
Opll, Ferdinand 345
Ortenau, Gustav 161
Ossipov, Nikolai Iegrafovitch 325, 477, 488
Ostwald, Wilhelm 366
Owen, Morfydd 213

P

Pachmayr, Eugen 58, 167
Pachmayr, Regine 166, 167
Pallenberg, Max 319
Palmedo, Marion 29, 41, 413, 422
Palmedo, Victoria 422
Pálos, Gizella 138
Pan, Christoph 29
Pance, Wilson 280
Parkos, Friedrich 169
Paterson, Mark 29
Pauli/Paula (Tia, irmã de Freud) — Winternitz, Pauline/Paula
Paumgartner, Bernhard 206
Peinlich, Horst 427
Perchan, Emil 140
Petersen, Sra. 293, 298, 302, 311, 317, 319
Pfeiffer, Dorothee 4, 28, 468, 502
Philipp, Elias 250

Philipp, Helene 267
Phillipp, Oscar 250
Pichler, Hans 322, 331, 334, 335, 346, 347, 365, 375, 401, 413, 416, 489
Pick, Walter 113
Pierce — Clark
Ploner, Ruth 29
Polon, Albert 280
Pressler, Karl H. 78
Pribram, Alfred Francis 135, 212, 214
  – seu filho Rolf 135
Princesa — Bonaparte, Marie
Pring (família) 88, 91, 96
Pring, Connie 93
Pring, Mabel 91, 96
Prochaska, Karl 153, 500
Pucher, Pepi 66, 241
Putnam, James J. 88, 460, 461, 463

R

Radó, Sándor 227, 464
Raimund, Ferdinand 275
Ramoser, Josef 51
Ramoser, Karl e família 29, 51
Ramoser, Nikolaus 29
Rank, Beata 155
Rank, Otto 4, 21, 29, 43, 87, 91, 93, 98, 99, 101, 102, 107, 134, 159, 160, 163, 165, 166, 169, 170, 171, 174, 175, 176, 178, 180, 182, 185, 186, 188, 189, 191, 194, 197, 201, 209, 213, 217, 218, 227, 228, 234, 247, 251, 260, 261, 262, 273, 274, 276, 277, 279, 280, 283, 297, 306, 309, 310, 312, 319, 398, 400, 440, 442, 454, 455, 486, 487, 490, 495, 497, 500
Redlich, Kurt 297
Régis, Emmanuel 93, 490
Reich, Wilhelm 339, 472, 475, 490
Reik, Theodor 155, 195, 196, 456, 460
Reinhardt, Max 206
Reiss, Elsa 49, 86
Richter, Ernesto 81
Rickman, John 266, 296
Rickman, Lucy 275
Ridolfi, Alessandra 430
Rie (família) 54, 55, 56, 112, 129, 132, 134, 158, 161, 165, 166, 177, 178, 180, 184, 185, 186, 187, 188, 191, 192, 195, 196, 197, 198, 199, 201, 202, 203, 204, 205, 206, 209, 210, 251, 255, 275, 280, 316, 323, 443, 444, 458
Rie, Alfred 129, 197
Rie, Gerti 132
Rie, Johanna 197
Rie, Margarete 56, 134, 158, 161, 163, 164, 166, 168, 178, 180, 185, 186, 187, 196, 210, 275, 490
Rie, Marianne 56, 128, 129, 185, 186, 273, 275, 280

Rie, Melanie 56, 129, 134, 185, 206
Rie, Norbert 165, 166
Rie, Oscar 54, 56, 134, 180, 184, 197, 199, 251, 255, 323, 458
Riehll, Johann 173
Riener, Elisabeth 120
Riesz, Julius 161, 177
Riesz, Ludwig 159, 160
– Josefine, sua esposa 159, 160
Riesz, Mathilde 177
Righi, Peter 29, 491
Rilke, Rainer Maria 84, 289, 463
Rischawy, Benjamin 66
Rischawy, Edith 152, 220, 237
Rischawy, Marie 61, 62, 66, 74, 128, 130, 192, 206, 235, 238, 441
Riviere, Joan 265, 317, 454, 464, 478, 480
Robert — Hollitscher, Robert
Roberts, Tom 28, 29, 502
Róheim, Géza 281
Roland/Klein-Roland 218, 219, 220, 492
Roller, Alfred 206
Rosa (Tia; irmã de Freud) — Graf, Rosa
Rosenberg, Anni (Anny) 174, 175
Rosenberg, Judith 175, 180
Rosenberg, Ludwig 175, 180
Rosenfeld, Eva 24, 167, 226, 248, 268, 337, 338, 343, 380, 392, 400, 451, 468, 471
Rosenfeld, Valentin 337, 380
Rosenfeld, Victor 377, 380
Rosenthal, Alma 120
Rosenthal, Felix 243, 245, 277
Rosi — Winternitz, Rose
Ross, Victor 28, 147, 380, 392
Rossdale, Polly 272
Rotbart (Barbarossa) 161
Rothe, Daria 27
Rothe, Hans-Joachim 325, 380, 485
Rothschild (Londres) 213, 216
Rózsi — Freund, Rózsi v.
Ruth — Mack-Brunswick, Ruth

S

Sachs, Hanns 21, 58, 72, 107, 138, 149, 224, 254, 281, 454, 483
Sam — Freud, Soloman
Sammet, Kai 29
Sandrock, Adele 275
Sauerwald, Anton 415
Schächter, Miksa 148
Schapira, Sra. 118
Schick, Hedwig 100
Schiff, Arthur 214
Schiff, Helene 214

Schiller, Friedrich v. 138, 492
Schirmer, Sra. 307
Schmideberg, Walter 274, 279, 285, 307, 478
Schmidt, Peter W. 29
Schnitzer, Rosa 29
Schnitzler, Arthur 161, 463
Schoeller, Monika 29
Scholem, Gershom 223
Schopenhauer, Arthur 173
Schott, Ada 224
Schröder, Hermann 375
Schröter, Michael 28, 235, 463, 464, 465
Schur, Max 323, 392, 409
Schuster, Anton 140
Schwarz, Sidonie 126
Schwarzwald, Bernhard 169
Scope, Alma 161
Seidmann, (Anna?) 413
Seidmann, Jankef 223
Seidmann, Tom 223, 488
Seipel, Ignaz 370
Seitz, Karl 190
Senn, Annemarie e Theo 29, 53
Senner, Cora 184
Shakespeare, William 373
Silberstein, Eduard 102, 464
Sillem, Peter 29
Simmel, Ernst 172, 338, 375, 493
Skopec, Manfred 28, 462
Skraup, Karl 275
Snyder, Carl 252
Soph/Sophie (filha de Freud) — Halberstadt, Sophie
Sopherl/Sophie (esposa de Alexander Freud) — Freud, Sophie Sabine
Späth, Inge 28
Sperka, Gertraud 28, 140
Spitteler, Carl 72
Stärcke, August 241, 494
Starl, Ignaz 130
Stehr, Hermann 63
Steiner, Dora 133
Steiner, Dr. 137, 246
Steiner, Fritz G. 304
Steiner, Maximilian 245
Stekel, Wilhelm 364
Stern, Diretor 200
Storfer, Adolf (Albert) Josef 155, 277, 339, 462, 493
Strachey, Alix 74, 263, 456, 472
Strachey, James 72, 152, 263, 265, 266, 272, 280, 317, 321, 454, 456
Stracke, Elmar 392
Straubinger, Karl 136
Strauss, Johann (filho) 235

Stross, Josefine 409
Stuprich, Martina 28
Sweetser, Adelaide 381
Sweetser, Arthur 346
Sweetser, crianças 346, 348
Sweetser, Ruth 381

T

Tandler, Julius 190, 462, 492
Tansley, *Sir* Arthur George 266, 269, 274, 278
Tausk, Viktor 164
Teich, Dr. e esposa 57
Tell, Guilherme 137, 138
Thayer, Scofield 233
Thorday, Bence Laszló 143
Tia — Bernays, Minna
Tiffany, Louis C. 343
Tio — Freud, Alexander
Tögel, Christfried 27, 464, 477, 487, 492, 495
Tolstói, Leon 325
Tom — Seidmann, Tom
"Tonerl"/Toni — Freud, Anton Walter
Toni — Freud, Anton v.
Toszeghi, Anthony 147
Treibenreif, Siegfried 29
Trottie (cachorro de Loe) 91, 93, 97, 98
Trümper (casal) 317
Tschulk, Herbert 28

U

Uhland, Ludwig 220
Unterhofer, Gretel 29
Unwerth, Matthew v. 28

V

Vance, Wilson 281
Varendonck, Julien 241, 243, 246, 273, 274, 276, 279, 283, 287, 461, 468, 476, 496
Vera — Freund, Vera v.
Vidor, Emil 151
Vidor, Regine 144, 148
Voss, Angelika 29, 245

W

W., Sra. 36
Wagner, Richard 226
Wagner-Jauregg, Julius v. 135
Waldeyer-Hartz, Heinrich Wilhelm Gottfried v. 135
Waldinger, Ernst 204
Wassermann, Jakob 63
Wassing, Anton 130, 132, 181
 — Anna, sua filha 181
Weber, Inge 27, 468, 469

Wein, Georg 378, 379
 — Agathe, sua esposa 379
Weiss, Sr. 153
Weizmann, Chaim 282
Wenckebach, Karl Frederik 135, 181
Wertheim (casal) 209, 216, 223, 225, 226, 230, 231, 282, 285, 445, 484
Wertheim, Martha 215, 216, 231
Wertheim, Wilhelm 216, 231
Wessely, Paula 275
White, William A. 364, 455
Wiener, Felix 198, 201
Wiener, Frederick 253
Wiener, Leah (Lucy) 235, 255, 286, 445
Wiener, Walter 253
Wiesner, Julius Ritter v. 266, 487
Wildgans, Anton 169
Will, Herbert 28
Willi — Lévy, Willi
Willner, Srta. 168
Wilson, Thomas Woodrow 463
Wimmer, Sr. (motorista) 345
Winkler, Susanne 345
Winter, Josefine e Joseph v. com família 199
Winternitz, Pauline/Paula 49, 113, 412
Winternitz, Rose/Rosi 46, 96, 204
Winternitz, Valentin 45
Winterstein, Alfred Freiherr v. 346
Wittels, Fritz 356, 461, 463
Wolf (cachorro de Anna) 284, 290, 315, 335, 337, 338, 349, 350, 358, 369, 377, 378, 379, 391, 475, 479, 496, 497, 501
Wright, Frank Lloyd 301

X

XYZ, Sra. (paciente) 260

Y

Young, George M. 264, 266

Z

Zadek, Ignaz 172
Zinner, Resi 242, 246
Zóltan, Bertalan 140
Zóltan, Ilona 138, 140
 — Margit, sua filha 138, 140
Zóltan, Joseph 140
Zuckerkandl, Berta 274
Zuckerkandl, Victor 274
Zweig, Arnold 20, 25, 463
Zweig, Stefan 20, 463
Zweig, Walter 39, 189

Impressão e Acabamento
Prol